长白文库

丛书主编 郑毅

满族萨满神辞口语用语研究

（下卷）

尹郁山 杨永旭 编著

吉林文史出版社

<table>
<tr><td rowspan="2">音序</td><td colspan="3">H</td></tr>
<tr><td colspan="3">ha</td></tr>
<tr><td>词汇</td><td>①哈哈</td><td>词义</td><td>男；男人；士；君子；男子；勇士；强壮的汉子</td></tr>
<tr><td>文献</td><td colspan="3">吉林省长春市九台区胡家石姓《小韩本》（引自宋和平译注本）第 40 页、第 49 页、第 113 页、第 245 页、第 274 页、第 279 页、第 298 页。</td></tr>
<tr><td rowspan="7">例句</td><td colspan="3">哈哈，朱赊。
哈哈，译为“男”；朱赊，译为“子”。
全句合译：男子。</td></tr>
<tr><td colspan="3">卧思浑，哈哈。
卧思浑，译为“小”；哈哈，译为“男人”。
全句合译：小男人。</td></tr>
<tr><td colspan="3">超海，哈哈。
超海，译为“武”；哈哈，译为“士”。
全句合译：武士。</td></tr>
<tr><td colspan="3">哈哈，吴西哈。
哈哈，译为“君子”；吴西哈，译为“星”。
全句合译：星君。</td></tr>
<tr><td colspan="3">卧林，哈哈。
卧林，译为“二十（名）”；哈哈，译为“男子”。
全句合译：二十名男子。</td></tr>
<tr><td colspan="3">倭林，哈哈。
倭林，译为“二十（名）”；哈哈，译为“勇士”。
全句合译：二十名勇士。</td></tr>
<tr><td colspan="3">得西，哈哈。
得西，译为“四十（名）”；哈哈，译为“强壮的汉子”。
全句合译：四十名强壮的汉子。</td></tr>
<tr><td>词汇</td><td>②哈俣</td><td>词义</td><td>男子</td></tr>
<tr><td>文献</td><td colspan="3">吉林省长春市九台区莽卡杨姓《杨静棠本》第 12 页。</td></tr>
</table>

例句	卧林，哈俣。 卧林，译为“二十（名）”；哈俣，译为“男子”。 全句合译：二十名男子。		
词汇	①哈思呼	词义	左
文献	吉林省长春市九台区胡家石姓《小韩本》（引自宋和平译注本）第 39 页。		
例句	哈思呼，梅棱。 哈思呼，译为“左”；梅棱，译为“肩”。 全句合译：左肩。		
词汇	②哈库	词义	左边
文献	吉林省长春市九台区胡家石姓《小韩本》（引自宋和平译注本）第 259 页。		
例句	杜卡，不，哈库。 杜卡，译为“门”；不，译为“给”；哈库，译为“左边”。 全句合译：让出左边的门。		
词汇	①哈立叭	词义	琵琶骨
文献	吉林省长春市九台区胡家石姓《小韩本》（引自宋和平译注本）第 159 页。		
例句	玛克他，伯，哈立叭。 玛克他，译为“抛”；伯，译为“把”；哈立叭，译为“琵琶骨”。 全句合译：把琵琶骨抛掉。		
词汇	①哈拉	词义	姓
文献	吉林省长春市九台区胡家石姓《小韩本》（引自宋和平译注本）第 38 页。		
例句	石克特立，哈拉。 石克特立，冠汉字单姓，为“石”；哈拉，译为“姓”。 全句合译：石姓。		
词汇	②哈苏里哈拉	词义	众姓氏

文献	吉林省长春市九台区胡家石姓《小韩本》（引自宋和平译注本）第 94 页。		
例句	哈苏里哈拉，哈拉，卧七。 哈苏里哈拉，译为“众姓氏”；哈拉，译为“姓”；卧七，译为“是”。 全句合译：是众姓氏中的哪一姓？		
词汇	③哈拉非	**词义**	姓
文献	吉林省吉林市土城子口钦佟赵姓《交罗本》第 6 页。		
例句	憨其，哈拉非。 憨其，译为“近”；哈拉非，译为“姓”。 全句合译：同姓近支。		
词汇	①哈打	**词义**	山峰
文献	吉林省长春市九台区胡家石姓《小韩本》（引自宋和平译注本）第 37 页。		
例句	哈打，特哈。 哈打，译为“山峰”；特哈，译为“居住”。 全句合译：居住在山峰上。		
词汇	②哈达	**词义**	山峰
文献	吉林省长春市九台区其塔木石姓《东哈本》（第 1 册）第 1 页。		
例句	吴云七，折拉鸡，哈达。 吴云七，译为“第九”；折拉鸡，译为“层”；哈达，译为“山峰”。 全句合译：第九层山峰。		
词汇	③哈打哈打	**词义**	山峰中
文献	吉林省长春市九台区其塔木石姓《东哈本》（第 1 册）第 74 页。		
例句	吴云七，折力鸡，哈打哈打。 吴云七，译为“第九”；折力鸡，译为“层”；哈打哈打，译为“山峰中”。		

	全句合译：在第九层山峰中。		
词汇	①哈坛	词义	烈性
文献	吉林省长春市九台区胡家石姓《小韩本》（引自宋和平译注本）第 285 页。		
例句	哈坛，以，阿拉其。 哈坛，译为“烈性”；以，译为“的”；阿拉其，译为“烧酒”。 全句合译：烈性的烧酒。		
词汇	②哈谭	词义	烈性
文献	吉林省长春市九台区其塔木石姓《东哈本》（第 2 册）第 21 页。		
例句	哈谭，以，爱力其。 哈谭，译为“烈性”；以，译为“的”；爱力其，译为“烧酒”。 全句合译：烈性的烧酒。		
词汇	③哈谈	词义	烈性
文献	吉林省长春市九台区莽卡杨姓《杨宪本》（手抄本）第 2 页。		
例句	哈谈，阿其，泊，寒其，多波笔。 哈淡，译为“烈性”；阿其，译为“烧酒”；泊，译为“把”；寒其，译为“近”；多波笔，译为“供上”。 全句合译：把烈性的烧酒供在近处。		
词汇	④哈淡	词义	烈性
文献	吉林省长春市九台区莽卡杨姓《杨宪本》（手抄本）第 50 页。		
例句	哈淡，阿拉气。 哈淡，译为“烈性”；阿拉气，译为“烧酒”。 全句合译：烈性烧酒。		
词汇	①哈拉莫	词义	更换；代
文献	吉林省长春市九台区胡家石姓《小韩本》（引自宋和平		

<table>
<tr><td></td><td colspan="3">译注本）第 111 页、第 310 页。</td></tr>
<tr><td rowspan="2">例句</td><td colspan="3">扎兰，哈拉莫。
扎兰，译为“世代”；哈拉莫，译为“更换”。
全句合译：世代更替。</td></tr>
<tr><td colspan="3">扎兰，哈拉莫。
扎兰，译为“世”；哈拉莫，译为“代”。
全句合译：世代。</td></tr>
<tr><td>词汇</td><td>②哈拉魔</td><td>词义</td><td>更换</td></tr>
<tr><td>文献</td><td colspan="3">吉林省长春市九台区其塔木石姓《东哈本》（第 2 册）第 21 页。</td></tr>
<tr><td>例句</td><td colspan="3">扎兰，博，哈拉魔。
扎兰，译为“世代”；博，译为“把”；哈拉魔，译为“更换”。
全句合译：把世代更换。</td></tr>
<tr><td>词汇</td><td>③哈拉末</td><td>词义</td><td>更换</td></tr>
<tr><td>文献</td><td colspan="3">吉林省长春市九台区其塔木石姓《东哈本》（第 2 册）第 21 页。</td></tr>
<tr><td>例句</td><td colspan="3">扎兰，博，哈拉末。
扎兰，译为“世代”；博，译为“把”；哈拉末，译为“更换”。
全句合译：把世代更换。</td></tr>
<tr><td>词汇</td><td>④哈拉德</td><td>词义</td><td>传续</td></tr>
<tr><td>文献</td><td colspan="3">吉林省长春市九台区其塔木石姓《东哈本》（第 1 册）第 9 页。</td></tr>
<tr><td>例句</td><td colspan="3">哈拉德，石克忒力哈拉，白莫吉合。
哈拉德，译为“传续”；石克忒力哈拉，译为“石姓”；白莫吉合，译为“来乞求”。
全句合译：石姓来乞求将世代传续。</td></tr>
<tr><td>词汇</td><td>⑤哈拉笔</td><td>词义</td><td>重立</td></tr>
<tr><td>文献</td><td colspan="3">吉林省长春市九台区莽卡杨姓《杨宪本》（手抄本）第</td></tr>
</table>

	50页。		
例句	一车拉莫，哈拉笔。 一车拉莫，译为“更新”；哈拉笔，译为“重立”。 全句合译：更新重立。		
词汇	①哈克打莫	词义	修炼
文献	吉林省长春市九台区胡家石姓《小韩本》（引自宋和平译注本）第190页。		
例句	明安，阿称，哈克打莫。 明安，译为“千”；阿称，译为“年”；哈克打莫，译为“修炼”。 全句合译：千年修炼。		
词汇	②拉立	词义	修炼
文献	吉林省长春市九台区胡家石姓《小韩本》（引自宋和平译注本）第216页。		
例句	拉立，西兰杜莫。 拉立，译为“修炼”；西兰杜莫，译为“不断”。 全句合译：不断修炼。		
词汇	①哈西勒	词义	急忙
文献	吉林省长春市九台区莽卡杨姓《杨宪本》（手抄本）第10页。		
例句	木臣，泊，哈西勒，得，南图浑，木克。 木臣，译为“锅”；泊，译为“把”；哈西勒，译为“急忙”；得，译为“在”；南图浑，译为“污秽”；木克，译为“水”。 全句合译：急忙把脏水倒入锅里。		
词汇	②哈西拉莫	词义	急忙；迅速；紧急；勤奋
文献	吉林省长春市九台区胡家石姓《小韩本》（引自宋和平译注本）第50页、第267页、第304页、第329页。		
例句	哈西拉莫，各纳合。 哈西拉莫，译为“急忙”；各纳合，译为“去”。		

	全句合译：急忙去……
	哈西拉莫，吉恒俄。 哈西拉莫，译为“迅速”；吉恒俄，译为“降下来”。 全句合译：迅速降下来了。
	几德莫，哈西拉莫。 几德莫，译为“来得”；哈西拉莫，译为“紧急”。 全句合译：来得紧急。
	哈西拉莫，而班。 哈西拉莫，译为“勤奋”；而班，译为“公务”。 全句合译：勤于公务。

词汇	③寒其哈	**词义**	迅速
文献	吉林省长春市九台区莽卡杨姓《杨宪本》（手抄本）第9页。		
例句	寒其哈，好佉。 寒其哈，译为“迅速”；好佉，译为“祖先”。 全句合译：（办事）迅速的先祖。		
词汇	①哈亚寒	**词义**	弯曲
文献	吉林省长春市九台区莽卡杨姓《杨宪本》（手抄本）第59页。		
例句	蒙文，掇库，梅分，哈亚寒，和林。 蒙文，译为“银”；掇库，译为“鸡”；梅分，译为“脖子”；哈亚寒，译为“弯曲”；和林，译为“时候”。 全句合译：在银鸡脖子弯曲之时……		
词汇	②哈兰疋	**词义**	过去
文献	吉林省长春市九台区莽卡杨姓《杨静棠本》第5页。		
例句	阿年，哈兰疋。 阿年，译为“年”；哈兰疋，译为“过去”。 全句合译：已经过去了多年。		
音序	**hai**		
词汇	①海拉鸡腓	**词义**	可爱

<table>
<tr><td>文献</td><td colspan="3">吉林省长春市九台区胡家石姓《小韩本》（引自宋和平译注本）第 194 页。</td></tr>
<tr><td>例句</td><td colspan="3">爱心，佛垫，海拉鸡腓。
爱心，译为“金”；佛垫，译为“窝”；海拉鸡腓，译为“可爱”。
全句合译：可爱的金窝。</td></tr>
<tr><td>词汇</td><td>②海拉腓</td><td>词义</td><td>可爱的</td></tr>
<tr><td>文献</td><td colspan="3">吉林省长春市九台区胡家石姓《小韩本》（引自宋和平译注本）第 188 页。</td></tr>
<tr><td>例句</td><td colspan="3">爱心，佛垫，海拉腓。
爱心，译为“金”；佛垫，译为“窝”；海拉腓，译为“可爱的”。
全句合译：可爱的金窝。</td></tr>
<tr><td>词汇</td><td>③咳力吉非</td><td>词义</td><td>可爱</td></tr>
<tr><td>文献</td><td colspan="3">吉林省长春市九台区其塔木石姓《东哈本》（第 1 册）第 74 页。</td></tr>
<tr><td>例句</td><td colspan="3">哀心，伕哦，咳力吉非。
哀心，译为“金”；伕哦，译为“窝”；咳力吉非，译为“可爱”。
全句合译：可爱的金窝。</td></tr>
<tr><td>词汇</td><td>④咳力已非</td><td>词义</td><td>可爱的</td></tr>
<tr><td>文献</td><td colspan="3">吉林省长春市九台区其塔木石姓《东哈本》（第 1 册）第 74 页。</td></tr>
<tr><td>例句</td><td colspan="3">哀心，伕哦，咳力已非。
哀心，译为“金”；伕哦，译为“窝”；咳力已非，译为“可爱的”。
全句合译：可爱的金窝。</td></tr>
<tr><td>词汇</td><td>①孩滨意</td><td>词义</td><td>榆木</td></tr>
<tr><td>文献</td><td colspan="3">吉林省长春市九台区莽卡杨姓《杨宪本》（手抄本）第 6 页。</td></tr>
</table>

例句	孩滨意，鸡孙。 孩滨意，译为“榆木”；鸡孙，译为“鼓槌”。 全句合译：榆木的鼓槌。		
词汇	②孩滨也	**词义**	榆木
文献	吉林省长春市九台区莽卡杨姓《杨静棠本》第 6 页。		
例句	孩滨也，吉孙。 孩滨也，译为“榆木”；吉孙，译为“鼓槌”。 全句合译：榆木的鼓槌。		
词汇	①咳夫	**词义**	肚腹
文献	吉林省长春市九台区莽卡杨姓《杨宪本》（手抄本）第 7 页。		
例句	活泊泊，活托勒楼，咳夫，泊，恶夫勒楼。 活泊泊，译为“棺椁”；活托勒楼，译为“劈开”；咳夫，译为“肚腹”；泊，译为“把”；恶夫勒楼，译为“破坏”。 全句合译：劈开棺材，把（死人的）肚子破开。		
词汇	②咳附	**词义**	肚腹
文献	吉林省长春市九台区莽卡杨姓《杨宪本》（手抄本）第 46 页。		
例句	咳附，泊，恶不特勒楼。 咳附，译为“肚腹”；泊，译为“把”；恶不特勒楼，译为“破坏”。 全句合译：把（死人的）肚子破开。		
词汇	③嗽夫	**词义**	肚子
文献	吉林省长春市九台区莽卡杨姓《杨静棠本》第 7 页。		
例句	嗽夫，泊，恶夫勒楼。 嗽夫，译为“肚子”；泊，译为“把”；恶夫勒楼，译为“破坏”。 全句合译：把（死人的）肚子破开。		

<table>
<tr><td>音序</td><td colspan="3">han</td></tr>
<tr><td>词汇</td><td>①憨七</td><td>词义</td><td>近</td></tr>
<tr><td>文献</td><td colspan="3">吉林省长春市九台区胡家石姓《小韩本》（引自宋和平译注本）第 233 页。</td></tr>
<tr><td>例句</td><td colspan="3">憨七，得，多不腓。
憨七，译为“近”；得，译为“在”；多不腓，译为“供献”。
全句合译：供品摆放在近处。</td></tr>
<tr><td>词汇</td><td>②憨其</td><td>词义</td><td>近</td></tr>
<tr><td>文献</td><td colspan="3">吉林省吉林市土城子口钦佟赵姓《交罗本》第 6 页。</td></tr>
<tr><td>例句</td><td colspan="3">憨其，哈拉非。
憨其，译为“近”；哈拉非，译为“姓”。
全句合译：同姓近支。</td></tr>
<tr><td>词汇</td><td>③寒其</td><td>词义</td><td>近</td></tr>
<tr><td>文献</td><td colspan="3">吉林省长春市九台区莽卡杨姓《杨宪本》（手抄本）第 3 页</td></tr>
<tr><td>例句</td><td colspan="3">寒其，多补腓。
寒其，译为“近”；多补腓，译为“供献”。
全句合译：供品放在近处。</td></tr>
<tr><td>词汇</td><td>④寒义</td><td>词义</td><td>近</td></tr>
<tr><td>文献</td><td colspan="3">吉林省长春市九台区莽卡杨姓《杨宪本》（手抄本）第 54 页。</td></tr>
<tr><td>例句</td><td colspan="3">哈打，寒义，乌西哈。
哈打，译为“山峰”；寒义，译为“近”；乌西哈，译为“星”。
全句合译：距离山峰近处之星。</td></tr>
<tr><td>词汇</td><td>⑤哈亲</td><td>词义</td><td>近</td></tr>
<tr><td>文献</td><td colspan="3">吉林省长春市九台区胡家石姓《小韩本》（引自宋和平译注本）第 119 页。</td></tr>
<tr><td>例句</td><td colspan="3">多不力，哈亲。</td></tr>
</table>

<table>
<tr><td></td><td colspan="3">多不力，译为“夜”；哈亲，译为“近”。
全句合译：夜近之时。</td></tr>
<tr><td>词汇</td><td>①憨</td><td>词义</td><td>君；可汗</td></tr>
<tr><td>文献</td><td colspan="3">吉林省长春市九台区胡家石姓《小韩本》（引自宋和平译注本）第 276 页、第 283 页。</td></tr>
<tr><td rowspan="2">例句</td><td colspan="3">阿巴卡，憨。
阿巴卡，译为“天”；憨，译为“君”。
全句合译：天君。</td></tr>
<tr><td colspan="3">阿巴卡，憨。
阿巴卡，译为“天”；憨，译为“可汗”。
全句合译：天可汗。</td></tr>
<tr><td>词汇</td><td>②罕</td><td>词义</td><td>汗</td></tr>
<tr><td>文献</td><td colspan="3">吉林省长春市九台区其塔木石姓《东哈本》（第 1 册）第 66 页。</td></tr>
<tr><td>例句</td><td colspan="3">阿巴卡，罕，德。
阿巴卡，译为“天”；罕，译为“汗”；德，译为“在”。
全句合译：天可汗在。</td></tr>
<tr><td>音序</td><td colspan="3">he</td></tr>
<tr><td>词汇</td><td>①何若</td><td>词义</td><td>上牙碰下牙</td></tr>
<tr><td>文献</td><td colspan="3">吉林省长春市九台区莽卡杨姓《杨宪本》（手抄本）第 84 页。</td></tr>
<tr><td>例句</td><td colspan="3">何若，吉孙，何若笔。
何若，译为“上牙碰下牙”；吉孙，译为“话”；何若笔，译为“去”。
全句合译：上牙碰下牙的话已说出。</td></tr>
<tr><td>词汇</td><td>②何勒</td><td>词义</td><td>上牙碰下牙</td></tr>
<tr><td>文献</td><td colspan="3">吉林省长春市九台区莽卡杨姓《杨宪本》（手抄本）第 54 页。</td></tr>
<tr><td>例句</td><td colspan="3">何勒，吉孙，何若疋。
何勒，译为“上牙碰下牙”；吉孙，译为“话”；何若</td></tr>
</table>

	疋，译为“去”。 全句合译：上牙碰下牙的话已说出。		
词汇	③合合乐	词义	上牙碰下牙
文献	吉林省长春市九台区其塔木石姓《东哈本》（第2册）第16页。		
例句	合合乐，鸡孙，戈纳合。 合合乐，译为“上牙碰下牙”；鸡孙，译为“话”；戈纳合，译为“兑现”。 全句合译：上牙碰下牙说出的话必须兑现。		
词汇	④合合勒	词义	上牙碰下牙
文献	吉林省长春市九台区胡家石姓《小韩本》（引自宋和平译注本）第40页。		
例句	合合勒，鸡孙，合纳合。 合合勒，译为“上牙碰下牙”；鸡孙，译为“话”；合纳合，译为“兑现”。 全句合译：上牙碰下牙说出的话必须兑现。		
词汇	①何那笔	词义	采纳
文献	吉林省长春市九台区莽卡杨姓《杨宪本》（手抄本）第84页。		
例句	阁若何，吉孙，泊，何那笔。 阁若何，译为“去了”；吉孙，译为“话”；泊，译为“把”；何那笔，译为“采纳”。 全句合译：说出的话必须兑现。		
词汇	②何那疋	词义	兑现
文献	吉林省长春市九台区莽卡杨姓《杨宪本》（手抄本）第76页。		
例句	阁若何，吉孙，泊，何那疋。 阁若何，译为“去了”；吉孙，译为“话”；泊，译为“把”；何那疋，译为“兑现”。 全句合译：把话说出后必须兑现。		

词汇	③合纳腓	**词义**	采纳
文献	吉林省长春市九台区胡家石姓《小韩本》（引自宋和平译注本）第 219 页。		
例句	合合勒，鸡孙，合纳腓。 合合勒，译为“上牙碰下牙”；鸡孙，译为“话”；合纳腓，译为“采纳”。 全句合译：上牙碰下牙说出的意见要采纳。		
词汇	④合纳恒俄	**词义**	采纳
文献	吉林省长春市九台区胡家石姓《小韩本》（引自宋和平译注本）第 225 页。		
例句	合合勒，鸡孙，合纳恒俄。 合合勒，译为“上牙碰下牙”；鸡孙，译为“话”；合纳恒俄，译为“采纳”。 全句合译：上牙碰下牙说出的建议要采纳。		
词汇	⑤合秃恒俄	**词义**	采纳
文献	吉林省长春市九台区胡家石姓《小韩本》（引自宋和平译注本）第 270 页。		
例句	合合，鸡孙，合秃恒俄。 合合，译为“女”；鸡孙，译为“话”；合秃恒俄，译为“采纳”。 全句合译：女人说的话要采纳。		
词汇	①合纳合	**词义**	去
文献	吉林省长春市九台区胡家石姓《小韩本》（引自宋和平译注本）第 304 页。		
例句	我克赊莫，各纳合。 我克赊莫，译为“急急”；各纳合，译为“去”。 全句合译：去得急。		
词汇	②各纳勒	**词义**	去
文献	吉林省长春市九台区胡家石姓《小韩本》（引自宋和平译注本）第 304 页。		

例句	各纳勒，博。 各纳勒，译为“去”；博，译为“把”。 全句合译：去吧。		
词汇	③何若笔	词义	去
文献	吉林省长春市九台区莽卡杨姓《杨宪本》（手抄本）第84页。		
例句	何若，吉孙，何若笔。 何若，译为“上牙碰下牙”；吉孙，译为“话”；何若笔，译为“去”。 全句合译：上牙碰下牙的话已经说出去。		
词汇	①何特何笔	词义	煺除
文献	吉林省长春市九台区莽卡杨姓《杨宪本》（手抄本）第92页。		
例句	扶也勒，木克，泊，何特何笔。 扶也勒，译为“水开了”；木克，译为“水”；泊，译为“把”；何特何笔，译为“煺除”。 全句合译：把水烧开后再煺（毛）。		
词汇	②何勒何疋	词义	煺除
文献	吉林省长春市九台区莽卡杨姓《杨宪本》（手抄本）第54页。		
例句	扶也勒，木克，泊，何勒何疋。 扶也勒，译为“滚水”；木克，译为“水”；泊，译为“把”；何勒何疋，译为“煺除”。 全句合译：用开水煺（猪毛）。		
词汇	③何勒金必	词义	击退
文献	吉林省长春市九台区莽卡杨姓《祭祖神本》第29页。		
例句	乌云莫，得立，泊，何勒金必。 乌云莫，译为“九（霄）”；得立，译为“经过”；泊，译为“把”；何勒金必，译为“击退”。 全句合译：经过九霄把邪恶势力击退。		

词汇	①合不合莫	词义	商议
文献	吉林省长春市九台区其塔木石姓《东哈本》（第 1 册）第 39 页。		
例句	合不合莫，合车非。 合不合莫，译为“商议”；合车非，译为“彻底”。 全句合译：彻底商议（这件事）。		
词汇	②合不赊莫	词义	商议
文献	吉林省长春市九台区胡家石姓《小韩本》（引自宋和平译注本）第 127 页。		
例句	合不赊莫，合车腓。 合不赊莫，译为“商议”；合车腓，译为“彻底”。 全句合译：彻底商议（这件事）。		
词汇	③合博赊莫	词义	商议
文献	吉林省长春市九台区胡家石姓《小韩本》（引自宋和平译注本）第 341 页。		
例句	合博赊莫，合车腓。 合博赊莫，译为“商议”；合车腓，译为“彻底”。 全句合译：彻底商议（这件事）。		
词汇	④合博德木毕	词义	商议
文献	吉林省长春市九台区胡家石姓《小韩本》（引自宋和平译注本）第 119 页。		
例句	河克打，阿什韩，合博德木毕。 河克打，译为“老”；阿什韩，译为“少”；合博德木毕，译为“商议”。 全句合译：老少（一起）商议。		
词汇	⑤合博德木必	词义	商议
文献	吉林省长春市九台区其塔木石姓《东哈本》（第 2 册）第 1 页。		
例句	河克打，阿什憨，合博德木必。 河克打，译为“老”；阿什憨，译为“少”；合博德木		

	必，译为“商议”。 全句合译：老少（一起）商议。		
词汇	①我杜非	词义	穿戴上
文献	吉林省长春市九台区其塔木石姓《东哈本》（第 1 册）第 9 页。		
例句	吴克心，我杜非。 吴克心，译为“甲”；我杜非，译为“穿戴上”。 全句合译：穿戴上盔甲。		
词汇	①何意	词义	什么
文献	吉林省长春市九台区莽卡杨姓《杨宪本》（手抄本）第 70 页。		
例句	何意，彪根，得。 何意，译为“什么”；彪根，译为“家族”；得，译为“在”。 全句合译：什么家族在（祭祀）？		
词汇	②何义	词义	什么
文献	吉林省长春市九台区莽卡杨姓《杨宪本》（手抄本）第 70 页。		
例句	何义，彪浑，得。 何义，译为“什么”；彪浑，译为“家族”；得，译为“在”。 全句合译：什么家族在（烧香）？		
词汇	①合合	词义	母；女；女人
文献	吉林省长春市九台区胡家石姓《小韩本》（引自宋和平译注本）第 169 页、第 236 页、第 270 页。		
例句 例句	合合，他思哈。 合合，译为“母”；他思哈，译为“虎”。 全句合译：母虎。		
	合合，鸡孙。 合合，译为“女”；鸡孙，译为“话”。		

	全句合译：女人的话。		
	卧思浑，合合。 卧思浑，译为“小”；合合，译为“女人”。 全句合译：小女子。		
音序	**heng**		
词汇	①恒其	**词义**	叩头
文献	吉林省长春市九台区胡家石姓《小韩本》（引自宋和平译注本）第 231 页。		
例句	恒其，那，得。 恒其，译为“叩头”；那，译为“地”；得，译为“在”。 全句合译：在地上叩头。		
词汇	②恒其勒莫	**词义**	叩头
文献	吉林省长春市九台区胡家石姓《小韩本》（引自宋和平译注本）第 39 页。		
例句	恒其勒莫，牙你库拉哈。 恒其勒莫，译为“叩头”；牙你库拉哈，译为“跪下”。 全句合译：跪下磕头。		
词汇	③恒亲	**词义**	叩头
文献	吉林省长春市九台区胡家石姓《小韩本》（引自宋和平译注本）第 244 页。		
例句	恒亲，那，得。 恒亲，译为“叩头”；那，译为“地”；得，译为“在”。 全句合译：在地上叩头。		
词汇	④恒牙克	**词义**	叩头
文献	吉林省长春市九台区胡家石姓《小韩本》（引自宋和平译注本）第 356 页。		
例句	恒牙克，那，得。 恒牙克，译为“叩头”；那，译为“地”；得，译为“在”。 全句合译：在地上叩头。		
词汇	⑤恒其舍莫	**词义**	叩头

文献	吉林省吉林市乌拉街韩屯关姓《敬义神书》（手抄本）第 8 页。		
例句	阿哈西，恒其舍莫，所里克。 阿哈西，译为“奴仆们”；恒其舍莫，译为“叩头”；所里克，译为“请赴宴席”。 全句合译：奴仆们叩完头入席。		
词汇	⑥恒刻舍莫	词义	叩头
文献	吉林省吉林市乌拉街韩屯关姓《敬义神书》（手抄本）第 22 页。		
例句	阿哈西，恒刻舍莫，阿里刻。 阿哈西，译为“奴仆们”；恒刻舍莫，译为“叩头”；阿里刻，译为“承当”。 全句合译：奴仆们叩头，承当（烧香）重任。		
词汇	⑦洪其	词义	叩头
文献	吉林省长春市九台区其塔木石姓《东哈本》（第 1 册）第 1 页。		
例句	洪其，纳，德，牙尼库拉非。 洪其，译为“叩头”；纳，译为“地”；德，译为“在”；牙尼库拉非，译为“跪下”。 全句合译：跪在地上叩头。		
词汇	⑧衡磕勒莫	词义	叩头
文献	吉林省长春市九台区其塔木石姓《东哈本》（第 1 册）第 1 页。		
例句	洪库纳德，衡磕勒莫。 洪库纳德，译为“跪下”；衡磕勒莫，译为“叩头”。 全句合译：跪地叩头。		
词汇	⑨洪格	词义	叩头
文献	吉林省长春市九台区其塔木石姓《东哈本》（第 2 册）第 23 页。		
例句	洪格，讷得，牙你库拉非。		

	洪格，译为“叩头”；讷得，译为“在地上”；牙你库拉非，译为“跪下”。 全句合译：跪在地上叩头。		
词汇	⑩洪鸡	词义	叩头
文献	吉林省长春市九台区其塔木石姓《东哈本》（第 2 册）第 16 页。		
例句	洪鸡，纳得，牙尼库拉非。 洪鸡，译为“叩头”；纳得，译为“地上”；牙尼库拉非，译为“跪下”。 全句合译：跪地叩头。		
音序	**hong**		
词汇	①洪哭木必	词义	砸碎
文献	吉林省长春市九台区莽卡杨姓《杨宪本》（手抄本）第 4 页。		
例句	活水，胡土，泊，洪哭木必。 活水，译为“周围”；胡土，译为“鬼怪”；泊，译为“将”；洪哭木必，译为“砸碎”。 全句合译：把周围的邪恶势力砸碎。		
词汇	②洪空莫必	词义	捣毁
文献	吉林省长春市九台区莽卡杨姓《杨宪本》（手抄本）第 78 页。		
例句	活水，胡图，泊，洪空莫必。 活水，译为“周围”；胡图，译为“妖魔”；泊，译为“把”；洪空莫必，译为“捣毁”。 全句合译：把周围的邪恶势力捣毁。		
词汇	①洪勿	词义	铃铛
文献	吉林省长春市九台区莽卡杨姓《杨宪本》（手抄本）第 69 页。		
例句	爱心，也，洪勿。 爱心，译为“金”；也，译为“的”；洪勿，译为“铃		

	铛”。 全句合译：金的铃铛。		
词汇	②洪务	**词义**	铃铛
文献	吉林省长春市九台区莽卡杨姓《杨宪本》（手抄本）第69页。		
例句	洪务，泊，赊法勒莫。 洪务，译为“铃铛”；泊，译为“把”；赊法勒莫，译为“攥着”。 全句合译：把铜铃铛用手攥着。		
词汇	③洪武	**词义**	铃铛
文献	吉林省长春市九台区莽卡杨姓《杨宪本》（手抄本）第81页。		
例句	爱新，洪武。 爱新，译为“金”；洪武，译为“铃铛”。 全句合译：金铃铛。		
词汇	④洪五	**词义**	铃铛
文献	吉林省吉林市土城子口钦佟赵姓《交罗本》第12页。		
例句	濛温，洪五。 濛温，译为“银”；洪五，译为“铃铛”。 全句合译：银铃铛。		
音序	**hu**		
词汇	①胡兰	**词义**	烟筒
文献	吉林省吉林市乌拉街韩屯关姓《敬义神书》（手抄本）第16页。		
例句	胡兰，商家，吉克非。 胡兰，译为“烟筒”；商家，译为“白烟”；吉克非，译为“压住”。 全句合译：把烟卤里冒出的白烟压住。		
词汇	①胡秃力	**词义**	福
文献	吉林省长春市九台区胡家石姓《小韩本》（引自宋和平		

	译注本）第 241 页。		
例句	胡秃力，博，伯棱俄。 胡秃力，译为“福”；博，译为“把”；伯棱俄，译为“求”。 全句合译：把福求。		
词汇	②胡秃立	词义	福
文献	吉林省长春市九台区胡家石姓《小韩本》（引自宋和平译注本）第 53 页。		
例句	胡孙，伯莫，胡秃立，博 胡孙，译为“尽力”；伯莫，译为“乞求”；胡秃立，译为“福”；博，译为“把”。 全句合译：尽力把福求。		
词汇	③呼秃力	词义	福
文献	吉林省长春市九台区其塔木石姓《东哈本》（第 1 册）第 53 页。		
例句	胡孙，呼秃力，博 胡孙，译为“尽力”；呼秃力，译为“福”；博，译为“把”。 全句合译：尽力求福。		
词汇	④胡涂力	词义	福
文献	吉林省长春市九台区其塔木石姓《东哈本》（第 2 册）第 12 页。		
例句	胡涂力，博，白楞额。 胡涂力，译为“福”；博，译为“把”；白楞额，译为“乞求”。 全句合译：求福。		
词汇	⑤浦涂力	词义	福
文献	吉林省长春市九台区其塔木石姓《东哈本》（第 2 册）第 13 页。		
例句	达浑达浑，浦涂力，街。		

	达浑达浑，译为“再三再四”；浦涂力，译为“福”；街，译为“啊”。 全句合译：再三再四地求福啊！		
词汇	⑥胡徙力	**词义**	福
文献	吉林省吉林市土城子口钦佟赵姓《交罗本》第 6 页。		
例句	胡徙力，伯莫。 胡徙力，译为“福”；伯莫，译为“乞求”。 全句合译：求福。		
词汇	⑦胡图利	**词义**	福
文献	吉林省长春市九台区莽卡杨姓《杨宪本》（手抄本）第 5 页。		
例句	胡图利，都卡，泊，亚克细笔。 胡图利，译为“福”；都卡，译为“门”；泊，译为“把”；亚克细笔，译为“关闭”。 全句合译：幸福之门被关闭。		
词汇	⑧胡图立	**词义**	福
文献	吉林省长春市九台区莽卡杨姓《杨宪本》（手抄本）第 5 页。		
例句	新打，胡图立。 新打，译为“开放”；胡图立，译为“福”。 全句合译：开放福路之门。		
词汇	⑨胡土利	**词义**	福
文献	吉林省长春市九台区莽卡杨姓《杨静棠本》第 5 页。		
例句	胡土利，土卡。 胡土利，译为“福”；土卡，译为“门”。 全句合译：幸福之门。		
词汇	⑩胡土立	**词义**	福
文献	吉林省长春市九台区莽卡杨姓《祭祖神本》第 29 页。		
例句	新达，胡土立。 新打，译为“开放”；胡土立，译为“福”。		

	全句合译：福门开放。		
词汇	①呼孙	**词义**	用力
文献	吉林省长春市九台区其塔木石姓《东哈本》（第 1 册）第 79 页。		
例句	呼孙，博，伏拉勒木必。 呼孙，译为“用力”；博，译为“把”；伏拉勒木必，译为“转来转去”。 全句合译：用力地转来转去。		
词汇	②胡逊	**词义**	尽力
文献	吉林省长春市九台区其塔木石姓《东哈本》第 1 页。		
例句	胡逊，博，白仍恶。 胡逊，译为“尽力”；博，译为“把”；白仍恶，译为“乞求”。 全句合译：尽力去乞求。		
词汇	③胡孙	**词义**	尽力
文献	吉林省长春市九台区其塔木石姓《东哈本》（第 2 册）第 12 页。		
例句	胡孙，博，胡涂力，白楞额。 胡孙，译为“尽力”；博，译为“把”；胡涂力，译为“福”；白楞额，译为“乞求”。 全句合译：尽力把福分乞求。		
词汇	①胡滚拉	**词义**	一齐诵唱
文献	吉林省长春市九台区胡家石姓《小韩本》（引自宋和平译注本）第 160 页。		
例句	三音，鸡孙，胡滚拉。 三音，译为“好”；鸡孙，译为“言”；胡滚拉，译为“一齐诵唱”。 全句合译：一齐诵唱好话。		
词汇	②胡路山神	**词义**	一齐诵唱
文献	黑龙江省宁安市兰岗关姓《特合本子•长趟子祭》。		

例句	胡路山神，出齐博。 胡路山神，译为“一齐诵唱”；出齐博，译为“献出”。 全句合译：（把好话）一齐诵唱出去。		
词汇	③乌拉哈	**词义**	诵唱
文献	吉林省长春市九台区其塔木石姓《东哈本》（第 1 册）第 1 页。		
例句	阿几格，吉干，乌拉哈。 阿几格，译为“小”；吉干，译为“声”；乌拉哈，译为“诵唱”。 全句合译：小声诵唱。		
词汇	①胡拉鸡莫	**词义**	旋转
文献	吉林省长春市九台区胡家石姓《小韩本》（引自宋和平译注本）第 350 页。		
例句	胡拉鸡莫，洪西勒。 胡拉鸡莫，译为“旋转”；洪西勒，译为“抡转”。 全句合译：旋转着、抡转着。		
词汇	②洪西勒	**词义**	抡转
文献	吉林省长春市九台区胡家石姓《小韩本》（引自宋和平译注本）第 350 页。		
例句	胡拉鸡莫，洪西勒。 胡拉鸡莫，译为“旋转”；洪西勒，译为“抡转”。 全句合译：旋转着、抡转着。		
词汇	①胡似罕	**词义**	令围上
文献	吉林省长春市九台区其塔木石姓《东哈本》（第 2 册）第 23 页。		
例句	西河，胡似罕。 西河，译为“腰铃”；胡似罕，译为“令围上”。 全句合译：围上腰铃。		
词汇	②胡似韩	**词义**	令围上
文献	吉林省长春市九台区其塔木石姓《东哈本》（第 1 册）		

<table>
<tr><td></td><td colspan="3">第 9 页。</td></tr>
<tr><td>例句</td><td colspan="3">西河，胡似韩。
西河，译为“腰铃”；胡似韩，译为“令围上”。
全句合译：围上腰铃。</td></tr>
<tr><td>词汇</td><td>③胡西</td><td>词义</td><td>令围上</td></tr>
<tr><td>文献</td><td colspan="3">吉林省长春市九台区胡家石姓《小韩本》（引自宋和平译注本）第 157 页。</td></tr>
<tr><td>例句</td><td colspan="3">西河，胡西。
西河，译为“腰铃”；胡西，译为“令围上”。
全句合译：围上腰铃。</td></tr>
<tr><td>词汇</td><td>④呼似罕</td><td>词义</td><td>令围上</td></tr>
<tr><td>文献</td><td colspan="3">吉林省长春市九台区其塔木石姓《东哈本》（第 1 册）第 82 页。</td></tr>
<tr><td>例句</td><td colspan="3">西河，呼似罕。
西河，译为“腰铃”；呼似罕，译为“令围上”。
全句合译：围上腰铃。</td></tr>
<tr><td>词汇</td><td>⑤胡亲</td><td>词义</td><td>令围上</td></tr>
<tr><td>文献</td><td colspan="3">吉林省长春市九台区莽卡杨姓《杨宪本》（手抄本）第 6 页。</td></tr>
<tr><td>例句</td><td colspan="3">胡亲，胡师哈。
胡亲，译为“令围上”；胡师哈，译为“包裹着”。
全句合译：包裹围上。</td></tr>
<tr><td>词汇</td><td>①胡西疋</td><td>词义</td><td>系上</td></tr>
<tr><td>文献</td><td colspan="3">吉林省长春市九台区莽卡杨姓《杨静棠本》第 6 页。</td></tr>
<tr><td>例句</td><td colspan="3">波也，泊，胡西疋。
波也，译为“身”；泊，译为“把”；胡西疋，译为“系上”。
全句合译：把（腰铃）系在身上。</td></tr>
<tr><td>词汇</td><td>②胡西笔</td><td>词义</td><td>系上</td></tr>
<tr><td>文献</td><td colspan="3">吉林省长春市九台区莽卡杨姓《杨宪本》（手抄本）第</td></tr>
</table>

	6 页。		
例句	波也，泊，胡西笔。 波也，译为“身”；泊，译为“把”；胡西笔，译为“系上”。 全句合译：把（腰铃）系在身上。		
词汇	①胡赊何	**词义**	包裹
文献	吉林省长春市九台区莽卡杨姓《杨宪本》（手抄本）第 82 页。		
例句	胡赊何，朱登，泊。 胡赊何，译为“包裹”；朱登，译为“祭坛”；泊，译为“在”。 全句合译：在祭坛前边包裹着……		
词汇	②胡图何	**词义**	包裹
文献	吉林省长春市九台区莽卡杨姓《杨宪本》（手抄本）第 59 页。		
例句	乌朱，得，胡图何。 乌朱，译为“头”；得，译为“在”；胡图何，译为“包裹”。 全句合译：头被包裹着。		
词汇	③胡师哈	**词义**	包裹
文献	吉林省长春市九台区莽卡杨姓《杨宪本》（手抄本）第 6 页。		
例句	胡亲，胡师哈。 胡亲，译为“令围上”；胡师哈，译为“包裹”。 全句合译：（把它）围上包裹。		
词汇	①呼哈	**词义**	盗
文献	吉林省长春市九台区胡家石姓《小韩本》（引自宋和平译注本）第 330 页。		
例句	呼哈，舍洛。 呼哈，译为“盗”；舍洛，译为“贼”。		

	全句合译：盗贼。		
词汇	②胡哈	词义	贼
文献	吉林省长春市九台区莽卡杨姓《杨宪本》（手抄本）第84页。		
例句	胡哈，娘们，扎法笔。 胡哈，译为“贼”；娘们，译为“人”；扎法笔，译为“捉拿”。 全句合译：擒拿敌人。		
词汇	①胡松阿	词义	战胜
文献	吉林省长春市九台区莽卡杨姓《杨宪本》（手抄本）第24页。		
例句	胡松阿，衣不干，得。 胡松阿，译为“战胜”；衣不干，译为“妖魔”；得，译为“在”。 全句合译：战胜了妖魔。		
词汇	②胡扎阿	词义	战胜
文献	吉林省长春市九台区莽卡杨姓《祭祖神谱本》第29页。		
例句	胡土，泊，胡扎阿。 胡土，译为“鬼怪”；泊，译为“把”；胡扎阿，译为“战胜”。 全句合译：把鬼怪战胜。		
音序	**hua**		
词汇	①花	词义	庭院
文献	吉林省长春市九台区莽卡杨姓《杨静棠本》第15页。		
例句	花，扎路，花河不莫。 花，译为“庭院”；扎路，译为“满的”；花河不莫，译为“养育”。 全句合译：庭院中养育满满的……		
词汇	②花因	词义	庭院
文献	吉林省长春市九台区莽卡杨姓《杨宪本》（手抄本）第		

	78 页。		
例句	花因，抬路。 花因，译为“庭院”；抬路，译为“满的”。 全句合译：庭院中满满的……		
词汇	③花音	词义	庭院
文献	吉林省长春市九台区莽卡杨姓《杨宪本》（手抄本）第 15 页。		
例句	花音，招路。 花音，译为“庭院”；招路，译为“满的”。 全句合译：庭院中满满的……		
词汇	④花义	词义	院
文献	吉林省吉林市乌拉街韩屯关姓《敬义神书》（手抄本）第 13 页。		
例句	花义，我论，文侧非。 花义，译为“院”；我论，译为“中”；文侧非，译为“宽敞”。 全句合译：院中宽敞。		
词汇	⑤化日	词义	庭院
文献	黑龙江省宁安市兰岗关姓《特合本子》第 11 页。		
例句	化日，德，扎发博。 化日，译为“庭院”；德，译为“在”；扎发博，译为“抓”。 全句合译：从院中抓来。		
词汇	⑥花而	词义	庭院
文献	吉林省长春市九台区其塔木石姓《东哈本》（第 1 册）第 66 页。		
例句	花而，合沉，为林杜非。 花而，译为“庭院”；合沉，译为“城”；为林杜非，译为“众人一齐建造”。 全句合译：众人一齐建造城院。		

<table>
<tr><td>词汇</td><td>⑦花山</td><td>词义</td><td>院子</td></tr>
<tr><td>文献</td><td colspan="3">吉林省长春市九台区其塔木石姓《东哈本》（第 1 册）第 66 页。</td></tr>
<tr><td>例句</td><td colspan="3">孙扎，花山。
孙扎，译为“五个”；花山，译为“院子”。
全句合译：五个院子。</td></tr>
<tr><td>词汇</td><td>①花牙立孙</td><td>词义</td><td>和顺；和睦</td></tr>
<tr><td>文献</td><td colspan="3">吉林省长春市九台区胡家石姓《小韩本》（引自宋和平译注本）第 73 页、第 94 页。</td></tr>
<tr><td rowspan="2">例句</td><td colspan="3">吴克孙，木坤，花牙立孙。
吴克孙，译为“宗”；木坤，译为“族”；花牙立孙，译为“和顺”。
全句合译：宗族和顺。</td></tr>
<tr><td colspan="3">吴克孙，木坤，花牙立孙。
吴克孙，译为“宗”；木坤，译为“族”；花牙立孙，译为“和睦”。
全句合译：宗族和睦。</td></tr>
<tr><td>词汇</td><td>②花牙里孙</td><td>词义</td><td>和顺</td></tr>
<tr><td>文献</td><td colspan="3">吉林省长春市九台区其塔木石姓《东哈本》（第 1 册）第 12 页。</td></tr>
<tr><td>例句</td><td colspan="3">花牙里孙，博以。
花牙里孙，译为“和顺”；博以，译为“家的”。
全句合译：家里的和顺。</td></tr>
<tr><td>词汇</td><td>③花臣</td><td>词义</td><td>和顺</td></tr>
<tr><td>文献</td><td colspan="3">吉林省吉林市土城子口钦佟赵姓《交罗本》第 27 页。</td></tr>
<tr><td>例句</td><td colspan="3">乌吉合，花臣。
乌吉合，译为“六畜”；花臣，译为“和顺”。
全句合译：六畜和顺。</td></tr>
<tr><td>词汇</td><td>④花迷</td><td>词义</td><td>和气</td></tr>
<tr><td>文献</td><td colspan="3">吉林省吉林市土城子口钦佟赵姓《交罗本》第 1 页。</td></tr>
</table>

例句	花迷，宜，忸怩哈。 花迷，译为“和气”；宜，译为“的”；忸怩哈，译为“鸭子”。 全句合译：和气的鸭子。		
词汇	①花沙不莫	词义	养育
文献	吉林省长春市九台区莽卡杨姓《杨宪本》（手抄本）第15页。		
例句	招路，花沙不莫。 招路，译为“满的”；花沙不莫，译为“养育”。 全句合译：养育满（院子家禽家畜）。		
词汇	②花沙不	词义	养育
文献	吉林省长春市九台区胡家石姓《小韩本》（引自宋和平译注本）第73页。		
例句	花沙不，文一，札录。 花沙不，译为“养育”；文一，译为“猪窝”；札录，译为“满满”。 全句合译：猪窝里养育满满的（小猪）。		
词汇	①花山	词义	纸
文献	吉林省长春市九台区其塔木石姓《东哈本》（第1册）第66页。		
例句	孙扎，花山，吉哈。 孙扎，译为“五色”；花山，译为“纸”；吉哈，译为“（买）来了”。 全句合译：（买）来了五色纸。		
词汇	②华时	词义	纸
文献	黑龙江省宁安市兰岗关姓《特合本子》第10页。		
例句	毛头，华时，吾大撒。 毛头，译为“毛头”；华时，译为“纸”；吾大撒，译为“买来了”。 全句合译：买来了毛头纸。		

音序	huai		
词汇	①怀他腓	词义	拴
文献	吉林省长春市九台区胡家石姓《小韩本》（引自宋和平译注本）第 260 页。		
例句	叶嘎立，兰山，得，怀他腓。 叶嘎立，译为“五色纸条”；兰山，译为“悬挂”；得，译为“在”；怀他腓，译为“拴”。 全句合译：拴上悬挂的五色纸条。		
词汇	②怀他笔	词义	拴
文献	吉林省长春市九台区莽卡杨姓《杨宪本》（手抄本）第 74 页。		
例句	附他，怀他笔。 附他，译为“绳子”；怀他笔，译为“拴”。 全句合译：用绳拴着。		
词汇	③怀大撤	词义	拴
文献	黑龙江省宁安市兰岗关姓《特合本子》第 10 页。		
例句	苏炉威，怀大撤。 苏炉威，译为“白马”；怀大撤，译为“拴”。 全句合译：拴着白马。		
词汇	④槐他哈	词义	拴
文献	吉林省长春市九台区其塔木石姓《东哈本》（第 1 册）第 86 页。		
例句	不五博，槐他哈。 不五博，译为“脚”；槐他哈，译为“拴”。 全句合译：脚被拴着。		
词汇	⑤槐他木必	词义	聚集
文献	吉林省长春市九台区其塔木石姓《东哈本》（第 2 册）第 1 页。		
例句	按巴，押哈，槐他木必。 按巴，译为“大”；押哈，译为“炭火”；槐他木必，		

	译为“聚集”。 全句合译：炭火越烧越大。		
音序	**hui**		
词汇	①辉发	**词义**	古地名
文献	吉林省长春市九台区其塔木石姓《东哈本》（第 1 册）第 53 页。		
例句	辉发，阿拉，浑其纳卡，博。 辉发，古地名；阿拉，译为“岗”；浑其纳卡，译为“请回”；博，译为“把”。 全句合译：请回辉发岗去吧。		
词汇	②辉伐	**词义**	古地名
文献	吉林省长春市九台区胡家石姓《小韩本》（引自宋和平译注本）第 315 页。		
例句	辉伐，必拉，七，瓦西哈。 辉伐，古地名；必拉，译为“河”；七，译为“从”；瓦西哈，译为“降临的”。 全句合译：从辉发河降临的。		
词汇	③灰发	**词义**	古地名
文献	吉林省长春市九台区其塔木石姓《东哈本》（第 1 册）第 12 页。		
例句	灰发，必拉，七，瓦西哈。 灰发，古地名；必拉，译为“河”；七，译为“从”；瓦西哈，译为“降临”。 全句合译：从辉发河降临了。		
词汇	④回伐	**词义**	古地名
文献	吉林省长春市九台区胡家石姓《小韩本》（引自宋和平译注本）第 61 页。		
例句	回伐，必拉，七，瓦西哈。 回伐，古地名；必拉，译为“河”；七，译为“从”；瓦西哈，译为“降临”。		

	全句合译：从辉发河降临。
音序	**Huo**

词汇	①活龙赊	词义	有威风
文献	吉林省长春市九台区莽卡杨姓《杨宪本》（手抄本）第46页。		
例句	活龙赊，也。 活龙赊，译为“有威风”；也，译为“的”。 全句合译：有威风的。		
词汇	②活龙偶	词义	有威风
文献	吉林省长春市九台区莽卡杨姓《杨宪本》（手抄本）第66页。		
例句	活龙偶，爷。 活龙偶，译为“有威风”；爷，译为“的”。 全句合译：有威风的。		
词汇	①活说	词义	隅角
文献	吉林省长春市九台区莽卡杨姓《祭祖神本》第15页。		
例句	花音，活说。 花音，译为“庭院”；活说，译为“隅角”。 全句合译：院子隅角上。		
词汇	①豁屯	词义	城
文献	吉林省长春市九台区其塔木石姓《东哈本》（第2册）第1页。		
例句	河克达，兴西哈，豁屯，德。 河克达，译为“老”；兴西哈，译为“到”；豁屯，译为“城”；德，译为“在”。 全句合译：迁到老城。		
词汇	②合沉	词义	城
文献	吉林省长春市九台区其塔木石姓《东哈本》（第1册）第66页。		
例句	合沉，为林杜非。		

	合沉，译为“城”；为林杜非，译为“众人一齐造”。 全句合译：众人一齐造城。		
词汇	③合臣	词义	城
文献	吉林省长春市九台区胡家石姓《小韩本》（引自宋和平译注本）第326页。		
例句	特合宁我，各门，合臣。 特合宁我，译为“居住”；各门，译为“京”；合臣，译为“城”。 全句合译：在京城居住。		
词汇	①活络浑	词义	谷道
文献	吉林省长春市九台区莽卡杨姓《杨宪本》（手抄本）第9页。		
例句	隋分，活络浑。 隋分，译为“绥芬河”；活络浑，译为“谷道”。 全句合译：绥芬河谷道。		
词汇	②活落浑	词义	谷道
文献	吉林省长春市九台区莽卡杨姓《杨静棠本》第9页。		
例句	隋分，活落浑。 隋分，译为“绥芬河”；活落浑，译为“谷道”。 全句合译：绥芬河谷道。		

音序	J		
	ji		
词汇	①鸡干	词义	声
文献	吉林省长春市九台区莽卡杨姓《杨宪本》（手抄本）第 13 页。		
例句	按巴，鸡干。 按巴，译为“大”；鸡干，译为“声”。 全句合译：大声。		
词汇	②吉干	词义	声
文献	吉林省长春市九台区其塔木石姓《东哈本》（第 1 册）第 1 页。		
例句	按巴，吉干，阿纳莫。 按巴，译为“大”；吉干，译为“声”；阿纳莫，译为“逐句”。 全句合译：大声逐句（朗读）。		
词汇	③鸡耳干	词义	声
文献	吉林省吉林市土城子口钦佟赵姓《交罗本》第 31 页。		
例句	洪五，鸡耳干。 洪五，译为“铃铛”；鸡耳干，译为“声”。 全句合译：铃铛声。		
词汇	①鸡孙	词义	话；语；鼓槌
文献	吉林省长春市九台区其塔木石姓《东哈本》（第 1 册）第 41 页、《东哈本》（第 2 册）第 1 页。		
例句	合合乐，鸡孙。 合合乐，译为“上牙碰下牙”；鸡孙，译为“话”。 全句合译：上牙碰下牙的话。		
	满洲，鸡孙。 满洲，译为“满族”；鸡孙，译为“语”。 全句合译：满（族）语。		
文献	吉林省长春市九台区胡家石姓《小韩本》（引自宋和		

	平译注本）第 161 页。		
例句	鸡孙，得，扎伐拉库。 鸡孙，译为“鼓槌”；得，译为“在”；扎伐拉库，译为 “拿不住了”。 全句合译：拿不住鼓槌了。		
词汇	②吉孙	词义	话
文献	吉林省长春市九台区莽卡杨姓《杨宪本》（手抄本）第 1 页。		
例句	昂阿，吉孙，泊，而者足，阁喏阿。 昂阿，译为“口”；吉孙，译为“话”；泊，译为“把”；而者足，译为“记住了”；阁喏阿，译为“说出了”。 全句合译：把说出的话记住了。		
词汇	①鸡打	词义	花棍；枪
文献	吉林省长春市九台区胡家石姓《小韩本》（引自宋和平译注本）第 72 页、第 90 页。		
例句	朱录，鸡打，木克沙腓。 朱录，译为“双”；鸡打，译为“花棍”；木克沙腓，译为 “耍着”。 全句合译：耍着双花棍。		
	爱心，鸡打，扎伐腓。 爱心，译为“金”；鸡打，译为“枪”；扎伐腓，译为“执”。 全句合译：执着金枪。		
词汇	②吉打	词义	矛（枪）
文献	吉林省长春市九台区莽卡杨姓《杨宪本》（手抄本）第 10 页。		
例句	我奔，吉打。 我奔，译为“玩耍”；吉打，译为“矛（枪）”。 全句合译：玩耍着矛枪。		
词汇	①鸡郎尼	词义	骨

<table>
<tr><td>文献</td><td colspan="3">吉林省长春市九台区胡家石姓《小韩本》（引自宋和平译注本）第 87 页。</td></tr>
<tr><td>例句</td><td colspan="3">鸡郎尼，牙立。
鸡郎尼，译为“骨”；牙立，译为“肉”。
全句合译：骨肉。</td></tr>
<tr><td>词汇</td><td>②吉郎尼</td><td>词义</td><td>骨</td></tr>
<tr><td>文献</td><td colspan="3">吉林省长春市九台区其塔木石姓《东哈本》（第 2 册）第 21 页。</td></tr>
<tr><td>例句</td><td colspan="3">吉郎尼，夜力，博浑。
吉郎尼，译为“骨”；夜力，译为“肉”；博浑，译为 “洁净”。
全句合译：洁净的骨头和肉。</td></tr>
<tr><td>词汇</td><td>③吉浪泥</td><td>词义</td><td>骨头</td></tr>
<tr><td>文献</td><td colspan="3">吉林省长春市九台区莽卡杨姓《祭祖神本》第 15 页。</td></tr>
<tr><td>例句</td><td colspan="3">我不其，吉浪泥，泊。
我不其，译为“下来”；吉浪泥，译为“骨头”；泊，译为“把”。
全句合译：把骨头剃下来。</td></tr>
<tr><td>词汇</td><td>④吉仍你</td><td>词义</td><td>骨</td></tr>
<tr><td>文献</td><td colspan="3">吉林省长春市九台区莽卡杨姓《杨宪本》（手抄本）第 69 页。</td></tr>
<tr><td>例句</td><td colspan="3">莫杜芬，吉仍你。
莫杜芬，译为“龙”；吉仍你，译为“骨”。
全句合译：龙骨。</td></tr>
<tr><td>词汇</td><td>⑤吉尼</td><td>词义</td><td>骨</td></tr>
<tr><td>文献</td><td colspan="3">吉林省吉林市乌拉街韩屯关姓《敬义神书》（手抄本）第 15 页。</td></tr>
<tr><td>例句</td><td colspan="3">代明，吉尼。
代明，译为“雕”；吉尼，译为“骨”。
全句合译：雕骨。</td></tr>
</table>

词汇	⑥耨尼	词义	骨头
文献	吉林省长春市九台区莽卡杨姓《杨会清本》第27页。		
例句	哈押拉，泊，耨尼。 哈押拉，译为“剪掉”；泊，译为“把”；耨尼，译为“骨头”。 全句合译：把骨头剃下来。		
词汇	⑦弄你	词义	骨
文献	吉林省长春市九台区莽卡杨姓《杨宪本》（手抄本）第8页。		
例句	哈亚拉莫，弄你，泊。 哈亚拉莫，译为“剪掉”；弄你，译为“骨”；泊，译为“把”。 全句合译：把骨头剃除。		
词汇	①鸡文勒勒	词义	尊敬
文献	吉林省长春市九台区其塔木石姓《东哈本》（第1册）第31页。		
例句	吴克孙，穆昆，鸡文勒勒。 吴克孙，译为“宗”；穆昆，译为“族”；鸡文勒勒，译为“尊敬”。 全句合译：尊敬宗族。		
词汇	②京文勒莫	词义	恭敬
文献	吉林省吉林市乌拉街韩屯关姓《敬义神书》（手抄本）第24页。		
例句	彪浑，德，京文勒莫。 彪浑，译为“东家”；德，译为“在”；京文勒莫，译为“恭敬”。 全句合译：东家在恭敬地（求福）。		
词汇	③京温勒莫逼	词义	敬拜
文献	吉林省吉林市土城子口钦佟赵姓《交罗本》第21页。		

例句	卧莫西，博，京温勒莫逼。 卧莫西，译为“众子孙”；博，译为“把”；京温勒莫逼，译为“敬拜”。 全句合译：众子孙敬拜。		
词汇	④京乌勒非	词义	恭敬
文献	吉林省吉林市土城子口钦佟赵姓《交罗本》第27页。		
例句	三音，京乌勒非。 三音，译为“好”；京乌勒非，译为“恭敬”。 全句合译：好好恭敬。		
词汇	⑤精拉莫	词义	敬拜
文献	黑龙江省宁安市兰岗关姓《特合本子》第9页。		
例句	一车，素木，德，精拉莫。 一车，译为“祈”；素木，译为“索罗杆”；德，译为“在”；精拉莫，译为“敬拜”。 全句合译：在敬拜索罗杆子。		
词汇	⑥鸡文勒鸡文	词义	恭恭敬敬
文献	吉林省长春市九台区其塔木石姓《东哈本》（第1册）第74页。		
例句	鸡文勒鸡文，博，以似浑，德。 鸡文勒鸡文，译为“恭恭敬敬”；博，译为“把”；以似浑，译为“顺利”；德，译为“在”。 全句合译：恭恭敬敬地、顺利地在祭祖。		
词汇	①鸡舒乐合	词义	说了
文献	吉林省长春市九台区胡家石姓《小韩本》（引自宋和平译注本）第117页。		
例句	舒拉，鸡孙，鸡舒乐合。 舒拉，译为“闲”；鸡孙，译为“话”；鸡舒乐合，译为“说了”。 全句合译：说了闲话。		

词汇	②吉书勒非	**词义**	说了
文献	吉林省吉林市乌拉街韩屯关姓《敬义神书》(手抄本)第 14 页。		
例句	合合立莫舍，吉书勒非。 合合立莫舍，译为“上牙碰下牙”；吉书勒非，译为“说了”。 全句合译：说了上牙碰下牙的话。		
词汇	③鸡已米	**词义**	说
文献	吉林省长春市九台区胡家石姓《小韩本》(引自宋和平译注本)第 127 页。		
例句	颠非，阿拉，鸡已米。 颠非，译为“各自”；阿拉，译为“告诉”；鸡已米，译为“说”。 全句合译：各自告诉说。		
词汇	④鸡舒勒拉库	**词义**	没有说的了
文献	吉林省长春市九台区胡家石姓《小韩本》(引自宋和平译注本)第 161 页。		
例句	昂阿，鸡孙，鸡舒勒拉库。 昂阿，译为“口”；鸡孙，译为“话”；鸡舒勒拉库，译为“没有说的了”。 全句合译：没有什么可说的话了。		
词汇	①即以力非	**词义**	隐匿
文献	吉林省长春市九台区其塔木石姓《东哈本》(第 1 册)第 31 页。		
例句	以车奢，德，即以力非。 以车奢，译为“新的”；德，译为“在”；即以力非，译为“隐匿”。 全句合译：把新的隐匿起来。		
词汇	②吉克非	**词义**	压住

<table>
<tr><td>文献</td><td colspan="3">吉林省吉林市乌拉街韩屯关姓《敬义神书》（手抄本）第 16 页。</td></tr>
<tr><td>例句</td><td colspan="3">胡兰，商家，吉克非。
胡兰，译为“烟筒”；商家，译为“白烟”；吉克非，译为“压住”。
全句合译：压住从烟筒里冒出的白烟。</td></tr>
<tr><td>词汇</td><td>①筋拉莫</td><td>词义</td><td>间隔</td></tr>
<tr><td>文献</td><td colspan="3">黑龙江省宁安市兰岗关姓《特合本子•借房祭》第 9 页。</td></tr>
<tr><td>例句</td><td colspan="3">大爷，贝爷，筋拉莫。
大爷，译为“盖”；贝爷，译为“房”；筋拉莫，译为“间隔”。
全句合译：与盖的新房有段距离。</td></tr>
<tr><td>词汇</td><td>①吉哈</td><td>词义</td><td>金钱</td></tr>
<tr><td>文献</td><td colspan="3">吉林省长春市九台区其塔木石姓《东哈本》（第 1 册）第 1 页。</td></tr>
<tr><td>例句</td><td colspan="3">爱心，吉哈，押哈。
爱心，译为“金”；吉哈，译为“金钱”；押哈，译为“豹”。
全句合译：金钱豹。</td></tr>
<tr><td>词汇</td><td>②吉哈那</td><td>词义</td><td>金钱</td></tr>
<tr><td>文献</td><td colspan="3">吉林省长春市九台区胡家石姓《小韩本》（引自宋和平译注本）第 151 页。</td></tr>
<tr><td>例句</td><td colspan="3">牙拉哈，吉哈那。
牙拉哈，译为“豹”；吉哈那，译为“金钱”。
全句合译：金钱豹。</td></tr>
<tr><td>词汇</td><td>③吉哈奈</td><td>词义</td><td>金钱</td></tr>
<tr><td>文献</td><td colspan="3">吉林省长春市九台区莽卡杨姓《杨宪本》（手抄本）第 41 页。</td></tr>
<tr><td>例句</td><td colspan="3">吉哈奈，押勒哈。</td></tr>
</table>

	吉哈奈，译为“金钱”；押勒哈，译为“豹”。 全句合译：金钱豹。		
词汇	④吉何乃	**词义**	金钱
文献	吉林省长春市九台区莽卡杨姓《祭祖神本》第 29 页。		
例句	格纳何，吉何乃，押勒哈。 格纳何，译为“去了”；吉何乃，译为“金钱”；押勒哈，译为“豹”。 全句合译：金钱豹离开了。		
词汇	⑤基汗	**词义**	钱
文献	黑龙江省宁安市白岩杨姓《祭祀神歌》（手抄本）第 1 页。		
例句	摸力摸，基汗，得。 摸力摸，译为“我们的”；基汗，译为“钱”；得，译为“在”。 全句合译：我们的钱在。		
词汇	⑥鸡拉哈	**词义**	质水（豹）星
文献	吉林省长春市九台区莽卡杨姓《杨宪本》（手抄本）第 41 页。		
例句	威萨哈，鸡拉哈。 威萨哈，译为“尾火（虎）”；鸡拉哈，译为“质水（豹）星”。 全句合译：尾火（虎）星、质水（豹）星。		
词汇	①吉立	**词义**	气
文献	吉林省长春市九台区其塔木石姓《东哈本》（第 1 册）第 39 页。		
例句	吉立，班吉，白库。 吉立，译为“气”；班吉，译为“生”；白库，译为“没有地方”。 全句合译：没有生气的地方。		

词汇	②几立	**词义**	气
文献	吉林省长春市九台区胡家石姓《小韩本》（引自宋和平译注本）第 360 页。		
例句	几立，班几勒。 几立，译为“气”；班几勒，译为“生”。 全句合译：生气。		
词汇	①吉哈	**词义**	来了
文献	吉林省长春市九台区其塔木石姓《东哈本》（第 1 册）第 1 页。		
例句	多心，吉哈。 多心，译为“行走”；吉哈，译为“来了”。 全句合译：走来了。		
词汇	②吉合	**词义**	来了
文献	吉林省长春市九台区其塔木石姓《东哈本》（第 1 册）第 41 页。		
例句	白莫，吉合。 白莫，译为“乞求”；吉合，译为“来了”。 全句合译：来乞求了。		
词汇	③吉非	**词义**	来了
文献	吉林省长春市九台区其塔木石姓《东哈本》（第 1 册）第 39 页。		
例句	白莫，吉非。 白莫，译为“乞求”；吉非，译为“来了”。 全句合译：来乞求了。		
词汇	④几合	**词义**	来
文献	吉林省长春市九台区胡家石姓《小韩本》（引自宋和平译注本）第 38 页。		
例句	伯莫，几合。 伯莫，译为“乞求”；几合，译为“来”。 全句合译：来乞求。		

<table>
<tr><td>词汇</td><td>⑤几腓</td><td>词义</td><td>来了</td></tr>
<tr><td>文献</td><td colspan="3">吉林省长春市九台区胡家石姓《小韩本》（引自宋和平译注本）第 325 页。</td></tr>
<tr><td>例句</td><td colspan="3">阿林，杜勒莫，几腓。
阿林，译为“山”；杜勒莫，译为“过了”；几腓，译为“来了”。
全句合译：过山而来。</td></tr>
<tr><td>词汇</td><td>⑥几俄</td><td>词义</td><td>来</td></tr>
<tr><td>文献</td><td colspan="3">吉林省长春市九台区胡家石姓《小韩本》（引自宋和平译注本）第 360 页。</td></tr>
<tr><td>例句</td><td colspan="3">几俄，我木，我克勒。
几俄，译为“来”；我木，译为“一”；我克勒，译为“位”。
全句合译：来一位。</td></tr>
<tr><td>词汇</td><td>⑦吉恒俄</td><td>词义</td><td>下降</td></tr>
<tr><td>文献</td><td colspan="3">吉林省长春市九台区胡家石姓《小韩本》（引自宋和平译注本）第 50 页。</td></tr>
<tr><td>例句</td><td colspan="3">哈西拉莫，吉恒俄。
哈西拉莫，译为“迅速”；吉恒俄，译为“下降”。
全句合译：迅速下降。</td></tr>
<tr><td>词汇</td><td>⑧几恒俄</td><td>词义</td><td>降下来；来</td></tr>
<tr><td>文献</td><td colspan="3">吉林省长春市九台区胡家石姓《小韩本》（引自宋和平译注本）第 133 页、第 321 页。</td></tr>
<tr><td rowspan="2">例句</td><td colspan="3">一拉七，秃鸡，几恒俄。
一拉七，译为“第三”；秃鸡，译为“云霄”；几恒俄，译为“降下来”。
全句合译：从第三层云霄中降下来。</td></tr>
<tr><td colspan="3">吴林莫，几恒俄。
吴林莫，译为“响声”；几恒俄，译为“来”。
全句合译：响声传来。</td></tr>
</table>

词汇	⑨几恒我	词义	来了
文献	吉林省长春市九台区胡家石姓《小韩本》（引自宋和平译注本）第 214 页。		
例句	阿巴卡，杜腓，几恒我。 阿巴卡，译为“天”；杜腓，译为“经过”；几恒我，译为“来了”。 全句合译：从天上来。		
词汇	⑩吉恒我	词义	来了
文献	吉林省长春市九台区胡家石姓《小韩本》（引自宋和平译注本）第 188 页。		
例句	吉恒我，街。 吉恒我，译为“来了”；街，译为“啊”。 全句合译：来了啊。		
词汇	①吉郎也	词义	保佑
文献	吉林省长春市九台区莽卡杨姓《杨会清本》第 27 页。		
例句	吉郎也，泊浑，得。 吉郎也，译为“保佑”；泊浑，译为“家人”；得，译为“在”。 全句合译：在保佑着家人。		
词汇	②吉搭哈	词义	保佑
文献	吉林省吉林市土城子口钦佟赵姓《交罗本》第 12 页。		
例句	吉搭哈，呆迷。 吉搭哈，译为“保佑”；呆迷，译为“我们的”。 全句合译：（会）保佑我们的。		
词汇	③扨郎也	词义	保佑
文献	吉林省长春市九台区莽卡杨姓《杨宪本》（手抄本）第 81 页。		
例句	扨郎也，泊浑，得。 扨郎也，译为“保佑”；泊浑，译为“家人”；得，译为“在”。		

	全句合译：在保佑着家人。		
词汇	④吉大撒	**词义**	保佑
文献	黑龙江省宁安市兰岗关姓《特合本子》第 9 页。		
例句	我和，衣娘，吉大撒。 我和，译为“祭祀”；衣娘，译为“日”；吉大撒，译为“保佑”。 全句合译：（顺利）保佑祭日。		
词汇	⑤级不撒	**词义**	保佑
文献	黑龙江省宁安市白岩杨姓《神本》（手抄本）第 1 页。		
例句	汗其，克利，级不撒。 汗其，译为“近处”；克利，译为“各位”；级不撒，译为“保佑”。 全句合译：在近处保佑着各位。		
词汇	⑥几大撒	**词义**	保佑
文献	黑龙江省宁安市兰岗关姓《特合本子·长趟子祭》第 2 页。		
例句	我和，一娘，几大撒。 我和，译为“向往”；一娘，译为“他的”；几大撒，译为“保佑”。 全句合译：向往得到他的保佑。		
词汇	①街	**词义**	啊
文献	吉林省长春市九台区胡家石姓《小韩本》（引自宋和平译注本）第 39 页。		
例句	梅分，街。 梅分，译为“脖子”；街，译为“啊”。 全句合译：脖子啊。		
词汇	②街哈	**词义**	取用；娶
文献	吉林省长春市九台区胡家石姓《小韩本》（引自宋和平译注本）第 253 页、第 288 页。		
例句	倭以，博，街哈。		

	倭以，译为“留下”；博，译为“把”；街哈，译为“取用”。 全句合译：把留下的（东西）取用。		
	街哈，吴伦。 街哈，译为“娶”；吴伦，译为“媳”。 全句合译：娶媳妇。		
词汇	③街书	**词义**	取
文献	吉林省长春市九台区莽卡杨姓《杨宪本》（手抄本）第 58 页。		
例句	衣林莫，街书。 衣林莫，译为“供献”；街书，译为“取”。 全句合译：取来供品。		
词汇	④街腓	**词义**	取来
文献	吉林省长春市九台区胡家石姓《小韩本》（引自宋和平译注本）第 253 页。		
例句	街腓，得，得西，歪立。 街腓，译为“取来”；得，译为“在”；得西，译为“四十”；歪立，译为“粒”。 全句合译：取来四十粒。		
词汇	⑤街疋	**词义**	取来
文献	吉林省长春市九台区莽卡杨姓《杨静棠本》第 1 页。		
例句	卧罗力，街疋。 卧罗力，译为“容易”；街疋，译为“取来”。 全句合译：取来容易。		
词汇	⑥街笔	**词义**	取下来
文献	吉林省长春市九台区莽卡杨姓《杨宪本》（手抄本）第 44 页。		
例句	他拉干，泊，街笔。 他拉干，译为“禁忌”；泊，译为“把”；街笔，译为“取下来”。		

	全句合译：把脸上的遮面巾取下来。		
词汇	⑦街不莫	**词义**	采集
文献	吉林省长春市九台区莽卡杨姓《祭祖神本》第 4 页。		
例句	月宁阿，街不莫。 月宁阿，译为“年”；街不莫，译为“采集”。 全句合译：当年采集。		
词汇	⑧该苏	**词义**	取
文献	吉林省吉林市土城子口钦佟赵姓《交罗本》第 27 页。		
例句	阿离莫，该苏。 阿离莫，译为“接受”；该苏，译为“取”。 全句合译：接取（供品）。		
词汇	⑨街台	**词义**	忽然
文献	吉林省长春市九台区胡家石姓《小韩本》（引自宋和平译注本）第 282 页。		
例句	街台，那，得，嘎思憨。 街台，译为“忽然”；那，译为“地方”；得，译为“在”；嘎思憨，译为“灾祸”。 全句合译：忽然间在当地发生了灾祸。		
词汇	⑩街不沙拉	**词义**	尽力
文献	吉林省长春市九台区胡家石姓《小韩本》（引自宋和平译注本）第 350 页。		
例句	街不沙拉，五巴拉莫。 街不沙拉，译为“尽力”；五巴拉莫，译为“转换”。 全句合译：尽力在旋转着。		
词汇	①京那莫	**词义**	举起双手供献
文献	吉林省吉林市耿屯钱姓《折子本》（手抄本）第 11 页。		
例句	悲色，沙，德，京那莫。 悲色，译为“贝子”；沙，译为“们”；德，译为“在”；京那莫，译为“举起双手供献”。		

	全句合译：贝子们在举起双手供献。		
词汇	②京那哈	词义	举起双手供献
文献	吉林省吉林市耿屯钱姓《折子本》（手抄本）第 11 页。		
例句	京那哈，阿妈孙，箔。 京那哈，译为“举起双手供献”；阿妈孙，译为“祭肉”；箔，译为“把”。 全句合译：举起双手把祭肉供上。		
词汇	③京纳合	词义	举起双手供献
文献	吉林省吉林市土城子口钦佟赵姓《交罗本》第 6 页。		
例句	京纳合，徒桑阿。 京纳合，译为“举起双手供献”；徒桑阿，译为“献出”。 全句合译：举起双手把（供品）献出。		
词汇	④京勒非	词义	举起双手供献
文献	吉林省吉林市土城子口钦佟赵姓《交罗本》第 6 页。		
例句	朱勒西，京勒非。 朱勒西，译为“往前”；京勒非，译为“举起双手供献”。 全句合译：举起双手上前供献。		
词汇	⑤京纳合宁厄	词义	举起双手供献
文献	吉林省吉林市土城子口钦佟赵姓《交罗本》第 6 页。		
例句	京纳合宁厄，徒桑阿。 京纳合宁厄，译为“举起双手供献”；徒桑阿，译为“献出”。 全句合译：举起双手将（供品）献出。		
词汇	⑥敬那摸	词义	举起双手供献
文献	黑龙江省宁安市白岩杨姓《神本》（手抄本）第 1 页。		
例句	依其，得，敬那摸。		

	依其，译为“新”；得，译为“在”；敬那摸，译为“举起双手供献”。 全句合译：举起双手供献新的（祭品）。		
词汇	①觉罗	**词义**	赵
文献	吉林省吉林市土城子口钦佟赵姓《交罗本》第21页。		
例句	觉罗，宜，哈拉。 觉罗，译为“赵”；宜，译为“的”；哈拉，译为“姓”。 全句合译：姓赵的。		
词汇	②交罗	**词义**	赵
文献	吉林省吉林市土城子口钦佟赵姓《交罗本》。		
例句	交罗，哈拉。 交罗，译为“赵”；哈拉，译为“姓”。 全句合译：（佟）赵姓。		

音序	K		
	kɑ		
词汇	①卡路拉莫	词义	报答
文献	吉林省长春市九台区莽卡杨姓《杨宪本》（手抄本）第 74 页。		
例句	我木，嘎力，卡路拉莫，不押木必。 我木，译为“一”；嘎力，译为“再”；卡路拉莫，译为“报答”；不押木必，译为“恩情”。 全句合译：一再报答恩情。		
词汇	②卡徒那约	词义	报答
文献	吉林省吉林市土城子口钦佟赵姓《交罗本》第 6 页。		
例句	标混，德，卡徒那约。 标混，译为“主人”；德，译为“在”；卡徒那约，译为“报答”。 全句合译：主人在报答（恩情）。		
词汇	①卡勒马楼	词义	保护
文献	吉林省长春市九台区莽卡杨姓《祭祖神本》第 12 页。		
例句	彪根，娘妈，泊，卡勒马楼。 彪根，译为“家族”；娘妈，译为“人”；泊，译为“把”；卡勒马楼，译为“保护”。 全句合译：把全家族人保护。		
词汇	②卡落马楼	词义	保护
文献	吉林省长春市九台区莽卡杨姓《杨静棠本》第 10 页。		
例句	彪根，娘们，卡落马楼。 彪根，译为“家族”；娘们，译为“人”；卡落马楼，译为“保护”。 全句合译：保护全家族人。		
词汇	③坎马笔	词义	保护
文献	吉林省长春市九台区莽卡杨姓《杨宪本》（手抄本）第 82 页。		

例句	倍根，娘们，得，坎马笔。 倍根，译为“家族”；娘们，译为“人”；得，译为“在”；坎马笔，译为“保护”。 全句合译：在保护全家族人。		
词汇	④坎马楼	词义	保护
文献	吉林省长春市九台区莽卡杨姓《杨宪本》（手抄本）第 10 页。		
例句	彪根，娘莫，坎马楼。 彪根，译为“家族”；娘莫，译为“人”；坎马楼，译为“保护”。 全句合译：保护全家族人。		
词汇	⑤坎马必	词义	保护
文献	吉林省长春市九台区莽卡杨姓《杨宪本》（手抄本）第 50 页。		
例句	彪根，娘们，得，坎马必。 彪根，译为“家族”；娘们，译为“人”；得，译为“在”；坎马必，译为“保护”。 全句合译：在保护全家族人。		
词汇	①卡打拉莫	词义	管理
文献	吉林省长春市九台区胡家石姓《小韩本》（引自宋和平译注本）第 244 页。		
例句	卡打拉莫，辍哈拉哈。 卡打拉莫，译为“管理”；辍哈拉哈，译为“出征”。 全句合译：掌管出征（的事情）。		
词汇	②咔打拉拉	词义	管理
文献	吉林省长春市九台区其塔木石姓《东哈本》（第 2 册）第 21 页。		
例句	吾合力，咔打拉拉。 吾合力，译为“共同”；咔打拉拉，译为“管理”。 全句合译：共同管理。		

词汇	③卡打拉哈	词义	管理
文献	吉林省长春市九台区其塔木石姓《东哈本》(第 1 册)第 1 页。		
例句	那丹，撮落，卡打拉哈。 那丹，译为“七座”；撮落，译为“帐篷”；卡打拉哈，译为“管理”。 全句合译：管理七座帐篷。		
词汇	④卡打拉拉	词义	统领
文献	吉林省长春市九台区胡家石姓《小韩本》(引自宋和平译注本）第 313 页。		
例句	那丹，辍洛，卡打拉拉。 那丹，译为“七座”；辍洛，译为“帐篷”；卡打拉拉，译为“统领”。 全句合译：统领七座帐篷。		
词汇	⑤卡木图立	词义	亢金（龙）星
文献	吉林省长春市九台区莽卡杨姓《杨宪本》第 92 页。		
例句	鸡马达，卡木图立。 鸡马达，译为“角木（蛟)”；卡木图立，译为“亢金（龙）星”。 全句合译：蛟龙星。		
词汇	①卡卡立	词义	树枝上
文献	吉林省长春市九台区胡家石姓《小韩本》(引自宋和平译注本）第 161 页。		
例句	各棱，卡卡立。 各棱，译为“各个”；卡卡立，译为“树枝上”。 全句合译：在各个树枝上。		
词汇	②卡卡其	词义	树的枝杈上
文献	吉林省长春市九台区胡家石姓《小韩本》(引自宋和平译注本）第 161 页。		
例句	卡卡其，博纳勒，其。		

<table>
<tr><td></td><td colspan="3">卡卡其，译为“树的枝杈上”；博纳勒，译为“送回吧”；其，译为“由”。
全句合译：由树的枝杈上送回吧。</td></tr>
<tr><td>音序</td><td colspan="3">kai</td></tr>
<tr><td>词汇</td><td>①开叉哈</td><td>词义</td><td>响声；敲响</td></tr>
<tr><td>文献</td><td colspan="3">吉林省长春市九台区胡家石姓《小韩本》（引自宋和平译注本）第 140 页、第 170 页。</td></tr>
<tr><td rowspan="2">例句</td><td colspan="3">吴克心，沙卡，开叉哈。
吴克心，译为“盔甲”；沙卡，译为“钢叉”；开叉哈，译为“响声”。
全句合译：盔甲、钢叉的响声。</td></tr>
<tr><td colspan="3">同恳，鸡干，开叉哈。
同恳，译为“抬鼓”；鸡干，译为“声”；开叉哈，译为“敲响”。
全句合译：抬鼓被敲响了。</td></tr>
<tr><td>词汇</td><td>②开叉腓</td><td>词义</td><td>敲响了；敲响</td></tr>
<tr><td>文献</td><td colspan="3">吉林省长春市九台区胡家石姓《小韩本》（引自宋和平译注本）第 50 页、第 135 页。</td></tr>
<tr><td rowspan="2">例句</td><td colspan="3">同恳，鸡干，开叉腓。
同恳，译为“大鼓”；鸡干，译为“声”；开叉腓，译为“敲响了”。
全句合译：大鼓被敲响了。</td></tr>
<tr><td colspan="3">同恳，鸡干，开叉腓。
同恳，译为“大鼓”；鸡干，译为“声”；开叉腓，译为“敲响”。
全句合译：大鼓被敲响。</td></tr>
<tr><td>词汇</td><td>③开叉莫</td><td>词义</td><td>呐喊</td></tr>
<tr><td>文献</td><td colspan="3">吉林省长春市九台区胡家石姓《小韩本》（引自宋和平译注本）第 161 页。</td></tr>
<tr><td>例句</td><td colspan="3">开叉莫，音折莫必。</td></tr>
</table>

	开叉莫，译为“呐喊”；音折莫必，译为“歇息了”。 全句合译：呐喊声停止了。		
词汇	④开肠	词义	喊叫
文献	吉林省长春市九台区其塔木石姓《东哈本》（第 1 册）第 41 页。		
例句	开肠，多心已哈。 开肠，译为“喊叫”；多心已哈，译为“进来了”。 全句合译：喊叫着进来了。		
词汇	⑤开叉行俄	词义	呐喊
文献	吉林省长春市九台区胡家石姓《小韩本》（引自宋和平译注本）第 91 页。		
例句	佛库车莫，开叉行俄。 佛库车莫，译为“蹦跳”；开叉行俄，译为“呐喊”。 全句合译：蹦跳着，呐喊着。		
词汇	⑥开叉杭我	词义	呼喊着；呐喊；响起了
文献	吉林省长春市九台区胡家石姓《小韩本》（引自宋和平译注本）第 148 页、第 152 页、第 217 页。		
例句	阿几各，鸡干，开叉杭我。 阿几各，译为“小”；鸡干，译为“声”；开叉杭我，译为“呼喊着”。 全句合译：小声呼喊着。		
	按巴，鸡干，开叉杭我。 按巴，译为“大”；鸡干，译为“声”；开叉杭我，译为“呐喊”。 全句合译：大声呐喊。		
	通恳，鸡干，开叉杭我。 通恳，译为“大鼓”；鸡干，译为“声”；开叉杭我，译为“响起了”。 全句合译：响起了大鼓声。		

音序	ke		
词汇	①克几可	词义	良久
文献	黑龙江省宁安市兰岗关姓《特合本子·下午神位歌》。		
例句	克几可，把拉切。 克几可，译为“良久”；把拉切，译为“苦求”。 全句合译：乞求很久。		
词汇	②歌一歌	词义	良久
文献	黑龙江省宁安市兰岗关姓《阿拉街本·下午神位歌》。		
例句	歌一歌，扒拉，其。 歌一歌，译为“良久”；扒拉，译为“乞求”；其，译为“从”。 全句合译：找寻很久。		
词汇	①科日	词义	又（再）
文献	黑龙江省宁安市兰岗关姓《特合本子·添人进口祭》。		
例句	科日，德，波虎索。 科日，译为“又（再）”；德，译为“在”；波虎索，译为“家口”。 全句合译：又添了人口。		
词汇	②格力	词义	再（又）
文献	吉林省长春市九台区莽卡杨姓《杨宪本·上名堂》。		
例句	我勒，泊，格力，依你，朱赊。 我勒，译为“这里”；泊，译为“把”；格力，译为“再（又）”；依你，译为“他的”；朱赊，译为“儿子”。 全句合译：把他儿子的（名）添在这里。		
音序	ku		
词汇	①哭兰	词义	兵营；军营
文献	吉林省长春市九台区莽卡杨姓《杨宪本》（手抄本）第7页。		
例句	朱垒，哭兰。 朱垒，译为“古代”；哭兰，译为“兵营”。		

<table>
<tr><td></td><td colspan="3">全句合译：古代兵营。</td></tr>
<tr><td>词汇</td><td>②哭旦</td><td>词义</td><td>兵营</td></tr>
<tr><td>文献</td><td colspan="3">吉林省长春市九台区莽卡杨姓《杨静棠本》第 7 页。</td></tr>
<tr><td>例句</td><td colspan="3">朱垒，哭旦。
朱垒，译为“古时候”；哭旦，译为“兵营”。
全句合译：古时候的兵营。</td></tr>
<tr><td>词汇</td><td>③跨兰</td><td>词义</td><td>军营</td></tr>
<tr><td>文献</td><td colspan="3">吉林省长春市九台区莽卡杨姓《杨宪本》（手抄本）第 84 页。</td></tr>
<tr><td>例句</td><td colspan="3">掇海，跨兰，得。
掇海，译为“（当）兵”；跨兰，译为“军营”；得，译为“在”。
全句合译：在军营里当兵。</td></tr>
<tr><td>词汇</td><td>④夸兰</td><td>词义</td><td>营</td></tr>
<tr><td>文献</td><td colspan="3">吉林省长春市九台区胡家石姓《小韩本》（引自宋和平译注本）第 266 页。</td></tr>
<tr><td>例句</td><td colspan="3">掇海，阿古兰，夸兰。
掇海，译为“兵”；阿古兰，译为“器”；夸兰，译为“营”。
全句合译：兵器营。</td></tr>
<tr><td>音序</td><td colspan="3">kui</td></tr>
<tr><td>词汇</td><td>①魁你</td><td>词义</td><td>鬼金（羊）</td></tr>
<tr><td>文献</td><td colspan="3">吉林省长春市九台区莽卡杨姓《杨宪本》第 92 页。</td></tr>
<tr><td>例句</td><td colspan="3">魁你，拉哈，西莫利。
魁你，译为“鬼金（羊）”；拉哈，译为“柳土（獐）”；西莫利，译为“星日（马）”。
全句合译：鬼金（羊）星、柳土（獐）星、星日（马）星。</td></tr>
<tr><td>词汇</td><td>②魁你何</td><td>词义</td><td>奎木（狼）</td></tr>
<tr><td>文献</td><td colspan="3">吉林省长春市九台区莽卡杨姓《杨宪本》（手抄本）</td></tr>
</table>

	第 92 页。
例句	魁你何，落打浑。 魁你何，译为“奎木（狼）”；落打浑，译为“娄金（狗）”。 全句合译：奎木（狼）星、娄金（狗）星。

音序	L		
	la		
词汇	①拉破杜	词义	许多
文献	吉林省长春市九台区胡家石姓《小韩本》（引自宋和平译注本）第 304 页。		
例句	拉破杜，牙不勒。 拉破杜，译为“许多”，牙不勒，译为“行走”。 全句合译：走了许多（路）。		
词汇	②劳不杜	词义	很多
文献	吉林省长春市九台区其塔木石姓《东哈本》第 62 页。		
例句	拥阿，卧合，劳不杜。 拥阿，译为“泥沙”，卧合，译为“石头”；劳不杜，译为“很多”。 全句合译：很多泥沙和石头。		
词汇	③拉不住	词义	多
文献	吉林省吉林市土城子口钦佟赵姓《交罗本》第 27 页。		
例句	拉不住，色莫。 拉不住，译为“多”；色莫，译为“由于”。 全句合译：由于（数量）多。		
词汇	①拉拉	词义	（房上的）草
文献	吉林省长春市九台区莽卡杨姓《杨宪本》（手抄本）第 85 页。		
例句	拉拉，达不仍恶。 拉拉，译为“（房上的）草”；达不仍恶，译为“使下来”。 全句合译：（房上的）草掉下来了。		
词汇	①拉林	词义	山名；河名
文献	吉林省长春市九台区其塔木石姓《东哈本》（第 1		

<table>
<tr><td></td><td colspan="3">册）第 79 页。</td></tr>
<tr><td rowspan="2">例句</td><td colspan="3">拉林，阿林，七，瓦西哈。
拉林，山名；阿林，译为“山”；七，译为“从”；瓦西哈，译为“降临”。
全句合译：从拉林山（今黑龙江省五常市境内）降临。</td></tr>
<tr><td colspan="3">拉林，必拉，七，杜乐啡。
拉林，河名；必拉，译为“河”；七，译为“从”；杜乐啡，译为“过来”。
全句合译：从拉林河（今黑龙江省五常市境内）过来。</td></tr>
<tr><td>音序</td><td colspan="3">le</td></tr>
<tr><td>词汇</td><td>①勒吉</td><td>词义</td><td>出来</td></tr>
<tr><td>文献</td><td colspan="3">吉林省长春市九台区莽卡杨姓《杨宪本》（手抄本）第 17 页。</td></tr>
<tr><td>例句</td><td colspan="3">卧吉，衣，勒吉，其。
卧吉，译为“密林”；衣，译为“的”；勒吉，译为“出来”；其，译为“从”。
全句合译：从密林里出来。</td></tr>
<tr><td>词汇</td><td>②勒己</td><td>词义</td><td>出来</td></tr>
<tr><td>文献</td><td colspan="3">吉林省长春市九台区莽卡杨姓《杨宪本》（手抄本）第 74 页。</td></tr>
<tr><td>例句</td><td colspan="3">阿木，勒己，得。
阿木，译为“逐个”；勒己，译为“出来”；得，译为“在”。
全句合译：在逐个地出来。</td></tr>
<tr><td>词汇</td><td>①勒也勒</td><td>词义</td><td>说出</td></tr>
<tr><td>文献</td><td colspan="3">吉林省长春市九台区莽卡杨姓《杨宪本》（手抄本）第 59 页。</td></tr>
<tr><td>例句</td><td colspan="3">勒也勒，又字孙，西林。</td></tr>
</table>

	勒也勒，译为“说出”；又字孙，译为“话”；西林，译为“精美”。 全句合译：说出的话词藻华赡。		
音序	**lou**		
词汇	①娄夫	**词义**	熊
文献	吉林省长春市九台区胡家石姓《小韩本》（引自宋和平译注本）第 32 页。		
例句	牙亲，娄夫。 牙亲，译为“黑”；娄夫，译为“熊”。 全句合译：黑熊。		
词汇	②勒付	**词义**	熊
文献	吉林省长春市九台区其塔木石姓《东哈本》（第 1 册）第 79 页。		
例句	押亲，勒付。 押亲，译为“黑”；勒付，译为“熊”。 全句合译：黑熊。		
词汇	①娄勒莫	**词义**	议论
文献	吉林省长春市九台区胡家石姓《小韩本》（引自宋和平译注本）第 66 页。		
例句	娄勒莫，非眠。 娄勒莫，译为“议论”；非眠，译为“拍手”。 全句合译：边拍手，边议论。		
音序	**lu**		
词汇	①芦库	**词义**	厚
文献	吉林省长春市九台区胡家石姓《小韩本》（引自宋和平译注本）第 148 页。		
例句	芦库，得，郭敏，付尹你合。 芦库，译为“厚”；得，译为“在”；敦敏，译为“长”；付尹你合，译为“毛”。 全句合译：毛很长毛很厚。		

<table>
<tr><td rowspan="2">音序</td><td colspan="3">M</td></tr>
<tr><td colspan="3">ma</td></tr>
<tr><td>词汇</td><td>①妈法</td><td>词义</td><td>祖</td></tr>
<tr><td>文献</td><td colspan="3">吉林省吉林市乌拉街韩屯关姓《敬义神书》（手抄本）第 24 页。</td></tr>
<tr><td>例句</td><td colspan="3">阿巴卡，妈法，克西，得。
阿巴卡，译为“天”；妈法，译为“祖”；克西，译为“造化”；得，译为“在”。
全句合译：（这是）老天爷给人们的造化。</td></tr>
<tr><td>词汇</td><td>②妈发</td><td>词义</td><td>太爷；老爷</td></tr>
<tr><td>文献</td><td colspan="3">吉林省长春市九台区其塔木石姓《东哈本》（第 2 册）第 21 页。</td></tr>
<tr><td>例句</td><td colspan="3">恩杜林危，妈发，我贞。
恩杜林危，译为“说”；妈发，译为“太爷”；我贞，译为“老主人”。
全句合译：老主人太爷说。</td></tr>
<tr><td>文献</td><td colspan="3">吉林省吉林市土城子口钦佟赵姓《交罗本》第 27 页。</td></tr>
<tr><td>例句</td><td colspan="3">阿不卡，妈发，克西，博。
阿不卡，译为“天”；妈发，译为“老爷”；克西，译为“造化”；博，译为“把”。
全句合译：老天爷在（赐予人们）造化。</td></tr>
<tr><td>词汇</td><td>③玛法</td><td>词义</td><td>太爷；老爷；祖先</td></tr>
<tr><td>文献</td><td colspan="3">吉林省长春市九台区胡家石姓《小韩本》（引自宋和平译注本）第 275 页、第 280 页、第 296 页。</td></tr>
<tr><td rowspan="2">例句</td><td colspan="3">堆七，札兰，玛法，莫林，阿牙你。
堆七，译为“第四”；札兰，译为“辈”；玛法，译为“太爷”；莫林，译为“马”；阿牙你，译为“属”。
全句合译：第四辈太爷属马。</td></tr>
<tr><td colspan="3">阿巴，玛法，得，倭心不腓。
阿巴，译为“天”；玛法，译为“老爷”；得，译为</td></tr>
</table>

	“在”；倭心不腓，译为“降临”。 全句合译：天老爷降临了。		
	多博立，而很，博，鸡胆腓，玛法。 多博立，译为“夜”；而很，译为“光”；博，译为“把”；鸡胆腓，译为“隐匿”；玛法，译为“祖先”。 全句合译：夜光把祖先隐匿。		
词汇	④玛发	**词义**	祖宗
文献	吉林省吉林市土城子口钦佟赵姓《交罗本》第 21 页。		
例句	打，玛发，德。 打，译为“原”；玛发，译为“祖宗”；德，译为“在”。 全句合译：祖宗（根基）在。		
词汇	⑤妈哈	**词义**	老爷
文献	吉林省吉林市土城子口钦佟赵姓《交罗本》第 27 页。		
例句	阿不卡，妈哈，克西，德。 阿不卡，译为“天”；妈哈，译为“老爷”；克西，译为“造化”；德，译为“在”。 全句合译：老天爷造化（众人）。		
词汇	⑥吗夫	**词义**	祖宗
文献	黑龙江省宁安市兰岗关姓《阿拉街本》第 1 页。		
例句	山音，爷，吗夫。 山音，译为“白色”；爷，译为“的”；吗夫，译为“祖宗”。 全句合译：穿白色衣服的老祖宗。		
词汇	⑦妈妈	**词义**	妈妈
文献	吉林省长春市九台区胡家石姓《小韩本》（引自宋和平译注本）第 265 页。		
例句	傲读，妈妈。 傲读，转写为“奥都”；妈妈，译为“妈妈”。 全句合译：奥都妈妈。		
词汇	①玛克他	**词义**	掷

<table>
<tr><td>文献</td><td colspan="3">吉林省长春市九台区胡家石姓《小韩本》（引自宋和平译注本）第 159 页。</td></tr>
<tr><td>例句</td><td colspan="3">玛克他，伯，哈立叭。
玛克他，译为“掷”；伯，译为“把”；哈立叭，译为“琵琶骨”。
全句合译：把琵琶骨扔掉。</td></tr>
<tr><td>词汇</td><td>②玛克他鸡</td><td>词义</td><td>抛</td></tr>
<tr><td>文献</td><td colspan="3">吉林省长春市九台区胡家石姓《小韩本》（引自宋和平译注本）第 169 页。</td></tr>
<tr><td>例句</td><td colspan="3">玛克他鸡，吴贞。
玛克他鸡，译为“抛”；吴贞，译为“重”。
全句合译：重重地抛下。</td></tr>
<tr><td>词汇</td><td>③妈克查哈</td><td>词义</td><td>撒</td></tr>
<tr><td>文献</td><td colspan="3">吉林省长春市九台区其塔木石姓《东哈本》（第 1 册）第 53 页。</td></tr>
<tr><td>例句</td><td colspan="3">嘎拉干，阿不打哈，妈克查哈。
嘎拉干，译为“支”；阿不打哈，译为“派”；妈克查哈，译为“撒”。
全句合译：将支派散开。</td></tr>
<tr><td>词汇</td><td>①玛克</td><td>词义</td><td>舞蹈</td></tr>
<tr><td>文献</td><td colspan="3">吉林省长春市九台区胡家石姓《小韩本》（引自宋和平译注本）第 169 页。</td></tr>
<tr><td>例句</td><td colspan="3">玛克，赊莫，多西，吉哈。
玛克，译为“舞蹈”；赊莫，译为“因为”；多西，译为“进”；吉哈，译为“来”。
全句合译：因为跳舞而进来。</td></tr>
<tr><td>词汇</td><td>②妈克心</td><td>词义</td><td>舞蹈</td></tr>
<tr><td>文献</td><td colspan="3">吉林省长春市九台区其塔木石姓《东哈本》（第 1 册）第 17 页。</td></tr>
<tr><td>例句</td><td colspan="3">妈克心，必拉，七，多西哈。</td></tr>
</table>

	妈克心，译为“舞蹈”；必拉，译为“河”；七，译为“从”；多西哈，译为“过来”。 全句合译：从舞蹈河过来。		
词汇	①玛立不莫	词义	随机应变；扭转
文献	吉林省长春市九台区胡家石姓《小韩本》（引自宋和平译注本）第 217 页、第 348 页。		
例句	忙阿，博，玛立不莫。 忙阿，译为“善于”；博，译为“把”；玛立不莫，译为“随机应变”。 全句合译：善于随机应变。		
例句	忙阿，博，玛立不莫。 忙阿，译为“困境”；博，译为“把”；玛立不莫，译为“扭转”。 全句合译：把困境扭转。		
词汇	②骂里笔	词义	回转了
文献	吉林省长春市九台区莽卡杨姓《杨宪本》（手抄本）第 6 页。		
例句	那旦，乌西哈，骂里笔。 那旦，译为“七”；乌西哈，译为“星”；骂里笔，译为“回转了”。 全句合译：七星回转了。		
词汇	③马立笔	词义	回转了
文献	吉林省长春市九台区莽卡杨姓《杨静棠本》第 13 页。		
例句	那旦，乌西哈，马立笔。 那旦，译为“七”；乌西哈，译为“星”；马立笔，译为“回转了”。 全句合译：七星回转了。		
词汇	①玛木哈	词义	大梁中间
文献	吉林省长春市九台区胡家石姓《小韩本》（引自宋和平译注本）第 104 页。		

例句	玛木哈，秃拉。 玛木哈，译为“大梁中间”；秃拉，译为“短柱”。 全句合译：大梁中间的短柱。		
词汇	②玛莫哈	词义	大梁中间
文献	吉林省长春市九台区胡家石姓《小韩本》（引自宋和平译注本）第 100 页。		
例句	玛莫哈，秃拉，德拉鸡，得。 玛莫哈，译为“大梁中间”；秃拉，译为“柱子”；德拉鸡，译为“上”；得，译为“在”。 全句合译：在大梁中间的柱子上。		
音序	**mai**		
词汇	①卖秃	词义	榔头
文献	吉林省长春市九台区胡家石姓《小韩本》（引自宋和平译注本）第 84 页。		
例句	赊勒，卖秃，札伐腓。 赊勒，译为“铁”；卖秃，译为“榔头”；札伐腓，译为“执”。 全句合译：执着铁榔头。		
词汇	②瞒秃	词义	榔头
文献	吉林省长春市九台区其塔木石姓《东哈本》（第 1 册）第 31 页。		
例句	嘎吉非，瞒秃。 嘎吉非，译为“提着”；瞒秃，译为“榔头”。 全句合译：提着榔头。		
词汇	③埋头	词义	榔头
文献	吉林省长春市九台区莽卡杨姓《杨宪本》（手抄本）第 39 页。		
例句	爱新，埋头，波，爱米勒莫，多西笔。 爱新，译为“金”；埋头，译为“榔头”；波，译为“把”；爱米勒莫，译为“斜背着”；多西笔，译为“进		

<table>
<tr><td></td><td colspan="3">入”。
全句合译：斜背着金榔头进入室内。</td></tr>
<tr><td>音序</td><td colspan="3">man</td></tr>
<tr><td>词汇</td><td>①满洲</td><td>词义</td><td>满（族）</td></tr>
<tr><td>文献</td><td colspan="3">吉林省长春市九台区其塔木石姓《东哈本》（第 2 册）第 1 页。</td></tr>
<tr><td>例句</td><td colspan="3">满洲，鸡孙。
满洲，译为“满（族）”；鸡孙，译为“话”。
全句合译：满语。</td></tr>
<tr><td>词汇</td><td>②满朱</td><td>词义</td><td>满（族）</td></tr>
<tr><td>文献</td><td colspan="3">吉林省长春市九台区莽卡杨姓《杨宪本》（手抄本）第 2 页</td></tr>
<tr><td>例句</td><td colspan="3">满朱，吉孙，乌勒的浑。
满朱，译为“满（族）”；吉孙，译为“话”；乌勒的浑，译为“操练”。
全句合译：操练满语。</td></tr>
<tr><td>音序</td><td colspan="3">mang</td></tr>
<tr><td>词汇</td><td>①忙阿</td><td>词义</td><td>善于；困境；困难</td></tr>
<tr><td>文献</td><td colspan="3">吉林省长春市九台区胡家石姓《小韩本》（引自宋和平译注本）第 91 页、第 217 页、第 347 页。</td></tr>
<tr><td rowspan="3">例句</td><td colspan="3">忙阿，博，玛立不莫。
忙阿，译为“善于”；博，译为“把”；玛立不莫，译为“随机应变”。
全句合译：善于随机应变。</td></tr>
<tr><td colspan="3">忙阿，博，玛立不莫。
忙阿，译为“困境”；博，译为“把”；玛立不莫，译为“扭转”。
全句合译：把困境扭转。</td></tr>
<tr><td colspan="3">我贞，博垫，得，兴我腓，忙阿，博。
我贞，译为“萨满”；博垫，译为“身”；得，译为</td></tr>
</table>

	“在”；兴我腓，译为“附”；忙阿，译为“困难”；博，译为“把”。 全句合译：把困难托附在萨满身上。		
词汇	①忙卡	**词义**	河岗
文献	吉林省长春市九台区莽卡杨姓《杨宪本》（手抄本）第 60 页。		
例句	忙卡，衣，都林，得。 忙卡，译为“河岗”；衣，译为“的”；都林，译为“中间”；得，译为“在”。 全句合译：在河岗的中间。		
词汇	②莽卡	**词义**	河岗
文献	吉林省长春市九台区莽卡杨姓《祭祖神本》第 19 页。		
例句	莽卡，衣，独林，得。 莽卡，译为“河岗”；衣，译为“的”；独林，译为“中间”；得，译为“在”。 全句合译：在河岗的中间。		
词汇	③忙卡必	**词义**	河岗上
文献	吉林省长春市九台区莽卡杨姓《杨宪本》（手抄本）第 60 页。		
例句	木何林，忙卡必。 木何林，译为“圆形的”；忙卡必，译为“河岗上”。 全句合译：在圆形的河岗上。		
词汇	④莽卡必	**词义**	河岗上
文献	吉林省长春市九台区莽卡杨姓《祭祖神本》第 17 页。		
例句	木何林，莽卡必。 木何林，译为“圆形的”；莽卡必，译为“河岗上”。 全句合译：在圆形的河岗上。		
词汇	①满面	**词义**	价钱昂贵
文献	黑龙江省宁安市兰岗关姓《特合本子》第 14 页。		
例句	满面，乌把，吾大撇。		

	满面，译为“价钱昂贵”；乌把，译为“当地”；吾大撇，译为“买”。 全句合译：当地买的，价钱昂贵。		
音序	**mao**		
词汇	①猫	**词义**	树（木）
文献	吉林省长春市九台区胡家石姓《小韩本》（引自宋和平译注本）第 282 页。		
例句	尼录，猫，博。 尼录，译为“光滑”；猫，译为“树（木）”；博，译为“把”。 全句合译：把光滑的木杆……		
词汇	②猫一	**词义**	树
文献	吉林省长春市九台区胡家石姓《小韩本》（引自宋和平译注本）第 159 页。		
例句	辍克七先，猫一。 辍克七先，译为“高高”；猫一，译为“树”。 全句合译：高高的树。		
词汇	③茂	**词义**	木杆
文献	吉林省长春市九台区胡家石姓《小韩本》（引自宋和平译注本）第 282 页。		
例句	团多，茂，博。 团多，译为“直”；茂，译为“木杆”；博，译为“把”。 全句合译：把直木杆……		
词汇	④木	**词义**	木杆
文献	吉林省长春市九台区其塔木石姓《东哈本》（第 1 册）第 48 页。		
例句	泥禄，木，博。 泥禄，译为“光滑”；木，译为“木杆”；博，译为“把”。 全句合译：把光滑的木杆……		

词汇	①毛头滑名	**词义**	毛头纸
文献	黑龙江省宁安市兰岗关姓《特合本子》第 13 页。		
例句	毛头滑名，五大撇。 毛头滑名，译为“毛头纸”；五大撇，译为“买”。 全句合译：买来了毛头纸。		
词汇	②毛头华时	**词义**	毛头纸
文献	黑龙江省宁安市兰岗关姓《特合本子》第 14 页。		
例句	毛头华时，吾大撇。 毛头华时，译为“毛头纸”；吾大撇，译为“买”。 全句合译：毛头纸买来了。		
音序	**mei**		
词汇	①枚分	**词义**	脖子
文献	吉林省长春市九台区其塔木石姓《东哈本》（第 1 册）第 74 页。		
例句	推孙，以，枚分，街。 推孙，译为“铜”；以，译为“的”；枚分，译为“脖子”；街，译为“啊”。 全句合译：铜的脖子啊。		
词汇	②梅分	**词义**	脖子
文献	吉林省长春市九台区莽卡杨姓《杨宪本》（手抄本）第 59 页。		
例句	蒙文，掇库，梅分。 蒙文，译为“银”；掇库，译为“鸡”；梅分，译为“脖子”。 全句合译：银鸡脖子。		
词汇	①枚巳合	**词义**	炼
文献	吉林省长春市九台区其塔木石姓《东哈本》（第 2 册）第 1 页。		
例句	猛文，博哦，枚巳合。 猛文，译为“银”；博哦，译为“身”；枚巳合，译		

<table>
<tr><td></td><td colspan="3">为“炼”。
全句合译：（火）炼银身。</td></tr>
<tr><td>词汇</td><td>①梅合</td><td>词义</td><td>蛇</td></tr>
<tr><td>文献</td><td colspan="3">吉林省长春市九台区胡家石姓《小韩本》（引自宋和平译注本）第 173 页。</td></tr>
<tr><td>例句</td><td colspan="3">吴云，打，梅合。
吴云，译为“九”；打，译为“条”；梅合，译为“蛇”。
全句合译：九条蛇。</td></tr>
<tr><td>词汇</td><td>②米俄力</td><td>词义</td><td>蛇</td></tr>
<tr><td>文献</td><td colspan="3">黑龙江省宁安市白岩乐园杨姓《神本》（手抄本）第 2 页。</td></tr>
<tr><td>例句</td><td colspan="3">摸多力，米俄力。
摸多力，译为“龙”；米俄力，译为“蛇”。
全句合译：龙、蛇。</td></tr>
<tr><td>词汇</td><td>①梅林</td><td>词义</td><td>肩</td></tr>
<tr><td>文献</td><td colspan="3">吉林省长春市九台区莽卡杨姓《杨宪本》（手抄本）第 5 页。</td></tr>
<tr><td>例句</td><td colspan="3">梅林，得，梅何勒莫。
梅林，译为“肩”；得，译为“在”；梅何勒莫，译为“担”。
全句合译：担在肩上。</td></tr>
<tr><td>词汇</td><td>①梅何勒莫</td><td>词义</td><td>担</td></tr>
<tr><td>文献</td><td colspan="3">吉林省长春市九台区莽卡杨姓《杨宪本》（手抄本）第 5 页。</td></tr>
<tr><td>例句</td><td colspan="3">梅林，得，梅何勒莫。
梅林，译为“肩”；得，译为“在”；梅何勒莫，译为“担”。
全句合译：担在肩上。</td></tr>
<tr><td>词汇</td><td>②梅何拉莫</td><td>词义</td><td>扛</td></tr>
<tr><td>文献</td><td colspan="3">吉林省长春市九台区莽卡杨姓《杨宪本》（手抄本）</td></tr>
</table>

<table>
<tr><td></td><td colspan="3">第 60 页。</td></tr>
<tr><td>**例句**</td><td colspan="3">梅何拉莫，多西笔。
梅何拉莫，译为“扛”；多西笔，译为“进入”。
全句合译：扛着进入室内。</td></tr>
<tr><td>**词汇**</td><td>③梅何杜莫</td><td>**词义**</td><td>扛</td></tr>
<tr><td>**文献**</td><td colspan="3">吉林省长春市九台区莽卡杨姓《杨宪本》（手抄本）第 5 页。</td></tr>
<tr><td>**例句**</td><td colspan="3">梅何杜莫，多西笔。
梅何杜莫，译为“扛”；多西笔，译为“进入”。
全句合译：扛着进入室内。</td></tr>
<tr><td>**词汇**</td><td>①梅特杜莫</td><td>**词义**</td><td>割断</td></tr>
<tr><td>**文献**</td><td colspan="3">吉林省长春市九台区莽卡杨姓《杨宪本》（手抄本）第 60 页。</td></tr>
<tr><td>**例句**</td><td colspan="3">梅特杜莫，烟非他笔。
梅特杜莫，译为“割断”；烟非他笔，译为“切割”。
全句合译：切割掉。</td></tr>
<tr><td>**词汇**</td><td>②梅屯杜莫</td><td>**词义**</td><td>剪断</td></tr>
<tr><td>**文献**</td><td colspan="3">吉林省长春市九台区莽卡杨姓《杨宪本》（手抄本）第 76 页。</td></tr>
<tr><td>**例句**</td><td colspan="3">梅屯杜莫，特不疋。
梅屯杜莫，译为“剪断”；特不疋，译为“盛入”。
全句合译：剪断后盛入。</td></tr>
<tr><td>**音序**</td><td colspan="3">**men**</td></tr>
<tr><td>**词汇**</td><td>①门特笔</td><td>**词义**</td><td>叩首</td></tr>
<tr><td>**文献**</td><td colspan="3">吉林省长春市九台区莽卡杨姓《杨宪本》（手抄本）第 5 页。</td></tr>
<tr><td>**例句**</td><td colspan="3">亚拉泊，门特笔。
亚拉泊，译为“向上”；门特笔，译为“叩首”。
全句合译：向上磕头。</td></tr>
<tr><td>**词汇**</td><td>②㖏特疋</td><td>**词义**</td><td>叩头</td></tr>
</table>

文献	吉林省长春市九台区莽卡杨姓《杨静棠本》第 5 页。		
例句	亚拉泊，吽特疋。 亚拉泊，译为“向上”；吽特疋，译为“叩头”。 全句合译：向上叩头。		
词汇	①闷途浑	**词义**	愚者
文献	吉林省长春市九台区其塔木石姓《东哈本》（第 2 册）第 21 页。		
例句	闷途浑，托洛，分车合。 闷途浑，译为“愚者”；托洛，译为“在里面”；分车合，译为“剩下了”。 全句合译：在里面剩下了愚昧者。		
词汇	②闷涂浑	**词义**	愚者
文献	吉林省长春市九台区其塔木石姓《东哈本》（第 2 册）第 9 页。		
例句	闷涂浑，托洛，分车合。 闷涂浑，译为“愚者”；托洛，译为“在里面”；分车合，译为“剩下了”。 全句合译：愚者在里面被剩下了。		
音序	**meng**		
词汇	①蒙文	**词义**	银
文献	吉林省长春市九台区莽卡杨姓《杨宪本》（手抄本）第 2 页。		
例句	蒙文，笔拉，得。 蒙文，译为“银”；笔拉，译为“河”；得，译为“在”。 全句合译：有银河之水存。		
词汇	②盟文	**词义**	银
文献	吉林省长春市九台区莽卡杨姓《杨宪本》（手抄本）第 60 页。		
例句	盟文，沙克。 盟文，译为“银”；沙克，译为“马叉”。		

	全句合译：银马叉。		
词汇	③猛文	**词义**	银
文献	吉林省长春市九台区其塔木石姓《东哈本》（第 1 册）第 74 页。		
例句	猛文，伕哦。 猛文，译为“银”；伕哦，译为“身”。 全句合译：银身。		
词汇	④濛温	**词义**	银
文献	吉林省吉林市土城子口钦佟赵姓《交罗本》第 13 页。		
例句	濛温，洪五。 濛温，译为“银”；洪五，译为“铃铛”。 全句合译：银铃铛。		
词汇	⑤濛五	**词义**	银
文献	吉林省吉林市土城子口钦佟赵姓《交罗本》第 13 页。		
例句	濛五，洛莫。 濛五，译为“银”；洛莫，译为“惊吓”。 全句合译：被银（铃声）吓着了。		
音序	**mi**		
词汇	①米你	**词义**	我们
文献	吉林省长春市九台区莽卡杨姓《杨宪本》（手抄本）第 10 页。		
例句	米你，恶真，也，涉夫。 米你，译为“我们”；恶真，译为“萨满”；也，译为“的”；涉夫，译为“师傅”。 全句合译：我们的萨满师傅。		
词汇	②墨你	**词义**	我们
文献	吉林省长春市九台区莽卡杨姓《杨宪本》（手抄本）第 10 页。		
例句	墨你，恶真，也，涉夫涉夫。 墨你，译为“我们”；恶真，译为“萨满”；也，译		

	为“的”；涉夫涉夫，译为“师傅、师傅”。 全句合译：我们萨满师傅的师傅。		
词汇	③咪泥	词义	我们的
文献	吉林省长春市九台区其塔木石姓《东哈本》（第 2 册）第 1 页。		
例句	咪泥，不打哈，阿拉舒哈。 咪泥，译为“我们的”；不打哈，译为“枝叶”；阿拉舒哈，译为“萌发”。 全句合译：我们的支派在发展。		
词汇	④泌尼	词义	我；我的
文献	吉林省长春市九台区胡家石姓《小韩本》（引自宋和平译注本）第 280 页、第 328 页。		
例句	泌尼，莫讷。 泌尼，译为“我”；莫讷，译为“事情”。 全句合译：我的事情。		
	泌尼，莫讷。 泌尼，译为“我的”；莫讷，译为“原因”。 全句合译：我的原因。		
词汇	⑤墨尼	词义	我们的
文献	吉林省长春市九台区胡家石姓《小韩本》（引自宋和平译注本）第 304 页。		
例句	墨尼，莫讷。 墨尼，译为“我们的”；莫讷，译为“事情”。 全句合译：我们的事情。		
词汇	⑥必尼	词义	我的
文献	吉林省长春市九台区胡家石姓《小韩本》（引自宋和平译注本）第 300 页。		
例句	必尼，莫讷。 必尼，译为“我的”；莫讷，译为“事情”。 全句合译：我的事情。		

<table>
<tr><td>词汇</td><td>⑦莫你</td><td>词义</td><td>我们</td></tr>
<tr><td>文献</td><td colspan="3">吉林省长春市九台区莽卡杨姓《杨宪本》（手抄本）第 84 页。</td></tr>
<tr><td>例句</td><td colspan="3">莫你，衙门，得，而为。
莫你，译为“我们”；衙门，指乌拉街打牲衙门；得，译为“在”；而为，译为“差役”。
全句合译：我们在乌拉街打牲衙门当差。</td></tr>
<tr><td>词汇</td><td>①米他笔</td><td>词义</td><td>翻转了</td></tr>
<tr><td>文献</td><td colspan="3">吉林省长春市九台区莽卡杨姓《杨宪本》（手抄本）第 6 页。</td></tr>
<tr><td>例句</td><td colspan="3">明安，乌西哈，米他笔。
明安，译为“千”；乌西哈，译为“星”；米他笔，译为“翻转了”。
全句合译：千颗星星翻转了（方向）。</td></tr>
<tr><td>词汇</td><td>②米他必</td><td>词义</td><td>翻转了</td></tr>
<tr><td>文献</td><td colspan="3">吉林省长春市九台区莽卡杨姓《杨宪本》（手抄本）第 54 页。</td></tr>
<tr><td>例句</td><td colspan="3">明安，乌西哈，米他必。
明安，译为“千”；乌西哈，译为“星”；米他必，译为“翻转了”。
全句合译：千颗星星翻转了（方向）。</td></tr>
<tr><td>词汇</td><td>③米他都莫</td><td>词义</td><td>翻转着</td></tr>
<tr><td>文献</td><td colspan="3">吉林省长春市九台区莽卡杨姓《杨宪本》（手抄本）第 59 页。</td></tr>
<tr><td>例句</td><td colspan="3">蒙文，吉打，泊，米他都莫，多西必。
蒙文，译为“银”；吉打，译为“枪”；泊，译为“把”；米他都莫，译为“翻转着”；多西必，译为“进入”。
全句合译：翻转着银枪进入室内。</td></tr>
<tr><td>词汇</td><td>④密他哈</td><td>词义</td><td>翻转了</td></tr>
<tr><td>文献</td><td colspan="3">吉林省吉林市乌拉街韩屯关姓《敬义神书》（手抄本）</td></tr>
</table>

	第 16 页。		
例句	明安，乌西哈，密他哈，俄林改。 明安，译为“千”；乌西哈，译为“星”；密他哈，译为“翻转了”；俄林改，译为“此时”。 全句合译：此时有千颗星星都翻转了（方向）。		
词汇	①米拉拉不楼	**词义**	弄远些
文献	吉林省长春市九台区莽卡杨姓《杨宪本》（手抄本）第 4 页。		
例句	明安，得，米拉拉不楼。 明安，译为“千”；得，译为“在”；米拉拉不楼，译为“弄远些”。 全句合译：（将之）弄到千里之外。		
音序	**min**		
词汇	①民巴	**词义**	把我们
文献	吉林省长春市九台区胡家石姓《小韩本》（引自宋和平译注本）第 144 页。		
例句	所立哈，民巴。 所立哈，译为“宴请了”；民巴，译为“把我们”。 全句合译：宴请了我们。		
词汇	①民德	**词义**	点燃
文献	吉林省长春市九台区莽卡杨姓《祭祖神本》第 3 页。		
例句	乌勒海，民德。 乌勒海，译为“立刻”；民德，译为“点燃”。 全句合译：立刻点燃。		
音序	**ming**		
词汇	①明耳搭哈	**词义**	伶俐
文献	吉林省吉林市土城子口钦佟赵姓《交罗本》第 13 页。		
例句	明耳搭哈，厄林，呆迷，郭吉。 明耳搭哈，译为“伶俐”；厄林，译为“此时”；呆		

<table>
<tr><td></td><td colspan="3">迷，译为“我们的”；郭吉，译为“情绪”。
全句合译：此时我们的情绪非常高涨。</td></tr>
<tr><td>**词汇**</td><td>①明安</td><td>**词义**</td><td>千；千座</td></tr>
<tr><td>**文献**</td><td colspan="3">吉林省长春市九台区其塔木石姓《东哈本》(第 1 册)第 21 页。</td></tr>
<tr><td>**例句**</td><td colspan="3">塗门，纳力，明安，木克。
塗门，译为“万”；纳力，译为“山”；明安，译为“千”；木克，译为“水”。
全句合译：万水千山。</td></tr>
<tr><td>**文献**</td><td colspan="3">吉林省长春市九台区胡家石姓《小韩本》(引自宋和平译注本）第 200 页。</td></tr>
<tr><td>**例句**</td><td colspan="3">明安，阿林。
明安，译为“千座”；阿林，译为“山林”。
全句合译：重峦叠嶂。</td></tr>
<tr><td>**音序**</td><td colspan="3">**mo**</td></tr>
<tr><td>**词汇**</td><td>①莫林</td><td>**词义**</td><td>马</td></tr>
<tr><td>**文献**</td><td colspan="3">吉林省长春市九台区胡家石姓《小韩本》(引自宋和平译注本）第 313 页。</td></tr>
<tr><td>**例句**</td><td colspan="3">牙路哈，莫林。
牙路哈，译为“坐骑”；莫林，译为“马”。
全句合译：骑马。</td></tr>
<tr><td>**词汇**</td><td>②莫力</td><td>**词义**</td><td>马</td></tr>
<tr><td>**文献**</td><td colspan="3">黑龙江省宁安市白岩乐园杨姓《神本》(手抄本）第 2 页。</td></tr>
<tr><td>**例句**</td><td colspan="3">莫力，霍尼。
莫力，译为“马”；霍尼，译为“羊”。
全句合译：马、羊。</td></tr>
<tr><td>**词汇**</td><td>③莫利</td><td>**词义**</td><td>马</td></tr>
<tr><td>**文献**</td><td colspan="3">吉林省长春市九台区莽卡杨姓《杨宪本》(手抄本）第 10 页。</td></tr>
</table>

例句	莫利，阿宁阿。 莫利，译为“马”；阿宁阿，译为“属相”。 全句合译：属马的。		
词汇	④莫立	**词义**	马
文献	吉林省长春市九台区莽卡杨姓《杨静棠本》第 10 页。		
例句	莫立，阿宁阿。 莫立，译为“马”；阿宁阿，译为“属相”。 全句合译：属马的。		
词汇	⑤摸力	**词义**	马
文献	黑龙江省宁安市兰岗关姓《特合本子》第 11 页。		
例句	善人，摸力，经拉莫。 善人，译为“白”；摸力，译为“马”；经拉莫，译为“举起双手献供”。 全句合译：举起双手献供于白马（前）。		
词汇	⑥毛林	**词义**	马
文献	吉林省吉林市乌拉街韩屯关姓《敬义神书》（手抄本）第 9 页。		
例句	依罕，毛林，剳录非。 依罕，译为“牛”；毛林，译为“马”；剳录非，译为“满之”。 全句合译：牛马满圈。		
词汇	⑦莫棱阿	**词义**	马匹；骑马
文献	吉林省长春市九台区胡家石姓《小韩本》（引自宋和平译注本）第 266 页、第 288 页。		
例句	花，得，多洛，卧七，莫棱阿。 花，译为“庭院”；得，译为“在”；多洛，译为“内”；卧七，译为“是”；莫棱阿，译为“马匹”。 全句合译：在庭院内的是马匹。		

	莫棱阿，阳桑阿。 莫棱阿，译为“骑马”；阳桑阿，译为“英俊”。 全句合译：骑着马看上去很英俊。		
词汇	⑧莫令河	**词义**	马
文献	黑龙江省宁安市兰岗关姓《特合本子》第 11 页。		
例句	腰龙河，莫令河。 腰龙河，译为“骑”；莫令河，译为“马”。 全句合译：骑马。		
词汇	⑨莫令和	**词义**	马
文献	黑龙江省宁安市兰岗关姓《特合本子》第 2 页。		
例句	腰龙河，莫令和。 腰龙河，译为“骑”；莫令和，译为“马”。 全句合译：骑马。		
词汇	⑩某立干	**词义**	骑马
文献	吉林省长春市九台区莽卡杨姓《杨宪本》（手抄本）第 5 页。		
例句	某干兰，某立干。 某干兰，译为“神射手”；某立干，译为“骑马”。 全句合译：骑马的神射手。		
词汇	①莫阿哈	**词义**	拧
文献	吉林省长春市九台区莽卡杨姓《杨宪本》（手抄本）第 69 页。		
例句	莫阿哈，泊，说纳笔。 莫阿哈，译为“拧”；泊，译为“把”；说纳笔，译为“脱落去”。 全句合译：拧掉。		

音序	N		
	na		
词汇	①纳	词义	地上
文献	吉林省长春市九台区其塔木石姓《东哈本》（第 2 册）第 23 页。		
例句	不拉格，纳，得，不克打非。 不拉格，译为“尘”；纳，译为“地上”；得，译为“在”；不克打非，译为“屈身”。 全句合译：在满是尘土的地上屈身。		
词汇	①那旦	词义	七；帛
文献	吉林省长春市九台区胡家石姓《小韩本》（引自宋弘平译注本）第 38 页。		
例句	那旦，乃腓。 那旦，译为“七”；乃腓，译为“星斗”。 全句合译：北斗七星。		
文献	吉林省长春市九台区莽卡杨姓《杨宪本》（手抄本）第 15 页。		
例句	乌林，那旦。 乌林，译为“财”；那旦，译为“帛”。 全句合译：财帛。		
词汇	②那丹	词义	七
文献	吉林省长春市九台区胡家石姓《小韩本》（引自宋和平译注本）第 167 页。		
例句	那丹，乃腓。 那丹，译为“七”；乃腓，译为“星斗”。 全句合译：北斗七星。		
词汇	③纳旦	词义	七
文献	吉林省长春市九台区胡家石姓《小韩本》（引自宋和平译注本）第 118 页。		
例句	纳旦，七，德西，乌云，以能尼。		

	纳旦，译为“七”；七，译为“从”；德西，译为“四十”；乌云，译为“九”；以能尼，译为“天”。 全句合译：七七四十九天。		
词汇	④纳丹	**词义**	七
文献	吉林省长春市九台区其塔木石姓《东哈本》（第 1 册）第 17 页。		
例句	纳丹，乃非。 纳丹，译为“七”；乃非，译为“星斗”。 全句合译：北斗七星。		
词汇	①那丹朱	**词义**	七十
文献	吉林省长春市九台区胡家石姓《小韩本》（引自宋和平译注本）第 283 页。		
例句	那丹朱，一能尼。 那丹朱，译为“七十”；一能尼，译为“天”。 全句合译：七十天。		
词汇	①那憨	**词义**	炕上
文献	吉林省长春市九台区胡家石姓《小韩本》（引自宋和平译注本）第 283 页。		
例句	那憨，得，得杜腓。 那憨，译为“炕上”；得，译为“在”；得杜腓，译为“卧”。 全句合译：躺在炕上。		
词汇	①那胡	**词义**	细细
文献	吉林省长春市九台区莽卡杨姓《杨宪本》（手抄本）第 16 页。		
例句	那胡，涉八。 那胡，译为“细细”；涉八，译为“诵唱”。 全句合译：细细地诵唱。		
词汇	②那拉浑	**词义**	细细
文献	吉林省吉林市乌拉街韩屯关姓《敬义神书》（手抄本）		

	第 11 页。		
例句	那丹，那拉浑，萨克达，阿几格，萨满。 那丹，译为“七”；那拉浑，译为“细细”；萨克达，译为“老”；阿几格，译为“小”；萨满，译为“萨满”。 全句合译：七位老少萨满在细细（地诵唱）。		
词汇	③那勒珲	词义	细细
文献	吉林省吉林市土城子口钦佟赵姓《交罗本》第 27 页。		
例句	那勒珲，先朱。 那勒珲，译为“细细”；先朱，译为“香火”。 全句合译：细细的线香。		
词汇	①那立	词义	修炼
文献	吉林省长春市九台区胡家石姓《小韩本》（引自宋和平译注本）第 72 页。		
例句	阿立，那立。 阿立，译为“处处”；那立，译为“修炼”。 全面合译：处处（都可）修炼。		
音序	**nai**		
词汇	①乃	词义	星斗
文献	吉林省长春市九台区胡家石姓《小韩本》（引自宋和平译注本）第 271 页。		
例句	那丹，乃。 那丹，译为“七”；乃，译为“星斗”。 全面合译：北斗七星。		
词汇	②乃呼	词义	星斗
文献	吉林省长春市九台区其塔木石姓《东哈本》（第 1 册）第 1 页。		
例句	那丹，乃呼。 那丹，译为“七”；乃呼，译为“星斗”。 全句合译：北斗七星。		
词汇	③乃胡	词义	星斗

文献	吉林省长春市九台区胡家石姓《小韩本》（引自宋和平译注本）第 173 页。		
例句	那丹，乃胡。 那丹，译为“七”；乃胡，译为“星斗”。 全句合译：北斗七星。		
词汇	④乃非	词义	星斗
文献	吉林省长春市九台区其塔木石姓《东哈本》（第 1 册）第 17 页。		
例句	纳丹，乃非。 纳丹，译为“七”；乃非，译为“星斗”。 全句合译：北斗七星。		
词汇	⑤赊浑	词义	星斗
文献	吉林省长春市九台区莽卡杨姓《杨宪本》（手抄本）第 46 页。		
例句	那丹，赊浑。 那丹，译为“七”；赊浑，译为“星斗”。 全句合译：北斗七星。		
音序	nan		
词汇	①难土浑	词义	污秽
文献	吉林省长春市九台区莽卡杨姓《杨宪本》（手抄本）第 10 页。		
例句	恶何，难土浑，扎卡必，其。 恶何，译为“坏”；难土浑，译为“污秽”；扎卡必，译为“拿走”；其，译为“从此”。 全句合译：从此把污秽了的坏东西拿走。		
词汇	②南图浑	词义	污秽
文献	吉林省长春市九台区莽卡杨姓《杨宪本》（手抄本）第 10 页。		
例句	恶何，南图浑，木克。 恶何，译为“坏”；南图浑，译为“污秽”；木克，译		

	为“水”。 全句合译：污秽坏掉的水。		
词汇	③那勒浑	**词义**	污秽
文献	吉林省长春市九台区莽卡杨姓《杨宪本》（手抄本）第 74 页。		
例句	佛勒何，西木浑，泊，那勒浑。 佛勒何，译为“红色的”；西木浑，译为“手指头”；泊，译为“把”；那勒浑，译为“污秽”。 全句合译：污血把手指头染红了。		
音序	**ne**		
词汇	①讷音	**词义**	水流（河名）
文献	吉林省长春市九台区胡家石姓《小韩本》（引自宋和平译注本）第 57 页。		
例句	讷音，郭洛。 讷音，译为“水流（河名）”；郭洛，译为“遥远”。 全句合译：讷音河的源头很遥远。		
词汇	②纳音	**词义**	水流（河名）
文献	吉林省长春市九台区其塔木石姓《东哈本》（第 1 册）第 21 页。		
例句	纳音，国洛，瓦西哈。 纳音，译为“水流（河名）”；国洛，评为“遥远”；瓦西哈，译为“降临”。 全句合译：从遥远的纳音河降临（到此）。		
词汇	①讷勒	**词义**	去了
文献	吉林省长春市九台区胡家石姓《小韩本》（引自宋和平译注本）第 103 页。		
例句	讷勒，颓舒。 讷勒，译为“去了”；颓舒，译为“各自”。 全句合译：各自去了。		
词汇	①讷卡伯	**词义**	将回去

<table>
<tr><td>文献</td><td colspan="3">吉林省长春市九台区其塔木石姓《东哈本》（第 1 册）第 53 页。</td></tr>
<tr><td>例句</td><td colspan="3">莫尼莫尼，哈打，讷卡伯。
莫尼莫尼，译为“各自各自”；哈打，译为“山峰”；讷卡伯，译为“将回去”。
全句合译：各自将回到各自的山峰去吧。</td></tr>
<tr><td>词汇</td><td>①讷讷莫</td><td>词义</td><td>先</td></tr>
<tr><td>文献</td><td colspan="3">吉林省长春市九台区胡家石姓《小韩本》（引自宋和平译注本）第 101 页。</td></tr>
<tr><td>例句</td><td colspan="3">讷讷莫，杜博得。
讷讷莫，译为“先”；杜博得，译为“终”。
全句合译：始终。</td></tr>
<tr><td>词汇</td><td>①讷莫</td><td>词义</td><td>原因</td></tr>
<tr><td>文献</td><td colspan="3">吉林省长春市九台区其塔木石姓《东哈本》（第 1 册）第 21 页。</td></tr>
<tr><td>例句</td><td colspan="3">打，七，讷莫。
打，译为“头”；七，译为“从”；讷莫，译为“原因”。
全句合译：始末原由。</td></tr>
<tr><td>词汇</td><td>②拉莫</td><td>词义</td><td>原因</td></tr>
<tr><td>文献</td><td colspan="3">吉林省长春市九台区其塔木石姓《东哈本》（第 1 册）第 74 页。</td></tr>
<tr><td>例句</td><td colspan="3">哈打哈打，拉莫。
哈打哈打，译为“峰上之峰”；拉莫，译为“原因”。
全句合译：原因是峰上有峰。</td></tr>
<tr><td>音序</td><td colspan="3">nei</td></tr>
<tr><td>词汇</td><td>①内勒莫</td><td>词义</td><td>开了</td></tr>
<tr><td>文献</td><td colspan="3">吉林省长春市九台区胡家石姓《小韩本》（引自宋和平译注本）第 69 页。</td></tr>
<tr><td>例句</td><td colspan="3">郭敏，付地，得，内勒莫。
郭敏，译为“花”；付地，译为“绳子”；得，译为“在”；</td></tr>
</table>

	内勒莫，译为“开了”。 全句合译：花绳子开了。
音序	ni
词汇	①尼堪 **词义** 汉族
文献	吉林省长春市九台区胡家石姓《小韩本》（引自宋和平译注本）第104页。
例句	尼堪，先。 尼堪，译为“汉族”；先，译为“香”。 全句合译：汉族人（用的）香。
词汇	②尼侃 **词义** 汉族
文献	吉林省长春市九台区胡家石姓《小韩本》（引自宋和平译注本）第50页。
例句	尼侃，先。 尼侃，译为“汉族”；先，译为“香”。 全句合译：汉族人（用的）香。
词汇	③尼悬 **词义** 汉族人
文献	吉林省长春市九台区其塔木石姓《东哈本》（第1册）第74页。
例句	尼悬，仙。 尼悬，译为“汉族人”；仙，译为“香”。 全句合译：汉族人（使用的）香。
词汇	④尼唧 **词义** 汉族人
文献	吉林省长春市九台区其塔木石姓《东哈本》（第1册）第62页。
例句	尼唧，仙。 尼唧，译为“汉族人”；仙，译为“香”。 全句合译：汉族人（使用的）香。
词汇	①尼马哈 **词义** 鱼
文献	吉林省长春市九台区其塔木石姓《东哈本》（第2册）第1页。

例句	敖，尼马哈，杜瓦不非。 敖，译为“青”；尼马哈，译为“鱼”；杜瓦不非，译为“变为”。 全句合译：变成一条青鱼。		
词汇	②泥妈哈	**词义**	鱼
文献	吉林省长春市九台区胡家石姓《小韩本》（引自宋和平译注本）第 118 页。		
例句	敖，泥妈哈，杜近不非。 敖，译为“青”；泥妈哈，译为“鱼”；杜近不非，译为“变为”。 全句合译：变为一条青鱼。		
词汇	③你妈哈	**词义**	鱼
文献	吉林省长春市九台区莽卡杨姓《杨宪本》（手抄本）第 92 页。		
例句	松阁勒秃，你妈哈，乌西哈。 松阁勒秃，译为“河鼓”； 你妈哈，译为“鱼”；乌西哈，译为“星”。 全句合译：河鼓星、鱼星。		
词汇	①尼妈查	**词义**	杨
文献	吉林省长春市九台区莽卡杨姓《祭祖神本》第 29 页。		
例句	打舒哈拉，尼妈查，哈拉，得。 打舒哈拉，译为“众姓氏”；尼妈查，译为“杨”；哈拉，译为“姓”；得，译为“在”。 全句合译：众姓氏中的杨姓。		
词汇	②你吗查	**词义**	杨
文献	吉林省长春市九台区莽卡杨姓《杨宪本》（手抄本）第 33 页。		
例句	打舒哈拉，你吗查，哈拉，得。 打舒哈拉，译为“众姓氏”；你吗查，译为“杨”；哈拉，译为“姓”；得，译为“在”。		

<table>
<tr><td></td><td colspan="3">全句合译：众姓氏中的杨姓。</td></tr>
<tr><td>词汇</td><td>③你妈叉</td><td>词义</td><td>杨</td></tr>
<tr><td>文献</td><td colspan="3">吉林省长春市九台区莽卡杨姓《杨宪本》（手抄本）第 42 页。</td></tr>
<tr><td>例句</td><td colspan="3">打书哈拉，你妈叉，哈拉，得。
打书哈拉，译为“众姓氏”；你妈叉，译为“杨”；哈拉，译为“姓”；得，译为“在”。
全句合译：众姓氏中的杨姓。</td></tr>
<tr><td>词汇</td><td>④易木察</td><td>词义</td><td>杨</td></tr>
<tr><td>文献</td><td colspan="3">黑龙江省宁安市白岩乐园杨姓《永丰本》（手抄本）第 1 页。</td></tr>
<tr><td>例句</td><td colspan="3">易木察，哈拉，佛满洲。
易木察，译为“杨”；哈拉，译为“姓”；佛满洲，译为“老满洲”。
全句合译：老满洲杨姓。</td></tr>
<tr><td>词汇</td><td>①尼西哈</td><td>词义</td><td>鸭子</td></tr>
<tr><td>文献</td><td colspan="3">吉林省长春市九台区胡家石姓《小韩本》（引自宋和平译注本）第 76 页。</td></tr>
<tr><td>例句</td><td colspan="3">尼西哈，必拉，七，瓦西勒。
尼西哈，译为“鸭子”；必拉，译为“河”；七，译为“从”；瓦西勒，译为“降临”。
全句合译：从鸭子河降临。</td></tr>
<tr><td>词汇</td><td>②忸怩哈</td><td>词义</td><td>鸭子</td></tr>
<tr><td>文献</td><td colspan="3">吉林省吉林市土城子口钦佟赵姓《交罗本》第 1 页。</td></tr>
<tr><td>例句</td><td colspan="3">博虫阿，忸怩哈。
博虫阿，译为“彩色”；忸怩哈，译为“鸭子”。
全句合译：花鸭子。</td></tr>
<tr><td>词汇</td><td>①尼明</td><td>词义</td><td>油</td></tr>
<tr><td>文献</td><td colspan="3">吉林省长春市九台区胡家石姓《小韩本》（引自宋和平译注本）第 121 页。</td></tr>
</table>

例句	尼明，哀力其。 尼明，译为“油”；哀力其，译为“酒”。 全句合译：油、酒。		
词汇	②泥明	词义	油
文献	吉林省长春市九台区胡家石姓《小韩本》（引自宋和平译注本）第120页。		
例句	泥明，哀力其。 泥明，译为“油”；哀力其，译为“酒”。 全句合译：油、酒。		
词汇	①你妈亲	词义	抓鼓
文献	吉林省长春市九台区莽卡杨姓《杨宪本》（手抄本）第6页。		
例句	你妈亲，木何林，泊，扎法笔。 你妈亲，译为“抓鼓”；木何林，译为“圆的”；泊，译为“把”；扎法笔，译为“抓起来”。 全句合译：把圆的抓鼓抓起来。		
词汇	②你木亲	词义	抓鼓
文献	吉林省长春市九台区莽卡杨姓《杨静棠本》第6页。		
例句	你木亲，木何拉，扎法疋。 你木亲，译为“抓鼓”；木何拉，译为“圆的”；扎法疋，译为“抓起来”。 全句合译：把圆的抓鼓抓起来。		
词汇	③你某亲	词义	抓鼓
文献	吉林省长春市九台区莽卡杨姓《杨宪本》（手抄本）第10页。		
例句	你某亲，木何乱。 你某亲，译为“抓鼓”；木何乱，译为“圆的”。 全句合译：抓鼓是圆形的。		
词汇	④暗妈亲	词义	抓鼓
文献	吉林省长春市九台区其塔木石姓《东哈本》（第1册）		

	第 17 页。		
例句	暗妈亲，吉干。 暗妈亲，译为“抓鼓”；吉干，评为“声”。 全句合译：抓鼓声。		
词汇	⑤吟妈亲	词义	抓鼓
文献	吉林省长春市九台区其塔木石姓《东哈本》（第 1 册）第 20 页。		
例句	吟妈亲，吉干。 吟妈亲，译为“抓鼓”；吉干，译为“声”。 全句合译：抓鼓声。		
词汇	⑥一莫亲	词义	抓鼓
文献	吉林省长春市九台区胡家石姓《小韩本》（引自宋和平译注本）第 135 页。		
例句	一莫亲，又字干。 一莫亲，译为“抓鼓”；又字干，译为“声”。 全句合译：抓鼓声。		
词汇	①尼出合	词义	滑下来
文献	吉林省长春市九台区胡家石姓《小韩本》（引自宋和平译注本）第 80 页。		
例句	他那，不他拉，尼出合。 他那，译为“山间小路”；不他拉，译为“顺着”；尼出合，译为“滑下来”。 全句合译：顺着山间小路滑下来。		
词汇	②尼秃	词义	滑下来
文献	吉林省长春市九台区其塔木石姓《东哈本》（第 1 册）第 25 页。		
例句	我力，尼秃。 我力，译为“此时”；尼秃，译为“滑下来”。 全句合译：此时滑下来。		
词汇	③尼出恒俄	词义	滑下来

<table>
<tr><td>文献</td><td colspan="3">吉林省长春市九台区胡家石姓《小韩本》（引自宋和平译注本）第 84 页。</td></tr>
<tr><td>例句</td><td colspan="3">不他拉，博，尼出恒俄。
不他拉，译为“顺着”；博，译为“将”；尼出恒俄，译为“滑下来”。
全句合译：将顺着……滑下来。</td></tr>
<tr><td>词汇</td><td>①尼莫库</td><td>词义</td><td>疾；疾病</td></tr>
<tr><td>文献</td><td colspan="3">吉林省长春市九台区胡家石姓《小韩本》（引自宋和平译注本）第 106 页、第 344 页。</td></tr>
<tr><td rowspan="2">例句</td><td colspan="3">宁朱，阿牙你，尼莫库，阿库。
宁朱，译为“六十”；阿牙你，译为“年”；尼莫库，译为“疾”；阿库，译为“无”。
全句合译：六十年无疾。</td></tr>
<tr><td colspan="3">宁朱，阿牙你，尼莫库，阿库。
宁朱，译为“六十”；阿牙你，译为“年”；尼莫库，译为“疾病”；阿库，译为“无”。
全句合译：六十年无疾病。</td></tr>
<tr><td>词汇</td><td>②尼莫勒</td><td>词义</td><td>病</td></tr>
<tr><td>文献</td><td colspan="3">吉林省长春市九台区胡家石姓《小韩本》（引自宋和平译注本）第 105 页。</td></tr>
<tr><td>例句</td><td colspan="3">博特哈，尼莫勒。
博特哈，译为“脚”；尼莫勒，译为“病”。
全句合译：足疾。</td></tr>
<tr><td>词汇</td><td>③尼木库</td><td>词义</td><td>病</td></tr>
<tr><td>文献</td><td colspan="3">吉林省长春市九台区其塔木石姓《东哈本》（第 2 册）第 1 页。</td></tr>
<tr><td>例句</td><td colspan="3">尼木库，巴哈非。
尼木库，译为“病”；巴哈非，译为“得”。
全句合译：得病。</td></tr>
<tr><td>词汇</td><td>④尼玛库</td><td>词义</td><td>病</td></tr>
</table>

<table>
<tr><td>文献</td><td colspan="3">吉林省长春市九台区莽卡杨姓《杨宪本》（手抄本）第 59 页。</td></tr>
<tr><td>例句</td><td colspan="3">恶哈凌鸟，尼玛库，泊。
恶哈凌鸟，译为“庸人”；尼玛库，译为“病”；泊，译为“把”。
全句合译：庸人得了病。</td></tr>
<tr><td>词汇</td><td>⑤你莫库</td><td>词义</td><td>病</td></tr>
<tr><td>文献</td><td colspan="3">吉林省长春市九台区莽卡杨姓《杨宪本》（手抄本）第 6 页。</td></tr>
<tr><td>例句</td><td colspan="3">恶何凌鸟，你莫库，泊。
恶何凌鸟，译为“庸人”；你莫库，译为“病”；泊，译为“把”。
全句合译：庸人得了病。</td></tr>
<tr><td>词汇</td><td>⑥你妈库</td><td>词义</td><td>病</td></tr>
<tr><td>文献</td><td colspan="3">吉林省长春市九台区莽卡杨姓《杨宪本》（手抄本）第 12 页。</td></tr>
<tr><td>例句</td><td colspan="3">你妈库，阿库。
你妈库，评为“病”；阿库，译为“无”。
全句合译：没病。</td></tr>
<tr><td>词汇</td><td>⑦你莫勒</td><td>词义</td><td>疼痛</td></tr>
<tr><td>文献</td><td colspan="3">吉林省长春市九台区莽卡杨姓《杨宪本》（手抄本）第 74 页。</td></tr>
<tr><td>例句</td><td colspan="3">你莫勒，得，木，非，阿林必。
你莫勒，译为“疼痛”；得，译为“在”；木，译为“树”；非，译为“多”；阿林必，译为“承受”。
全句合译：在树上承受疼痛多时。</td></tr>
<tr><td>词汇</td><td>⑧尼妈拉</td><td>词义</td><td>疼痛</td></tr>
<tr><td>文献</td><td colspan="3">吉林省长春市九台区其塔木石姓《东哈本》（第 1 册）第 53 页。</td></tr>
<tr><td>例句</td><td colspan="3">尼妈拉，木必。</td></tr>
</table>

	尼妈拉，译为“疼痛”；木必，译为“扭动”。 全句合译：（因为）疼痛扭动着。		
词汇	⑨呢莫库	**词义**	疾病
文献	吉林省吉林市土城子口钦佟赵姓《交罗本》第 21 页。		
例句	引尼朱，阿年，呢莫库，阿库。 引尼朱，译为“六十”；阿年，译为“年”；呢莫库，译为“疾病”；阿库，译为“无”。 全句合译：六十年无疾病。		
词汇	⑩吟库	**词义**	病
文献	吉林省长春市九台区莽卡杨姓《杨宪本》（手抄本）第 59 页。		
例句	吟库，勒己莫。 吟库，译为“病”；勒己莫，译为“震动”。 全句合译：病痛。		
词汇	⑪尼莫库勒何	**词义**	害病
文献	吉林省长春市九台区莽卡杨姓《杨宪本》（手抄本）第 84 页。		
例句	莫林，尼莫库勒何。 莫林，译为“马”；尼莫库勒何，译为“害病”。 全句合译：马儿害病了。		
词汇	①泥拉嘎	**词义**	令放
文献	吉林省长春市九台区莽卡杨姓《杨宪本》（手抄本）第 6 页。		
例句	衣兰，乌西哈，泥拉嘎，恶林，得。 衣兰，译为“三”；乌西哈，译为“星”；泥拉嘎，译为“令放”；恶林，译为“此时”；得，译为“在”。 全句合译：此时三星在放光。		
词汇	①尼伦	**词义**	牛录
文献	吉林省长春市九台区胡家石姓《小韩本》（引自宋和		

<table>
<tr><td></td><td colspan="3">平译注本）第 244 页。</td></tr>
<tr><td>例句</td><td colspan="3">尼伦，巴七。
尼伦，译为“牛录”；巴七，译为“之地”。
全句合译：牛录之地。</td></tr>
<tr><td>词汇</td><td>①尼者非</td><td>词义</td><td>着落</td></tr>
<tr><td>文献</td><td colspan="3">吉林省吉林市土城子口钦佟赵姓《交罗本》第 27 页。</td></tr>
<tr><td>例句</td><td colspan="3">姑尹尼，德，尼者非。
姑尹尼，译为“心意”；德，译为“在”；尼者非，译为“着落”。
全句合译：心意有了着落。</td></tr>
<tr><td>词汇</td><td>②宁科不非</td><td>词义</td><td>着落</td></tr>
<tr><td>文献</td><td colspan="3">吉林省吉林市土城子口钦佟赵姓《交罗本》第 27 页。</td></tr>
<tr><td>例句</td><td colspan="3">呢禄，木德，宁科不非。
呢禄，译为“山梁”；木德，译为“弯曲”；宁科不非，译为“着落”。
全句合译：落在弯曲的山梁间。</td></tr>
<tr><td>音序</td><td colspan="3">nian</td></tr>
<tr><td>词汇</td><td>①年息</td><td>词义</td><td>年祈（香名）</td></tr>
<tr><td>文献</td><td colspan="3">吉林省长春市九台区莽卡杨姓《杨宪本》（手抄本）第 51 页。</td></tr>
<tr><td>例句</td><td colspan="3">年息，现。
年息，译为“年祈（香名）”；现，译为“香”。
全句合译：年祈香。</td></tr>
<tr><td>词汇</td><td>②年秦</td><td>词义</td><td>年祈（香名）</td></tr>
<tr><td>文献</td><td colspan="3">吉林省长春市九台区胡家石姓《小韩本》（引自宋和平译注本）第 41 页。</td></tr>
<tr><td>例句</td><td colspan="3">年秦，先，博，阿眼，杜莫，打不腓。
年秦，译为“年祈（香名）”；先，译为“香”；博，译为“把”；阿眼，译为“旺盛”；杜莫，译为“燃烧”；打不腓，译为“点燃”。</td></tr>
</table>

	全句合译：把年祈香点旺盛些。		
词汇	③念其	词义	年祈（香名）
文献	吉林省长春市九台区莽卡杨姓《祭祖神本》第 1 页。		
例句	念其，现，泊，牙路莫，打不足。 念其，译为“年祈（香名）”；现，译为“香”；泊，译为“把”；牙路莫，译为“引燃”；打不足，译为“点燃”。 全句合译：先把年祈香点着。		
音序	**niang**		
词汇	①娘莫	词义	人
文献	吉林省长春市九台区莽卡杨姓《杨宪本》（手抄本）第 10 页。		
例句	我林，娘莫，而射楼。 我林，译为“这里”；娘莫，译为“人”；而射楼，译为“保护”。 全句合译：保护这里的（族）人。		
词汇	②娘妈	词义	人
文献	吉林省长春市九台区莽卡杨姓《祭祖神本》第 12 页。		
例句	我林，娘妈，泊，我勒赊楼。 我林，译为“这里”；娘妈，译为“人”；泊，译为“把”；我勒赊楼，译为“保佑”。 全句合译：保佑这里的（族）人。		
词汇	③年玛	词义	人
文献	吉林省长春市九台区胡家石姓《小韩本》（引自宋和平译注本）第 100 页。		
例句	各棱，年玛，塞坎，瓦秃，得。 各棱，译为“各位”；年玛，译为“人”；塞坎，译为“称赞”；瓦秃，译为“看”；得，译为“在”。 全句合译：人们一边看着，一边称赞着各位。		
词汇	④娘们	词义	人；亲
文献	吉林省长春市九台区胡家石姓《小韩本》（引自宋和		

	平译注本）第 116 页、第 122 页。		
例句	不腿，娘们，瓦不木必。 不腿，译为“阴”；娘们，译为“人”；瓦不木必，译为“被杀害”。 全句合译：被坏人杀害。		
	娘们，浑七心。 娘们，译为“亲”；浑七心，译为“戚”。 全句合译：亲戚。		
词汇	①任牛尖	词义	绿；绿色
文献	吉林省长春市九台区胡家石姓《小韩本》（引自宋和平译注本）第 175 页、第 251 页。		
例句	任牛尖，牛勒立，博，杜勒不腓。 任牛尖，译为“绿”；牛勒立，译为“春”；博，译为“把”；杜勒不腓，译为“度过了”。 全句合译：度过了绿色的春天。		
	任牛尖，牛勒立。 任牛尖，译为“绿色”；牛勒立，译为“春”。 全句合译：绿色的春天。		
词汇	②娘年	词义	绿色
文献	吉林省长春市九台区其塔木石姓《东哈本》（第 2 册）第 13 页。		
例句	娘年，钮禄力。 娘年，译为“绿色”；钮禄力，译为“春天”。 全句合译：绿色的春天。		
音序	**ning**		
词汇	①宁文	词义	六
文献	吉林省长春市九台区其塔木石姓《东哈本》（第 1 册）第 95 页。		
例句	宁文，秘。 宁文，译为“六”；秘，译为“月”。		

<table>
<tr><td></td><td colspan="3">全句合译：六月。</td></tr>
<tr><td>词汇</td><td>②宁温</td><td>词义</td><td>六</td></tr>
<tr><td>文献</td><td colspan="3">吉林省长春市九台区莽卡杨姓《杨宪本》（手抄本）第 6 页。</td></tr>
<tr><td>例句</td><td colspan="3">宁温，其，也，笔嫩。
宁温，译为“六”；其，译为“第”；也，译为“的”；笔嫩，译为“篇”。
全句合译：第六篇。</td></tr>
<tr><td>词汇</td><td>③丁温</td><td>词义</td><td>六</td></tr>
<tr><td>文献</td><td colspan="3">吉林省吉林市土城子口钦佟赵姓《交罗本》第 27 页。</td></tr>
<tr><td>例句</td><td colspan="3">丁温，三音。
丁温，译为“六”；三音，译为“吉顺”。
全句合译：六六大顺。</td></tr>
<tr><td>词汇</td><td>①宁朱</td><td>词义</td><td>六十</td></tr>
<tr><td>文献</td><td colspan="3">吉林省长春市九台区胡家石姓《小韩本》（引自宋和平译注本）第 105 页。</td></tr>
<tr><td>例句</td><td colspan="3">宁朱，阿牙你。
宁朱，译为“六十”；阿牙你，译为“年”。
全句合译：六十年。</td></tr>
<tr><td>词汇</td><td>②吟朱</td><td>词义</td><td>六十</td></tr>
<tr><td>文献</td><td colspan="3">吉林省长春市九台区其塔木石姓《东哈本》（第 1 册）第 48 页。</td></tr>
<tr><td>例句</td><td colspan="3">吟朱，阿牙尼。
吟朱，译为“六十”；阿牙尼，译为“年”。
全句合译：六十年。</td></tr>
<tr><td>词汇</td><td>③吟中</td><td>词义</td><td>六十</td></tr>
<tr><td>文献</td><td colspan="3">吉林省长春市九台区莽卡杨姓《杨宪本》（手抄本）第 54 页。</td></tr>
<tr><td>例句</td><td colspan="3">吟中，阿宁阿。
吟中，译为“六十”；阿宁阿，译为“年”。</td></tr>
</table>

	全句合译：六十年。		
词汇	④银中	词义	六十
文献	吉林省长春市九台区莽卡杨姓《杨宪本》（手抄本）第 54 页。		
例句	银中，阿牙你。 银中，译为“六十”；阿牙你，译为“年”。 全句合译：六十年。		
词汇	⑤音朱	词义	六十
文献	吉林省长春市九台区莽卡杨姓《杨静棠本》第 12 页。		
例句	音朱，阿年。 音朱，译为“六十”；阿年，译为“年”。 全句合译：六十年。		
词汇	⑥音空	词义	六十
文献	黑龙江省宁安市兰岗关姓《特合本子》第 11 页。		
例句	音空，养人。 音空，译为“六十”；养人，译为“年”。 全句合译：六十年。		
词汇	⑦银朱	词义	六十
文献	吉林省吉林市乌拉街韩屯关姓《敬义神书》（手抄本）第 8 页。		
例句	银朱，阿年。 银朱，译为“六十”；阿年，译为“年”。 全句合译：六十年。		
词汇	⑧尼朱朱	词义	六十
文献	吉林省吉林市土城子口钦佟赵姓《交罗本》第 13 页。		
例句	尼朱朱，阿年。 尼朱朱，译为“六十”；阿年，译为“年”。 全句合译：六十年。		
词汇	⑨引尹朱	词义	六十
文献	吉林省吉林市土城子口钦佟赵姓《交罗本》第 21 页。		

<table>
<tr><td>例句</td><td colspan="3">引尹朱，阿年。
引尹朱，译为“六十”；阿年，译为“年”。
全句合译：六十年。</td></tr>
<tr><td>词汇</td><td>①宁文七</td><td>词义</td><td>第六辈</td></tr>
<tr><td>文献</td><td colspan="3">吉林省长春市九台区胡家石姓《小韩本》（引自宋和平译注本）第 90 页。</td></tr>
<tr><td>例句</td><td colspan="3">宁文七，太爷。
宁文七，译为“第六辈”；太爷，译为“太爷”。
全句合译：第六辈太爷。</td></tr>
<tr><td>词汇</td><td>②尹你文七</td><td>词义</td><td>第六</td></tr>
<tr><td>文献</td><td colspan="3">吉林省长春市九台区胡家石姓《小韩本》（引自宋和平译注本）第 98 页。</td></tr>
<tr><td>例句</td><td colspan="3">尹你文七，木录，得。
尹你文七，译为“第六”；木录，译为“山梁”；得，译为“在”。
全句合译：在第六（个）山梁上。</td></tr>
<tr><td>词汇</td><td>①宁聂力</td><td>词义</td><td>春天</td></tr>
<tr><td>文献</td><td colspan="3">吉林省长春市九台区莽卡杨姓《杨宪本》（手抄本）第 33 页。</td></tr>
<tr><td>例句</td><td colspan="3">宁聂力，敖木孙，泊，托说莫。
宁聂力，译为“春天”；敖木孙，译为“祭肉”；泊，译为“将”；托说莫，译为“预先”。
全句合译：春天将备妥祭祀肉。</td></tr>
<tr><td>词汇</td><td>②宁七力</td><td>词义</td><td>春天</td></tr>
<tr><td>文献</td><td colspan="3">吉林省长春市九台区莽卡杨姓《杨宪本》（手抄本）第 82 页。</td></tr>
<tr><td>例句</td><td colspan="3">宁七力，敖木孙，泊，托说莫。
宁七力，译为“春天”；敖木孙，译为“祭肉”；泊，译为“把”；托说莫，译为“预备”。
全句合译：在春天就预备好祭肉。</td></tr>
</table>

词汇	③宁尹你立	词义	春
文献	吉林省长春市九台区胡家石姓《小韩本》（引自宋和平译注本）第 225 页。		
例句	宁尹你立，博，他立哈。 宁尹你立，译为“春”；博，译为“把”；他立哈，译为“耕种”。 全句合译：春耕种地。		
词汇	④宁尼立	词义	春天
文献	吉林省长春市九台区胡家石姓《小韩本》（引自宋和平译注本）第 292 页。		
例句	宁尼立，博，他立勒。 宁尼立，译为“春天”；博，译为“把”；他立勒，译为“耕种”。 全句合译：春天种地。		
词汇	⑤宁英吉立	词义	春天
文献	吉林省长春市九台区胡家石姓《小韩本》（引自宋和平译注本）第 270 页。		
例句	宁英吉立，博，他立勒。 宁英吉立，译为“春天”；博，译为“把”；他立勒，译为“种”。 全句合译：春天把地种。		
词汇	⑥宁任牛立	词义	春天
文献	吉林省长春市九台区胡家石姓《小韩本》（引自宋和平译注本）第 340 页。		
例句	宁任牛立，博，他立勒。 宁任牛立，译为“春天”；博，译为“把”；他立勒，译为“耕种”。 全句合译：春天把田地耕种。		
词汇	⑦牛勒立	词义	春
文献	吉林省长春市九台区胡家石姓《小韩本》（引自宋和		

	平译注本）第 176 页。		
例句	任牛尖，牛勒立。 任牛尖，译为“绿”；牛勒立，译为“春”。 全句合译：绿色的春天。		
词汇	⑧钮禄力	词义	春天
文献	吉林省长春市九台区其塔木石姓《东哈本》（第 2 册）第 13 页。		
例句	娘年，钮禄力。 娘年，译为“绿色”；钮禄力，译为“春天”。 全句合译：绿色的春天。		
词汇	①宁厄	词义	求
文献	吉林省吉林市土城子口钦佟赵姓《交罗本》第 12 页。		
例句	京纳哈，宁厄。 京纳哈，译为“取”；宁厄，译为“求”。 全句合译：求取。		
词汇	②宁我	词义	求
文献	吉林省吉林市乌拉街韩屯关姓《敬义神书》（手抄本）第 80 页。		
例句	按巴，宁我，下足答非。 按巴，译为“大”；宁我，译为“求”；下足答非，译为“康健”。 全句合译：大人祈求健康。		
音序	**niu**		
词汇	①牛呼力	词义	狼
文献	吉林省长春市九台区其塔木石姓《第 1 册》第 1 页。		
例句	乌云朱，牛呼力。 乌云朱，译为“九十”；牛呼力，译为“狼”。 全句合译：九十只狼。		
词汇	②牛胡合	词义	狼
文献	吉林省长春市九台区胡家石姓《小韩本》（引自宋和		

	平译注本）第 324 页。		
例句	吴云朱，牛胡合。 吴云朱，译为“九十”；牛胡合，译为“狼”。 全句合译：九十只狼。		
词汇	③牛合	词义	狼
文献	吉林省长春市九台区胡家石姓《小韩本》（引自宋和平译注本）第 147 页。		
例句	扎坤朱，扎拉胡，牛合。 扎坤朱，译为“八十”；扎拉胡，译为“豺”；牛合，译为“狼”。 全句合译：八十只豺狼。		
词汇	①妞孙	词义	承担
文献	吉林省吉林市土城子口钦佟赵姓《交罗本》第 6 页。		
例句	安木八，贝色，其，妞孙。 安木八，译为“大”；贝色，译为“贝子”；其，译为“由”；妞孙，译为“承担”。 全句合译：由大贝子承担。		
音序	**nong**		
词汇	①侬哈连	词义	低洼处
文献	吉林省长春市九台区胡家石姓《小韩本》（引自宋和平译注本）第 147 页。		
例句	侬哈连，得，打音。 侬哈连，译为“低洼处”；得，译为“在”；打音，译为“经过”。 全句合译：从低洼处经过。		
词汇	②奴呼连	词义	低洼处
文献	吉林省长春市九台区其塔木石姓《东哈本》（第 1 册）第 1 页。		
例句	奴呼连，阿林。 奴呼连，译为“低洼处”；阿林，译为“山”。		

	全句合译：山的低洼处。		
词汇	①侬哈	**词义**	安稳
文献	吉林省长春市九台区胡家石姓《小韩本》（引自宋和平译注本）第290页。		
例句	侬哈，花牙立哈。 侬哈，译为“安稳”；花牙立哈，译为“和顺”。 全句合译：和顺安稳。		
音序	**nu**		
词汇	①奴勒	**词义**	黄酒
文献	吉林省长春市九台区其塔木石姓《东哈本》（第2册）第2页。		
例句	占出浑，奴勒，德。 占出浑，译为“甘甜”；奴勒，译为“黄酒”；德，译为“把”。 全句合译：甜酒。		
词汇	②侬勒	**词义**	酒
文献	吉林省长春市九台区胡家石姓《小韩本》（引自宋和平译注本）第234页。		
例句	占出浑，侬勒。 占出浑，译为“甜”；侬勒，译为“酒”。 全句合译：甜酒。		
词汇	③奴乐	**词义**	黄酒
文献	吉林省长春市九台区胡家石姓《小韩本》（引自宋和平译注本）。		
例句	奴乐，折库，得。 奴乐，译为“黄酒”；折库，译为“粮”；得，译为“在”。 全句合译：黄酒由粮食酿造。		
词汇	①奴门	**词义**	诵唱
文献	吉林省长春市九台区胡家石姓《小韩本》（引自宋和平译注本）第66页。		

例句	朱车，奴门。 朱车，译为“戏要”；奴门，译为“诵唱”。 全句合译：戏要诵唱。

<table>
<tr><td rowspan="2">音序</td><td colspan="3">Q</td></tr>
<tr><td colspan="3">qi</td></tr>
<tr><td>词汇</td><td>①七</td><td>词义</td><td>从</td></tr>
<tr><td>文献</td><td colspan="3">吉林省长春市九台区胡家石姓《小韩本》（引自宋和平译注本）第 37 页。</td></tr>
<tr><td>例句</td><td colspan="3">阿巴卡，七，瓦西哈。
阿巴卡，译为“天上”；七，译为“从”；瓦西哈，译为“降临”。
全句合译：从天上降临。</td></tr>
<tr><td>词汇</td><td>②其</td><td>词义</td><td>从</td></tr>
<tr><td>文献</td><td colspan="3">吉林省吉林市土城子口钦佟赵姓《交罗本》第 12 页。</td></tr>
<tr><td>例句</td><td colspan="3">安木巴，其，倭西珲。
安木巴，译为“大”；其，译为“从”；倭西珲，译为“小”。
全句合译：从大到小。</td></tr>
<tr><td>音序</td><td colspan="3">qin</td></tr>
<tr><td>词汇</td><td>①秦</td><td>词义</td><td>正</td></tr>
<tr><td>文献</td><td colspan="3">吉林省长春市九台区胡家石姓《小韩本》（引自宋和平译注本）174 页。</td></tr>
<tr><td>例句</td><td colspan="3">秦，博，杜卡。
秦，译为“正”；博，译为“房”；杜卡，译为“门”。
全句合译：正房门。</td></tr>
</table>

<table>
<tr><td rowspan="2">音序</td><td colspan="3">S</td></tr>
<tr><td colspan="3">sa</td></tr>
<tr><td>词汇</td><td>①洒杀意</td><td>词义</td><td>贤人</td></tr>
<tr><td>文献</td><td colspan="3">吉林省长春市九台区莽卡杨姓《杨宪本》（手抄本）第 10 页。</td></tr>
<tr><td>例句</td><td colspan="3">洒杀意，米他恶真，也，涉夫。
洒杀意，译为“贤人”；米他恶真，译为“我们萨满”；也，译为“的”；涉夫，译为“师傅”。
全句合译：（被誉为）“贤人”的，我们萨满的师傅。</td></tr>
<tr><td>词汇</td><td>②洒杀一</td><td>词义</td><td>贤人</td></tr>
<tr><td>文献</td><td colspan="3">吉林省长春市九台区莽卡杨姓《杨静棠本》第 10 页。</td></tr>
<tr><td>例句</td><td colspan="3">洒杀一，米他恶真，也，涉夫。
洒杀一，译为“贤人”；米他恶真，译为“我们萨满”；也，译为“的”；涉夫，译为“师傅”。
全句合译：（被誉为）“贤人”的，我们萨满的师傅。</td></tr>
<tr><td>词汇</td><td>①撒拉莫</td><td>词义</td><td>散开</td></tr>
<tr><td>文献</td><td colspan="3">黑龙江省宁安市兰岗关姓《特合本子》第 2 页。</td></tr>
<tr><td>例句</td><td colspan="3">乌朱，付米，撒拉莫。
乌朱，译为“始”；付米，译为“繁衍”；撒拉莫，译为“散开”。
全句合译：开始分散居住。</td></tr>
<tr><td>词汇</td><td>②撒杀奇</td><td>词义</td><td>发展</td></tr>
<tr><td>文献</td><td colspan="3">黑龙江省宁安市兰岗关姓《特合本子》第 10 页。</td></tr>
<tr><td>例句</td><td colspan="3">爱北和，撒杀奇。
爱北和，译为“目标”；撒杀奇，译为“发展”。
全句合译：向目标方向发展。</td></tr>
<tr><td>词汇</td><td>③撒艾利</td><td>词义</td><td>散开</td></tr>
<tr><td>文献</td><td colspan="3">黑龙江省宁安市白岩杨姓《神本》（手抄本）第 1 页。</td></tr>
</table>

<table>
<tr><td>例句</td><td colspan="3">撒艾利，白道撇。
撒艾利，译为“散开”；白道撇，译为“取”。
全句合译：（各自）分散去取。</td></tr>
<tr><td>词汇</td><td>④杀勒</td><td>词义</td><td>散</td></tr>
<tr><td>文献</td><td colspan="3">吉林省长春市九台区莽卡杨姓《祭祖神本》第 15 页。</td></tr>
<tr><td>例句</td><td colspan="3">杀勒，嘎涉莫，我斌必。
杀勒，译为“散”；嘎涉莫，译为“去”；我斌必，译为“玩要”。
全句合译：散开玩要。</td></tr>
<tr><td>词汇</td><td>⑤萨哈</td><td>词义</td><td>展开</td></tr>
<tr><td>文献</td><td colspan="3">吉林省吉林市土城子口钦佟赵姓《交罗本》第 12 页。</td></tr>
<tr><td>例句</td><td colspan="3">萨哈，伐兰，德。
萨哈，译为“展开”；伐兰，译为“沙场”；德，译为“在”。
全句合译：在沙场上展开（拼杀）。</td></tr>
<tr><td>词汇</td><td>⑥沙拉哈</td><td>词义</td><td>四射</td></tr>
<tr><td>文献</td><td colspan="3">吉林省长春市九台区胡家石姓《小韩本》（引自宋和平译注本）第 158 页。</td></tr>
<tr><td>例句</td><td colspan="3">灯占，各思克，沙拉哈。
灯占，译为“灯”；各思克，译为“亮”；沙拉哈，译为“四射”。
全句合译：灯光四射。</td></tr>
<tr><td>词汇</td><td>⑦沙沙立</td><td>词义</td><td>散开</td></tr>
<tr><td>文献</td><td colspan="3">吉林省长春市九台区莽卡杨姓《祭祖神本》第 15 页。</td></tr>
<tr><td>例句</td><td colspan="3">沙沙立，我斌必。
沙沙立，译为“散开”；我斌必，译为“玩要”。
全句合译：散开玩要。</td></tr>
</table>

<table>
<tr><td>词汇</td><td>①萨里楼</td><td>词义</td><td>接受</td></tr>
<tr><td>文献</td><td colspan="3">吉林省长春市九台区莽卡杨姓《杨静棠本》第 3 页。</td></tr>
<tr><td>例句</td><td colspan="3">书克敦，泊，萨里楼。
书克敦，译为“气”；泊，译为“把”；萨里楼，译为“接受”。
全句合译：把灵气接受。</td></tr>
<tr><td>词汇</td><td>②萨里漏</td><td>词义</td><td>承受</td></tr>
<tr><td>文献</td><td colspan="3">吉林省长春市九台区莽卡杨姓《杨宪本》（手抄本）第 3 页。</td></tr>
<tr><td>例句</td><td colspan="3">书克敦，泊，萨里漏。
书克敦，译为“灵气”；泊，译为“把”；萨里漏，译为“承受”。
全句合译：把灵气承受。</td></tr>
<tr><td>词汇</td><td>①萨克达</td><td>词义</td><td>老</td></tr>
<tr><td>文献</td><td colspan="3">吉林省长春市九台区其塔木石姓《东哈本》（第 1 册）第 1 页。</td></tr>
<tr><td>例句</td><td colspan="3">萨克达，赊夫。
萨克达，译为“老”；赊夫，译为“师傅”。
全句合译：老师傅。</td></tr>
<tr><td>词汇</td><td>②沙克达</td><td>词义</td><td>老</td></tr>
<tr><td>文献</td><td colspan="3">吉林省长春市九台区其塔木石姓《东哈本》（第 2 册）第 1 页。</td></tr>
<tr><td>例句</td><td colspan="3">沙克达，兴西哈，豁屯。
沙克达，译为“老”；兴西哈，译为“到”；豁屯，译为“城”。
全句合译：到了老城。</td></tr>
<tr><td>词汇</td><td>③沙克打</td><td>词义</td><td>老</td></tr>
<tr><td>文献</td><td colspan="3">吉林省长春市九台区胡家石姓《小韩本》（引宋和平译注本）第 105 页。</td></tr>
<tr><td>例句</td><td colspan="3">沙克打，阿西憨。</td></tr>
</table>

	沙克打，译为“老”；阿西憨，译为“少”。 全句合译：老少。		
词汇	④杀克打	词义	老
文献	吉林省长春市九台区莽卡杨姓《杨宪本》（手抄本）第 1 页。		
例句	杀克打，沙莫。 杀克打，译为“老”；沙莫，转写为“萨满”。 全句合译：老萨满。		
词汇	⑤撒克达	词义	老
文献	黑龙江省宁安市白岩杨姓《神本》（手抄本）第 1 页。		
例句	撒克达，依，妈法力。 撒克达，译为“老”；依，译为“的”；妈法力，译为“众祖先”。 全句合译：老的众祖先。		
词汇	①萨克答不	词义	到老
文献	吉林省吉林市土城子口钦佟赵姓《交罗本》第 2 页。		
例句	三音，太平，萨克答不。 三音，译为“太”；太平，译为“平”；萨克答不，译为“到老”。 全句合译：太平到老。		
词汇	①萨哈疋	词义	摆放
文献	吉林省长春市九台区莽卡杨姓《杨静棠本》第 2 页。		
例句	木勀，各涉，萨哈疋。 木勀，译为“碗”；各涉，译为“各自”；萨哈疋，译为“摆放”。 全句合译：把每个碗摆放好。		
词汇	②煞哈笔	词义	摆放
文献	吉林省长春市九台区莽卡杨姓《杨宪本》（手抄本）第 2 页。		

例句	木路，各涉，煞哈笔。 木路，译为“碗”；各涉，译为“各自”；煞哈笔，译为“摆放”。 全句合译：把各个碗摆放好。		
词汇	③沙哈笔	词义	摆放
文献	吉林省长春市九台区莽卡杨姓《杨宪本》（手抄本）第 3 页。		
例句	阿林，阿打利，沙哈笔。 阿林，译为“山”；阿打利，译为“如同”；沙哈笔，译为“摆放”。 全句合译：如同山似的摆放。		
音序	**sai**		
词汇	①塞坎	词义	称赞
文献	吉林省长春市九台区胡家石姓《小韩本》（引自宋和平译注本）第 100 页。		
例句	各棱，年玛，塞坎，瓦秃，得。 各棱，译为“各位”；年玛，译为“人”；塞坎，译为“称赞”；瓦秃，译为“看”；得，译为“在”。 全句合译：每个人边看边称赞着。		
词汇	①赛银	词义	吉祥
文献	吉林省长春市九台区莽卡杨姓《杨宪本》（手抄本）第 81 页。		
例句	甲字甲，赛银，得。 甲字甲，译为“平安”；赛银，译为“吉祥”；得，译为“在”。 全句合译：平安吉祥。		
词汇	②赊音	词义	吉祥
文献	吉林省长春市九台区莽卡杨姓《杨宪本》（手抄本）第 27 页。		
例句	押勒尖，赊音，得。		

	押勒尖，译为“平安”；赊音，译为“吉祥”；得，译为“在”。 全句合译：平安吉祥。		
词汇	③涉因	词义	吉祥
文献	吉林省长春市九台区莽卡杨姓《杨会清本》第 27 页。		
例句	押勒，涉因，得。 押勒，译为“平安”；涉因，译为“吉祥”；得，译为“在”。 全句合译：平安吉祥。		
音序	**san**		
词汇	①三	词义	吉；善；强壮；威风；吉庆
文献	吉林省长春市九台区胡家石姓《小韩本》（引自宋和平译注本）第 266 页、第 267 页、第 271 页、第 281 页、第 306 页、第 349 页。		
例句	叭一，三，博勒浑，得。 叭一，译为“月的”；三，译为“吉”；博勒浑，译为“洁净”；得，译为“在”。 全句合译：在洁净的吉月里。		
	一能尼，三。 一能尼，译为“日”；三，译为“吉”。 全句合译：吉日。		
	秃拉滚，三，得。 秃拉滚，译为“情形”；三，译为“善”；得，译为“在”。 全句合译：尽善尽美的情形。		
	阳桑阿，三。 阳桑阿，译为“英俊”；三，译为“强壮”。 全句合译：英俊强壮。		

<table>
<tr><td rowspan="2"></td><td colspan="3">阳桑阿，三，得。
阳桑阿，译为“精壮”；三，译为“威风”；得，译为“在”。
全句合译：精壮威风。</td></tr>
<tr><td colspan="3">卧西浑，三，得。
卧西浑，译为“富贵”；三，译为“吉庆”；得，译为“在”。
全句合译：富贵吉庆。</td></tr>
<tr><td>词汇</td><td>②三音</td><td>词义</td><td>吉；吉祥；好</td></tr>
<tr><td>文献</td><td colspan="3">吉林省长春市九台区胡家石姓《小韩本》（引自宋和平译注本）第 285 页、第 291 页、第 342 页。</td></tr>
<tr><td rowspan="4">例句</td><td colspan="3">三音，木克，博，卧沁腓。
三音，译为“吉”；木克，译为“水”；博，译为“把”；卧沁腓，译为“饮了”。
全句合译：把吉水饮了。</td></tr>
<tr><td colspan="3">三音，内，博，秃七不其。
三音，译为“吉祥”；内，译为“汗”； 博，译为“把”；秃七不其，译为“出了”。
全句合译：流下了吉祥的汗水。</td></tr>
<tr><td colspan="3">叭一，三音。
叭一，译为“月的”；三音，译为“吉祥”。
全句合译：吉祥之月。</td></tr>
<tr><td colspan="3">沙勒赊莫，三音。
沙勒赊莫，译为“慈爱”；三音，译为“好”。
全句合译：慈爱友好。</td></tr>
<tr><td>词汇</td><td>③三人</td><td>词义</td><td>吉</td></tr>
<tr><td>文献</td><td colspan="3">黑龙江省宁安市兰岗关姓《特合本子》第 2 页。</td></tr>
<tr><td>例句</td><td colspan="3">三人，衣娘，孙朱刻。
三人，译为“吉”；衣娘，译为“日”；孙朱刻，译为“选择”。</td></tr>
</table>

	全句合译：选择吉日。		
词汇	④山眼	词义	吉
文献	吉林省长春市九台区其塔木石姓《东哈本》（第 2 册）第 1 页。		
例句	山眼，一能尼。 山眼，译为“吉”；一能尼，译为“日”。 全句合译：吉日。		
词汇	⑤叁人	词义	吉祥
文献	黑龙江省宁安市兰岗关姓《特合本子》第 11 页。		
例句	洪口，叁人。 洪口，译为“叩首”；叁人，译为“吉祥”。 全句合译：叩头吉祥。		
词汇	⑥生人	词义	吉
文献	黑龙江省宁安市兰岗关姓《特合本子》第 11 页。		
例句	生人，不离。 生人，译为“吉”；不离，译为“秋”。 全句合译：吉祥的秋天。		
词汇	⑦射人	词义	好
文献	黑龙江省宁安市兰岗关姓《特合本子》第 2 页。		
例句	射人，西撒，布朱开。 射人，译为“好”；西撒，译为“腰铃”；布朱开，译为“铸造”。 全句合译：腰铃铸造好了。		
词汇	①三得	词义	等；善；善良；勇敢强壮；吉庆；传统；庆；好；太平
文献	吉林省长春市九台区胡家石姓《小韩本》（引自宋和平译注本）第 249 页、第 273 页、第 288 页、第 297 页、第 312 页、第 343 页、第 349 页、第 357 页。		

例句	各棱，赊夫，三得。 各棱，译为“各位”；赊夫，译为“师傅”；三得，译为“等”。 全句合译：各位师傅等。
	秃拉滚，三得。 秃拉滚，译为“情形”；三得，译为“善”。 全句合译：尽善尽美的情形。
	各秃恳，三得。 各秃恳，译为“聪明”；三得，译为“善良”。 全句合译：聪明善良。
	阳桑阿，三得。 阳桑阿，译为“精壮”；三得，译为“勇敢强壮”。 全句合译：精壮、勇敢强壮。
	卧西浑，三得。 卧西浑，译为“富贵”；三得，译为“吉庆”。 全句合译：富贵吉庆。
	多伦，三得。 多伦，译为“礼仪”；三得，译为“传统”。 全句合译：传统礼仪。
	吴拉滚，三得。 吴拉滚，译为“喜”；三得，译为“庆”。 全句合译：喜庆。
	赊博贞，三得。 赊博贞，译为“欢乐”；三得，译为“好”。 全句合译：欢乐好。
	三得，伯立宁俄。 三得，译为“太平”；伯立宁俄，译为“求”。 全句合译：求太平。

词汇	②三德	词义	等
文献	吉林省长春市九台区其塔木石姓《东哈本》（第 2		

	册）第 21 页。		
例句	舒衡危，三德，嘎木娄。 舒衡危，译为“供品”，三德，译为“等”；嘎木娄，译为“纳享”。 全句合译：纳享供品等。		
音序	**sang**		
词汇	①桑阿	词义	窟窿
文献	吉林省长春市九台区胡家石姓《小韩本》（引自宋和平译注本）第 289 页。		
例句	桑阿，得，秃合，不拉库。 桑阿，译为“窟窿”；得，译为“在”；秃合，译为“跌倒”；不拉库，译为“不给”。 全句合译：不能跌倒在窟窿里。		
词汇	②商阿	词义	窟窿
文献	吉林省长春市九台区其塔木石姓《东哈本》（第 1 册）第 47 页。		
例句	商阿，得，秃哈，不拉库。 商阿，译为“窟窿”；得，译为“在”；秃哈，译为“跌倒”；不拉库，译为“不给”。 全句合译：不能跌倒在窟窿里。		
音序	**se**		
词汇	①色恳	词义	石砬子；砬子；源；渊
文献	吉林省长春市九台区胡家石姓《小韩本》（引自宋和平译注本）第 48 页、第 112 页、第 127 页、第 363 页。		
例句	特拉鸡，色恳。 特拉鸡，译为“高高”；色恳，译为“石砬子”。 全句合译：高高的石砬子。		
	朱拉鸡，色恳。		

	朱拉鸡，译为“高高”；色恳，译为“砬子”。 全句合译：高高的砬子。		
	大，舒子，色恳，比不合。 大，译为“老”；舒子，译为“原籍”；色恳，译为“源”；比不合，译为“留在”。 全句合译：留在原来的老祖籍地。		
	打，色恳。 打，译为“源”；色恳，译为“渊”。 全句合译：渊源。		
词汇	②赊合立	词义	峭立
文献	吉林省长春市九台区胡家石姓《小韩本》（引自宋和平译注本）第 90 页。		
例句	赊合立，哈打。 赊合立，译为“峭立”；哈打，译为“山峰”。 全句合译：山峰峭立。		
音序	**sha**		
词汇	①沙马	词义	高高的
文献	吉林省长春市九台区莽卡杨姓《杨宪本》（手抄本）第 42 页。		
例句	明安，爷，沙马，其。 明安，译为“千”；爷，译为“的”；沙马，译为“高高的”；其，译为“从”。 全句合译：从高高的千丈的地方……		
词汇	②萨马	词义	高高
文献	吉林省长春市九台区莽卡杨姓《祭祖神本》第 15 页。		
例句	土门，一，萨马，七。 土门，译为“万”；一，译为“的”；萨马，译为“高高”；七，译为“从”。 全句合译：从万丈高高处……		

<table>
<tr><td>词汇</td><td>①沙沙</td><td>词义</td><td>喜鹊</td></tr>
<tr><td>文献</td><td colspan="3">吉林省长春市九台区莽卡杨姓《杨宪本》（手抄本）第 42 页。</td></tr>
<tr><td>例句</td><td colspan="3">乌云，沙沙，得。
乌云，译为“九”；沙沙，译为“喜鹊”；得，译为“在”。
全句合译：九只喜鹊。</td></tr>
<tr><td>词汇</td><td>②沙克沙</td><td>词义</td><td>喜鹊</td></tr>
<tr><td>文献</td><td colspan="3">吉林省长春市九台区莽卡杨姓《祭祖神本》第 29 页。</td></tr>
<tr><td>例句</td><td colspan="3">可赊，沙克沙，赊力。
可赊，译为“相同”；沙克沙，译为“喜鹊”；赊力，译为“铁”。
全句合译：（这些）铁喜鹊是一样的。</td></tr>
<tr><td>词汇</td><td>①沙卡</td><td>词义</td><td>叉</td></tr>
<tr><td>文献</td><td colspan="3">吉林省长春市九台区胡家石姓《小韩本》（引自宋和平译注本）第 87 页。</td></tr>
<tr><td>例句</td><td colspan="3">依兰，嘎拉干，沙卡。
依兰，译为“三”；嘎拉干，译为“股”；沙卡，译为“叉”。
全句合译：三股叉。</td></tr>
<tr><td>词汇</td><td>②沙查</td><td>词义</td><td>叉</td></tr>
<tr><td>文献</td><td colspan="3">吉林省长春市九台区胡家石姓《小韩本》（引自宋和平译注本）第 49 页。</td></tr>
<tr><td>例句</td><td colspan="3">五克心，沙查，札伐腓。
五克心，译为“钢”；沙查，译为“叉”；札伐腓，译为“手执”。
全句合译：手执钢叉。</td></tr>
<tr><td>词汇</td><td>③沙叉</td><td>词义</td><td>叉</td></tr>
<tr><td>文献</td><td colspan="3">吉林省长春市九台区胡家石姓《小韩本》（引自宋</td></tr>
</table>

	和平译注本）第 140 页。		
例句	依兰，沙叉。 依兰，译为“三股”；沙叉，译为“叉”。 全句合译：三股叉。		
词汇	④沙克	词义	叉
文献	吉林省长春市九台区莽卡杨姓《杨宪本》（手抄本）第 60 页。		
例句	盟文，沙克。 盟文，译为“银”；沙克，译为“叉”。 全句合译：银叉。		
词汇	⑤杀克	词义	叉
文献	吉林省长春市九台区莽卡杨姓《祭祖神本》第 29 页。		
例句	蒙文，杀克。 蒙文，译为“银”；杀克，译为“叉”。 全句合译：银叉。		
词汇	⑥石嘎	词义	叉
文献	吉林省长春市九台区胡家石姓《小韩本》（引自宋和平译注本）第 205 页。		
例句	石嘎，那拉库，碑还。 石嘎，译为“叉”；那拉库，译为“铁耙”；碑还，译为“土”。 全句合译：（用）铁耙子叉土。		
词汇	⑦萨卡	词义	叉
文献	吉林省长春市九台区莽卡杨姓《杨宪本》（手抄本）第 72 页。		
例句	萨卡，戈鸡笔。 萨卡，译为“叉”；戈鸡笔，译为“拿来”。 全句合译：拿来叉子。		
词汇	①沙哈连	词义	黑色

文献	吉林省长春市九台区胡家石姓《小韩本》（引自宋和平译注本）第 144 页。		
例句	沙哈连，得，付你阿。 沙哈连，译为“黑色”；得，译为“有”；付你阿，译为“毛”。 全句合译：有黑色的毛。		
词汇	①沙勒干	**词义**	妻
文献	吉林省长春市九台区莽卡杨姓《杨宪本》（手抄本）第 84 页。		
例句	沙勒干，朱射。 沙勒干，译为“妻”；朱射，译为“儿子”。 全句合译：妻子、儿子。		
词汇	②沙拉干	**词义**	妻
文献	吉林省长春市九台区胡家石姓《小韩本》（引自宋和平译注本）第 118 页。		
例句	沙拉干，古七西。分东合。 沙拉干，译为“妻”；古七西，译为“互称”；分东合，译为“生气”。 全句合译：妻子生气了。		
词汇	①沙拉干居	**词义**	姑娘
文献	吉林省长春市九台区胡家石姓《小韩本》（引自宋和平译注本）第 329 页。		
例句	沙拉干居，三音。 沙拉干居，译为“姑娘”；三音，译为“好”。 全句合译：姑娘好。		
词汇	②沙拉朱赊	**词义**	女孩
文献	吉林省长春市九台区胡家石姓《小韩本》（引自宋和平译注本）第 250 页。		
例句	哈哈朱赊，沙拉朱赊。 哈哈朱赊，译为“男孩”；沙拉朱赊，译为“女孩”。		

<table>
<tr><td></td><td colspan="3">全句合译：男孩、女孩。</td></tr>
<tr><td>词汇</td><td>①沙禄托洛</td><td>词义</td><td>白</td></tr>
<tr><td>文献</td><td colspan="3">吉林省长春市九台区胡家石姓《小韩本》（引自宋和平译注本）第 314 页。</td></tr>
<tr><td>例句</td><td colspan="3">未合，沙禄托洛。
未合，译为“牙”；沙禄托洛，译为“白”。
全句合译：白牙。</td></tr>
<tr><td>词汇</td><td>②沙拉托洛</td><td>词义</td><td>白</td></tr>
<tr><td>文献</td><td colspan="3">吉林省长春市九台区其塔木石姓《东哈本》（第 1 册）第 41 页。</td></tr>
<tr><td>例句</td><td colspan="3">为合，沙拉托洛。
为合，译为“牙”；沙拉托洛，译为“白”。
全句合译：白牙。</td></tr>
<tr><td>词汇</td><td>③沙思呼</td><td>词义</td><td>白</td></tr>
<tr><td>文献</td><td colspan="3">吉林省长春市九台区胡家石姓《小韩本》（引自宋和平译注本）第 291 页。</td></tr>
<tr><td>例句</td><td colspan="3">沙思呼，博勒。
沙思呼，译为“白”；博勒，译为“米饭”。
全句合译：白米饭。</td></tr>
<tr><td>词汇</td><td>④杀拉他落</td><td>词义</td><td>白</td></tr>
<tr><td>文献</td><td colspan="3">吉林省吉林市乌拉街韩屯关姓《敬义神书》（手抄本）第 9 页。</td></tr>
<tr><td>例句</td><td colspan="3">克朱，付摄合，杀拉他落。
克朱，译为“头”；付摄合，译为“毛”；杀拉他落，译为“白”。
全句合译：头发白了。</td></tr>
<tr><td>词汇</td><td>⑤撒拉托洛</td><td>词义</td><td>白</td></tr>
<tr><td>文献</td><td colspan="3">吉林省长春市九台区其塔木关姓《腰哈本》第 11 页。</td></tr>
<tr><td>例句</td><td colspan="3">昂阿，为何，撒拉托洛。</td></tr>
</table>

<table>
<tr><td></td><td colspan="3">昂阿，译为“口”；为何，译为“牙”；撒拉托洛，译为“白”。
全句合译：嘴里的牙很白。</td></tr>
<tr><td>词汇</td><td>①沙亚你莫</td><td>词义</td><td>伸开</td></tr>
<tr><td>文献</td><td colspan="3">吉林省长春市九台区莽卡杨姓《杨宪本》（手抄本）第 41 页。</td></tr>
<tr><td>例句</td><td colspan="3">打拉，洎，沙亚你莫。
打拉，译为“腰”；洎，译为“把”；沙亚你莫，译为“伸开”。
全句合译：把腰伸。</td></tr>
<tr><td>词汇</td><td>②杀娘莫</td><td>词义</td><td>伸开</td></tr>
<tr><td>文献</td><td colspan="3">吉林省长春市九台区莽卡杨姓《祭祖神本》第 12 页。</td></tr>
<tr><td>例句</td><td colspan="3">达拉，洎，杀娘莫。
达拉，译为“腰”；洎，译为“把”；杀娘莫，译为“伸开”。
全句合译：把腰伸。</td></tr>
<tr><td>词汇</td><td>③萨拉西</td><td>词义</td><td>伸展</td></tr>
<tr><td>文献</td><td colspan="3">吉林省长春市九台区莽卡杨姓《祭祖神本》第 29 页。</td></tr>
<tr><td>例句</td><td colspan="3">阿思哈，洎，萨拉西。
阿思哈，译为“翅膀”；洎，译为“把”；萨拉西，译为“伸展”。
全句合译：张开翅膀。</td></tr>
<tr><td>词汇</td><td>①沙西干</td><td>词义</td><td>甘甜</td></tr>
<tr><td>文献</td><td colspan="3">吉林省长春市九台区莽卡杨姓《杨宪本》（手抄本）第 48 页。</td></tr>
<tr><td>例句</td><td colspan="3">射立，沙西干。
射立，译为“泉”；沙西干，译为“甘甜”。
全句合译：井水甘甜。</td></tr>
</table>

词汇	②色勒	词义	甘甜
文献	吉林省吉林市土城子口钦佟赵姓《交罗本》第 28 页。		
例句	色勒，木科。 色勒，译为“甘甜”；木科，译为“水”。 全句合译：水很甘甜。		
词汇	①沙卡扎卡	词义	防备
文献	吉林省长春市九台区胡家石姓《小韩本》（引自宋和平译注本）第 118 页。		
例句	沙卡扎卡，扎伏纳哈，衣泥，嘎什汗。 沙卡扎卡，译为“防备”；扎伏纳哈，译为“狠狠”；衣泥，译为“他的”；嘎什汗，译为“灾”。 全句合译：防备重大的灾难落在他的身上。		
词汇	①沙克山	词义	垒起
文献	吉林省长春市九台区莽卡杨姓《祭祖神本》第 29 页。		
例句	沙克山，衣。 沙克山，译为“垒起”；衣，译为“的”。 全句合译：垒起的。		
词汇	②沙克山必	词义	垒起
文献	吉林省长春市九台区莽卡杨姓《祭祖神谱本》第 29 页。		
例句	恶木，打，沙克山必。 恶木，译为“一”；打，译为“原先”；沙克山必，译为“垒起”。 全句合译：一个是原先垒起的。		
词汇	①沙必	词义	徒弟
文献	吉林省长春市九台区胡家石姓《小韩本》（引自宋和平译注本）第 362 页。		
例句	必，沙必。		

	必，译为“有”；沙必，译为“徒弟”。 全句合译：有徒弟。
词汇	①沙胡伦 | 词义 | 冷
文献	吉林省长春市九台区胡家石姓《小韩本》（引自宋和平译注本）第134页。
例句	沙胡伦，博拉。 沙胡伦，译为“冷”；博拉，译为“色”。 全句合译：冷色。
音序	**shan**
词汇	①山眼 | 词义 | 白
文献	吉林省长春市九台区胡家石姓《小韩本》（引自宋和平译注本）第272页。
例句	山眼，阿莫孙，为勒合。 山眼，译为“白”；阿莫孙，译为“祭肉”；为勒合，译为“制作”。 全句合译：制作白祭肉。
词汇	②山音 | 词义 | 白
文献	吉林省长春市九台区其塔木石姓《东哈本》（第1册）第1页。
例句	山音，阿林，忒合宁恶。 山音，译为“白”；阿林，译为“山”；忒合宁恶，译为“居住”。 全句合译：在长白山居住。
词汇	③山烟 | 词义 | 白
文献	吉林省长春市九台区其塔木石姓《东哈本》（第1册）第66页。
例句	山烟，熬木朱，为勒非。 山烟，译为“白”；熬木朱，译为“祭肉”；为勒非，译为“制作”。 全句合译：制作白祭肉。

<table>
<tr><td>词汇</td><td>④三音</td><td>词义</td><td>白</td></tr>
<tr><td>文献</td><td colspan="3">吉林省长春市九台区其塔木石姓《东哈本》（第 2 册）第 21 页。</td></tr>
<tr><td>例句</td><td colspan="3">国眠，三音，阿林，德。
国眠，译为“长”；三音，译为“白”；阿林，译为“山”；德，译为“在”。
全句合译：在长白山。</td></tr>
<tr><td>词汇</td><td>⑤善人</td><td>词义</td><td>白</td></tr>
<tr><td>文献</td><td colspan="3">黑龙江省宁安市兰岗关姓《特合本子》第 11 页。</td></tr>
<tr><td>例句</td><td colspan="3">善人，摸力。
善人，译为“白”；摸力，译为“马”。
全句合译：白马。</td></tr>
<tr><td>词汇</td><td>⑥山颜</td><td>词义</td><td>白</td></tr>
<tr><td>文献</td><td colspan="3">吉林省长春市九台区莽卡杨姓《杨宪本》（手抄本）第 48 页。</td></tr>
<tr><td>例句</td><td colspan="3">登义，山颜，乌西哈。
登义，译为“太”；山颜，译为“白”；乌西哈，译为“星”。
全句合译：太白星。</td></tr>
<tr><td>音序</td><td colspan="3">shang</td></tr>
<tr><td>词汇</td><td>①商尖</td><td>词义</td><td>烟</td></tr>
<tr><td>文献</td><td colspan="3">吉林省长春市九台区莽卡杨姓《祭祖神本》第 3 页。</td></tr>
<tr><td>例句</td><td colspan="3">先，泊，商尖，日宁阿，街不莫。
先，译为“香”；泊，译为“把”；商尖，译为“烟”；日宁阿，译为“年”；街不莫，译为“采取”。
全句合译：采香火那年。</td></tr>
<tr><td>词汇</td><td>②商家</td><td>词义</td><td>白烟</td></tr>
<tr><td>文献</td><td colspan="3">吉林省吉林市乌拉街韩屯关姓《敬义神书》（手抄本）第 16 页。</td></tr>
<tr><td>例句</td><td colspan="3">胡兰，商家，吉克非。</td></tr>
</table>

	胡兰，译为“烟筒”；商家，译为“白烟”；吉克非，译为“压住”。 全句合译：压住从烟筒冒出的白烟。		
音序	**she**		
词汇	①赊夫	词义	师傅
文献	吉林省长春市九台区胡家石姓《小韩本》（引自宋和平译注本）第 317 页。		
例句	太爷，赊夫。 太爷，汉语“太爷”；赊夫，译为“师傅”。 全句合译：太爷的师傅。		
词汇	②涉夫	词义	师傅
文献	吉林省长春市九台区莽卡杨姓《杨宪本》（手抄本）第 7 页。		
例句	朱垒，涉夫。 朱垒，译为“古时候”；涉夫，译为“师傅”。 全句合译：古时候的师傅。		
词汇	③涉夫涉夫	词义	师傅的师傅
文献	吉林省长春市九台区莽卡杨姓《杨宪本》（手抄本）第 10 页。		
例句	墨你，恶真，也，涉夫涉夫。 墨你，译为“我们”；恶真，译为“萨满”；也，译为“的”；涉夫涉夫，译为“师傅的师傅”。 全句合译：我们萨满师傅的师傅。		
词汇	①赊莫	词义	因为
文献	吉林省长春市九台区胡家石姓《小韩本》（引自宋和平译注本）第 338 页。		
例句	鸡郎尼，夜立，博浑，赊莫。 鸡郎尼，译为“骨”；夜立，译为“肉”；博浑，译为“清洁”；赊莫，译为“因为”。 全句合译：因为骨肉清洁。		

词汇	②赊七	词义	因为
文献	吉林省长春市九台区胡家石姓《小韩本》（引自宋和平译注本）第 285 页。		
例句	吴查拉哈，赊七。 吴查拉哈，译为“遇到”，赊七，译为“因为”。 全句合译：因为遇到。		
词汇	③色莫	词义	因为
文献	吉林省长春市九台区胡家石姓《小韩本》（引自宋和平译注本）第 49 页。		
例句	一长阿，色莫。 一长阿，译为“吉顺”；色莫，译为“因为”。 全句合译：因为吉顺。		
词汇	④色木	词义	因为
文献	吉林省吉林市土城子口钦佟赵姓《交罗本》第 21 页。		
例句	依车，色木，德，依力非。 依车，译为“新”；色木，译为“因为”；德，译为“在”；依力非，译为“站立”。 全句合译：因为建立新的……		
词汇	①赊勒	词义	铁
文献	吉林省长春市九台区胡家石姓《小韩本》（引自宋和平译注本）第 215 页、第 254 页。		
例句	爱心，赊勒，不勒合，得。 爱心，译为“金”；赊勒，译为“铁”；不勒合，译为“铸造”；得，译为“在”。 全句合译：铸造金铁。		
	赊勒，付他。 赊勒，译为“铁”；付他，译为“绳”。 全句合译：铁绳。		
词汇	②舍勒	词义	铁

文献	吉林省长春市九台区莽卡杨姓《杨静棠本》第 5 页。		
例句	不何，舍勒。 不何，译为“有了”；舍勒，译为“铁”。 全句合译：有了铁。		
词汇	①赊莫	词义	祝祷
文献	吉林省长春市九台区胡家石姓《小韩本》（引自宋和平译注本）第 291 页。		
例句	沙玛，赊莫。 沙玛，转写为“萨满”；赊莫，译为“祝祷”。 全句合译：萨满在祝祷。		
词汇	②舍莫	词义	祝祷
文献	吉林省吉林市乌拉街韩屯关姓《敬义神书》（手抄本）第 22 页。		
例句	阿哈，舍莫，扎浑，得。 阿哈，译为“奴仆”；舍莫，译为“祝祷”；扎浑，译为“八”；得，译为“在”。 全句合译：八位奴仆在祝祷。		
词汇	①赊合	词义	说了
文献	吉林省长春市九台区胡家石姓《小韩本》（引自宋和平译注本）第 126 页。		
例句	赊合，打七。 赊合，译为“说了”；打七，译为“从前”。 全句合译：从前说过了。		
词汇	①涉不真	词义	乐
文献	吉林省长春市九台区莽卡杨姓《杨宪本》（手抄本）第 15 页。		
例句	乌勒滚，涉不真。 乌勒滚，译为“欢”；涉不真，译为“乐”。 全句合译：欢乐。		
词汇	②射不真	词义	快乐

文献	吉林省长春市九台区莽卡杨姓《杨宪本》（手抄本）第 54 页。		
例句	乌鲁滚，射不真。 乌鲁滚，译为“欢喜”；射不真，译为“快乐”。 全句合译：欢喜、快乐。		
词汇	③赊不真	词义	快乐
文献	吉林省长春市九台区莽卡杨姓《杨宪本》（手抄本）第 50 页。		
例句	乌勒滚，赊不真。 乌勒滚，译为“欢喜”；赊不真，译为“快乐”。 全句合译：欢喜快乐。		
词汇	④赊博贞	词义	喜
文献	吉林省长春市九台区胡家石姓《小韩本》（引自宋和平译注本）第 240 页。		
例句	秃也欠其，赊博贞。 秃也欠其，译为“抬起”；赊博贞，译为“喜”。 全句合译：抬头见喜。		
词汇	⑤赊不贞	词义	乐
文献	吉林省长春市九台区胡家石姓《小韩本》（引自宋和平译注本）第 122 页。		
例句	吴拉滚，赊不贞。 吴拉滚，译为“喜”；赊不贞，译为“乐”。 全句合译：喜乐。		
词汇	⑥色不贞	词义	喜乐
文献	吉林省吉林市土城子口钦佟赵姓《交罗本》第 13 页。		
例句	色不贞，卧不莫。 色不贞，译为“喜乐”；卧不莫，译为“降临”。 全句合译：喜乐降临。		
词汇	⑦涉真	词义	喜

文献	吉林省长春市九台区莽卡杨姓《杨宪本》第 48 页。		
例句	涉真，泊，图吉七。 涉真，译为“喜”；泊，译为“把”；图吉七，译为“抬起、把”。 全句合译：抬头见喜。		
词汇	⑧奢破贞	词义	喜乐
文献	吉林省长春市九台区其塔木石姓《腰哈本》第 32 页。		
例句	奢破贞，卧不末。 奢破贞，译为“喜乐”；卧不末，译为“可为”。 全句合译：喜乐可为。		
词汇	①射立	词义	泉
文献	吉林省长春市九台区莽卡杨姓《杨宪本》（手抄本）第 54 页。		
例句	射立，沙西干，泊，姑爷木必。 射立，译为“泉”；沙西干，译为“展开”；泊，译为“把”；姑爷木必，译为“相合”。 全句合译：把水搅动起来。		
词汇	②射勒	词义	泉
文献	吉林省长春市九台区莽卡杨姓《杨宪本》（手抄本）第 92 页。		
例句	射勒，衣，木克。 射勒，译为“泉”；衣，译为“的”；木克，译为“水”。 全句合译：井里的水。		
词汇	③射力	词义	泉
文献	吉林省长春市九台区莽卡杨姓《杨宪本》（手抄本）第 54 页。		
例句	射力，木克，得，西加必。 射力，译为“泉”；木克，译为“水”；得，译为“在”；西加必，译为“放入”。		

	全句合译：往泉水里倒入……		
词汇	④涉立	词义	泉
文献	吉林省长春市九台区莽卡杨姓《杨宪本》（手抄本）第 76 页。		
例句	涉立，木可。 涉立，译为“泉”；木可，译为“水”。 全句合译：井泉之水。		
词汇	⑤赊力	词义	泉
文献	吉林省长春市九台区莽卡杨姓《杨宪本》（手抄本）第 50 页。		
例句	赊力，木克。 赊力，译为“泉”；木克，译为“水”。 全句合译：井泉之水。		
词汇	⑥赊立	词义	泉；梁
文献	吉林省长春市九台区胡家石姓《小韩本》（引自宋和平译注本）第 89 页、第 203 页。		
例句	赊立，哈禄坎。 赊立，译为“泉”；哈禄坎，译为“温”。 全句合译：温泉。		
	哈打，赊立。 哈打，译为“山峰”；赊立，译为“梁”。 全句合译：山梁。		
词汇	⑦赊勒	词义	泉眼
文献	吉林省长春市九台区胡家石姓《小韩本》（引自宋和平译注本）第 318 页。		
例句	赊勒，木克，嘎儿七。 赊勒，译为“泉眼”；木克，译为“水”；嘎儿七，译为“取来”。 全句合译：取来泉眼（井）水。		
词汇	①射不牛	词义	猴

文献	吉林省长春市九台区莽卡杨姓《杨宪本》（手抄本）第 48 页。		
例句	冰西哈，射不牛。 冰西哈，译为“毕月（乌）”；射不牛，译为“猴”。 全句合译：毕月（乌）星，觜火（猴）星。		
词汇	①射尖	词义	室火（猪）
文献	吉林省长春市九台区莽卡杨姓《杨宪本》（手抄本）第 48 页。		
例句	戈滨，射尖，八七他。 戈滨，译为“危月（燕）”；射尖，译为“室火（猪）”；八七他，译为“壁水（貐）”。 全句合译：危月（燕）星，室火（猪）星，壁水（貐）星。		
音序	**shen**		
词汇	①申特恨	词义	祖宗板
文献	吉林省长春市九台区莽卡杨姓《杨宪本》（手抄本）第 87 页。		
例句	申特恨，泊，一车，衣力疋。 申特恨，译为“祖宗板”；泊，译为“房”；一车，译为“新”；衣力疋，译为“安置”。 全句合译：房内新安置了祖宗板。		
词汇	②申得很	词义	祖宗龛
文献	吉林省长春市九台区莽卡杨姓《杨宪本》（手抄本）第 84 页。		
例句	申得很，一车拉莫，哈拉笔。 申得很，译为“祖宗龛”；一车拉莫，译为“更新”；哈拉笔，译为“更换”。 全句合译：重新更换祖宗龛。		
词汇	③恩特痕	词义	祭板
文献	吉林省吉林市土城子口钦佟赵姓《交罗本》第 6 页。		

例句	恩特痕，布勒。 恩特痕，译为“祭板”；布勒，译为“铸造”。 全句合译：铸造祭板。		
词汇	④申车恨	词义	祖宗板
文献	吉林省长春市九台区莽卡杨姓《杨宪本》（手抄本）第 87 页。		
例句	申车恨，泊，衣车，不立疋。 申车恨，译为“祖宗板”；泊，译为“把”；衣车，译为“新”；不立疋，译为“建立”。 全句合译：新安立祖宗板。		
词汇	①申测肯	词义	尾巴（尖）
文献	吉林省长春市九台区莽卡杨姓《杨宪本》（手抄本）第 92 页。		
例句	申测肯，都泊，得，烟非他笔。 申测肯，译为“尾巴（尖）”；都泊，译为“末端”；得，译为“在”；烟非他笔，译为“排列”。 全句合译：尾巴尖儿在排列。		
词汇	②文侧恨	词义	尾巴（尖）
文献	吉林省长春市九台区莽卡杨姓《祭祖神本》第 29 页。		
例句	文侧恨，泊，萨拉西。 文侧恨，译为“尾巴（尖）”；泊，译为“把”；萨拉西，译为“伸展”。 全句合译：把尾巴稍微伸展开来。		
词汇	③翁车勒非	词义	末端
文献	吉林省吉林市土城子口钦佟赵姓《交罗本》第 12 页。		
例句	乌车，发，博，翁车勒非。 乌车，译为“房门”；发，译为“窗户”；博，译为“把”；翁车勒非，译为“末端”。		

	全句合译：在房门窗户末端。		
词汇	①申侧何	**词义**	豕
文献	吉林省长春市九台区莽卡杨姓《杨宪本》（手抄本）第 48 页。		
例句	爱他哈意，申侧何。 爱他哈意，译为“天”；申侧何，译为“豕”。 全句合译：天豕星。		
音序	**sheng**		
词汇	①生鸡	**词义**	血
文献	吉林省长春市九台区胡家石姓《小韩本》（引自宋和平译注本）第 159 页。		
例句	折腓，生鸡，得。 折腓，译为“吃”；生鸡，译为“血”；得，译为“在”。 全句合译：在吃血。		
词汇	①生鸡鸡勒	**词义**	烟熏
文献	吉林省长春市九台区胡家石姓《小韩本》（引自宋和平译注本）第 217 页。		
例句	我贞，博垫，生鸡鸡勒，博。 我贞，译为“萨满”；博垫，译为“身”；生鸡鸡勒，译为“烟熏”；博，译为“将”。 全句合译：萨满用烟熏其身。		
音序	**shu**		
词汇	①书兰	**词义**	泔水
文献	吉林省长春市九台区莽卡杨姓《杨宪本》（手抄本）第 2 页。		
例句	书兰，泊，遂塔笔。 书兰，译为“泔水”；泊，译为“把”；遂塔笔，译为“泼掉”。 全句合译：把泔水泼掉。		
词汇	②舒兰	**词义**	泔水

文献	吉林省长春市九台区胡家石姓《小韩本》（引自宋和平译注本）第 233 页。		
例句	舒兰，箔，虽他腓。 舒兰，译为“泔水”；箔，译为“把”；虽他腓，译为“泼掉”。 全句合译：把泔水泼掉。		
词汇	③出兰	**词义**	泔水
文献	吉林省长春市九台区莽卡杨姓《杨宪本》（手抄本）第 50 页。		
例句	出兰，泊，隋他必。 出兰，译为“泔水”；泊，译为“把”；隋他必，译为“泼掉”。 全句合译：把泔水倒掉。		
词汇	④苏拉	**词义**	泔水
文献	吉林省长春市九台区胡家石姓《小韩本》（引自宋和平译注本）第 259 页。		
例句	苏拉，博，遂他腓。 苏拉，译为“泔水”；博，译为“把”；遂他腓，译为“泼了”。 全句合译：把泔水泼掉了。		
词汇	⑤舒拉	**词义**	泔水
文献	吉林省长春市九台区胡家石姓《小韩本》（引自宋和平译注本）第 342 页。		
例句	舒拉，博，遂他腓。 舒拉，译为“泔水”；博，译为“把”；遂他腓，译为“泼掉了”。 全句合译：把泔水泼掉了。		
词汇	①书可敦	**词义**	气
文献	吉林省长春市九台区其塔木石姓《腰哈本》第 9 页。		
例句	书可敦，箔，洒力啡。		

<table>
<tr><td></td><td colspan="3">书可敦，译为“气”；箔，译为“把”；洒力啡，译为“炼化”。
全句合译：把精气炼化。</td></tr>
<tr><td>词汇</td><td>②舒克敦</td><td>词义</td><td>气</td></tr>
<tr><td>文献</td><td colspan="3">吉林省长春市九台区胡家石姓《小韩本》（引自宋和平译注本）第 216 页。</td></tr>
<tr><td>例句</td><td colspan="3">舒克敦，书打拉。
舒克敦，译为“气”；书打拉，译为“脉”。
全句合译：气脉。</td></tr>
<tr><td>词汇</td><td>③苏克敦</td><td>词义</td><td>气</td></tr>
<tr><td>文献</td><td colspan="3">吉林省吉林市土城子口钦佟赵姓《交罗本》第 13 页。</td></tr>
<tr><td>例句</td><td colspan="3">木臣，苏克敦，
木臣，译为“锅”；苏克敦，译为“气”。
全句合译：锅冒气儿。</td></tr>
<tr><td>词汇</td><td>①书法笔</td><td>词义</td><td>均取</td></tr>
<tr><td>文献</td><td colspan="3">吉林省长春市九台区莽卡杨姓《杨宪本》（手抄本）第 2 页。</td></tr>
<tr><td>例句</td><td colspan="3">得勒立，书法笔。
得勒立，译为“上边”；书法笔，译为“均取”。
全句合译：取上边的。</td></tr>
<tr><td>词汇</td><td>②书法疋</td><td>词义</td><td>取</td></tr>
<tr><td>文献</td><td colspan="3">吉林省长春市九台区莽卡杨姓《杨静棠本》第 2 页。</td></tr>
<tr><td>例句</td><td colspan="3">得勒力，书法疋。
得勒力，译为“上边”；书法疋，译为“取”。
全句合译：取上边的。</td></tr>
<tr><td>词汇</td><td>①书打拉</td><td>词义</td><td>脉</td></tr>
<tr><td>文献</td><td colspan="3">吉林省长春市九台区胡家石姓《小韩本》（引自宋和平译注本）第 216 页。</td></tr>
<tr><td>例句</td><td colspan="3">舒克敦，书打拉。</td></tr>
</table>

	舒克敦，译为“气”；书打拉，译为“脉”。 全句合译：气脉。		
词汇	②舒打拉	**词义**	脉络
文献	吉林省长春市九台区胡家石姓《小韩本》（引自宋和平译注本）第221页。		
例句	哈打，舒打拉。 哈打，译为“山峰”；舒打拉，译为“脉络”。 全句合译：山峰的脉络。		
词汇	③舒达拉	**词义**	脉络
文献	吉林省长春市九台区胡家石姓《小韩本》（引自宋和平译注本）第97页。		
例句	阿拉立莫，舒达拉 阿拉立莫，译为“沿山路”；舒达拉，译为“脉络”。 全句合译：沿着山路的脉络（前行）。		
词汇	①书可得立	**词义**	灵气
文献	吉林省长春市九台区莽卡杨姓《杨宪本》（手抄本）第2页。		
例句	书可得立，敖木子，非他笔。 书可得立，译为“灵气”；敖木子，译为“祭肉”；非他笔，译为“摆上”。 全句合译：摆上含有灵气的祭肉。		
词汇	②舒可得力	**词义**	灵气
文献	吉林省长春市九台区莽卡杨姓《杨静棠本》第2页。		
例句	舒可得力，敖木子，非他疋。 舒可得力，译为“灵气”；敖木子，译为“祭肉”；非他疋，译为“摆上”。 全句合译：把含有灵气的祭肉摆上。		
词汇	③书客得利	**词义**	灵气
文献	吉林省长春市九台区莽卡杨姓《祭祖神本》第1页。		
例句	书客得利，敖木，非他疋。		

<table>
<tr><td></td><td colspan="3">书客得利，译为“灵气”；敖木，译为“祭肉”；非他疋，译为“摆上”。
全句合译：摆上含有灵气的祭肉。</td></tr>
<tr><td>词汇</td><td>④书利得利</td><td>词义</td><td>灵气</td></tr>
<tr><td>文献</td><td colspan="3">吉林省长春市九台区莽卡杨姓《祭祖神本》第 3 页。</td></tr>
<tr><td>例句</td><td colspan="3">书利得利，佛也，咳兰莫，打。
书利得利，译为“灵气”；佛也，译为“窝”；咳兰莫，译为“绕过”；打，译为“原始”。
全句合译：绕过从前含有灵气的住处。</td></tr>
<tr><td>词汇</td><td>⑤书可德立</td><td>词义</td><td>灵气</td></tr>
<tr><td>文献</td><td colspan="3">吉林省长春市九台区莽卡杨姓《杨宪本》（手抄本）第 82 页。</td></tr>
<tr><td>例句</td><td colspan="3">书可德立，敖木孙，烟非打笔。
书可德立，译为“灵气”；敖木孙，译为“祭肉”；烟非打笔，译为“摆上”。
全句合译：摆上有灵气的祭肉。</td></tr>
<tr><td>词汇</td><td>⑥舒克杜立</td><td>词义</td><td>气脉</td></tr>
<tr><td>文献</td><td colspan="3">吉林省长春市九台区胡家石姓《小韩本》（引自宋和平译注本）第 101 页。</td></tr>
<tr><td>例句</td><td colspan="3">讷讷莫，杜博得，舒克杜立。
讷讷莫，译为“光”；杜博得，译为“终”；舒克杜立，译为“气脉”。
全句合译：有始有终的气脉。</td></tr>
<tr><td>词汇</td><td>⑦书得勒</td><td>词义</td><td>灵气</td></tr>
<tr><td>文献</td><td colspan="3">吉林省长春市九台区莽卡杨姓《杨宪本》（手抄本）第 51 页。</td></tr>
<tr><td>例句</td><td colspan="3">按巴，先出，那，泊，书得勒。
按巴，译为“大”；先出，译为“香火”；那，译为“地上”；泊，译为“把”；书得勒，译为“灵气”。
全句合译：从地上升发出的大香火有灵气。</td></tr>
</table>

词汇	①书吉笔	词义	纳享
文献	吉林省长春市九台区莽卡杨姓《杨宪本》（手抄本）第 48 页。		
例句	先，意，书可敦，书吉笔。 先，译为“香”；意，译为“的”；书可敦，译为“灵气”；书吉笔，译为“纳享”。 全句合译：纳享有灵气的香火。		
词汇	②书巳笔	词义	纳享
文献	吉林省长春市九台区莽卡杨姓《杨宪本》（手抄本）第 58 页。		
例句	书巳，泊，书巳笔。 书巳，译为“精气”；泊，译为“把”；书巳笔，译为“纳享”。 全句合译：把精气纳享。		
词汇	①书不路	词义	畏缩
文献	吉林省长春市九台区莽卡杨姓《杨宪本》（手抄本）第 7 页。		
例句	爱心爱心，书不路，松坤。 爱心爱心，译为“金色”；书不路，译为“畏缩”；松坤，译为“海东青（鹰）”。 全句合译：金色的海东青（鹰）在畏缩着。		
词汇	②书珞	词义	畏缩
文献	吉林省长春市九台区莽卡杨姓《杨静棠本》第 7 页。		
例句	爱心爱心，书珞，松坤。 爱心爱心，译为“金”；书珞，译为“畏缩”；松坤，译为“海东青（鹰）”。 全句合译：金色的海东青（鹰）在畏缩着。		
词汇	①书立干	词义	三岁虎
文献	吉林省长春市九台区胡家石姓《小韩本》（引自宋和平译注本）第 169 页。		

<table>
<tr><td>例句</td><td colspan="3">书立干，得。
书立干，译为“三岁虎”；得，译为“有”。
全句合译：有三岁虎。</td></tr>
<tr><td>词汇</td><td>①书色新嘎西</td><td>词义</td><td>书吏</td></tr>
<tr><td>文献</td><td colspan="3">吉林省长春市九台区莽卡杨姓《杨宪本》（手抄本）第 85 页。</td></tr>
<tr><td>例句</td><td colspan="3">必特何，明拉拉，书色新嘎西。
必特何，译为“读书”；明拉拉，译为“有方”；书色新嘎西，译为“书吏”。
全句合译：因读书有方成了书吏。</td></tr>
<tr><td>词汇</td><td>①舒拉</td><td>词义</td><td>闲</td></tr>
<tr><td>文献</td><td colspan="3">吉林省长春市九台区其塔木石姓《东哈本》（第 2 册）第 1 页。</td></tr>
<tr><td>例句</td><td colspan="3">舒拉，鸡孙。
舒拉，译为“闲”；鸡孙，译为“话”。
全句合译：闲话。</td></tr>
<tr><td>词汇</td><td>①舒得合</td><td>词义</td><td>盘旋</td></tr>
<tr><td>文献</td><td colspan="3">吉林省长春市九台区胡家石姓《小韩本》（引自宋和平译注本）第 198 页。</td></tr>
<tr><td>例句</td><td colspan="3">舒得合，瓦西哈。
舒得合，译为“盘旋”；瓦西哈，译为“降临”。
全句合译：盘旋着降临。</td></tr>
<tr><td>词汇</td><td>②舒录莫</td><td>词义</td><td>旋转</td></tr>
<tr><td>文献</td><td colspan="3">吉林省长春市九台区胡家石姓《小韩本》（引自宋和平译注本）第 224 页。</td></tr>
<tr><td>例句</td><td colspan="3">讷音郭洛，博，舒录莫。
讷音郭洛，译为“讷音河谷”；博，译为“把”；舒录莫，译为“旋转”。
全句合译：……在讷音河谷旋转。</td></tr>
<tr><td>词汇</td><td>③舒德合</td><td>词义</td><td>盘旋</td></tr>
</table>

文献	吉林省长春市九台区胡家石姓《小韩本》（引自宋和平译注本）第 315 页。		
例句	孙，叭，博，舒德合。 孙，译为“日”；叭，译为“月”；博，译为“把”；舒德合，译为“盘旋”。 全句合译：盘旋于日月之间。		
词汇	④舒勒得合	**词义**	盘旋
文献	吉林省长春市九台区胡家石姓《小韩本》（引自宋和平译注本）第 246 页。		
例句	阿巴卡，那，博，孙，博，舒勒得合。 阿巴卡，译为“天”；那，译为“地”；博，译为“月”；孙，译为“日”；博，译为“把”；舒勒得合，译为“盘旋”。 全句合译：在天地日月间盘旋。		
词汇	①舒立浑	**词义**	尖细
文献	吉林省长春市九台区胡家石姓《小韩本》（引自宋和平译注本）第 140 页。		
例句	牙亲，昂阿，舒立浑。 牙亲，译为“青”；昂阿，译为“嘴”；舒立浑，译为“尖细”。 全句合译：青色的嘴是尖细的。		
音序	**song**		
词汇	①松阿立	**词义**	松花
文献	吉林省长春市九台区胡家石姓《小韩本》（引自宋和平译注本）第 98 页。		
例句	松阿立，必拉，七，瓦西哈。 松阿立，译为“松花”；必拉，译为“河”；七，译为“从”；瓦西哈，译为“降临”。 全句合译：从松花江上降临。		
词汇	②松阿力	**词义**	松花

文献	吉林省长春市九台区胡家石姓《小韩本》（引自宋和平译注本）第 114 页。		
例句	松阿力，乌拉。 松阿力，译为“松花”；乌拉，译为“江”。 全句合译：松花江。		
词汇	③松卧林	**词义**	松花
文献	吉林省长春市九台区胡家石姓《小韩本》（引自宋和平译注本）第 115 页。		
例句	松卧林，必拉。 松卧林，译为“松花”；必拉，译为“河”。 全句合译：松花河（江）。		
词汇	④松阿拉	**词义**	松花
文献	吉林省吉林市土城子口钦佟赵姓《交罗本》第 13 页。		
例句	娘们，松阿拉，莫活。 娘们，译为“人”；松阿拉，译为“松花”；莫活，译为“来了”。 全句合译：松花江边上的人来了。		
词汇	①松坤	**词义**	海东青（鹰）
文献	吉林省长春市九台区莽卡杨姓《杨宪本》（手抄本）第 7 页。		
例句	书不路，松坤。 书不路，译为“畏缩着”；松坤，译为“海东青（鹰）”。 全句合译：海东青（鹰）畏缩地蹲在那里。		
词汇	①松阁勒秃	**词义**	河鼓
文献	吉林省长春市九台区莽卡杨姓《杨宪本》（手抄本）第 48 页。		
例句	松阁勒秃，你妈哈，乌西哈。 松阁勒秃，译为“河鼓”；你妈哈，译为“鱼”；乌西哈，译为“星”。		

	全句合译：河鼓星，鱼星。

<table>
<tr><td>音序</td><td colspan="3">sou</td></tr>
<tr><td>词汇</td><td>①搜伦莫</td><td>词义</td><td>畅快</td></tr>
<tr><td>文献</td><td colspan="3">吉林省长春市九台区胡家石姓《小韩本》（引自宋和平译注本）第205页。</td></tr>
<tr><td>例句</td><td colspan="3">搜伦莫，我林打立。
搜伦莫，译为“畅快”；我林打立，译为“时间”。
全句合译：时间过得很快。</td></tr>
<tr><td>词汇</td><td>①搜林莫</td><td>词义</td><td>沿着</td></tr>
<tr><td>文献</td><td colspan="3">吉林省长春市九台区其塔木石姓《东哈本》（第1册）第21页。</td></tr>
<tr><td>例句</td><td colspan="3">松卧力乌拉，搜林莫。
松卧力乌拉，译为“松花江”；搜林莫，译为“沿着”。
全句合译：沿着松花江……</td></tr>
<tr><td>词汇</td><td>②叟伦莫</td><td>词义</td><td>沿着；循着</td></tr>
<tr><td>文献</td><td colspan="3">吉林省长春市九台区胡家石姓《小韩本》（引自宋和平译注本）第57页、第115页。</td></tr>
<tr><td rowspan="2">例句</td><td colspan="3">叟伦莫，松阿立必拉。
叟伦莫，译为“沿着”；松阿立必拉，译为“松花河（江）”。
全句合译：沿着松花江……</td></tr>
<tr><td colspan="3">松卧林必拉，七，叟伦莫。
松卧林必拉，译为“松花河（江）”；七，译为“从”；叟伦莫，译为“循着”。
全句合译：循着松花江……</td></tr>
<tr><td>词汇</td><td>①嗽夫</td><td>词义</td><td>肚腹</td></tr>
<tr><td>文献</td><td colspan="3">吉林省长春市九台区莽卡杨姓《杨静棠本》第7页。</td></tr>
<tr><td>例句</td><td colspan="3">嗽夫，泊，恶夫勒楼。
嗽夫，译为“肚腹”；泊，译为“把”；恶夫勒楼，</td></tr>
</table>

	译为“破坏”。 全句合译：把肚子弄破。		
词汇	②咳夫	词义	肚腹
文献	吉林省长春市九台区莽卡杨姓《杨宪本》（手抄本）第 7 页。		
例句	咳夫，泊，恶夫勒楼。 咳夫，译为“肚腹”；泊，译为“把”；恶夫勒楼，译为“破坏”。 全句合译：把肚子破开。		
词汇	③咳附	词义	肚腹
文献	吉林省长春市九台区莽卡杨姓《杨宪本》（手抄本）第 46 页。		
例句	咳附，泊，恶不特勒楼。 咳附，译为“肚腹”；泊，译为“把”；恶不特勒楼，译为“破坏”。 全句合译：把肚子破开。		
音序	**su**		
词汇	①素木	词义	索木杆子
文献	黑龙江省宁安市兰岗关姓《特合本子》第 9 页。		
例句	一车，素木，扎发，博。 一车，译为“新”；素木，译为“索木杆子”；扎发，译为“拿”；博，译为“把”。 全句合译：把新索木杆子拿来。		
音序	**sui**		
词汇	①遂浑	词义	穗
文献	吉林省长春市九台区胡家石姓《小韩本》（引自宋和平译注本）第 252 页。		
例句	汤吴以，遂浑，博，坛打一，嘎几哈。 汤吴以，译为“百的”；遂浑，译为“穗”；博，译为“把”；坛打一，译为“拔”；嘎几哈，译为“取来”。		

	全句合译：把上百捆的谷穗精选后取下来。		
词汇	②遂何	词义	穗
文献	吉林省长春市九台区莽卡杨姓《杨宪本》（手抄本）第 2 页。		
例句	卧因，遂何，泊，卧罗立，街笔。 卧因，译为“二十”；遂何，译为“穗”；泊，译为“把”；卧罗立，译为“容易”；街笔，译为“取”。 全句合译：二十（捆）谷穗容易选取。		
词汇	③隋何	词义	穗
文献	吉林省长春市九台区莽卡杨姓《杨静棠本》第 2 页。		
例句	得西，隋何。 得西，译为“四十”；隋何，译为“穗”。 全句合译：四十捆谷穗。		
词汇	①遂他腓	词义	泼了
文献	吉林省长春市九台区胡家石姓《小韩本》（引自宋和平译注本）第 259 页。		
例句	苏拉，博，遂他腓。 苏拉，译为“泔水”；博，译为“把”；遂他腓，译为“泼了”。 全句合译：把泔水泼了。		
词汇	②水他非	词义	泼掉
文献	吉林省长春市九台区其塔木石姓《东哈本》（第 2 册）第 21 页。		
例句	舒拉，博，水他非。 舒拉，译为“泔水”；博，译为“把”；水他非，译为“泼掉”。 全句合译：把泔水泼掉。		
词汇	③遂塔笔	词义	泼掉了
文献	吉林省长春市九台区莽卡杨姓《杨宪本》（手抄本）第 3 页。		

例句	书兰，泊，遂塔笔。 书兰，译为“泔水”；泊，译为“把”；遂塔笔，译为“泼掉了”。 全句合译：把泔水泼掉了。		
词汇	④遂他笔	词义	泼掉
文献	吉林省长春市九台区莽卡杨姓《杨宪本》（手抄本）第 82 页。		
例句	书兰，波，遂他笔。 书兰，译为“泔水”；波，译为“把”；遂他笔，译为“泼掉”。 全句合译：把泔水倒掉。		
词汇	⑤隋他必	词义	泼掉
文献	吉林省长春市九台区莽卡杨姓《杨宪本》（手抄本）第 50 页。		
例句	出兰，泊，隋他必。 出兰，译为“泔水”；泊，译为“把”；隋他必，译为“泼掉”。 全句合译：把泔水倒掉。		
词汇	⑥隋他疋	词义	泼掉
文献	吉林省长春市九台区莽卡杨姓《杨静棠本》第 2 页。		
例句	舒兰，泊，隋他疋。 舒兰，译为“泔水”；泊，译为“把”；隋他疋，译为“泼掉”。 全句合译：把泔水泼掉。		
词汇	⑦谁他笔	词义	泼掉
文献	吉林省长春市九台区莽卡杨姓《杨宪本》（手抄本）第 60 页。		
例句	书兰，波，谁他笔。 书兰，译为“泔水”；波，译为“把”；谁他笔，译为“泼掉”。		

	全句合译：把泔水泼掉。
词汇	⑧随他啡　　**词义**　　泼掉
文献	吉林省长春市九台区其塔木关姓《腰哈本》第 7 页。
例句	舒拉，箔，随他啡。 舒拉，译为“泔水”；箔，译为“把”；随他啡，译为“泼掉”。 全句合译：把泔水泼掉。
音序	**sun**
词汇	①孙　　**词义**　　日；太阳
文献	吉林省长春市九台区胡家石姓《小韩本》（引自宋和平译注本）第 77 页、第 115 页。
例句	孙，博。 孙，译为“日”；博，译为“月”。 全句合译：日月。
例句	孙，博，舒得合。 孙，译为“太阳”；博，译为“把”；舒得合，译为“绕行”。 全句合译：把太阳绕行。
词汇	①孙扎　　**词义**　　五
文献	吉林省长春市九台区胡家石姓《小韩本》（引自宋和平译注本）第 211 页。
例句	孙扎，七，博辍。 孙扎，译为“五”；七，译为“从”；博辍，译为“颜色”。 全句合译：五种颜色。
词汇	①孙扎七　　**词义**　　第五
文献	吉林省长春市九台区胡家石姓《小韩本》（引自宋和平译注本）第 133 页。
例句	孙扎七，哈打。 孙扎七，译为“第五”；哈打，译为“山峰”。

	全句合译：第五座山峰。		
词汇	①孙作非	词义	选择
文献	吉林省吉林市土城子口钦佟赵姓《交罗本》第 21 页。		
例句	三音，依能尼，孙作非。 三音，译为“吉”；依能尼，译为“日”；孙作非，译为“选择”。 全句合译：选择吉日。		
词汇	②孙卓批	词义	选择
文献	黑龙江省宁安市兰岗关姓《特合本子》14 页。		
例句	山音，一浓呢勒，孙卓批。 山音，译为“吉”；一浓呢勒，译为“日”；孙卓批，译为“选择”。 全句合译：选择吉日。		
词汇	③孙朱刻	词义	选择
文献	黑龙江省宁安市兰岗关姓《特合本子》第 9 页。		
例句	三人，衣娘，孙朱刻。 三人，译为“吉”；衣娘，译为“日”；孙朱刻，译为“选择”。 全句合译：选择吉日。		
音序	**suo**		
词汇	①所林	词义	请；宴请；摆
文献	吉林省长春市九台区胡家石姓《小韩本》（引自宋和平译注本）第 218 页、第 232 页、第 233 页。		
例句	打哈莫，所林，得，瓦西勒。 打哈莫，译为“跟随”；所林，译为“请”；得，译为“在”；瓦西勒，译为“降临”。 全句合译：请跟随……降临。		
	所林，得。 所林，译为“宴请”；得，译为“在”。		

	全句合译：在宴请。		
	依兰，所林。 依兰，译为“三”；所林，译为“摞”。 全句合译：三摞。		
词汇	②说林	词义	令请
文献	吉林省长春市九台区莽卡杨姓《杨宪本》（手抄本）第 3 页。		
例句	说林，得，推补笔。 说林，译为“令请”；得，译为“在”；推补笔，译为“入座”。 全句合译：请入座。		
词汇	③漱口	词义	宴请
文献	黑龙江省宁安市兰岗关姓《特合本子》第 11 页。		
例句	漱口，三人。 漱口，译为“宴请”；三人，译为“吉日”。 全句合译：挑选吉日宴请。		
词汇	①所洛托洛	词义	全黄了
文献	吉林省长春市九台区胡家石姓《小韩本》（引自宋和平译注本）第 314 页。		
例句	吴朱，付尼合，所洛托洛。 吴朱，译为“头”；付尼合，译为“发”；所洛托洛，译为“全黄了”。 全句合译：头发全黄了。		
词汇	②说洛托洛	词义	全黄了
文献	吉林省长春市九台区其塔木石姓《东哈本》（第 1 册）第 1 页。		
例句	乌朱，伏摄合，说洛托洛。 乌朱，译为“头”；伏摄合，译为“发”；说洛托洛，译为“全黄了”。 全句合译：头发全黄了。		

词汇	③勒洛说洛	**词义**	全黄了
文献	吉林省长春市九台区莽卡杨姓《杨宪本》（手抄本）第69页。		
例句	阁射，说七，泊，勒洛说洛。 阁射，译为“每个”；说七，译为“皮”；泊，译为“把”；勒洛说洛，译为“全黄了”。 全句合译：每个人都把皮肤晒黄了。		
词汇	④索洛托勒	**词义**	全黄了
文献	吉林省吉林市土城子口钦佟赵姓《交罗本》第6页。		
例句	昂阿，畏合，索洛托勒。 昂阿，译为“口”；畏合，译为“牙”；索洛托勒，译为“全黄了”。 全句合译：一口牙全（变）黄了。		
词汇	①所立莫	**词义**	宴请
文献	吉林省长春市九台区胡家石姓《小韩本》（引自宋和平译注本）第233页。		
例句	格木，以，所立莫。 格木，译为“都”；以，译为“的”；所立莫，译为“宴请”。 全句合译：全都宴请。		
词汇	②所立哈	**词义**	宴请
文献	吉林省长春市九台区胡家石姓《小韩本》（引自宋和平译注本）第233页。		
例句	所立哈，博，打哈莫。 所立哈，译为“宴请”；博，译为“把”；打哈莫，译为“跟随”。 全句合译：跟随着（把他们）宴请。		
词汇	③说力莫	**词义**	宴请
文献	吉林省长春市九台区其塔木石姓《东哈本》（第2册）第23页。		

例句	吴合力，孙博，说力莫。 吴合力，译为“共”；孙博，译为“日、把”；说力莫，译为“宴请”。 全句合译：同日宴请。		
词汇	④赊林必	词义	宴请
文献	吉林省长春市九台区莽卡杨姓《杨宪本》（手抄本）第 16 页。		
例句	那胡，涉八，赊林必。 那胡，译为“细细”；涉八，译为“诵唱”；赊林必，译为“宴请”。 全句合译：细细地诵唱……宴请着……		
词汇	⑤嗽利哈	词义	宴请
文献	吉林省长春市九台区莽卡杨姓《杨宪本》（手抄本）第 9 页。		
例句	嗽利哈，故亚哈涉夫。 嗽利哈，译为“宴请”；故亚哈涉夫，译为“诵唱的师傅”。 全句合译：宴请了善于诵唱的师傅。		
词汇	⑥所里刻	词义	宴请
文献	吉林省吉林市乌拉街韩屯关姓《敬义神书》（手抄本）第 8 页。		
例句	阿哈西，恒其舍莫，所里刻。 阿哈西，译为“奴仆们”；恒其舍莫，译为“叩头”；所里刻，译为“宴请”。 全句合译：奴仆们在叩头宴请。		
词汇	①所力楞危	词义	宴请
文献	吉林省长春市九台区其塔木石姓《东哈本》（第 1 册）第 62 页。		
例句	博，以，博德，所力楞危。 博，译为“家”；以，译为“的”；博德，译为“在		

	家”；所力椤危，译为“宴请”。 全句合译：家里又在宴请了。		
词汇	②所立杭我	**词义**	宴请
文献	吉林省长春市九台区胡家石姓《小韩本》（引自宋和平译注本）第136页。		
例句	我贞，各立，所立杭我。 我贞，译为“东家”；各立，译为“又”；所立杭我，译为“宴请”。 全句合译：东家又开始宴请了。		
词汇	①所洛	**词义**	数
文献	吉林省长春市九台区其塔木石姓《东哈本》（第2册）第13页。		
例句	所洛，伏他，嘎吉非。 所洛，译为“数”；伏他，译为“绳子”；嘎吉非，译为“取来”。 全句合译：取来无数根绳子。		
词汇	①索拉库	**词义**	草棚
文献	吉林省长春市九台区胡家石姓《小韩本》（引自宋和平译注本）第169页。		
例句	多心，索拉库。 多心，译为“进”；索拉库，译为“草棚”。 全句合译：进入草棚。		

<table>
<tr><td rowspan="2">音序</td><td colspan="3">T</td></tr>
<tr><td colspan="3">ta</td></tr>
<tr><td>词汇</td><td>①他七瞎木必</td><td>词义</td><td>指教</td></tr>
<tr><td>文献</td><td colspan="3">吉林省长春市九台区其塔木石姓《东哈本》（第 1 册）第 9 页。</td></tr>
<tr><td>例句</td><td colspan="3">萨克达赊夫，他七瞎木必。
萨克达赊夫，译为“老师傅”；他七瞎木必，译为“指教”。
全句合译：老师傅指教。</td></tr>
<tr><td>词汇</td><td>②他齐不博</td><td>词义</td><td>教授</td></tr>
<tr><td>文献</td><td colspan="3">黑龙江省宁安市兰岗关姓《特合本子》第 10 页。</td></tr>
<tr><td>例句</td><td colspan="3">萨玛我振，他齐不博。
萨玛我振，译转为“萨满”；他齐不博，译为“教授”。
全句合译：萨满在教授……</td></tr>
<tr><td>词汇</td><td>①他拉嘎</td><td>词义</td><td>令戒</td></tr>
<tr><td>文献</td><td colspan="3">吉林省长春市九台区其塔木石姓《东哈本》（第 1 册）第 48 页。</td></tr>
<tr><td>例句</td><td colspan="3">他拉嘎，阿库。
他拉嘎，译为“令戒”；阿库，译为“无”。
全句合译：无法戒掉。</td></tr>
<tr><td>词汇</td><td>②他力哈</td><td>词义</td><td>忌</td></tr>
<tr><td>文献</td><td colspan="3">吉林省长春市九台区莽卡杨姓《杨静棠本》第 1 页。</td></tr>
<tr><td>例句</td><td colspan="3">汤子，他力哈。
汤子，转写为“堂子”；他力哈，译为“忌”。
全句合译：堂子忌。</td></tr>
<tr><td>词汇</td><td>③他拉</td><td>词义</td><td>戒物（草把）</td></tr>
<tr><td>文献</td><td colspan="3">吉林省长春市九台区莽卡杨姓《杨宪本》（手抄本）第 54 页。</td></tr>
<tr><td>例句</td><td colspan="3">牙莫吉，他拉，我林得。</td></tr>
</table>

	牙莫吉，译为“晚间”；他拉，译为“戒物（草把）”；我林得，译为“在此时”。 全句合译：在此时夜间悬挂戒物（草把）。		
词汇	④他拉干	**词义**	忌
文献	吉林省吉林市土城子口钦佟赵姓《交罗本》第6页。		
例句	他拉干，依能尼。 他拉干，译为“忌”；依能尼，译为“日”。 全句合译：忌日。		
词汇	⑤他勒嘎	**词义**	戒物
文献	吉林省长春市九台区莽卡杨姓《杨宪本》（手抄本）第70页。		
例句	他勒嘎，泊，街笔。 他勒嘎，译为“戒物”；泊，译为“把”；街笔，译为“摘掉”。 全句合译：把遮面的戒布巾摘掉。		
词汇	①他里哈	**词义**	耕种
文献	吉林省长春市九台区莽卡杨姓《杨静棠本》第2页。		
例句	他里哈，折库，泊，搭玛疋。 他里哈，译为“耕种”；折库，译为“粮食（黏谷）”；泊，译为“把”；搭玛疋，译为“之后”。 全句合译：春种秋收把黏谷打下之后。		
词汇	①他库拉哈	**词义**	使役
文献	吉林省长春市九台区莽卡杨姓《杨静棠本》第15页。		
例句	他库拉哈，衣汗。 他库拉哈，译为“使役”；衣汗，译为“牛”。 全句合译：役牛。		
词汇	②他哭拉哈	**词义**	使役
文献	吉林省长春市九台区莽卡杨姓《杨宪本》（手抄本）第15页。		
例句	他哭拉哈，衣翰。		

<table>
<tr><td></td><td colspan="3">他哭拉哈，译为“使役”；衣翰，译为“牛”。
全句合译：役牛。</td></tr>
<tr><td>词汇</td><td>③他哭拉莫</td><td>词义</td><td>差遣</td></tr>
<tr><td>文献</td><td colspan="3">吉林省长春市九台区莽卡杨姓《杨宪本》（手抄本）第15页。</td></tr>
<tr><td>例句</td><td colspan="3">阿哈，洎，他哭拉莫。
阿哈，译为“奴仆”；洎，译为“把”；他哭拉莫，译为“差遣”。
全句合译：把用人派出。</td></tr>
<tr><td>词汇</td><td>①他拉库</td><td>词义</td><td>肥壮</td></tr>
<tr><td>文献</td><td colspan="3">吉林省长春市九台区莽卡杨姓《杨静棠本》第15页。</td></tr>
<tr><td>例句</td><td colspan="3">他妈，折莫，他拉库，卧不莫。
他妈，译为“公猪”；折莫，译为“吃”；他拉库，译为“肥壮”；卧不莫，译为“可为”。
全句合译：公猪吃得膘肥体壮。</td></tr>
<tr><td>词汇</td><td>②沓非</td><td>词义</td><td>肥壮</td></tr>
<tr><td>文献</td><td colspan="3">吉林省吉林市土城子口钦佟赵姓《交罗本》第27页。</td></tr>
<tr><td>例句</td><td colspan="3">伯布，沓非，班吉布。
伯布，译为“年幼者”；沓非，译为“肥壮”；班吉布，译为“成长”。
全句合译：小（猪）肥壮地成长。</td></tr>
<tr><td>词汇</td><td>①他莫</td><td>词义</td><td>公猪</td></tr>
<tr><td>文献</td><td colspan="3">吉林省长春市九台区莽卡杨姓《杨宪本》（手抄本）第15页。</td></tr>
<tr><td>例句</td><td colspan="3">他莫，者莫。
他莫，译为“公猪”；者莫，译为“吃”。
全句合译：公猪吃的。</td></tr>
<tr><td>词汇</td><td>②他妈</td><td>词义</td><td>公猪</td></tr>
<tr><td>文献</td><td colspan="3">吉林省长春市九台区莽卡杨姓《杨静棠本》第15页。</td></tr>
<tr><td>例句</td><td colspan="3">他妈，折莫。</td></tr>
</table>

<table>
<tr><td></td><td colspan="3">他妈，译为“公猪”；折莫，译为“吃”。
全句合译：公猪吃的。</td></tr>
<tr><td>词汇</td><td>①他那</td><td>词义</td><td>山间小路</td></tr>
<tr><td>文献</td><td colspan="3">吉林省长春市九台区胡家石姓《小韩本》（引自宋和平译注本）第 79 页。</td></tr>
<tr><td>例句</td><td colspan="3">他那，不他拉，尼出合。
他那，译为“山间小路”；不他拉，译为“顺着”；尼出合，译为“滑下来”。
全句合译：顺着山间小路滑下来。</td></tr>
<tr><td>词汇</td><td>①他拉妈</td><td>词义</td><td>充满</td></tr>
<tr><td>文献</td><td colspan="3">吉林省长春市九台区其塔木石姓《东哈本》（第 1 册）第 48 页。</td></tr>
<tr><td>例句</td><td colspan="3">他拉妈，折莫，他拉浑。
他拉妈，译为“充满”；折莫，译为“吃”；他拉浑，译为“肥壮”。
全句合译：吃得饱饱的，越来越肥壮。</td></tr>
<tr><td>词汇</td><td>①他杜莫</td><td>词义</td><td>扯断</td></tr>
<tr><td>文献</td><td colspan="3">吉林省长春市九台区其塔木石姓《东哈本》（第 2 册）第 16 页。</td></tr>
<tr><td>例句</td><td colspan="3">他杜莫，街吉哈。
他杜莫，译为“扯断”；街吉哈，译为“取用”。
全句合译：扯断取用。</td></tr>
<tr><td>词汇</td><td>①他卡非</td><td>词义</td><td>上方</td></tr>
<tr><td>文献</td><td colspan="3">吉林省吉林市土城子口钦佟赵姓《交罗本》第 6 页</td></tr>
<tr><td>例句</td><td colspan="3">他卡非，那拉库。
他卡非，译为“上方”；那拉库，译为“七星北斗”。
全句合译：上方七星北斗。</td></tr>
<tr><td>词汇</td><td>①搭吗笔</td><td>词义</td><td>之后</td></tr>
<tr><td>文献</td><td colspan="3">吉林省长春市九台区莽卡杨姓《杨宪本》（手抄本）第 1 页。</td></tr>
</table>

例句	折库，泊，搭吗笔。 折库，译为“黏糕”；泊，译为“把”；搭吗笔，译为“之后”。 全句合译：把黏糕制成之后。		
词汇	②搭玛疋	词义	之后
文献	吉林省长春市九台区莽卡杨姓《杨静棠本》第 1 页。		
例句	折库，泊，搭玛疋。 折库，译为“打糕”；泊，译为“把”；搭玛疋，译为“之后”。 全句合译：把打糕制成之后。		
音序	tai		
词汇	①台宝	词义	梁
文献	吉林省长春市九台区胡家石姓《小韩本》（引自宋和平译注本）第 218 页。		
例句	巴音，台宝。 巴音，译为“粗”；台宝，译为“梁”。 全句合译：粗梁。		
词汇	②台巴	词义	（大）梁
文献	吉林省长春市九台区其塔木石姓《东哈本》（第 1 册）第 20 页。		
例句	木已淋，台巴。 木已淋，译为“心”；台巴，译为“（大）梁”。 全句合译：用心过（大）梁。		
词汇	③太宝	词义	（山）梁
文献	吉林省长春市九台区胡家石姓《小韩本》（引自宋和平译注本）第 169 页。		
例句	太宝，得，他伐。 太宝，译为“（山）梁”；得，译为“在”；他伐，译为“爬”。 全句合译：在爬山梁。		

<table>
<tr><td>词汇</td><td>①太翻</td><td>词义</td><td>平</td></tr>
<tr><td>文献</td><td colspan="3">吉林省长春市九台区胡家石姓《小韩本》（引自宋和平译注本）第 343 页、第 353 页、第 357 页。</td></tr>
<tr><td rowspan="3">例句</td><td colspan="3">而合，太翻。
而合，译为“太”；太翻，译为“平”。
全句合译：太平。</td></tr>
<tr><td colspan="3">而合，太翻，伯立宁俄。
而合，译为“太”；太翻，译为“平”；伯立宁俄，译为“乞求”。
全句合译：乞求太平。</td></tr>
<tr><td colspan="3">而合，太翻，而合。
而合，译为“平安”；太翻，译为“平”；而合，译为“平”。
全句合译：平安太平。</td></tr>
<tr><td>词汇</td><td>②太平</td><td>词义</td><td>平安</td></tr>
<tr><td>文献</td><td colspan="3">吉林省长春市九台区莽卡杨姓《杨宪本》（手抄本）第 15 页。</td></tr>
<tr><td>例句</td><td colspan="3">太平，三音，恶勒射笔。
太平，译为“平安”；三音，译为“吉祥”；恶勒射笔，译为“保护”。
全句合译：保护平安吉祥。</td></tr>
<tr><td>词汇</td><td>③态态</td><td>词义</td><td>太平</td></tr>
<tr><td>文献</td><td colspan="3">黑龙江省宁安市兰岗关姓《特合本子》第 11 页。</td></tr>
<tr><td>例句</td><td colspan="3">拜拜，态态，办吉乐。
拜拜，译为“家家”；态态，译为“太平”；办吉乐，译为“生活”。
全句合译：家家生活太平。</td></tr>
<tr><td>音序</td><td colspan="3">tan</td></tr>
<tr><td>词汇</td><td>①滩打</td><td>词义</td><td>打</td></tr>
<tr><td>文献</td><td colspan="3">吉林省长春市九台区其塔木石姓《东哈本》（第 1 册）</td></tr>
</table>

<table>
<tr><td></td><td colspan="3">第 62 页。</td></tr>
<tr><td>例句</td><td colspan="3">拥阿，滩打。
拥阿，译为“沙子”；滩打，译为“打”。
全句合译：用沙子打。</td></tr>
<tr><td>词汇</td><td>②坛打莫</td><td>词义</td><td>打</td></tr>
<tr><td>文献</td><td colspan="3">吉林省长春市九台区胡家石姓《小韩本》（引自宋和平译注本）第 253 页。</td></tr>
<tr><td>例句</td><td colspan="3">坛打莫，折库。
坛打莫，译为“打”；折库，译为“黏谷”。
全句合译：打黏谷。</td></tr>
<tr><td>词汇</td><td>③坛打一</td><td>词义</td><td>拔</td></tr>
<tr><td>文献</td><td colspan="3">吉林省长春市九台区胡家石姓《小韩本》（引自宋和平译注本）第 253 页。</td></tr>
<tr><td>例句</td><td colspan="3">遂浑，博，坛打一，嘎几哈。
遂浑，译为“穗”；博，译为“把”；坛打一，译为“拔”；嘎几哈，译为“取来”。
全句合译：取来拔掉的谷穗。</td></tr>
<tr><td>词汇</td><td>④他打哈</td><td>词义</td><td>打</td></tr>
<tr><td>文献</td><td colspan="3">吉林省长春市九台区其塔木石姓《东哈本》（第 2 册）第 16 页。</td></tr>
<tr><td>例句</td><td colspan="3">他打哈，折库。
他打哈，译为“打”；折库，译为“黏谷”。
全句合译：打黏谷。</td></tr>
<tr><td>词汇</td><td>⑤糖哈</td><td>词义</td><td>打</td></tr>
<tr><td>文献</td><td colspan="3">黑龙江省宁安市兰岗关姓《特合本子》第 13 页。</td></tr>
<tr><td>例句</td><td colspan="3">哈给，糖哈。
哈给，译为“提”；糖哈，译为“打”。
全句合译：提（壶）打（酒）。</td></tr>
<tr><td>词汇</td><td>⑥吞德莫</td><td>词义</td><td>打</td></tr>
<tr><td>文献</td><td colspan="3">吉林省吉林市土城子口钦佟赵姓《交罗本》第 27 页。</td></tr>
</table>

例句	左嘎拉，吞德莫，该其。 左嘎拉，译为“两只手”；吞德莫，译为“打”；该其，译为“摘取”。 全句合译：双手摘取。		
词汇	①滩	词义	滩
文献	吉林省长春市九台区胡家石姓《小韩本》（引自宋和平译注本）第 121 页。		
例句	拥阿，滩。 拥阿，译为“沙”；滩，译为“滩”。 全句合译：沙滩。		
音序	tang		
词汇	①汤务	词义	百
文献	吉林省长春市九台区其塔木石姓《东哈本》（第 2 册）第 23 页。		
例句	汤务，阿牙你。 汤务，译为“百”；阿牙你，译为“年”。 全句合译：百年。		
词汇	②汤吴	词义	百
文献	吉林省长春市九台区胡家石姓《小韩本》（引自宋和平译注本）第 343 页。		
例句	汤吴，阿牙你。 汤吴，译为“百”；阿牙你，译为“年”。 全句合译：百年。		
词汇	③汤乌	词义	百
文献	吉林省长春市九台区莽卡杨姓《杨静棠本》第 12 页。		
例句	汤乌，阿年。 汤乌，译为“百”；阿年，译为“年”。 全句合译：百年。		
词汇	④汤五	词义	百
文献	吉林省吉林市土城子口钦佟赵姓《交罗本》第 9 页。		

例句	汤五，阿年。 汤五，译为“百”；阿年，译为“年”。 全句合译：百年。		
词汇	⑤汤旺	**词义**	百
文献	吉林省长春市九台区莽卡杨姓《杨宪本》（手抄本）第54页。		
例句	汤旺，阿称。 汤旺，译为“百”；阿称，译为“年”。 全句合译：百年。		
词汇	⑥唐古	**词义**	百
文献	黑龙江省宁安市兰岗关姓《特合本子》第10页。		
例句	唐古，佛，爷，飞力刻。 唐古，译为“百”；佛，译为“旧”；爷，译为“的”；飞力刻，译为“接连”。 全句合译：百（句）旧（词）接着（唱）。		
词汇	⑦唐五	**词义**	百
文献	吉林省吉林市土城子口钦佟赵姓《交罗本》第27页。		
例句	唐五，阿年。 唐五，译为“百”；阿年，译为“年”。 全句合译：百年。		
词汇	①汤子	**词义**	堂子
文献	吉林省吉林市土城子口钦佟赵姓《交罗本》第1页。		
例句	汤子，他力哈。 汤子，译为“堂子”；他力哈，译为“忌”。 全句合译：堂子忌。		
词汇	①汤木克	**词义**	疙瘩（痘疹）
文献	吉林省长春市九台区莽卡杨姓《杨宪本》（手抄本）第70页。		
例句	汤木克，七，瓦卡。 汤木克，译为“疙瘩（痘疹）”；七，译为“从”；瓦卡，		

	译为“砍杀”。 全句合译：从此脸上的疙瘩被除掉。		
音序	tao		
词汇	①洮克秃	词义	楼
文献	吉林省长春市九台区其塔木石姓《东哈本》（第 1 册）第 6 页。		
例句	哈达，洮克秃，忒合不非。 哈达，译为“山峰”；洮克秃，译为“楼”；忒合不非，译为“宿”。 全句合译：住在山峰上的楼中。		
词汇	②洮古图	词义	楼
文献	吉林省长春市九台区其塔木石姓《东哈本》（第 1 册）第 7 页。		
例句	爱心，洮古图。 爱心，译为“金”；洮古图，译为“楼”。 全句合译：金楼。		
词汇	③洮古塗	词义	楼
文献	吉林省长春市九台区其塔木石姓《东哈本》（第 1 册）第 47 页。		
例句	赊勒，洮古塗。 赊勒，译为“石砬子”；洮古塗，译为“楼”。 全句合译：楼在石砬子处。		
词汇	④滔克秃	词义	楼
文献	吉林省长春市九台区胡家石姓《小韩本》（引自宋和平译注本）第 86 页。		
例句	爱心，滔克秃。 爱心，译为“金”；滔克秃，译为“楼”。 全句合译：金楼。		
词汇	⑤他克秃	词义	楼
文献	吉林省长春市九台区胡家石姓《小韩本》（引自宋和平		

	译注本）第 79 页。		
例句	爱心，他克秃。 爱心，译为“金”；他克秃，译为“楼”。 全句合译：金楼。		
音序	**te**		
词汇	①特合	词义	居住；放下
文献	吉林省长春市九台区胡家石姓《小韩本》（引自宋和平译注本）第 68 页、第 272 页。		
例句	哈打，特合。 哈打，译为“山峰”；特合，译为“居住”。 全句合译：在山峰上居住。		
	特合，肖山。 特合，译为“放下”；肖山，译为“纸”。 全句合译：把纸放下。		
词汇	②特哈	词义	居住
文献	吉林省长春市九台区胡家石姓《小韩本》（引自宋和平译注本）第 321 页。		
例句	哈打，特哈。 哈打，译为“山峰”；特哈，译为“居住”。 全句合译：在山峰上居住。		
词汇	③特笔	词义	居住
文献	吉林省长春市九台区莽卡杨姓《杨宪本》（手抄本）第 1 页。		
例句	木兰，德，特笔。 木兰，译为“圆的”；德，译为“在”；特笔，译为“居住”。 全句合译：在圆顶子山下居住。		
词汇	④特何	词义	居住
文献	吉林省长春市九台区莽卡杨姓《杨宪本》（手抄本）第 9 页。		

<table>
<tr><td>例句</td><td colspan="3">打，特何。
打，译为“原”；特何，译为“居住”。
全句合译：原先居住（的地方）。</td></tr>
<tr><td>词汇</td><td>⑤特合宁俄</td><td>词义</td><td>居住</td></tr>
<tr><td>文献</td><td colspan="3">吉林省长春市九台区胡家石姓《小韩本》（引自宋和平译注本）第 71 页。</td></tr>
<tr><td>例句</td><td colspan="3">特合宁俄，孙扎七，折拉鸡，哈打，得。
特合宁俄，译为“居住”；孙扎七，译为“第五”；折拉鸡，译为“层”；哈打，译为“山峰”；得，译为“在”。
全句合译：在第五层山峰上居住。</td></tr>
<tr><td>词汇</td><td>⑥特哈宁俄</td><td>词义</td><td>居住</td></tr>
<tr><td>文献</td><td colspan="3">吉林省长春市九台区胡家石姓《小韩本》（引自宋和平译注本）第 182 页。</td></tr>
<tr><td>例句</td><td colspan="3">山眼，阿林，特哈宁俄。
山眼，译为“白”；阿林，译为“山”；特合宁俄，译为“居住”。
全句合译：在（长）白山居住。</td></tr>
<tr><td>词汇</td><td>⑦特嘞</td><td>词义</td><td>居住</td></tr>
<tr><td>文献</td><td colspan="3">吉林省吉林市土城子口钦佟赵姓《交罗本》第 21 页。</td></tr>
<tr><td>例句</td><td colspan="3">特嘞，卧七，博。
特嘞，译为“居住”；卧七，译为“由于”；博，译为“家”。
全句合译：由于家居住（在这里）。</td></tr>
<tr><td>词汇</td><td>①特勒</td><td>词义</td><td>哪个</td></tr>
<tr><td>文献</td><td colspan="3">吉林省长春市九台区莽卡杨姓《杨宪本》（手抄本）第 11 页。</td></tr>
<tr><td>例句</td><td colspan="3">特勒，阿宁阿。
特勒，译为“哪个”；阿宁阿，译为“属相”。
全句合译：哪个属相？</td></tr>
<tr><td>词汇</td><td>②特勒乒</td><td>词义</td><td>萨满</td></tr>
</table>

<table>
<tr><td>文献</td><td colspan="3">吉林省长春市九台区莽卡杨姓《杨宪本》（手抄本）第87页。</td></tr>
<tr><td>例句</td><td colspan="3">特勒兵，阿库。
特勒兵，译为“萨满”；阿库，译为“无”。
全句合译：没有萨满。</td></tr>
<tr><td>词汇</td><td>③特喏</td><td>词义</td><td>哪个</td></tr>
<tr><td>文献</td><td colspan="3">吉林省长春市九台区莽卡杨姓《杨静棠本》第1页。</td></tr>
<tr><td>例句</td><td colspan="3">特喏，阿宁阿。
特喏，译为“哪个”；阿宁阿，译为“属相”。
全句合译：哪个属相？</td></tr>
<tr><td>词汇</td><td>①特不必</td><td>词义</td><td>盛入</td></tr>
<tr><td>文献</td><td colspan="3">吉林省长春市九台区莽卡杨姓《杨宪本》（手抄本）第15页。</td></tr>
<tr><td>例句</td><td colspan="3">爱心，蒙文，特不必。
爱心，译为“金”；蒙文，译为“银”；特不必，译为“盛入”。
全句合译：盛（装）入金银。</td></tr>
<tr><td>词汇</td><td>②特不疋</td><td>词义</td><td>装入</td></tr>
<tr><td>文献</td><td colspan="3">吉林省长春市九台区莽卡杨姓《杨宪本》（手抄本）第54页。</td></tr>
<tr><td>例句</td><td colspan="3">木何林，泊，木臣，特不疋。
木何林，译为“圆的”；泊，译为“把”；木臣，译为“锅”；特不疋，译为“装入”。
全句合译：装入圆锅里。</td></tr>
<tr><td>词汇</td><td>③特不木必</td><td>词义</td><td>装入</td></tr>
<tr><td>文献</td><td colspan="3">吉林省长春市九台区莽卡杨姓《杨静棠本》第15页。</td></tr>
<tr><td>例句</td><td colspan="3">乌林，那旦，泊，特不木必。
乌林，译为“财”；那旦，译为“帛”；泊，译为“把”；特不木必，译为“装入”。
全句合译：把财帛之物装入。</td></tr>
</table>

词汇	④特不何	**词义**	放入
文献	吉林省长春市九台区莽卡杨姓《杨宪本》（手抄本）第48页。		
例句	阿查不莫，特不何。 阿查不莫，译为“适合”；特不何，译为“放入”。 全句合译：适合放入。		
词汇	⑤特布撇	**词义**	盛入
文献	黑龙江省宁安市兰岗关姓《特合本子》第7页。		
例句	多龙，德，特布撇。 多龙，译为“行礼”；德，译为“在”；特布撇，译为“盛入”。 全句合译：盛入后行礼。		
词汇	①特库	**词义**	座位
文献	吉林省长春市九台区莽卡杨姓《杨静棠本》第6页。		
例句	特库，泊，特疋，八克其拉莫。 特库，译为“座位”；泊，译为“把”；特疋，译为“坐下”；八克其拉莫，译为“对坐着”。 全句合译：在座位上对坐着坐下。		
词汇	②特哭	**词义**	座位
文献	吉林省长春市九台区莽卡杨姓《杨宪本》（手抄本）第6页。		
例句	特哭，得，特笔，八喀七位莫。 特哭，译为“座位”；得，译为“在”；特笔，译为“坐下”；八喀七位莫，译为“对坐着”。 全句合译：在座位上对坐着坐下。		
词汇	①特不莫	**词义**	坐
文献	吉林省长春市九台区莽卡杨姓《杨宪本》（手抄本）第78页。		
例句	说林，得，特不莫。 说林，译为“请”；得，译为“在”；特不莫，译为“坐”。		

	全句合译：请坐。		
词汇	②特笔	**词义**	坐下
文献	吉林省长春市九台区莽卡杨姓《杨宪本》第 6 页。		
例句	特笔，八喀七位莫。 特笔，译为“坐下”；八喀七位莫，译为“对坐着”。 全句合译：对坐着坐下。		
词汇	③特疋	**词义**	坐下
文献	吉林省长春市九台区莽卡杨姓《杨静棠本》第 6 页。		
例句	特疋，八克其拉莫。 特疋，译为“坐下”；八克其拉莫，译为“对坐着”。 全句合译：对面坐下。		
词汇	①特屯	**词义**	皿
文献	吉林省长春市九台区莽卡杨姓《杨静棠本》第 15 页。		
例句	温土浑，特屯。 温土浑，译为“空”；特屯，译为“皿”。 全句合译：空（器）皿。		
词汇	①特红恶	**词义**	派遣
文献	吉林省长春市九台区莽卡杨姓《杨宪本》（手抄本）第 87 页。		
例句	特红恶，依你。 特红恶，译为“派遣”；依你，译为“你的”。 全句合译：派遣你的……		
音序	**tong**		
词汇	①通肯	**词义**	抬鼓
文献	吉林省长春市九台区莽卡杨姓《杨宪本》（手抄本）第 59 页。		
例句	通肯，鸡干，泊，克勤已莫。 通肯，译为“抬鼓”；鸡干，译为“声”；泊，译为“把”；克勤已莫，译为“震荡”。 全句合译：抬鼓声震荡四方。		

词汇	②通恳	词义	抬鼓
文献	吉林省长春市九台区胡家石姓《小韩本》（引自宋和平译注本）第152页。		
例句	通恳，鸡干，开叉杭我。 通恳，译为“抬鼓”；鸡干，译为“声”；开叉杭我，译为“敲响了”。 全句合译：抬鼓被敲响了。		
词汇	③同恳	词义	抬鼓
文献	吉林省长春市九台区胡家石姓《小韩本》（引自宋和平译注本）第174页。		
例句	同恳，鸡干，开叉哈。 同恳，译为“抬鼓”；鸡干，译为“声”；开叉哈，译为“敲响了”。 全句合译：抬鼓被敲响了。		
音序	**tu**		
词汇	①秃	词义	火
文献	吉林省长春市九台区胡家石姓《小韩本》（引自宋和平译注本）第121页。		
例句	伏拉颠，秃。 伏拉颠，译为“红”；秃，译为“火”。 全句合译：红火。		
词汇	②秃鲁	词义	火
文献	吉林省吉林市土城子口钦佟赵姓《交罗本》第13页。		
例句	秃鲁，德，推不莫。 秃鲁，译为“火”；德，译为“在”；推不莫，译为“闭灯”。 全句合译：把灯火熄灭。		
词汇	①秃拉滚	词义	原因；情况；情形；因为；情由
文献	吉林省长春市九台区胡家石姓《小韩本》（引自宋和平		

<table>
<tr><td></td><td colspan="3">译注本）第 249 页、第 273 页、第 341 页、第 349 页、第 361 页。</td></tr>
<tr><td rowspan="5">例句</td><td colspan="3">爱，秃拉滚。
爱，译为“什么”；秃拉滚，译为“原因”。
全句合译：什么原因？</td></tr>
<tr><td colspan="3">秃拉滚，三得，秃也欠其。
秃拉滚，译为“情况”；三得，译为“等”；秃也欠其，译为“出现”。
全句合译：……情况出现。</td></tr>
<tr><td colspan="3">秃拉滚，三，得。
秃拉滚，译为“情形”；三，译为“善”；得，译为“在”。
全句合译：情形还好。</td></tr>
<tr><td colspan="3">莫讷，秃拉滚，得。
莫讷，译为“事情”；秃拉滚，译为“因为”；得，译为“在”。
全句合译：因为有事情在身……</td></tr>
<tr><td colspan="3">赊莫，秃拉滚，得。
赊莫，译为“诉说”；秃拉滚，译为“情由”；得，译为“在”。
全句合译：在诉说情由。</td></tr>
<tr><td>词汇</td><td>②秃禄滚</td><td>词义</td><td>原因</td></tr>
<tr><td>文献</td><td colspan="3">吉林省长春市九台区其塔木石姓《东哈本》（第 2 册）第 23 页。</td></tr>
<tr><td>例句</td><td colspan="3">卧一，赊勒，秃禄滚，得。
卧一，译为“谁”；赊勒，译为“诉说”；秃禄滚，译为“原因”；得，译为“在”。
全句合译：谁在诉说原因？</td></tr>
<tr><td>词汇</td><td>③土勒滚</td><td>词义</td><td>原因</td></tr>
<tr><td>文献</td><td colspan="3">吉林省长春市九台区莽卡杨姓《杨宪本》（手抄本）第 87 页。</td></tr>
</table>

例句	阿库，土勒滚，得。 阿库，译为“无”；土勒滚，译为“原因”；得，译为“在”。 全句合译：无原因。		
词汇	④土勒辊	词义	原因
文献	吉林省长春市九台区莽卡杨姓《杨宪本》（手抄本）第87页。		
例句	衣车，不立疋，土勒辊，得。 衣车，译为“新”；不立疋，译为“建立”；土勒辊，译为“原因”；得，译为“在”。 全句合译：原因是新立……了。		
词汇	①秃舒	词义	各自
文献	吉林省长春市九台区胡家石姓《小韩本》（引自宋和平译注本）第357页。		
例句	博得棱其，秃舒。 博得棱其，译为“请回”；秃舒，译为“各自”。 全句合译：各自请回。		
词汇	②颓舒	词义	各自
文献	吉林省长春市九台区胡家石姓《小韩本》（引自宋和平译注本）第103页。		
例句	颓舒，牙不勒。 颓舒，译为“各自”；牙不勒，译为“走吧”。 全句合译：各自走吧。		
词汇	①瓦秃不勒	词义	观看
文献	吉林省长春市九台区胡家石姓《小韩本》（引自宋和平译注本）第349页。		
例句	非眼，瓦秃不勒。 非眼，译为“色泽”；瓦秃不勒，译为“观看”。 全句合译：观看色泽。		
词汇	②瓦秃不莫	词义	看见

<table>
<tr><td>文献</td><td colspan="3">吉林省长春市九台区胡家石姓《小韩本》（引自宋和平译注本）第 311 页。</td></tr>
<tr><td>例句</td><td colspan="3">瓦秃不莫，那丹，乃腓。
瓦秃不莫，译为“看见”；那丹，译为“七”；乃腓，译为“星斗”。
全句合译：看见北斗七星。</td></tr>
<tr><td>词汇</td><td>③瓦秃不腓</td><td>词义</td><td>看见</td></tr>
<tr><td>文献</td><td colspan="3">吉林省长春市九台区胡家石姓《小韩本》（引自宋和平译注本）第 221 页。</td></tr>
<tr><td>例句</td><td colspan="3">秃鸡，腓克赊莫，瓦秃不腓，杜勒莫。
秃鸡，译为“云”；腓克赊莫，译为“稠密”；瓦秃不腓，译为“看见”；杜勒莫，译为“过去”。
全句合译：看见密云飘过去了。</td></tr>
<tr><td>词汇</td><td>④秃瓦不勒</td><td>词义</td><td>观看者</td></tr>
<tr><td>文献</td><td colspan="3">吉林省长春市九台区胡家石姓《小韩本》（引自宋和平译注本）第 66 页。</td></tr>
<tr><td>例句</td><td colspan="3">娄勒莫，非眼，秃瓦不勒。
娄勒莫，译为“议论”；非眼，译为“拍手”；秃瓦不勒，译为“观看者”。
全句合译：观看者拍手议论着。</td></tr>
<tr><td>词汇</td><td>⑤秃不哈</td><td>词义</td><td>看着</td></tr>
<tr><td>文献</td><td colspan="3">吉林省长春市九台区胡家石姓《小韩本》（引自宋和平译注本）第 118 页。</td></tr>
<tr><td>例句</td><td colspan="3">扎坤，押子，秃不哈。
扎坤，译为“八”；押子，译为“眼睛”；秃不哈，译为“看着”。
全句合译：八只眼睛看着。</td></tr>
<tr><td>词汇</td><td>⑥瓦秃七</td><td>词义</td><td>查看</td></tr>
<tr><td>文献</td><td colspan="3">吉林省长春市九台区胡家石姓《小韩本》（引自宋和平译注本）第 301 页。</td></tr>
</table>

例句	瓦秃七，爱。 瓦秃七，译为“查看”；爱，译为“什么”。 全句合译：查看什么？
词汇	⑦牙秃不哈 | 词义 | 被看见
文献	吉林省长春市九台区其塔木石姓《东哈本》（第 1 册）第 8 页。
例句	嗷音，我力鸡，牙秃不哈。 嗷音，译为“四”；我力鸡，译为“东西”；牙秃不哈，译为“被看见”。 全句合译：东西四角被看见。
词汇	⑧瓦秃不杭我 | 词义 | 被看见
文献	吉林省长春市九台区胡家石姓《小韩本》（引自宋和平译注本）第 326 页。
例句	木克登，含堆，瓦秃不杭我。 木克登，译为“盛”；含堆，译为“京”；瓦秃不杭我，译为“被看见”。 全句合译：被盛京（城的人）看见。
词汇	⑨瓦秃不木毕 | 词义 | 看见
文献	吉林省长春市九台区胡家石姓《小韩本》（引自宋和平译注本）第 120 页。
例句	戈似浑，戈哦，瓦秃不木毕。 戈似浑，译为“光亮”；戈哦，译为“天亮了”；瓦秃不木毕，译为“看见”。 全句合译：天亮了才看见光亮。
词汇	⑩恳含博不行恶 | 词义 | 被看见
文献	吉林省长春市九台区其塔木石姓《东哈本》（第 1 册）。
例句	退力鸡，恳含博不行恶。

	退力鸡，译为“高处”；恳含博不行恶，译为“被看见”。 全句合译：从高处看见了。		
词汇	①秃鸡	词义	云；云霄
文献	吉林省长春市九台区胡家石姓《小韩本》（引自宋和平译注本）第102页、第133页。		
例句	秃鸡，以，寡。 秃鸡，译为“云”；以，译为“的”；寡，译为“别的”。 全句合译：别处的云。		
	一拉七，秃鸡。 一拉七，译为“第三”；秃鸡，译为“云霄”。 全句合译：第三层云霄。		
词汇	①秃克七	词义	托起
文献	吉林省长春市九台区胡家石姓《小韩本》（引自宋和平译注本）第290页。		
例句	奢车即，博，秃克七。 奢车即，译为“腮”；博，译为“把”；秃克七，译为“托起”。 全句合译：双手托腮。		
词汇	②徒切非	词义	抬起
文献	吉林省吉林市土城子口钦佟赵姓《交罗本》第27页。		
例句	乌朱，博，徒切非。 乌朱，译为“头”；博，译为“将”；徒切非，译为“抬起”。 全句合译：将头抬起。		
词汇	③图吉七	词义	抬起
文献	吉林省长春市九台区莽卡杨姓《杨宪本》（手抄本）第92页。		
例句	涉真，泊，图吉七。 涉真，译为“喜乐”；泊，译为“把”；图吉七，译为“抬起”。		

	全句合译：抬头见喜。		
词汇	④图鸡西	词义	抬起
文献	吉林省长春市九台区莽卡杨姓《杨宪本》（手抄本）第92页。		
例句	乌朱，泊，图鸡西。 乌朱，译为“头”；泊，译为“把”；图鸡西，译为“抬起”。 全句合译：把头抬起来。		
词汇	⑤图新莫	词义	举起
文献	吉林省长春市九台区莽卡杨姓《杨宪本》（手抄本）第69页。		
例句	左，嘎拉，图新莫。 左，译为“双”；嘎拉，译为“手”，图新莫，译为“举起”。 全句合译：举起双手。		
词汇	①秃七腓	词义	出
文献	吉林省长春市九台区胡家石姓《小韩本》（引自宋和平译注本）第332页。		
例句	秃七腓，胡秃立，博，泊棱俄。 秃七腓，译为“出”；胡秃立，译为“福”；博，译为“把”；泊棱俄，译为“乞求”。 全句合译：乞福。		
词汇	②秃七不其	词义	出了
文献	吉林省长春市九台区胡家石姓《小韩本》（引自宋和平译注本）第286页。		
例句	赍浑，内，博，秃七不其。 赍浑，译为“热”；内，译为“汗”；博，译为“把”；秃七不其，译为“出了”。 全句合译：热汗直出。		
词汇	③秃克腓	词义	出现了

文献	吉林省长春市九台区胡家石姓《小韩本》（引自宋和平译注本）第 219 页。		
例句	秃拉滚，三得，秃克腓。 秃拉滚，译为“情况”；三得，译为“好的”；秃克腓，译为“出现了”。 全句合译：好的情况出现了。		
词汇	④秃七恒我	**词义**	出来
文献	吉林省长春市九台区胡家石姓《小韩本》（引自宋和平译注本）第 215 页。		
例句	按巴，古伦，得，秃七恒我。 按巴，译为“大”；古伦，译为“国”；得，译为“在”；秃七恒我，译为“出来”。 全句合译：从大国中出来。		
词汇	⑤秃七合	**词义**	出现
文献	吉林省长春市九台区其塔木石姓《东哈本》（第 1 册）第 28 页。		
例句	按巴，古伦，秃七合。 按巴，译为“大”；古伦，译为“国”；秃七合，译为“出现”。 全句合译：出现在大国之中。		
词汇	⑥牙秃鸡莫	**词义**	出现
文献	吉林省长春市九台区其塔木石姓《东哈本》（第 1 册）第 17 页。		
例句	二合，太平，牙秃鸡莫。 二合，译为“太”；太平，译为“平”；牙秃鸡莫，译为“出现”。 全句合译：出现太平景象。		
词汇	①图土	**词义**	接着
文献	吉林省长春市九台区莽卡杨姓《杨宪本》（手抄本）第 69 页。		

例句	图土，得，嘎莫。 图土，译为“接着”；得，译为“在”；嘎莫，译为“拿去”。 全句合译：（把东西）接着并拿去。		
词汇	②哭哭	词义	接着
文献	吉林省长春市九台区其塔木石姓《东哈本》（第 1 册）第 53 页。		
例句	吟尼，博哦，哭哭。 吟尼，译为“他的”；博哦，译为“身体”；哭哭，译为“接着”。 全句合译：连着他的身体。		
词汇	①秃牙腓	词义	折；弯曲
文献	吉林省长春市九台区胡家石姓《小韩本》（引自宋和平译注本）第 273 页、第 342 页。		
例句	扎兰，博，秃牙腓。 扎兰，译为“节”；博，译为“把”；秃牙腓，译为“折”。 全句合译：把猪骨节折断。		
	伐牙腓，扎兰，博，秃牙腓。 伐牙腓，译为“费劲”；扎兰，译为“骨节”；博，译为“把”；秃牙腓，译为“弯曲”。 全句合译：费劲把骨关节处弯曲。		
词汇	②徒牙非	词义	弯曲
文献	吉林省吉林市土城子口钦佟赵姓《交罗本》第 27 页。		
例句	札音你，德，徒牙非。 札音你，译为“抓拿”；德，译为“在”；徒牙非，译为“弯曲”。 全句合译：抓过来按节折断。		
词汇	③土押笔	词义	折
文献	吉林省长春市九台区莽卡杨姓《杨宪本》（手抄本）第 48 页。		

例句	扎兰，泊，土押笔。 扎兰，译为“节”；泊，译为“把”；土押笔，译为“折”。 全句合译：按骨节行刀。		
词汇	④土押疋	词义	折
文献	吉林省长春市九台区莽卡杨姓《杨宪本》（手抄本）第54页。		
例句	扎兰，波，土押疋。 扎兰，译为“节”；波，译为“把”；土押疋，译为“折”。 全句合译：按骨节卸（猪）。		
词汇	⑤秃押非	词义	折
文献	吉林省长春市九台区其塔木石姓《东哈本》（第1册）第48页。		
例句	扎兰，博，秃押非。 扎兰，译为“节”；博，译为“把”；秃押非，译为“折”。 全句合译：按骨节卸（猪）。		
词汇	①秃合	词义	跌倒；落下
文献	吉林省长春市九台区胡家石姓《小韩本》（引自宋和平译注本）第289页、第319页。		
例句	秃合，不拉库。 秃合，译为“跌倒”；不拉库，译为“不要”。 全句合译：不要跌倒了。		
	博拉，秃合。 博拉，译为“颜色”；秃合，译为“落下”。 全句合译：五颜六色的（鸟）落下来。		
词汇	②图何克	词义	落下了
文献	吉林省长春市九台区莽卡杨姓《杨宪本》（手抄本）第6页。		
例句	必牙，图何克。 必牙，译为“月亮”；图何克，译为“落下了”。 全句合译：月亮落下了。		

<table>
<tr><td>词汇</td><td>③图何勒</td><td>词义</td><td>落下</td></tr>
<tr><td>文献</td><td colspan="3">吉林省长春市九台区莽卡杨姓《杨宪本》（手抄本）第16页。</td></tr>
<tr><td>例句</td><td colspan="3">图何勒，泊，图乔楼。
图何勒，译为“落下”；泊，译为“将”；图乔楼，译为“出来”。
全句合译：房子落架但人出来了。</td></tr>
<tr><td>词汇</td><td>④土克勒</td><td>词义</td><td>陷落</td></tr>
<tr><td>文献</td><td colspan="3">吉林省长春市九台区莽卡杨姓《杨静棠本》第16页。</td></tr>
<tr><td>例句</td><td colspan="3">土克勒，泊，土桥楼。
土克勒，译为“陷落”；泊，译为“将”；土桥楼，译为“出来”。
全句合译：陷落战壕内（的人）将会安全出来。</td></tr>
<tr><td>词汇</td><td>①秃拉</td><td>词义</td><td>短柱；柱子</td></tr>
<tr><td>文献</td><td colspan="3">吉林省长春市九台区胡家石姓《小韩本》（引自宋和平译注本）第100页、第104页。</td></tr>
<tr><td rowspan="2">例句</td><td colspan="3">玛木哈，秃拉，瓦西勒。
玛木哈，译为“大梁中间”；秃拉，译为“短柱”；瓦西勒，译为“下来吧”。
全句合译：从大梁中间的短柱那儿下来吧。</td></tr>
<tr><td colspan="3">玛莫哈，秃拉，德拉鸡，得。
玛莫哈，译为“大梁中间”；秃拉，译为“柱子”；德拉鸡，译为“上”；得，译为“在”
全句合译：在大梁中间的柱子上边。</td></tr>
<tr><td>词汇</td><td>①秃拉库</td><td>词义</td><td>水倒流</td></tr>
<tr><td>文献</td><td colspan="3">吉林省长春市九台区胡家石姓《小韩本》（引自宋和平译注本）第114页。</td></tr>
<tr><td>例句</td><td colspan="3">按巴，秃拉库，七，洼西哈。
按巴，译为“老”；秃拉库，译为“水倒流”；七，译为“从”；洼西哈，译为“下来了”。</td></tr>
</table>

	全句合译：从水倒流处下来了。		
词汇	①秃七勒	**词义**	穿过
文献	吉林省长春市九台区胡家石姓《小韩本》（引自宋和平译注本）第 84 页。		
例句	他那，秃七勒。 他那，译为“山间小路”；秃七勒，译为“穿过”。 全句合译：穿过山间小路。		
词汇	①秃拉鸡	**词义**	高高
文献	吉林省长春市九台区胡家石姓《小韩本》（引自宋和平译注本）第 56 页。		
例句	秃拉鸡，色肯。 秃拉鸡，译为“高高”；色肯，译为“石砬子”。 全句合译：高高的石砬子。		
词汇	②突拉鸡	**词义**	上边
文献	吉林省长春市九台区胡家石姓《小韩本》（引自宋和平译注本）第 172 页。		
例句	哈达，得，突拉鸡，色恳。 哈达，译为“山峰”；得，译为“在”；突拉鸡，译为“上边”；色恳，译为“石砬子”。 全句合译：在山峰上边石砬子处。		
词汇	③特拉鸡	**词义**	高高
文献	吉林省长春市九台区胡家石姓《小韩本》（引自宋和平译注本）第 48 页。		
例句	特拉鸡，色恳。 特拉鸡，译为“高高”；色恳，译为“石砬子”。 全句合译：高高的石砬子。		
词汇	④秃瓦拉鸡	**词义**	高高
文献	吉林省长春市九台区胡家石姓《小韩本》（引自宋和平译注本）第 214 页。		
例句	卧月，得，秃瓦拉鸡，赊其。		

	卧月，译为“顶上”；得，译为“在”；秃瓦拉鸡，译为“高高”；赊其，译为“因为”。 全句合译：因为在高高的（山）顶上。		
词汇	①秃勒莫	**词义**	震荡
文献	吉林省长春市九台区莽卡杨姓《杨宪本》（手抄本）第59页。		
例句	托，秃勒莫。 托，译为“起火”；秃勒莫，译为“震荡”。 全句合译：因失火受到震荡。		
词汇	①图们	**词义**	万
文献	吉林省长春市九台区其塔木石姓《东哈本》（第1册）第7页。		
例句	图们，阿牙尼，多洛，巴哈非。 图们，译为“万”；阿牙尼，译为“年”；多洛，译为“道”；巴哈非，译为“得”。 全句合译：万年得道。		
词汇	②徒图	**词义**	万
文献	吉林省吉林市土城子口钦佟赵姓《交罗本》第12页。		
例句	徒图，乌西哈，徒七。 徒图，译为“万”；乌西哈，译为“星”；徒七，译为“出来了”。 全句合译：万星出来了。		
词汇	③土闷	**词义**	万
文献	吉林省长春市九台区莽卡杨姓《杨静棠本》第5页。		
例句	土闷，衣兰根，托莫疋。 土闷，译为“万”；衣兰根，译为“民”；托莫疋，译为“歇息”。 全句合译：万民得到休养生息。		
词汇	④土门	**词义**	万
文献	吉林省长春市九台区其塔木石姓《东哈本》（第1册）		

<table>
<tr><td></td><td colspan="3">第 41 页。</td></tr>
<tr><td>例句</td><td colspan="3">土门，阿牙尼，多洛。
土门，译为“万”；阿牙尼，译为“年”；多洛，译为“道”。
全句合译：万年道行。</td></tr>
<tr><td>词汇</td><td>⑤涂门</td><td>词义</td><td>万</td></tr>
<tr><td>文献</td><td colspan="3">吉林省长春市九台区其塔木石姓《东哈本》（第 1 册）第 41 页。</td></tr>
<tr><td>例句</td><td colspan="3">涂门，奢博。
涂门，译为“万”，奢博，译为“喜”。
全句合译：万喜。</td></tr>
<tr><td>词汇</td><td>⑥秃门</td><td>词义</td><td>万</td></tr>
<tr><td>文献</td><td colspan="3">吉林省长春市九台区胡家石姓《小韩本》（引自宋和平译注本）第 257 页。</td></tr>
<tr><td>例句</td><td colspan="3">秃门，一，阿立。
秃门，译为“万”；一，译为“的”；阿立，译为“神通”。
全句合译：万年神通。</td></tr>
<tr><td>词汇</td><td>①图桥西</td><td>词义</td><td>举人</td></tr>
<tr><td>文献</td><td colspan="3">吉林省长春市九台区莽卡杨姓《杨宪本》（手抄本）第 85 页。</td></tr>
<tr><td>例句</td><td colspan="3">图桥西，巴哈不哈。
图桥西，译为“举人”；巴哈不哈，译为“得到了”。
全句合译：中举了。</td></tr>
<tr><td>词汇</td><td>①图其克</td><td>词义</td><td>出来了</td></tr>
<tr><td>文献</td><td colspan="3">吉林省长春市九台区莽卡杨姓《杨宪本》（手抄本）第 6 页。</td></tr>
<tr><td>例句</td><td colspan="3">图其克，孙。
图其克，译为“出来了”；孙，译为“日”。
全句合译：太阳出来了。</td></tr>
</table>

词汇	②土其克	词义	出来了
文献	吉林省长春市九台区莽卡杨姓《杨静棠本》第6页。		
例句	土其克，孙。 土其克，译为“出来了”；孙，译为“日”。 全句合译：太阳出来了。		
词汇	③土桥勒	词义	出来
文献	吉林省长春市九台区莽卡杨姓《杨宪本》（手抄本）第54页。		
例句	土桥勒，我林，得。 土桥勒，译为“出来”；我林，译为“时候”；得，译为“在”。 全句合译：在出来的时候。		
词汇	④土桥何	词义	出来
文献	吉林省长春市九台区莽卡杨姓《杨宪本》（手抄本）第54页。		
例句	土桥何，得林得，土桥必。 土桥何，译为“出来”；得林得，译为“桌子”；土桥必，译为“抬起”。 全句合译：（等其）出来后，（把它）抬到桌子上。		
词汇	⑤突其何	词义	出来了
文献	吉林省长春市九台区莽卡杨姓《杨宪本》（手抄本）第44页。		
例句	突其何，得不嫩，土桥笔。 突其何，译为“出来了”；得不嫩，译为“幼小”；土桥笔，译为“抬出”。 全句合译：……出来后由小（萨满）抬起。		
词汇	⑥土七笔	词义	出来了
文献	吉林省长春市九台区莽卡杨姓《杨宪本》（手抄本）第92页。		
例句	土门，乌西哈，土七笔。		

	土门，译为“万”；乌西哈，译为“星”；土七笔，译为“出来了”。 全句合译：万星出来了。		
词汇	⑦土七疋	**词义**	出来了
文献	吉林省长春市九台区莽卡杨姓《杨宪本》（手抄本）第87页。		
例句	古宁，土七疋。 古宁，译为“想”；土七疋，译为“出来了”。 全句合译：想出来了。		
词汇	①图乔楼	**词义**	抬起
文献	吉林省长春市九台区莽卡杨姓《杨宪本》（手抄本）第16页。		
例句	图何勒，泊，图乔楼。 图何勒，译为“跌”；泊，译为“将”；图乔楼，译为“抬起”。 全句合译：跌倒后爬起来。		
词汇	②土桥楼	**词义**	抬起
文献	吉林省长春市九台区莽卡杨姓《杨静棠本》第16页。		
例句	土克勒，泊，土桥楼。 土克勒，译为“跌”；泊，译为“将”；土桥楼，译为“抬起”。 全句合译：跌倒后爬起来。		
词汇	③土桥笔	**词义**	抬起
文献	吉林省长春市九台区莽卡杨姓《杨宪本》（手抄本）第92页。		
例句	土桥何，得林得，土桥笔。 土桥何，译为“出来了”；得林得，译为“桌子”；土桥笔，译为“抬起”。 全句合译：（等它）出来后，（把它）抬到供桌上。		
词汇	④土桥必	**词义**	抬起

<table>
<tr><td>文献</td><td colspan="3">吉林省长春市九台区莽卡杨姓《杨宪本》（手抄本）第54页。</td></tr>
<tr><td>例句</td><td colspan="3">土桥何，得林得，土桥必。
土桥何，译为“出来”；得林得，译为“桌子”；土桥必，译为“抬起”。
全句合译：（等它）出来后，（把它）抬到供桌上。</td></tr>
<tr><td>词汇</td><td>①土其不楼</td><td>词义</td><td>使出</td></tr>
<tr><td>文献</td><td colspan="3">吉林省长春市九台区莽卡杨姓《杨静棠本》第4页。</td></tr>
<tr><td>例句</td><td colspan="3">土们，得，土其不楼。
土们，译为“万”；得，译为“在”；土其不楼，译为“使出”。
全句合译：（将其）赶到万里之外。</td></tr>
<tr><td>词汇</td><td>②涂其不楼</td><td>词义</td><td>使出</td></tr>
<tr><td>文献</td><td colspan="3">吉林省长春市九台区莽卡杨姓《杨宪本》（手抄本）第4页。</td></tr>
<tr><td>例句</td><td colspan="3">图们，得，涂其不楼。
图们，译为“万”；得，译为“在”；涂其不楼，译为“使出”。
全句合译：（将其）赶到万里之遥（的地方）。</td></tr>
<tr><td>词汇</td><td>③秃吉腓</td><td>词义</td><td>出去</td></tr>
<tr><td>文献</td><td colspan="3">吉林省长春市九台区胡家石姓《小韩本》（引自宋和平译注本）第48页。</td></tr>
<tr><td>例句</td><td colspan="3">秃吉腓，朱莫，多心吉勒。
秃吉腓，译为“出去”；朱莫，译为“呐喊”；多心吉勒，译为“进来”。
全句合译：进来后又呐喊着出去。</td></tr>
<tr><td>词汇</td><td>④吞其不非</td><td>词义</td><td>出来</td></tr>
<tr><td>文献</td><td colspan="3">吉林省吉林市土城子口钦佟赵姓《交罗本》第27页。</td></tr>
<tr><td>例句</td><td colspan="3">安徒，德，木德，吞其不非。
安徒，译为“山阳”；德，译为“在”；木德，译为“回</td></tr>
</table>

	声”；吞其不非，译为“出来”。 全句合译：在山阴面南坡传来回声。		
词汇	①徒七非	**词义**	献出
文献	吉林省吉林市土城子口钦佟赵姓《交罗本》第29页。		
例句	乌宁，德，徒七非。 乌宁，译为“妈妈（母亲）”；德，译为“在”；徒七非，译为“献出”。 全句合译：母亲在献出……		
词汇	②徒西	**词义**	献出
文献	吉林省吉林市土城子口钦佟赵姓《交罗本》第12页。		
例句	徒西，德，特布非。 徒西，译为“献出”；德，译为“在”；特布非，译为“熄灯”。 全句合译：在熄灯时出现。		
词汇	③徒七	**词义**	献出
文献	吉林省吉林市土城子口钦佟赵姓《交罗本》第12页。		
例句	徒图，乌西哈，徒七，厄林。 徒图，译为“万”；乌西哈，译为“星”；徒七，译为“献出”；厄林，译为“此时”。 全句合译：此时万星出现。		
词汇	④出齐抛	**词义**	献出
文献	黑龙江省宁安市兰岗关姓《特合本子》第2页。		
例句	树春恩，德，出齐抛。 树春恩，译为“气”；德，译为“在”；出齐抛，译为“献出”。 全句合译：奉献出（这里的）灵气。		
词汇	⑤出齐博	**词义**	献出
文献	黑龙江省宁安市兰岗关姓《特合本子》第3页。		
例句	胡珞，山神，出齐博。 胡珞，译为“多的”；山神，译为“好”；出齐博，译		

	为“献出”。 全句合译：将好的多的（物品）献出。		
词汇	①独根	**词义**	祭肉
文献	黑龙江省宁安市兰岗关姓《特合本子》第 6 页。		
例句	波议，独根，出齐撇。 波议，译为“家的”；独根，译为“祭肉”；出齐撇，译为“献上”。 全句合译：献上家里的祭肉。		
音序	**tuan**		
词汇	①团	**词义**	节；气
文献	吉林省长春市九台区胡家石姓《小韩本》（引自宋和平译注本）第 205 页、第 259 页。		
例句	团，一能尼。 团，译为“节”；一能尼，译为“日”。 全句合译：节日。		
	团，一能尼。 团，译为“气”；一能尼，译为“天”。 全句合译：天气。		
词汇	①团多	**词义**	公正；正直
文献	吉林省长春市九台区胡家石姓《小韩本》（引自宋和平译注本）第 156 页、第 310 页。		
例句	依兰，托克所，团多。 依兰，译为“三”；托克所，译为“屯”；团多，译为“公正”。 全句合译：三个屯子都能公正（处事）。		
	依兰，嘎拉干，团多。 依兰，译为“三”；嘎拉干，译为“支”；团多，译为“正直”。 全句合译：三支族人都能很正直地（处理事务）。		
词汇	②谈	**词义**	正

<table>
<tr><td>文献</td><td colspan="3">吉林省吉林市土城子口钦佟赵姓《交罗本》第 21 页。</td></tr>
<tr><td>例句</td><td colspan="3">谈，依车，博，德，委勒非。
谈，译为“正”；依车，译为“新”；博，译为“房”；德，译为“在”；委勒非，译为“制造”。
全句合译：新的正房在建造。</td></tr>
<tr><td>词汇</td><td>③屯堆</td><td>词义</td><td>直</td></tr>
<tr><td>文献</td><td colspan="3">吉林省长春市九台区其塔木石姓《东哈本》（第 1 册）第 48 页。</td></tr>
<tr><td>例句</td><td colspan="3">屯堆，木。
屯堆，译为“直”；木，译为“木杆”。
全句合译：直木杆子。</td></tr>
<tr><td>词汇</td><td>①团七侠腓</td><td>词义</td><td>端端正正</td></tr>
<tr><td>文献</td><td colspan="3">吉林省长春市九台区胡家石姓《小韩本》（引自宋和平译注本）第 282 页。</td></tr>
<tr><td>例句</td><td colspan="3">团七侠腓，尼录，猫，博，尼克不腓。
团七侠腓，译为“端端正正”；尼录，译为“光滑”；猫，译为“木杆”；博，译为“把”；尼克不腓，译为“绑”。
全句合译：把光滑的木杆端端正正地绑上。</td></tr>
<tr><td>词汇</td><td>②屯七匣非</td><td>词义</td><td>端端正正</td></tr>
<tr><td>文献</td><td colspan="3">吉林省长春市九台区其塔木石姓《东哈本》（第 1 册）第 48 页。</td></tr>
<tr><td>例句</td><td colspan="3">屯堆，木，博，屯七匣非。
屯堆，译为“直”；木，译为“木杆”；博，译为“把”；屯七匣非，译为“端端正正”。
全句合译：把直木杆端端正正地……</td></tr>
<tr><td>词汇</td><td>①团吉莫</td><td>词义</td><td>听之</td></tr>
<tr><td>文献</td><td colspan="3">吉林省长春市九台区莽卡杨姓《杨宪本》（手抄本）第 58 页。</td></tr>
<tr><td>例句</td><td colspan="3">登，阿巴卡，团吉莫。
登，译为“高”；阿巴卡，译为“天”；团吉莫，译为</td></tr>
</table>

	"听之"。 全句合译：请高天听着。		
词汇	②登吉	**词义**	听之
文献	吉林省长春市九台区莽卡杨姓《杨宪本》（手抄本）第76页。		
例句	登，阿不卡，登吉。 登，译为"高"；阿不卡，译为"天"；登吉，译为"听之"。 全句合译：高天听着。		
音序	**tui**		
词汇	①推不莫	**词义**	闭
文献	吉林省长春市九台区胡家石姓《小韩本》（引自宋和平译注本）第95页。		
例句	灯占，推不莫。 灯占，译为"灯"；推不莫，译为"闭"。 全句合译：熄灯。		
词汇	①推勒笔	**词义**	煺之
文献	吉林省长春市九台区莽卡杨姓《杨宪本》（手抄本）第69页。		
例句	扶你何，泊，推勒笔。 扶你何，译为"毛"；泊，译为"把"；推勒笔，译为"煺之"。 全句合译：把毛煺掉。		
词汇	②吐勒克	**词义**	退之
文献	吉林省长春市九台区莽卡杨姓《杨宪本》（手抄本）第87页。		
例句	沙克达一，叉玛，得，吐勒克。 沙克达一，译为"老的"；叉玛，转写为"萨满"；得，译为"在"；吐勒克，译为"退之"。 全句合译：老的萨满已退位。		

词汇	①推补笔	**词义**	入座
文献	吉林省长春市九台区莽卡杨姓《杨宪本》(手抄本)第3页。		
例句	说利,得,推补笔。 说利,译为“令请”;得,译为“把”;推补笔,译为“入座”。 全句合译:请入座。		
词汇	②推不疋	**词义**	入座
文献	吉林省长春市九台区莽卡杨姓《杨静棠本》第3页。		
例句	说林,得,推不疋。 说林,译为“令请”;得,译为“在”;推不疋,译为“入座”。 全句合译:请入座。		
词汇	①颓孙	**词义**	铜
文献	吉林省长春市九台区胡家石姓《小韩本》(引自宋和平译注本)第206页。		
例句	颓孙,梅分。 颓孙,译为“铜”;梅分,译为“脖子”。 全句合译:铜铸的脖子。		
词汇	②退孙	**词义**	铜
文献	吉林省长春市九台区其塔木石姓《东哈本》(第1册)第6页。		
例句	退孙,洮古图。 退孙,译为“铜”;洮古图,译为“楼”。 全句合译:铜楼子。		
词汇	③推孙	**词义**	铜
文献	吉林省长春市九台区其塔木石姓《东哈本》(第1册)第75页。		
例句	推孙,以,枚分。 推孙,译为“铜”;以,译为“的”;枚分,译为“脖		

<table>
<tr><td></td><td colspan="3">子”。
全句合译：铜铸的脖子。</td></tr>
<tr><td>词汇</td><td>④特孙</td><td>词义</td><td>铜</td></tr>
<tr><td>文献</td><td colspan="3">吉林省长春市九台区胡家石姓《小韩本》（引自宋和平译注本）第 183 页。</td></tr>
<tr><td>例句</td><td colspan="3">特孙，枚分，街。
特孙，译为“铜”；枚分，译为“脖子”；街，译为“啊”。
全句合译：铜脖子啊！</td></tr>
<tr><td>音序</td><td colspan="3">tuo</td></tr>
<tr><td>词汇</td><td>①托你</td><td>词义</td><td>每个</td></tr>
<tr><td>文献</td><td colspan="3">吉林省长春市九台区莽卡杨姓《杨宪本》（手抄本）第 9 页。</td></tr>
<tr><td>例句</td><td colspan="3">嘎勒干，托你。
嘎勒干，译为“分支”；托你，译为“每个”。
全句合译：每个分支。</td></tr>
<tr><td>词汇</td><td>②讬你</td><td>词义</td><td>每个</td></tr>
<tr><td>文献</td><td colspan="3">吉林省长春市九台区莽卡杨姓《杨静棠本》第 9 页。</td></tr>
<tr><td>例句</td><td colspan="3">嘎勒干，讬你。
嘎勒干，译为“分支”；讬你，译为“每个”。
全句合译：每个分支。</td></tr>
<tr><td>词汇</td><td>③徒克非</td><td>词义</td><td>每位</td></tr>
<tr><td>文献</td><td colspan="3">吉林省吉林市土城子口钦佟赵姓《交罗本》第 12 页。</td></tr>
<tr><td>例句</td><td colspan="3">乌朱，徒克非。
乌朱，译为“首领”；徒克非，译为“每位”。
全句合译：每位首领。</td></tr>
<tr><td>词汇</td><td>①托说莫</td><td>词义</td><td>预先</td></tr>
<tr><td>文献</td><td colspan="3">吉林省长春市九台区莽卡杨姓《杨宪本》（手抄本）第 1 页。</td></tr>
<tr><td>例句</td><td colspan="3">卧可多木，托说莫。
卧可多木，译为“迎接”；托说莫，译为“预先”。</td></tr>
</table>

<table>
<tr><td></td><td colspan="3">全句合译：迎接祭日，事先准备。</td></tr>
<tr><td>词汇</td><td>①土勒</td><td>词义</td><td>外边</td></tr>
<tr><td>文献</td><td colspan="3">吉林省长春市九台区莽卡杨姓《杨宪本》（手抄本）第76页。</td></tr>
<tr><td>例句</td><td colspan="3">温车恨，土勒，已，得。
温车恨，译为“顶端”；土勒，译为“外边”；已，译为“的”；得，译为“在”。
全句合译：在最顶端的外面。</td></tr>
<tr><td>词汇</td><td>①托托</td><td>词义</td><td>镜子</td></tr>
<tr><td>文献</td><td colspan="3">吉林省长春市九台区其塔木石姓《东哈本》（第1册）第40页。</td></tr>
<tr><td>例句</td><td colspan="3">哀心，托托。
哀心，译为“金”；托托，译为“镜子”。
全句合译：金镜。</td></tr>
<tr><td>词汇</td><td>①托克所</td><td>词义</td><td>屯</td></tr>
<tr><td>文献</td><td colspan="3">吉林省长春市九台区胡家石姓《小韩本》（引自宋和平译注本）第361页。</td></tr>
<tr><td>例句</td><td colspan="3">阿几各，韩家，托克所。
阿几各，译为“小”；韩家，汉语本义为“韩”；托克所，译为“屯”。
全句合译：小韩屯（今吉林省长春市九台区胡家回族乡小韩村所在地）。</td></tr>
<tr><td>词汇</td><td>②托克说</td><td>词义</td><td>屯</td></tr>
<tr><td>文献</td><td colspan="3">吉林省长春市九台区其塔木石姓《东哈本》（第2册）第1页。</td></tr>
<tr><td>例句</td><td colspan="3">牛呼力，通克遂，托克说，特合。
牛呼力，译为“狼”；通克遂，译为“屯”；托克说，译为“屯”；特合，译为“居住”。
全句合译：在狼（郎）通屯（今吉林省吉林市乌拉街镇官通村狼通屯）居住。</td></tr>
</table>

词汇	③托克同阿	**词义**	屯
文献	吉林省长春市九台区胡家石姓《小韩本》（引自宋和平译注本）第 331 页。		
例句	吴黑，托克同阿。 吴黑，译为“全”；托克同阿，译为“屯”。 全句合译：全屯。		
词汇	④通克遂	**词义**	屯
文献	吉林省长春市九台区胡家石姓《小韩本》（引自宋和平译注本）第 116 页。		
例句	牛呼力，通克遂，托克说，特合。 牛呼力，译为“狼”；通克遂，译为“屯”；托克说，译为“屯”；特合，译为“居住”。 全句合译：在狼（郎）通屯（今吉林省吉林市乌拉街镇官通村狼通屯）居住。		
词汇	①托吞	**词义**	槽盆
文献	吉林省长春市九台区其塔木石姓《东哈本》（第 2 册）第 17 页。		
例句	托吞，得，忒不非。 托吞，译为“槽盆”；得，译为“在”；忒不非，译为“放”。 全句合译：放在槽盆中。		
词汇	②卧吞	**词义**	槽盆
文献	吉林省长春市九台区莽卡杨姓《杨宪本》（手抄本）第 56 页。		
例句	卧吞，得，阿七不莫，特不必。 卧吞，译为“槽盆”；得，译为“在”；阿七不莫，译为“最合适”；特不必，译为“盛入”。 全句合译：盛入在槽盆中最合适。		
词汇	③倭吞	**词义**	槽盆
文献	吉林省长春市九台区胡家石姓《小韩本》（引自宋和平		

	译注本）第 254 页。		
例句	倭吞，得，特不腓，赊勒木克。 倭吞，译为“槽盆”；得，译为“在”；特不腓，译为“放”；赊勒木克，译为“泉水”。 全句合译：在槽盆中放入井水。		
词汇	①托克尼	**词义**	开始
文献	吉林省长春市九台区胡家石姓《小韩本》（引自宋和平译注本）第 262 页。		
例句	阿拉苏哈，托克尼，按不拉。 阿拉苏哈，译为“芽”；托克尼，译为“开始”；按不拉，译为“大”。 全句合译：芽开始长大（家族形成发展）。		
词汇	①托克托不莫	**词义**	使安定
文献	吉林省长春市九台区莽卡杨姓《杨宪本》（手抄本）第 1 页。		
例句	沙克打沙莫，浑春，托克托不莫。 沙克打沙莫，译为“老萨满”；浑春，地名，指今吉林省珲春市；托克托不莫，译为“使安定”。 全句合译：老萨满在浑春定局时……		
词汇	①托含牙立	**词义**	圆饼子
文献	吉林省长春市九台区胡家石姓《小韩本》（引自宋和平译注本）第 312 页。		
例句	托含牙立，阿木孙，我分。 托含牙立，译为“圆饼子”；阿木孙，译为“祭肉”；我分，译为“饽饽”。 全句合译：圆饼子饽饽和祭祀肉。		

音序	W		
	wa		
词汇	①挖呢刻	词义	擒回
文献	黑龙江省宁安市兰岗关姓《特合本子》第 13 页。		
例句	复鲁我振，挖呢刻。 复鲁我振，译为“冲杀”；挖呢刻，译为“擒回”。 全句合译：擒拿冲杀敌人。		
词汇	①洼西哈	词义	下来了；降下了
文献	吉林省长春市九台区胡家石姓《小韩本》（引自宋和平译注本）第 114 页。		
例句	按巴，秃拉库，七，洼西哈。 按巴，秃拉库，合译为“水倒流”；七，译为“从”；洼西哈，译为“下来了”。 全句合译：从水倒流处下来了。		
文献	吉林省长春市九台区其塔木石姓《东哈本》（第 1 册）第 7 页。		
例句	阿巴卡，七，洼西哈。 阿巴卡，译为“天”；七，译为“从”；洼西哈，译为“降下了”。 全句合译：从天而降。		
词汇	②洼西娄	词义	降临
文献	吉林省长春市九台区其塔木石姓《东哈本》（第 2 册）第 21 页。		
例句	所林，德，洼西娄。 所林，译为“请”；德，译为“在”；洼西娄，译为“降临”。 全句合译：在请……降临。		
词汇	①洼鸡非	词义	失去
文献	吉林省长春市九台区其塔木石姓《东哈本》（第 2 册）第 23 页。		

<table>
<tr><td>例句</td><td colspan="3">莫勒根，莫讷，洼鸡非。
莫勒根，译为“智者”；莫讷，译为“事情”；洼鸡非，译为“失去”。
全句合译：好事少（不好的事多）。</td></tr>
<tr><td>词汇</td><td>②洼吉非</td><td>词义</td><td>失去</td></tr>
<tr><td>文献</td><td colspan="3">吉林省长春市九台区其塔木石姓《东哈本》（第2册）第12页。</td></tr>
<tr><td>例句</td><td colspan="3">末纳根，莫纳，洼吉非。
末纳根，译为“智者”，莫纳，译为“事情”；洼吉非，译为“失去”。
全句合译：智事少（愚事多）。</td></tr>
<tr><td>词汇</td><td>①瓦西哈</td><td>词义</td><td>降下；降临</td></tr>
<tr><td>文献</td><td colspan="3">吉林省长春市九台区胡家石姓《小韩本》（引自宋和平译注本）第275页、第363页。</td></tr>
<tr><td rowspan="2">例句</td><td colspan="3">阿巴卡，七，那，以，瓦西哈。
阿巴卡，译为“天上”；七，译为“从”；那，译为“地”；以，译为“的”；瓦西哈，译为“降下”。
全句合译：从天上降到地上来。</td></tr>
<tr><td colspan="3">牙牙，必拉，七，瓦西哈。
牙牙，译为“哪条”；必拉，译为“河”；七，译为“从”；瓦西哈，译为“降临”。
全句合译：从哪条河降临？</td></tr>
<tr><td>词汇</td><td>②瓦西卡</td><td>词义</td><td>降临</td></tr>
<tr><td>文献</td><td colspan="3">吉林省长春市九台区莽卡杨姓《祭祖神本》第1页。</td></tr>
<tr><td>例句</td><td colspan="3">西尼，恶真，阿巴卡，瓦西卡。
西尼，译为“你的”；恶真，译为“主人”；阿巴卡，译为“天”；瓦西卡，译为“降临”。
全句合译：你的主人从天而降。</td></tr>
<tr><td>词汇</td><td>③瓦西勒</td><td>词义</td><td>降临</td></tr>
</table>

<table>
<tr><td>文献</td><td colspan="3">吉林省长春市九台区莽卡杨姓《杨宪本》（手抄本）第 41 页。</td></tr>
<tr><td>例句</td><td colspan="3">瓦西勒，吉哈奈，押勒哈。
瓦西勒，译为“降临”；吉哈奈，译为“金钱”；押勒哈，译为“豹”。
全句合译：金钱豹神降临了。</td></tr>
<tr><td>词汇</td><td>④瓦西疋</td><td>词义</td><td>降临</td></tr>
<tr><td>文献</td><td colspan="3">吉林省长春市九台区莽卡杨姓《杨宪本》（手抄本）第 54 页。</td></tr>
<tr><td>例句</td><td colspan="3">法浑，得，瓦西疋。
法浑，译为“轮转”；得，译为“在”；瓦西疋，译为“降临”。
全句合译：在轮转着降临。</td></tr>
<tr><td>词汇</td><td>⑤瓦西七</td><td>词义</td><td>下来吧</td></tr>
<tr><td>文献</td><td colspan="3">吉林省长春市九台区其塔木石姓《东哈本》（第 1 册）第 18 页。</td></tr>
<tr><td>例句</td><td colspan="3">瓦西七，博，博，牙秃鸡木必。
瓦西七，译为“下来吧”；博，译为“房”；博，译为“把”；牙秃鸡木必，译为“出现”。
全句合译：（等其）出现在房上再下来吧。</td></tr>
<tr><td>词汇</td><td>⑥瓦西不</td><td>词义</td><td>降临</td></tr>
<tr><td>文献</td><td colspan="3">吉林省长春市九台区胡家石姓《小韩本》（引自宋和平译注本）第 173 页。</td></tr>
<tr><td>例句</td><td colspan="3">瓦西不，札坤打，札破占。
瓦西不，译为“降临”；札坤打，译为“八尺”；札破占，译为“蟒神”。
全句合译：八尺蟒神降临。</td></tr>
<tr><td>词汇</td><td>⑦瓦西不莫</td><td>词义</td><td>降临</td></tr>
<tr><td>文献</td><td colspan="3">吉林省长春市九台区胡家石姓《小韩本》（引自宋和平译注本）第 319 页。</td></tr>
</table>

例句	得拉鸡，吴拉，瓦西不莫。 得拉鸡，译为“得拉鸡”；吴拉，译为“江”；瓦西不莫，译为“降临”。 全句合译：从得拉鸡江降临。		
词汇	⑧瓦西杭俄	**词义**	降临
文献	吉林省长春市九台区胡家石姓《小韩本》（引自宋和平译注本）第 356 页。		
例句	蒙文，召洛，七，瓦西杭俄。 蒙文，译为“银”；召洛，译为“沟”；七，译为“从”；瓦西杭俄，译为“降临”。 全句合译：（它是）从银沟里降临的。		
词汇	⑨瓦西行我	**词义**	降临的；刮
文献	吉林省长春市九台区胡家石姓《小韩本》（引自宋和平译注本）第 161 页、第 193 页。		
例句	阿巴卡，七，瓦西行我。 阿巴卡，译为“天”；七，译为“从”；瓦西行我，译为“降临的”。 全句合译：从天上降临的。		
	我敦，得，瓦西行我。 我敦，译为“风”；得，译为“在”；瓦西行我，译为“刮”。 全句合译：在刮风。		
词汇	⑩瓦西不勒	**词义**	下来
文献	吉林省长春市九台区胡家石姓《小韩本》（引自宋和平译注本）第 104 页。		
例句	得垫，博，瓦西不勒。 得垫，译为“飞”；博，译为“把”；瓦西不勒，译为“下来”。 全句合译：飞下来。		
词汇	⑪瓦其卡	**词义**	降临

文献	吉林省长春市九台区莽卡杨姓《杨宪本》（手抄本）第 7 页。		
例句	阿巴卡，其，瓦其卡。 阿巴卡，译为“天”；其，译为“从”；瓦其卡，译为“降临”。 全句合译：从天而降。		
词汇	⑫瓦其哈	词义	降临
文献	吉林省长春市九台区莽卡杨姓《杨宪本》（手抄本）第 48 页。		
例句	阿布卡，其，瓦其哈。 阿布卡，译为“天”；其，译为“从”；瓦其哈，译为“降临”。 全句合译：从天而降。		
词汇	⑬卧西七	词义	降临
文献	吉林省长春市九台区胡家石姓《小韩本》（引自宋和平译注本）第 349 页。		
例句	杜卡，卧西七。 杜卡，译为“门”；卧西七，译为“降临”。 全句合译：降临到门口。		
词汇	⑭卧西勒	词义	降临
文献	吉林省长春市九台区胡家石姓《小韩本》（引自宋和平译注本）第 245 页。		
例句	尼西哈，必拉，七，卧西勒。 尼西哈，即为“密什哈”；必拉，译为“河”；七，译为“从”；卧西勒，译为“降临”。 全句合译：从密什哈河降临。		
词汇	⑮倭不莫	词义	降下
文献	吉林省吉林市土城子口钦佟赵姓《交罗本》第 27 页。		
例句	三春，太平，倭不莫。		

<table>
<tr><td></td><td colspan="3">三春，译为“太”；太平，译为“平”；倭不莫，译为“降下”。
全句合译：降下太平。</td></tr>
<tr><td>词汇</td><td>⑯倭博非</td><td>词义</td><td>降下</td></tr>
<tr><td>文献</td><td colspan="3">吉林省吉林市土城子口钦佟赵姓《交罗本》第27页。</td></tr>
<tr><td>例句</td><td colspan="3">太平，三，倭博非。
太平，译为“平”；三，译为“安”；倭博非，译为“降下”。
全句合译：降下平安。</td></tr>
<tr><td>词汇</td><td>⑰倭布非</td><td>词义</td><td>降下</td></tr>
<tr><td>文献</td><td colspan="3">吉林省吉林市土城子口钦佟赵姓《交罗本》第27页。</td></tr>
<tr><td>例句</td><td colspan="3">色布贞，三，倭布非。
色布贞，译为“喜乐”；三，译为“吉祥”；倭布非，译为“降下”。
全句合译：降下喜乐吉祥。</td></tr>
<tr><td>词汇</td><td>⑱倭心不腓</td><td>词义</td><td>降临</td></tr>
<tr><td>文献</td><td colspan="3">吉林省长春市九台区胡家石姓《小韩本》（引自宋和平译注本）第280页。</td></tr>
<tr><td>例句</td><td colspan="3">阿巴，玛法，得，倭心不腓。
阿巴，译为“天”；玛法，译为“老爷”；得，译为“在”；倭心不腓，译为“降临”。
全句合译：天老爷降临。</td></tr>
<tr><td>词汇</td><td>⑲卧心不腓</td><td>词义</td><td>下</td></tr>
<tr><td>文献</td><td colspan="3">吉林省长春市九台区胡家石姓《小韩本》（引自宋和平译注本）第273页。</td></tr>
<tr><td>例句</td><td colspan="3">不克打主，卧心不腓，恒其勒莫。
不克打主，译为“屈”；卧心不腓，译为“下”；恒其勒莫，译为“叩头”。</td></tr>
</table>

	全句合译：屈膝碰头。		
词汇	⑳卧心不合	**词义**	降下
文献	吉林省长春市九台区胡家石姓《小韩本》（引自宋和平译注本）第 291 页。		
例句	太香分，卧其尼，卧心不合。 太香分，译为“太平”；卧其尼，译为“愿”；卧心不合，译为“降下”。 全句合译：愿降下太平。		
词汇	㉑瓦西特	**词义**	降临
文献	吉林省吉林市土城子口钦佟赵姓《交罗本》第 21 页。		
例句	恩都力，瓦西特。 恩都力，译为“神”；瓦西特，译为“降临”。 全句合译：神降临了。		
词汇	㉒卧心不匹	**词义**	降下
文献	吉林省长春市九台区莽卡杨姓《杨宪本》（手抄本）第 50 页。		
例句	温德，卧心不匹。 温德，译为“尚早”；卧心不匹，译为“降下”。 全句合译：很早就降下了。		
词汇	㉓卧心不木必	**词义**	降临了
文献	吉林省长春市九台区莽卡杨姓《杨宪本》（手抄本）第 3 页。		
例句	温得，卧心不木必。 温得，译为“很早”；卧心不木必，译为“降临了”。 全句合译：很早就降临了。		
词汇	㉔倭心逼	**词义**	降临
文献	吉林省吉林市土城子口钦佟赵姓《交罗本》第		

<table>
<tr><td></td><td colspan="3">21 页。</td></tr>
<tr><td>例句</td><td colspan="3">登墩，宜，倭心逼。
登墩，译为“高”；宜，译为“的”；倭心逼，译为“降临”。
全句合译：从高处降临。</td></tr>
<tr><td>词汇</td><td>①瓦佛兰笔</td><td>词义</td><td>回</td></tr>
<tr><td>文献</td><td colspan="3">吉林省长春市九台区莽卡杨姓《杨宪本》（手抄本）第 6 页。</td></tr>
<tr><td>例句</td><td colspan="3">佛西勒，佛肯泊，瓦佛兰笔。
佛西勒，译为“踉跄着”；佛肯泊，译为“寓所”；瓦佛兰笔，译为“回”。
全句合译：踉跄着回寓所。</td></tr>
<tr><td>词汇</td><td>①温拉吉</td><td>词义</td><td>西边</td></tr>
<tr><td>文献</td><td colspan="3">吉林省长春市九台区莽卡杨姓《杨宪本》（手抄本）第 58 页。</td></tr>
<tr><td>例句</td><td colspan="3">温拉吉，卧车勒。
温拉吉，译为“西边”；卧车勒，译为“神主”。
全句合译：西（墙上）边的神主。</td></tr>
<tr><td>词汇</td><td>①瓦卡</td><td>词义</td><td>砍杀</td></tr>
<tr><td>文献</td><td colspan="3">吉林省长春市九台区莽卡杨姓《杨宪本》（手抄本）第 70 页。</td></tr>
<tr><td>例句</td><td colspan="3">瓦卡，说勒库妈妈。
瓦卡，译为“砍杀”；说勒库妈妈，译为“顶针妈妈”。
全句合译：顶针妈妈砍杀（痘疹）。</td></tr>
<tr><td>词汇</td><td>①瓦不木必</td><td>词义</td><td>被杀害</td></tr>
<tr><td>文献</td><td colspan="3">吉林省长春市九台区胡家石姓《小韩本》（引自宋和平译注本）第 122 页。</td></tr>
<tr><td>例句</td><td colspan="3">不腿，娘们，瓦不木必。
不腿，译为“阴”；娘们，译为“人”；瓦不木</td></tr>
</table>

	必，译为“被杀害”。 全句合译：被阴人杀害。		
词汇	①瓦杜立	**词义**	冬天
文献	吉林省长春市九台区胡家石姓《小韩本》（引自朱和平译注本）第 147 页。		
例句	瓦杜立，博缀，一。 瓦杜立，译为“冬天”；博缀，译为“颜色”；一，译为“的”。 全句合译：冬天的颜色。		
词汇	①瓦牙立腓	**词义**	丢掉
文献	吉林省长春市九台区胡家石姓《小韩本》（引自宋和平译注本）第 239 页。		
例句	阿玛西，瓦牙立腓，恩得不库。 阿玛西，译为“往后”；瓦牙立腓，译为“丢掉”；恩得不库，译为“过失”。 全句合译：往后丢掉过失。		
词汇	①瓦鲁	**词义**	取来
文献	吉林省长春市九台区莽卡杨姓《杨宪本》（手抄本）第 76 页。		
例句	西，瓦鲁，说力，牙力，不打，心细。 西，译为“斗”；瓦鲁，译为“取来”；说力，译为“请”；牙力，译为“肉”；不打，译为“饭”；心细，译为“放入”。 全句合译：请把斗取来，放入饭和肉。		
词汇	②歪牙里腓	**词义**	丢掉
文献	吉林省长春市九台区其塔木石姓《东哈本》（第 2 册）第 21 页。		
例句	阿玛西，歪牙里腓，恩德不库。 阿玛西，译为“往后”；歪牙里腓，译为“丢掉”；恩德不库，译为“过失”。		

<table>
<tr><td></td><td colspan="3">全句合译：往后将过失丢掉。</td></tr>
<tr><td>音序</td><td colspan="3">wai</td></tr>
<tr><td>词汇</td><td>①歪立</td><td>词义</td><td>粒</td></tr>
<tr><td>文献</td><td colspan="3">吉林省长春市九台区胡家石姓《小韩本》（引自宋和平译注本）第 253 页。</td></tr>
<tr><td>例句</td><td colspan="3">卧林，歪立。
卧林，译为“二十”；歪立，译为“粒”。
全句合译：二十粒。</td></tr>
<tr><td>词汇</td><td>②莫讷</td><td>词义</td><td>粒</td></tr>
<tr><td>文献</td><td colspan="3">吉林省长春市九台区其塔木石姓《东哈本》（第 2 册）第 18 页。</td></tr>
<tr><td>例句</td><td colspan="3">德西，莫讷，水浑。
德西，译为“四十”；莫讷，译为“粒”；水浑，译为“穗”。
全句合译：四十颗穗粒。</td></tr>
<tr><td>音序</td><td colspan="3">wan</td></tr>
<tr><td>词汇</td><td>①弯博</td><td>词义</td><td>流传；传扬</td></tr>
<tr><td>文献</td><td colspan="3">吉林省长春市九台区胡家石姓《小韩本》（引自宋和平译注本）第 240 页、第 344 页。</td></tr>
<tr><td rowspan="2">例句</td><td colspan="3">弯博，多洛莫。
弯博，译为“流传”；多洛莫，译为“礼仪”。
全句合译：礼仪流传。</td></tr>
<tr><td colspan="3">弯博，以，多洛莫。
弯博，译为“流传”；以，译为“的”；多洛莫，译为“礼仪”。
全句合译：流传下来的礼仪。</td></tr>
<tr><td>文献</td><td colspan="3">吉林省长春市九台区其塔木石姓《东哈本》（第 1 册）第 54 页。</td></tr>
<tr><td>例句</td><td colspan="3">扎兰，哈拉莫，弯博，多洛多。
扎兰，译为“世代”；哈拉莫，译为“更换”；</td></tr>
</table>

	弯博，译为“传扬”；多洛多，译为“礼仪”。 全句合译：世代更换，传扬礼仪。		
词汇	②万博	**词义**	传统
文献	吉林省长春市九台区其塔木石姓《东哈本》（第2册）第19页。		
例句	万博，以，多洛慧。 万博，译为“传统”；以，译为“的”；多洛慧，译为“礼仪”。 全句合译：传统的礼仪。		
词汇	③湾博	**词义**	流传
文献	吉林省长春市九台区其塔木石姓《东哈本》（第2册）第1页。		
例句	湾博，湾博，多洛莫。 湾博，译为“流传”；湾博，译为“流传”；多洛莫，译为“礼仪”。 全句合译：礼仪永世流传。		
词汇	④弯箔	**词义**	接续
文献	吉林省长春市九台区其塔木关姓《腰哈本》第38页。		
例句	弯箔，以，多落末。 弯箔，译为“接续”；以，译为“的”；多落末，译为“礼仪”。 全句合译：接续（祭礼）仪式。		
音序	**wei**		
词汇	①威勒何	**词义**	制作
文献	吉林省长春市九台区莽卡杨姓《杨静棠本》第2页。		
例句	威勒何，折库。 威勒何，译为“制作”；折库，译为“黏糕”。 全句合译：制作了黏糕。		

词汇	②威勒笔	**词义**	制作
文献	吉林省长春市九台区莽卡杨姓《杨宪本》（手抄本）第 58 页。		
例句	书书，泊，威勒笔。 书书，译为“供品”；泊，译为“把”；威勒笔，译为“制作”。 全句合译：把供品制作。		
词汇	③威勒必	**词义**	制作
文献	吉林省长春市九台区莽卡杨姓《杨宪本》（手抄本）第 50 页。		
例句	阿音，敖木孙，威勒必。 阿音，译为“大”；敖木孙，译为“祭肉”；威勒必，译为“制作”。 全句合译：制作大祭肉。		
词汇	④为勒非	**词义**	制作
文献	吉林省长春市九台区其塔木石姓《东哈本》（第 1 册）第 8 页。		
例句	杜代，博，为勒非。 杜代，译为“烧香”；博，译为“把”；为勒非，译为“制作”。 全句合译：把烧香制作。		
词汇	⑤为勒笔	**词义**	制作
文献	吉林省长春市九台区莽卡杨姓《杨宪本》（手抄本）第 3 页。		
例句	阿烟，敖木子，为勒笔。 阿烟，译为“大”；敖木子，译为“祭肉”；为勒笔，译为“制作”。 全句合译：制作大祭肉。		
词汇	⑥为勒疋	**词义**	制作
文献	吉林省长春市九台区莽卡杨姓《杨静棠本》第 3		

<table>
<tr><td></td><td colspan="3">页。</td></tr>
<tr><td>例句</td><td colspan="3">阿银，敖木子，为勒疋。
阿银，译为“大”；敖木子，译为“祭肉”；为勒疋，译为“制作”。
全句合译：制作大祭肉。</td></tr>
<tr><td>词汇</td><td>⑦为勒合</td><td>词义</td><td>制作</td></tr>
<tr><td>文献</td><td colspan="3">吉林省长春市九台区胡家石姓《小韩本》（引自宋和平译注本）第 272 页。</td></tr>
<tr><td>例句</td><td colspan="3">山眼，阿莫孙，为勒合。
山眼，译为“白”；阿莫孙，译为“祭肉”；为勒合，译为“制作”。
全句合译：制作白祭肉。</td></tr>
<tr><td>词汇</td><td>⑧畏勒非</td><td>词义</td><td>制作</td></tr>
<tr><td>文献</td><td colspan="3">吉林省吉林市土城子口钦佟赵姓《交罗本》第 21 页。</td></tr>
<tr><td>例句</td><td colspan="3">独鲁干，畏勒非。
独鲁干，译为“烧香”；畏勒非，译为“制作”。
全句合译：制作烧香。</td></tr>
<tr><td>词汇</td><td>⑨委勒非</td><td>词义</td><td>建造</td></tr>
<tr><td>文献</td><td colspan="3">吉林省吉林市土城子口钦佟赵姓《交罗本》第 21 页。</td></tr>
<tr><td>例句</td><td colspan="3">依东，博，德，委勒非。
依东，译为“新”；博，译为“房”；德，译为“在”；委勒非，译为“建造”。
全句合译：建造新房。</td></tr>
<tr><td>词汇</td><td>⑩未勒腓</td><td>词义</td><td>制作</td></tr>
<tr><td>文献</td><td colspan="3">吉林省长春市九台区胡家石姓《小韩本》（引自宋和平译注本）第 238 页。</td></tr>
<tr><td>例句</td><td colspan="3">按巴，敖株，未勒腓。
按巴，译为“大”；敖株，译为“祭肉”；未勒</td></tr>
</table>

<table>
<tr><td></td><td colspan="3">腓，译为“制作”。
全句合译：制作大祭肉。</td></tr>
<tr><td>**词汇**</td><td>⑪为林杜非</td><td>**词义**</td><td>一起建造</td></tr>
<tr><td>**文献**</td><td colspan="3">吉林省长春市九台区其塔木石姓《东哈本》（第1册）第66页。</td></tr>
<tr><td>**例句**</td><td colspan="3">花而，合沉，为林杜非。
花而，译为“院”；合沉，译为“城”；为林杜非，译为“一起建造”。
全句合译：众人一起建造城院。</td></tr>
<tr><td>**词汇**</td><td>①为合</td><td>**词义**</td><td>牙</td></tr>
<tr><td>**文献**</td><td colspan="3">吉林省长春市九台区其塔木石姓《东哈本》（第2册）第23页。</td></tr>
<tr><td>**例句**</td><td colspan="3">为合，涉拉托洛。
为合，译为“牙”；涉拉托洛，译为“变黄了”。
全句合译：牙齿变黄了。</td></tr>
<tr><td>**词汇**</td><td>②畏合</td><td>**词义**</td><td>牙</td></tr>
<tr><td>**文献**</td><td colspan="3">吉林省吉林市土城子口钦佟赵姓《交罗本》第13页。</td></tr>
<tr><td>**例句**</td><td colspan="3">畏合，索洛托勒。
畏合，译为“牙”；索洛托勒，译为“变黄了”。
全句合译：牙齿变黄了。</td></tr>
<tr><td>**词汇**</td><td>①为勒</td><td>**词义**</td><td>罪；事情</td></tr>
<tr><td>**文献**</td><td colspan="3">吉林省长春市九台区胡家石姓《小韩本》（引自宋和平译注本）第86页、第331页。</td></tr>
<tr><td rowspan="2">**例句**</td><td colspan="3">汤吴，为勒，各木，阿库。
汤吴，译为“百”；为勒，译为“罪”；各木，译为“全”；阿库，译为“无”。
全句合译：百罪全无。</td></tr>
<tr><td colspan="3">卧一，为勒。
卧一，译为“谁家”；为勒，译为“事情”。</td></tr>
</table>

	全句合译：谁家的事情？		
词汇	②为林	词义	事情
文献	吉林省长春市九台区其塔木石姓《东哈本》（第1册）第12页。		
例句	爱，以，以林。 爱，译为“什么”；以，译为“的”；为林，译为“事情”。 全句合译：什么事情？		
词汇	①为以	词义	谁
文献	吉林省长春市九台区胡家石姓《小韩本》（引自宋和平译注本）第309页。		
例句	为以，莫讷，博查库。 为以，译为“谁”；莫讷，译为“事情”；博查库，译为“不顺心”。 全句合译：谁的事情不顺心？		
词汇	①为力合	词义	夏天
文献	吉林省长春市九台区其塔木石姓《东哈本》（第2册）第17册。		
例句	为力合，折库，博。 为力合，译为“夏天”；折库，译为“黏谷”；博，译为“把”。 全句合译：夏天把黏谷……		
音序	**wen**		
词汇	①温德亨	词义	顶端
文献	吉林省长春市九台区莽卡杨姓《杨宪本》（手抄本）第76页。		
例句	佛泊，衣，温德亨，泊，一车，衣力疋。 佛泊，译为“旧房”；衣，译为“的”；温德亨，译为“顶端”；泊，译为“把”；一车，译为“新”；衣力疋，译为“立”。		

	全句合译：把旧房顶端（祖宗板）换成新的。		
词汇	②温车很	词义	顶端
文献	吉林省长春市九台区莽卡杨姓《杨宪本》（手抄本）第 76 页。		
例句	温车很，土勒，已，得。 温车很，译为“顶端”；土勒，译为“外边”；已，译为“的”；得，译为“在”。 全句合译：在杆子顶端的外边。		
词汇	③温德肯	词义	顶端
文献	吉林省长春市九台区莽卡杨姓《杨宪本》（手抄本）第 69 页。		
例句	温德肯，扶勒吉，得，怀他笔。 温德肯，译为“顶端”；扶勒吉，译为“红色”；得，译为“在”；怀他笔，译为“拴上”。 全句合译：拴在（杆子）顶端红色处。		
词汇	④恩特痕	词义	祖宗板
文献	吉林省吉林市土城子口钦佟赵姓《交罗本》第 6 页。		
例句	恩特痕，布勒，厄勒根。 恩特痕，译为“祖宗板”；布勒，译为“铸造”；厄勒根，译为“生命”。 全句合译：祖宗板缔造出生命。		
词汇	⑤文车恨	词义	尾巴
文献	吉林省长春市九台区胡家石姓《小韩本》（引自宋和平译注本）第 206 页。		
例句	文车恨，博，阿涉拉腓。 文车恨，译为“尾巴”；博，译为“将”；阿涉拉腓，译为“翘起来”。 全句合译：将尾巴翘起来。		
词汇	⑥文七心	词义	尾巴

<table>
<tr><td>文献</td><td colspan="3">吉林省长春市九台区其塔木石姓《东哈本》（第1册）第75页。</td></tr>
<tr><td>例句</td><td colspan="3">文七心，博，阿沙拉腓。
文七心，译为“尾巴”；博，译为“将”；阿沙拉腓，译为“翘起来”。
全句合译：将尾巴翘起来。</td></tr>
<tr><td>词汇</td><td>⑦文侧恨</td><td>词义</td><td>尾巴</td></tr>
<tr><td>文献</td><td colspan="3">吉林省长春市九台区莽卡杨姓《祭祖神本》第29页。</td></tr>
<tr><td>例句</td><td colspan="3">文侧恨，泊，萨拉西。
文侧恨，译为“尾巴”；泊，译为“将”；萨拉西，译为“伸展”。
全句合译：将尾巴伸展开来。</td></tr>
<tr><td>词汇</td><td>⑧温车香</td><td>词义</td><td>尾巴</td></tr>
<tr><td>文献</td><td colspan="3">吉林省长春市九台区莽卡杨姓《杨宪本》（手抄本）第24页。</td></tr>
<tr><td>例句</td><td colspan="3">温车香，泊，涉拉其，乌云莫。
温车香，译为“尾巴”；泊，译为“将”；涉拉其，译为“展开”；乌云莫，译为“九霄”。
全句合译：将尾巴插入云霄。</td></tr>
<tr><td>词汇</td><td>①温德</td><td>词义</td><td>尚早</td></tr>
<tr><td>文献</td><td colspan="3">吉林省吉林市土城子口钦佟赵姓《交罗本》第14页。</td></tr>
<tr><td>例句</td><td colspan="3">戈四憨，温德，托莫洛。
戈四憨，译为“鸟”；温德，译为“尚早”；托莫洛，译为“宿”。
全句合译：鸟很早就归宿了。</td></tr>
<tr><td>词汇</td><td>②文得</td><td>词义</td><td>早时</td></tr>
<tr><td>文献</td><td colspan="3">吉林省长春市九台区胡家石姓《小韩本》（引自宋和平译注本）第41页。</td></tr>
</table>

例句	文得，吴吉合，吴打哈宁俄，博，得。 文得，译为“早时”；吴吉合，译为“圈养”；吴打哈宁俄，译为“购买的”；博，译为“家”；得，译为“在”。 全句合译：早就购买到家中圈养了。		
词汇	③温得	**词义**	很早
文献	吉林省长春市九台区莽卡杨姓《杨宪本》（手抄本）第 3 页。		
例句	温得，窝心不木必。 温得，译为“很早”；窝心不木必，译为“降临了”。 全句合译：很早就降临了。		
词汇	①温意	**词义**	猪圈的
文献	吉林省长春市九台区莽卡杨姓《杨宪本》（手抄本）第 15 页。		
例句	温意，招路。 温意，译为“猪圈的”；招路，译为“满之”。 全句合译：猪满圈。		
词汇	②温音	**词义**	猪窝的
文献	吉林省长春市九台区莽卡杨姓《杨宪本》（手抄本）第 15 页。		
例句	温音，招路。 温音，译为“猪窝的”；招路，译为“满之”。 全句合译：猪满窝。		
词汇	③文	**词义**	猪窝
文献	吉林省长春市九台区胡家石姓《小韩本》（引自宋和平译注本）第 357 页。		
例句	文，以，扎录。 文，译为“猪窝”；以，译为“的”；扎录，译为“满”。		

	全句合译：猪窝是满的。		
词汇	①文德	**词义**	买
文献	吉林省长春市九台区其塔木石姓《东哈本》（第1册）第68页。		
例句	文德，吴巴哈，吴贞，舒子。 文德，译为“买”；吴巴哈，译为“喂养”；吴贞，译为“重”；舒子，译为“神猪”。 全句合译：喂养肥壮的神猪是买来的。		
词汇	①文超	**词义**	别
文献	吉林省长春市九台区胡家石姓《小韩本》（引自宋和平译注本）第239页。		
例句	文超，巴得，嘎玛其。 文超，译为“别”；巴得，译为“处”；嘎玛其，译为“拿去”。 全句合译：拿到别处去。		
词汇	②文出	**词义**	别
文献	吉林省长春市九台区其塔木石姓《东哈本》（第2册）第22页。		
例句	文出，巴德，嘎妈了。 文出，译为“别”；巴德，译为“处”；嘎妈了，译为“拿去”。 全句合译：拿到别处去。		
词汇	①温图浑	**词义**	空
文献	吉林省长春市九台区莽卡杨姓《杨宪本》（手抄本）第15页。		
例句	温图浑，特屯，得。 温图浑，译为“空”；特屯，译为“皿”；得，译为“在”。 全句合译：空的器皿在。		
词汇	①文杜	**词义**	多少

文献	吉林省长春市九台区胡家石姓《小韩本》(引为宋和平译注本)第 360 页。		
例句	我勒，卧七，文杜，玛法立，几俄。 我勒，译为“这次”；卧七，译为“为”；文杜，译为“多少”；玛法立，译为“祖先的”。几俄，译为“来”。 全句合译：这次来多少位祖先神？		
词汇	①问摄托莫	词义	原谅
文献	吉林省长春市九台区莽卡杨姓《杨宪本》(手抄本)第 74 页。		
例句	问摄托莫，嘎马七。 问摄托莫，译为“原谅”；嘎马七，译为“求保护”。 全句合译：求原谅保护。		
音序	**weng**		
词汇	①翁阿	词义	祖先
文献	吉林省长春市九台区其塔木石姓《东哈本》(第 1 册)第 20 页。		
例句	戈淋，戈木，翁阿。 戈淋，译为“各位”；戈木，译为“共同”；翁阿，译为“祖先”。 全句合译：各位共同的祖先。		
词汇	①翁古莫	词义	围
文献	吉林省长春市九台区莽卡杨姓《杨宪本》(手抄本)第 54 页。		
例句	乌朱，得，翁古莫。 乌朱，译为“头”；得，译为“在”；翁古莫，译为“围”。 全句合译：(大家的)头靠在一起。		
词汇	②翁空笔	词义	围

<table>
<tr><td>文献</td><td colspan="3">吉林省长春市九台区莽卡杨姓《杨宪本》（手抄本）第 46 页。</td></tr>
<tr><td>例句</td><td colspan="3">乌朱，得，翁空笔。
乌朱，译为“头”；得，译为“在”；翁空笔，译为“围”。
全句合译：（大家的）头靠在一起。</td></tr>
<tr><td>词汇</td><td>③翁姑波</td><td>词义</td><td>围</td></tr>
<tr><td>文献</td><td colspan="3">吉林省长春市九台区莽卡杨姓《杨宪本》（手抄本）第 39 页。</td></tr>
<tr><td>例句</td><td colspan="3">乌朱，得，翁姑波。
乌朱，译为“头”；得，译为“在”；翁姑波，译为“围”。
全句合译：头靠在一起。</td></tr>
<tr><td>词汇</td><td>④卧哭莫</td><td>词义</td><td>聚</td></tr>
<tr><td>文献</td><td colspan="3">吉林省长春市九台区莽卡杨姓《杨宪本》（手抄本）第 17 页。</td></tr>
<tr><td>例句</td><td colspan="3">卧哭莫，多西足。
卧哭莫，译为“聚”；多西足，译为“进入”。
全句合译：聚在一起进入。</td></tr>
<tr><td>词汇</td><td>①我贞</td><td>词义</td><td>东家；萨满</td></tr>
<tr><td>文献</td><td colspan="3">吉林省长春市九台区胡家石姓《小韩本》（引自宋和平译注本）第 364 页。</td></tr>
<tr><td rowspan="2">例句</td><td colspan="3">我贞，各立，所立哈。
我贞，译为“东家”；各立，译为“又”；所立哈，译为“宴请”。
全句合译：东家又宴请了。</td></tr>
<tr><td colspan="3">我贞，博热，得，兴俄腓。
我贞，译为“萨满”；博热，译为“身”；得，译为“在”；兴俄腓，译为“附”。
全句合译：萨满神附体。</td></tr>
</table>

<table>
<tr><td>词汇</td><td>②俄贞</td><td>词义</td><td>东家</td></tr>
<tr><td>文献</td><td colspan="3">吉林省长春市九台区胡家石姓《小韩本》（引自宋和平译注本）第 246 页。</td></tr>
<tr><td>例句</td><td colspan="3">俄贞，吴合立，孙扎，所林。
俄贞，译为“东家”；吴合立，译为“共”；孙扎，译为“五”；所林，译为“宴请”。
全句合译：东家共宴请了五次。</td></tr>
<tr><td>词汇</td><td>③恶贞</td><td>词义</td><td>主人</td></tr>
<tr><td>文献</td><td colspan="3">吉林省长春市九台区莽卡杨姓《杨宪本》（手抄本）第 33 页。</td></tr>
<tr><td>例句</td><td colspan="3">西你，恶贞。
西你，译为“你的”；恶贞，译为“主人”。
全句合译：你的主人。</td></tr>
<tr><td>词汇</td><td>④额真</td><td>词义</td><td>萨满</td></tr>
<tr><td>文献</td><td colspan="3">吉林省长春市九台区莽卡杨姓《芳裕堂记本》第 1 页。</td></tr>
<tr><td>例句</td><td colspan="3">阿几各，得不林，额真。
阿几各，译为“小”；得不林，译为“年幼”；额真，译为“萨满”。
全句合译：小萨满。</td></tr>
<tr><td>词汇</td><td>⑤我真</td><td>词义</td><td>主人</td></tr>
<tr><td>文献</td><td colspan="3">吉林省长春市九台区莽卡杨姓《祭祖神本》第 31 页。</td></tr>
<tr><td>例句</td><td colspan="3">西泥，我真，赊。
西泥，译为“你的”；我真，译为“主人”；赊，译为“说”。
全句合译：你的主人说。</td></tr>
<tr><td>词汇</td><td>⑥厄贞</td><td>词义</td><td>主人</td></tr>
<tr><td>文献</td><td colspan="3">吉林省吉林市土城子口钦佟赵姓《交罗本》第 11 页。</td></tr>
</table>

<table>
<tr><td>例句</td><td colspan="3">朱录，厄贞，朱勒西，依力非。
朱录，译为“一对”；厄贞，译为“主人”；朱勒西，译为“往前”；依力非，译为“站立”。
全句合译：两位主人站在前边。</td></tr>
<tr><td>词汇</td><td>①我林</td><td>词义</td><td>此时</td></tr>
<tr><td>文献</td><td colspan="3">吉林省长春市九台区胡家石姓《小韩本》（引自宋和平译注本）第 328 页。</td></tr>
<tr><td>例句</td><td colspan="3">我林，得，爱干，巴，得。
我林，译为“此时”；得，译为“有”；爱干，译为“何”；巴，译为“处”；得，译为“在”。
全句合译：此时（情景）何处再有？</td></tr>
<tr><td>词汇</td><td>②我棱</td><td>词义</td><td>时</td></tr>
<tr><td>文献</td><td colspan="3">吉林省长春市九台区胡家石姓《小韩本》（引自宋和平译注本）第 282 页。</td></tr>
<tr><td>例句</td><td colspan="3">莫讷，我棱，得。
莫讷，译为“原因”；我棱，译为“时”；得，译为“在”。
全句合译：原因在此。</td></tr>
<tr><td>词汇</td><td>③我力</td><td>词义</td><td>此时</td></tr>
<tr><td>文献</td><td colspan="3">吉林省长春市九台区其塔木石姓《东哈本》（第 1 册）第 25 页。</td></tr>
<tr><td>例句</td><td colspan="3">我力，尼秃，七，扎卡卧非。
我力，译为“此时”；尼秃，译为“下滑”；七，译为“从”；扎卡卧非，译为“因为……使降下”。
全句合译：此时生活不如从前好。</td></tr>
<tr><td>词汇</td><td>④我立</td><td>词义</td><td>此时</td></tr>
<tr><td>文献</td><td colspan="3">吉林省长春市九台区莽卡杨姓《杨宪本》（手抄本）第 39 页。</td></tr>
<tr><td>例句</td><td colspan="3">我立，娘们，得，作立莫，多西笔。
我立，译为“此时”；娘们，译为“人”；得，</td></tr>
</table>

	译为“在”；作立莫，译为“起行”；多西笔，译为“入室”。 全句合译：此时人们起行入室。		
词汇	⑤而淋	**词义**	此时
文献	吉林省长春市九台区其塔木石姓《东哈本》（第1册）第13页。		
例句	而淋，标浑，多西哈。 而淋，译为“此时”；标浑，译为“东家”；多西哈，译为“进献”。 全句合译：此时东家在上供。		
词汇	⑥俄林	**词义**	时候
文献	吉林省长春市九台区莽卡杨姓《杨静棠本》第6页。		
例句	而得克，孙，押，我半勒，俄林。 而得克，译为“明亮”；孙，译为“太阳”；押，译为“月亮”；我半勒，译为“遮挡”；俄林，译为“时候”。 全句合译：日落月出的时候。		
词汇	⑦厄林	**词义**	此时
文献	吉林省吉林市土城子口钦佟赵姓《交罗本》第6页。		
例句	某阿年，合合，厄林，德。 某阿年，译为“什么属相”；合合，译为“女人”；厄林，译为“此时”；德，译为“在”。 全句合译：什么属相的女人此时在……		
词汇	⑧厄雷	**词义**	此时
文献	吉林省吉林市土城子口钦佟赵姓《交罗本》第12页。		
例句	厄雷，阿四哈，德特合，八拉加哈。 厄雷，译为“此时”；阿四哈，译为“翅膀”；		

<table>
<tr><td></td><td colspan="3">德特合，译为“脚”；八拉加哈，译为“收藏起来”。
全句合译：此时翅膀和脚全收起来。</td></tr>
<tr><td>词汇</td><td>⑨俄棱</td><td>词义</td><td>此时</td></tr>
<tr><td>文献</td><td colspan="3">吉林省长春市九台区胡家石姓《小韩本》（引自宋和平译注本）第 258 页。</td></tr>
<tr><td>例句</td><td colspan="3">俄棱，得，付赊合。
俄棱，译为“此时”；得，译为“在”；付赊合，译为“繁衍”。
全句合译：此时在繁衍。</td></tr>
<tr><td>词汇</td><td>①我能尼</td><td>词义</td><td>今日；今天</td></tr>
<tr><td>文献</td><td colspan="3">吉林省长春市九台区胡家石姓《小韩本》（引自宋和平译注本）第 135 页、第 352 页。</td></tr>
<tr><td rowspan="2">例句</td><td colspan="3">我能尼，闫木吉，得。
我能尼，译为“今日”；闫木吉，译为“夜晚”；得，译为“在”。
全句合译：在今晚。</td></tr>
<tr><td colspan="3">我能尼，闫木吉，得。
我能尼，译为“今天”；闫木吉，译为“晚上”；得，译为“在”。
全句合译：在今天晚上。</td></tr>
<tr><td>词汇</td><td>②吴能泥</td><td>词义</td><td>今天</td></tr>
<tr><td>文献</td><td colspan="3">吉林省长春市九台区其塔木石姓《东哈本》（第 1 册）第 68 页。</td></tr>
<tr><td>例句</td><td colspan="3">吴能泥，言木吉。
吴能泥，译为“今天”；言木吉，译为“晚上”。
全句合译：今天晚上。</td></tr>
<tr><td>词汇</td><td>③厄勒尼</td><td>词义</td><td>今日</td></tr>
<tr><td>文献</td><td colspan="3">吉林省吉林市土城子口钦佟赵姓《交罗本》第 11 页。</td></tr>
<tr><td>例句</td><td colspan="3">厄勒尼，卧莫西。</td></tr>
</table>

	厄勒尼，译为“今日”；卧莫西，译为“众子孙”。 全句合译：今日众子孙。		
词汇	①我勒根	**词义**	命
文献	吉林省长春市九台区莽卡杨姓《杨宪本》（手抄本）第 42 页。		
例句	我勒根，泊，我可不笔。 我勒根，译为“命”；泊，译为“把”；我可不笔，译为“丧命”。 全句合译：把命丧。		
词汇	②厄勒根	**词义**	生命
文献	吉林省吉林市土城子口钦佟赵姓《交罗本》第 7 页。		
例句	布勒，厄勒根。 布勒，译为“缔造”；厄勒根，译为“生命”。 全句合译：缔造生命。		
词汇	①我勒	**词义**	这里
文献	吉林省长春市九台区莽卡杨姓《杨宪本》（手抄本）第 54 页。		
例句	我勒，乌都都，阿牙你。 我勒，译为“这里”；乌都都，译为“许多”；阿牙你，译为“年”。 全句合译：这里在许多年以前……		
词汇	②我垒	**词义**	这里
文献	吉林省长春市九台区莽卡杨姓《杨宪本》（手抄本）第 17 页。		
例句	我垒，嘎山，法西足。 我垒，译为“这里”；嘎山，译为“乡村”；法西足，译为“联结”。 全句合译：这里村村相连。		
词汇	③我里	**词义**	这里

<table>
<tr><td>文献</td><td colspan="3">吉林省长春市九台区莽卡杨姓《杨宪本》（手抄本）第 52 页。</td></tr>
<tr><td>例句</td><td colspan="3">我里，娘们，得，我立射必。
我里，译为“这里”；娘们，译为“人”；得，译为“在”；我立射必，译为“保护”。
全句合译：在保护这里的人。</td></tr>
<tr><td>词汇</td><td>④我勒七必</td><td>词义</td><td>从这里</td></tr>
<tr><td>文献</td><td colspan="3">吉林省长春市九台区莽卡杨姓《杨宪本》（手抄本）第 54 页。</td></tr>
<tr><td>例句</td><td colspan="3">朱勒西，我勒七必。
朱勒西，译为“向前”；我勒七必，译为“从这里”。
全句合译：从这里向前。</td></tr>
<tr><td>词汇</td><td>①我木</td><td>词义</td><td>一</td></tr>
<tr><td>文献</td><td colspan="3">吉林省长春市九台区莽卡杨姓《杨宪本》（手抄本）第 16 页。</td></tr>
<tr><td>例句</td><td colspan="3">我木，泊，也，恶射楼。
我木，译为“一”；泊，译为“家”；也，译为“的”；恶射楼，译为“房子”。
全句合译：一家人的房子。</td></tr>
<tr><td>词汇</td><td>②我莫七</td><td>词义</td><td>一</td></tr>
<tr><td>文献</td><td colspan="3">吉林省长春市九台区胡家石姓《小韩本》（引自宋和平译注本）第 270 页。</td></tr>
<tr><td>例句</td><td colspan="3">我莫七，阿牙你，堆七，佛拉滚。
我莫七，译为“一”；阿牙你，译为“年”；堆七，译为“四”；佛拉滚，译为“季”。
全句合译：一年四季。</td></tr>
<tr><td>词汇</td><td>③俄木洛</td><td>词义</td><td>一</td></tr>
<tr><td>文献</td><td colspan="3">吉林省长春市九台区其塔木石姓《东哈本》（第 2 册）第 5 页。</td></tr>
</table>

例句	俄木洛，扎兰。 俄木洛，译为“一”；扎兰，译为“代”。 全句合译：一代。		
词汇	①我勒以	**词义**	这；以此
文献	吉林省长春市九台区胡家石姓《小韩本》（引自宋和平译注本）第298页、第306页。		
例句	我勒以，秃拉滚，得。 我勒以，译为“这”；秃拉滚，译为“缘由”；得，译为“在”。 全句合译：缘由在此。		
	我勒以，秃拉滚，得。 我勒以，译为“以此”；秃拉滚，译为“缘由”；得，译为“在”。 全句合译：缘由在此。		
词汇	②我勒	**词义**	这次；此
文献	吉林省长春市九台区胡家石姓《小韩本》（引自宋和平译注本）第344页、第360页。		
例句	我勒，卧七，文杜，玛法立几俄。 我勒，译为“这次”；卧七，译为“为”；文杜，译为“多少”；玛法立几俄，译为“玛法来”。 全句合译：这次来了多少位玛法？		
	我勒，卧七，阿玛西。 我勒，译为“此”；卧七，译为“由”；阿玛西，译为“问答”。 全句合译：问答由此（展开）。		
词汇	③我二	**词义**	此
文献	吉林省长春市九台区胡家石姓《小韩本》（引自宋和平译注本）第289页。		
例句	我二，桑阿，得。 我二，译为“此”；桑阿，译为“窟窿”；得，		

	译为“在”。 全句合译：窟窿在此。		
词汇	④我勒七	词义	从此
文献	吉林省长春市九台区胡家石姓《小韩本》（引自宋和平译注本）第240页。		
例句	我勒七，朱勒西。 我勒七，译为“从此”；朱勒西，译为“向前”。 全句合译：从此向前（进）。		
词汇	⑤额勒	词义	此
文献	吉林省长春市九台区胡家石姓《小韩本》（引自宋和平译注本）第276页。		
例句	额勒，卧七，阿巴卡憨。 额勒，译为“此”；卧七，译为“是”；阿巴卡憨，译为“天君”。 全句合译：此是天君。		
词汇	⑥俄勒	词义	此处
文献	吉林省长春市九台区胡家石姓《小韩本》（引自宋和平译注本）第233页。		
例句	俄勒，以，书恒俄。 俄勒，译为“此处”；以，译为“的”；书恒俄，译为“供品”。 全句合译：此处的供品。		
词汇	⑦俄勒七	词义	从此
文献	吉林省长春市九台区胡家石姓《小韩本》（引自宋和平译注本）第276页。		
例句	俄勒七，阿玛西。 俄勒七，译为“从此”；阿玛西，译为“以后”。 全句合译：从此以后。		
词汇	①我不勒	词义	降下来
文献	吉林省长春市九台区胡家石姓《小韩本》（引自		

<table>
<tr><td></td><td colspan="3">宋和平译注本）第 233 页。</td></tr>
<tr><td>**例句**</td><td colspan="3">打哈莫，碑赊，得，我不勒。
打哈莫，译为“跟随”；碑赊，译为“贝子”；得，译为“在”；我不勒，译为“降下来”。
全句合译：跟随贝子降下来。</td></tr>
<tr><td>**词汇**</td><td>②俄不勒</td><td>**词义**</td><td>降下来</td></tr>
<tr><td>**文献**</td><td colspan="3">吉林省长春市九台区胡家石姓《小韩本》（引自宋和平译注本）第 247 页。</td></tr>
<tr><td>**例句**</td><td colspan="3">打哈莫，碑赊，得，俄不勒。
打哈莫，译为“跟随”；碑赊，译为“贝子”；得，译为“在”；俄不勒，译为“降下来”。
全句合译：跟随贝子降下来。</td></tr>
<tr><td>**词汇**</td><td>③我不娄</td><td>**词义**</td><td>降下来</td></tr>
<tr><td>**文献**</td><td colspan="3">吉林省长春市九台区其塔木石姓《东哈本》（第 2 册）第 23 页。</td></tr>
<tr><td>**例句**</td><td colspan="3">打哈莫，赊奢，我不娄。
打哈莫，译为“跟随”；赊奢，译为“贝子”；我不娄，译为“降下来”。
全句合译：跟随贝子降下来。</td></tr>
<tr><td>**词汇**</td><td>④我七匣非</td><td>**词义**</td><td>降下</td></tr>
<tr><td>**文献**</td><td colspan="3">吉林省长春市九台区其塔木石姓《东哈本》（第 1 册）第 49 页。</td></tr>
<tr><td>**例句**</td><td colspan="3">发兰，德，我七匣非。
发兰，译为“院子”；德，译为“在”；我七匣非，译为“降下”。
全句合译：在院子里降下。</td></tr>
<tr><td>**词汇**</td><td>⑤卧西不莫</td><td>**词义**</td><td>降下</td></tr>
<tr><td>**文献**</td><td colspan="3">吉林省长春市九台区其塔木石姓《东哈本》（第 1 册）第 6 页。</td></tr>
<tr><td>**例句**</td><td colspan="3">左，嘎拉，德，卧西不莫。</td></tr>
</table>

	左，译为“双”；嘎拉，译为“手”；德，译为“在”；卧西不莫，译为“降下”。 全句合译：双手放下来。		
词汇	⑥我不其	词义	下来
文献	吉林省长春市九台区莽卡杨姓《杨静棠本》第15页。		
例句	我不其，吉浪泥，泊。 我不其，译为“下来”；吉浪泥，译为“骨头”；泊，译为“把”。 全句合译：把骨头拆下来。		
词汇	⑦我奔吉何	词义	神祇下降
文献	吉林省长春市九台区莽卡杨姓《祭祖神本》第12页。		
例句	我奔吉何，泊，打哈莫。 我奔吉何，译为“神祇下降”；泊，译为“在”；打哈莫，译为“跟随”。 全句合译：跟随神祇下降。		
词汇	①我秃勒	词义	戴着
文献	吉林省长春市九台区胡家石姓《小韩本》（引自宋和平译注本）第206页。		
例句	英赊，我秃勒。 英赊，译为“神帽”；我秃勒，译为“戴着”； 全句合译：戴着神帽。		
词汇	②我杜非	词义	戴着
文献	吉林省长春市九台区其塔木石姓《东哈本》（第1册）第12页。		
例句	吴克心，涉叉，我杜非。 吴克心，译为“钢”；涉叉，译为“叉”；我杜非，译为“戴着”。 全句合译：戴着盔甲，拿着钢叉。		

词汇	③我图笔	词义	戴着
文献	吉林省长春市九台区莽卡杨姓《杨宪本》（手抄本）第 43 页。		
例句	治托，得，我图笔。 治托，译为“头骨”；得，译为“在”；我图笔，译为“戴着”。 全句合译：在头上戴着。		
词汇	①我图哭	词义	萨满衣服
文献	吉林省长春市九台区莽卡杨姓《杨宪本》（手抄本）第 6 页。		
例句	我图哭，阿独，泊，洪何勒笔。 我图哭，译为“萨满衣服”；阿独，译为“穿”；泊，译为“把”；洪何勒笔，译为“铸成”。 全句合译：萨满把衣裳穿好。		
词汇	②我土哭	词义	萨满衣服
文献	吉林省长春市九台区莽卡杨姓《杨静棠本》第 6 页。		
例句	我土哭，阿土，泊，胡克勒疋。 我土哭，译为“萨满衣服”；阿土，译为“穿”；泊，译为“把”；胡克勒疋，译为“铸成”。 全句合译：萨满把衣服穿好。		
词汇	①我腓合	词义	玩耍
文献	吉林省长春市九台区胡家石姓《小韩本》（引自宋和平译注本）第 135 页。		
例句	各思合，我腓合，博。 各思合，译为“鸟”；我腓合，译为“玩耍”；博，译为“啊”。 全句合译：鸟在玩耍啊。		
词汇	②我奔	词义	玩耍
文献	吉林省长春市九台区莽卡杨姓《杨宪本》（手抄		

<table>
<tr><td></td><td colspan="3">本）第 7 页。</td></tr>
<tr><td>例句</td><td colspan="3">我奔，吉合波，打哈莫。
我奔，译为“玩耍”；吉合波，译为“隐瞒的”；打哈莫，译为“跟随着”。
全句合译：边玩耍边隐匿地跟随着。</td></tr>
<tr><td>词汇</td><td>③我斌必</td><td>词义</td><td>玩耍</td></tr>
<tr><td>文献</td><td colspan="3">吉林省长春市九台区莽卡杨姓《祭祖神本》第 15 页。</td></tr>
<tr><td>例句</td><td colspan="3">杂勒，嘎涉莫，我斌必。
杂勒，译为“散开”；嘎涉莫，译为“去”；我斌必，译为“玩耍”。
全句合译：散开去玩耍。</td></tr>
<tr><td>词汇</td><td>①我克赊莫</td><td>词义</td><td>急忙</td></tr>
<tr><td>文献</td><td colspan="3">吉林省长春市九台区胡家石姓《小韩本》（引自宋和平译注本）第 267 页。</td></tr>
<tr><td>例句</td><td colspan="3">各纳合，我克赊莫。
各纳合，译为“去的”；我克赊莫，译为“急忙”。
全句合译：急忙去……</td></tr>
<tr><td>词汇</td><td>②我克色莫</td><td>词义</td><td>急忙</td></tr>
<tr><td>文献</td><td colspan="3">吉林省长春市九台区胡家石姓《小韩本》（引自宋和平译注本）第 50 页。</td></tr>
<tr><td>例句</td><td colspan="3">我克色莫，所立莫。
我克色莫，译为“急忙”；所立莫，译为“宴请”。
全句合译：急忙宴请。</td></tr>
<tr><td>词汇</td><td>③我克赊勒</td><td>词义</td><td>急忙</td></tr>
<tr><td>文献</td><td colspan="3">吉林省长春市九台区其塔木石姓《东哈本》（第 2 册）第 23 页。</td></tr>
<tr><td>例句</td><td colspan="3">碑勒，我克赊勒。
碑勒，译为“贝子”；我克赊勒，译为“急忙”。
全句合译：贝子急忙……</td></tr>
</table>

词汇	④我克赊末	词义	急忙
文献	吉林省长春市九台区其塔木石姓《东哈本》（第2册）第10页。		
例句	我克赊末，班吉勒。 我克赊末，译为“急忙”；班吉勒，译为“生长”。 全句合译：生长急速。		
词汇	①我立勒莫	词义	按时；此时；适合
文献	吉林省长春市九台区胡家石姓《小韩本》（引自宋和平译注本）第177页、第179页、第353页。		
例句	伯立宁俄，我林打主，我立勒莫。 伯立宁俄，译为“乞求”；我林打主，译为“时时”；我立勒莫，译为“按时”。 全句合译：时时乞求，按时乞求。		
	伯立宁俄，我林，打立，我立勒莫。 伯立宁俄，译为“乞求”；我林，译为“此时”；打立，译为“每”；我立勒莫，译为“此时”。 全句合译：此时乞求，每时乞求。		
	我林，博，我立勒莫。 我林，译为“此时”；博，译为“在”；我立勒莫，译为“适合”。 全句合译：此时很适合。		
词汇	②我林打立	词义	时时
文献	吉林省长春市九台区胡家石姓《小韩本》（引自宋和平译注本）第353页。		
例句	伯立宁俄，我林打立。 伯立宁俄，译为“乞求”；我林打立，译为“时时”。 全句合译：时时乞求。		
词汇	①我腾尼勒勒	词义	强；好强

<table>
<tr><td>文献</td><td colspan="3">吉林省长春市九台区胡家石姓《小韩本》（引自宋和平译注本）第 148 页、第 217 页。</td></tr>
<tr><td rowspan="2">例句</td><td colspan="3">忙阿，博，玛立不莫，我腾尼勒勒，而折莫。
忙阿，译为“困境”；博，译为“降”；玛立不莫，译为“扭转”；我腾尼勒勒，译为“强”；而折莫，译为“相争”。
全句合译：争强好胜。</td></tr>
<tr><td colspan="3">我腾尼勒勒，而折莫。
我腾尼勒勒，译为“好强”；而折莫，译为“争强”。
全句合译：争强好胜。</td></tr>
<tr><td>词汇</td><td>②我能尼勒勒</td><td>词义</td><td>好胜</td></tr>
<tr><td>文献</td><td colspan="3">吉林省长春市九台区胡家石姓《小韩本》（引自宋和平译注本）第 136 页。</td></tr>
<tr><td>例句</td><td colspan="3">我能尼勒勒，而折莫。
我能尼勒勒，译为“好胜”；而折莫，译为“争强”。
全句合译：争强好胜。</td></tr>
<tr><td>词汇</td><td>③我腾你勒勒</td><td>词义</td><td>好强</td></tr>
<tr><td>文献</td><td colspan="3">吉林省长春市九台区胡家石姓《小韩本》（引自宋和平译注本）第 148 页。</td></tr>
<tr><td>例句</td><td colspan="3">我腾你勒勒，而折莫。
我腾你勒勒，译为“好强”；而折莫，译为“争强”。
全句合译：争强好胜。</td></tr>
<tr><td>词汇</td><td>①我他拉库</td><td>词义</td><td>当不得</td></tr>
<tr><td>文献</td><td colspan="3">吉林省长春市九台区莽卡杨姓《杨宪本》（手抄本第 2 册）第 15 页。</td></tr>
</table>

例句	我他拉库，阿金，卧不。 我他拉库，译为“当不得”；阿金，译为“名望”；卧不，译为“可以”。 全句合译：名望名不副实。		
词汇	②我特拉库	词义	当不得
文献	吉林省长春市九台区莽卡杨姓《杨宪本》（手抄本）第 54 页。		
例句	我特拉库，而间，卧不莫。 我特拉库，译为“当不得”；而间，译为“名望”；卧不莫，译为“可以”。 全句合译：名望名不副实。		
词汇	③我怕拉库	词义	当不得
文献	吉林省长春市九台区莽卡杨姓《杨宪本》（手抄本）第 50 页。		
例句	我怕拉库，阿尖，卧不莫。 我怕拉库，译为“当不得”；阿尖，译为“名望”；卧不莫，译为“可以”。 全句合译：名望名不副实。		
词汇	①我很	词义	残缺
文献	吉林省长春市九台区胡家石姓《小韩本》（引自宋和平译注本）第 56 页。		
例句	登，我很。 登，译为“高”；我很，译为“残缺”。 全句合译：高位截瘫。		
词汇	①我折合	词义	计
文献	吉林省长春市九台区其塔木石姓《东哈本》（第 2 册）第 5 页。		
例句	依兰赊，我折合。 依兰赊，译为“三岁”；我折合，译为“计”。 全句合译：三岁时。		

词汇	①我克勒	词义	位
文献	吉林省长春市九台区胡家石姓《小韩本》（引自宋和平译注本）第360页。		
例句	几俄，我木，我克勒。 几俄，译为“来”；我木，译为“一”；我克勒，译为“位”。 全句合译：来一位。		
词汇	①我拉特勒	词义	至今
文献	吉林省长春市九台区胡家石姓《小韩本》（引自宋和平译注本）第103页。		
例句	一拉七，木丹，我拉特勒。 一拉七，译为“第三”；木丹，译为“次”；我拉特勒，译为“至今”。 全句合译：至今第三次。		
词汇	②以西他拉	词义	至今
文献	吉林省长春市九台区胡家石姓《小韩本》（引自宋和平译注本）第103页。		
例句	以西他拉，我林，辍库。 以西他拉，译为“至今”；我林，译为“时”；辍库，译为“酉”。 全句合译：至今日酉时。		
词汇	①我拉得恨	词义	早些
文献	吉林省长春市九台区胡家石姓《小韩本》（引自宋和平译注本）第327页。		
例句	我拉得恨，一能尼。 我拉得恨，译为“早些”；一能尼，译为“日”。 全句合译：早些天。		
词汇	①我特合	词义	吉
文献	吉林省长春市九台区胡家石姓《小韩本》（引自宋和平译注本）第259页。		

例句	我特合，一能尼。 我特合，译为“吉”；一能尼，译为“日”。 全句合译：吉日。		
词汇	②厄贺	词义	吉
文献	吉林省吉林市土城子口钦佟赵姓《交罗本》第6页。		
例句	厄贺，依能尼，博，厄者非。 厄贺，译为“吉”；依能尼，译为“日”；博，译为“把”；厄者非，译为“祝祷”。 全句合译：吉日祝祷。		
词汇	①我得勒拉库	词义	不能错过
文献	吉林省长春市九台区胡家石姓《小韩本》（引自宋和平译注本）第259页。		
例句	我特合，一能尼，我得勒拉库。 我特合，译为“吉”；一能尼，译为“日”；我得勒拉库，译为“不能错过”。 全句合译：不能错过吉日。		
词汇	①我立射笔	词义	保佑
文献	吉林省长春市九台区莽卡杨姓《杨宪本》（手抄本）第78页。		
例句	我里，娘们，得，我立射笔。 我里，译为“这里”；娘们，译为“人”；得，译为“在”；我立射笔，译为“保佑”。 全句合译：在保护这里的人。		
词汇	②我立射必	词义	保护
文献	吉林省长春市九台区莽卡杨姓《杨宪本》（手抄本）第50页。		
例句	我里，娘们，德，我立射必。 我里，译为“这里”；娘们，译为“人”；德，		

<table>
<tr><td></td><td colspan="3">译为“在”；我立射必，译为“保护”。
全句合译：在保护这里的人。</td></tr>
<tr><td>**词汇**</td><td>③俄勒射笔</td><td>**词义**</td><td>保护</td></tr>
<tr><td>**文献**</td><td colspan="3">吉林省长春市九台区莽卡杨姓《杨宪本》（手抄本）第 69 页。</td></tr>
<tr><td>**例句**</td><td colspan="3">阿不卡，韩，得，俄勒射笔。
阿不卡，译为“天”；韩，译为“可汗”；得，译为“在”。俄勒射笔，译为“保护”。
全句合译：天可汗在保护。</td></tr>
<tr><td>**词汇**</td><td>④恶勒射笔</td><td>**词义**</td><td>保佑</td></tr>
<tr><td>**文献**</td><td colspan="3">吉林省长春市九台区莽卡杨姓《杨宪本》（手抄本）第 15 页。</td></tr>
<tr><td>**例句**</td><td colspan="3">太平，三音，恶勒射笔。
太平，译为“太平”；三音，译为“吉祥”；恶勒射笔，译为“保佑”。
全句合译：保佑（人们）太平吉祥。</td></tr>
<tr><td>**词汇**</td><td>⑤倭宜色</td><td>**词义**</td><td>保佑</td></tr>
<tr><td>**文献**</td><td colspan="3">吉林省吉林市土城子口钦佟赵姓《交罗本》第 28 页。</td></tr>
<tr><td>**例句**</td><td colspan="3">倭宜色，博，京纳非。
倭宜色，译为“保佑”；博，译为“家”；京纳非，译为“举起双手献供”。
全句合译：为保护各家而举起双手献供。</td></tr>
<tr><td>**词汇**</td><td>①我可不笔</td><td>**词义**</td><td>丧命</td></tr>
<tr><td>**文献**</td><td colspan="3">吉林省长春市九台区莽卡杨姓《杨宪本》（手抄本）第 45 页。</td></tr>
<tr><td>**例句**</td><td colspan="3">我林，泊，我可不笔。
我林，译为“此时”；泊，译为“将”；我可不笔，译为“丧命”。
全句合译：此时将丧命（被杀死）。</td></tr>
</table>

词汇	②我克不笔	词义	丧命
文献	吉林省长春市九台区莽卡杨姓《杨宪本》（手抄本）第 49 页。		
例句	莫勒根，泊，我克不笔。 莫勒根，译为“智者”；泊，译为“把”；我克不笔，译为“丧命”。 全句合译：（因）被智勇者所杀而丧命。		
词汇	③我可不疋	词义	丧命
文献	吉林省长春市九台区莽卡杨姓《杨宪本》（手抄本）第 77 页。		
例句	莫勒根，泊，我可不疋。 莫勒根，译为“智者”；泊，译为“将”；我可不疋，译为“丧命”。 全句合译：（因）被智勇者所杀而丧命。		
词汇	①我者不莫	词义	使记住
文献	吉林省长春市九台区莽卡杨姓《杨宪本》（手抄本）第 72 页。		
例句	我吉何，一能尼，泊，我者不莫。 我吉何，译为“记住了”；一能尼，译为“日”；泊，译为“将”；我者不莫，译为“使记住”。 全句合译：要记住（忌）日。		
词汇	②我吉何	词义	记住了
文献	吉林省长春市九台区莽卡杨姓《杨宪本》（手抄本）第 72 页。		
例句	我吉何，一能尼。 我吉何，译为“记住了”；一能尼，译为“日”。 全句合译：记住了（忌）日。		
词汇	①我滨不莫	词义	使饱
文献	吉林省长春市九台区莽卡杨姓《杨宪本》（手抄本）第 50 页。		

例句	我敦，者木，我滨不莫。 我敦，译为“马群”；者木，译为“吃”；我滨不莫，译为“使饱”。 全句合译：使马儿吃饱。		
词汇	①卧林	词义	二十
文献	吉林省长春市九台区胡家石姓《小韩本》（引自宋和平译注本）第 314 页。		
例句	卧林，哈哈，卧立勒。 卧林，译为“二十”；哈哈，译为“男人”；卧立勒，译为“随行”。 全句合译：二十名男子随行。		
词汇	②倭林	词义	二十
文献	吉林省长春市九台区胡家石姓《小韩本》（引自宋和平译注本）第 297 页。		
例句	倭林，哈哈，卧勒立。 倭林，译为“二十”；哈哈，译为“勇士”；卧勒立，译为“随行”。 全句合译：二十名勇士随行。		
词汇	③卧立	词义	二十
文献	吉林省长春市九台区莽卡杨姓《杨宪本》（手抄本）第 12 页。		
例句	卧立，哈哈。 卧立，译为“二十”；哈哈，译为“男士”。 全句合译：二十名男士。		
词汇	④卧力	词义	二十
文献	吉林省长春市九台区莽卡杨姓《杨宪本》（手抄本）第 54 页。		
例句	卧力，哈哈。 卧力，译为“二十”；哈哈，译为“男士”； 全句合译：二十名男士。		

<table>
<tr><td>词汇</td><td>⑤卧林七</td><td>词义</td><td>第二十</td></tr>
<tr><td>文献</td><td colspan="3">吉林省长春市九台区胡家石姓《小韩本》（引自宋和平译注本）第 122 页。</td></tr>
<tr><td>例句</td><td colspan="3">卧林七，阿尼。
卧林七，译为“第二十”；阿尼，译为“年”；
全句合译：第二十年。</td></tr>
<tr><td>词汇</td><td>①卧不莫</td><td>词义</td><td>为</td></tr>
<tr><td>文献</td><td colspan="3">吉林省长春市九台区胡家石姓《小韩本》（引自宋和平译注本）第 343 页。</td></tr>
<tr><td>例句</td><td colspan="3">卧不莫，而合，太翻，而合。
卧不莫，译为“为”；而合，译为“平安”；太翻，译为“太”；而合，译为“平”
全句合译：为了平安太平。</td></tr>
<tr><td>词汇</td><td>②卧七</td><td>词义</td><td>由；为；可以</td></tr>
<tr><td>文献</td><td colspan="3">吉林省长春市九台区胡家石姓《小韩本》（引自宋和平译注本）第 279 页、第 332 页、第 344 页、第 360 页。</td></tr>
<tr><td rowspan="4">例句</td><td colspan="3">我勒，卧七，阿玛西。
我勒，译为“此”；卧七，译为“由”；阿玛西，译为“向后”。
全句合译：由此向后。</td></tr>
<tr><td colspan="3">我勒，卧七。
我勒，译为“此次”；卧七，译为“为”。
全句合译：为此次……</td></tr>
<tr><td colspan="3">我能尼，卧七，阎木几，得。
我能尼，译为“今日”；卧七，译为“可以”；阎木几，译为“夜晚”；得，译为“在”。
全句合译：在今天晚间可以……</td></tr>
<tr><td colspan="3">哈苏立，哈拉，哈拉，卧七。
哈苏立，译为“众姓氏”；哈拉，译为“姓”； 哈</td></tr>
</table>

	拉，译为“姓”；卧七，译为“可以”。 全句合译：众姓氏中的姓氏可以……		
词汇	③倭七	**词义**	是
文献	吉林省长春市九台区胡家石姓《小韩本》（引自宋和平译注本）第 278 页。		
例句	俄能尼，倭七，以常阿，赊莫。 俄能尼，译为“今日”；倭七，译为“是”；以常阿，译为“吉顺”；赊莫，译为“因为”。 全句合译：因为今天是吉顺之日。		
词汇	④敖不东	**词义**	可以为之
文献	黑龙江省宁安市兰岗关姓《特合本子》第 12 页。		
例句	宁掖力，敖不东。 宁掖力，译为“春天”；敖不东，译为“可以为之”。 全句合译：春天可以为之。		
词汇	①卧莫洛	**词义**	众子孙
文献	吉林省长春市九台区胡家石姓《小韩本》（引自宋和平译注本）第 331 页。		
例句	吴克孙，卧莫洛，阿克杜拉腓。 吴克孙，译为“宗族”；卧莫洛，译为“众子孙”；阿克杜拉腓，译为“可靠”。 全句合译：宗族子孙们可靠。		
词汇	②卧木洛	**词义**	孙
文献	吉林省长春市九台区胡家石姓《小韩本》（引自宋和平译注本）第 310 页。		
例句	朱赊，卧木洛。 朱赊，译为“子”；卧木洛，译为“孙”。 全句合译：子孙。		
词汇	③卧莫西	**词义**	众子孙
文献	吉林省长春市九台区胡家石姓《小韩本》（引自		

<table>
<tr><td></td><td colspan="3">宋和平译注本）第 343 页。</td></tr>
<tr><td>例句</td><td colspan="3">朱勒西，伯莫，卧莫西。
朱勒西，译为“向前”；伯莫，译为“乞求”；卧莫西，译为“众子孙”。
全句合译：众子孙们向前乞求。</td></tr>
<tr><td>词汇</td><td>④卧木孙</td><td>词义</td><td>众子孙</td></tr>
<tr><td>文献</td><td colspan="3">吉林省长春市九台区莽卡杨姓《杨宪本》（手抄本）第 81 页。</td></tr>
<tr><td>例句</td><td colspan="3">卧木孙，卧木楼。
卧木孙，译为“众子孙”；卧木楼，译为“子孙”。
全句合译：众子孙的子孙。</td></tr>
<tr><td>词汇</td><td>⑤卧莫落</td><td>词义</td><td>子孙</td></tr>
<tr><td>文献</td><td colspan="3">吉林省长春市九台区莽卡杨姓《杨会清本》第 27 页。</td></tr>
<tr><td>例句</td><td colspan="3">卧木孙，卧莫落。
卧木孙，译为“众子孙”；卧莫落，译为“子孙”。
全句合译：众子孙的子孙。</td></tr>
<tr><td>词汇</td><td>⑥卧木楼</td><td>词义</td><td>孙子</td></tr>
<tr><td>文献</td><td colspan="3">吉林省长春市九台区莽卡杨姓《杨宪本》（手抄本）第 81 页。</td></tr>
<tr><td>例句</td><td colspan="3">卧木孙，卧木楼。
卧木孙，译为“众子孙”；卧木楼，译为“孙子”。
全句合译：众子孙们的子孙。</td></tr>
<tr><td>词汇</td><td>⑦倭木禄</td><td>词义</td><td>子孙</td></tr>
<tr><td>文献</td><td colspan="3">吉林省吉林市土城子口钦佟赵姓《交罗本》第 6 页。</td></tr>
<tr><td>例句</td><td colspan="3">阿拉苏不哈，倭木禄。
阿拉苏不哈，译为“发芽的”；倭木禄，译为“子孙”。
全句合译：子孙繁衍。</td></tr>
</table>

词汇	①卧立勒	词义	留；随行
文献	吉林省长春市九台区胡家石姓《小韩本》（引自宋和平译注本）第 290 页、第 314 页。		
例句	吴莫，卧立勒，嘎涉拉。 吴莫，译为“勿”；卧立勒，译为“留”；嘎涉拉，译为“怨恨”。 全句合译：勿留怨恨。		
	卧林，哈哈，卧立勒。 卧林，译为“二十”；哈哈，译为“男子”；卧立勒，译为“随行”。 全句合译：二十名男子随行。		
词汇	②倭立哈	词义	留下
文献	吉林省长春市九台区胡家石姓《小韩本》（引自宋和平译注本）第 252 页。		
例句	赊勒以，木克，博，倭立哈，我林。 赊勒以，译为“泉”；木克，译为“水”；博，译为“把”；倭立哈，译为“留下”；我林，译为“时”。 全句合译：此时把井水留下。		
词汇	③我力悖	词义	留下
文献	吉林省长春市九台区其塔木石姓《东哈本》（第 1 册）第 25 页。		
例句	恩杜力好德，我力悖，秃哈，德。 恩杜力好德，译为“太爷神”；我力悖，译为“留下”；秃哈，译为“落后”；德，译为“在”。 全句合译：太爷神留在最后。		
词汇	①卧西浑	词义	上；高处；高高；富贵
文献	吉林省长春市九台区胡家石姓《小韩本》（引自宋和平译注本）第 276 页、第 282 页、第 297 页、第 343 页。		

<table>
<tr><td rowspan="4">例句</td><td colspan="3">卧西浑，三得，伯立宁俄。
卧西浑，译为“上”；三得，译为“诸位”；伯立宁俄，译为“乞求”。
全句合译：乞求（西炕）上的诸位。</td></tr>
<tr><td colspan="3">卧西浑，七，伯棱俄。
卧西浑，译为“高处”；七，译为“从”；伯棱俄，译为“乞求”。
全句合译：乞求高处（西炕上方处）……</td></tr>
<tr><td colspan="3">阿巴卡，憨，得，卧西浑。
阿巴卡，译为“天”；憨，译为“汗”；得，译为“在”；卧西浑，译为“高高”。
全句合译：天汗在高高的（天上）。</td></tr>
<tr><td colspan="3">卧西浑，三得，倭其尼。
卧西浑，译为“富贵”；三得，译为“吉庆”；倭其尼，译为“愿”。
全句合译：愿富贵吉庆。</td></tr>
<tr><td>词汇</td><td>②卧七浑</td><td>词义</td><td>高处</td></tr>
<tr><td>文献</td><td colspan="3">吉林省长春市九台区其塔木石姓《东哈本》（第1册）第49页。</td></tr>
<tr><td>例句</td><td colspan="3">阿巴卡玛法，卧七浑，七，白楞危。
阿巴卡玛法，译为“天老爷”；卧七浑，译为“高处”；七，译为“从”；白楞危，译为“乞求”。
全句合译：向高处乞求老天爷。</td></tr>
<tr><td>词汇</td><td>③窝西浑</td><td>词义</td><td>高高</td></tr>
<tr><td>文献</td><td colspan="3">吉林省长春市九台区莽卡杨姓《杨宪本》（手抄本）第3页。</td></tr>
<tr><td>例句</td><td colspan="3">窝西浑，得，富车木必。
窝西浑，译为“高高”；得，译为“在”； 富车木必，译为“向上举起”。
全句合译：请高高地向上举起。</td></tr>
</table>

词汇	①卧月	**词义**	顶儿上
文献	吉林省长春市九台区其塔木石姓《东哈本》（第1册）第2页。		
例句	依兰，哈达，卧月，德。 依兰，译为“三”；哈达，译为“山峰”；卧月，译为“顶儿上”；德，译为“在”。 全句合译：在三座山峰的山顶上。		
词汇	②卧勒	**词义**	顶儿上
文献	吉林省长春市九台区其塔木石姓《东哈本》（第1册）第4页。		
例句	依兰，哈达，哈达，卧勒，德。 依兰，译为“三”；哈达，译为“山峰”；哈达，译为“山峰”；卧勒，译为“顶儿上”；德，译为“在”。 全句合译：在三座山中的山峰顶儿上。		
词汇	③伕乐	**词义**	顶儿上
文献	吉林省长春市九台区其塔木石姓《东哈本》（第1册）第14页。		
例句	纳丹，乃非，伕乐，德。 纳丹，乃非，合译为“北斗七星”；伕乐，译为“顶儿上”；德，译为“在”。 全句合译：在北斗七星的顶儿上。		
词汇	①倭思浑	**词义**	小
文献	吉林省长春市九台区胡家石姓《小韩本》（引自宋和平译注本）第235页。		
例句	倭思浑，哈哈，爱，阿牙你。 倭思浑，译为“小”；哈哈，译为“男人”；爱，译为“何”；阿牙你，译为“属相”。 全句合译：小男人何属相？		
词汇	②卧孙	**词义**	小
文献	吉林省长春市九台区其塔木石姓《东哈本》（第		

	1 册）第 78 页。		
例句	卧孙，哈哈，哀，阿牙尼。 卧孙，译为“小”；哈哈，译为“男人”；哀，译为“何”；阿牙尼，译为“属相”。 全句合译：小男人何属相？		
词汇	③卧索欢	词义	小（下）
文献	吉林省吉林市土城子口钦佟赵姓《交罗本》第 6 页。		
例句	卧索欢，其，夫西浑。 卧索欢，译为“小（下）”；其，译为“从”；夫西浑，译为“上”。 全句合译：从下到上。		
词汇	④倭四浑	词义	小
文献	吉林省吉林市土城子口钦佟赵姓《交罗本》第 32 页。		
例句	倭四浑，嘎莫禄。 倭四浑，译为“小”；嘎莫禄，译为“拿走”。 全句合译：小的拿走。		
词汇	⑤卧索	词义	小
文献	吉林省吉林市土城子口钦佟赵姓《交罗本》第 6 页。		
例句	卧索，其。 卧索，译为“小”；其，译为“从”。 全句合译：从小……		
词汇	⑥倭西浑	词义	小
文献	吉林省吉林市土城子口钦佟赵姓《交罗本》第 6 页。		
例句	阿木，其，倭西浑。 阿木，译为“大”；其，译为“从”；倭西浑，译为“小”。		

	全句合译：从大到小。		
词汇	①卧车合	词义	祭祀
文献	吉林省长春市九台区胡家石姓《小韩本》（引自宋和平译注本）第 275 页。		
例句	卧车合，吴西哈。 卧车合，译为“祭祀”；吴西哈，译为“星神”。 全句合译：祭祀星神。		
词汇	②卧车何	词义	祭祀
文献	吉林省长春市九台区莽卡杨姓《杨宪本》（手抄本）第 9 页。		
例句	卧车何，涉夫。 卧车何，译为“祭祀”；涉夫，译为“师傅”。 全句合译：祭祀的师傅。		
词汇	③卧车勒	词义	祭祀
文献	吉林省长春市九台区莽卡杨姓《杨宪本》（手抄本）第 1 页。		
例句	卧车勒，团。 卧车勒，译为“祭祀”；团，译为“节”。 全句合译：祭祀礼节。		
词汇	④卧车莫	词义	祭祀
文献	吉林省长春市九台区莽卡杨姓《杨宪本》（手抄本）第 50 页。		
例句	卧西浑，卧车莫。 卧西浑，译为“下边”；卧车莫，译为“祭祀”。 全句合译：在下边祭祀。		
词汇	⑤我者勒	词义	祭祀
文献	吉林省长春市九台区莽卡杨姓《杨宪本》（手抄本）第 76 页。		
例句	我者勒，一能尼，孙坐疋。 我者勒，译为“祭祀”；一能尼，译为“今日”；		

	孙坐疋，译为“选择”。 全句合译：选择今日祭祀。
词汇	⑥卧一车 **词义** 祭祀
文献	吉林省长春市九台区胡家石姓《小韩本》（引自宋和平译注本）第272页。
例句	山眼，阿莫孙，为勒合，卧一车。 山眼，译为“白”；阿莫孙，译为“祭肉”；为勒合，译为“制作”；卧一车，译为“祭祀”。 全句合译：制作白祭肉祭祀。
词汇	①卧其尼 **词义** 愿；愿为；希望
文献	吉林省长春市九台区胡家石姓《小韩本》（引自宋和平译注本）第229页、第306页、第357页。
例句	而合，太翻，卧其尼，街。 而合，译为“太”；太翻，译为“平”；卧其尼，译为“愿”；街，译为“啊”。 全句合译：愿太平啊！
	太翻，三，得，卧其尼。 太翻，译为“太平”；三，译为“吉顺”；得，译为“在”；卧其尼，译为“愿为”。 全句合译：愿太平吉顺。
	恩杜立，玛法，博，博得，卧其尼，街。 恩杜立，译为“神”；玛法，译为“祖先”；博，译为“家”；博得，译为“回”；卧其尼，译为“希望”；街，译为“啊”。 全句合译：希望祖先神回家啊！
词汇	②卧七尼 **词义** 愿
文献	吉林省长春市九台区其塔木石姓《东哈本》（第2册）第15页。
例句	太翻，三得，卧七尼。 太翻，译为“太平”；三得，译为“吉顺”；卧七

<table>
<tr><td></td><td colspan="3">尼，译为“愿”。
全句合译：愿太平吉顺。</td></tr>
<tr><td>词汇</td><td>③卧鸡泥</td><td>词义</td><td>希望</td></tr>
<tr><td>文献</td><td colspan="3">吉林省长春市九台区其塔木石姓《东哈本》（第2册）第15页。</td></tr>
<tr><td>例句</td><td colspan="3">奢不贞，三德，卧鸡泥。
奢不贞，译为“快乐”；三德，译为“吉顺”；卧鸡泥，译为“希望”
全句合译：希望快乐吉顺。</td></tr>
<tr><td>词汇</td><td>④卧吉尼</td><td>词义</td><td>盼望</td></tr>
<tr><td>文献</td><td colspan="3">吉林省长春市九台区其塔木石姓《东哈本》（第1册）第12页。</td></tr>
<tr><td>例句</td><td colspan="3">达浑达浑，卧吉尼。
达浑达浑，译为“再三再四”；卧吉尼，译为“盼望”。
全句合译：再三再四地盼望。</td></tr>
<tr><td>词汇</td><td>⑤倭其尼</td><td>词义</td><td>愿</td></tr>
<tr><td>文献</td><td colspan="3">吉林省长春市九台区胡家石姓《小韩本》（引自宋和平译注本）第297页。</td></tr>
<tr><td>例句</td><td colspan="3">卧西浑，三得，倭其尼。
卧西浑，译为“富贵”；三得，译为“吉庆”；倭其尼，评为“愿”。
全句合译：愿富贵吉庆。</td></tr>
<tr><td>词汇</td><td>⑥屋族旗</td><td>词义</td><td>希望</td></tr>
<tr><td>文献</td><td colspan="3">黑龙江省宁安市白岩乐园杨姓《神本》第1页。</td></tr>
<tr><td>例句</td><td colspan="3">屋族旗，啊宁啊。
屋族旗，译为“希望”；啊宁啊，评为“年”。
全句合译：希望之年。</td></tr>
<tr><td>词汇</td><td>①卧一</td><td>词义</td><td>谁；谁家</td></tr>
<tr><td>文献</td><td colspan="3">吉林省长春市九台区胡家石姓《小韩本》（引自</td></tr>
</table>

	宋和平译注本）第 8 页、第 355 页。		
例句	卧一，莫讷。 卧一，译为“谁”；莫讷，评为“事情”。 全句合译：谁的事情？		
	卧一，莫讷，扎林，得。 卧一，译为“谁家”；莫讷，译为“事情”；扎林，译为“为了”；得，译为“在”。 全句合译：是为了谁家的事情？		
词汇	②卧以	词义	谁家的
文献	吉林省长春市九台区胡家石姓《小韩本》（引自宋和平译注本）第 210 页。		
例句	卧以，为棱。 卧以，译为“谁家的”；为棱，译为“事情”。 全句合译：谁家的事情？		
词汇	①卧克杜莫	词义	迎来了
文献	吉林省长春市九台区胡家石姓《小韩本》（引自宋和平译注本）第 341 页。		
例句	博洛立，卧克杜莫。 博洛立，译为“秋天”；博，译为“把”；卧克杜莫，译为“迎来了”。 全句合译：把秋天迎来。		
词汇	②卧克杜末	词义	迎来了
文献	吉林省长春市九台区其塔木石姓《东哈本》（第 2 册）第 12 页。		
例句	波洛力，卧克杜末。 波洛力，译为“秋天”；卧克杜末，译为“迎来了”。 全句合译：迎来了秋天。		
词汇	③卧克托莫	词义	迎来了
文献	吉林省长春市九台区莽卡杨姓《杨宪本》（手抄		

<table>
<tr><td></td><td colspan="3">本）第 39 页。</td></tr>
<tr><td>例句</td><td colspan="3">卧克托莫，托说莫。
卧克托莫，译为“迎来了”；托说莫，译为“预先”。
全句合译：事先迎来了。</td></tr>
<tr><td>词汇</td><td>④卧克多木</td><td>词义</td><td>迎来了</td></tr>
<tr><td>文献</td><td colspan="3">吉林省长春市九台区莽卡杨姓《杨宪本》（手抄本）第 51 页。</td></tr>
<tr><td>例句</td><td colspan="3">卧克多木，托说莫。
卧克多木，译为“迎来了”；托说莫，译为“预先”。
全句合译：提前迎来了。</td></tr>
<tr><td>词汇</td><td>⑤卧客恶发</td><td>词义</td><td>迎来了</td></tr>
<tr><td>文献</td><td colspan="3">吉林省长春市九台区莽卡杨姓《苏裕堂记本》第 1 页。</td></tr>
<tr><td>例句</td><td colspan="3">卧客恶发，托说莫。
卧客恶发，译为“迎来了”；托说莫，译为“预先”。
全句合译：预先迎来了。</td></tr>
<tr><td>词汇</td><td>⑥卧不朱</td><td>词义</td><td>迎来了</td></tr>
<tr><td>文献</td><td colspan="3">吉林省吉林市土城子口钦佟赵姓《交罗本》第 17 页。</td></tr>
<tr><td>例句</td><td colspan="3">伯俚，卧不朱。
伯俚，译为“祝神人”；卧不朱，译为“迎来了”。
全句合译：迎来了祝神人。</td></tr>
<tr><td>词汇</td><td>①卧勒立</td><td>词义</td><td>凭空</td></tr>
<tr><td>文献</td><td colspan="3">吉林省长春市九台区胡家石姓《小韩本》（引自宋和平译注本）第 305 页。</td></tr>
<tr><td>例句</td><td colspan="3">卧林，哈哈，卧勒立。
卧林，译为“二十”；哈哈，译为“男子”；卧</td></tr>
</table>

<table>
<tr><td></td><td colspan="3">勒立，译为“凭空”。
全句合译：二十名男子赤手空拳（随行）。</td></tr>
<tr><td>词汇</td><td>②卧洛力</td><td>词义</td><td>凭空</td></tr>
<tr><td>文献</td><td colspan="3">吉林省吉林市土城子口钦佟赵姓《交罗本》第11页。</td></tr>
<tr><td>例句</td><td colspan="3">卧林，哈哈，卧洛力。
卧林，译为“二十”；哈哈，译为“男子”；卧洛力，译为“凭空”。
全句合译：二十名男子赤手空拳（随行）。</td></tr>
<tr><td>词汇</td><td>③卧立勒</td><td>词义</td><td>凭空</td></tr>
<tr><td>文献</td><td colspan="3">吉林省长春市九台区胡家石姓《小韩本》（引自宋和平译注本）第245页。</td></tr>
<tr><td>例句</td><td colspan="3">卧林，哈哈，卧立勒。
卧林，译为“二十”；哈哈，译为“男子”；卧立勒，译为“凭空”。
全句合译：二十名男子赤手空拳（随行）。</td></tr>
<tr><td>词汇</td><td>①卧合</td><td>词义</td><td>石头</td></tr>
<tr><td>文献</td><td colspan="3">吉林省长春市九台区胡家石姓《小韩本》（引自宋和平译注本）第205页。</td></tr>
<tr><td>例句</td><td colspan="3">卧合，一，付禄，兮车恒我。
卧合，译为“石头”；一，译为“的”；付禄，译为“很多”；兮车恒我，译为“剩下”。
全句合译：剩下了很多石头。</td></tr>
<tr><td>词汇</td><td>①卧臣</td><td>词义</td><td>神灵</td></tr>
<tr><td>文献</td><td colspan="3">吉林省长春市九台区莽卡杨姓《杨宪本》（手抄本）第10页。</td></tr>
<tr><td>例句</td><td colspan="3">妈妈，卧车何，卧臣。
妈妈，译为“祖母”；卧车何，译为“祭祀”；卧臣，译为“神灵”。
全句合译：祭祀祖母的神灵。</td></tr>
</table>

词汇	①卧落立	词义	容易
文献	吉林省长春市九台区莽卡杨姓《杨宪本》（手抄本）第12页。		
例句	卧立，哈哈，卧落立。 卧立，译为“二十”；哈哈，译为“男子”；卧落立，译为“容易”。 全句合译：二十名男子容易……		
词汇	②卧罗力	词义	容易
文献	吉林省长春市九台区莽卡杨姓《杨静棠本》第2页。		
例句	卧罗力，街疋。 卧罗力，译为“容易”；街疋，译为“取”。 全句合译：容易取来。		
词汇	①卧吉	词义	林中
文献	吉林省长春市九台区莽卡杨姓《杨宪本》（手抄本）第17页。		
例句	卧吉，衣，勒吉，其，木押莫，瓦西卡。 卧吉，译为“林中”；衣，译为“的”；勒吉，译为“出来”；其，译为“从”；木押莫，译为“怒叫着”；瓦西卡，译为“降临了”。 全句合译：从密林中出来后怒叫着降临了。		
词汇	②卧已	词义	林中
文献	吉林省长春市九台区其塔木石姓《东哈本》（第1册）第7页。		
例句	卧已，七，杜勒非。 卧已，译为“林中”；七，译为“从”；杜勒非，译为“经过”。 全句合译：从森林中经过。		
词汇	①卧车木必	词义	向上举起
文献	吉林省长春市九台区莽卡杨姓《杨静棠本》第3		

	页。
例句	卧西浑，得，卧车木必。 卧西浑，译为“高处”；得，译为“在”；卧车木必，译为“向上举起”。 全句合译：向高处举起。
词汇	②卧车必 | 词义 | 向上举起
文献	吉林省长春市九台区莽卡杨姓《杨宪本》（手抄本）第 24 页。
例句	卧西浑，卧车必。 卧西浑，译为“高高”；卧车必，译为“向上举起”。 全句合译：高高地向上举起。
词汇	③矶车木必 | 词义 | 向上举起
文献	吉林省长春市九台区莽卡杨姓《芳裕堂记本》第 33 页。
例句	恩都力玛法，无莫，矶车木必。 恩都力玛法，译为“神主”；无莫，译为“并”；矶车木必，译为“向上举起”。 全句合译：向上举起并献于神主前。
词汇	①伕乐 | 词义 | 祈祷
文献	吉林省长春市九台区其塔木石姓《东哈本》（第 1 册）第 86 页。
例句	那丹乃非，伕乐，德。 那丹乃非，译为“北斗七星”；伕乐，译为“祈祷”；德，译为“在”。 全句合译：在北斗七星前祈祷。
词汇	②厄者非 | 词义 | 祈祷
文献	吉林省吉林市土城子口钦佟赵姓《交罗本》第 6 页。
例句	厄贺，依能尼，博，厄者非。

<table>
<tr><td></td><td colspan="3">厄贺，译为“吉”；依能尼，译为“日”；博，译为“把”；厄者非，译为“祈祷”。
全句合译：在吉日祈祷。</td></tr>
<tr><td>**词汇**</td><td>①卧活索莫</td><td>**词义**</td><td>迎敌</td></tr>
<tr><td>**文献**</td><td colspan="3">吉林省吉林市土城子口钦佟赵姓《交罗本》第 6 页。</td></tr>
<tr><td>**例句**</td><td colspan="3">卧活索莫，妞孙。
卧活索莫，译为“迎敌”；妞孙，译为“承担”。
全句合译：承担迎敌（的任务）。</td></tr>
<tr><td>**词汇**</td><td>②卧货索莫</td><td>**词义**</td><td>迎敌</td></tr>
<tr><td>**文献**</td><td colspan="3">吉林省吉林市土城子口钦佟赵姓《交罗本》第 12 页。</td></tr>
<tr><td>**例句**</td><td colspan="3">夫耳沽，伐兰，德，卧货索莫。
夫耳沽，译为“神奇的”；伐兰，译为“川野”；德，译为“在”；卧货索莫，译为“迎敌”。
全句合译：在川野中出其不意地迎敌。</td></tr>
<tr><td>**词汇**</td><td>①卧佛洛</td><td>**词义**</td><td>鼻子</td></tr>
<tr><td>**文献**</td><td colspan="3">吉林省长春市九台区胡家石姓《小韩本》（引自宋和平译注本）第 199 页。</td></tr>
<tr><td>**例句**</td><td colspan="3">蒙文，卧佛洛。
蒙文，译为“银”；卧佛洛，译为“鼻子”。
全句合译：银鼻子。</td></tr>
<tr><td>**词汇**</td><td>②卧伏洛</td><td>**词义**</td><td>鼻子</td></tr>
<tr><td>**文献**</td><td colspan="3">吉林省长春市九台区胡家石姓《小韩本》（引自宋和平译注本）第 205 页。</td></tr>
<tr><td>**例句**</td><td colspan="3">蒙文，卧伏洛。
蒙文，译为“银”；卧伏洛，译为“鼻子”。
全句合译：银鼻子。</td></tr>
<tr><td>**词汇**</td><td>①伕忒勒莫</td><td>**词义**</td><td>应合其时</td></tr>
<tr><td>**文献**</td><td colspan="3">吉林省长春市九台区其塔木石姓《东哈本》（第</td></tr>
</table>

<table>
<tr><td></td><td colspan="3">1册）第7页。</td></tr>
<tr><td>例句</td><td colspan="3">阿巴卡，讷，博，伕忒勒莫。
阿巴卡，译为“天”；讷，译为“地”；博，译为“将”；伕忒勒莫，译为“应合其时”。
全句合译：天与地将应合其时。</td></tr>
<tr><td>词汇</td><td>②厄木乐</td><td>词义</td><td>应合其时</td></tr>
<tr><td>文献</td><td colspan="3">吉林省吉林市土城子口钦佟赵姓《交罗本》第13页。</td></tr>
<tr><td>例句</td><td colspan="3">娘们，松阿拉，莫治，厄木乐。
娘们，译为“人”；松阿拉，译为“松花江”；莫治，译为“来了”；厄木乐，译为“应合其时”。
全句合译：住在松花江边上的人们应合其时。</td></tr>
<tr><td>词汇</td><td>①卧心不笔</td><td>词义</td><td>降下</td></tr>
<tr><td>文献</td><td colspan="3">吉林省长春市九台区莽卡杨姓《杨静棠本》第3页。</td></tr>
<tr><td>例句</td><td colspan="3">温得，卧心不笔。
温得，译为“尚早”；卧心不笔，译为“降下”。
全句合译：很早就降下了。</td></tr>
<tr><td>词汇</td><td>②卧心不疋</td><td>词义</td><td>降下</td></tr>
<tr><td>文献</td><td colspan="3">吉林省长春市九台区莽卡杨姓《杨静棠本》第2页。</td></tr>
<tr><td>例句</td><td colspan="3">威勒何，折库，泊，卧心不疋。
威勒何，译为“制作”；折库，译为“黏糕”；泊，译为“把”；卧心不疋，译为“降下”。
全句合译：把制作好的黏糕放下。</td></tr>
<tr><td>词汇</td><td>①我米勒</td><td>词义</td><td>遮挡</td></tr>
<tr><td>文献</td><td colspan="3">吉林省长春市九台区莽卡杨姓《杨静棠本》第6页。</td></tr>
<tr><td>例句</td><td colspan="3">我米勒，我林。
我米勒，译为“遮挡”；我林，译为“时候”。</td></tr>
</table>

	全句合译：遮挡之时。		
词汇	①卧西勒	词义	升到
文献	吉林省长春市九台区胡家石姓《小韩本》（引自宋和平译注本）第199页。		
例句	卧西勒，瓦西七。 卧西勒，译为“升到”；瓦西七，译为“降临”。 全句合译：升降。		
词汇	①卧永五	词义	屈身；重要
文献	吉林省长春市九台区胡家石姓《小韩本》（引自宋和平译注本）第262页、第343页。		
例句	朱克特七，卧永五，伯莫。 朱克特七，译为“坛前”；卧永五，译为“屈身”；伯莫，译为“乞求”。 全句合译：在坛前屈身乞求。		
例句	卧永五，伯莫。 卧永五，译为“重要”；伯莫，译为“乞求”。 全句合译：乞求仪式很重要。		
词汇	①卧思恨	词义	湿
文献	吉林省长春市九台区胡家石姓《小韩本》（引自宋和平译注本）第312页。		
例句	卧思恨，阿木孙。 卧思恨，译为“湿”；阿木孙，译为“祭肉”。 全句合译：祭肉是湿的。		
词汇	①卧召	词义	了
文献	吉林省长春市九台区胡家石姓《小韩本》（引自宋和平译注本）第159页。		
例句	我林，卧召，瓦西勒。 我林，译为“此时”；卧召，译为“了”；瓦西勒，译为“下来吧”。 全句合译：此时下来了吧？		

<table>
<tr><td>词汇</td><td>①卧泌腓</td><td>词义</td><td>喝了；饮了</td></tr>
<tr><td>文献</td><td colspan="3">吉林省长春市九台区胡家石姓《小韩本》（引自宋和平译注本）第 285 页、第 286 页。</td></tr>
<tr><td rowspan="2">例句</td><td colspan="3">贲浑，木克，博，卧泌腓。
贲浑，译为“热”；木克，译为“水”；博，译为“把”；卧泌腓，译为“喝了”。
全句合译：把热水喝了。</td></tr>
<tr><td colspan="3">三音，木克，博，卧泌腓。
三音，译为“吉”；木克，译为“水”；博，译为“把”；卧泌腓，译为“饮了”。
全句合译：把吉水饮了。</td></tr>
<tr><td>词汇</td><td>①窝西楞俄</td><td>词义</td><td>刮</td></tr>
<tr><td>文献</td><td colspan="3">吉林省长春市九台区其塔木石姓《东哈本》（第 1 册）第 6 页。</td></tr>
<tr><td>例句</td><td colspan="3">丰足，窝西楞俄。
丰足，译为“风”；窝西楞俄，译为“刮”。
全句合译：刮风。</td></tr>
<tr><td>词汇</td><td>②瓦西杭俄</td><td>词义</td><td>刮</td></tr>
<tr><td>文献</td><td colspan="3">吉林省长春市九台区胡家石姓《小韩本》（引自宋和平译注本）第 161 页。</td></tr>
<tr><td>例句</td><td colspan="3">我敦，得，瓦西杭俄。
我敦，译为“风”；得，译为“在”；瓦西杭俄，译为“刮”。
全句合译：在刮风。</td></tr>
<tr><td>音序</td><td colspan="3">wu</td></tr>
<tr><td>词汇</td><td>①乌朱</td><td>词义</td><td>头</td></tr>
<tr><td>文献</td><td colspan="3">吉林省长春市九台区莽卡杨姓《杨宪本》（手抄本）第 6 页。</td></tr>
<tr><td>例句</td><td colspan="3">娘们，乌朱。
娘们，译为“人”；乌朱，译为“头”。</td></tr>
</table>

	全句合译：人头。
词汇	②吴朱 **词义** 脑袋
文献	吉林省长春市九台区胡家石姓《小韩本》（引自宋和平译注本）第 205 页。
例句	卧哈，一，吴朱。 卧哈，译为“石头”；一，译为“的”；吴朱，译为“脑袋”。 全句合译：石头脑袋。
词汇	③乌朱七 **词义** 头
文献	吉林省长春市九台区胡家石姓《小韩本》（引自宋和平译注本）第 295 页。
例句	乌朱七，札兰，玛法，星俄立，阿牙你。 乌朱七，译为“头”；札兰，译为“辈”；玛法，译为“太爷”；星俄立，译为“鼠”；阿牙你，译为“属相”。 全句合译：头辈太爷属鼠。
词汇	④吴朱七 **词义** 头
文献	吉林省长春市九台区胡家石姓《小韩本》（引自宋和平译注本）第 315 页。
例句	吴朱七，扎兰，太爷。 吴朱七，译为“头”； 扎兰，译为“辈”；太爷，译为“太爷”。 全句合译：头辈太爷。
词汇	⑤吴中阿 **词义** 头
文献	吉林省长春市九台区胡家石姓《小韩本》（引自宋和平译注本）第 275 页。
例句	蒙文，超库，吴中阿。 蒙文，译为“银”；超库，译为“鸡”；吴中阿，译为“头”。 全句合译：银鸡头。

<table>
<tr><td>词汇</td><td>⑥乌诸</td><td>词义</td><td>头</td></tr>
<tr><td>文献</td><td colspan="3">吉林省长春市九台区莽卡杨姓《祭祖神本》第12页。</td></tr>
<tr><td>例句</td><td colspan="3">乌诸，泊，土克莫。
乌诸，译为“头”；泊，译为“把”；土克莫，译为“抬起来”。
全句合译：把头抬起来。</td></tr>
<tr><td>词汇</td><td>①乌云</td><td>词义</td><td>九</td></tr>
<tr><td>文献</td><td colspan="3">吉林省长春市九台区胡家石姓《小韩本》（引自宋和平译注本）第125页。</td></tr>
<tr><td>例句</td><td colspan="3">乌云，萨妈，吴拉。
乌云，译为“九”；萨妈，译为“萨满”；吴拉，译为“相传”。
全句合译：九位萨满相传。</td></tr>
<tr><td>词汇</td><td>②吴云</td><td>词义</td><td>九</td></tr>
<tr><td>文献</td><td colspan="3">吉林省长春市九台区胡家石姓《小韩本》（引自宋和平译注本）第339页。</td></tr>
<tr><td>例句</td><td colspan="3">吴云，所林，得。
吴云，译为“九”；所林，译为“宴请”；得，译为“在”。
全句合译：进行了九次宴请。</td></tr>
<tr><td>词汇</td><td>③吴云七</td><td>词义</td><td>第九</td></tr>
<tr><td>文献</td><td colspan="3">吉林省长春市九台区胡家石姓《小韩本》（引自宋和平译注本）第363页</td></tr>
<tr><td>例句</td><td colspan="3">吴云七，折拉鸡。
吴云七，译为“第九”；折拉鸡，译为“层”。
全句合译：第九层。</td></tr>
<tr><td>词汇</td><td>①乌云朱</td><td>词义</td><td>九十</td></tr>
<tr><td>文献</td><td colspan="3">吉林省长春市九台区莽卡杨姓《杨宪本》（手抄本）第9页。</td></tr>
</table>

例句	乌云朱，贝根，得，卧车何涉决。 乌云朱，译为“九十”；贝根，译为“家族”；得，译为“在”；卧车何涉决，译为“祭祀的师傅”。 全句合译：九十岁的家族祭祀师傅。		
词汇	②吴查	**词义**	房门
文献	吉林省长春市九台区胡家石姓《小韩本》（引自宋和平译注本）第 289 页。		
例句	吴查，不拉库。 吴查，译为“房门”；不拉库，译为“不给”。 全句合译：不给开房门。		
词汇	③问错	**词义**	房门
文献	吉林省长春市九台区莽卡杨姓《杨宪本》（手抄本）第 9 页。		
例句	问错，泊，卧立莫，登，泊，打不莫。 问错，译为“房门”；泊，译为“家”；卧立莫，译为“穿结了”；登，译为“灯”；泊，译为“家”；打不莫，译为“点燃了”。 全句合译：把总挂在房门上的灯盏点着了。		
词汇	④温错	**词义**	房门
文献	吉林省长春市九台区莽卡杨姓《杨宪本》（手抄本）第 54 页。		
例句	温错，泊，卧立莫。 温错，译为“房门”；泊，译为“家”；卧立莫，译为“留下”。 全句合译：在家房门口处停留下来。		
词汇	⑤吴车	**词义**	房
文献	吉林省长春市九台区胡家石姓《小韩本》（引自宋和平译注本）第 330 页。		
例句	吴车，杜卡。 吴车，译为“房”；杜卡，译为“门”。		

	全句合译：房门。		
词汇	①乌林	词义	彩帛
文献	吉林省长春市九台区胡家石姓《小韩本》（引自宋和平译注本）第 260 页。		
例句	贲浑，乌林，嘎几哈。 贲浑，译为“洁净”；乌林，译为“彩帛”；嘎几哈，译为“取来”。 全句合译：取来洁净的彩帛。		
词汇	②乌吾林	词义	彩帛
文献	黑龙江省宁安市兰岗关姓《特合本子》。		
例句	乌吾林，五大撒。 乌吾林，译为“彩帛”；五大撒，译为“买”。 全句合译：买来了彩帛。		
词汇	①乌西哈	词义	星
文献	吉林省长春市九台区莽卡杨姓《杨宪本》（手抄本）第 92 页。		
例句	土门，乌西哈，土七笔。 土门，译为“万”；乌西哈，译为“星”；土七笔，译为“出来了”。 全句合译：万星出来了。		
词汇	②吴西哈	词义	星；星神；星星；星辰
文献	吉林省长春市九台区胡家石姓《小韩本》（引自宋和平译注本）第 195 页、第 274 页、第 276 页。		
例句	哈分，吴西哈。 哈分，译为“官”；吴西哈，译为“星”。 全句合译：星官。		
	朱克特合，吴西哈。 朱克特合，译为“祭祀”；吴西哈，译为“星神”。 全句合译：祭祀星神。		

	吴西哈，叭。 吴西哈，译为“星星”；叭，译为“月亮”。 全句合译：星星月亮。		
	哈哈，吴西哈。 哈哈，译为“君”；吴西哈，译为“星”。 全句合译：星君。		
	英吉牙鸡，阿巴卡，吴西哈。 英吉牙鸡，译为“蓝”；阿巴卡，译为“天”；吴西哈，译为“星辰”。 全句合译：蓝天上的星辰。		
词汇	③无西哈	**词义**	星
文献	吉林省长春市九台区其塔木关姓《腰哈本》第39页。		
例句	秃门，无西哈。 秃门，译为“万”；无西哈，译为“星”。 全句合译：万星。		
词汇	①乌勒尖	**词义**	猪
文献	吉林省长春市九台区莽卡杨姓《杨宪本》（手抄本）第10页。		
例句	乌勒尖，阿宁阿。 乌勒尖，译为“猪”；阿宁阿，译为“属”。 全句合译：属猪。		
词汇	②吴尖	**词义**	猪
文献	吉林省长春市九台区胡家石姓《小韩本》（引自宋和平译注本）第342页。		
例句	吴吉合，花一，吴尖，得。 吴吉合，译为“圈养”；花一，译为“庭院的”；吴尖，译为“猪”；得，译为“在”。 全句合译：庭院中圈养着猪。		
词汇	①乌真	**词义**	重

文献	吉林省长春市九台区莽卡杨姓《杨宪本》（手抄本）第 76 页。		
例句	乌真，你莫库。 乌真，译为“重”；你莫库，译为“疾病”。 全句合译：病重。		
词汇	②乌珍	词义	沉重
文献	吉林省吉林市土城子口钦佟赵姓《交罗本》第 28 页。		
例句	乌珍，苏苏。 乌珍，译为“沉重”；苏苏，译为“猪”。 全句合译：沉重的猪。		
词汇	③吴贞	词义	沉重
文献	吉林省长春市九台区其塔木石姓《东哈本》（第 2 册）第 24 页。		
例句	吴几哈，吴贞，以，舒子。 吴几哈，译为“喂养”；吴贞，译为“沉重”；以，译为“的”；舒子，译为“猪”。 全句合译：喂养了肉肥膘重的猪。		
词汇	①吴拉滚	词义	愉快；喜悦
文献	吉林省长春市九台区胡家石姓《小韩本》（引自宋和平译注本）第 329 页、第 343 页。		
例句	班吉其尼，吴拉滚，三得。 班吉其尼，译为“生活”；吴拉滚，译为“愉快”；三得，译为“吉祥”。 全句合译：生活愉快吉祥。		
	朱赊，吴拉滚。 朱赊，译为“儿子们”；吴拉滚，译为“喜悦”。 全句合译：儿子们喜悦。		
词汇	②乌拉滚	词义	喜悦
文献	吉林省长春市九台区胡家石姓《小韩本》（引自		

<table>
<tr><td></td><td colspan="3">宋和平译注本）第173页。</td></tr>
<tr><td>例句</td><td colspan="3">乌拉滚，三得，卧其尼。
乌拉滚，译为“喜悦”；三得，译为“吉祥”；卧其尼，译为“希望”。
全句合译：希望（人们）喜悦吉祥。</td></tr>
<tr><td>词汇</td><td>③徒鲁滚</td><td>词义</td><td>喜乐</td></tr>
<tr><td>文献</td><td colspan="3">吉林省吉林市土城子口钦佟赵姓《交罗本》第27页。</td></tr>
<tr><td>例句</td><td colspan="3">徒鲁滚，德。
徒鲁滚，译为“喜乐”；德，译为“在”。
全句合译：喜乐。</td></tr>
<tr><td>词汇</td><td>④乌札孙</td><td>词义</td><td>喜欢</td></tr>
<tr><td>文献</td><td colspan="3">吉林省长春市九台区其塔木石姓《东哈本》（第1册）第8页。</td></tr>
<tr><td>例句</td><td colspan="3">乌札孙，朱车，拉库。
乌札孙，译为“喜欢”；朱车，译为“耍戏”；拉库，译为“大刀”。
全句合译：喜欢耍大刀。</td></tr>
<tr><td>词汇</td><td>⑤含拉滚</td><td>词义</td><td>喜</td></tr>
<tr><td>文献</td><td colspan="3">吉林省长春市九台区其塔木关姓《腰哈本》第19页。</td></tr>
<tr><td>例句</td><td colspan="3">含拉滚，德，乌吉合。
含拉滚，译为“喜”；德，译为“在”；乌吉合，译为“养育了”。
全句合译：在欢喜地喂养着……</td></tr>
<tr><td>词汇</td><td>①乌拉授</td><td>词义</td><td>人们</td></tr>
<tr><td>文献</td><td colspan="3">吉林省长春市九台区莽卡杨姓《杨宪本》（手抄本）第6页。</td></tr>
<tr><td>例句</td><td colspan="3">乌拉授，古论古论。
乌拉授，译为“人们”；古论古论，译为“赶牲</td></tr>
</table>

	畜声”。 全句合译：人们的赶牲畜声。		
词汇	②乌勒授	词义	众人
文献	吉林省长春市九台区莽卡杨姓《杨静棠本》第 6 页。		
例句	乌勒授，古论。 乌勒授，译为“众人”；古论，译为“赶牲畜声”。 全句合译：众人的赶牲畜声。		
词汇	①乌克孙	词义	宗
文献	吉林省长春市九台区其塔木石姓《东哈本》（第 1 册）第 8 页。		
例句	乌克孙，穆昆，合博德木必。 乌克孙，译为“宗”；穆昆，译为“族”；合博德木必，译为“商议”。 全句合译：宗族（的人们）在商议。		
词汇	②吴克孙	词义	宗
文献	吉林省长春市九台区其塔木石姓《东哈本》（第 1 册）第 8 页。		
例句	吴克孙，穆昆，牙字勒勒。 吴克孙，译为“宗”；穆昆，译为“族”；牙字勒勒，译为“恭敬”。 全句合译：受宗族人恭敬。		
词汇	①乌咀笔	词义	围聚
文献	吉林省长春市九台区莽卡杨姓《杨宪本》（手抄本）第 1 页。		
例句	娑立勒，乌咀笔。 娑立勒，译为“宴请”；乌咀笔，译为“围聚”。 全句合译：宴请围聚。		
词汇	②乌嘴	词义	围聚
文献	吉林省长春市九台区莽卡杨姓《杨宪本》（手抄		

	本）第 50 页。		
例句	乌嘴，胡突，泊，乌克沙拉莫。 乌嘴，译为“围聚”；胡突，译为“鬼怪”；泊，译为“把”；乌克沙拉莫，译为“赶走”。 全句合译：把鬼怪围聚起来一次性赶走。		
词汇	③乌咀	词义	围聚
文献	吉林省长春市九台区莽卡杨姓《杨宪本》（手抄本）第 4 页。		
例句	乌咀，胡土，泊，乌克萨拉木必。 乌咀，译为“围聚”；胡土，译为“鬼怪”；泊，译为“把”；乌克萨拉木必，译为“赶走”。 全句合译：把鬼怪围起来一次性驱除。		
词汇	①乌合力	词义	共同
文献	吉林省吉林市土城子口钦佟赵姓《交罗本》第 6 页。		
例句	乌合力，多博非。 乌合力，译为“共同”；多博非，译为“供献”。 全句合译：共同供献。		
词汇	②吴嘿	词义	共同
文献	吉林省长春市九台区其塔木石姓《东哈本》（第 1 册）第 66 页。		
例句	吴嘿，阿涉。 吴嘿，译为“共同”；阿涉，译为“行动”。 全句合译：共同行动。		
词汇	③乌哈	词义	统统
文献	吉林省长春市九台区莽卡杨姓《杨宪本》（手抄本）第 84 页。		
例句	乌哈，胡拉哈拉莫。 乌哈，译为“统统”；胡拉哈拉莫，译为“被偷去”。		

	全句合译：统统被偷走。		
词汇	④吴黑	**词义**	全；一起
文献	吉林省长春市九台区胡家石姓《小韩本》（引自宋和平译注本）第170页、第331页。		
例句	吴黑，托克同阿。 吴黑，译为“全”；托克同阿，译为“屯”。 全句合译：全屯。		
例句	吴黑，古拉古，阿涉拉腓。 吴黑，译为“一起”；古拉古，译为“兽”；阿涉拉腓，译为“集合”。 全句合译：兽集合在一起。		
词汇	⑤吴合立	**词义**	共
文献	吉林省长春市九台区胡家石姓《小韩本》（引自宋和平译注本）第90页、第295页。		
例句	吴合立，依兰。 吴合立，译为“共”；依兰，译为“三摞”。 全句合译：共三摞。		
例句	我贞，吴合立，吴云，所林，得。 我贞，译为“萨满”；吴合立，译为“共”；吴云，译为“乌云（九）”；所林，译为“宴请”；得，译为“在”。 全句合译：共宴请九个萨满。		
词汇	①乌打笔	**词义**	买了
文献	吉林省长春市九台区莽卡杨姓《杨宪本》（手抄本）第84页。		
例句	佛，泊，泊，乌打笔。 佛，译为“旧”；泊，译为“房”；泊，译为“把”；乌打笔，译为“买了”。 全句合译：把旧房买了。		
词汇	②乌答哈	**词义**	买了的

<table>
<tr><td>文献</td><td colspan="3">吉林省吉林市土城子口钦佟赵姓《交罗本》第27页。</td></tr>
<tr><td>例句</td><td colspan="3">苏子，博，乌答哈。
苏子，译为“祭祀用猪”；博，译为“把”；乌答哈，译为“买了的”。
全句合译：把祭祀的猪买了。</td></tr>
<tr><td>词汇</td><td>③吴打哈宁俄</td><td>词义</td><td>购买的</td></tr>
<tr><td>文献</td><td colspan="3">吉林省长春市九台区胡家石姓《小韩本》（引自宋和平译注本）第342页。</td></tr>
<tr><td>例句</td><td colspan="3">文，得，吴吉哈，吴打哈宁俄。
文，译为“猪窝”；得，译为“在”；吴吉哈，译为“养的”；吴打哈宁俄，译为“购买的”。
全句合译：猪窝里养的祭猪是买的。</td></tr>
<tr><td>词汇</td><td>①乌奴何</td><td>词义</td><td>背</td></tr>
<tr><td>文献</td><td colspan="3">吉林省长春市九台区莽卡杨姓《杨宪本》（手抄本）第9页。</td></tr>
<tr><td>例句</td><td colspan="3">翁姑妈法，乌奴何，何勒也瞒也。
翁姑妈法，译为“老祖宗”；乌奴何，译为“背”；何勒也瞒也，译为“哑巴的瞒尼神”。
全句合译：哑巴的瞒尼神背着老祖宗（龛）。</td></tr>
<tr><td>词汇</td><td>②乌奴莫</td><td>词义</td><td>背负</td></tr>
<tr><td>文献</td><td colspan="3">吉林省长春市九台区莽卡杨姓《杨宪本》（手抄本）第70页。</td></tr>
<tr><td>例句</td><td colspan="3">疋涉，得，乌奴莫。
疋涉，译为“聚集”；得，译为“在”；乌奴莫，译为“背负”。
全句合译：在聚集地背着……</td></tr>
<tr><td>词汇</td><td>③吴农合</td><td>词义</td><td>背负</td></tr>
<tr><td>文献</td><td colspan="3">吉林省长春市九台区胡家石姓《小韩本》（引自</td></tr>
</table>

	宋和平译注本）第 301 页。		
例句	吴贞，嘎思憨，吴农合。 吴贞，译为“重”；嘎思憨，译为“灾”；吴农合，译为“背负”。 全句合译：背负着重灾（带来的压力）。		
词汇	④吴侬合	**词义**	承受
文献	吉林省长春市九台区胡家石姓《小韩本》（引自宋和平译注本）第 301 页。		
例句	吴贞，嘎思憨，吴侬合。 吴贞，译为“重”；嘎思憨，译为“灾”；吴侬合，译为“承受”。 全句合译：经受重灾。		
词汇	⑤吴奴合	**词义**	背负
文献	吉林省长春市九台区其塔木石姓《东哈本》（第 2 册）第 17 页。		
例句	吴贞，嘎什憨，吴奴合。 吴贞，译为“重”；嘎什憨，译为“灾”；吴奴合，译为“背负”。 全句合译：背负着重灾（带来的压力）。		
词汇	⑥乌鲁他	**词义**	背负
文献	吉林省长春市九台区莽卡杨姓《杨宪本》（手抄本）第 11 页。		
例句	乌鲁他，扶西乎，法兰，得。 乌鲁他，译为“背负”；扶西乎，译为“小”；法兰，译为“屋内”；得，译为“在”。 全句合译：在小屋内背负着……		
词汇	⑦乌库	**词义**	担负
文献	吉林省长春市九台区莽卡杨姓《杨宪本》（手抄本）第 54 页。		
例句	乌库，得，乌里疋		

	乌库，译为“担负”；得，译为“在”；乌里疋，译为“供献”。 全句合译：在担负着供献（的责任）。		
词汇	⑧乌当阿	**词义**	担负
文献	吉林省吉林市土城子口钦佟赵姓《交罗本》第 1 页。		
例句	汤子，他力哈，乌当阿，贝色。 汤子，译为“堂子”；他力哈，译为“祭祀”；乌当阿，译为“担负”；贝色，译为“贝子”。 全句合译：贝子担负着堂子祭祀。		
词汇	①吴几合	**词义**	生养；养育
文献	吉林省长春市九台区胡家石姓《小韩本》（引自宋和平译注本）第 250 页、第 329 页。		
例句	吴几合，朱赊。 吴几合，译为“生养”；朱赊，译为“儿子们”。 全句合译：生养儿子们。		
	吴几合，阿浑，以，斗特。 吴几合，译为“养育”；阿浑，译为“兄”；以，译为“的”；斗特，译为“弟弟们”。 全句合译：养育着兄弟们。		
词汇	②吴几不莫	**词义**	养
文献	吉林省长春市九台区胡家石姓《小韩本》（引自宋和平译注本）第 330 页。		
例句	文一，札禄，吴几不莫。 文一，译为“猪窝”；札禄，译为“满满”；吴几不莫，译为“养”。 全句合译：猪窝中养着满满的猪。		
词汇	③吴吉合	**词义**	养
文献	吉林省长春市九台区胡家石姓《小韩本》（引自宋和平译注本）第 330 页。		

例句	文，得，吴吉合。 文，译为“猪窝”；得，译为“在”；吴吉合，译为“养”。 全句合译：在猪窝里养的。		
词汇	④吴几恒俄	词义	生养
文献	吉林省长春市九台区胡家石姓《小韩本》（引自宋和平译注本）第 300 页。		
例句	吴几恒俄，阿几各，哈哈，朱赊。 吴几恒俄，译为“生养”；阿几各，译为“小”；哈哈，译为“男”；朱赊，译为“孩子们”。 全句合译：生养小男孩。		
词汇	⑤乌几合	词义	所生
文献	吉林省长春市九台区胡家石姓《小韩本》（引自宋和平译注本）第 258 页。		
例句	卧思浑，合合，博垫，得，乌几合。 卧思浑，译为“小”；合合，译为“女人”；博垫，译为“身”；得，译为“在”；乌几合，译为“所生”。 全句合译：由小女人所生。		
词汇	⑥吴巳合	词义	喂养
文献	吉林省长春市九台区其塔木石姓《东哈本》（第 2 册）第 21 页。		
例句	文，德，以，吴巳合。 文，译为“猪窝”；德，译为“在”；以，译为“的”；吴巳合，译为“喂养”。 全句合译：在猪窝中喂养的。		
词汇	⑦乌吉何	词义	喂养
文献	吉林省长春市九台区莽卡杨姓《杨宪本》（手抄本）第 46 页。		
例句	花，得，乌吉何。		

<table>
<tr><td></td><td colspan="3">花，译为“庭院”；得，译为“在”；乌吉何，译为“喂养”。
全句合译：在庭院中喂养。</td></tr>
<tr><td>词汇</td><td>⑧吴已库</td><td>词义</td><td>养</td></tr>
<tr><td>文献</td><td colspan="3">吉林省长春市九台区其塔木石姓《东哈本》（第1册）第39页。</td></tr>
<tr><td>例句</td><td colspan="3">戈木，吴已库。
戈木，译为“共同”；吴已库，译为“养”。
全句合译：共同成长。</td></tr>
<tr><td>词汇</td><td>⑨五者不莫</td><td>词义</td><td>喂养</td></tr>
<tr><td>文献</td><td colspan="3">吉林省长春市九台区莽卡杨姓《杨宪本》（手抄本）第69页。</td></tr>
<tr><td>例句</td><td colspan="3">温因，抬路，五者不莫。
温因，译为“猪圈”；抬路，译为“满满”；五者不莫，译为“喂养”。
全句合译：猪圈里喂养满满的（一群猪）。</td></tr>
<tr><td>词汇</td><td>⑩乌鸡不莫</td><td>词义</td><td>喂养</td></tr>
<tr><td>文献</td><td colspan="3">吉林省长春市九台区莽卡杨姓《杨宪本》（手抄本）第15页。</td></tr>
<tr><td>例句</td><td colspan="3">温音，招路，乌鸡不莫。
温音，译为“猪圈”；招路，译为“满满的”；乌鸡不莫，译为“喂养”。
全句合译：猪圈里喂养满满的（一群猪）。</td></tr>
<tr><td>词汇</td><td>⑪乌吉不莫</td><td>词义</td><td>喂养</td></tr>
<tr><td>文献</td><td colspan="3">吉林省长春市九台区莽卡杨姓《杨宪本》（手抄本）第58页。</td></tr>
<tr><td>例句</td><td colspan="3">温音，抬录，乌吉不莫。
温音，译为“猪窝”；抬录，译为“满满”；乌吉不莫，译为“喂养”。
全句合译：猪窝里喂养满满的猪。</td></tr>
</table>

词汇	⑫乌吉戈	**词义**	喂养
文献	吉林省长春市九台区莽卡杨姓《杨宪本》（手抄本）第 54 页。		
例句	花，得，乌吉戈。 花，译为“庭院”；得，译为“在”；乌吉戈，译为“喂养”。 全句合译：在庭院中喂养。		
词汇	⑬恶记克	**词义**	喂养
文献	吉林省长春市九台区莽卡杨姓《杨宪本》（手抄本）第 44 页。		
例句	花，得，恶记克。 花，译为“庭院”；得，译为“在”；恶记克，译为“喂养”。 全句合译：在庭院间喂养着。		
词汇	⑭无记克	**词义**	喂养
文献	吉林省长春市九台区莽卡杨姓《杨宪本》（手抄本）第 60 页。		
例句	花，得，无记克。 花，译为“庭院”；得，译为“在”；无记克，译为“喂养”。 全句合译：在庭院中喂养。		
词汇	⑮克记戈	**词义**	喂养
文献	吉林省长春市九台区莽卡杨姓《杨宪本》（手抄本）第 39 页。		
例句	花，得，克记戈。 花，译为“庭院”；得，译为“在”；克记戈，译为“喂养”。 全句合译：在庭院中喂养。		
词汇	①乌拉呼	**词义**	芦苇
文献	吉林省长春市九台区其塔木石姓《东哈本》（第		

	1册）第1页。
例句	乌拉呼，发兰，杜林不非。 乌拉呼，译为“芦苇”；发兰，译为“平川野地”；杜林不非，译为“经过”。 全句合译：经过芦苇平川野地。
词汇	②吴拉胡 | 词义 | 芦苇
文献	吉林省长春市九台区胡家石姓《小韩本》（引自宋和平译注本）第322页。
例句	吴拉胡，伐兰，得，杜伦不莫。 吴拉胡，译为“芦苇”；伐兰，译为“场地里”；得，译为“在”；杜伦不莫，译为“经过”。 全句合译：经过芦苇场地里。
词汇	③倭耳活 | 词义 | 芦苇
文献	吉林省吉林市土城子口钦佟赵姓《交罗本》第6页。
例句	倭耳活，伐兰，德。 倭耳活，译为“芦苇”；伐兰，译为“场地”；德，译为“在”。 全句合译：在芦苇场地里。
词汇	④乌呼一 | 词义 | 芦苇
文献	吉林省长春市九台区莽卡杨姓《祭祖神本》第12页。
例句	乌呼一，法兰。 乌呼一，译为“芦苇”；法兰，译为“窝中”。 全句合译：在芦苇丛中。
词汇	①吴德莫 | 词义 | 分
文献	吉林省长春市九台区胡家石姓《小韩本》（引自宋和平译注本）第278页。
例句	吴云，阿巴卡，吴德莫。 吴云，译为“九”；阿巴卡，译为“天”；吴德

<table>
<tr><td></td><td colspan="3">莫，译为“分”。
全句合译：分九天。</td></tr>
<tr><td>词汇</td><td>②乌勒德莫</td><td>词义</td><td>分</td></tr>
<tr><td>文献</td><td colspan="3">吉林省吉林市土城子口钦佟赵姓《交罗本》第 6 页。</td></tr>
<tr><td>例句</td><td colspan="3">乌云，博，乌勒德莫。
乌云，译为“九”；博，译为“家”；乌勒德莫，译为“分”。
全句合译：分九家。</td></tr>
<tr><td>词汇</td><td>①乌西</td><td>词义</td><td>田地</td></tr>
<tr><td>文献</td><td colspan="3">吉林省长春市九台区莽卡杨姓《祭祖神本》第 4 页。</td></tr>
<tr><td>例句</td><td colspan="3">乌勒海，式德，乌西，不勒。
乌勒海，译为“立刻”；式德，译为“我们处”；乌西，译为“田地”；不勒，译为“洁净”。
全句合译：我们处的田地立刻清理干净。</td></tr>
<tr><td>词汇</td><td>②吴心</td><td>词义</td><td>田</td></tr>
<tr><td>文献</td><td colspan="3">吉林省长春市九台区其塔木石姓《东哈本》（第 2 册）第 21 页。</td></tr>
<tr><td>例句</td><td colspan="3">吴心，必干。
吴心，译为“田”；必干，译为“野”。
全句合译：田野。</td></tr>
<tr><td>词汇</td><td>①吴克心</td><td>词义</td><td>盔甲；钢</td></tr>
<tr><td>文献</td><td colspan="3">吉林省长春市九台区胡家石姓《小韩本》（引自宋和平译注本）第 62 页、第 140 页。</td></tr>
<tr><td rowspan="2">例句</td><td colspan="3">吴克心，涉卡。
吴克心，译为“盔甲”；涉卡，译为“钢叉”。
全句合译：盔甲钢叉。</td></tr>
<tr><td colspan="3">吴克心，涉查。
吴克心，译为“钢”；涉查，译为“叉”。</td></tr>
</table>

	全句合译：钢叉。		
词汇	②五克心	词义	钢
文献	吉林省长春市九台区胡家石姓《小韩本》（引自宋和平译注本）第49页。		
例句	五克心，涉查。 五克心，译为“钢”；涉查，译为“叉”。 全句合译：钢叉。		
词汇	③乌尖	词义	盔甲
文献	吉林省长春市九台区莽卡杨姓《杨宪本》（手抄本）第9页。		
例句	咳兰莫，打得，特合，乌尖，瞒尼。 咳兰莫，译为“跨越”；打得，译为“原始的”；特合，译为“居住”；乌尖，译为“盔甲”；瞒尼，译为“英雄神”。 全句合译：跨越时代最早穿盔甲的祖先英雄神。		
词汇	④乌尖西	词义	盔甲
文献	吉林省长春市九台区莽卡杨姓《杨宪本》（手抄本）第9页。		
例句	亥兰木，打，特何，乌尖西，瞒尼。 亥兰木，译为“飞绕”；打，译为“原始”；特何，译为“居住”；乌尖西，译为“盔甲”；瞒尼，译为“英雄神”。 全句合译：跨越时代最早穿盔甲的祖先英雄神。		
词汇	①吴拉莫	词义	响；传颂；传扬；诵念
文献	吉林省长春市九台区胡家石姓《小韩本》（引自宋和平译注本）第168页、第185页、第222页、第348页、第352页。		
例句	以莫亲，又乌干，吴拉莫。 以莫亲，译为“抓鼓”；又乌干，译为“声”；		

	吴拉莫，译为“响”。 全句合译：抓鼓的响声。
	伯立西，吴拉莫。 伯立西，译为“求福人”；吴拉莫，译为“传颂”。 全句合译：求福人传颂……
	祭一，又乌干，吴拉莫。 祭一，译为“高”；又乌干，译为“声”；吴拉莫，译为“传扬”。 全句合译：高声传扬。
	又乌干，吴拉莫。 又乌干，译为“声音”；吴拉莫，译为“传扬”。 全句合译：用声音传扬。
	得博棱，伯立西，吴拉莫。 得博棱，译为“小”；伯立西，译为“求福人”；吴拉莫，译为“诵念”。 全句合译：小求福人在诵念……
词汇	②乌拉哈　**词义**　传扬
文献	吉林省长春市九台区其塔木石姓《东哈本》（第1册）第9页。
例句	阿几格，吉干，乌拉哈。 阿几格，译为“小”；吉干，译为“声”；乌拉哈，译为“传扬”。 全句合译：小声传扬。
词汇	③吴拉哈　**词义**　传扬
文献	吉林省长春市九台区胡家石姓《小韩本》（引自宋和平译注本）第101页。
例句	阿几各，又乌干，吴拉哈。 阿几各，译为“小”；又乌干，译为“声”；吴拉哈，译为“传扬”。 全句合译：小声传扬。

词汇	①吴能尼	**词义**	诚
文献	吉林省长春市九台区胡家石姓《小韩本》（引自宋和平译注本）第 156 页。		
例句	吴能尼，牙拉鸡。 吴能尼，译为“诚”；牙拉鸡，译为“真”。 全句合译：真诚。		
词汇	②吴能牙你	**词义**	诚
文献	吉林省长春市九台区其塔木石姓《东哈本》（第 2 册）第 21 页。		
例句	吴能牙你，木已恩瓦博。 吴能牙你，译为“诚”；木已恩瓦博，译为“礼仪”。 全句合译：礼仪真诚。		
词汇	①吴勒纳	**词义**	山谷回声
文献	吉林省长春市九台区其塔木石姓《东哈本》（第 1 册）第 5 页。		
例句	吴勒纳，卧已，七，杜勒非。 吴勒纳，译为“山谷回声”；卧已，译为“林中”；七，译为“从”；杜勒非，译为“经过”。 全句合译：经过林中时山谷回声。		
词汇	②吴林莫	**词义**	响声
文献	吉林省长春市九台区胡家石姓《小韩本》（引自宋和平译注本）第 321 页。		
例句	阿思哈，吴林莫，几恒俄。 阿思哈，译为“翅膀”；吴林莫，译为“响声”；几恒俄，译为“带”。 全句合译：翅膀（扇动）带来了响声。		
词汇	①乌克萨拉木必	**词义**	赶走
文献	吉林省长春市九台区莽卡杨姓《杨宪本》（手抄		

	本）第 4 页。
例句	乌咀，胡土，泊，乌克萨拉木必。 乌咀，译为“围聚”；胡土，译为“鬼怪”；泊，译为“把”；乌克萨拉木必，译为“赶走”。 全句合译：把邪恶势力围聚起来驱走。
词汇	①乌能你 | 词义 | 响亮
文献	吉林省长春市九台区莽卡杨姓《杨宪本》（手抄本）第 6 页。
例句	乌能你，你妈亲。 乌能你，译为“响亮”；你妈亲，译为“抓鼓”。 全句合译：抓鼓声音响亮。
词汇	②乌仍你 | 词义 | 响亮
文献	吉林省长春市九台区莽卡杨姓《杨静棠本》第 6 页。
例句	乌仍你，你木亲。 乌仍你，译为“响亮”；你木亲，译为“抓鼓”。 全句合译：抓鼓声音响亮。
词汇	①乌勒海 | 词义 | 立刻
文献	吉林省长春市九台区莽卡杨姓《祭祖神本》第 4 页。
例句	乌勒海，戈德。 乌勒海，译为“立刻”；戈德，译为“我把”。 全句合译：我把它立刻……
词汇	①吴杜 | 词义 | 多
文献	吉林省长春市九台区其塔木石姓《东哈本》（第 2 册）第 1 页。
例句	吴杜，阿牙你。 吴杜，译为“多”；阿牙你，译为“年”。 全句合译：多年。
词汇	②乌都都 | 词义 | 多

文献	吉林省长春市九台区莽卡杨姓《杨宪本》（手抄本）第 54 页。		
例句	我勒，乌都都，阿牙你。 我勒，译为“这里”；乌都都，译为“多”；阿牙你，译为“年”。 全句合译：在这里多年。		
词汇	①乌西疋	词义	供献
文献	吉林省长春市九台区莽卡杨姓《祭祖神谱本》第 11 页。		
例句	乌库，得，乌西疋。 乌库，译为“担负”；得，译为“在”；乌西疋，译为“供献”。 全句合译：在担负着供献（的职责）。		
词汇	②乌立疋	词义	供献
文献	吉林省长春市九台区莽卡杨姓《杨静棠本》第 2 页。		
例句	乌乎胡，得，乌立疋。 乌乎胡，译为“米”；得，译为“在”；乌立疋，译为“供献”。 全句合译：在供献米。		
词汇	①乌买	词义	并
文献	吉林省长春市九台区莽卡杨姓《杨宪本》（手抄本）第 10 页。		
例句	乌买，白仍白恶。 乌买，译为“并”；白仍白恶，译为“乞求”。 全句合译：一并乞求。		
词汇	②无莫	词义	并
文献	吉林省长春市九台区莽卡杨姓《杨宪本》（手抄本）第 33 页。		
例句	无莫，矶车木必。		

	无莫，译为“并”；矶车木必，译为“降下”。 全句合译：一并降下。
词汇	①乌库胡 | 词义 | 米
文献	吉林省长春市九台区莽卡杨姓《杨宪本》（手抄本）第 69 页。
例句	乌库胡，得，乌立笔。 乌库胡，译为“米”；得，译为“把”；乌立笔，译为“供献”。 全句合译：把祭米供上。
词汇	②乌呼胡 | 词义 | 米
文献	吉林省长春市九台区莽卡杨姓《杨静棠本》第 2 页。
例句	乌呼胡，得，乌立疋。 乌呼胡，译为“米”；得，译为“在”；乌立疋，译为“供献”。 全句合译：正在供献祭米。
词汇	①吴拉德莫 | 词义 | 传递着
文献	吉林省长春市九台区胡家石姓《小韩本》（引自宋和平译注本）第 301 页。
例句	吴云，涉玛，得，吴拉德莫，瓦秃七。 吴云，译为“九”；涉玛，即为“萨满”；得，译为“在”；吴拉德莫，译为“传递着”；瓦秃七，译为“查看”。 全句合译：九位萨满在传递查看着。
词汇	②吴拉得莫 | 词义 | 传递着
文献	吉林省长春市九台区胡家石姓《小韩本》（引自宋和平译注本）第 284 页。
例句	吴拉得莫，瓦秃哈。 吴拉得莫，译为“传递着”；瓦秃哈，译为“查看”。

<table>
<tr><td></td><td colspan="3">全句合译：一边传递一边查看。</td></tr>
<tr><td>词汇</td><td>①吴伦</td><td>词义</td><td>媳妇</td></tr>
<tr><td>文献</td><td colspan="3">吉林省长春市九台区胡家石姓《小韩本》（引自宋和平译注本）第 329 页。</td></tr>
<tr><td>例句</td><td colspan="3">街哈，吴伦。
街哈，译为“娶”；吴伦，译为“媳妇”。
全句合译：娶媳妇。</td></tr>
<tr><td>词汇</td><td>①乌尔库</td><td>词义</td><td>不懂</td></tr>
<tr><td>文献</td><td colspan="3">吉林省长春市九台区胡家石姓《小韩本》（引自宋和平译注本）第 126 页。</td></tr>
<tr><td>例句</td><td colspan="3">乌尔库，满洲，又乌孙，打俄力。
乌尔库，译为“不懂”；满洲，译为“满”；又乌孙，译为“语”；打俄力，译为“众长辈”。
全句合译：众长辈不懂满语。</td></tr>
<tr><td>词汇</td><td>①五伐拉</td><td>词义</td><td>磨面</td></tr>
<tr><td>文献</td><td colspan="3">吉林省长春市九台区胡家石姓《小韩本》（引自宋和平译注本）第 399 页。</td></tr>
<tr><td>例句</td><td colspan="3">五伐拉，得。
五伐拉，译为“磨面”；得，译为“在”。
全句合译：在磨面。</td></tr>
<tr><td>词汇</td><td>①五巴拉莫</td><td>词义</td><td>转换</td></tr>
<tr><td>文献</td><td colspan="3">吉林省长春市九台区胡家石姓《小韩本》（引自宋和平译注本）第 350 页。</td></tr>
<tr><td>例句</td><td colspan="3">街不涉拉，五巴拉莫。
街不涉拉，译为“尽力”；五巴拉莫，译为“转换”。
全句合译：尽力转换。</td></tr>
<tr><td>词汇</td><td>①吴拉</td><td>词义</td><td>江</td></tr>
<tr><td>文献</td><td colspan="3">吉林省长春市九台区胡家石姓《小韩本》（引自宋和平译注本）第 204 页。</td></tr>
</table>

<table>
<tr><td>例句</td><td colspan="3">赊其，吴拉，瓦西不莫。
赊其，江名，无法译读；吴拉，译为“江”；瓦西不莫，译为“降临”。
全句合译：从赊其江降临。</td></tr>
<tr><td>词汇</td><td>②乌拉</td><td>词义</td><td>江</td></tr>
<tr><td>文献</td><td colspan="3">吉林省长春市九台区胡家石姓《小韩本》（引自宋和平译注本）第 114 页</td></tr>
<tr><td>例句</td><td colspan="3">松阿力，乌拉。
松阿力，译为“松花”；乌拉，译为“江”。
全句合译：松花江。</td></tr>
<tr><td>词汇</td><td>①吴莫</td><td>词义</td><td>勿</td></tr>
<tr><td>文献</td><td colspan="3">吉林省长春市九台区胡家石姓《小韩本》（引自宋和平译注本）第 290 页。</td></tr>
<tr><td>例句</td><td colspan="3">吴莫，卧立勒，嘎涉拉。
吴莫，译为“勿”；卧立勒，译为“留”；嘎涉拉，译为“怨恨”。
全句合译：勿留怨恨。</td></tr>
<tr><td>词汇</td><td>①乌哈拉莫</td><td>词义</td><td>被偷走</td></tr>
<tr><td>文献</td><td colspan="3">吉林省长春市九台区莽卡杨姓《杨宪本》（手抄本）第 84 页。</td></tr>
<tr><td>例句</td><td colspan="3">泊，泊，多勒吉，得，乌哈拉莫。
泊，译为“家”；泊，译为“白”；多勒吉，译为“内”；得，译为“在”；乌哈拉莫，译为“被偷走”。
全句合译：家里的财物平白无故被偷走。</td></tr>
<tr><td>词汇</td><td>①乌木西</td><td>词义</td><td>灾难</td></tr>
<tr><td>文献</td><td colspan="3">吉林省长春市九台区莽卡杨姓《杨宪本》（手抄本）第 54 页。</td></tr>
<tr><td>例句</td><td colspan="3">我不西，乌木西，衣言四浑。
我不西，译为“下来”；乌木西，译为“灾难”；</td></tr>
</table>

<table>
<tr><td></td><td colspan="3">衣言四浑，译为“顺利”。
全句合译：顺利地渡过难关。</td></tr>
<tr><td>词汇</td><td>①吴里</td><td>词义</td><td>熟练</td></tr>
<tr><td>文献</td><td colspan="3">吉林省长春市九台区胡家石姓《小韩本》（引自宋和平译注本）第 123 页。</td></tr>
<tr><td>例句</td><td colspan="3">吴里，涉玛。
吴里，译为“熟练”；涉玛，译为“萨满”。
全句合译：技术娴熟的萨满。</td></tr>
<tr><td>词汇</td><td>①乌独木</td><td>词义</td><td>击鼓</td></tr>
<tr><td>文献</td><td colspan="3">吉林省长春市九台区莽卡杨姓《杨宪本》（手抄本）第 59 页。</td></tr>
<tr><td>例句</td><td colspan="3">尼妈亲，乌独木。
尼妈亲，译为“抓鼓”；乌独木，译为“击鼓”。
全句合译：击打抓鼓。</td></tr>
<tr><td>词汇</td><td>①吴初刀</td><td>词义</td><td>青（敖）</td></tr>
<tr><td>文献</td><td colspan="3">吉林省长春市九台区胡家石姓《小韩本》（引自宋和平译注本）第 116 页。</td></tr>
<tr><td>例句</td><td colspan="3">吴初刀，哈拉。
吴初刀，译为“青（敖）”；哈拉，译为“姓”。
全句合译：姓青（敖）。</td></tr>
<tr><td>词汇</td><td>②吴初力</td><td>词义</td><td>青</td></tr>
<tr><td>文献</td><td colspan="3">吉林省长春市九台区其塔木石姓《东哈本》（第 2 册）第 1 页。</td></tr>
<tr><td>例句</td><td colspan="3">吴初力，哈拉。
吴初力，译为“青”；哈拉，译为“姓”。
全句合译：姓青。</td></tr>
<tr><td>词汇</td><td>①吴合力拉魔</td><td>词义</td><td>一样</td></tr>
<tr><td>文献</td><td colspan="3">吉林省长春市九台区其塔木石姓《东哈本》（第 2 册）第 1 页。</td></tr>
</table>

<table>
<tr><td>例句</td><td colspan="3">吴合力，鸡孙，吴合力拉魔。
吴合力，译为“都”；鸡孙，译为“话”；吴合力拉魔，译为“一样”。
全句合译：话都一样。</td></tr>
<tr><td>词汇</td><td>①吴拉库</td><td>词义</td><td>偏</td></tr>
<tr><td>文献</td><td colspan="3">吉林省长春市九台区其塔木石姓《东哈本》（第1册）第82页。</td></tr>
<tr><td>例句</td><td colspan="3">哀，吴拉库。
哀，译为“什么”；吴拉库，译为“偏”。
全句合译：什么偏了？</td></tr>
</table>

<table>
<tr><td rowspan="2">音序</td><td colspan="3">X</td></tr>
<tr><td colspan="3">xi</td></tr>
<tr><td>词汇</td><td>①西棱</td><td>词义</td><td>脉</td></tr>
<tr><td>文献</td><td colspan="3">吉林省长春市九台区胡家石姓《小韩本》（引自宋和平译注本）第 203 页。</td></tr>
<tr><td>例句</td><td colspan="3">声心，一，西棱。
声心，译为“风水”；一，译为“的”；西棱，译为“脉”。
全句合译：风水的脉络。</td></tr>
<tr><td>词汇</td><td>①西棱尼</td><td>词义</td><td>露</td></tr>
<tr><td>文献</td><td colspan="3">吉林省长春市九台区胡家石姓《小韩本》（引自宋和平译注本）第 161 页。</td></tr>
<tr><td>例句</td><td colspan="3">阿巴卡，西棱尼。
阿巴卡，译为“天”；西棱尼，译为“露”。
全句合译：露天。</td></tr>
<tr><td>词汇</td><td>①西林</td><td>词义</td><td>精致</td></tr>
<tr><td>文献</td><td colspan="3">吉林省长春市九台区莽卡杨姓《杨宪本》（手抄本）第 6 页。</td></tr>
<tr><td>例句</td><td colspan="3">西林，西散。
西林，译为“精致”；西散，译为“腰铃”。
全句合译：腰铃精致。</td></tr>
<tr><td>词汇</td><td>②西嫩</td><td>词义</td><td>精美</td></tr>
<tr><td>文献</td><td colspan="3">吉林省长春市九台区莽卡杨姓《杨宪本》（手抄本）第 7 页。</td></tr>
<tr><td>例句</td><td colspan="3">西嫩，兴恨，安出利。
西嫩，译为“精美”；兴恨，译为“树顶上”；安出利，译为“金”。
全句合译：金色精美的……在树顶上。</td></tr>
<tr><td>词汇</td><td>③西利</td><td>词义</td><td>精美</td></tr>
<tr><td>文献</td><td colspan="3">吉林省长春市九台区莽卡杨姓《杨静棠本》第 7 页。</td></tr>
</table>

例句	松坤，西利。 松坤，译为“海东青”；西利，译为“精美”。 全句合译：身姿俊美的海东青。		
词汇	①西沙	**词义**	腰铃
文献	吉林省长春市九台区其塔木石姓《东哈本》（第 1 册）第 86 页。		
例句	西沙，呼似韩，涉克打拉。 西沙，译为“腰铃”；呼似韩，译为“包裹着”；涉克打拉，译为“抬起”。 全句合译：腰铃裙子甩起来。		
词汇	②西散	**词义**	腰铃
文献	吉林省长春市九台区莽卡杨姓《杨宪本》（手抄本）第 6 页。		
例句	西林，西散。 西林，译为“精致”；西散，译为“腰铃”。 全句合译：腰铃精致。		
词汇	①西佛沙拉笔	**词义**	抬起
文献	吉林省长春市九台区莽卡杨姓《杨宪本》（手抄本）第 6 页。		
例句	西哈拉，得，西佛沙拉笔。 西哈拉，译为“腰间”；得，译为“在”；西佛沙拉笔，译为“抬起”。 全句合译：（腰铃）在腰间摆动起来。		
词汇	②西不杀拉疋	**词义**	抬起
文献	吉林省长春市九台区莽卡杨姓《杨宪本》（手抄本）第 6 页。		
例句	西哈拉，得，西不杀拉疋。 西哈拉，译为“腰间”；得，译为“在”；西不杀拉疋，译为“抬起”。 全句合译：（腰铃）在腰间摆动起来。		

词汇	③西涉拉疋	词义	抬起
文献	吉林省长春市九台区莽卡杨姓《杨静棠本》第 6 页。		
例句	西哈拉，得，西涉拉疋。 西哈拉，译为“腰间”；得，译为“在”；西涉拉疋，译为“抬起”。 全句合译：（腰铃）在腰间摆动起来。		
词汇	①西尼	词义	你的
文献	吉林省长春市九台区莽卡杨姓《祭祖神本》第 2 页。		
例句	西尼，恶真，翁古玛法。 西尼，译为“你的”；恶真，译为“主人”；翁古玛法，译为“祖先”。 全句合译：你主人的祖先。		
词汇	②西泥	词义	你的
文献	吉林省长春市九台区莽卡杨姓《祭祖神本》第 29 页。		
例句	西泥，恶真。 西泥，译为“你的”；恶真，译为“主人”。 全句合译：你的主人。		
词汇	①西西笔	词义	插
文献	吉林省长春市九台区莽卡杨姓《杨宪本》（手抄本）第 5 页。		
例句	朱录，现，泊，朱勒力，西西笔。 朱录，译为“成对”；现，译为“香”；泊，译为“把”；朱勒力，译为“前面”；西西笔，译为“插”。 全句合译：把成对的汉香插在前面。		
词汇	②西西疋	词义	插
文献	吉林省长春市九台区莽卡杨姓《杨宪本》（手抄本）第 24 页。		
例句	朱勒立，西西疋。 朱勒立，译为“前边”；西西疋，译为“插”。		

	全句合译：插在前边。		
词汇	①西侠库	词义	筛箩
文献	吉林省长春市九台区胡家石姓《小韩本》（引自宋和平译注本）第 349 页。		
例句	西侠库，杜卡，吉立腓。 西侠库，译为“筛箩”；杜卡，译为“门”；吉立腓，译为“移动”。 全句合译：移动了房门上挂着的筛箩。		
词汇	①西哈拉	词义	腰间
文献	吉林省长春市九台区莽卡杨姓《杨宪本》（手抄本）第 6 页。		
例句	西哈拉，得，西佛涉拉笔。 西哈拉，译为“腰间”；得，译为“在”；西佛涉拉笔，译为“抬起”。 全句合译：（腰铃）在腰间摆动起来。		
词汇	①西打笔	词义	放置
文献	吉林省长春市九台区莽卡杨姓《杨宪本》（手抄本）第 74 页。		
例句	哀克不莫，西打笔。 哀克不莫，译为“救亡”；西打笔，译为“放置”。 全句合译：放下来相救。		
词汇	①西木浑	词义	手指头
文献	吉林省长春市九台区莽卡杨姓《杨宪本》（手抄本）第 74 页。		
例句	墨你，佛勒何，西木浑，泊。 墨你，译为“我们的”；佛勒何，译为“红色的”；西木浑，译为“手指头”；泊，译为“把”。 全句合译：把我们的手指头染红了。		
词汇	①西立	词义	白汤
文献	吉林省长春市九台区莽卡杨姓《杨宪本》（手抄本）		

	第 76 页。		
例句	西立，涉西干，得，阿不疋。 西立，译为“白汤”；涉西干，译为“羹”；得，译为“在”；阿不疋，译为“合适”。 全句合译：呈白色羹汤状正合适。		
词汇	①西涉	词义	脊背
文献	吉林省长春市九台区莽卡杨姓《杨宪本》（手抄本）第 10 页。		
例句	西涉，得，乌奴莫。 西涉，译为“脊背”；得，译为“在”；乌奴莫，译为“背”。 全句合译：在脊背上背着。		
词汇	①西旦	词义	线（套子）
文献	吉林省长春市九台区莽卡杨姓《祭祖神本》第 15 页。		
例句	我勒，西旦，得。 我勒，译为“这里”；西旦，译为“线（套子）”；得，译为“在”。 全句合译：在这里设有线（套子）。		
词汇	②西棱一	词义	提线
文献	吉林省长春市九台区胡家石姓《小韩本》（引自宋和平译注本）第 65 页。		
例句	西棱一，洪吴，得。 西棱一，译为“提线”；洪吴，译为“神铃”；得，译为“在”。 全句合译：在提着线拴的神铃。		
词汇	①西兰西兰	词义	接连不断
文献	吉林省长春市九台区莽卡杨姓《杨宪本》（手抄本）第 82 页。		
例句	朱涉，卧木洛，西兰西兰。		

<table>
<tr><td></td><td colspan="3">朱涉，译为“儿子们”；卧木洛，译为“孙子们”；西兰西兰，译为“接连不断”。
全句合译：子子孙孙接连不断。</td></tr>
<tr><td>词汇</td><td>②西兰打莫</td><td>词义</td><td>连接</td></tr>
<tr><td>文献</td><td colspan="3">吉林省长春市九台区胡家石姓《小韩本》（引自宋和平译注本）第 225 页。</td></tr>
<tr><td>例句</td><td colspan="3">克得不腓，以心几勒，博，西兰打莫。
克得不腓，译为“使去”；以心几勒，译为“来到”；博，译为“把”；西兰打莫，译为“连接”。
全句合译：接连来来去去。</td></tr>
<tr><td>词汇</td><td>③西兰杜莫</td><td>词义</td><td>不断</td></tr>
<tr><td>文献</td><td colspan="3">吉林省长春市九台区胡家石姓《小韩本》（引自宋和平译注本）第 216 页。</td></tr>
<tr><td>例句</td><td colspan="3">拉立，西兰杜莫。
拉立，译为“修炼”；西兰杜莫，译为“不断”。
全句合译：不断修炼。</td></tr>
<tr><td>词汇</td><td>④西萨莫</td><td>词义</td><td>接连不断</td></tr>
<tr><td>文献</td><td colspan="3">吉林省吉林市土城子口钦佟赵姓《交罗本》第 6 页。</td></tr>
<tr><td>例句</td><td colspan="3">西萨莫，妞孙。
西萨莫，译为“接连不断”；妞孙，译为“承担”。
全句合译：接连不断地承担着……</td></tr>
<tr><td>词汇</td><td>⑤西言</td><td>词义</td><td>线</td></tr>
<tr><td>文献</td><td colspan="3">吉林省长春市九台区其塔木石姓《东哈本》。</td></tr>
<tr><td>例句</td><td colspan="3">西言，西兰西兰，西言。
西言，译为“线”；西兰西兰，译为“接连不断”；西言，译为“线”。
全句合译：线线相连。</td></tr>
<tr><td>词汇</td><td>⑥西兰堵莫</td><td>词义</td><td>接连不断</td></tr>
<tr><td>文献</td><td colspan="3">吉林省长春市九台区其塔木石姓《东哈本》（第 1 册）第 26 页。</td></tr>
</table>

例句	我勒，卧七，西兰堵莫。 我勒，译为“此”；卧七，译为“由”；西兰堵莫，译为“接连不断”。 全句合译：由此接连不断。		
音序	**xian**		
词汇	①仙	词义	香
文献	吉林省长春市九台区其塔木石姓《东哈本》（第 1 册）第 41 页。		
例句	朱禄，仙，博，朱勒力。 朱禄，译为“对”；仙，译为“香”；博，译为“把”；朱勒力，译为“前面”。 全句合译：把对香（成对的汉香）插在前面。		
词汇	②先	词义	香
文献	吉林省长春市九台区胡家石姓《小韩本》（引自宋和平译注本）第 348 页。		
例句	多西哈，先，瓦秃。 多西哈，译为“进献”；先，译为“香”；瓦秃，译为“火”。 全句合译：进献香火。		
词汇	③现	词义	香
文献	吉林省长春市九台区莽卡杨姓《杨宪本》（手抄本）第 2 页。		
例句	年其，现，泊，押罗莫。 年其，译为“年祈”；现，译为“香”；泊，译为“把”；押罗莫，译为“引燃”。 全句合译：先把年祈香（满香）引燃。		
词汇	④宪	词义	香
文献	吉林省长春市九台区莽卡杨姓《杨宪本》（手抄本）第 1 页。		
例句	娘们，杨，宪。		

	娘们，译为“人”；杨，译为“姓杨”；宪，译为“香”。 全句合译：烧香人姓杨。		
音序	xiao		
词汇	①肖山	词义	纸
文献	吉林省长春市九台区胡家石姓《小韩本》（引自宋和平译注本）第272页。		
例句	特合，肖山。 特合，译为“放下”；肖山，译为“纸”。 全句合译：把纸放下。		
词汇	②华时	词义	纸
文献	黑龙江省宁安市兰岗关姓《特合本子》第10页。		
例句	毛头，华时，吾大撇。 毛头，译为“毛头”；华时，译为“纸”；吾大撇，译为“买来了”。 全句合译：买来了毛头纸。		
音序	xin		
词汇	①新打	词义	开放
文献	吉林省长春市九台区莽卡杨姓《杨宪本》（手抄本）第5页。		
例句	新打，班吉不勒，朱滚，泊，八哈不楼笔。 新打，译为“开放”；班吉不勒，译为“生活”；朱滚，译为“道路”；泊，译为“把”；八哈不楼笔，译为“得到了”。 全句合译：得到了使生活沟通顺畅的语言。		
词汇	②新达	词义	放开
文献	吉林省长春市九台区莽卡杨姓《杨静棠本》第5页。		
例句	新达，胡拉，昂阿，泊嫩笔。 新达，译为“放开”；胡拉，译为“福”；昂阿，译为“口”；泊嫩笔，译为“乞求”。 全句合译：张开嘴巴乞求得到幸福路。		

词汇	③心打	词义	放开
文献	吉林省长春市九台区莽卡杨姓《杨静棠本》第 5 页。		
例句	心打，班吉不勒，朱滚，泊。 心打，译为“放开”；班吉不勒，译为“生活”；朱滚，译为“道路”；泊，译为“把”。 全句合译：让通往幸福生活之路畅通。		
词汇	①新肯	词义	树顶上
文献	吉林省长春市九台区莽卡杨姓《杨宪本》（手抄本）第 54 页。		
例句	松坤，西林，新肯。 松坤，译为“海东青”；西林，译为“精致”；新肯，译为“树顶上”。 全句合译：神俊的海东青蹲在树顶上。		
词汇	①新西	词义	来到
文献	吉林省长春市九台区莽卡杨姓《杨宪本》（手抄本）第 69 页。		
例句	西，福孙，新西。 西，译为“斗”；福孙，译为“跳神”； 新西，译为“来到”。 全句合译：来到斗前跳神。		
词汇	②兴西哈	词义	到
文献	吉林省长春市九台区胡家石姓《小韩本》（引自宋和平译注本）第 112 页。		
例句	涉克打，兴西哈，召屯，得。 涉克打，译为“志”；兴西哈，译为“到”；召屯，译为“城”；得，译为“在”。 全句合译：到老城（仅指今沈阳市）。		
音序	**xing**		
词汇	①兴俄腓	词义	附
文献	吉林省长春市九台区胡家石姓《小韩本》（引自宋		

<table>
<tr><td></td><td colspan="3">和平译注本）第 364 页。</td></tr>
<tr><td>例句</td><td colspan="3">我贞，博垫，得，兴俄腓。
我贞，译为“萨满”；博垫，译为“身”；得，译为“在”；兴俄腓，译为“附”。
全句合译：萨满附体。</td></tr>
<tr><td>词汇</td><td>②兴我腓</td><td>词义</td><td>附</td></tr>
<tr><td>文献</td><td colspan="3">吉林省长春市九台区胡家石姓《小韩本》（引自宋和平译注本）第 211 页。</td></tr>
<tr><td>例句</td><td colspan="3">我贞，博垫，得，兴我腓。
我贞，译为“萨满”；博垫，译为“身”；得，译为“在”；兴我腓，译为“附”。
全句合译：萨满附体。</td></tr>
<tr><td>词汇</td><td>③兴俄</td><td>词义</td><td>附</td></tr>
<tr><td>文献</td><td colspan="3">吉林省长春市九台区胡家石姓《小韩本》（引自宋和平译注本）第 102 页。</td></tr>
<tr><td>例句</td><td colspan="3">阿立瞒尼，付七，兴俄。
阿立瞒尼，译为“阿立英雄神”；付七，译为“善佛”；兴俄，译为“附”。
全句合译：阿立英雄神附着善佛之身。</td></tr>
<tr><td>词汇</td><td>④兴我</td><td>词义</td><td>附身</td></tr>
<tr><td>文献</td><td colspan="3">吉林省长春市九台区胡家石姓《小韩本》（引自宋和平译注本）第 134 页。</td></tr>
<tr><td>例句</td><td colspan="3">付七，兴我。
付七，译为“善佛”；兴我，译为“附身”。
全句合译：善佛附身。</td></tr>
<tr><td>词汇</td><td>⑤星我腓</td><td>词义</td><td>附</td></tr>
<tr><td>文献</td><td colspan="3">吉林省长春市九台区胡家石姓《小韩本》（引自宋和平译注本）第 87 页。</td></tr>
<tr><td>例句</td><td colspan="3">我贞，博垫，得，星我腓。
我贞，译为“萨满”；博垫，译为“身”；得，译为</td></tr>
</table>

	"在"；星我腓，译为"附"。 全句合译：萨满在附体。		
词汇	⑥心恶非	词义	附
文献	吉林省长春市九台区其塔木石姓《东哈本》（第1册）第17页。		
例句	我贞，博哦，心恶非。 我贞，译为"萨满"；博哦，译为"身"；心恶非，译为"附"。 全句合译：萨满附体。		
词汇	⑦心危非	词义	附
文献	吉林省长春市九台区其塔木石姓《东哈本》（第1册）第20页。		
例句	我贞，博哦，心危非。 我贞，译为"萨满"；博哦，译为"身"；心危非，译为"附"。 全句合译：萨满附体。		
词汇	⑧心俄非	词义	附
文献	吉林省长春市九台区其塔木石姓《东哈本》（第1册）第83页。		
例句	我贞，博垫，心俄非。 我贞，译为"萨满"；博垫，译为"身"；心俄非，译为"附"。 全句合译：萨满附体。		
词汇	⑨心危啡	词义	附
文献	吉林省长春市九台区其塔木石姓《东哈本》（第1册）第90页。		
例句	我贞，博哦，心危啡。 我贞，译为"萨满"；博哦，译为"身"；心危啡，译为"附"。 全句合译：萨满附体。		

词汇	⑩心非	词义	附
文献	吉林省长春市九台区其塔木石姓《东哈本》（第 1 册）第 46 页。		
例句	我贞，博哦，心非。 我贞，译为“萨满”；博哦，译为“身”；心非，译为“附”。 全句合译：萨满附体。		
词汇	①兴俄力	词义	鼠
文献	黑龙江省宁安市白岩乐园杨姓《神本》第 2 页。		
例句	兴俄力，克汉的。 兴俄力，译为“鼠”；克汉的，译为“牛”。 全句合译：子鼠、丑牛。		
词汇	②兴我立	词义	鼠
文献	吉林省长春市九台区胡家石姓《小韩本》（引自宋和平译注本）第 103 页。		
例句	登占，打不勒，兴我立，我林，得。 登占，译为“灯”；打不勒，译为“点燃”；兴我立，译为“鼠”；我林，译为“子”；得，译为“在”。 全句合译：在子时点灯。		
词汇	③星俄立	词义	鼠
文献	吉林省长春市九台区胡家石姓《小韩本》（引自宋和平译注本）第 295 页。		
例句	乌朱七，札兰，玛法，星俄立，阿牙你。 乌朱七，译为“头”；札兰，译为“辈”；玛法，译为“太爷”；星俄立，译为“鼠”；阿牙你，译为“属”。 全句合译：头辈太爷属鼠。		
词汇	④心恶力	词义	鼠
文献	吉林省长春市九台区其塔木石姓《东哈本》（第 2 册）第 23 页。		
例句	心恶力，阿牙尼。		

<table>
<tr><td></td><td colspan="3">心恶力，译为“鼠”；阿牙尼，译为“属”。
全句合译：属鼠。</td></tr>
<tr><td>词汇</td><td>⑤心恶林</td><td>词义</td><td>鼠</td></tr>
<tr><td>文献</td><td colspan="3">吉林省长春市九台区莽卡杨姓《杨静棠本》第 10 页。</td></tr>
<tr><td>例句</td><td colspan="3">心恶林，阿宁阿。
心恶林，译为“鼠”；阿宁阿，译为“属”。
全句合译：属鼠。</td></tr>
<tr><td>词汇</td><td>⑥心恶立</td><td>词义</td><td>鼠</td></tr>
<tr><td>文献</td><td colspan="3">吉林省长春市九台区莽卡杨姓《杨宪本》（手抄本）第 10 页。</td></tr>
<tr><td>例句</td><td colspan="3">心恶立，阿宁阿。
心恶立，译为“鼠”；阿宁阿，译为“属”。
全句合译：属鼠。</td></tr>
<tr><td>词汇</td><td>⑦生克力</td><td>词义</td><td>鼠</td></tr>
<tr><td>文献</td><td colspan="3">黑龙江省宁安市白钢乐园杨姓《神本》第 1 页。</td></tr>
<tr><td>例句</td><td colspan="3">生克力，啊宁啊。
生克力，译为“鼠”；啊宁啊，译为“年”。
全句合译：鼠年。</td></tr>
<tr><td>词汇</td><td>⑧心我力</td><td>词义</td><td>鼠</td></tr>
<tr><td>文献</td><td colspan="3">吉林省长春市九台区其塔木关姓《腰哈本》第 2 页。</td></tr>
<tr><td>例句</td><td colspan="3">心我力，阿尼牙。
心我力，译为“鼠”；阿尼牙，译为“属相”。
全句合译：属鼠的。</td></tr>
<tr><td>词汇</td><td>①兴恨</td><td>词义</td><td>树顶上</td></tr>
<tr><td>文献</td><td colspan="3">吉林省长春市九台区莽卡杨姓《杨宪本》（手抄本）第 7 页。</td></tr>
<tr><td>例句</td><td colspan="3">爱心爱心，书不路，松坤，西嫩，兴恨。
爱心爱心，译为“金色”；书不路，译为“畏缩着”；松坤，译为“海东青”；西嫩，译为“精美”；兴恨，译</td></tr>
</table>

	为“树顶上”。 全句合译：金色的漂亮的海东青蹲缩在树顶上。

音序	Y		
	ya		
词汇	①押亲	词义	黑暗
文献	吉林省长春市九台区莽卡杨姓《杨宪本》（手抄本）第 7 页。		
例句	押亲，哭论。 押亲，译为“黑暗”；哭论，译为“棺材”。 全句合译：棺材里很黑。		
词汇	②牙亲	词义	黑；青
文献	吉林省长春市九台区胡家石姓《小韩本》（引自宋和平译注本）第 140 页。		
例句	牙亲，娄付。 牙亲，译为“黑”；娄付，译为“熊”。 全句合译：黑熊。		
	牙亲，昂阿。 牙亲，译为“青”；昂阿，译为“嘴”。 全句合译：青色的嘴。		
词汇	③牙青	词义	皂青
文献	吉林省长春市九台区胡家石姓《小韩本》（引自宋和平译注本）第 184 页。		
例句	牙青，阿哈。 牙青，译为“皂青”；阿哈，译为“花色”。 全句合译：皂青的花色。		
词汇	①押录非	词义	引燃
文献	吉林省长春市九台区其塔木石姓《东哈本》（第 2 册）第 21 页。		
例句	朱录，仙，博，朱勒力，押录非。 朱录，译为“对”；仙，译为“香”；博，译为“把”；朱勒力，译为“前面”；押录非，译为“引燃”。 全句合译：把前面的成对汉香引燃。		

词汇	②押罗莫	词义	引燃
文献	吉林省长春市九台区莽卡杨姓《杨宪本》（手抄本）第 2 页。		
例句	年其现，泊，押罗莫。 年其现，译为“年祈香”；泊，译为“把”；押莫罗，译为“引燃”。 全句合译：把年祈香（满香）引燃。		
词汇	③牙路莫	词义	引燃
文献	吉林省长春市九台区莽卡杨姓《杨宪本》（手抄本）第 33 页。		
例句	年其现，泊，牙路莫。 年其现，译为“年祈香”；泊，译为“把”；牙路莫，译为“引燃”。 全句合译：把满香（年祈香）引燃。		
词汇	④牙洛莫	词义	引燃
文献	吉林省长春市九台区莽卡杨姓《杨静棠本》第 2 页。		
例句	年其现，泊，牙洛莫。 年其现，译为“年祈香”；泊，译为“把”；牙洛莫，译为“引燃”。 全句合译：把年祈香（满香）引燃。		
词汇	⑤牙罗莫	词义	引燃
文献	吉林省长春市九台区莽卡杨姓《杨宪本》（手抄本）第 5 页。		
例句	年其现，泊，牙罗莫。 年其现，译为“年祈香”；泊，译为“把”；牙罗莫，译为“引燃”。 全句合译：把年祈香（满香）引着。		
词汇	⑥牙录兴	词义	遵行
文献	吉林省长春市九台区莽卡杨姓《杨宪本》（手抄本）第 59 页。		

<table>
<tr><td>例句</td><td colspan="3">押不哈，巴得，牙录兴。
押不哈，译为“行走”；巴得，译为“各处”；牙录兴，译为“遵行”。
全句合译：去各地出差办事很顺当。</td></tr>
<tr><td>词汇</td><td>⑦牙勒莫</td><td>词义</td><td>遵行</td></tr>
<tr><td>文献</td><td colspan="3">吉林省长春市九台区莽卡杨姓《杨宪本》（手抄本）第 82 页。</td></tr>
<tr><td>例句</td><td colspan="3">念其现，牙勒莫，打不笔。
念其现，译为“年祈香”；牙勒莫，译为“遵行”；打不笔，译为“点燃”。
全句合译：点燃祝愿顺利的年祈香（满香）。</td></tr>
<tr><td>词汇</td><td>⑧押勒</td><td>词义</td><td>引导</td></tr>
<tr><td>文献</td><td colspan="3">吉林省长春市九台区莽卡杨姓《祭祖神本》第 29 页。</td></tr>
<tr><td>例句</td><td colspan="3">押勒，泊，吽特疋。
押勒，译为“引导”；泊，译为“把”；吽特疋，译为“承担”。
全句合译：把引导的职责来承担。</td></tr>
<tr><td>词汇</td><td>⑨牙禄莫</td><td>词义</td><td>引</td></tr>
<tr><td>文献</td><td colspan="3">吉林省长春市九台区胡家石姓《小韩本》（引自宋和平译注本）第 272 页。</td></tr>
<tr><td>例句</td><td colspan="3">肖山，牙禄莫。
肖山，译为“纸”；牙禄莫，译为“引”。
全句合译：纸引。</td></tr>
<tr><td>词汇</td><td>⑩押哈</td><td>词义</td><td>训导</td></tr>
<tr><td>文献</td><td colspan="3">吉林省长春市九台区莽卡杨姓《杨宪本》（手抄本）第 54 页。</td></tr>
<tr><td>例句</td><td colspan="3">押哈，牙你别，卧车勒，泊，孙作必。
押哈，译为“训导”；牙你别，译为“年”；卧车勒，译为“祭祀”；泊，译为“把”；孙作必，译为“选择”。</td></tr>
</table>

	全句合译：经过训导把祭祀之年选择。		
词汇	⑪押打拉	**词义**	引导
文献	吉林省长春市九台区莽卡杨姓《杨宪本》（手抄本）第16页。		
例句	押打拉，表根，娘们，得，押路莫。 押打拉，译为“引导”；表根，译为“家族”；娘们，译为“人”；得，译为“在”；押路莫，译为“行”。 全句合译：在引导家族中的人行进。		
词汇	①押不勒	**词义**	行走
文献	吉林省长春市九台区莽卡杨姓《杨静棠本》第12页。		
例句	押不勒，八，得。 押不勒，译为“行走”；八，译为“地”；得，译为“在”。 全句合译：在各地行走。		
词汇	②牙不勒	**词义**	行走
文献	吉林省长春市九台区其塔木石姓《东哈本》（第2册），第23页。		
例句	抢迁，三，得，牙不勒。 抢迁，译为“称赞”；三，译为“好”，得，译为“在”；牙不勒，译为“行走”。 全句合译：在赞美其走得好。		
词汇	③牙不哈	**词义**	行
文献	吉林省长春市九台区胡家石姓《小韩本》（引自宋和平译注本）第305页。		
例句	牙不哈，巴博，得。 牙不哈，译为“行”；巴博，译为“处”；得，译为“在”。 全句合译：走到各地。		
词汇	④牙不莫	**词义**	行走

文献	吉林省长春市九台区胡家石姓《小韩本》（引自宋和平译注本）第319页。		
例句	得，秃合，牙不莫。 得，译为“在”；秃合，译为“倒”，牙不莫，译为“行走”。 全句合译：在倒着行走。		
词汇	⑤牙不棱俄	词义	行走的
文献	吉林省长春市九台区胡家石姓《小韩本》（引自宋和平译注本）第267页。		
例句	多博立，牙不棱俄。 多博立，译为“夜”；牙不棱俄，译为“行走的”。 全句合译：夜间行走的。		
词汇	⑥亚不勒合	词义	行走的
文献	吉林省长春市九台区其塔木石姓《东哈本》（第2册）第21页。		
例句	奢贞，亚不勒合。 奢贞，译为“愉快”；亚不勒合，译为“行走的”。 全句合译：愉快地行走。		
词汇	⑦押不楞俄	词义	行走的
文献	吉林省长春市九台区其塔木石姓《东哈本》（第2册）第9页。		
例句	吴拉呼，发兰，得，押不楞俄。 吴拉呼，译为“芦苇”；发兰，译为“野地”；得，译为“在”；押不楞俄，译为“行走的”。 全句合译：在芦苇野地上行走。		
词汇	⑧乐莫	词义	行走
文献	吉林省长春市九台区胡家石姓《小韩本》（引自宋和平译注本）第124页。		
例句	班吉，乐莫，不俄莫。 班吉，译为“生活”；乐莫，译为“行走”；不俄莫，		

<table>
<tr><td></td><td colspan="3">译为“困难”。
全句合译：日常行走困难。</td></tr>
<tr><td>词汇</td><td>⑨亚不哈</td><td>词义</td><td>出差</td></tr>
<tr><td>文献</td><td colspan="3">吉林省长春市九台区莽卡杨姓《杨宪本》（手抄本）第 12 页。</td></tr>
<tr><td>例句</td><td colspan="3">亚不哈，八，得。
亚不哈，译为“出差”；八，译为“各处”；得，译为“在”。
全句合译：在各地出差。</td></tr>
<tr><td>词汇</td><td>①押录哈</td><td>词义</td><td>骑着</td></tr>
<tr><td>文献</td><td colspan="3">吉林省长春市九台区莽卡杨姓《杨宪本》（手抄本）第 58 页。</td></tr>
<tr><td>例句</td><td colspan="3">押录哈，莫林。
押录哈，译为“骑着”；莫林，译为“马”。
全句合译：骑着马。</td></tr>
<tr><td>词汇</td><td>②牙禄哈</td><td>词义</td><td>骑</td></tr>
<tr><td>文献</td><td colspan="3">吉林省长春市九台区胡家石姓《小韩本》（引自宋和平译注本）第 245 页。</td></tr>
<tr><td>例句</td><td colspan="3">牙禄哈，莫林，阳桑阿，三，得。
牙禄哈，译为“骑”；莫林，译为“马”；阳桑阿，译为“英俊”；三，译为“好”；得，译为“在”。
全句合译：骑马的人英俊威武。</td></tr>
<tr><td>词汇</td><td>③牙路哈</td><td>词义</td><td>坐骑</td></tr>
<tr><td>文献</td><td colspan="3">吉林省长春市九台区胡家石姓《小韩本》（引自宋和平译注本）第 313 页。</td></tr>
<tr><td>例句</td><td colspan="3">付尖，得棱，牙路哈。
付尖，译为“红”；得棱，译为“脸”；牙路哈，译为“坐骑”。
全句合译：红脸坐骑。</td></tr>
<tr><td>词汇</td><td>④腰龙河</td><td>词义</td><td>骑</td></tr>
</table>

文献	黑龙江省宁安市兰岗关姓《特合本》第 12 页。
例句	腰龙河，莫令河。 腰龙河，译为“骑”；莫令河，译为“马”。 全句合译：骑马。
词汇	①押哈　**词义**　炭
文献	吉林省长春市九台区胡家石姓《小韩本》（引自宋和平译注本）第 119 页。
例句	多不力，哈亲，押哈，打不秘。 多不力，译为“夜”；哈亲，译为“近”；押哈，译为“炭”；打不秘，译为“点燃”。 全句合译：临近夜间时点着炭火。
词汇	②牙哈　**词义**　炭火
文献	吉林省长春市九台区胡家石姓《小韩本》（引自宋和平译注本）第 151 页。
例句	牙哈，博，喋哈。 牙哈，译为“炭火”；博，译为“把”；喋哈，译为“花”。 全句合译：把炭火的火花……
词汇	①押勒哈　**词义**　豹
文献	吉林省长春市九台区莽卡杨姓《杨宪本》（手抄本）第 41 页。
例句	吉哈亲，押勒哈。 吉哈亲，译为“金钱”；押勒哈，译为“豹”。 全句合译：金钱豹。
词汇	②牙拉哈　**词义**　豹
文献	吉林省长春市九台区胡家石姓《小韩本》（引自宋和平译注本）第 151 页。
例句	瓦秃，牙拉哈，吉哈那。 瓦秃，译为“火红”；牙拉哈，译为“豹”；吉哈那，译为“金钱”。

	全句合译：火红的金钱豹。		
词汇	①押勒尖	词义	平安
文献	吉林省长春市九台区莽卡杨姓《杨宪本》（手抄本）第 12 页。		
例句	押勒尖，也，卧不莫。 押勒尖，译为“平安”；也，译为“的”；卧不莫，译为“可以”。 全句合译：可以平安（幸福）。		
词汇	②鸭甲	词义	平安
文献	吉林省长春市九台区莽卡杨姓《杨宪本》（手抄本）第 81 页。		
例句	鸭甲，赊银，得。 鸭甲，译为“平安”；赊银，译为“吉祥”；得，译为“在”。 全句合译：平安吉祥。		
词汇	①押阿亚你	词义	诚实
文献	吉林省长春市九台区莽卡杨姓《杨宪本》（手抄本）第 92 页。		
例句	押阿亚你，窝车勒，泊，孙作笔。 押阿亚你，译为“诚实”；窝车勒，译为“祭祀”；泊，译为“把”；孙作笔，译为“选择”。 全句合译：诚实地把祭祀（方式）选择。		
词汇	②牙拉鸡	词义	真
文献	吉林省长春市九台区胡家石姓《小韩本》（引自宋和平译注本）第 156 页。		
例句	吴能尼，牙拉鸡，伯杭俄。 吴能尼，译为“诚”；牙拉鸡，译为“真”；伯杭俄，译为“乞求”。 全句合译：真诚地乞求。		
词汇	③牙拉尖	词义	真实

<table>
<tr><td>文献</td><td colspan="3">吉林省长春市九台区胡家石姓《小韩本》（引自宋和平译注本）第 341 页。</td></tr>
<tr><td>例句</td><td colspan="3">牙拉尖，赊莫。
牙拉尖，译为“真实”；赊莫，译为“述说”。
全句合译：真实地述说。</td></tr>
<tr><td>词汇</td><td>①押涉</td><td>词义</td><td>美丽</td></tr>
<tr><td>文献</td><td colspan="3">吉林省长春市九台区莽卡杨姓《杨宪本》（手抄本）第 16 页。</td></tr>
<tr><td>例句</td><td colspan="3">押涉，泊，押涉拉不疋。
押涉，译为“美丽”；泊，译为“把”；押涉拉不疋，译为“打扮”。
全句合译：打扮得很美丽。</td></tr>
<tr><td>词汇</td><td>②牙勒哈</td><td>词义</td><td>美丽</td></tr>
<tr><td>文献</td><td colspan="3">吉林省长春市九台区莽卡杨姓《杨宪本》（手抄本）第 82 页。</td></tr>
<tr><td>例句</td><td colspan="3">班鸡哈，牙勒哈。
班鸡哈，译为“生长”；牙勒哈，译为“美丽”。
全句合译：长得美丽。</td></tr>
<tr><td>词汇</td><td>①押克西笔</td><td>词义</td><td>关闭</td></tr>
<tr><td>文献</td><td colspan="3">吉林省长春市九台区莽卡杨姓《杨宪本》（手抄本）第 5 页。</td></tr>
<tr><td>例句</td><td colspan="3">都卡，泊，押克西笔。
都卡，译为“门”；泊，译为“把”；押克西笔，译为“关闭”。
全句合译：把门关闭。</td></tr>
<tr><td>词汇</td><td>②亚克细笔</td><td>词义</td><td>关闭</td></tr>
<tr><td>文献</td><td colspan="3">吉林省长春市九台区莽卡杨姓《杨宪本》（手抄本）第 5 页。</td></tr>
<tr><td>例句</td><td colspan="3">胡图利，都卡，泊，亚克细笔。
胡图利，译为“福”；都卡，译为“门”；泊，译为</td></tr>
</table>

	“把”；亚克细笔，译为“关闭”。 全句合译：把通往幸福之门关闭。		
词汇	③牙克心不腓	**词义**	使关闭
文献	吉林省长春市九台区胡家石姓《小韩本》（引自宋和平译注本）第289页。		
例句	巴台，杜卡，牙克心不腓。 巴台，译为“仇敌”；杜卡，译为“门”；牙克心不腓，译为“使关闭”。 全句合译：关闭了仇敌之门。		
词汇	①押子	**词义**	眼睛
文献	吉林省长春市九台区胡家石姓《小韩本》（引自宋和平译注本）第118页。		
例句	扎坤，押子，秃不哈。 扎坤，译为“八”；押子，译为“眼睛”；秃不哈，译为“看着”。 全句合译：八只眼睛看着。		
词汇	①牙勒间开	**词义**	确信
文献	吉林省长春市九台区莽卡杨姓《杨宪本》（手抄本）第74页。		
例句	者针，阿库，牙勒间开。 者针，译为“交界处”；阿库，译为“没有”；牙勒间开，译为“确信”。 全句合译：确信交界处没有（人）。		
词汇	①押涉拉不疋	**词义**	打扮
文献	吉林省长春市九台区莽卡杨姓《杨宪本》（手抄本）第61页。		
例句	押涉，泊，押涉拉不疋。 押涉，译为“美丽”；泊，译为“把”；押涉拉不疋，译为“打扮”。 全句合译：打扮得很美丽。		

<table>
<tr><td>词汇</td><td>①牙腓秃不莫</td><td>词义</td><td>议定</td></tr>
<tr><td>文献</td><td colspan="3">吉林省长春市九台区胡家石姓《小韩本》（引自宋和平译注本）第 135 页。</td></tr>
<tr><td>例句</td><td colspan="3">娄勒莫，牙腓秃不莫。
娄勒莫，译为“议论”；牙腓秃不莫，译为“议定”。
全句合译：讨论后议定的。</td></tr>
<tr><td>词汇</td><td>①亚拉泊</td><td>词义</td><td>向往</td></tr>
<tr><td>文献</td><td colspan="3">吉林省长春市九台区莽卡杨姓《杨宪本》（手抄本）第 5 页。</td></tr>
<tr><td>例句</td><td colspan="3">亚拉泊，门特笔。
亚拉泊，译为“向往”；门特笔，译为“叩头”。
全句合译：向往行叩头之礼。</td></tr>
<tr><td>词汇</td><td>①牙</td><td>词义</td><td>何；哪位；什么；哪里</td></tr>
<tr><td>文献</td><td colspan="3">吉林省长春市九台区胡家石姓《小韩本》（引自宋和平译注本）第 361 页、第 362 页。</td></tr>
<tr><td rowspan="4">例句</td><td colspan="3">牙，扎兰。
牙，译为“何”；扎兰，译为“辈分”。
全句合译：何辈分？</td></tr>
<tr><td colspan="3">牙，玛法。
牙，译为“哪位”；玛法，译为“祖先”。
全句合译：哪位祖先？</td></tr>
<tr><td colspan="3">牙，阿林，特合。
牙，译为“什么”；阿林，译为“山林”；特合，译为“居住”。
全句合译：居住在什么山林？</td></tr>
<tr><td colspan="3">牙，色忌。
牙，译为“哪里”；色忌，译为“石砬子”。
全句合译：石砬子在哪里？</td></tr>
<tr><td>词汇</td><td>②牙牙</td><td>词义</td><td>什么；各；各个；</td></tr>
</table>

			凡
文献	吉林省长春市九台区胡家石姓《小韩本》（引自宋和平译注本）第 338 页、第 347 页、第 360 页。		
例句	牙牙，托克所。 牙牙，译为“什么”；托克所，译为“屯”。 全句合译：什么屯？		
	牙牙，哈亲。 牙牙，译为“各”；哈亲，译为“样”。 全句合译：各样。		
	牙牙，哈打。 牙牙，译为“各个”；哈打，译为“山峰”。 全句合译：各个山峰。		
	牙牙，瞒及，付七西，赊。 牙牙，译为“凡”；瞒及，译为“英雄神”；付七西，译为“善佛”；赊，译为“等”。 全句合译：凡是祖先英雄神善佛等。		
词汇	③亚亚	词义	各个
文献	吉林省长春市九台区其塔木石姓《东哈本》（第 2 册）第 39 页。		
例句	亚亚，玛法，急合。 亚亚，译为“各个”；玛法，译为“祖先”；急合，译为“来了”。 全句合译：各个祖先神来了。		
音序	**yan**		
词汇	①阎木吉	词义	晚上
文献	吉林省长春市九台区胡家石姓《小韩本》（引自宋和平译注本）第 135 页。		
例句	我能尼，阎木吉，得。 我能尼，译为“今天”；阎木吉，译为“晚上”；得，译为“在”。		

	全句合译：在今天晚上。		
词汇	②阎木几	词义	晚
文献	吉林省长春市九台区胡家石姓《小韩本》（引自宋和平译注本）第 101 页。		
例句	多博立，阎木几。 多博立，译为“夜”；阎木几，译为“晚”。 全句合译：夜晚。		
词汇	③鸭莫吉	词义	晚上
文献	吉林省长春市九台区莽卡杨姓《杨宪本》（手抄本）第 92 页。		
例句	鸭莫吉，他拉，我林，得。 鸭莫吉，译为“晚上”；他拉，译为“禁戒”；我林，译为“此时”；得，译为“在”。 全句合译：此时在晚上禁戒（院门上方挂草把）。		
词汇	④押木巳	词义	晚上
文献	吉林省长春市九台区莽卡杨姓《杨宪本》（手抄本）第 58 页。		
例句	押木巳，打触，恶林，得。 押木巳，译为“晚上”；打触，译为“戒”；恶林，译为“此时”；得，译为“在”。 全句合译：此时在晚上禁戒。		
词汇	⑤牙莫吉	词义	晚上
文献	吉林省长春市九台区莽卡杨姓《杨宪本》（手抄本）第 54 页。		
例句	牙莫吉，他拉，我林，得。 牙莫吉，译为“晚上”；他拉，译为“禁戒”；我林，译为“此时”；得，译为“在”。 全句合译：此时在晚上禁戒。		
音序	**yang**		
词汇	①洋桑阿	词义	英俊；有文采的

<table>
<tr><td>文献</td><td colspan="3">吉林省长春市九台区其塔木石姓《东哈本》（第 1 册）第 66 页。</td></tr>
<tr><td>例句</td><td colspan="3">押录哈，莫林，卧其泥，洋桑阿。
押录哈，译为“骑”；莫林，译为“马”；卧其泥，译为“愿”；洋桑阿，译为“英俊”。
全句合译：愿骑马时姿态俊逸。</td></tr>
<tr><td>文献</td><td colspan="3">吉林省长春市九台区胡家石姓《小韩本》（引自宋和平译注本）第 329 页。</td></tr>
<tr><td>例句</td><td colspan="3">牙不哈，洋桑阿，三，得，卧其泥。
牙不哈，译为“行走”；洋桑阿，译为“有文采的”；三，译为“好”；得，译为“在”；卧其泥，译为“愿”。
全句合译：愿行走时姿态好，有文采。</td></tr>
<tr><td>词汇</td><td>②羊丧阿</td><td>词义</td><td>英俊</td></tr>
<tr><td>文献</td><td colspan="3">吉林省长春市九台区莽卡杨姓《杨宪本》（手抄本）第 15 页。</td></tr>
<tr><td>例句</td><td colspan="3">押路哈，莫林，泊，羊丧阿，三音。
押路哈，译为“骑”；莫林，译为“马”；泊，译为“在”；羊丧阿，译为“英俊”；三音，译为“好”。
全句合译：骑马身姿俊逸，姿势好看。</td></tr>
<tr><td>词汇</td><td>③阳桑阿</td><td>词义</td><td>英俊；精壮</td></tr>
<tr><td>文献</td><td colspan="3">吉林省长春市九台区胡家石姓《小韩本》（引自宋和平译注本）第 266 页、第 305 页。</td></tr>
<tr><td rowspan="2">例句</td><td colspan="3">莫凌阿，阳桑阿。
莫凌阿，译为“骑马”；阳桑阿，译为“英俊”。
全句合译：骑在马上显得很英俊。</td></tr>
<tr><td colspan="3">阳桑阿，三，得。
阳桑阿，译为“精壮”；三，译为“威风”；得，译为“在”。
全句合译：精壮威风。</td></tr>
<tr><td>词汇</td><td>④阳升阿</td><td>词义</td><td>英俊</td></tr>
</table>

<table>
<tr><td>文献</td><td colspan="3">吉林省长春市九台区其塔木石姓《东哈本》（第 2 册）第 23 页。</td></tr>
<tr><td>例句</td><td colspan="3">阳升阿，三，得。
阳升阿，译为“英俊”；三，译为“威风”；得，译为“在”。
全句合译：英俊又威风。</td></tr>
<tr><td>词汇</td><td>⑤杨丧阿</td><td>词义</td><td>英俊</td></tr>
<tr><td>文献</td><td colspan="3">吉林省长春市九台区莽卡杨姓《杨宪本》（手抄本）第 69 页。</td></tr>
<tr><td>例句</td><td colspan="3">杨丧阿，三因，卧不莫。
杨丧阿，译为“英俊”；三因，译为“好”；卧不莫，译为“有为”。
全句合译：英俊有为。</td></tr>
<tr><td>词汇</td><td>⑥杨曾阿</td><td>词义</td><td>姿态美妙</td></tr>
<tr><td>文献</td><td colspan="3">吉林省吉林市土城子口钦佟赵姓《交罗本》第 27 页。</td></tr>
<tr><td>例句</td><td colspan="3">杨曾阿，莫不其。
杨曾阿，译为“姿态美妙”；莫不其，译为“能”。
全句合译：风姿美妙好看。</td></tr>
<tr><td>词汇</td><td>⑦牙色</td><td>词义</td><td>英俊</td></tr>
<tr><td>文献</td><td colspan="3">吉林省长春市九台区莽卡杨姓《祭祖神本》第 4 页。</td></tr>
<tr><td>例句</td><td colspan="3">牙色，朱赊。
牙色，译为“英俊”；朱赊，译为“孩子们”。
全句合译：孩子们长得英俊。</td></tr>
<tr><td>词汇</td><td>⑧牙涉</td><td>词义</td><td>美丽</td></tr>
<tr><td>文献</td><td colspan="3">吉林省长春市九台区莽卡杨姓《杨静棠本》第 16 页。</td></tr>
<tr><td>例句</td><td colspan="3">阿鸡歌，得不仍恶真，牙涉，泊，押涉拉不疋。
阿鸡歌，译为“小”；得不仍恶真，译为“年幼的萨满”；牙涉，译为“美丽”；泊，译为“把”；押涉拉</td></tr>
</table>

	不疋，译为“打扮”。 全句合译：把年幼的萨满打扮得美丽一些。		
音序	**ye**		
词汇	①也音何	**词义**	唱词
文献	吉林省长春市九台区莽卡杨姓《杨宪本》（手抄本）第 1 页。		
例句	土瓦，其瞎莫，也音何，也言不哈。 土瓦，译为“冬天”；其瞎莫，译为“义理”；也音何，译为“唱词”；也言不哈，译为“行”。 全句合译：冬天完成了神词写作成行的任务。		
词汇	①也言不哈	**词义**	成行
文献	吉林省长春市九台区莽卡杨姓《杨宪本》（手抄本）第 1 页。		
例句	也言何，也言不哈。 也言何，译为“唱词”；也言不哈，译为“成行”。 全句合译：唱词成行。		
词汇	①叶哈	**词义**	花
文献	吉林省长春市九台区胡家石姓《小韩本》（引自宋和平译注本）第 223 页。		
例句	爱心，瓦秃，叶哈，秃土勒。 爱心，译为“金”；瓦秃，译为“火”；叶哈，译为“花”；秃土勒，译为“出现”。 全句合译：出现了金色水花。		
词汇	②音哈	**词义**	花
文献	吉林省长春市九台区胡家石姓《小韩本》（引自宋和平译注本）第 112 页。		
例句	音哈，阿不打哈，特合宁俄。 音哈，译为“花”；阿不打哈，译为“叶”；特合宁俄，译为“居住”。 全句合译：居住在花叶（花月堡）。		

词汇	③喋哈	词义	花
文献	吉林省长春市九台区胡家石姓《小韩本》（引自宋和平译注本）第151页。		
例句	牙哈，博，喋哈。 牙哈，译为“炭火”；博，译为“把”；喋哈，译为“花”。 全句合译：把炭火花……		
词汇	④音耳哈	词义	心花
文献	吉林省吉林市土城子口钦佟赵姓《交罗本》第12页。		
例句	音耳哈，厄林。 音耳哈，译为“心花”；厄林，译为“此时”。 全句合译：此时心花怒放。		
词汇	⑤喑哈	词义	花
文献	吉林省长春市九台区其塔木石姓《东哈本》（第1册）第90页。		
例句	喑哈，阿不打哈，阿拉舒哈。 喑哈，译为“花”；阿不打哈，译为“叶”；阿拉舒哈，译为“萌芽”。 全句合译：花叶萌发（人口发展）。		
词汇	⑥依巴合莫	词义	星花
文献	吉林省吉林市土城子口钦佟赵姓《交罗本》第12页。		
例句	依巴合莫，色色合莫。 依巴合莫，译为“星花”；色色合莫，译为“细小”。 全句合译：细小的星花。		
词汇	①夜力	词义	肉
文献	吉林省长春市九台区其塔木石姓《东哈本》（第2册）第21页。		
例句	个连，夜力。		

	个连，译为“骨”；夜力，译为“肉”。 全句合译：骨肉。		
词汇	②夜里	**词义**	肉
文献	吉林省长春市九台区胡家石姓《小韩本》（引自宋和平译注本）第125页。		
例句	其拉，夜里，博浑，赊莫。 其拉，译为“骨”；夜里，译为“肉”；博浑，译为“干净”；赊莫，译为“因为”。 全句合译：因为骨肉（剔得）干净。		
词汇	③夜立	**词义**	肉
文献	吉林省长春市九台区胡家石姓《小韩本》（引自宋和平译注本）第169页。		
例句	鸡郎尼，夜立。 鸡郎尼，译为“骨”；夜立，译为“肉”。 全句合译：骨肉。		
词汇	④亚力	**词义**	肉
文献	吉林省长春市九台区其塔木石姓《东哈本》（第1册）第6页。		
例句	亚力，阿什哈。 亚力，译为“肉”；阿什哈，译为“翅膀”。 全句合译：肉翅膀。		
词汇	⑤牙立	**词义**	肉
文献	吉林省长春市九台区胡家石姓《小韩本》（引自宋和平译注本）第87页。		
例句	鸡郎尼，牙立，博浑，赊莫。 鸡郎尼，译为“骨”；牙立，译为“肉”；博浑，译为“清洁”；赊莫，译为“因为”。 全句合译：因为骨肉（都洗得）很干净。		
词汇	⑥牙力	**词义**	肉
文献	吉林省长春市九台区莽卡杨姓《杨宪本》（手抄本）		

	第 26 页。		
例句	西，瓦鲁，说力，牙力，不打。 西，译为“斗”；瓦鲁，译为“取来”；说力，译为“请把”；牙力，译为“肉”；不打，译为“饭”。 全句合译：取来升斗，请把小肉饭吃。		
音序	**yi**		
词汇	①一	**词义**	的
文献	吉林省吉林市乌拉街韩屯关姓《敬义神书》（手抄本）第 9 页。		
例句	箔，一。 箔，译为“旧”；一，译为“的”。 全句合译：旧的。		
词汇	②宜	**词义**	的
文献	吉林省吉林市土城子口钦佟赵姓《交罗本》第 1 页。		
例句	花迷，宜，忸伲哈。 花迷，译为“和气的”；宜，译为“的”；忸伲哈，译为“鸭子”。 全句合译：温顺的鸭子。		
词汇	③依	**词义**	的
文献	吉林省长春市九台区莽卡杨姓《杨宪本》第 1 页。		
例句	哈哈，依，恶林，得。 哈哈，译为“男人”；依，译为“的”；恶林，译为“此时”；得，译为“在”。 全句合译：此时男主人在。		
词汇	④衣	**词义**	的
文献	吉林省长春市九台区莽卡杨姓《杨宪本》（手抄本）第 10 页。		
例句	妈法，衣，涉夫。 妈法，译为“祖先”；衣，译为“的”；涉夫，译为“师傅”。		

	全句合译：祖先的师傅。		
词汇	⑤意	**词义**	的
文献	吉林省长春市九台区莽卡杨姓《杨宪本》（手抄本）第16页。		
例句	登，鸡干，意，戈夜笔。 登，译为“高”；鸡干，译为“声”；意，译为“的”；戈夜笔，译为“敲”。 全句合译：敲鼓的声音很大。		
词汇	⑥义	**词义**	的
文献	吉林省长春市九台区莽卡杨姓《杨宪本》（手抄本）第54页。		
例句	我勒，七，朱勒西，义。 我勒，译为“这里”；七，译为“从”；朱勒西，译为“向前”；义，译为“的”。 全句合译：这里从前的……		
词汇	⑦也	**词义**	的
文献	吉林省长春市九台区莽卡杨姓《杨宪本》（手抄本）第10页。		
例句	莫利，也，阿宁阿。 莫利，译为“马”；也，译为“的”；阿宁阿，译为“属相”。 全句合译：属马的。		
词汇	⑧仪	**词义**	的
文献	吉林省长春市九台区莽卡杨姓《杨宪本》（手抄本）第10页。		
例句	朱勒干，仪，栽立哈涉夫。 朱勒干，译为“仁义”；仪，译为“的”；栽立哈涉夫，译为“祝祷师傅”。 全句合译：仁义的祝祷师傅。		
词汇	⑨爷	**词义**	的

文献	吉林省长春市九台区莽卡杨姓《杨宪本》（手抄本）第 78 页。		
例句	活牛，阿宁阿，妈法，爷，涉夫。 活牛，译为“羊”；阿宁阿，译为“属相”；妈法，译为“祖先”；爷，译为“的”；涉夫，译为“师傅”。 全句合译：属羊的祖先师傅。		
词汇	⑩已	词义	的
文献	吉林省长春市九台区莽卡杨姓《杨宪本》（手抄本）第 78 页。		
例句	押不哈，已，得，押勒尖，打里莫。 押不哈，译为“行走”；已，译为“的”；得，译为“在”，押勒尖，译为“平安”；打里莫，译为“跟随”。 全句合译：随行的（人员）都平平安安。		
词汇	①一兰	词义	三
文献	吉林省长春市九台区莽卡杨姓《祭祖神本》第 29 页。		
例句	他子哈，一兰。 他子哈，译为“虎”；一兰，译为“三”。 全句合译：三只虎。		
词汇	②依兰	词义	三
文献	吉林省长春市九台区胡家石姓《小韩本》（引自宋和平译注本）第 42 页。		
例句	依兰，含所，一克赊莫。 依兰，译为“三”；含所，译为“角”；一克赊莫，译为“堆积”。 全句合译：三角堆积。		
词汇	③以兰	词义	三
文献	吉林省长春市九台区胡家石姓《小韩本》（引自宋和平译注本）第 120 页。		
例句	以兰，以能尼。		

	以兰，译为“三”；以能尼，译为“日”。 全句合译：三日。		
词汇	④衣兰	词义	三
文献	吉林省长春市九台区胡家石姓《小韩本》（引自宋和平译注本）第 114 页。		
例句	衣兰，必拉。 衣兰，译为“三”；必拉，译为“河”。 全句合译：三条河。		
词汇	⑤一拉	词义	三
文献	吉林省长春市九台区胡家石姓《小韩本》（引自宋和平译注本）第 133 页。		
例句	一拉，七。 一拉，译为“三”；七，译为“第”。 全句合译：第三。		
词汇	⑥依拉	词义	三
文献	吉林省长春市九台区胡家石姓《小韩本》（引自宋和平译注本）第 89 页。		
例句	依拉，七，哈打。 依拉，译为“三”；七，译为“第”；哈打，译为“山峰”。 全句合译：第三座山峰。		
词汇	⑦衣乐	词义	三
文献	吉林省长春市九台区莽卡杨姓《杨宪本》（手抄本）第 17 页。		
例句	衣乐，嘎山。 衣乐，译为“三”；嘎山，译为“乡村”。 全句合译：三个乡村。		
词汇	⑧比兰矣	词义	三
文献	吉林省长春市九台区其塔木石姓《东哈本》（第 2 册）第 21 页。		

例句	比兰矣，所林。 比兰矣，译为“三”；所林，译为“摞”。 全句合译：三摞。		
词汇	①一拉七	词义	第三
文献	吉林省长春市九台区胡家石姓《小韩本》（引自宋和平译注本）第 61 页。		
例句	一拉七，他克秃，阿沙立。 一拉七，译为“第三”；他克秃，译为“楼”；阿沙立，译为“阁”。 全句合译：第三座楼阁。		
词汇	①一车	词义	新
文献	吉林省长春市九台区胡家石姓《小韩本》（引自宋和平译注本）第 41 页。		
例句	一车，叭，博，阿立腓。 一车，译为“新”；叭，译为“月”；博，译为“把”；阿立腓，译为“迎来”。 全句合译：把新月迎来。		
词汇	②衣车	词义	新
文献	吉林省长春市九台区莽卡杨姓《杨宪本》（手抄本）第 87 页。		
例句	衣车，不立疋。 衣车，译为“新”；不立疋，译为“立”。 全句合译：新安置。		
词汇	③依车	词义	新
文献	吉林省长春市九台区莽卡杨姓《杨宪本》（手抄本）第 33 页。		
例句	依车，扎卡，多不疋。 依车，译为“新”；扎卡，译为“物件”；多不疋，译为“贡献”。 全句合译：新的贡品供献上。		

词汇	④以车	**词义**	新
文献	吉林省长春市九台区其塔木石姓《东哈本》第2册第21页。		
例句	以能牙你，三，以车，德。 以能牙你，译为“日”；三，译为“吉”；以车，译为“新”；德，译为“在”。 全句合译：在新的吉日里。		
词汇	⑤依期	**词义**	新
文献	黑龙江省宁安市白岩乐园杨姓《神本》第1页。		
例句	依期，玛法力。 依期，译为“新”；玛法力，译为“众祖先”。 全句合译：新的众祖先。		
词汇	⑥依彻	**词义**	新
文献	黑龙江省宁安市白岩乐园杨姓《神本》第1页。		
例句	依宁，爷，依彻，得。 依宁，译为“日”；爷，译为“的”；依彻，译为“新”；得，译为“在”。 全句合译：在新的日子里。		
词汇	⑦依其	**词义**	新
文献	黑龙江省宁安市白岩乐园杨姓《神本》第1页。		
例句	依力波，啊宁啊，依其，得。 依力波，译为“更换”；啊宁啊，译为“年”；依其，译为“新”；得，译为“在”。 全句合译：又是新的一年。		
词汇	①一能尼	**词义**	日；日子
文献	吉林省长春市九台区胡家石姓《小韩本》（宋和平译注本）第70页、第73页。		
例句	一讷库，一能尼，三音。 一讷库，译为“本”；一能尼，译为“日”；三音，译为“吉祥”。		

	全句合译：本日吉祥。		
	一能尼，三音，赊莫。 一能尼，译为“日子”；三音，译为“吉祥”；赊莫，译为“说”。 全句合译：（人们）说这是个吉祥的日子。		
词汇	②以能尼	词义	天
文献	吉林省长春市九台区胡家石姓《小韩本》（宋和平译注本）第 119 页。		
例句	纳旦，七，德西，乌云，以能尼。 纳旦，译为“七”；七，译为“从”；德西，译为“四十”；乌云，译为“九”；以能尼，译为“天”。 全句合译：七七四十九天。		
词汇	③意仍你	词义	日子
文献	吉林省长春市九台区莽卡杨姓《杨宪本》（手抄本）第 92 页。		
例句	意仍你，泊，也，卡妈秃扎莫。 意仍你，译为“日子”；泊，译为“把”；也，译为“的”；卡妈秃扎莫，译为“报答”。 全句合译：报答的日子。		
词汇	④一能泥	词义	日
文献	吉林省长春市九台区其塔木石姓《东哈本》（第 2 册）第 14 页。		
例句	一能泥，三，以车，德。 一能泥，译为“日”；三，译为“吉”；以车，译为“新”；德，译为“在”。 全句合译：在新的吉日里。		
词汇	⑤以能牙你	词义	日
文献	吉林省长春市九台区其塔木石姓《东哈本》（第 2 册）第 21 页。		
例句	以能牙你，三，以车，德。		

	以能牙你，译为“日”；三，译为“吉”；以车，译为“新”；德，译为“在”。 全句合译：在新的吉日里。		
词汇	⑥以能泥	词义	日
文献	吉林省长春市九台区其塔木石姓《东哈本》（第2册）第11页。		
例句	以能泥，三，以车，德。 以能泥，译为“日”；三，译为“吉”；以车，译为“新”；德，译为“在”。 全句合译：在新的吉日里。		
词汇	⑦依能尼	词义	日
文献	吉林省吉林市土城子口钦佟赵姓《交罗本》第21页。		
例句	三音，依能尼，孙作非。 三音，译为“吉”；依能尼，译为“日”；孙作非，译为“选择”。 全句合译：选择吉日。		
词汇	⑧一能	词义	日
文献	吉林省长春市九台区胡家石姓《小韩本》（引自宋和平译注本）第41页。		
例句	一能，三，一车，得。 一能，译为“日”；三，译为“吉”；一车，译为“新”；得，译为“在”。 全句合译：在新的吉日里。		
词汇	⑨依宁	词义	日
文献	黑龙江省宁安市白岩乐园杨姓《神本》第1页。		
例句	依宁，爷，依彻，得。 依宁，译为“日”；爷，译为“的”；依彻，译为“新”；得，译为“在”。 全句合译：在新的日子里。		

词汇	⑩我能尼	**词义**	今日
文献	吉林省长春市九台区胡家石姓《小韩本》（引自宋和平译注本）第 49 页。		
例句	我能尼，卧七，一长阿。 我能尼，译为“今日”；卧七，译为“是”；一长阿，译为“吉顺”。 全句合译：今日是吉顺日。		
词汇	⑪厄勒尼	**词义**	今日
文献	吉林省吉林市土城子口钦佟赵姓《交罗本》第 12 页。		
例句	厄勒尼，卧莫西。 厄勒尼，译为“今日”；卧莫西，译为“众子孙”。 全句合译：今天的众子孙们。		
词汇	⑫尼莽呢	**词义**	日
文献	吉林省长春市九台区其塔木关姓《腰哈本》第 14 页。		
例句	尼莽呢，妈发伯仍我。 尼莽呢，译为“日”；妈发伯仍我，译为“乞求祖先”。 全句合译：乞求祖先神之日。		
词汇	①一尼	**词义**	他的
文献	吉林省长春市九台区胡家石姓《小韩本》（引自宋和平译注本）第 178 页。		
例句	一尼，博热，得，三音。 一尼，译为“他的”；博热，译为“身体”；得，译为“在”；三音，译为“强壮”。 全句合译：他的身体强壮。		
词汇	②依泥	**词义**	他的
文献	吉林省长春市九台区莽卡杨姓《杨宪本》（手抄本）第 87 页。		

例句	依泥，噶玛，特勒，阿牙尼。 依泥，译为“他的”；噶玛，译为“父亲”；特勒，译为“哪个”；阿牙尼，译为“属相”。 全句合译：他的父亲哪个属相？		
词汇	③衣尼	词义	他的
文献	吉林省长春市九台区其塔木石姓《东哈本》（第1册）第53页。		
例句	衣尼，胡孙，呼秃力，博。 衣尼，译为“他的”；胡孙，译为“力量”；呼秃力，译为“福”；博，译为“把”。 全句合译：他在尽力把福乞求。		
词汇	④吟尼	词义	他的
文献	吉林省长春市九台区其塔木石姓《东哈本》（第1册）第55页。		
例句	吟尼，博哦，哭哭，卧七。 吟尼，译为“他的”；博哦，译为“身体”；哭哭，译为“那样”；卧七，译为“是”。 全句合译：他的身体是那样的。		
词汇	⑤依尼	词义	他的
文献	吉林省长春市九台区其塔木石姓《东哈本》（第2册）第6页。		
例句	依尼，嘎什憨，巴哈非。 依尼，译为“他的”；嘎什憨，译为“灾难”；巴哈非，译为“得之”。 全句合译：他遇到了灾难。		
词汇	⑥以尼	词义	他的
文献	吉林省长春市九台区其塔木石姓《东哈本》（第1册）第38页。		
例句	以尼，七，遂古破，七，德。 以尼，译为“他的”；七，译为“从”；遂古破，译		

<table>
<tr><td></td><td colspan="3">为“全”；七，译为“从”；德，译为“在”。
全句合译：他自始至终都在场。</td></tr>
<tr><td>**词汇**</td><td>⑦衣牙你</td><td>**词义**</td><td>他的</td></tr>
<tr><td>**文献**</td><td colspan="3">吉林省长春市九台区其塔木石姓《东哈本》（第 2 册）第 23 页。</td></tr>
<tr><td>**例句**</td><td colspan="3">衣牙你，博垫。
衣牙你，译为“他的”；博垫，译为“身体”。
全句合译：他的身体。</td></tr>
<tr><td>**词汇**</td><td>⑧衣泥</td><td>**词义**</td><td>他的</td></tr>
<tr><td>**文献**</td><td colspan="3">吉林省长春市九台区胡家石姓《小韩本》（引自宋和平译注本）第 118 页。</td></tr>
<tr><td>**例句**</td><td colspan="3">衣泥，嘎什汗，巴哈啡。
衣泥，译为“他的”；嘎什汗，译为“灾”；巴哈啡，译为“受”。
全句合译：他受了灾。</td></tr>
<tr><td>**词汇**</td><td>⑨一七</td><td>**词义**</td><td>他的</td></tr>
<tr><td>**文献**</td><td colspan="3">吉林省长春市九台区胡家石姓《小韩本》（引自宋和平译注本）第 161 页。</td></tr>
<tr><td>**例句**</td><td colspan="3">一七，博垫，得，我先库，阿库。
一七，译为“他的”；博垫，译为“身”；得，译为“在”；我先库，译为“衣服”；阿库，译为“没有”。
全句合译：他的身上没有衣服。</td></tr>
<tr><td>**词汇**</td><td>⑩以泥</td><td>**词义**</td><td>他的</td></tr>
<tr><td>**文献**</td><td colspan="3">吉林省长春市九台区其塔木石姓《东哈本》（第 1 册）第 68 页。</td></tr>
<tr><td>**例句**</td><td colspan="3">以泥，博哦。
以泥，译为“他的”；博哦，译为“身体”。
全句合译：他的身体。</td></tr>
<tr><td>**词汇**</td><td>①一长阿</td><td>**词义**</td><td>吉顺</td></tr>
<tr><td>**文献**</td><td colspan="3">吉林省长春市九台区胡家石姓《小韩本》（引自宋</td></tr>
</table>

	和平译注本）第 49 页。		
例句	我能尼，卧七，一长阿，色莫。 我能尼，译为“今日”；卧七，译为“是”；一长阿，译为“吉顺”；色莫，译为“因为”。 全句合译：因为今日是吉顺之日。		
词汇	②衣常阿	**词义**	顺利
文献	吉林省长春市九台区莽卡杨姓《祭祖神本》第 29 页。		
例句	胡土，泊，胡松阿，衣不干，得，衣常阿。 胡土，译为“鬼怪”；泊，译为“把”；胡松阿，译为“战胜”；衣不干，译为“妖怪”；得，译为“在”；衣常阿，译为“顺利”。 全句合译：顺利地战胜了妖魔鬼怪。		
词汇	③衣长阿	**词义**	顺当
文献	吉林省长春市九台区莽卡杨姓《杨宪本》（手抄本）第 44 页。		
例句	衣不干，得，衣长阿。 衣不干，译为“妖怪”；得，译为“在”；衣长阿，译为“顺当”。 全句合译：很顺当地战胜了妖怪。		
词汇	④依长阿	**词义**	顺利
文献	吉林省长春市九台区莽卡杨姓《杨宪本》（手抄本）第 24 页。		
例句	衣不干，得，依长阿。 衣不干，译为“妖怪”；得，译为“在”；依长阿，译为“顺利”。 全句合译：顺利地战胜了妖怪。		
词汇	⑤以长阿	**词义**	吉顺
文献	吉林省长春市九台区胡家石姓《小韩本》（引自宋和平译注本）第 94 页。		

例句	以长阿，赊莫。 以长阿，译为“吉顺”；赊莫，译为“因为”。 全句合译：因为吉顺。		
词汇	⑥以常阿	**词义**	吉顺
文献	吉林省长春市九台区胡家石姓《小韩本》（引自宋和平译注本）第 278 页。		
例句	以常阿，赊莫。 以常阿，译为“吉顺”；赊莫，译为“因为”。 全句合译：因为吉顺。		
词汇	⑦一行阿	**词义**	顺适
文献	吉林省长春市九台区胡家石姓《小韩本》（引自宋和平译注本）第 287 页。		
例句	卧七，一行阿，花，得，多洛。 卧七，译为“可”；一行阿，译为“顺适”；花，译为“庭院”；得，译为“在”；多洛，译为“内”。 全句合译：可在安适的庭院内。		
词汇	⑧衣吉四浑	**词义**	顺利
文献	吉林省长春市九台区莽卡杨姓《杨宪本》（手抄本）第 55 页。		
例句	我木西，乌木西，衣吉四浑。 我木西，译为“下来”；乌木西，译为“灾”；衣吉四浑，译为“顺利”。 全句合译：灾祸来得很快。		
词汇	①衣尼	**词义**	你
文献	吉林省长春市九台区胡家石姓《小韩本》（引自宋和平译注本）第 117 页。		
例句	衣尼，太爷，涉夫，伕洛国出课。 衣尼，译为“你”；太爷，译为“太爷”；涉夫，译为“师傅”；伕洛国出课，译为“奇”。 全句合译：你的太爷师傅很神奇。		

词汇	②以尼	**词义**	你的
文献	吉林省长春市九台区胡家石姓《小韩本》（引自宋和平译注本）第 250 页。		
例句	以尼，博垫，得，吴几合。 以尼，译为“你的”；博垫，译为“身”；得，译为“在”；吴几合，译为“养育”。 全句合译：在养育你的身体。		
词汇	③依你	**词义**	你的
文献	吉林省长春市九台区莽卡杨姓《杨宪本》（手抄本）第 87 页。		
例句	依你，阿玛。 依你，译为“你的”；阿玛，译为“父亲”。 全句合译：你的父亲。		
词汇	①依立哈	**词义**	立
文献	吉林省长春市九台区胡家石姓《小韩本》（引自宋和平译注本）第 283 页。		
例句	依立哈，那，得，尼莫库，巴哈。 依立哈，译为“立”；那，译为“地”；得，译为“在”；尼莫库，译为“病”；巴哈，译为“得”。 全句合译：就地立即得了病。		
词汇	②依哈	**词义**	站立
文献	吉林省吉林市土城子口钦佟赵姓《交罗本》第 28 页。		
例句	依哈，色莫。 依哈，译为“站立”；色莫，译为“因为”。 全句合译：因为是站立的姿态。		
词汇	③依力非	**词义**	立
文献	吉林省吉林市土城子口钦佟赵姓《交罗本》第 21 页。		
例句	依东，色木，德，依力非。		

	依东，译为“新”；色木，译为“因为”；德，译为“在”；依力非，译为“立”。 全句合译：因为设立了新的祖宗板。		
词汇	④一立合	**词义**	站立
文献	吉林省长春市九台区胡家石姓《小韩本》（引自宋和平译注本）第 39 页。		
例句	赊莫，一立合。 赊莫，译为“因为”；一立合，译为“站立”。 全句合译：因为是站着的。		
词汇	⑤一立哈	**词义**	站立
文献	吉林省长春市九台区胡家石姓《小韩本》（引自宋和平译注本）第 100 页。		
例句	赊莫，一立哈。 赊莫，译为“因为”；一立哈，译为“站立”。 全句合译：因为是站立着的。		
词汇	⑥衣立合	**词义**	站立着
文献	吉林省长春市九台区胡家石姓《小韩本》（引自宋和平译注本）第 91 页。		
例句	赊莫，衣立哈。 赊莫，译为“因为”；衣立哈，译为“站立着”。 全句合译：因为站立着。		
词汇	⑦衣立	**词义**	站立
文献	吉林省长春市九台区莽卡杨姓《杨宪本》（手抄本）第 17 页。		
例句	衣乐，嘎山，得，衣立，七。 衣乐，译为“三”；嘎山，译为“乡村”；得，译为“在”；衣立，译为“站立”；七，译为“从”。 全句合译：在三个村子里站立过。		
词汇	⑧衣拉	**词义**	站立
文献	吉林省长春市九台区莽卡杨姓《杨宪本》（手抄本）		

<table>
<tr><td></td><td colspan="3">第 69 页。</td></tr>
<tr><td>例句</td><td colspan="3">衣拉，各射，衣土西，阿库。
衣拉，译为“站立”；各射，译为“一样”；衣土西，译为“一点儿污秽”；阿库，译为“没有”。
全句合译：像一点儿油腻也没有一样。</td></tr>
<tr><td>词汇</td><td>⑨一立本</td><td>词义</td><td>立起</td></tr>
<tr><td>文献</td><td colspan="3">吉林省长春市九台区胡家石姓《小韩本》（引自宋和平译注本）第 286 页。</td></tr>
<tr><td>例句</td><td colspan="3">一立本，七。
一立本，译为“立起”；七，译为“从”。
全句合译：从此站立起来了。</td></tr>
<tr><td>词汇</td><td>⑩一立不莫</td><td>词义</td><td>立起</td></tr>
<tr><td>文献</td><td colspan="3">吉林省长春市九台区胡家石姓《小韩本》（引自宋和平译注本）第 286 页。</td></tr>
<tr><td>例句</td><td colspan="3">一立不莫，得拉鸡，七。
一立不莫，译为“立起”；得拉鸡，译为“上”；七，译为“从”。
全句合译：在上面立起来了。</td></tr>
<tr><td>词汇</td><td>⑪衣立笔</td><td>词义</td><td>立</td></tr>
<tr><td>文献</td><td colspan="3">吉林省长春市九台区莽卡杨姓《杨宪本》（手抄本）第 85 页。</td></tr>
<tr><td>例句</td><td colspan="3">一车，申恨，衣立笔。
一车，译为“新”，申恨，译为“祖宗板”；衣立笔，译为“立”。
全句合译：新立了祖宗板。</td></tr>
<tr><td>词汇</td><td>⑫衣兰笔</td><td>词义</td><td>立</td></tr>
<tr><td>文献</td><td colspan="3">吉林省长春市九台区莽卡杨姓《杨宪本》（手抄本）第 84 页。</td></tr>
<tr><td>例句</td><td colspan="3">一车，申恨，衣兰笔。
一车，译为“新”，申恨，译为“祖宗板”；衣兰笔，</td></tr>
</table>

	译为“立”。 全句合译：新立了祖宗板。		
词汇	⑬衣立疋	词义	立
文献	吉林省长春市九台区莽卡杨姓《杨宪本》（手抄本）第 76 页。		
例句	温德亨，泊，一车，衣立疋。 温德亨，译为“祖宗板”；泊，译为“把”；一车，译为“新”；衣立疋，译为“立”。 全句合译：新立了祖宗板。		
词汇	⑭一路不博	词义	让……站立
文献	黑龙江省宁安市兰岗关姓《特合本子》第 10 页。		
例句	萨玛，我振，一路不博。 萨玛，即为“萨满”；我振，译为“我”；一路不博，译为“让……站立”。 全句合译：萨满让我站立。		
词汇	⑮乙力不奇	词义	建立
文献	吉林省吉林市乌拉街韩屯关姓《敬义神书》（手抄本）第 24 页。		
例句	吞多莫，箔，乙力不奇。 吞多莫，译为“忠诚”；箔，译为“把”；乙力不奇，译为“建立”。 全句合译：把忠诚之心建立。		
词汇	⑯依立疋	词义	更换
文献	吉林省长春市九台区莽卡杨姓《杨宪本》（手抄本）第 1 页。		
例句	一车，依立疋。 一车，译为“新”；依立疋，译为“更换”。 全句合译：重新更换。		
词汇	⑰以力不合	词义	站立
文献	吉林省长春市九台区其塔木石姓《东哈本》（第 1		

<table>
<tr><td></td><td colspan="3">册）第 55 页。</td></tr>
<tr><td>例句</td><td colspan="3">敦，以，德林，以力不合。
敦，译为“高”；以，译为“的”；德林，译为“桌子”；以力不合，译为“站立”。
全句合译：站立在高桌上。</td></tr>
<tr><td>词汇</td><td>①一克赊莫</td><td>词义</td><td>堆积</td></tr>
<tr><td>文献</td><td colspan="3">吉林省长春市九台区胡家石姓《小韩本》（引自宋和平译注本）第 42 页。</td></tr>
<tr><td>例句</td><td colspan="3">依兰，含所，一克赊莫。
依兰，译为“三”；含所，译为“角”；一克赊莫，译为“堆积”。
全句合译：在三个角落里堆积。</td></tr>
<tr><td>词汇</td><td>②衣克奢莫</td><td>词义</td><td>堆积</td></tr>
<tr><td>文献</td><td colspan="3">吉林省长春市九台区其塔木石姓《东哈本》（第 1 册）第 25 页。</td></tr>
<tr><td>例句</td><td colspan="3">衣兰，含子，衣克奢莫。
衣兰，译为“三”；含子，译为“角”；衣克奢莫，译为“堆积”。
全句合译：在三个角落堆积。</td></tr>
<tr><td>词汇</td><td>③一克色莫</td><td>词义</td><td>清查</td></tr>
<tr><td>文献</td><td colspan="3">吉林省长春市九台区胡家石姓《小韩本》（引自宋和平译注本）第 153 页。</td></tr>
<tr><td>例句</td><td colspan="3">依兰，含所，一克色莫。
依兰，译为“三”；含所，译为“角”；一克色莫，译为“清查”。
全句合译：在三个角落清查。</td></tr>
<tr><td>词汇</td><td>①以力不哈</td><td>词义</td><td>止住</td></tr>
<tr><td>文献</td><td colspan="3">吉林省长春市九台区其塔木石姓《东哈本》（第 1 册）第 7 页。</td></tr>
<tr><td>例句</td><td colspan="3">我木，孙，以力不哈。</td></tr>
</table>

<table>
<tr><td></td><td colspan="3">我木，译为“一”；孙，译为“太阳”；以力不哈，译为“止住”。
全句合译：太阳不动了。</td></tr>
<tr><td>词汇</td><td>②乙里不奇</td><td>词义</td><td>禁止</td></tr>
<tr><td>文献</td><td colspan="3">吉林省吉林市乌拉街韩屯关姓《敬义神书》（手抄本）第 24 页。</td></tr>
<tr><td>例句</td><td colspan="3">佛，迈刊，乙里不奇。
佛，译为“陈旧”；迈刊，译为“水”；乙里不奇，译为“禁止”。
全句合译：禁止使用陈水。</td></tr>
<tr><td>词汇</td><td>①一气匣非</td><td>词义</td><td>收拾</td></tr>
<tr><td>文献</td><td colspan="3">吉林省吉林市乌拉街韩屯关姓《敬义神书》（手抄本）第 22 页。</td></tr>
<tr><td>例句</td><td colspan="3">乌勒尖，箔，一气匣非。
乌勒尖，译为“猪”；箔，译为“把”；一气匣非，译为“收拾”。
全句合译：把祭猪收拾干净。</td></tr>
<tr><td>词汇</td><td>②一七匣非</td><td>词义</td><td>收拾</td></tr>
<tr><td>文献</td><td colspan="3">吉林省吉林市乌拉街韩屯关姓《敬义神书》（手抄本）第 14 页。</td></tr>
<tr><td>例句</td><td colspan="3">乌勒尖，箔，一七匣非。
乌勒尖，译为“猪”；箔，译为“将”；一七匣非，译为“收拾”。
全句合译：将祭猪收拾干净。</td></tr>
<tr><td>词汇</td><td>③依其瞎莫</td><td>词义</td><td>收拾</td></tr>
<tr><td>文献</td><td colspan="3">吉林省长春市九台区莽卡杨姓《杨宪本》（手抄本）第 50 页。</td></tr>
<tr><td>例句</td><td colspan="3">依兰，活说，泊，依其瞎莫。
依兰，译为“三”；活说，译为“角”；泊，译为“把”；依其瞎莫，译为“收拾”。</td></tr>
</table>

	全句合译：把三个角落收拾整洁。		
词汇	④衣其瞎莫	**词义**	收拾
文献	吉林省长春市九台区莽卡杨姓《杨宪本》（手抄本）第 78 页。		
例句	衣兰，活说，泊，衣其瞎莫。 衣兰，译为“三”；活说，译为“角”；泊，译为“将”；衣其瞎莫，译为“收拾”。 全句合译：将三个角落收拾干净。		
词汇	⑤一西画非	**词义**	收拾
文献	吉林省吉林市乌拉街韩屯关姓《敬义神书》（手抄本）第 11 页。		
例句	乌勒尖，箔，一西画非。 乌勒尖，译为“猪”；箔，译为“把”；一西画非，译为“收拾”。 全句合译：把猪收拾干净。		
词汇	①一力必	**词义**	更新
文献	吉林省长春市九台区莽卡杨姓《杨会清本》第 27 页。		
例句	涉莫，一力必。 涉莫，译为“萨满”；一力必，译为“更新”。 全句合译：萨满新老更替。		
词汇	②一车拉木	**词义**	更新
文献	吉林省长春市九台区莽卡杨姓《杨会清本》第 27 页。		
例句	爱新，洪务，一车拉木，哈拉必。 爱新，译为“金”；洪务，译为“铃铛”；一车拉木，译为“更新”；哈拉必，译为“更换”。 全句合译：更换金铃铛。		
词汇	①依罕	**词义**	牛
文献	吉林省长春市九台区莽卡杨姓《杨宪本》（手抄本）		

	第 69 页。		
例句	他库拉哈，依罕。 他库拉哈，译为“使役”；依罕，译为“牛”。 全句合译：使役牛。		
词汇	②依汉	**词义**	牛
文献	吉林省长春市九台区莽卡杨姓《杨宪本》（手抄本）第 76 页。		
例句	他立哈，依汉。 他立哈，译为“耕”；依汉，译为“牛”。 全句合译：耕牛。		
词汇	③意汉的	**词义**	（丑）牛
文献	黑龙江省宁安市白岩乐园杨姓《神本》第 2 页。		
例句	兴俄力，意汉的。 兴俄力，译为“（子）鼠”；意汉的，译为“（丑）牛”。 全句合译：（子）鼠（丑）牛。		
词汇	④一行阿	**词义**	牛的
文献	吉林省长春市九台区胡家石姓《小韩本》（引自宋和平译注本）第 330 页。		
例句	卧七，一行阿，花，得，多洛。 卧七，译为“是”；一行阿，译为“牛的”；花，译为“院里”；得，译为“在”；多洛，译为“脚踪”。 全句合译：院子里的脚印是牛的。		
词汇	⑤衣戈立	**词义**	牵牛
文献	吉林省长春市九台区莽卡杨姓《杨宪本》（手抄本）第 92 页。		
例句	衣戈立，乌西哈。 衣戈立，译为“牵牛”；乌西哈，译为“星”。 全句合译：牵牛星。		
词汇	⑥衣莫	**词义**	牛

<table>
<tr><td>文献</td><td colspan="3">吉林省长春市九台区莽卡杨姓《杨宪本》（手抄本）第 78 页。</td></tr>
<tr><td>例句</td><td colspan="3">他库拉哈，衣莫。
他库拉哈，译为“使役”；衣莫，译为“牛”。
全句合译：使役牛。</td></tr>
<tr><td>词汇</td><td>①衣其西</td><td>词义</td><td>一点儿污垢</td></tr>
<tr><td>文献</td><td colspan="3">吉林省长春市九台区莽卡杨姓《杨宪本》（手抄本）第 5 页。</td></tr>
<tr><td>例句</td><td colspan="3">衣其西，阿库。
衣其西，译为“一点儿污垢”；阿库，译为“没有”。
全句合译：没有一点儿污垢。</td></tr>
<tr><td>词汇</td><td>①一西腓</td><td>词义</td><td>抖动</td></tr>
<tr><td>文献</td><td colspan="3">吉林省长春市九台区胡家石姓《小韩本》（引自宋和平译注本）第 184 页。</td></tr>
<tr><td>例句</td><td colspan="3">一西腓，阿思哈。
一西腓，译为“抖动”；阿思哈，译为“翅膀”。
全句合译：抖动翅膀。</td></tr>
<tr><td>词汇</td><td>①衣勒根</td><td>词义</td><td>民</td></tr>
<tr><td>文献</td><td colspan="3">吉林省长春市九台区莽卡杨姓《杨宪本》（手抄本）第 6 页。</td></tr>
<tr><td>例句</td><td colspan="3">图们，衣勒根，多木笔。
图们，译为“万”；衣勒根，译为“民”；多木笔，译为“歇息”。
全句合译：万民都在睡觉。</td></tr>
<tr><td>词汇</td><td>②衣兰根</td><td>词义</td><td>民</td></tr>
<tr><td>文献</td><td colspan="3">吉林省长春市九台区莽卡杨姓《杨静棠本》第 6 页。</td></tr>
<tr><td>例句</td><td colspan="3">土闷，衣兰根，托莫疋。
土闷，译为“万”；衣兰根，译为“民”；托莫疋，译为“歇息”。
全句合译：万民在休息。</td></tr>
</table>

词汇	①以力非	词义	来到了
文献	吉林省长春市九台区其塔木石姓《东哈本》（第1册）第6页。		
例句	蒙文，含洛，以力非。 蒙文，译为“银”；含洛，译为“山谷”；以力非，译为“来到了”。 全句合译：来到了银色山谷。		
词汇	②一心吉勒	词义	来到
文献	吉林省长春市九台区胡家石姓《小韩本》（引自宋和平译注本）第337页。		
例句	一心吉勒，吴巴。 一心吉勒，译为“来到”；吴巴，译为“此处”。 全句合译：来到此处。		
词汇	③以似浑德	词义	来到
文献	吉林省长春市九台区其塔木石姓《东哈本》（第1册）第30页。		
例句	鸡文勒勒鸡文，博，以似浑德。 鸡文勒勒鸡文，译为“恭恭敬敬”；博，译为“将”；以似浑德，译为“来到”。 全句合译：将恭恭敬敬地来到。		
词汇	④一新吉疋	词义	来到了
文献	吉林省长春市九台区莽卡杨姓《杨宪本》（手抄本）第76页。		
例句	一车，乓，泊，一新吉疋。 一车，译为“新”；乓，译为“地方”；泊，译为“将”；一新吉疋，译为“来到了”。 全句合译：搬迁到新的地方。		
词汇	①依涉胡勒莫	词义	狭窄处
文献	吉林省长春市九台区莽卡杨姓《杨宪本》（手抄本）第6页。		

例句	依涉胡勒莫，说里仍恶。 依涉胡勒莫，译为“狭窄处”；说里仍恶，译为“宴请的”。 全句合译：在地方狭窄处宴请。		
词汇	②衣四胡仍莫	词义	狭窄处
文献	吉林省长春市九台区莽卡杨姓《杨静棠本》第 6 页。		
例句	衣四胡仍莫，嗽利恶。 衣四胡仍莫，译为“狭窄处”；嗽利恶，译为“宴请的”。 全句合译：在地方狭窄处宴请。		
词汇	③一斯合刻	词义	狭窄处
文献	吉林省吉林市乌拉街韩屯关姓《敬义神书》（手抄本）第 20 页。		
例句	阿玛拉，一斯合刻。 阿玛拉，译为“从架子上飞”；一斯合刻，译为“狭窄处”。 全句合译：从架子上飞到（另一地方）狭窄处。		
词汇	①衣戈	词义	放
文献	吉林省长春市九台区莽卡杨姓《杨静棠本》第 6 页。		
例句	衣兰，乌西哈，衣戈，我林，得。 衣兰，译为“三”；乌西哈，译为“星”；衣戈，译为“放”；我林，译为“此时”；得，译为“在”。 全句合译：此时三星在放光亮。		
词汇	②泥拉嘎	词义	放
文献	吉林省长春市九台区莽卡杨姓《杨宪本》（手抄本）第 6 页。		
例句	衣兰，乌西哈，泥拉嘎，恶林，得。 衣兰，译为“三”；乌西哈，译为“星星”；泥拉嘎，译为“放”；恶林，译为“此时”；得，译为“在”。 全句合译：此时三星在发光。		

词汇	③一利	词义	放
文献	吉林省长春市九台区莽卡杨姓《杨宪本》（手抄本）第 85 页。		
例句	一利，勒乌哈。 一利，译为“放”；勒乌哈，译为“火”。 全句合译：放火。		
词汇	①一七	词义	右
文献	吉林省长春市九台区胡家石姓《小韩本》（引自宋和平译注本）第 39 页。		
例句	哈思呼，梅棱，一七，梅分。 哈思呼，译为“左”；梅棱，译为“肩”；一七，译为“右”；梅分，译为“脖子”。 全句合译：左肩、右脖子。		
词汇	①一讷库	词义	本
文献	吉林省长春市九台区胡家石姓《小韩本》（引自宋和平译注本）第 70 页。		
例句	一讷库，一能尼。 一讷库，译为“本”；一能尼，译为“日”。 全句合译：本日。		
词汇	①衣沙卡	词义	拔
文献	吉林省长春市九台区莽卡杨姓《杨宪本》（手抄本）第 54 页。		
例句	射勒，衣，木克，泊，衣沙卡，嘎吉必。 射勒，译为“泉”；衣，译为“的”；木克，译为“水”；泊，译为“把”；衣沙卡，译为“拔”；嘎吉必，译为“取来”。 全句合译：把凉的井（泉）水拿来。		
词汇	①衣不干	词义	妖怪
文献	吉林省长春市九台区莽卡杨姓《杨宪本》（手抄本）第 24 页。		

例句	胡松阿，衣不干，得，依长阿。 胡松阿，译为“战胜”；衣不干，译为“妖怪”；得，译为“在”；依长阿，译为“顺当”。 全句合译：顺利地战胜了妖怪。		
词汇	①以西他拉	词义	至今
文献	吉林省长春市九台区胡家石姓《小韩本》（引自宋和平译注本）第 103 页。		
例句	以西他拉，我林，辍库。 以西他拉，译为“至今”；我林，译为“时”；辍库，译为“酉”。 全句合译：到了现在的酉时。		
词汇	①以西不莫	词义	及
文献	吉林省长春市九台区胡家石姓《小韩本》（引自宋和平译注本）第 100 页。		
例句	吴朱七，木丹，博，以西不莫。 吴朱七，译为“从头”；木丹，译为“弯曲”；博，译为“把”；以西不莫，译为“及”。 全句合译：从头至尾弯曲起来。		
音序	**yin**		
词汇	①阴达户	词义	（戌）狗
文献	黑龙江省宁安市白岩乐园杨姓《神本》第 2 页。		
例句	阴达户，乌里根。 阴达户，译为“（戌）狗”；乌里根，译为“猪”。 全句合译：（戌）狗（亥）猪。		
词汇	②音得浑	词义	狗
文献	吉林省长春市九台区莽卡杨姓《祭祖神本》第 15 页。		
例句	音得浑，泊，我斌必。 音得浑，译为“狗”；泊，译为“把”；我斌必，译为“玩耍”。		

	全句合译：与狗玩耍。		
词汇	③音德浑	**词义**	狗
文献	吉林省长春市九台区莽卡杨姓《杨静棠本》第11页。		
例句	音德浑，阿宁阿，按八，一，米你恶真，也，赊夫。 音德浑，译为“狗”；阿宁阿，译为“属”；按八，译为“大”；一，译为“的”；米你恶真，译为“我们”；也，译为“的”；赊夫，译为“师傅”。 全句合译：属狗的，是我们的萨满大师傅。		
词汇	①音打胡莫	**词义**	躺下
文献	吉林省长春市九台区胡家石姓《小韩本》（引自宋和平译注本）第148页。		
例句	音打胡莫，吴云朱，牛呼恩杜立。 音打胡莫，译为“躺下”；吴云朱，译为“九十”；牛呼恩杜立，译为“狼神”。 全句合译：九十只狼神躺下了。		
词汇	②音塔非	**词义**	歇气
文献	吉林省长春市九台区土城子口钦佟赵姓《交罗本》第28页。		
例句	凡宜，德，音塔非。 凡宜，译为“木盘”；德，译为“在”；音塔非，译为“歇气”。 全句合译：木盘在歇气。		
词汇	③阴折七	**词义**	止歇
文献	吉林省长春市九台区胡家石姓《小韩本》（引自宋和平译注本）第161页。		
例句	按巴，鸡干，阴折七。 按巴，译为“大”；鸡干，译为“声”；阴折七，译为“止歇”。 全句合译：刮大风的声音止歇了。		

词汇	④音折莫必	**词义**	歇息
文献	吉林省长春市九台区胡家石姓《小韩本》（引自宋和平译注本）第 161 页。		
例句	阿几各，开叉莫，音折莫必。 阿几各，译为“小”；开叉莫，译为“呐喊”；音折莫必，译为“歇息”。 全句合译：小声的呐喊也歇息了。		
词汇	①音打胡腓	**词义**	搅动
文献	吉林省长春市九台区胡家石姓《小韩本》（引自宋和平译注本）第 148 页。		
例句	文车恨，阿打立，音打胡腓。 文车恨，译为“尾巴”；阿打立，译为“一样”；音打胡腓，译为“搅动”。 全句合译：（用）尾巴搅动。		
音序	**ying**		
词汇	①英赊	**词义**	神帽
文献	吉林省长春市九台区胡家石姓《小韩本》（引自宋和平译注本）第 66 页。		
例句	英赊，我秃勒。 英赊，译为“神帽”；我秃勒，译为“戴”。 全句合译：戴神帽。		
词汇	②英色	**词义**	神帽
文献	吉林省长春市九台区其塔木石姓《东哈本》（第 1 册）第 84 页。		
例句	吴贞，英色，妈咪非。 吴贞，译为“沉重”；英色，译为“神帽”；妈咪非，译为“舞蹈”。 全句合译：戴着沉重的神帽在跳舞。		
词汇	③押涉	**词义**	神帽
文献	吉林省长春市九台区莽卡杨姓《杨宪本》（手抄本）		

	第 6 页。		
例句	得勒，押涉，泊，卧不笔。 得勒，译为“脸”；押涉，译为“神帽”；泊，译为“把”；卧不笔，译为“可以”。 全句合译：神帽遮住脸就可以。		
词汇	①英兰	**词义**	鹡鸰
文献	吉林省长春市九台区胡家石姓《小韩本》（引自宋和平译注本）第 194 页。		
例句	英兰，嘎思哈，恩杜立。 英兰，译为“鹡鸰”；嘎思哈，译为“鸟”；恩杜立，译为“神”。 全句合译：鹡鸰鸟神。		
音序	**yong**		
词汇	①拥阿	**词义**	沙
文献	吉林省长春市九台区胡家石姓《小韩本》（引自宋和平译注本）第 120 页。		
例句	拥阿，滩。 拥阿，译为“沙”；滩，即为汉语“滩”。 全句合译：沙滩。		
词汇	②拥巴	**词义**	沙
文献	吉林省长春市九台区胡家石姓《小韩本》（引自宋和平译注本）第 121 页。		
例句	拥巴，滩。 拥巴，译为“沙”；滩，即为汉语“滩”。 全句合译：沙滩。		
词汇	③永阿	**词义**	沙子
文献	吉林省长春市九台区胡家石姓《小韩本》（引自宋和平译注本）第 204 页。		
例句	永阿，卧合。 永阿，译为“沙子”；卧合，译为“石头”。		

<table>
<tr><td></td><td colspan="3">全句合译：沙子石头。</td></tr>
<tr><td>词汇</td><td>①永约腓</td><td>词义</td><td>屈身</td></tr>
<tr><td>文献</td><td colspan="3">吉林省长春市九台区胡家石姓《小韩本》（引自宋和平译注本）第 51 页。</td></tr>
<tr><td>例句</td><td colspan="3">阿几各，伯立西，永约腓。
阿几各，译为“小”；伯立西，译为“求福人”；永约腓，译为“屈身”。
全句合译：小求福人（指栽力）在屈身。</td></tr>
<tr><td>词汇</td><td>②拥鸡莫</td><td>词义</td><td>屈身</td></tr>
<tr><td>文献</td><td colspan="3">吉林省长春市九台区其塔木石姓《东哈本》（第 1 册）第 80 页。</td></tr>
<tr><td>例句</td><td colspan="3">阿力不勒，栽力，拥鸡莫。
阿力不勒，译为“充当”；栽力，译为“求福人”；拥鸡莫，译为“屈身”。
全句合译：充当求福人的人在屈身。</td></tr>
<tr><td>词汇</td><td>①拥鸡非</td><td>词义</td><td>到齐了</td></tr>
<tr><td>文献</td><td colspan="3">吉林省长春市九台区其塔木石姓《东哈本》（第 2 册）第 40 页。</td></tr>
<tr><td>例句</td><td colspan="3">扎坤，侧力，拥鸡非。
扎坤，译为“八”；侧力，译为“求福人”；拥鸡非，译为“到齐了”。
全句合译：八位求福人都到齐了。</td></tr>
<tr><td>词汇</td><td>②押乐莫</td><td>词义</td><td>齐备</td></tr>
<tr><td>文献</td><td colspan="3">吉林省长春市九台区其塔木石姓《东哈本》（第 1 册）第 17 页。</td></tr>
<tr><td>例句</td><td colspan="3">阿力不勒，侧力，押乐莫。
阿力不勒，译为“充当”；侧力，译为“求福人”；押乐莫，译为“齐备”。
全句合译：充当求福人的栽立子万事齐备。</td></tr>
<tr><td>词汇</td><td>③牙答阿</td><td>词义</td><td>齐全</td></tr>
</table>

文献	吉林省吉林市土城子口钦佟赵姓《交罗本》第28页。
例句	牙答阿，厄雷，朱木禄，标棍。 牙答阿，译为“齐全”；厄雷，译为“此时”；朱木禄，译为“成双成对”；标棍，译为“东家”。 全句合译：此时此刻，东家一对男女主人齐全。

音序	Z		
	zai		
词汇	①载立	词义	萨满的助手
文献	吉林省吉林市莽卡杨姓《杨宪本》（手抄本）第 59 页。		
例句	莫勒根，载立。 莫勒根，译为“智慧者”；载立，译为“萨满的助手”。 全句合译：萨满的助手智慧者在祝祷。		
词汇	②栽林	词义	萨满的助手
文献	吉林省长春市九台区莽卡杨姓《祭祖神本》第 4 页。		
例句	阿西楼，栽林，得，萨哈。 阿西楼，译为“承担”；栽林，译为“萨满的助手”；得，译为“在”；萨哈，译为“摆放”。 全句合译：萨满的助手摆放供品。		
词汇	③侧力	词义	萨满的助手
文献	吉林省长春市九台区其塔木石姓《东哈本》（第 2 册）第 39 页。		
例句	扎坤，侧力。 扎坤，译为“八”；侧力，译为“萨满的助手”。 全句合译：八位萨满的助手。		
词汇	④札林	词义	萨满的助手
文献	吉林省长春市九台区胡家石姓《小韩本》（引自宋和平译注本）第 175 页。		
例句	札林，得，按巴沙，朱克腾。 札林，译为“萨满的助手”；得，译为“在”；按巴沙，译为“大”；朱克腾，译为“坛前”。 全句合译：萨满的助手在坛前。		
词汇	⑤扎哩	词义	祝祷人
文献	吉林省长春市九台区胡家石姓《小韩本》（引自宋		

<table>
<tr><td></td><td colspan="3">和平译注本）第 51 页。</td></tr>
<tr><td>例句</td><td colspan="3">得博棱，扎哩，阿立不棱俄。
得博棱，译为“年幼”；扎哩，译为“祝祷人”；阿立不棱俄，译为“承担”。
全句合译：由年幼的祝祷人来承担。</td></tr>
<tr><td>词汇</td><td>⑥侧立子</td><td>词义</td><td>祝祷人</td></tr>
<tr><td>文献</td><td colspan="3">吉林省长春市九台区胡家石姓《小韩本》（引自宋和平译注本）第 361 页。</td></tr>
<tr><td>例句</td><td colspan="3">阿几各，侧立子，吴沙必，吴沙库。
阿几各，译为“小”；侧立子，译为“祝祷人”；吴沙必，译为“拉扯（指功夫）”；吴沙库，译为“过硬”。
全句合译：小祝祷人拉扯（功夫）过硬。</td></tr>
<tr><td>词汇</td><td>⑦栽立鸡</td><td>词义</td><td>祝祷人</td></tr>
<tr><td>文献</td><td colspan="3">吉林省长春市九台区其塔木石姓《东哈本》（第 1 册）第 53 页。</td></tr>
<tr><td>例句</td><td colspan="3">阿力不勒，栽立鸡，舒乐合。
阿力不勒，译为“充当”；栽立鸡，译为“祝祷人”；舒乐合，译为“盘旋着”。
全句合译：祝祷者（栽立子）充当来往盘旋的任务。</td></tr>
<tr><td>词汇</td><td>⑧侧立莫</td><td>词义</td><td>祝祷人</td></tr>
<tr><td>文献</td><td colspan="3">吉林省长春市九台区胡家石姓《小韩本》（引自宋和平译注本）第 327 页。</td></tr>
<tr><td>例句</td><td colspan="3">阿几各，侧立莫，鸡舒勒莫，他坏腓，阿立不棱俄。
阿几各，译为“小”；侧立莫，译为“祝祷人”；鸡舒勒莫，译为“诵唱”；他坏腓，译为“学习者”；阿立不棱俄，译为“承当”。
全句合译：小祝祷人承当学习诵唱的任务。</td></tr>
<tr><td>词汇</td><td>①载力哈</td><td>词义</td><td>诵祷</td></tr>
<tr><td>文献</td><td colspan="3">吉林省吉林市耿屯钱姓《折子本》（手抄本）第 19 页。</td></tr>
</table>

<table>
<tr><td>例句</td><td colspan="3">一腓力，载力哈。
一腓力，译为“一篇”；载力哈，译为“诵祷”。
全句合译：一篇诵祷词。</td></tr>
<tr><td>词汇</td><td>②扎里哈</td><td>词义</td><td>诵祷</td></tr>
<tr><td>文献</td><td colspan="3">吉林省长春市九台区莽卡杨姓《芳裕堂记本》第 1 页。</td></tr>
<tr><td>例句</td><td colspan="3">那旦，乌西哈，扎里哈，中吉。
那旦，译为“七”；乌西哈，译为“星”；扎里哈，译为“诵祷”；中吉，译为“虔诚”。
全句合译：在北斗七星前虔诚地诵祷着。</td></tr>
<tr><td>词汇</td><td>③栽立哈</td><td>词义</td><td>诵祷</td></tr>
<tr><td>文献</td><td colspan="3">吉林省长春市九台区莽卡杨姓《杨宪本》（手抄本）第 10 页。</td></tr>
<tr><td>例句</td><td colspan="3">栽立哈，涉夫。
栽立哈，译为“诵祷”；涉夫，译为“师傅”。
全句合译：诵祷师傅。</td></tr>
<tr><td>词汇</td><td>④栽林哈</td><td>词义</td><td>诵祷</td></tr>
<tr><td>文献</td><td colspan="3">吉林省长春市九台区莽卡杨姓《杨宪本》（手抄本）第 82 页。</td></tr>
<tr><td>例句</td><td colspan="3">扎坤朱，彪根，得，栽林哈，赊夫。
扎坤朱，译为“八十”；彪根，译为“家族”；得，译为“在”；栽林哈，译为“诵祷”；赊夫，译为“师傅”。
全句合译：八十岁的家族诵祷师傅在。</td></tr>
<tr><td>词汇</td><td>①载拉不</td><td>词义</td><td>开始</td></tr>
<tr><td>文献</td><td colspan="3">吉林省吉林市土城子口钦佟赵姓《交罗本》第 27 页。</td></tr>
<tr><td>例句</td><td colspan="3">呆七，嘎四憨，载拉不。
呆七，译为“越过”；嘎四憨，译为“灾祸”；载拉不，译为“开始”。
全句合译：开始度过灾难期。</td></tr>
</table>

<table>
<tr><td>音序</td><td colspan="3">zha</td></tr>
<tr><td>词汇</td><td>①扎不占</td><td>词义</td><td>蟒</td></tr>
<tr><td>文献</td><td colspan="3">吉林省长春市九台区其塔木石姓《东哈本》（第1册）第71页。</td></tr>
<tr><td>例句</td><td colspan="3">扎坤，达，扎不占，街。
扎坤，译为“八”；达，译为“条”；扎不占，译为“蟒”；街，译为“啊”。
全句合译：八条蟒蛇啊。</td></tr>
<tr><td>词汇</td><td>②扎破占</td><td>词义</td><td>蟒</td></tr>
<tr><td>文献</td><td colspan="3">吉林省长春市九台区其塔木关姓《腰哈本》第5页。</td></tr>
<tr><td>例句</td><td colspan="3">扎破占，奢付。
扎破占，译为“蟒”；奢付，译为“师傅”。
全句合译：蟒师傅。</td></tr>
<tr><td>词汇</td><td>③扎不站</td><td>词义</td><td>蟒</td></tr>
<tr><td>文献</td><td colspan="3">吉林省长春市九台区莽卡杨姓《杨宪本》（手抄本）第60页。</td></tr>
<tr><td>例句</td><td colspan="3">乌云，达，扎不站。
乌云，译为“九”；达，译为“条”；扎不站，译为“蟒”。
全句合译：九条蟒。</td></tr>
<tr><td>词汇</td><td>①扎兰</td><td>词义</td><td>世；辈；世世；代代；世代；辈分</td></tr>
<tr><td>文献</td><td colspan="3">吉林省长春市九台区胡家石姓《小韩本》（引自宋和平译注本）第310页、第320页、第342页、第344页、第361页。</td></tr>
<tr><td rowspan="2">例句</td><td colspan="3">扎兰，哈拉莫，朱赊，卧木洛。
扎兰，译为“世”；哈拉莫，译为“代”；朱赊，译为“子”；卧木洛，译为“孙”。
全句合译：世代子孙。</td></tr>
<tr><td colspan="3">那丹七，扎兰。</td></tr>
</table>

	那丹七，译为“第七”；扎兰，译为“辈”。 全句合译：第七辈。		
	扎兰，扎兰。 扎兰，译为“世世”；扎兰，译为“代代”。 全句合译：世世代代。		
	扎兰，哈拉莫。 扎兰，译为“世代”；哈拉莫，译为“更换”。 全句合译：世代更替。		
	牙，扎兰。 牙，译为“何”；扎兰，译为“辈分”。 全句合译：何辈分？		
词汇	②札兰	**词义**	老老少少
文献	吉林省长春市九台区胡家石姓《小韩本》（引自宋和平译注本）第 175 页。		
例句	阿克打腓，札兰，七。 阿克打腓，译为“相陪伴”；札兰，译为“老老少少”；七，译为“由”。 全句合译：由老老少少相陪伴。		
词汇	③扎兰扎兰	**词义**	世世代代
文献	吉林省长春市九台区其塔木石姓《东哈本》（第 1 册）第 90 页。		
例句	石克忒力哈拉，扎兰扎兰，哈拉莫。 石克忒力哈拉，译为“石姓”；扎兰扎兰，译为“世世代代”；哈拉莫，译为“更换”。 全句合译：石姓家族世世代代更替。		
词汇	①扎林	**词义**	为；为了
文献	吉林省长春市九台区胡家石姓《小韩本》（引自宋和平译注本）第 339 页、第 360 页。		
例句	占巴立莫，扎林，得，按吧，鸡干。 占巴立莫，译为“祈祷”；扎林，译为“为”；得，		

	译为“在”；按吧，译为“大”；鸡干，译为“声”。 全句合译：大声在祈祷。
	扎林，得，爱，秃拉滚。 扎林，译为“为了”；得，译为“在”；爱，译为“什么”；秃拉滚，译为“原因”。 全句合译：为了什么原因？
词汇	②扎鸡非 | 词义 | 为了
文献	吉林省长春市九台区其塔木石姓《东哈本》（第1册）第14页。
例句	爱，以，为林，扎鸡非。 爱，译为“什么”；以，译为“的”；为林，译为“事情”；扎鸡非，译为“为了”。 全句合译：为了什么事情？
词汇	③扎吉非 | 词义 | 为了
文献	吉林省长春市九台区其塔木石姓《东哈本》（第1册）第82页。
例句	哀，以，为林，扎吉非。 哀，译为“什么”；以，译为“的”；为林，译为“事情”；扎吉非，译为“为了”。 全句合译：为的是什么事情？
词汇	④扎巳非 | 词义 | 为
文献	吉林省长春市九台区其塔木石姓《东哈本》（第1册）第26页。
例句	爱，以，为林，扎巳非。 爱，译为“什么”；以，译为“的”；为林，译为“事情”；扎巳非，译为“为”。 全句合译：为什么事情？
词汇	①扎吉莫 | 词义 | 背负
文献	吉林省长春市九台区莽卡杨姓《杨宪本》（手抄本）第39页。

<table>
<tr><td>例句</td><td colspan="3">打拉，得，扎吉莫。
打拉，译为“腰”；得，译为“在”；扎吉莫，译为“背负”。
全句合译：腰上扎着……</td></tr>
<tr><td>词汇</td><td>②扎鸡莫</td><td>词义</td><td>担负</td></tr>
<tr><td>文献</td><td colspan="3">吉林省长春市九台区莽卡杨姓《杨宪本》（手抄本）第 16 页。</td></tr>
<tr><td>例句</td><td colspan="3">打拉，得，扎鸡莫。
打拉，译为“腰”；得，译为“在”；扎鸡莫，译为“担负”。
全句合译：腰上扎着……</td></tr>
<tr><td>词汇</td><td>③扎吉莫笔</td><td>词义</td><td>背负</td></tr>
<tr><td>文献</td><td colspan="3">吉林省长春市九台区莽卡杨姓《杨宪本》（手抄本）第 54 页。</td></tr>
<tr><td>例句</td><td colspan="3">打拉，得，扎吉莫笔。
打拉，译为“腰”；得，译为“在”；扎吉莫笔，译为“背负”。
全句合译：腰上扎着……</td></tr>
<tr><td>词汇</td><td>①扎录</td><td>词义</td><td>满；满满的</td></tr>
<tr><td>文献</td><td colspan="3">吉林省长春市九台区胡家石姓《小韩本》（引自宋和平译注本）第 330 页、第 357 页。</td></tr>
<tr><td rowspan="2">例句</td><td colspan="3">文，以，扎录。
文，译为“猪窝”；以，译为“的”；扎录，译为“满”。
全句合译：猪窝是满的。</td></tr>
<tr><td colspan="3">文一，扎录，吴几不莫。
文一，译为“猪窝”；扎录，译为“满满的”；吴几不莫，译为“养得”。
全句合译：猪窝里养了满满的（一群）猪。</td></tr>
<tr><td>词汇</td><td>②抬录</td><td>词义</td><td>满满</td></tr>
<tr><td>文献</td><td colspan="3">吉林省长春市九台区莽卡杨姓《杨宪本》（手抄本）</td></tr>
</table>

	第 54 页。
例句	花，音，抬录，花沙不莫。 花，音，合译为“庭院”；抬录，译为“满满”；花沙不莫，译为“养育”。 全句合译：院子里养着满满的（家畜）。
词汇	③扎路 | 词义 | 满满
文献	吉林省长春市九台区莽卡杨姓《杨静棠本》第 15 页。
例句	花，扎路，花沙不莫。 花，译为“院”；扎路，译为“满满”；花沙不莫，译为“养育”。 全句合译：院里养活着满满的（家禽家畜）。
词汇	④抬路 | 词义 | 满满
文献	吉林省长春市九台区莽卡杨姓《杨宪本》（手抄本）第 74 页。
例句	花因，抬路，花沙不莫。 花因，译为“庭院”；抬路，译为“满满”；花沙不莫，译为“养育”。 全句合译：庭院里养着满满的家禽。
词汇	⑤扎禄 | 词义 | 满满
文献	吉林省吉林市土城子口钦佟赵姓《交罗本》第 6 页。
例句	扎禄，班吉勒，扎拉干。 扎禄，译为“满满”；班吉勒，译为“生”；扎拉干，译为“芽”。 全句合译：芽生得满满的。
词汇	⑥札录非 | 词义 | 满之
文献	吉林省吉林市乌拉街韩屯关姓《敬义神书》（手抄本）第 9 页。
例句	花一伦，文车非，依罕，毛林，札录非。 花一伦，译为“庭院中”；文车非，译为“宽敞的”；

<table>
<tr><td></td><td colspan="3">依罕，译为“牛”；毛林，译为“马”；札录非，译为“满之”。
全句合译：宽敞的庭院里牛马满院。</td></tr>
<tr><td>词汇</td><td>⑦杜路非</td><td>词义</td><td>满之</td></tr>
<tr><td>文献</td><td colspan="3">吉林省吉林市乌拉街韩屯关姓《敬义神书》（手抄本）第 13 页。</td></tr>
<tr><td>例句</td><td colspan="3">花一，我伦，文侧非，依罕，毛林，杜路非。
花一，译为“院”；我伦，译为“中”；文侧非，译为“宽敞的”；依罕，译为“牛”；毛林，译为“马”；杜路非，译为“满之”。
全句合译：宽敞的院中养育着满满的牛马。</td></tr>
<tr><td>词汇</td><td>①扎伐腓</td><td>词义</td><td>拿着；手执</td></tr>
<tr><td>文献</td><td colspan="3">吉林省长春市九台区胡家石姓《小韩本》（引自宋和平译注本）第 338 页、第 347 页。</td></tr>
<tr><td rowspan="2">例句</td><td colspan="3">爱，哈亲，得，扎伐腓。
爱，译为“什么”；哈亲，译为“样”；得，译为“在”；扎伐腓，译为“拿着”。
全句合译：在拿着什么东西。</td></tr>
<tr><td colspan="3">牙牙，哈亲，扎伐腓。
牙牙，译为“各”；哈亲，译为“样”；扎伐腓，译为“手执”。
全句合译：手执着各样东西。</td></tr>
<tr><td>词汇</td><td>②扎发啡</td><td>词义</td><td>执着</td></tr>
<tr><td>文献</td><td colspan="3">吉林省长春市九台区胡家石姓《小韩本》（引自宋和平译注本）第 118 页。</td></tr>
<tr><td>例句</td><td colspan="3">哀心，沙卡，扎发啡。
哀心，译为“金”；沙卡，译为“马叉”；扎发啡，译为“执着”。
全句合译：执着金马叉。</td></tr>
<tr><td>词汇</td><td>③扎法疋</td><td>词义</td><td>拿着</td></tr>
</table>

<table>
<tr><td>文献</td><td colspan="3">吉林省长春市九台区莽卡杨姓《杨宪本》（手抄本）第 82 页。</td></tr>
<tr><td>例句</td><td colspan="3">洪务，泊，赊法勒莫，扎法疋。
洪务，译为“铃铛”；泊，译为“把”；赊法勒莫，译为“攥着”；扎法疋，译为“拿着”。
全句合译：把铃铛拿着攥着。</td></tr>
<tr><td>词汇</td><td>④扎法笔</td><td>词义</td><td>拿着</td></tr>
<tr><td>文献</td><td colspan="3">吉林省长春市九台区莽卡杨姓《杨宪本》（手抄本）第 60 页。</td></tr>
<tr><td>例句</td><td colspan="3">赊扶莫勒，扎法笔。
赊扶莫勒，译为“攥着”；扎法笔，译为“拿着”。
全句合译：拿着，攥着。</td></tr>
<tr><td>词汇</td><td>⑤扎伐拉</td><td>词义</td><td>执</td></tr>
<tr><td>文献</td><td colspan="3">吉林省长春市九台区胡家石姓《小韩本》（引自宋和平译注本）第 318 页。</td></tr>
<tr><td>例句</td><td colspan="3">依兰，沙卡，扎伐拉，得。
依兰，译为“三”；沙卡，译为“马叉”；扎伐拉，译为“执”；得，译为“在”。
全句合译：手执三股马叉。</td></tr>
<tr><td>词汇</td><td>⑥扎发拉</td><td>词义</td><td>拿</td></tr>
<tr><td>文献</td><td colspan="3">吉林省吉林市耿屯钱姓《折子本》（手抄本）第 26 页。</td></tr>
<tr><td>例句</td><td colspan="3">扎发拉，新答拉。
扎发拉，译为“拿”；新答拉，译为“腰间”。
全句合译：拿来放在腰间。</td></tr>
<tr><td>词汇</td><td>⑦扎凡</td><td>词义</td><td>拿</td></tr>
<tr><td>文献</td><td colspan="3">吉林省吉林市耿屯钱姓《折子本》（手抄本）第 10 页。</td></tr>
<tr><td>例句</td><td colspan="3">扎凡，德。
扎凡，译为“拿”；德，译为“在”。</td></tr>
</table>

	全句合译：在拿……		
词汇	⑧扎伐	词义	拿着
文献	吉林省长春市九台区胡家石姓《小韩本》（引自宋和平译注本）第 99 页。		
例句	鸡打，扎伐，拉，得。 鸡打，译为“矛”；扎伐，译为“拿着”；拉，译为“手”；得，译为“在”。 全句合译：手上拿着一支矛。		
词汇	⑨札伐不莫	词义	执
文献	吉林省长春市九台区胡家石姓《小韩本》（引自宋和平译注本）第 320 页。		
例句	爱心，鸡打，札伐不莫。 爱心，译为“金”；鸡打，译为“枪”；札伐不莫，译为“执”。 全句合译：执着金枪。		
词汇	⑩折腓	词义	执着
文献	吉林省长春市九台区胡家石姓《小韩本》（引自宋和平译注本）第 169 页。		
例句	折腓，生鸡，得。 折腓，译为“执着”；生鸡，译为“血”；得，译为“在”。 全句合译：在端着（猪）血。		
词汇	①扎卡	词义	物件
文献	吉林省长春市九台区莽卡杨姓《杨静棠本》第 2 页。		
例句	占出浑，奴勒，泊，扎卡，多莫，多不疋。 占出浑，译为“甜”；奴勒，译为“酒”；泊，译为“把”；扎卡，译为“物件”；多莫，译为“进入”；多不疋，译为“供献”。 全句合译：把甜酒（米酒）等物品放入供上。		
词汇	②铡卡	词义	物件

文献	吉林省长春市九台区莽卡杨姓《杨宪本》（手抄本）第 2 页。		
例句	铡卡，得，多不笔。 铡卡，译为“物件”；得，译为“在”；多不笔，译为“供献”。 全句合译：在供献物件。		
词汇	③扎日克	词义	物件
文献	黑龙江省宁安市谷岩乐园杨姓《神本》第 1 页。		
例句	扎日克，啊宁啊，为扎克。 扎日克，译为“物件”；啊宁啊，译为“年”；为扎克，译为“制作”。 全句合译：当年制作了供献之物。		
词汇	①札拉胡	词义	豺狼
文献	吉林省长春市九台区胡家石姓《小韩本》（引自宋和平译注本）第 324 页。		
例句	札坤朱，札拉胡，恩杜立。 札坤朱，译为“八十”；札拉胡，译为“豺狼”；恩杜立，译为“神”。 全句合译：八十只豺狼神。		
词汇	②扎拉胡	词义	豺狼
文献	吉林省吉林市耿屯钱姓《折子本》（手抄本）第 22 页。		
例句	作勒台，扎拉胡，厄勒，恩杜立。 作勒台，译为“回答”；扎拉胡，译为“豺狼”；厄勒，译为“此时”；恩杜立，译为“神”。 全句合译：此时回答豺狼神。		
词汇	①扎呼达	词义	船
文献	吉林省长春市九台区胡家石姓《小韩本》（引自宋和平译注本）第 114 页。		
例句	依兰，达，扎呼达。		

<table>
<tr><td></td><td colspan="3">依兰，译为“三”；达，译为“条”；扎呼达，译为“船”。
全句合译：三条船。</td></tr>
<tr><td>词汇</td><td>②札胡打</td><td>词义</td><td>船</td></tr>
<tr><td>文献</td><td colspan="3">吉林省长春市九台区胡家石姓《小韩本》（引自宋和平译注本）第 188 页。</td></tr>
<tr><td>例句</td><td colspan="3">札胡打，一兰。
札胡打，译为“船”；一兰，译为“三”。
全句合译：三条船。</td></tr>
<tr><td>词汇</td><td>③扎户打</td><td>词义</td><td>跟前</td></tr>
<tr><td>文献</td><td colspan="3">吉林省长春市九台区其塔木石姓《东哈本》（引自尹郁山译注本）第 432 页。</td></tr>
<tr><td rowspan="2">例句</td><td colspan="3">左，打，扎户打，台巴七。
左，译为“两”；打，译为“根”；扎户打，译为“跟前”；台巴七，译为“越过”。
全句合译：越过跟前两棵（柳树）。</td></tr>
<tr><td colspan="3">依兰，打，扎户打，伕杜深。
依兰，译为“三”；打，译为“根”；扎户打，译为“跟前”；伕杜深，译为“柳树”。
全句合译：跟前长着三棵大柳树。</td></tr>
<tr><td>词汇</td><td>④扎呼他</td><td>词义</td><td>跟前</td></tr>
<tr><td>文献</td><td colspan="3">吉林省长春市九台区其塔木石姓《东哈本》（引自尹郁山译注本）第 522 页。</td></tr>
<tr><td>例句</td><td colspan="3">左，伏他，扎呼他，佛杜深。
左，译为“二”；伏他，译为“老了”；扎呼他，译为“跟前”；佛杜深，译为“柳树”。
全句合译：跟前长着两株老柳树。</td></tr>
<tr><td>词汇</td><td>①扎打</td><td>词义</td><td>残疾</td></tr>
<tr><td>文献</td><td colspan="3">吉林省长春市九台区胡家石姓《小韩本》（引自宋和平译注本）第 57 页。</td></tr>
</table>

<table>
<tr><td>例句</td><td colspan="3">佛库莫，尼莫勒勒，扎打。
佛库莫，译为“蹦着走”；尼莫勒勒，译为“病痛”；扎打，译为“残疾”。
全句合译：大腿因残疾疼痛（不得不）蹦着走路。</td></tr>
<tr><td>词汇</td><td>②扎吉干</td><td>词义</td><td>残疾</td></tr>
<tr><td>文献</td><td colspan="3">吉林省长春市九台区其塔木石姓《东哈本》（第 2 册）第 5 页。</td></tr>
<tr><td>例句</td><td colspan="3">杜博，扎吉干，巴哈非。
杜博，译为“尾巴”；扎吉干，译为“残疾”；巴哈非，译为“受”。
全句合译：尾巴受伤残了。</td></tr>
<tr><td>词汇</td><td>①扎坤</td><td>词义</td><td>八；八位</td></tr>
<tr><td>文献</td><td colspan="3">吉林省长春市九台区胡家石姓《小韩本》（引自宋和平译注本）第 284 页、第 325 页。</td></tr>
<tr><td rowspan="2">例句</td><td colspan="3">扎坤，打，扎破占。
扎坤，译为“八”；打，译为“条”；扎破占，译为“蟒”。
全句合译：八条蟒。</td></tr>
<tr><td colspan="3">扎坤，沙玛，得。
扎坤，译为“八位”；沙玛，即为“萨满”；得，译为“在”。
全句合译：八位萨满在。</td></tr>
<tr><td>词汇</td><td>①扎坤朱</td><td>词义</td><td>八十</td></tr>
<tr><td>文献</td><td colspan="3">吉林省长春市九台区胡家石姓《小韩本》（引自宋和平译注本）第 147 页。</td></tr>
<tr><td>例句</td><td colspan="3">扎坤朱，札拉胡，牛合。
扎坤朱，译为“八十”；札拉胡，译为“豺”；牛合，译为“狼”。
全句合译：八十只豺狼。</td></tr>
<tr><td>词汇</td><td>②扎坤梭</td><td>词义</td><td>八十</td></tr>
</table>

<table>
<tr><td>文献</td><td colspan="3">吉林省吉林市耿屯钱姓《折子本》（手抄本）第 27 页。</td></tr>
<tr><td>例句</td><td colspan="3">扎坤梭，扎兰。
扎坤梭，译为“八十”；扎兰，译为“代”。
全句合译：八十代。</td></tr>
<tr><td>词汇</td><td>①扎拉吉丹</td><td>词义</td><td>堆放</td></tr>
<tr><td>文献</td><td colspan="3">吉林省长春市九台区莽卡杨姓《杨宪本》（手抄本）第 27 页。</td></tr>
<tr><td>例句</td><td colspan="3">択勒，吉，扎拉吉丹。
択勒，译为“空地上”；吉，译为“来了”；扎拉吉丹，译为“堆放”。
全句合译：来了以后，（把……）堆放在空地上。</td></tr>
<tr><td>词汇</td><td>②扎勒家其</td><td>词义</td><td>堆放</td></tr>
<tr><td>文献</td><td colspan="3">吉林省吉林市耿屯钱姓《折子本》（手抄本）第 28 页。</td></tr>
<tr><td>例句</td><td colspan="3">扎坤，巴，德，扎勒家其。
扎坤，译为“八”；巴，译为“处”；德，译为“在”；扎勒家其，译为“堆放”。
全句合译：在八个地方堆放。</td></tr>
<tr><td>词汇</td><td>③扎拉家其</td><td>词义</td><td>堆放</td></tr>
<tr><td>文献</td><td colspan="3">吉林省吉林市耿屯钱姓《折子本》（手抄本）第 31 页。</td></tr>
<tr><td>例句</td><td colspan="3">扎坤，巴，德，扎拉家其。
扎坤，译为“八”；巴，译为“处”；德，译为“在”；扎拉家其，译为“堆放”。
全句合译：堆放在八个地方。</td></tr>
<tr><td>词汇</td><td>④扎拉警扎莫</td><td>词义</td><td>垛起</td></tr>
<tr><td>文献</td><td colspan="3">吉林省吉林市耿屯钱姓《折子本》（手抄本）第 30 页。</td></tr>
<tr><td>例句</td><td colspan="3">扎发腓，扎拉警扎莫。</td></tr>
</table>

	扎发腓，译为“拿着”；扎拉警扎莫，译为“垛起”。 全句合译：拿来后垛起。		
词汇	①扎不勒	**词义**	回答
文献	吉林省长春市九台区胡家石姓《小韩本》（引自宋和平译注本）第 339 页。		
例句	阿几各，鸡孙，扎不勒。 阿几各，译为“小”；鸡孙，译为“声”；扎不勒，译为“回答”。 全句合译：小声回答。		
词汇	②札不勒	**词义**	回答
文献	吉林省长春市九台区胡家石姓《小韩本》（引自宋和平译注本）第 174 页。		
例句	登一，鸡干，札不勒。 登一，译为“高”；鸡干，译为“声”；札不勒，译为“回答”。 全句合译：高声回答。		
词汇	①扎西笔	**词义**	进入
文献	吉林省长春市九台区莽卡杨姓《杨宪本》（手抄本）第 54 页。		
例句	我立，娘们，得，扎西笔。 我立，译为“此时”；娘们；译为“人”；得，译为“在”；扎西笔，译为“进入”。 全句合译：此时人们在进入。		
词汇	①扎伏纳哈	**词义**	狠狠
文献	吉林省长春市九台区其塔木石姓《东哈本》（第 2 册）第 1 页。		
例句	沙卡扎卡，扎伏纳哈。 沙卡扎卡，译为“防备”；扎伏纳哈，译为“狠狠”。 全句合译：防备的力度很大。		
词汇	①扎眼	**词义**	牙关

文献	吉林省长春市九台区胡家石姓《小韩本》（引自宋和平译注本）第286页。		
例句	扎眼，不打，占出浑，我不。 扎眼，译为“牙关”；不打，译为“饭”；占出浑，译为“香味”；我不，译为“可以”。 全句合译：吃饭口中有香味。		
词汇	①扎克那	**词义**	老
文献	吉林省长春市九台区胡家石姓《小韩本》（引自宋和平译注本）第318页。		
例句	扎克那，瞒尼。 扎克那，译为“老”；瞒尼，即为“瞒尼神”。 全句合译：老祖先英雄神。		
词汇	①扎拉干	**词义**	芽
文献	吉林省吉林市土城子口钦佟赵姓《交罗本》第6页。		
例句	扎禄，班吉勒，扎拉干。 扎禄，译为“满”；班吉勒，译为“生”；扎拉干，译为“芽”。 全句合译：生满芽。		
音序	**zhan**		
词汇	①占出浑	**词义**	甜
文献	吉林省吉林市土城子口钦佟赵姓《交罗本》第6页。		
例句	占出浑，奴勒。 占出浑，译为“甜”；奴勒，译为“黄酒”。 全句合译：甘甜的黄酒。		
词汇	②占处浑	**词义**	甜
文献	吉林省长春市九台区莽卡杨姓《杨宪本》（手抄本）第2页。		
例句	占处浑，奴勒。 占处浑，译为“甜”；奴勒，译为“米儿酒”。 全句合译：甘甜的米儿酒。		

词汇	③暂处浑	词义	甜
文献	吉林省长春市九台区其塔木石姓《东哈本》（第2册）第21页。		
例句	吴心以，必干，暂处浑，也合，博。 吴心以，译为“田的”；必干，译为“野”；暂处浑，译为“甜”；也合，译为“花”；博，译为“把”。 全句合译：田野上的香甜味道的花。		
词汇	①占爷	词义	老爷
文献	吉林省长春市九台区胡家石姓《小韩本》（引自宋和平译注本）第245页。		
例句	辍哈，占爷。 辍哈，译为“兵”；占爷，译为“老爷”。 全句合译：兵老爷。		
词汇	②占音	词义	老爷
文献	吉林省吉林市土城子口钦佟赵姓《交罗本》第6页。		
例句	辍海，占音。 辍海，译为“兵”；占音，译为“老爷”。 全句合译：兵老爷。		
词汇	①占巴立莫	词义	祝祷
文献	吉林省长春市九台区胡家石姓《小韩本》（引自宋和平译注本）第279页。		
例句	兵恳沙玛，占巴立莫，他七腓。 兵恳沙玛，译为“家萨满”；占巴立莫，译为“祝祷”；他七腓，译为“学习”。 全句合译：家萨满学习祝祷。		
音序	**zhe**		
词汇	①折	词义	是
文献	吉林省长春市九台区胡家石姓《小韩本》（引自宋和平译注本）第362页。		
例句	折，牙，阿林。		

	折，译为“是”；牙，译为“什么”；阿林，译为“山林”。 全句合译：是什么山林？		
词汇	②者	**词义**	是
文献	吉林省长春市九台区其塔木石姓《东哈本》（第2册）第39页。		
例句	者，我勒，卧七。 者，译为“是”；我勒，译为“这次”；卧七，译为“为了”。 全句合译：是为了这次……		
词汇	①折库	**词义**	粮食；黏谷
文献	吉林省长春市九台区胡家石姓《小韩本》（引自宋和平译注本）第117页、第253页。		
例句	哀力其，奴乐，折库，得。 哀力其，译为“这里”；奴乐，译为“黄酒”；折库，译为“粮食”；得，译为“在”。 全句合译：粮食做的黄酒在这里。		
	坛打莫，折库。 坛打莫，译为“打”；折库，译为“黏谷”。 全句合译：打黏谷。		
词汇	②者库	**词义**	黏糕
文献	吉林省长春市九台区莽卡杨姓《杨宪本》（手抄本）第82页。		
例句	感勒阿，者库。 感勒阿，译为“制作”；者库，译为“黏糕”。 全句合译：制作黏糕。		
词汇	③者哭	**词义**	粮食
文献	吉林省长春市九台区莽卡杨姓《杨宪本》（手抄本）第82页。		
例句	者哭，泊，他妈笔。		

<table>
<tr><td></td><td colspan="3">者哭，译为“粮食”；泊，译为“把”；他妈笔，译为“检收”。
全句合译：把粮食收拾起来。</td></tr>
<tr><td>词汇</td><td>①折莫</td><td>词义</td><td>吃</td></tr>
<tr><td>文献</td><td colspan="3">吉林省长春市九台区胡家石姓《小韩本》（引自宋和平译注本）第 288 页。</td></tr>
<tr><td>例句</td><td colspan="3">而班，折莫，而必不莫。
而班，译为“充当”；折莫，译为“吃”；而必不莫，译为“饱”。
全句合译：吃饱了当差。</td></tr>
<tr><td>词汇</td><td>②者莫</td><td>词义</td><td>吃</td></tr>
<tr><td>文献</td><td colspan="3">吉林省长春市九台区莽卡杨姓《杨宪本》（手抄本）第 15 页。</td></tr>
<tr><td>例句</td><td colspan="3">我敦，者莫，多滨不莫。
我敦，译为“马群”；者莫，译为“吃”；多滨不莫，译为“养肥”。
全句合译：马儿吃（草）养得很肥。</td></tr>
<tr><td>词汇</td><td>③者木</td><td>词义</td><td>吃</td></tr>
<tr><td>文献</td><td colspan="3">吉林省长春市九台区莽卡杨姓《杨宪本》（手抄本）第 74 页。</td></tr>
<tr><td>例句</td><td colspan="3">他妈，者木，他库因不莫。
他妈，译为“公猪”；者木，译为“吃”；他库因不莫，译为“膘肥体壮”。
全句合译：公猪吃得膘肥体壮。</td></tr>
<tr><td>词汇</td><td>④折腓</td><td>词义</td><td>吃</td></tr>
<tr><td>文献</td><td colspan="3">吉林省长春市九台区胡家石姓《小韩本》（引自宋和平译注本）第 159 页。</td></tr>
<tr><td>例句</td><td colspan="3">折腓，生鸡，得。
折腓，译为“吃”；生鸡，译为“血”；得，译为“在”。
全句合译：在吃血。</td></tr>
</table>

<table>
<tr><td>词汇</td><td>⑤折末</td><td>词义</td><td>吃</td></tr>
<tr><td>文献</td><td colspan="3">吉林省长春市九台区其塔木关姓《腰哈本》第 16 页。</td></tr>
<tr><td>例句</td><td colspan="3">三人，折末，沙可打不末。
三人，译为“好”；折末，译为“吃”；沙可打不末，译为“使之老了”。
全句合译：吃得好，活到老。</td></tr>
<tr><td>词汇</td><td>①折必</td><td>词义</td><td>交接处</td></tr>
<tr><td>文献</td><td colspan="3">吉林省长春市九台区莽卡杨姓《杨宪本》（手抄本）第 54 页。</td></tr>
<tr><td>例句</td><td colspan="3">扎兰，波，七，折必。
扎兰，译为“节”；波，译为“把”；七，译为“从”；折必，译为“交接处”。
全句合译：将从（骨头）节的交接处……</td></tr>
<tr><td>词汇</td><td>②者针</td><td>词义</td><td>交接处</td></tr>
<tr><td>文献</td><td colspan="3">吉林省长春市九台区莽卡杨姓《杨宪本》（手抄本）第 74 页。</td></tr>
<tr><td>例句</td><td colspan="3">者针，阿库，牙勒间开。
者针，译为“交接处”；阿库，译为“没有”；牙勒间开，译为“确信”。
全句合译：确信交接处没有……</td></tr>
<tr><td>词汇</td><td>①折拉鸡</td><td>词义</td><td>层；层层；上</td></tr>
<tr><td>文献</td><td colspan="3">吉林省长春市九台区胡家石姓《小韩本》（引自宋和平译注本）第 79 页、第 203 页、第 321 页。</td></tr>
<tr><td rowspan="2">例句</td><td colspan="3">山眼，阿林，折拉鸡，哈打，得。
山眼，译为“白”；阿林，译为“山”；折拉鸡，译为“层”；哈打，译为“山峰”；得，译为“在”。
全句合译：在长白山山峰的上层。</td></tr>
<tr><td colspan="3">杜勒合，折拉鸡，哈打。
杜勒合，译为“过”；折拉鸡，译为“层层”；哈打，</td></tr>
</table>

	译为“山峰”。 全句合译：过一层层山峰。		
	阿巴卡，折拉鸡，哈打，得。 阿巴卡，译为“天”；折拉鸡，译为“上”；哈打，译为“山峰”；得，译为“在”。 全句合译：山峰在天上。		
词汇	②折力鸡	**词义**	层
文献	吉林省长春市九台区其塔木石姓《东哈本》（第 1 册）第 79 页。		
例句	折力鸡，折力鸡，哈达，得。 折力鸡，译为“层”；折力鸡，译为“层”；哈达，译为“山峰”；得，译为“在”。 全句合译：在一层又一层的山峰上。		
词汇	③退力鸡	**词义**	层
文献	吉林省长春市九台区其塔木石姓《东哈本》（第 1 册）第 28 页。		
例句	深危力，哈打，退力鸡，色悬。 深危立，译为“危”；哈打，译为“山峰”；退力鸡，译为“层”；色悬，译为“砬子”。 全句合译：在陡峭的石砬子山峰层之中。		
词汇	④札拉鸡	**词义**	层
文献	吉林省长春市九台区胡家石姓《小韩本》（引自宋和平译注本）第 182 页。		
例句	阿巴卡，札拉鸡，哈打，得。 阿巴卡，译为“天”；札拉鸡，译为“层”；哈打，译为“山峰”；得，译为“在”。 全句合译：在天上山峰层之中。		
词汇	⑤折勒吉	**词义**	上边
文献	吉林省吉林市耿屯钱姓《折子本》（手抄本）第 41 页。		

例句	折勒吉，京色哈，答不勒，特莫。 折勒吉，译为“上边”；京色哈，译为“请举双手供献”；答不勒，译为“点燃”；特莫，译为“东家”。 全句合译：请东家举双手将蜡烛点燃后供在神龛上边。		
词汇	⑥哲拉几	词义	上边
文献	吉林省长春市九台区其塔木关姓《腰哈本》第 24 页。		
例句	哲拉几，翻打啡。 哲拉几，译为“上边”；翻打啡，译为“摆上”。 全句合译：摆在上边。		
音序	**zhu**		
词汇	①朱录	词义	双；对
文献	吉林省长春市九台区胡家石姓《小韩本》（引自宋和平译注本）第 38 页、第 318 页。		
例句	朱录，洛含，扎代腓。 朱录，译为“双”；洛含，译为“腰刀”；扎代腓，译为“执”。 全句合译：执着腰刀。		
	不勒库，街，我木，朱录，德。 不勒库，译为“镜子”；街，译为“拿着”；我木，译为“一”；朱录，译为“对”；德，译为“在”。 全句合译：在拿着一对镜子。		
词汇	②朱鲁	词义	对
文献	吉林省长春市九台区莽卡杨姓《祭祖神本》第 1 页。		
例句	朱鲁，现，莫，朱勒利，西西疋。 朱鲁，译为“对”；现，译为“香”；莫，译为“把”；朱勒利，译为“前面”；西西疋，译为“插”。 全句合译：把成对的汉（尼侃）香插在前面。		
词汇	③猪炉香	词义	成双的香

<table>
<tr><td>文献</td><td colspan="3">黑龙江省宁安市兰岗关姓《特合本子》第 1 页。</td></tr>
<tr><td>例句</td><td colspan="3">猪炉香，猪他撇。
猪炉香，合译为“成双的香”；猪他撇，译为“祭祀”。
全句合译：上成双的香祭祀。</td></tr>
<tr><td>词汇</td><td>④朱录莫</td><td>词义</td><td>双</td></tr>
<tr><td>文献</td><td colspan="3">吉林省长春市九台区胡家石姓《小韩本》（引自宋和平译注本）第 71 页。</td></tr>
<tr><td>例句</td><td colspan="3">朱录莫，必拉，七，瓦西哈。
朱录莫，译为“双”；必拉，译为“河”；七，译为“从”；瓦西哈，译为“降临”。
全句合译：从双河降临。</td></tr>
<tr><td>词汇</td><td>①朱赊</td><td>词义</td><td>孩子们；孩子；子；儿子们</td></tr>
<tr><td>文献</td><td colspan="3">吉林省长春市九台区胡家石姓《小韩本》（引自宋和平译注本）第 261 页、第 288 页、第 329 页、第 343 页。</td></tr>
<tr><td rowspan="4">例句</td><td colspan="3">卧其尼，朱赊。
卧其尼，译为“愿”；朱赊，译为“孩子们”。
全句合译：愿孩子们……</td></tr>
<tr><td colspan="3">朱勒西，卧七，朱赊。
朱勒西，译为“向前”；卧七，译为“是”；朱赊，译为“孩子”。
全句合译：是孩子们在向前。</td></tr>
<tr><td colspan="3">朱赊，卧莫西，得，合特莫。
朱赊，译为“子”；卧莫西，译为“孙”；得，译为“在”；合特莫，译为“戴上”。
全句合译：子孙戴上。</td></tr>
<tr><td colspan="3">阿几各，哈哈，朱赊，
阿几各，译为“小”；哈哈，译为“男”；朱赊，译</td></tr>
</table>

	为“儿子们”。 全句合译：小男孩子。		
词汇	②朱舍	**词义**	子
文献	吉林省吉林市乌拉街韩屯关姓《敬义神书》（手抄本）第 8 页。		
例句	朱舍，贝勒恩杜立，箔，所里刻。 朱舍，译为“子”；贝勒恩杜立，译为“贝勒神”；箔，译为“把”；所里刻，译为“宴请”。 全句合译：把子贝勒神宴请。		
词汇	③朱色	**词义**	子
文献	吉林省吉林市乌拉街韩屯关姓《敬义神书》（手抄本）第 11 页。		
例句	阿巴卡，朱色。 阿巴卡，译为“天”；朱色，译为“子”。 全句合译：天子。		
词汇	④朱赊沙	**词义**	儿子们
文献	吉林省长春市九台区胡家石姓《小韩本》（引自宋和平译注本）第 262 页。		
例句	朱赊沙，茂西，朱勒西，伯莫。 朱赊沙，译为“儿子们”；茂西，译为“木”；朱勒西，译为“前面”；伯莫，译为“乞求”。 全句合译：儿子们站在树的前面乞求。		
词汇	⑤朱奢	**词义**	子
文献	吉林省长春市九台区其塔木关姓《腰哈本》第 43 页。		
例句	朱奢，卧木西，卧腓。 朱奢，译为“子”；卧木西，译为“孙”；卧腓，译为“可为”。 全句合译：子孙大有可为。		
词汇	⑥朱射	**词义**	儿子

<table>
<tr><td>文献</td><td colspan="3">吉林省长春市九台区莽卡杨姓《杨宪本》（手抄本）第 84 页。</td></tr>
<tr><td>例句</td><td colspan="3">阿木，我乌木，沙勒干，朱射，你妈库，巴哈比。
阿木，译为“父亲”；我乌木，译为“母亲”；沙勒干，译为“妻子”；朱射，译为“儿子”；你妈库，译为“疾”；巴哈比，译为“得之”。
全句合译：父亲、母亲、媳妇、儿子都得了病。</td></tr>
<tr><td>词汇</td><td>①朱勒西</td><td>词义</td><td>向前；前面</td></tr>
<tr><td>文献</td><td colspan="3">吉林省长春市九台区胡家石姓《小韩本》（引自宋和平译注本）第 262 页、第 344 页。</td></tr>
<tr><td rowspan="2">例句</td><td colspan="3">我勒，卧七，朱勒西。
我勒，译为“此”；卧七，译为“由”；朱勒西，译为“向前”。
全句合译：由此向前。</td></tr>
<tr><td colspan="3">朱勒西，伯莫。
朱勒西，译为“前面”；伯莫，译为“乞求”。
全句合译：在前面乞求。</td></tr>
<tr><td>词汇</td><td>②朱勒力</td><td>词义</td><td>前面</td></tr>
<tr><td>文献</td><td colspan="3">吉林省长春市九台区其塔木石姓《东哈本》（第 1 册）第 71 页。</td></tr>
<tr><td>例句</td><td colspan="3">朱录，仙，博，朱勒力，押录腓。
朱录，译为“对”；仙，译为“香”；博，译为“把”；朱勒力，译为“前面”；押录腓，译为“引燃”。
全句合译：把对香在前面点着。</td></tr>
<tr><td>词汇</td><td>③朱勒立</td><td>词义</td><td>在前；向前</td></tr>
<tr><td>文献</td><td colspan="3">吉林省长春市九台区胡家石姓《小韩本》（引自宋和平译注本）第 106 页、第 340 页。</td></tr>
<tr><td>例句</td><td colspan="3">朱勒立，沙玛。
朱勒立，译为“在前”；沙玛，即“萨满”。
全句合译：萨满在前。</td></tr>
</table>

	我勒，卧七，朱勒立。 我勒，译为“此”；卧七，译为“由”；朱勒立，译为“向前”。 全句合译：由此向前。		
词汇	④朱勒利	**词义**	前面
文献	吉林省长春市九台区莽卡杨姓《杨宪本》（手抄本）第 1 页。		
例句	玛法利，竹刻深，泊，朱勒利。 玛法利，译为“众祖先”；竹刻深，译为“祭坛”；泊，译为“在”；朱勒利，译为“前面”。 全句合译：众祖先神来到祭坛前面。		
词汇	⑤朱罗立	**词义**	前面
文献	吉林省长春市九台区莽卡杨姓《杨宪本》（手抄本）第 54 页。		
例句	朱罗立，西西笔。 朱罗立，译为“前面”；西西笔，译为“插”。 全句合译：插在前面。		
词汇	⑥朱得旗	**词义**	前面
文献	黑龙江省宁安市白岩乐园杨姓《神本》第 1 页。		
例句	朱得旗，个人那别。 朱得旗，译为“前面”；个人那别，译为“去”。 全句合译：去前面。		
词汇	⑦朱朱勒	**词义**	前面
文献	吉林省吉林市土城子口钦佟赵姓《交罗本》第 12 页。		
例句	朱朱勒，卡占音，朱录，倭车库。 朱朱勒，译为“前面”；卡占音，译为“老爷”；朱录，译为“对”；倭车库，译为“神位”。 全句合译：成对的老爷神位排在前面。		
词汇	⑧朱车合	**词义**	前面

文献	吉林省长春市九台区其塔木石姓《东哈本》（第 1 册）第 90 页。		
例句	朱录，仙，博，朱车合。 朱录，译为“对”；仙，译为“香”；博，译为“把”；朱车合，译为“前面”。 全句合译：把成对的满香放在前面。		
词汇	①朱车	词义	戏耍
文献	吉林省长春市九台区其塔木石姓《东哈本》（第 1 册）第 41 页。		
例句	朱车，奴门，多心己哈。 朱车，译为“戏耍”；奴门，译为“咏唱”；多心己哈，译为“进来了”。 全句合译：一边戏耍一边唱着进来了。		
词汇	②朱车拉库	词义	戏耍大刀
文献	吉林省长春市九台区其塔木石姓《东哈本》（第 1 册）第 74 页。		
例句	恩杜力玛发，朱车拉库。 恩杜力玛发，译为“祖先神”；朱车拉库，译为“戏耍大刀”。 全句合译：祖先神耍大刀。		
词汇	①朱垒	词义	古代
文献	吉林省长春市九台区莽卡杨姓《杨宪本》（手抄本）第 7 页。		
例句	朱垒，哭兰。 朱垒，译为“古代”；哭兰，译为“兵营”。 全句合译：古代兵营。		
词汇	②朱必	词义	古时候
文献	吉林省长春市九台区莽卡杨姓《杨宪本》（手抄本）第 74 页。		
例句	恩杜立，赊笔，朱必。		

	恩杜立，译为“神”；赊笔，译为“说”；朱必，译为“古时候”。 全句合译：神说古时候……		
词汇	①朱勒鸡	**词义**	南
文献	吉林省长春市九台区其塔木石姓《东哈本》（第1册）第82页。		
例句	朱勒鸡，阿林。 朱勒鸡，译为“南”；阿林，译为“山”。 全句合译：南山。		
词汇	②朱勒力鸡	**词义**	南
文献	吉林省长春市九台区其塔木石姓《东哈本》（第1册）第86页。		
例句	朱勒力鸡，阿林，阿木查莫。 朱勒力鸡，译为“南”；阿林，译为“山峰”；阿木查莫，译为“赶来”。 全句合译：从南山赶来。		
词汇	③朱勒勒鸡	**词义**	南
文献	吉林省长春市九台区胡家石姓《小韩本》（引自宋和平手抄本）第168页。		
例句	朱勒勒鸡，阿林。 朱勒勒鸡，译为“南”；阿林，译为“山”。 全句合译：南山。		
词汇	④朱勒勒己	**词义**	南边
文献	吉林省长春市九台区莽卡杨姓《祭祖神本》第17页。		
例句	朱勒勒己，阿拉，得。 朱勒勒己，译为“南边”；阿拉，译为“岗”；得，译为“在”。 全句合译：在山岗南边。		
词汇	⑤朱拉鸡	**词义**	高高

文献	吉林省长春市九台区胡家石姓《小韩本》（引自宋和平手抄本）第 363 页。		
例句	朱拉鸡，色恳。 朱拉鸡，译为“高高”；色恳，译为“砬子”。 全句合译：高高的石砬子。		
词汇	①朱滚	词义	路
文献	吉林省吉林市耿屯钱姓《折子本》（手抄本）第 13 页。		
例句	班吉尔，朱滚，巴哈不莫。 班吉尔，译为“生活”；朱滚，译为“路”；巴哈不莫，译为“得到了”。 全句合译：得到了活路。		
词汇	②朱棍	词义	道
文献	吉林省长春市九台区莽卡杨姓《杨宪本》（手抄本）第 5 页。		
例句	朱棍，泊，也，疋也摸。 朱棍，译为“道”；泊，译为“把”；也，译为“的”；疋也摸，译为“挡住”。 全句合译：把大道堵住了。		
词汇	①朱勒干	词义	仁义
文献	吉林省长春市九台区莽卡杨姓《杨宪本》（手抄本）第 10 页。		
例句	朱勒干，一，栽立哈涉夫。 朱勒干，译为“仁义”；一，译为“的”；栽立哈涉夫，译为“萨满助手师傅”。 全句合译：仁义的萨满助手师傅。		
词汇	②左勒棍	词义	仁义
文献	吉林省长春市九台区莽卡杨姓《杨静棠本》第 10 页。		
例句	心恶林，阿宁阿，左勒棍，一，米你恶真，也，赊		

	夫。 心恶林，译为“鼠”；阿宁阿，译为“属”；左勒棍，译为“仁义”；一，译为“的”；米你恶真，译为“你们萨满”；也，译为“的”；赊夫，译为“师傅”。 全句合译：属鼠的、仁义的、你们的萨满师傅。		
词汇	①朱克特合	**词义**	祭坛
文献	吉林省长春市九台区胡家石姓《小韩本》（引自宋和平手抄本）第 257 页、第 309 页。		
例句	按巴沙，朱克特合，阿立哈。 按巴沙，译为“大”；朱克特合，译为“祭坛”；阿立哈，译为“主事”。 全句合译：大祭坛的主事者。		
词汇	②朱克特莫	**词义**	祭祀
文献	吉林省长春市九台区其塔木关姓《腰哈本》第 2 页。		
例句	朱克特莫，卧力合，恩杜力腓朱。 朱克特莫，译为“祭祀”；卧力合，译为“留下”；恩杜力腓朱，译为“神篇”。 全句合译：留下神辞篇章来祭祀。		
词汇	③朱克特七	**词义**	大坛前
文献	吉林省长春市九台区胡家石姓《小韩本》（引自宋和平译注本）第 343 页。		
例句	卧莫西，朱克特七，卧永五，伯莫。 卧莫西，译为“众子孙们”；朱克特七，译为“大坛前”；卧永五，译为“屈身”；伯莫，译为“乞求”。 全句合译：众子孙们在大坛前屈身乞求。		
词汇	④猪他撒	**词义**	神坛
文献	黑龙江省宁安市兰岗关姓《特合本子》第 10 页。		
例句	猪炉，香，猪他撒。 猪炉，香，合译为“对香”；猪他撒，译为“神坛”。 全句合译：神坛上成对的香火。		

词汇	①朱拉干	词义	一行
文献	吉林省长春市九台区胡家石姓《小韩本》（引自宋和平手抄本）第 102 页。		
例句	杜林巴，朱拉干，木录，得。 杜林巴，译为“中间”；朱拉干，译为“一行”；木录，译为“房梁”；得，译为“在”。 全句合译：在中间一行房梁上。		
音序	**zun**		
词汇	①尊	词义	灶
文献	吉林省长春市九台区莽卡杨姓《杨宪本》（手抄本）第 10 页。		
例句	尊，一，恶真，得。 尊，译为“灶”；一，译为“的”；恶真，译为“主人”；得，译为“在”。 全句合译：锅灶的主人在。		
音序	**zuo**		
词汇	①左	词义	两
文献	吉林省长春市九台区胡家石姓《小韩本》（引自宋和平译注本）第 69 页。		
例句	左，嘎拉，得，扎伐腓。 左，译为“两”；嘎拉，译为“手”；得，译为“在”；扎伐腓，译为“执着”。 全句合译：两只手执着。		
词汇	②左力	词义	二
文献	吉林省长春市九台区其塔木石姓《东哈本》（第 1 册）第 25 页。		
例句	太爷师傅，左力，沙莫。 太爷师傅，即为“太爷师傅”；左力，译为“二”；沙莫，译为“萨满”。 全句合译：太爷师傅是二萨满。		

词汇	③左打	**词义**	两根
文献	吉林省长春市九台区其塔木石姓《东哈本》（第 1 册）第 74 页。		
例句	左打，扎户打。 左打，译为“两根”；扎户打，译为“跟前”。 全句合译：跟前有两棵（柳树）。		
词汇	①左里莫	**词义**	起行
文献	吉林省长春市九台区莽卡杨姓《杨宪本》（手抄本）第 70 页。		
例句	我林，娘们，左里莫，多西腓。 我林，译为“此时”；娘们，译为“人们”；左里莫，译为“起行”；多西腓，译为“进入”。 全句合译：此时人们起行进入（室内）。		
词汇	②左立莫	**词义**	起行
文献	吉林省长春市九台区莽卡杨姓《杨静棠本》第 16 页。		
例句	左不勒，多林，得，左立莫，多西疋。 左不勒，译为“祝祷”；多林，译为“行礼”；得，译为“在”；左立莫，译为“起行”；多西疋，译为“进入”。 全句合译：起行进入（室内）行礼祝祷。		
词汇	③昨里莫	**词义**	起行
文献	吉林省长春市九台区莽卡杨姓《杨宪本》（手抄本）第 24 页。		
例句	昨不勒，恶林，得，昨里莫，多西笔。 昨不勒，译为“祝祷”；恶林，译为“此时”；得，译为“在”；昨里莫，译为“起行”；多西笔，译为“进入”。 全句合译：此时在起行入室祝祷。		
词汇	④作立莫	**词义**	起行

<table>
<tr><td>文献</td><td colspan="3">吉林省长春市九台区莽卡杨姓《杨宪本》（手抄本）第 39 页。</td></tr>
<tr><td>例句</td><td colspan="3">我立，娘们，得，作立莫，多西笔。
我立，译为“此时”；娘们，译为“人们”；得，译为“在”；作立莫，译为“起行”；多西笔，译为“进入”。
全句合译：此时人们在起行进入（室内）。</td></tr>
<tr><td>词汇</td><td>⑤作里哈</td><td>词义</td><td>起行</td></tr>
<tr><td>文献</td><td colspan="3">吉林省长春市九台区莽卡杨姓《杨宪本》（手抄本）第 39 页。</td></tr>
<tr><td>例句</td><td colspan="3">那旦，奈浑，作里哈，中吉。
那旦，译为“七”；奈浑，译为“星斗”；作里哈，译为“起行”；中吉，译为“虔诚”。
全句合译：虔诚地起行来到北斗七星前。</td></tr>
<tr><td>词汇</td><td>⑥左立哈</td><td>词义</td><td>起行</td></tr>
<tr><td>文献</td><td colspan="3">吉林省长春市九台区莽卡杨姓《杨宪本》（手抄本）第 46 页。</td></tr>
<tr><td>例句</td><td colspan="3">那丹，赊浑，左立哈，申根。
那丹，译为“七”；赊浑，译为“星斗”；左立哈，译为“起行”；申根，译为“供板”。
全句合译：起行来到七星板前供案处。</td></tr>
<tr><td>词汇</td><td>⑦作立哈</td><td>词义</td><td>起行</td></tr>
<tr><td>文献</td><td colspan="3">吉林省长春市九台区莽卡杨姓《杨宪本》（手抄本）第 41 页。</td></tr>
<tr><td>例句</td><td colspan="3">那旦，奈浑，作立哈，申根。
那旦，译为“七”；奈浑，译为“星斗”；作立哈，译为“起行”；申根，译为“供板”。
全句合译：起行来到北斗七星前的供案处。</td></tr>
<tr><td>词汇</td><td>⑧作力海</td><td>词义</td><td>起行</td></tr>
<tr><td>文献</td><td colspan="3">吉林省吉林市耿屯钱姓《折子本》（手抄本）第 27 页。</td></tr>
</table>

例句	作力海，中西。 作力海，译为“起行”；中西，译为“虔诚”。 全句合译：虔诚地起行。		
词汇	⑨作力哈	**词义**	起行
文献	吉林省吉林市耿屯钱姓《折子本》（手抄本）第 29 页。		
例句	扎坤，巴，德，扎勒家其，作力哈，作论敦。 扎坤，译为“八”；巴，译为“处”；德，译为“在”；扎勒家其，译为“放置”；作力哈，译为“起行”；作论敦，译为“祝祷”。 全句合译：在八个地方放置后起行祝祷。		
词汇	①左不勒	**词义**	祝祷
文献	吉林省长春市九台区莽卡杨姓《杨静棠本》第 16 页。		
例句	左不勒，多林，得。 左不勒，译为“祝祷”；多林，译为“行礼”；得，译为“在”。 全句合译：在行礼祝祷。		
词汇	②昨不勒	**词义**	祝祷
文献	吉林省长春市九台区莽卡杨姓《杨宪本》（手抄本）第 24 页。		
例句	昨不勒，恶林，得。 昨不勒，译为“祝祷”；恶林，译为“此时”；得，译为“在”。 全句合译：此时在祝祷。		
词汇	③作论敦	**词义**	祝祷
文献	吉林省吉林市耿屯钱姓《折子本》（手抄本）第 29 页。		
例句	作力哈，作论敦。 作力哈，译为“起行”；作论敦，译为“祝祷”。		

	全句合译：起行祝祷。		
词汇	④作不轮恶	**词义**	祝祷
文献	吉林省长春市九台区莽卡杨姓《杨宪本》（手抄本）第 10 页。		
例句	作不轮恶，得，左立莫，多西笔。 作不轮恶，译为“祝祷”；得，译为“在”；左立莫，译为“起行”；多西笔，译为“进入”。 全句合译：在起行入室祝祷。		
词汇	①作立莫	**词义**	指出
文献	吉林省长春市九台区胡家石姓《小韩本》（引自宋和平译注本）第 278 页。		
例句	牛环，阿巴卡，作立莫。 牛环，译为“青”；阿巴卡，译为“天”；作立莫，译为“指出”。 全句合译：青天指出。		
词汇	①作托勒浑	**词义**	织女
文献	吉林省长春市九台区莽卡杨姓《杨宪本》（手抄本）第 92 页。		
例句	作托勒浑，乌西哈。 作托勒浑，译为“织女”；乌西哈，译为“星”。 全句合译：织女星。		

文库

丛书主编 郑 毅

满族萨满神辞口语用语研究（上卷）

尹郁山 杨永旭 编著

吉林文史出版社

图书在版编目（CIP）数据

满族萨满神辞口语用语研究 ：全两册 ：汉文、满文/
尹郁山，杨永旭编著. — 长春 ：吉林文史出版社,2020.12
（长白文库）
ISBN 978-7-5472-7501-6

Ⅰ. ①满… Ⅱ. ①尹… ②杨… Ⅲ. ①满语—口语—
研究 Ⅳ. ①H221.94

中国版本图书馆CIP数据核字(2020)第240838号

满族萨满神辞口语用语研究（全两册）
MANZU SAMAN SHENCI KOUYU YONGYU YANJIU(QUANLIANGCE)

出 品 人：张　强
编　　著：尹郁山　杨永旭
丛书主编：郑　毅
责任编辑：张雪霜　靳宇婷
封面设计：尤　雷
印　　装：吉林省优视印务有限公司
开　　本：170mm × 240mm　1/16
印　　张：48.75
字　　数：700千字
版　　次：2020年12月第1版　2020年12月第1次印刷
出版发行：吉林文史出版社 (长春市福祉大路5788号　龙腾国际大厦A座)
邮　　编：130117
网　　址：www.jlws.com.cn
书　　号：ISBN 978-7-5472-7501-6
定　　价：298.00元

《长白文库》编委会

《长白文库》总序

中华优秀传统文化是中华民族的“根”和“魂”，习近平总书记高度重视中华优秀传统文化，并将其作为治国理政的重要思想文化资源。“不忘本来才能开辟未来，善于继承才能更好创新。”“优秀传统文化是一个国家、一个民族传承和发展的根本，如果丢掉了，就割断了精神命脉。”中华优秀传统文化具有多样性和地域性等特征，东北地域文化是多元一体的中华文化中的重要组成部分。吉林省地处东北地区中部，是中华民族世代生存融合的重要地区，素有“白山松水”之美誉，肃慎、扶余、东胡、高句丽、契丹、女真、汉族、满族、蒙古族等诸多族群自古繁衍生息于此，创造出多种极具地域特征的绚烂多姿的地方文化。为了“弘扬地方文化，开发乡邦文献”，自20世纪80年代起，原吉林师范学院李澍田先生积极响应陈云同志倡导古籍整理的号召，应东北地区方志编修之急，服务于东北地方史研究的热潮，遍访国内百余家图书馆寻书求籍，审慎筛选具有代表性的著述文典300余种，编撰校订出版以《长白丛书》（以下简称《丛书》）为名的大型东北地方文献丛书，迄今已近40载。历经李澍田先生、刁书仁和郑毅两位教授三任丛书主编，数十位古籍所前辈和同人青灯黄卷、兀兀穷年，诸多省内外专家学者的鼎力支持，《丛书》迄今已共计整理出版了110部5000余万字。《丛书》以“长白”为名，“在清代中叶以来，吉林省疆域迭有变迁，而长白山钟灵毓秀，蔚然耸立，为吉林名山，从历史上看，不咸山于《山海经·大荒北经》中也有明确记录，把长白山当作吉林的象征，这是合情合理的。”（《长白丛书》初版陈连庆先生序）

1983年吉林师范学院古籍研究所（室）成立，作为吉林省古籍整理与研究协作组常设机构和丛书的编务机构，李澍田先生出任所长。全国高校古籍整理工作委员会、吉林省教委和省财政厅都给予了该项目一定的支持。李澍田先生是《丛书》的创始人，他的学术生涯就是《丛书》的创业史。《丛书》能够在国内外学界有如此大的影响力，与李澍田先生的敬业精神和艰辛努力是分不开的。《丛书》创办之始，李澍田先生“邀集吉、长各地的中青年同志，乃至吉林的一些老同志，群策群力，分工合作”（初版陈序），寻访底本，夙兴夜寐逐字校勘，联络印刷单位、寻找合作方，因经常有生僻古字，先生不得不亲自到车间与排版工人拼字铸模；吉林文史出版社于永玉先生作为《丛书》的第一任责编，殚精竭虑地付出了很多努力，为《丛书》的完成出版做出了突出贡献；原古籍所衣兴国等诸位前辈同人在辅助李澍田先生编印《丛书》的过程中，一道解决了遇到的诸多问题、排除了诸多困难，是《丛书》草创时期的重要参与者。《丛书》自 20 世纪 80 年代出版发行以来，经历了铅字排版印刷、激光照排印刷、数字化出版等多个时期，《丛书》本身也称得上是改革开放以来中国印刷史的见证。由于《丛书》不同卷册在出版发行的不同历史时期，投入的人力、财力受当时的条件所限，每一种图书的质量都不同程度留有遗憾，且印数多则千册、少则数百册，历经数十年的流布与交换，有些图书可谓一册难求。

1994 年，李澍田先生年逾花甲，功成身退，由刁书仁教授继任《丛书》主编。刁书仁教授“萧规曹随”，延续了《丛书》的出版生命，在经费拮据、古籍整理热潮消退、社会关注度降低的情况下，多方呼吁，破解困局，使得《丛书》得以继续出版，文化品牌得以保存，其功不可没。1999 年原吉林师范学院、吉林医学院、吉林林学院和吉林电气化高等专科学校合并组建为北华大学，首任校长于庚蒲教授力主保留古籍所作为北华大学处级建制科研单位，使得《丛书》的学术研究成果得以延续保存。依托北华大学古籍所发展形成的专门史学科被学校确定为四个重点建设学科之一，在东北边疆史地研究、东北民族史研究方面形成了北华大学的特色与优势。

2002 年，刁书仁教授调至扬州大学工作，笔者当时正担任北华大学图书馆馆长，在北华大学的委托和古籍所同人的希冀下，本人兼任古籍所所长、《丛书》主编。在北华大学的鼎力支持下，为了适应新时期形势的发展，出于拓展古籍研究所研究领域、繁荣学术文化、有利于学术交流以及人才培养工作的实际需要，原古籍研究所改建为东亚历史与文献研究中心，在保持原古籍整理与研究的学术专长的同时，中心将学术研究的视野和交流渠道拓展至东亚地域范围。同时，为努力保持《丛书》的出版规模，我们以出文献精品、重学术研究成果为工作方针，确保《丛书》学术研究成果的传承与延续。

在全方位、深层次挖掘和研究的基础上，整套《丛书》整理与研究成果斐然。《丛书》分为文献整理与东亚文化研究两大系列，内容包括史料、方志、档案、人物、诗词、满学、农学、边疆、民俗、金石、地理、专题论集12个子系列。《丛书》问世后得到学术界和出版界的好评，《丛书》初集中的《吉林通志》于1987年荣获全国古籍出版奖，三集中的《东三省政略》于1992年获国家新闻出版总署全国古籍整理图书奖，是当年全国地方文献中唯一获奖的图书。同年，在吉林省第二届社会科学成果评奖中，全套丛书获优秀成果二等奖，并被国家新闻出版总署列为“八五”计划重点图书。1995年《中国东北通史》获吉林省第三届社会科学优秀成果二等奖。2005年，《同文汇考中朝史料》获北方十五省（市、区）哲学社会科学优秀图书奖。

《丛书》的出版在社会各界引起很大反响，与当时广东出现的以岭南文献为主的《岭南丛书》并称国内两大地方文献丛书，有“北有长白，南有岭南”之誉。吉林大学金景芳教授认为“编辑《长白丛书》的贡献很大，从《辽海丛书》到《长白丛书》都证明东北并非没有文化”。著名明史学者、东北师范大学李洵教授认为：“《长白丛书》把现在已经很难得的东西整理出来，说明东北文化有很高的水准，所以丛书的意义不只在于出了几本书，更在于开发了东北的文化，这是很有意义的，现在不能再说东北没有文化了。”美国学者杜赞奇认为“以往有关东北方面的材料，利用日文资料很多。而现在中文的《长白丛书》则很有利于提高中国东北史的研究”（《长白丛书》出版十周年纪念会上的发言）。中国社会科学院边疆史地研究中心主任厉声研究员认为：“《长白丛书》已经成为一个品牌，与西北研究同列全国之首。”（1999年12月在《长白丛书》工作规划会议上的发言）目前，《长白丛书》已被收藏于日本、俄罗斯、美国、德国、英国、加拿大、澳大利亚、韩国及东南亚各国多所学府和研究机构，并深受海内外史学研究者的关注。

为了更好地传承和弘扬优秀地域文化，再现《丛书》在“面向吉林，服务桑梓”方面的传统与特色，2010年前后，我与时任吉林文史出版社社长的徐潜先生就曾多次动议启动出版《长白丛书精品集》，并做了相应的前期准备工作，后因出版资助经费落实有困难而一再拖延。2020年，以十年前的动议与前期工作为基础，在吉林省省级文化发展专项资金的资助下，北华大学东亚历史与文献研究中心与吉林文史出版社共同议定以《长白丛书》为文献基础，从《丛书》已出版的图书中优选数十种具有代表性的文献图书和研究著述合编为《长白文库》加以出版。

《长白文库》是在新的历史发展时期对《长白丛书》的一种文化传承和创新，《长白丛书》仍将以推出地方文化精华和学术研究精品为目标，延续东北地域文化的文脉。

《长白文库》以《长白丛书》刊印 40 年来广受社会各界关注的地方文化图书为入选标准，第一期选择约 30 部反映吉林地域传统文化精华的图书，充分展现白山松水孕育的地域传统文化之风貌，为当代传统文化传承提供丰厚的文化滋养，是一件功在当代、利在千秋的文化盛举。

盛世兴文，文以载道。保存和延续优秀传统文化的文脉，是人文社会科学研究者的社会责任和学术使命，《长白丛书》在创立之时，就得到省内外多所高校诸多学界前辈的关注和提携，“开发乡邦文献，弘扬地方文化”成为 20 世纪 80 年代一批志同道合的老一辈学者的共同奋斗目标，没有他们当初的默默耕耘和艰辛努力，就没有今天《长白丛书》这样一个存续 40 年的地方文化品牌的荣耀。“独行快，众行远”，这次在组建《长白文库》编委会的过程中，受邀的各位学者都表达了对这项工作的肯定和支持，慨然应允出任编委会委员，并对《长白文库》的编辑工作提出了诸多真知灼见，这是学界同道对《丛书》多年情感的流露，也是对即将问世的《长白文库》的期许。

感谢原吉林师范学院、现北华大学 40 年来对《丛书》的投入与支持，感谢吉林文史出版社历届领导的精诚合作，感谢学界同人对《丛书》的关心与帮助！

郑　毅

谨序于北华大学东亚历史与文献研究中心

2020 年 7 月 1 日

前　言

从事满学研究不学满文满语是不可思议的，从事满族萨满文化研究不懂萨满祭祀用语是难以想象的，对于从事传承和展示萨满祭祀礼仪的人而言，只知其词而不明其意更是万万不行。

有清一代，满文被视为“清文”，满语被称作“清语”或“国语”。百年后的今天，由于满文满语基本销声匿迹，因此现在有些人称满族是没有民族特色的少数民族。基于此，许多地方办了满文满语培训班，出现了前所未有的业余学习“满文满语”的新局面。

说满文满语濒临绝迹并不完全准确。清灭亡以后，满文满语大部分存续于浩如烟海的清代满文档案之中，一部分散存在众多满族家谱之中，一部分散存在满族萨满祭祀专用的《神谕》之中。除此之外，满语词汇有四种流向：一是汇入了汉语的汪洋大海；二是伴随着满语各类地名的完整沿用而仍在沿用；三是随着满语的变异而在变异；四是随着满语地名的消失而消失。

现在可见的满语萨满祭祀专用文本，极少数是清道光、咸丰、同治、光绪年间由满文译注的汉文蓝本，大多数是民国年间由满文译注的汉文蓝本。译注人满汉两种语言文字的掌握程度直接决定蓝本质量。每个满族宗族大都有萨满祭祀和祭祀文本，却不一定都有曾经上过“官学堂”并精通满汉两种语言文字的“巴克什”式人物。可以断定，每本萨满祭祀文本上的内容都是由不规范化的口语组成，每本萨满祭祀文本上的词汇结构都不是规范化的满文满语结构。

满族民间的萨满祭祀文本，最初是由一人翻译汉注的一部蓝本。随着时间的推移，新老萨满的更替，萨满祭祀文本便由一本衍生出多本。后继者势必对蓝本内容以讹传讹，一误到底。后来者在抄袭过程中，再度出现些笔误，甚至刻意加以修改，久而久之，蓝本变成了“滥本”。清语不“清”，满语不“满”，不伦不类，令人啼笑皆非。

如今，满族萨满祭祀文化大都作为非物质文化遗产，或展示于中外学者面前，或展示于中外游客面前，既成为弘扬满族传统文化的窗口，又成为带动地方经济发展的动力。殊不知，祭祀文本的内容，因有些是带有方言土语的病句，所以其被说成是“咒语”和“鸟语”。除文本自身存在的语言问题外，由于现实生活中的萨满不懂祖传下来的文本字句是何意思，只能囫囵吞枣，照本宣科，一误到底。因此，在展示或录制时，应付了事，信口开河。更有甚者，有些人误将萨满文化当成文艺形式对外展示，严重脱离了原有的祭祀轨迹。

近年来，我国学者根据满语语音、满语语法、满语词义用法、满语词汇结构四大特征，将东北、北京地区的满语口语，大体划分成四个满语音区，具体是：今松花江、牡丹江、绥芬河、乌苏里江流域，划为东音区；今北京地区，划为西音区；今辽宁铁岭地区，划为南音区；今黑龙江流域（清代萨哈连部所在地），划为北音区。

本书采撷的满族萨满祭祀口语词汇，全部出自东音区内满族世家的祭祀用语。同在东音区内，吉林省吉、长两地满语口语词汇的使用情况好于黑龙江省牡丹江地区，但也存在三个主要问题：一是土语使用普遍；二是词汇结构大都不规范；三是存在病句现象。具体表现在字、音、词汇结构三个方面：

字：同音同字异书。例如，将“玛法”写成“妈发”，“额娘”写成“鹅娘”，“阿玛” 写成“阿麻”等等。

音：无阴平与阳平之分，无上声与去声之别。例如，“不”与“博”不分、“夫”与“傅”不分、“力”与“勒”不分、“乌”与“武”不分、“巴”与“白”不分等等，因而将“者莫”写成“芝麻”。

词汇结构：随意增扩和随意缩减。例如，将“玛法”写成“吗二付”，“宁文”写成“牛五爷”，“波罗力”写成“不离”，“佛朵”写成“他”等等。

为方便读者查阅，本书将表达同一汉语含义的满文译注收录在同一词条下，可能出现同一词条中满文译注各词汇的第一个字的汉语拼音并不完全一致的情况，特此说明。

从事规范化满语研究的学者会因不理解东音区的口语土语而出现各种问题，一时间很难走出误区。因此，我们特意编写这部不成熟之作，希望能对从事规范化满语研究的学者有所帮助，敬请方家指正！

索 引

音序	序号	词汇	页码
A-ɑ	①	阿巴卡	1
	②	阿巴	1
	③	啊巴卡	1
	①	阿查莫	2
	②	阿查不	2
	③	阿查不没	2
	④	阿查不疋	2
	⑤	阿查不莫	2
	⑥	阿七不笔	3
	⑦	阿乂不莫	3
	⑧	阿其不莫	3
	⑨	阿七不莫	3
	⑩	阿叉不莫	4
	⑪	姑也不笔	4
	①	阿莫查莫	4
	②	阿木叉莫	5
	③	阿揸不非	5
	④	白叉哈	5
	①	阿打利	5
	②	阿打立	6
	③	阿打非	6
	④	阿打莫	6
	①	阿伐拉	7
	②	阿法拉	7

	③	阿法兰	7
	④	阿法勒	7
	⑤	阿法杜	8
	⑥	阿法独	8
	⑦	阿法独莫	8
	⑧	阿法肚莫	8
	⑨	阿伐不勒	8
	⑩	阿法哈	9
	①	阿古兰	9
	②	阿哭	9
	③	阿哭兰	9
	④	阿哭拉	10
	①	阿哈	10
	②	阿哈西	10
	①	阿吉格	11
	②	阿吉戈	11
	③	阿吉歌	11
	④	阿吉根	11
	⑤	阿吉阁	12
	⑥	阿吉各	12
	⑦	阿吉哥	12
	⑧	阿吉	12
	⑨	阿几各	12
	⑩	阿几格	13
	⑪	阿鸡哥	13
	⑫	阿鸡歌	13
	⑬	阿鸡葛	13
	①	阿西憨	14
	②	阿其根	14
	③	哈七根	14
	④	阿西	14

	⑤	阿什韩	15
	⑥	阿什罕	15
	⑦	阿什干	15
	⑧	阿西韩	15
	⑨	阿什寒	16
	①	阿克打	16
	②	阿克打啡	16
	③	阿克打腓	16
	④	阿克打哈	17
	⑤	阿克杜哈	17
	⑥	阿克东阿	17
	⑦	阿克杜拉腓	17
	⑧	阿木达	18
	①	阿库	18
	②	阿故齐	18
	③	二括	18
	④	库	18
	⑤	阿库以	19
	⑥	阿库街	19
	⑦	阿那不拉库	19
	①	阿拉	19
	②	阿立	20
	③	阿拉哈	20
	④	阿勒哈	20
	⑤	阿勒赊	21
	①	阿拉舒哈	21
	②	阿拉苏哈	21
	③	阿拉苏不哈	21
	④	阿苏哈	22
	⑤	阿勒不布哈	22
	⑥	阿莫苏	22

	⑦	扎拉干	22
	①	阿立	22
	②	阿立腓	23
	③	阿立不哈	24
	④	阿立疋	24
	⑤	阿立楼	24
	⑥	阿立不棱	24
	⑦	阿立不勒	24
	⑧	阿立莫	25
	⑨	阿拉不恒危	25
	⑩	阿里非	25
	⑪	阿里莫	25
	⑫	阿里刻	26
	⑬	阿里楼	26
	⑭	爱连	26
	⑮	萨里楼	26
	⑯	唉林	27
	⑰	阿林必	27
	①	阿林	27
	②	爱林	27
	③	恶林	28
	④	阿立拉莫	28
	①	阿玛	28
	②	阿麻	28
	③	阿目	28
	④	阿木	29
	⑤	阿买	29
	⑥	阿莫	29
	⑦	阿年模	29
	⑧	噶玛	30
	⑨	阿玛他	30

	⑩	阿木吉	30
	①	阿玛西	30
	②	阿玛七	31
	③	阿玛干	31
	④	搭玛疋	31
	①	阿玛勒鸡	32
	②	阿玛力几	32
	③	阿莫己	32
	④	阿玛鸡	32
	①	阿木孙	32
	②	啊木尊	33
	③	阿莫孙	33
	④	阿书	33
	⑤	阿木书	33
	⑥	阿木尊	34
	⑦	阿木桌发	34
	⑧	阿木宗佛	34
	⑨	阿不孙	34
	⑩	敖株	34
	⑪	按木书	35
	⑫	敖木孙	35
	⑬	敖木朱	35
	⑭	熬木朱	35
	①	阿不兰	35
	②	阿玛拉	36
	①	阿那莫	36
	②	阿那非	36
	③	阿那哈	37
	④	阿那末	37
	⑤	阿那疋	37
	⑥	阿那笔	37

	⑦	阿纳哈	38
	⑧	阿纳末	38
	⑨	阿拉疋	38
	⑩	阿他别	38
	⑪	阿尼波	39
	⑫	阿他撇	39
	⑬	阿木	39
	⑭	阿德那	39
	⑮	阿你亚途	39
	①	阿宁阿	40
	②	阿宁也	40
	③	阿你亚	40
	④	阿你押	40
	⑤	阿牙尼	41
	⑥	二娘	41
	⑦	阿您阿	41
	⑧	阿摄	41
	⑨	阿牛	42
	⑩	阿年	42
	⑪	阿娘	42
	⑫	阿尼牙	42
	⑬	阿必牙	43
	⑭	阿牙你	43
	①	阿牙你	43
	②	阿雅	43
	③	阿宁	44
	④	阿宁阿	44
	⑤	阿犯	44
	⑥	阿娘阿	44
	⑦	某阿年	44
	⑧	阿郎阿	45

	①	阿眼	45
	②	阿音	45
	③	阿叶	46
	④	哈叶	46
	⑤	阿颜	46
	⑥	阿因	46
	⑦	阿煙	46
	⑧	阿烟	47
	⑨	阿爷为	47
	⑩	哈因	47
	①	阿拉其	47
	②	阿其	48
	③	阿七	48
	④	阿拉气	48
	⑤	阿力其	48
	⑥	阿拉几	49
	⑦	汉气	49
	⑧	哀力其	49
	⑨	爱力其	49
	①	阿思哈	49
	②	阿似哈	50
	③	阿四哈	50
	④	阿们哈	50
	①	阿参	50
	②	阿掺	51
	③	阿沙拉	51
	④	阿沙沙腓	51
	⑤	阿沙阿	51
	①	阿押莫	52
	②	阿亚莫	52
	③	阿押	52

	④	阿亚	52
	①	阿巴打哈	53
	②	阿不打哈	53
	③	阿波打哈	53
	④	阿破打哈	53
	⑤	阿不搭哈	53
	⑥	阿博搭哈	54
	⑦	阿勒不布哈	54
	①	阿独不	54
	②	阿独	54
	③	阿土	54
	④	阿都	55
	①	阿莫汤阿	55
	②	阿莫阿汤阿	55
	③	阿木唐阿	55
	①	阿舒其	56
	②	阿书七	56
	③	何书七	56
A-ɑi	①	哀力其	57
	②	爱力鸡	57
	③	哀里哈	57
	④	爱立哈	57
	①	爱	58
	②	哀	58
	③	矮	58
	④	爱干	59
	①	爱心	59
	②	哀心	59
	③	爱山	59
	④	爱身	59
	⑤	垓心	60

	⑥	挨心	60
	⑦	矮心	60
	⑧	爱新	60
	⑨	嗳身	60
	⑩	卧心	61
	①	爱根	61
	②	二根	61
	③	而根	61
	①	爱立牙哈	62
	②	爱亚哥	62
	③	爱亚和	62
	④	爱呀歌	62
	⑤	爱呀箔	62
	⑥	爱也莫液和	62
	⑦	阿力哈	63
	⑧	阿牙哈	63
	①	矮得干	63
A-ɑn	①	按巴	63
	②	阿巴	63
	③	安班	64
	④	安板	64
	⑤	按八	64
	⑥	按	64
	⑦	安巴	65
	⑧	安木巴	65
	⑨	安木八	65
	⑩	阿木	65
	⑪	按巴沙	65
	⑫	按不拉	66
	①	按出兰	66
	②	按春	66

	③	按出勒	66
	④	安出勒	67
	⑤	安出利	67
	⑥	安春以	67
	①	按出兰先	67
	②	按出现	67
	③	安出先	68
	①	哈音	68
	②	哈烟	68
	③	阿音	68
	④	阿因	69
	⑤	阿银	69
	⑥	阿眼	69
	⑦	阿烟	69
A-ang	①	昂阿	70
	②	安阿	70
	③	哼阿	70
	④	昂阿	70
	①	昂独	70
	②	安图	71
	③	安秃	71
A-ao	①	敖都妈妈	71
	②	奥读妈妈	71
	①	敖东	72
B-ba	①	八	73
	②	叭	73
	③	边	73
	④	博	73
	①	巴	74
	②	巴得	74
	③	巴博	74

	①	巴七	74
	②	伯	75
	①	巴颜	75
	②	巴眼	75
	③	巴烟	75
	④	巴因	75
	⑤	八人	76
	⑥	八音	76
	⑦	八因	76
	⑧	八烟	76
	⑨	半人	76
	①	巴图鲁	77
	②	巴秃鲁	77
	③	扒土路	77
	④	八图路	77
	①	八克他拉库	78
	②	巴克他拉库	78
	①	巴他拉库	78
	②	八他拉库	78
	③	八他特拉库	79
	①	巴哈	79
	②	巴哈非	79
	③	奔合非	79
	④	叭哈哭	79
	⑤	八哈博	80
	⑥	拔哈博	80
	⑦	博不刻	80
	⑧	博佈开	80
	⑨	巴哈必	80
	⑩	巴哈不哈	81
	⑪	巴纳	81

	⑫	巴哈赊非	81
	⑬	白大撇	81
	⑭	白大抛	82
	⑮	白平刻	82
	⑯	巴哈不莫	82
	⑰	巴哈笔	82
	⑱	八哈不楼	83
	⑲	八哈不楼笔	83
	⑳	八里家刻	83
	①	巴克山	83
	②	巴克沙拉非	84
	①	巴台	84
	①	巴音	85
	②	八音	85
	①	巴拉鸡拉	85
	②	巴拉鸡哈	85
	③	巴拉鸡莫	86
	④	八拉加哈	86
	①	八克其拉莫	86
	②	八喀七拉莫	86
B-bai	①	白非	87
	②	白义非	87
	③	白勒	87
	④	白米开	87
	⑤	箔米刻	87
	⑥	伯木	88
	⑦	伯莫	88
	⑧	伯七	88
	⑨	泊嫩笔	88
	⑩	白仍恶	88
	⑪	不仍恶	89

	⑫	白楞危	89
	⑬	白哈	89
	⑭	白行危	89
	⑮	白楞俄	90
	⑯	白力宁危	90
	⑰	白楞额	90
	⑱	伯棱俄	90
	⑲	伯立俄	90
	⑳	伯吉哈	91
	㉑	伯杭俄	91
	㉒	伯俚	91
	㉓	伯哈宁厄	91
	㉔	波乐亲	92
	㉕	勒勒	92
B-ban	①	班金不	92
	②	班吉勒	92
	③	班集勒	92
	④	般吉勒	93
	⑤	班吉刻	93
	⑥	班及勒	93
	⑦	班吉不其	93
	⑧	班吉不勒	94
	⑨	班吉不莫	94
	⑩	班吉奇你	94
	⑪	八叉开	94
	⑫	扒茶刻	94
	⑬	波德乐	95
	⑭	半其勒	95
	⑮	半吉乐	95
	⑯	办吉乐	95
	⑰	班吉布	95

	⑱	班吉不哈	96
	⑲	班鸡哈	96
B-bei	①	碑滚	96
	②	碑还	96
	①	贝色	97
	②	碑赊	97
	①	笔杀	97
	②	疋顺	97
	③	槐他秘	98
	①	比不合	98
	①	必	98
	②	必何	98
	③	不何	98
	④	必其	99
	①	必拉	99
	②	笔拉	99
	③	疋拉	100
	④	逼拉	100
	①	必尼	100
	②	泌尼	100
	③	米尼	101
	④	墨尼	101
	⑤	墨你	101
	⑥	咪尼	102
	⑦	米你	102
	⑧	木宗佛	102
	①	必干	102
	②	倍干	102
	①	必图莫	103
	②	批图莫	103
	③	匹如箔	103

	①	米拉拉不楼	103
	②	明拉拉不搂	104
B-biao	①	标坤	104
	②	彪根	104
	③	彪滚	104
	④	彪浑	104
	⑤	表根	105
	⑥	泊棍	105
	⑦	贝棍	105
	⑧	波浑	105
	①	彪浑	106
	②	贝棍	106
	③	标棍	106
	④	斐坤	107
	⑤	泊浑	107
	⑥	波虎索	107
	⑦	表昏	107
	⑧	兵恳	108
	①	不打	108
	②	不大莫	108
	①	把拉切	108
	①	不库	108
	②	补魁	109
	③	卜奎	109
	①	不叉库	109
	①	不勒合	109
	②	不珠刻	110
	③	不住刻	110
	④	布朱开	110
	①	不特哈	110
	①	不克打立	110

	②	不可打立	111
	①	不勒	111
	②	不打非	111
	③	打不笔	111
	④	打不疋	112
	①	不他拉	112
	①	不热	112
	②	不热莫	112
	①	不车何	112
	②	不车勒	113
	③	不车乐	113
	④	不车合	113
	⑤	不俄莫	113
B-bo	①	波	114
	②	箔	114
	③	泊	114
	④	博	114
	①	波罗立	115
	②	波罗力	115
	③	波罗利	115
	④	波罗呢	115
	⑤	波罗里	116
	⑥	波罗泥	116
	⑦	不离	116
	⑧	博洛立	116
	⑨	博勒立	116
	⑩	波洛力	117
	①	波牛	117
	②	波宁	117
	①	波书	117
	②	博所一	118

	③	而哈书	118
	④	背一索	118
	⑤	称色	118
	①	波滚	118
	②	波棵	119
	③	波俄	119
	④	波尼合批	119
	⑤	奔和	119
	⑥	博浑	119
	⑦	博拉浑	120
	⑧	博勒浑	120
	⑨	波娑库	120
	⑩	波库	120
	①	波也	121
	②	博俄	121
	③	博热宁俄	121
	④	博热	121
	①	波合必	121
	②	波何疋	122
	③	泊浑	122
	④	博棱	122
	⑤	博勒合非	122
	⑥	泊河笔	123
	①	伯	123
	②	泊	123
	③	乌把	123
	④	乌巴	123
	①	玻璃	124
	②	博勒	124
	③	波俄一	124
	①	伯布	124

	②	伯不	124
	①	伯他	125
	②	伯汤阿	125
	③	伯唐阿	125
	④	百糖阿	125
	⑤	百唐昂	125
	⑥	白唐阿	126
	⑦	白他	126
	⑧	百里	126
	⑨	呆当阿	126
	①	泊	127
	②	波	127
	③	博	127
	④	布	127
	⑤	备音	128
	⑥	备浑	128
	⑦	贝爷	128
	⑧	宝屋新	128
	⑨	泊泊	128
	①	博	129
	②	博热	129
	③	博哦	130
	④	波也	130
	①	博辍	130
	②	腓朱	130
	①	博得	131
	②	博得勒	131
	③	博纳勒	131
	④	博得勒其	131
	⑤	各纳合	132
	⑥	格纳何	132

	⑦	热纳莫	132
	⑧	各纳恒我	132
	①	博查库	133
	②	不叉库	133
	③	不查库	133
	①	博虫阿	133
	①	博特合	134
	②	遮特合	134
	③	博忒克	134
	①	博得	134
	②	我很	134
	③	我敦	135
	④	扎打	135
C-cha	①	查拉不哈	136
	②	查哈不莫	136
	③	查兰不哈	136
	①	查憨布库	136
	②	叉韩不库	137
C-chuai	①	耑	137
	②	耑尔	137
	③	专阿	137
C-chuo	①	撮哈	138
	②	撮活	138
	③	掇海	138
	④	辍哈	138
	⑤	错海	139
	⑥	辍海	139
	⑦	出科	139
	⑧	所拉红	139
	⑨	辍哈拉莫	139
	⑩	辍哈拉哈	140

	⑪	超海	140
	①	辍还一	140
	②	辍克七先	140
	③	辍还	141
	①	辍洛	141
	②	撮落	141
	①	掇库	141
	②	撮库	142
	③	索阔	142
	④	辍库	142
	⑤	掇勿	142
D-dɑ	①	达	143
	②	打	143
	③	大	143
	④	打七	143
	⑤	打七杜博	144
	①	达舒	144
	②	达书	144
	③	打书里	144
	④	打舒	144
	⑤	打书来	145
	⑥	打	145
	⑦	代顺	145
	①	达拉哈	145
	②	打拉哈	146
	③	打哈	146
	①	打	146
	②	大	147
	①	打巴	147
	②	丹德	148
	①	打巴莫	148

	②	汉布落	148
	③	丹布罗	148
	④	打不莫	148
	①	打哈莫	149
	②	打里莫	149
	③	打不莫	149
	①	打不笔	150
	②	打不莫	150
	③	打不腓	150
	④	打不勒	150
	⑤	打不秘	151
	⑥	打不楞俄	151
	⑦	打不棱我	151
	⑧	打不楞危	151
	⑨	打不楞恶	152
	⑩	打不疋	152
	⑪	德尼不莫	152
	①	打立哈	152
	②	那力哈	153
	③	打林必	153
	④	达林必	153
	⑤	大撒博	153
	①	打里楼	153
	②	打立	154
	③	打音	154
	④	打拉浑	154
	①	打俄力	154
	②	打木必	155
	①	打沙莫	155
	②	打萨玛	155
	①	打西瞎莫	155

	②	他其瞎莫	156
	③	达其瞎莫	156
	①	打音	156
	②	代林	156
	③	胎林	156
	①	打拉	157
	②	打勒	157
	①	达浑达浑	157
	②	打浑打浑	157
D-dai	①	呆泯	158
	②	代明	158
	③	代清	158
	④	代朋	158
D-dan	①	胆巴七	158
	②	台巴七	159
	①	坛打	159
	②	他打哈	159
	③	坛打莫	160
	④	坛打一	160
	①	丹沉	160
	②	呆力不危	160
D-dang	①	噹纳末	161
	②	而当	161
	①	汤务	161
	②	汤旺	161
	③	汤乌	161
	④	汤五	162
	⑤	汤吴	162
	⑥	唐吾	162
	⑦	唐五阿	162
D-de	①	德西	163

	②	得西	163
	①	德棱	163
	②	德林	163
	③	德淋	163
	④	得棱	164
	⑤	得勒	164
	⑥	得林	164
	①	德拉鸡	164
	②	得拉鸡	165
	③	德乐	165
	④	折拉鸡	165
	⑤	折力鸡	165
	⑥	得勒己	166
	⑦	打勒	166
	⑧	突拉鸡	166
	①	得热莫	166
	②	德鸡	166
	①	德不申	167
	②	得不申	167
	③	特笔	167
	①	德勒力	167
	②	得勒力	167
	③	德立勒	168
	④	得勒立	168
	①	得	168
	②	德	168
	①	得不嫩	169
	②	得泊嫩	169
	③	得不林	169
D-deng	①	登	169
	②	墩	170

	③	登墩	170
	④	登一	170
	⑤	噋	170
	⑥	敦	171
	①	登占	171
	②	灯占	171
	③	灯	171
	④	登	172
	⑤	登占一	172
	⑥	登占以	172
D-di	①	弟拉库	172
	②	代拉拉	172
D-dou	①	斗特	173
	②	兜特	173
D-du	①	都鲁干	173
	②	独鲁干	173
	①	都不柲	174
	②	敦勒不笔	174
	③	敦嗽不必	174
	①	杜卡	174
	②	都卡	174
	①	杜林	175
	②	都林	175
	③	独林	175
	④	噋德林	175
	⑤	杜林巴	175
	⑥	杜林得	176
	①	杜莫	176
	①	杜博	177
	②	都泊	177
	①	杜伦不合	177

	②	杜林不合	178
	①	杜非	178
	②	杜棱不非	178
	③	杜林不非	178
	①	杜勒莫	179
	②	杜勒合	179
	③	杜勒非	179
	④	杜勒不非	180
	⑤	都勒不	180
	⑥	土勒合	180
	①	杜瓦立	180
	②	杜瓦不非	181
	③	土瓦	181
D-dui	①	堆	181
	②	堆音	182
	③	堆七	182
	④	敦音	182
	⑤	敦因其	182
D-dun	①	墩吉起	183
	②	敦吉七	183
	③	敦己七	183
	④	墩吉莫	183
	⑤	噋吉莫	183
	⑥	墩几	184
	⑦	登吉	184
D-duo	①	多伦	184
	②	多勒	185
	①	多洛莫	185
	②	多洛魔	186
	③	多洛末	186
	④	多洛	186

	①	多不腓	186
	②	多不哈	186
	③	多博非	187
	④	多佈非	187
	⑤	博佈非	187
	⑥	多布抛	187
	⑦	桃不撇	187
	⑧	特不撇	188
	⑨	多赍	188
	⑩	多赍杜腓	188
	⑪	多不笔	188
	⑫	多不疋	189
	⑬	多波笔	189
	⑭	多不必	189
	①	多莫洛	189
	②	多木洛	190
	③	多不洛	190
	④	倭木禄	190
	⑤	多莫罗	190
	⑥	卧木洛	190
	⑦	欧莫罗	191
	①	多洛	191
	②	多咯	192
	③	多落	192
	④	多罗	192
	⑤	多落刻	192
	⑥	多勒吉	192
	⑦	肚勒己喏	193
	⑧	多录	193
	⑨	多洛巴啡	193
	①	多博立	193

	②	多不力	194
	③	多木力	194
	①	德不开	194
	①	多西	194
	②	多心	194
	③	多西七	195
	④	多西哈	195
	⑤	多西腓	195
	⑥	多心哈	195
	⑦	多西疋	196
	⑧	多西笔	196
	⑨	多西必	196
	⑩	多嗽勒	196
	⑪	多心吉勒	197
	⑫	多心吉哈	197
	⑬	多心已哈	197
	⑭	多西心吉哈	197
	⑮	多西不哈	197
	①	多霍洛莫	198
E-e	①	饿宁	199
	②	俄莫	199
	③	我木	199
	④	鹅木	199
	⑤	哈宁	199
	⑥	乌宁	200
	⑦	额娘	200
	①	俄夫	200
	②	我夫	200
	③	哈夫	200
	①	额勒	201
	②	俄勒	201

	③	俄林	201
	④	恶林	201
	⑤	我林	202
	⑥	我立	202
	⑦	厄林	202
	⑧	厄雷	202
	⑨	而淋	202
	⑩	俄勒	203
	①	俄贞	203
	②	恶真	203
	③	我贞	204
	④	厄贞	204
	⑤	厄伦	204
	⑥	恶贞	204
	①	俄拉根	204
	②	厄勒根	205
	③	阿勒根	205
	④	我勒根	205
	①	恶图笔	205
	①	恶河	206
	②	危河	206
	③	恶何	206
	④	恶哈	206
	①	恶夫勒楼	206
	②	恶不特勒楼	207
	①	恶哈凌乌	207
	②	恶哈何乌	207
	①	俄勒射笔	207
	②	恶勒已笔	207
	③	恶勒赊必	208
	④	额勒射济	208

	⑤	而射笔	208
	①	我阵开	208
	②	我何	209
	③	我和	209
	④	爱北	209
E-en	①	恩德不恒危	209
	②	恩得不恒俄	209
	③	恩得不合	210
E-er	①	而尖	210
	②	而间	210
	③	而金	210
	④	阿尖	211
	⑤	阿间	211
	⑥	阿金	211
	①	而合	211
	②	二合	212
	③	尔合	212
	④	而何	212
	⑤	二何	212
	⑥	二各	212
	①	而班	213
	②	二班	214
	③	二本	214
	④	而当	214
	①	而必不莫	214
	②	二必不莫	214
	①	而得客	215
	②	恩得克	215
	③	而得克	215
	①	而扎哈	215
	②	而扎疋	216

	③	而扎必	216
	④	尔扎非	216
	⑤	而当阿	216
	⑥	二扎博	217
	⑦	二扎必合	217
	⑧	而扎杭俄	217
	⑨	尔扎林	217
	①	而折莫	217
	②	而者疋	218
	①	而扎不楞危	218
	②	而扎不棱俄	218
	①	而射楼	218
	②	坎马楼	219
	③	卡落马楼	219
F-fa	①	发	220
	②	法儿	220
	①	发兰	220
	②	伐兰	220
	③	伐拉	221
	④	法兰	221
	①	发里非	222
	②	飞里开	222
	③	伐立腓	222
	④	法立笔	222
	⑤	法里笔	222
	⑥	非力疋	223
	⑦	法里疋	223
	①	发分	223
	②	发昆	223
	③	伐浑	224
	④	发珲	224

	⑤	法浑	224
	⑥	发浑	224
	①	发牙腓	225
	②	发押非	225
	③	伐牙腓	225
	①	伐哈拉	225
	②	方卡拉	226
	①	伐克沙	226
	②	伐克西	226
	①	法他哈	226
	②	伐他	227
	①	弗拉	227
	①	法亚笔	227
	②	法押必	227
	③	法押泊	227
	④	法押笔	228
	⑤	法西疋	228
F-fan	①	翻	228
	②	番	228
	①	翻丹	229
	②	翻丹杜莫	229
	①	翻他哈	229
	②	翻他腓	230
F-fang	①	方卡兰	230
F-fei	①	飞	230
	②	分	231
	①	非眼	231
	②	法音	231
	①	非打笔	231
	②	非他疋	232
	③	非打疋	232

	④	非他必	232
	⑤	腓打笔	232
	⑥	腓笔	232
	⑦	疋打疋	233
	①	非他莫	233
	②	疋他摸	233
	①	非烟他笔	233
	②	法音	234
	①	腓朱	234
	②	肥朱	234
F-fo	①	佛	234
	②	伏他	235
	①	佛杜	235
	②	佛多	235
	③	佛杜浑	235
	④	伕杜浑	236
	⑤	杜浑	236
	⑥	佛多牙范	236
	⑦	佛得浑	236
	①	佛吉勒	236
	②	佛几勒	237
	③	伕乐	237
	④	伕德勒莫	237
	⑤	付鸡博	237
	⑥	飞鲁勒	238
	⑦	佛鸡勒	238
	①	佛拉国出克	238
	②	伕拉国出克	238
	③	伕洛国出课	238
	④	佛勒国出客	239
	⑤	佛洛国出课	239

	⑥	夫耳沽	239
	⑦	佛勒国嗽莫	239
	①	佛热	240
	②	佛也	240
	③	佛肯泊	240
	④	佛根泊	240
	①	佛库莫	240
	②	佛库车	241
	③	佛库车莫	241
	④	佛洪莫	241
	⑤	佛西勒	242
	①	佛鸡乐	242
	②	佚吉勒	242
	③	佛拉鸡	242
	④	佛几勒	242
	⑤	伏几勒	243
F-fu	①	伏舍合	243
	②	伏奢合	243
	③	付赊克	243
	④	付摄舍	244
	⑤	伏聂合	244
	⑥	夫色科	244
	⑦	风西莫	244
	⑧	夫色木不合	244
	⑨	付赊克宁俄	245
	⑩	付恩恒我	245
	⑪	扶孙不莫	245
	⑫	福赊不莫	245
	⑬	佛勒木必	246
	①	伏拉呼	246
	②	夫耳乎	246

	①	伏七西	246
	②	扶其新	246
	③	扶七西	247
	①	伏拉尖	247
	②	扶勒吉	247
	③	佛勒何	247
	④	付拉尖	248
	⑤	付尖	248
	⑥	伏拉颠	248
	⑦	付还	248
	⑧	付浑	248
	⑨	伏拉亲	248
	①	扶你何	249
	②	扶摄何	249
	③	付尹尔阿	249
	④	付尹尔合	249
	⑤	付呢合	250
	⑥	付尹尔恒我	250
	⑦	夫宁合	250
	⑧	风阿哈	250
	⑨	伏摄合	250
	⑩	伏牙也合	251
	①	付杜腓	251
	②	伏都非	251
	③	伏杜非	251
	④	伏非	252
	⑤	佛杜啡	252
	⑥	夫德非	252
	⑦	何若笔	252
	⑧	弗得非	252
	⑨	付特非	253

	①	付录	253
	②	福禄	253
	③	伏录	253
	④	苏鲁莫	254
	①	付他	254
	②	付卡	254
	③	附他	254
	①	扶也勒	254
	②	附立	255
G-ga	①	嘎拉	256
	②	嘎纳	256
	①	嘎思哈	256
	②	戈四憨	256
	③	嘎四哈	256
	④	嘎什哈	257
	①	嘎禄代	257
	②	嘎录歹	257
	①	嘎拉干	257
	②	戈拉干	258
	③	嘎勒干	258
	④	戛纳非	258
	①	嘎思憨	258
	②	嘎什汗	259
	③	嘎什韩	259
	④	嘎什憨	259
	⑤	嘎四哈	259
	⑥	嘎思哈	259
	⑦	各四肯	260
	⑧	阁四肯	260
	⑨	嘎似哈	260
	⑩	嘎士肯	260

	⑪	戈四憨	261
	①	嘎玛拉	261
	②	嘎马楼	261
	③	嘎玛其	261
	④	嘎玛腓	261
	⑤	嘎妈了	262
	⑥	嘎莫禄	262
	⑦	嘎玛奇	262
	⑧	嘎妈其	262
	⑨	嘎莫	263
	⑩	嘎莫勒	263
	⑪	嘎木娄	263
	⑫	嘎木博	263
	⑬	戈纳楞危	264
	⑭	嘎南杜非	264
	⑮	嘎妈鸡	264
	⑯	嘎木鸡	264
	⑰	戈纳勒	264
	①	嘎吉	265
	②	嘎鸡	265
	③	嘎吉必	265
	④	嘎吉勒	265
	⑤	戈鸡笔	266
	⑥	戈吉笔	266
	⑦	嘎鸡笔	266
	⑧	戈吉必	266
	⑨	嘎几非	267
	⑩	嘎吉非	267
	①	嘎山	267
	②	阿摄	267
G-gai	①	该刻	267

	②	嘎泊	268
G-ge	①	戈纳腓	268
	②	各讷合	268
	③	各讷腓	269
	④	各纳勒	269
	⑤	各讷恒我	269
	⑥	嘎纳非	269
	⑦	嘎纳楞危	270
	⑧	嘎纳楞俄	270
	⑨	格纳何	270
	⑩	嘎路	270
	⑪	嘎勒	271
	⑫	阁喏何	271
	⑬	阁勒笔	271
	⑭	阁若笔	271
	①	阁喏何	271
	②	阁那何	272
	③	阁若何	272
	①	各勒莫	272
	②	阁不莫	273
	①	戈夜笔	273
	②	戈夜疋	273
	①	戈纳合	273
	②	合纳合	273
	③	戈纳德	274
	④	戈纳楞恶	274
	①	各棱	274
	②	戈淋	275
	③	而淋	275
	④	嘎棱	275
	⑤	个连	275

	①	戈思克	276
	②	各思克	276
	③	各似克	276
	④	戈似克	276
	⑤	戈哦	277
	⑥	戈似浑	277
	⑦	洒四哈	277
	⑧	各秃恳	277
	①	格木	278
	②	格布	278
	③	格不	278
	④	格木	278
	⑤	各布	278
	⑥	各木	279
	⑦	戈瓦	279
	⑧	戈木	279
	⑨	嘎木	280
	⑩	戈杜力	280
	①	各射	280
	②	阁射	280
	③	阁涉	281
	④	嘎涉	281
	⑤	各赊	281
	⑥	嘎撒	281
	①	各拉	281
	②	各立	282
	①	阁喏笔	282
	②	阁莫笔	282
	③	阁若必	282
	④	嘎涉莫	283
	①	格土肯	283

	②	阁都	283
	③	嘎秃	283
G-gu	①	郭吉	283
	②	姑尹尼	284
	③	古吟	284
	④	古你	284
	⑤	古尹你	284
	①	孤心	285
	②	孤心七	285
	①	故亚哈	285
	②	姑鸭阿	285
	③	古亚哈	286
	④	古押哈	286
	①	古立腓	286
	②	古力不勒	286
	①	古伦	287
	②	哭论	287
	③	国洛	287
	①	古玛浑	287
	②	古鲁玛浑	288
	③	古鲁妈珲	288
	①	古破七	288
	②	各木	288
	①	古拉古	288
	②	古伦古伦	289
	③	古鲁古鲁	289
	④	古论古论	289
	⑤	古里古	289
	⑥	孤哭非	290
G-gua	①	瓜拉	290
	②	瓜立	290

G-guai	①	拐灯阿	290
	②	乖登阿妈法	291
G-guo	①	郭敏	291
	②	郭民	291
	③	国民	291
	④	国呡	292
	⑤	国眠	292
	⑥	果米	292
	①	郭洛	292
	②	国洛	293
	③	多洛	293
	①	郭洛莫	293
	①	郭心义	294
	②	郭心一	294
H-ha	①	哈哈	295
	②	哈俣	295
	①	哈思呼	296
	②	哈库	296
	①	哈立叭	296
	①	哈拉	296
	②	哈苏里哈拉	296
	③	哈拉非	297
	①	哈打	297
	②	哈达	297
	③	哈打哈打	297
	①	哈坛	298
	②	哈谭	298
	③	哈谈	298
	④	哈淡	298
	①	哈拉莫	298
	②	哈拉魔	299

	③	哈拉末	299
	④	哈拉德	299
	⑤	哈拉笔	299
	①	哈克打莫	300
	②	拉立	300
	①	哈西勒	300
	②	哈西拉莫	300
	③	寒其哈	301
	①	哈亚寒	301
	②	哈兰疋	301
H-hai	①	海拉鸡腓	301
	②	海拉腓	302
	③	咳力吉非	302
	④	咳力已非	302
	①	孩滨意	302
	②	孩滨也	303
	①	咳夫	303
	②	咳附	303
	③	嗽夫	303
H-han	①	憨七	304
	②	憨其	304
	③	寒其	304
	④	寒义	304
	⑤	哈亲	304
	①	憨	305
	②	罕	305
H-he	①	何若	305
	②	何勒	305
	③	合合乐	306
	④	合合勒	306
	①	何那笔	306

	②	何那疋	306
	③	合纳腓	307
	④	合纳恒俄	307
	⑤	合秃恒俄	307
	①	合纳合	307
	②	各纳勒	307
	③	何若笔	308
	①	何特何笔	308
	②	何勒何疋	308
	③	何勒金必	308
	①	合不合莫	309
	②	合不赊莫	309
	③	合博赊莫	309
	④	合博德木毕	309
	⑤	合博德木必	309
	①	我杜非	310
	①	何意	310
	②	何义	310
	①	合合	310
H-heng	①	恒其	311
	②	恒其勒莫	311
	③	恒亲	311
	④	恒牙克	311
	⑤	恒其舍莫	311
	⑥	恒刻舍莫	312
	⑦	洪其	312
	⑧	衡磕勒莫	312
	⑨	洪格	312
	⑩	洪鸡	313
H-hong	①	洪哭木必	313
	②	洪空莫必	313

	①	洪匆	313
	②	洪务	314
	③	洪武	314
	④	洪五	314
H-hu	①	胡兰	314
	①	胡秃力	314
	②	胡秃立	315
	③	呼秃力	315
	④	胡涂力	315
	⑤	浦涂力	315
	⑥	胡徙力	316
	⑦	胡图利	316
	⑧	胡图立	316
	⑨	胡土利	316
	⑩	胡土立	316
	①	呼孙	317
	②	胡逊	317
	③	胡孙	317
	①	胡滚拉	317
	②	胡路山神	317
	③	乌拉哈	318
	①	胡拉鸡莫	318
	②	洪西勒	318
	①	胡似罕	318
	②	胡似韩	318
	③	胡西	319
	④	呼似罕	319
	⑤	胡亲	319
	①	胡西疋	319
	②	胡西笔	319
	①	胡赊何	320

	②	胡图何	320
	③	胡师哈	320
	①	呼哈	320
	②	胡哈	321
	①	胡松阿	321
	②	胡扎阿	321
H-hua	①	花	321
	②	花因	321
	③	花音	322
	④	花义	322
	⑤	化日	322
	⑥	花而	322
	⑦	花山	323
	①	花牙立孙	323
	②	花牙里孙	323
	③	花臣	323
	④	花迷	323
	①	花沙不莫	324
	②	花沙不	324
	①	花山	324
	②	华时	324
H-huai	①	怀他腓	325
	②	怀他笔	325
	③	怀大撇	325
	④	槐他哈	325
	⑤	槐他木必	325
H-hui	①	辉发	326
	②	辉伐	326
	③	灰发	326
	④	回伐	326
H-huo	①	活龙赊	327

	②	活龙偶	327
	③	活说	327
	①	豁屯	327
	②	合沉	327
	③	合臣	328
	①	活络浑	328
	②	活落浑	328
J-ji	①	鸡干	329
	②	吉干	329
	③	鸡耳干	329
	①	鸡孙	329
	②	吉孙	330
	①	鸡打	330
	②	吉打	330
	①	鸡郎尼	330
	②	吉郎尼	331
	③	吉浪泥	331
	④	吉仍你	331
	⑤	吉尼	331
	⑥	耨尼	332
	⑦	弄你	332
	①	鸡文勒勒	332
	②	京文勒莫	332
	③	京温勒莫逼	332
	④	京乌勒非	333
	⑤	精拉莫	333
	⑥	鸡文勒鸡文	333
	①	鸡舒乐合	333
	②	吉书勒非	334
	③	鸡已米	334
	④	鸡舒勒拉库	334

	①	即以力非	334
	②	吉克非	334
	①	筋拉莫	335
	①	吉哈	335
	②	吉哈那	335
	③	吉哈奈	335
	④	吉何乃	336
	⑤	基汗	336
	⑥	鸡拉哈	336
	①	吉立	336
	②	几立	337
	①	吉哈	337
	②	吉合	337
	③	吉非	337
	④	几合	337
	⑤	几腓	338
	⑥	几俄	338
	⑦	吉恒俄	338
	⑧	几恒俄	338
	⑨	几恒我	339
	⑩	吉恒我	339
	①	吉郎也	339
	②	吉搭哈	339
	③	执郎也	339
	④	吉大撤	340
	⑤	级不撤	340
	⑥	几大撤	340
	①	街	340
	②	街哈	340
	③	街书	341
	④	街腓	341

	⑤	街疋	341
	⑥	街笔	341
	⑦	街不莫	342
	⑧	该苏	342
	⑨	街台	342
	⑩	街不沙拉	342
	①	京那莫	342
	②	京那哈	343
	③	京纳合	343
	④	京勒非	343
	⑤	京纳合宁厄	343
	⑥	敬那摸	343
	①	觉罗	344
	②	交罗	344
K-ka	①	卡路拉莫	345
	②	卡徒那约	345
	①	卡勒马楼	345
	②	卡落马楼	345
	③	坎马笔	345
	④	坎马楼	346
	⑤	坎马必	346
	①	卡打拉莫	346
	②	咔打拉拉	346
	③	卡打拉哈	347
	④	卡打拉拉	347
	⑤	卡木图立	347
	①	卡卡立	347
	②	卡卡其	347
K-kai	①	开叉哈	348
	②	开叉腓	348
	③	开叉莫	348

	④	开肠	349
	⑤	开叉行俄	349
	⑥	开叉杭我	349
K-ke	①	克几可	350
	②	歌一歌	350
	①	科日	350
	②	格力	350
K-ku	①	哭兰	350
	②	哭旦	351
	③	跨兰	351
	④	夸兰	351
K-kui	①	魁你	351
	②	魁你何	351
L-la	①	拉破杜	353
	②	劳不杜	353
	③	拉不住	353
	①	拉拉	353
	①	拉林	353
L-le	①	勒吉	354
	②	勒己	354
	①	勒也勒	354
L-lou	①	娄夫	355
	②	勒付	355
	①	娄勒莫	355
L-lu	①	芦库	355
M-ma	①	妈法	356
	②	妈发	356
	③	玛法	356
	④	玛发	357
	⑤	妈哈	357
	⑥	吗夫	357

	⑦	妈妈	357
	①	玛克他	357
	②	玛克他鸡	358
	③	妈克查哈	358
	①	玛克	358
	②	妈克心	358
	①	玛立不莫	359
	②	骂里笔	359
	③	马立笔	359
	①	玛木哈	359
	②	玛莫哈	360
M-mai	①	卖秃	360
	②	瞒秃	360
	③	埋头	360
M-man	①	满洲	361
	②	满朱	361
M-mang	①	忙阿	361
	①	忙卡	362
	②	莽卡	362
	③	忙卡必	362
	④	莽卡必	362
	①	满面	362
M-mao	①	猫	363
	②	猫一	363
	③	茂	363
	④	木	363
	①	毛头滑名	364
	②	毛头华时	364
M-mei	①	枚分	364
	②	梅分	364
	①	枚巳合	364

	①	梅合	365
	②	米俄力	365
	①	梅林	365
	①	梅何勒莫	365
	②	梅何拉莫	365
	③	梅何杜莫	366
	①	梅特杜莫	366
	②	梅屯杜莫	366
M-men	①	门特笔	366
	②	叶特疋	366
	①	闷塗浑	367
	②	闷涂浑	367
M-meng	①	蒙文	367
	②	盟文	367
	③	猛文	368
	④	濛温	368
	⑤	濛五	368
M-mi	①	米你	368
	②	墨你	368
	③	咪泥	369
	④	泌尼	369
	⑤	墨尼	369
	⑥	必尼	369
	⑦	莫你	370
	①	米他笔	370
	②	米他必	370
	③	米他都莫	370
	④	密他哈	370
	①	米拉拉不楼	371
M-min	①	民巴	371
	①	民德	371

M-ming	①	明耳搭哈	371
	①	明安	372
M-mo	①	莫林	372
	②	莫力	372
	③	莫利	372
	④	莫立	373
	⑤	摸力	373
	⑥	毛林	373
	⑦	莫棱阿	373
	⑧	莫令河	374
	⑨	莫令和	374
	⑩	某立干	374
	①	莫阿哈	374
N-na	①	纳	375
	①	那旦	375
	②	那丹	375
	③	纳旦	375
	④	纳丹	376
	①	那丹朱	376
	①	那憨	376
	①	那胡	376
	②	那拉浑	376
	③	那勒珲	377
	①	那立	377
N-nai	①	乃	377
	②	乃呼	377
	③	乃胡	377
	④	乃非	378
	⑤	赊浑	378
N-nan	①	难土浑	378
	②	南图浑	378

	③	那勒浑	379
N-ne	①	讷音	379
	②	纳音	379
	①	讷勒	379
	①	讷卡伯	379
	①	讷讷莫	380
	①	讷莫	380
	②	拉莫	380
N-nei	①	内勒莫	380
N-ni	①	尼堪	381
	②	尼侃	381
	③	尼恳	381
	④	尼唧	381
	①	尼马哈	381
	②	泥妈哈	382
	③	你妈哈	382
	①	尼妈查	382
	②	你吗查	382
	③	你妈叉	383
	④	易木察	383
	①	尼西哈	383
	②	忸怩哈	383
	①	尼明	383
	②	泥明	384
	①	你妈亲	384
	②	你木亲	384
	③	你某亲	384
	④	暗妈亲	384
	⑤	吟妈亲	385
	⑥	一莫亲	385
	①	尼出合	385

	②	尼秃	385
	③	尼出恒俄	385
	①	尼莫库	386
	②	尼莫勒	386
	③	尼木库	386
	④	尼玛库	386
	⑤	你莫库	387
	⑥	你妈库	387
	⑦	你莫勒	387
	⑧	尼妈拉	387
	⑨	呢莫库	388
	⑩	吟库	388
	⑪	尼莫库勒何	388
	①	泥拉嘎	388
	①	尼伦	388
	①	尼者非	389
	②	宁科不非	389
N-nian	①	年息	389
	②	年秦	389
	③	念其	390
N-niang	①	娘莫	390
	②	娘妈	390
	③	年玛	390
	④	娘们	390
	①	任牛尖	391
	②	娘年	391
N-ning	①	宁文	391
	②	宁温	392
	③	丁温	392
	①	宁朱	392
	②	吟朱	392

	③	吟中	392
	④	银中	393
	⑤	音朱	393
	⑥	音空	393
	⑦	银朱	393
	⑧	尼朱朱	393
	⑨	引尹朱	393
	①	宁文七	394
	②	尹你文七	394
	①	宁聂力	394
	②	宁七力	394
	③	宁尹你立	395
	④	宁尼立	395
	⑤	宁英吉立	395
	⑥	宁任牛立	395
	⑦	牛勒立	395
	⑧	钮禄力	396
	①	宁厄	396
	②	宁我	396
N-niu	①	牛呼力	396
	②	牛胡合	396
	③	牛合	397
	①	妞孙	397
N-nong	①	侬哈连	397
	②	奴呼连	397
	①	侬哈	398
N-nu	①	奴勒	398
	②	侬勒	398
	③	奴乐	398
	①	奴门	398
Q-qi	①	七	400

	②	其	400
Q-qin	①	秦	400
S-sa	①	洒杀意	401
	②	洒杀一	401
	①	撒拉莫	401
	②	撒杀奇	401
	③	撒艾利	401
	④	杀勒	402
	⑤	萨哈	402
	⑥	沙拉哈	402
	⑦	沙沙立	402
	①	萨里楼	403
	②	萨里漏	403
	①	萨克达	403
	②	沙克达	403
	③	沙克打	403
	④	杀克打	404
	⑤	撒克达	404
	①	萨克答不	404
	①	萨哈疋	404
	②	煞哈笔	404
	③	沙哈笔	405
S-sai	①	塞坎	405
	①	赛银	405
	②	赊音	405
	③	涉因	406
S-san	①	三	406
	②	三音	407
	③	三人	407
	④	山眼	408
	⑤	叁人	408

	⑥	生人	408
	⑦	射人	408
	①	三得	408
	②	三德	409
S-sang	①	桑阿	410
	②	商阿	410
S-se	①	色恳	410
	②	赊合立	411
S-sha	①	沙马	411
	②	萨马	411
	①	沙沙	412
	②	沙克沙	412
	①	沙卡	412
	②	沙查	412
	③	沙叉	412
	④	沙克	413
	⑤	杀克	413
	⑥	石嘎	413
	⑦	萨卡	413
	①	沙哈连	413
	①	沙勒干	414
	②	沙拉干	414
	①	沙拉干居	414
	②	沙拉朱赊	414
	①	沙禄托洛	415
	②	沙拉托洛	415
	③	沙思呼	415
	④	杀拉他落	415
	⑤	撒拉托洛	415
	①	沙亚你莫	416
	②	杀娘莫	416

	③	萨拉西	416
	①	沙西干	416
	②	色勒	417
	①	沙卡扎卡	417
	①	沙克山	417
	②	沙克山必	417
	①	沙必	417
	①	沙胡伦	418
S-shan	①	山眼	418
	②	山音	418
	③	山烟	418
	④	三音	419
	⑤	善人	419
	⑥	山颜	419
S-shang	①	商尖	419
	②	商家	419
S-she	①	赊夫	420
	②	涉夫	420
	③	涉夫涉夫	420
	①	赊莫	420
	②	赊七	421
	③	色莫	421
	④	色木	421
	①	赊勒	421
	②	舍勒	421
	①	赊莫	422
	②	舍莫	422
	①	赊合	422
	①	涉不真	422
	②	射不真	422
	③	赊不真	423

	④	赊博贞	423
	⑤	赊不贞	423
	⑥	色不贞	423
	⑦	涉真	423
	⑧	奢破贞	424
	①	射立	424
	②	射勒	424
	③	射力	424
	④	涉立	425
	⑤	赊力	425
	⑥	赊立	425
	⑦	赊勒	425
	①	射不牛	425
	①	射尖	426
S-shen	①	申特恨	426
	②	申得很	426
	③	恩特痕	426
	④	申车恨	427
	①	申测肯	427
	②	文侧恨	427
	③	翁车勒非	427
	①	申侧何	428
S-sheng	①	生鸡	428
	①	生鸡鸡勒	428
S-shu	①	书兰	428
	②	舒兰	428
	③	出兰	429
	④	苏拉	429
	⑤	舒拉	429
	①	书可敦	429
	②	舒克敦	430

	③	苏克敦	430
	①	书法笔	430
	②	书法疋	430
	①	书打拉	430
	②	舒打拉	431
	③	舒达拉	431
	①	书可得立	431
	②	舒可得力	431
	③	书客得利	431
	④	书利得利	432
	⑤	书可德立	432
	⑥	舒克杜立	432
	⑦	书得勒	432
	①	书吉笔	433
	②	书已笔	433
	①	书不路	433
	②	书珞	433
	①	书立干	433
	①	书色新嘎西	434
	①	舒拉	434
	①	舒得合	434
	②	舒录莫	434
	③	舒德合	434
	④	舒勒得合	435
	①	舒立浑	435
S-song	①	松阿立	435
	②	松阿力	435
	③	松卧林	436
	④	松阿拉	436
	①	松坤	436
	①	松阁勒秃	436

S-sou	①	搜伦莫	437
	①	搜林莫	437
	②	叟伦莫	437
	①	嗽夫	437
	②	咳夫	438
	③	咳附	438
S-su	①	素木	438
S-sui	①	遂浑	438
	②	遂何	439
	③	隋何	439
	①	遂他腓	439
	②	水他非	439
	③	遂塔笔	439
	④	遂他笔	440
	⑤	隋他必	440
	⑥	隋他疋	440
	⑦	谁他笔	440
	⑧	随他啡	441
S-sun	①	孙	441
	①	孙扎	441
	①	孙扎七	441
	①	孙作非	442
	②	孙卓批	442
	③	孙朱刻	442
S-suo	①	所林	442
	②	说林	443
	③	漱口	443
	①	所洛托洛	443
	②	说洛托洛	443
	③	勒洛说洛	444
	④	索洛托勒	444

	①	所立莫	444
	②	所立哈	444
	③	说力莫	444
	④	赊林必	445
	⑤	嗽利哈	445
	⑥	所里刻	445
	①	所力楞危	445
	②	所立杭我	446
	①	所洛	446
	①	索拉库	446
T-tɑ	①	他七瞎木必	447
	②	他齐不博	447
	①	他拉嘎	447
	②	他力哈	447
	③	他拉	447
	④	他拉干	448
	⑤	他勒嘎	448
	①	他里哈	448
	①	他库拉哈	448
	②	他哭拉哈	448
	③	他哭拉莫	449
	①	他拉库	449
	②	沓非	449
	①	他莫	449
	②	他妈	449
	①	他那	450
	①	他拉妈	450
	①	他杜莫	450
	①	他卡非	450
	①	搭吗笔	450
	②	搭玛疋	451

T-tai	①	台宝	451
	②	台巴	451
	③	太宝	451
	①	太翻	452
	②	太平	452
	③	态态	452
T-tan	①	滩打	452
	②	坛打莫	453
	③	坛打一	453
	④	他打哈	453
	⑤	糖哈	453
	⑥	吞德莫	453
	①	滩	454
T-tang	①	汤务	454
	②	汤吴	454
	③	汤乌	454
	④	汤五	454
	⑤	汤旺	455
	⑥	唐古	455
	⑦	唐五	455
	①	汤子	455
	①	汤木克	455
T-tao	①	洮克秃	456
	②	洮古图	456
	③	洮古塗	456
	④	滔克秃	456
	⑤	他克秃	456
T-te	①	特合	457
	②	特哈	457
	③	特笔	457
	④	特何	457

	⑤	特合宁俄	458
	⑥	特哈宁俄	458
	⑦	特嘞	458
	①	特勒	458
	②	特勒乒	458
	③	特喏	459
	①	特不必	459
	②	特不疋	459
	③	特不木必	459
	④	特不何	460
	⑤	特布撇	460
	①	特库	460
	②	特哭	460
	①	特不莫	460
	②	特笔	461
	③	特疋	461
	①	特屯	461
	①	特红恶	461
T-tong	①	通肯	461
	②	通恳	462
	③	同恳	462
T-tu	①	秃	462
	②	秃鲁	462
	①	秃拉滚	462
	②	秃禄滚	463
	③	土勒滚	463
	④	土勒辊	464
	①	秃舒	464
	②	颓舒	464
	①	瓦秃不勒	464
	②	瓦秃不莫	464

	③	瓦秃不腓	465
	④	秃瓦不勒	465
	⑤	秃不哈	465
	⑥	瓦秃七	465
	⑦	牙秃不哈	466
	⑧	瓦秃不杭我	466
	⑨	瓦秃不木毕	466
	⑩	恳含博不行恶	466
	①	秃鸡	467
	①	秃克七	467
	②	徒切非	467
	③	图吉七	467
	④	图鸡西	468
	⑤	图新莫	468
	①	秃七腓	468
	②	秃七不其	468
	③	秃克腓	468
	④	秃七恒我	469
	⑤	秃七合	469
	⑥	牙秃鸡莫	469
	①	图土	469
	②	哭哭	470
	①	秃牙腓	470
	②	徒牙非	470
	③	土押笔	470
	④	土押疋	471
	⑤	秃押非	471
	①	秃合	471
	②	图何克	471
	③	图何勒	472
	④	土克勒	472

	①	秃拉	472
	①	秃拉库	472
	①	秃七勒	473
	①	秃拉鸡	473
	②	突拉鸡	473
	③	特拉鸡	473
	④	秃瓦拉鸡	473
	①	秃勒莫	474
	①	图们	474
	②	徒图	474
	③	土闷	474
	④	土门	474
	⑤	塗门	475
	⑥	秃门	475
	①	图桥西	475
	①	图其克	475
	②	土其克	476
	③	土桥勒	476
	④	土桥何	476
	⑤	突其何	476
	⑥	土七笔	476
	⑦	土七疋	477
	①	图乔楼	477
	②	土桥楼	477
	③	土桥笔	477
	④	土桥必	477
	①	土其不楼	478
	②	涂其不楼	478
	③	秃吉腓	478
	④	吞其不非	478
	①	徒七非	479

	②	徒西	479
	③	徒七	479
	④	出齐抛	479
	⑤	出齐博	479
	①	独根	480
T-tuan	①	团	480
	①	团多	480
	②	谈	480
	③	屯堆	481
	①	团七侠腓	481
	②	屯七匣非	481
	①	团吉莫	481
	②	登吉	482
T-tui	①	推不莫	482
	①	推勒笔	482
	②	吐勒克	482
	①	推补笔	483
	②	推不疋	483
	①	颓孙	483
	②	退孙	483
	③	推孙	483
	④	特孙	484
T-tuo	①	托你	484
	②	讬你	484
	③	徒克非	484
	①	托说莫	484
	①	土勒	485
	①	托托	485
	①	托克所	485
	②	托克说	485
	③	托克同阿	486

	④	通克遂	486
	①	托吞	486
	②	卧吞	486
	③	倭吞	486
	①	托克尼	487
	①	托克托不莫	487
	①	托含牙立	487
W-wɑ	①	挖呢刻	488
	①	洼西哈	488
	②	洼西娄	488
	①	洼鸡非	488
	②	洼吉非	489
	①	瓦西哈	489
	②	瓦西卡	489
	③	瓦西勒	489
	④	瓦西疋	490
	⑤	瓦西七	490
	⑥	瓦西不	490
	⑦	瓦西不莫	490
	⑧	瓦西杭俄	491
	⑨	瓦西行我	491
	⑩	瓦西不勒	491
	⑪	瓦其卡	491
	⑫	瓦其哈	492
	⑬	卧西七	492
	⑭	卧西勒	492
	⑮	倭不莫	492
	⑯	倭博非	493
	⑰	倭布非	493
	⑱	倭心不腓	493
	⑲	卧心不腓	493

	⑳	卧心不合	494
	㉑	瓦西特	494
	㉒	卧心不匹	494
	㉓	卧心不木必	494
	㉔	倭心逼	494
	①	瓦佛兰笔	495
	①	温拉吉	495
	①	瓦卡	495
	①	瓦不木必	495
	①	瓦杜立	496
	①	瓦牙立腓	496
	①	瓦鲁	496
	②	歪牙里腓	496
W-wai	①	歪立	497
	②	莫讷	497
W-wan	①	弯博	497
	②	万博	498
	③	湾博	498
	④	弯箔	498
W-wei	①	威勒何	498
	②	威勒笔	499
	③	威勒必	499
	④	为勒非	499
	⑤	为勒笔	499
	⑥	为勒疋	499
	⑦	为勒合	500
	⑧	畏勒非	500
	⑨	委勒非	500
	⑩	未勒腓	500
	⑪	为林杜非	501
	①	为合	501

	②	畏合	501
	①	为勒	501
	②	为林	502
	①	为以	502
	①	为力合	502
W-wen	①	温德亨	502
	②	温车很	503
	③	温德肯	503
	④	恩特痕	503
	⑤	文车恨	503
	⑥	文七心	503
	⑦	文侧恨	504
	⑧	温车香	504
	①	温德	504
	②	文得	504
	③	温得	505
	①	温意	505
	②	温音	505
	③	文	505
	①	文德	506
	①	文超	506
	②	文出	506
	①	温图浑	506
	①	文杜	506
	①	问摄托莫	507
W-weng	①	翁阿	507
	①	翁古莫	507
	②	翁空笔	507
	③	翁姑波	508
	④	卧哭莫	508
W-wo	①	我贞	508

	②	俄贞	509
	③	恶贞	509
	④	额真	509
	⑤	我真	509
	⑥	厄贞	509
	①	我林	510
	②	我棱	510
	③	我力	510
	④	我立	510
	⑤	而淋	511
	⑥	俄林	511
	⑦	厄林	511
	⑧	厄雷	511
	⑨	俄棱	512
	①	我能尼	512
	②	吴能泥	512
	③	厄勒尼	512
	①	我勒根	513
	②	厄勒根	513
	①	我勒	513
	②	我垒	513
	③	我里	513
	④	我勒七必	514
	①	我木	514
	②	我莫七	514
	③	俄木洛	514
	①	我勒以	515
	②	我勒	515
	③	我二	515
	④	我勒七	516
	⑤	额勒	516

	⑥	俄勒	516
	⑦	俄勒七	516
	①	我不勒	516
	②	俄不勒	517
	③	我不娄	517
	④	我七匣非	517
	⑤	卧西不莫	517
	⑥	我不其	518
	⑦	我奔吉何	518
	①	我秃勒	518
	②	我杜非	518
	③	我图笔	519
	①	我图哭	519
	②	我土哭	519
	①	我腓合	519
	②	我奔	519
	③	我斌必	520
	①	我克赊莫	520
	②	我克色莫	520
	③	我克赊勒	520
	④	我克赊末	521
	①	我立勒莫	521
	②	我林打立	521
	①	我腾尼勒勒	521
	②	我能尼勒勒	522
	③	我腾你勒勒	522
	①	我他拉库	522
	②	我特拉库	523
	③	我怕拉库	523
	①	我很	523
	①	我折合	523

	①	我克勒	524
	①	我拉特勒	524
	②	以西他拉	524
	①	我拉得恨	524
	①	我特合	524
	②	厄贺	525
	①	我得勒拉库	525
	①	我立射笔	525
	②	我立射必	525
	③	俄勒射笔	526
	④	恶勒射笔	526
	⑤	倭宜色	526
	①	我可不笔	526
	②	我克不笔	527
	③	我可不疋	527
	①	我者不莫	527
	②	我吉何	527
	①	我滨不莫	527
	①	卧林	528
	②	倭林	528
	③	卧立	528
	④	卧力	528
	⑤	卧林七	529
	①	卧不莫	529
	②	卧七	529
	③	倭七	530
	④	敖不东	530
	①	卧莫洛	530
	②	卧木洛	530
	③	卧莫西	530
	④	卧木孙	531

	⑤	卧莫落	531
	⑥	卧木楼	531
	⑦	倭木禄	531
	①	卧立勒	532
	②	倭立哈	532
	③	我力悖	532
	①	卧西浑	532
	②	卧七浑	533
	③	窝西浑	533
	①	卧月	534
	②	卧勒	534
	③	佚乐	534
	①	倭思浑	534
	②	卧孙	534
	③	卧索欢	535
	④	倭四浑	535
	⑤	卧索	535
	⑥	倭西浑	535
	①	卧车合	536
	②	卧车何	536
	③	卧车勒	536
	④	卧车莫	536
	⑤	我者勒	536
	⑥	卧一车	537
	①	卧其尼	537
	②	卧七尼	537
	③	卧鸡泥	538
	④	卧吉尼	538
	⑤	倭其尼	538
	⑥	屋族旗	538
	①	卧一	538

	②	卧以	539
	①	卧克杜莫	539
	②	卧克杜末	539
	③	卧克托莫	539
	④	卧克多木	540
	⑤	卧客恶发	540
	⑥	卧不朱	540
	①	卧勒立	540
	②	卧洛力	541
	③	卧立勒	541
	①	卧合	541
	①	卧臣	541
	①	卧落立	542
	②	卧罗力	542
	①	卧吉	542
	②	卧己	542
	①	卧车木必	542
	②	卧车必	543
	③	矶车木必	543
	①	伕乐	543
	②	厄者非	543
	①	卧活索莫	544
	②	卧货索莫	544
	①	卧佛洛	544
	②	卧伏洛	544
	①	伕忒勒莫	544
	②	厄木乐	545
	①	卧心不笔	545
	②	卧心不疋	545
	①	我米勒	545
	①	卧西勒	546

	①	卧永五	546
	①	卧思恨	546
	①	卧召	546
	①	卧泌腓	547
	①	窝西楞俄	547
	②	瓦西杭俄	547
W-wu	①	乌朱	547
	②	吴朱	548
	③	乌朱七	548
	④	吴朱七	548
	⑤	吴中阿	548
	⑥	乌诸	549
	①	乌云	549
	②	吴云	549
	③	吴云七	549
	①	乌云朱	549
	②	吴查	550
	③	问错	550
	④	温错	550
	⑤	吴车	550
	①	乌林	551
	②	乌吾林	551
	①	乌西哈	551
	②	吴西哈	551
	③	无西哈	552
	①	乌勒尖	552
	②	吴尖	552
	①	乌真	552
	②	乌珍	553
	③	吴贞	553
	①	吴拉滚	553

	②	乌拉滚	553
	③	徒鲁滚	554
	④	乌札孙	554
	⑤	含拉滚	554
	①	乌拉授	554
	②	乌勒授	555
	①	乌克孙	555
	②	吴克孙	555
	①	乌咀笔	555
	②	乌嘴	555
	③	乌咀	556
	①	乌合力	556
	②	吴嘿	556
	③	乌哈	556
	④	吴黑	557
	⑤	吴合立	557
	①	乌打笔	557
	②	乌答哈	557
	③	吴打哈宁俄	558
	①	乌奴何	558
	②	乌奴莫	558
	③	吴农合	558
	④	吴侬合	559
	⑤	吴奴合	559
	⑥	乌鲁他	559
	⑦	乌库	559
	⑧	乌当阿	560
	①	吴几合	560
	②	吴几不莫	560
	③	吴吉合	560
	④	吴几恒俄	561

	⑤	乌几合	561
	⑥	吴巳合	561
	⑦	乌吉何	561
	⑧	吴已库	562
	⑨	五者不莫	562
	⑩	乌鸡不莫	562
	⑪	乌吉不莫	562
	⑫	乌吉戈	563
	⑬	恶记克	563
	⑭	无记克	563
	⑮	克记戈	563
	①	乌拉呼	563
	②	吴拉胡	564
	③	倭耳活	564
	④	乌呼一	564
	①	吴德莫	564
	②	乌勒德莫	565
	①	乌西	565
	②	吴心	565
	①	吴克心	565
	②	五克心	566
	③	乌尖	566
	④	乌尖西	566
	①	吴拉莫	566
	②	乌拉哈	567
	③	吴拉哈	567
	①	吴能尼	568
	②	吴能牙你	568
	①	吴勒纳	568
	②	吴林莫	568
	①	乌克萨拉木必	568

	①	乌能你	569
	②	乌仍你	569
	①	乌勒海	569
	①	吴杜	569
	②	乌都都	569
	①	乌西疋	570
	②	乌立疋	570
	①	乌买	570
	②	无莫	570
	①	乌库胡	571
	②	乌呼胡	571
	①	吴拉德莫	571
	②	吴拉得莫	571
	①	吴伦	572
	①	乌尔库	572
	①	五伐拉	572
	①	五巴拉莫	572
	①	吴拉	572
	②	乌拉	573
	①	吴莫	573
	①	乌哈拉莫	573
	①	乌木西	573
	①	吴里	574
	①	乌独木	574
	①	吴初刀	574
	②	吴初力	574
	①	吴合力拉魔	574
	①	吴拉库	575
X-xi	①	西棱	576
	①	西棱尼	576
	①	西林	576

	②	西嫩	576
	③	西利	576
	①	西沙	577
	②	西散	577
	①	西佛沙拉笔	577
	②	西不杀拉疋	577
	③	西涉拉疋	578
	①	西尼	578
	②	西泥	578
	①	西西笔	578
	②	西西疋	578
	①	西侠库	579
	①	西哈拉	579
	①	西打笔	579
	①	西木浑	579
	①	西立	579
	①	西涉	580
	①	西旦	580
	②	西棱一	580
	①	西兰西兰	580
	②	西兰打莫	581
	③	西兰杜莫	581
	④	西萨莫	581
	⑤	西言	581
	⑥	西兰堵莫	581
X-xian	①	仙	582
	②	先	582
	③	现	582
	④	宪	582
X-xiao	①	肖山	583
	②	华时	583

X-xin	①	新打	583
	②	新达	583
	③	心打	584
	①	新肯	584
	①	新西	584
	②	兴西哈	584
X-xing	①	兴俄腓	584
	②	兴我腓	585
	③	兴俄	585
	④	兴我	585
	⑤	星我腓	585
	⑥	心恶非	586
	⑦	心危非	586
	⑧	心俄非	586
	⑨	心危啡	586
	⑩	心非	587
	①	兴俄力	587
	②	兴我立	587
	③	星俄立	587
	④	心恶力	587
	⑤	心恶林	588
	⑥	心恶立	588
	⑦	生克力	588
	⑧	心我力	588
	①	兴恨	588
Y-ya	①	押亲	590
	②	牙亲	590
	③	牙青	590
	①	押录非	590
	②	押罗莫	591
	③	牙路莫	591

	④	牙洛莫	591
	⑤	牙罗莫	591
	⑥	牙录兴	591
	⑦	牙勒莫	592
	⑧	押勒	592
	⑨	牙禄莫	592
	⑩	押哈	592
	⑪	押打拉	593
	①	押不勒	593
	②	牙不勒	593
	③	牙不哈	593
	④	牙不莫	593
	⑤	牙不棱俄	594
	⑥	亚不勒合	594
	⑦	押不楞俄	594
	⑧	乐莫	594
	⑨	亚不哈	595
	①	押录哈	595
	②	牙禄哈	595
	③	牙路哈	595
	④	腰龙河	595
	①	押哈	596
	②	牙哈	596
	①	押勒哈	596
	②	牙拉哈	596
	①	押勒尖	597
	②	鸭甲	597
	①	押阿亚你	597
	②	牙拉鸡	597
	③	牙拉尖	597
	①	押涉	598

	②	牙勒哈	598
	①	押克西笔	598
	②	亚克细笔	598
	③	牙克心不腓	599
	①	押子	599
	①	牙勒间开	599
	①	押涉拉不疋	599
	①	牙腓秃不莫	600
	①	亚拉泊	600
	①	牙	600
	②	牙牙	600
	③	亚亚	601
Y-yan	①	阎木吉	601
	②	阎木儿	602
	③	鸭莫吉	602
	④	押木巳	602
	⑤	牙莫吉	602
Y-yang	①	洋桑阿	602
	②	羊丧阿	603
	③	阳桑阿	603
	④	阳升阿	603
	⑤	杨丧阿	604
	⑥	杨曾阿	604
	⑦	牙色	604
	⑧	牙涉	604
Y-ye	①	也音何	605
	①	也言不哈	605
	①	叶哈	605
	②	音哈	605
	③	喋哈	606
	④	音耳哈	606

	⑤	嘻哈	606
	⑥	依巴合莫	606
	①	夜力	606
	②	夜里	607
	③	夜立	607
	④	亚力	607
	⑤	牙立	607
	⑥	牙力	607
Y-yi	①	一	608
	②	宜	608
	③	依	608
	④	衣	608
	⑤	意	609
	⑥	义	609
	⑦	也	609
	⑧	仪	609
	⑨	爷	609
	⑩	己	610
	①	一兰	610
	②	依兰	610
	③	以兰	610
	④	衣兰	611
	⑤	一拉	611
	⑥	依拉	611
	⑦	衣乐	611
	⑧	以兰矣	611
	①	一拉七	612
	①	一车	612
	②	衣车	612
	③	依车	612
	④	以车	613

	⑤	依期	613
	⑥	依彻	613
	⑦	依其	613
	①	一能尼	613
	②	以能尼	614
	③	意仍你	614
	④	一能泥	614
	⑤	以能牙你	614
	⑥	以能泥	615
	⑦	依能尼	615
	⑧	一能	615
	⑨	依宁	615
	⑩	我能尼	616
	⑪	厄勒尼	616
	⑫	尼莽呢	616
	①	一尼	616
	②	依泥	616
	③	衣尼	617
	④	吟尼	617
	⑤	依尼	617
	⑥	以尼	617
	⑦	衣牙你	618
	⑧	衣泥	618
	⑨	一七	618
	⑩	以泥	618
	①	一长阿	618
	②	衣常阿	619
	③	衣长阿	619
	④	依长阿	619
	⑤	以长阿	619
	⑥	以常阿	620

	⑦	一行阿	620
	⑧	衣吉四浑	620
	①	衣尼	620
	②	以尼	621
	③	依你	621
	①	依立哈	621
	②	依哈	621
	③	依力非	621
	④	一立合	622
	⑤	一立哈	622
	⑥	衣立合	622
	⑦	衣立	622
	⑧	衣拉	622
	⑨	一立本	623
	⑩	一立不莫	623
	⑪	衣立笔	623
	⑫	衣兰笔	623
	⑬	衣立疋	624
	⑭	一路不博	624
	⑮	乙力不奇	624
	⑯	依立疋	624
	⑰	以力不合	624
	①	一克赊莫	625
	②	衣克奢莫	625
	③	一克色莫	625
	①	以力不哈	625
	②	乙里不奇	626
	①	一气匣非	626
	②	一七匣非	626
	③	依其瞎莫	626
	④	衣其瞎莫	627

	⑤	一西画非	627
	①	一力必	627
	②	一车拉木	627
	①	依罕	627
	②	依汉	628
	③	意汉的	628
	④	一行阿	628
	⑤	衣戈立	628
	⑥	衣莫	628
	①	衣其西	629
	①	一西腓	629
	①	衣勒根	629
	②	衣兰根	629
	①	以力非	630
	②	一心吉勒	630
	③	以似浑德	630
	④	一新吉疋	630
	①	依涉胡勒莫	630
	②	衣四胡仍莫	631
	③	一斯合刻	631
	①	衣戈	631
	②	泥拉嘎	631
	③	一利	632
	①	一七	632
	①	一讷库	632
	①	衣沙卡	632
	①	衣不干	632
	①	以西他拉	633
	①	以西不莫	633
Y-yin	①	阴达户	633
	②	音得浑	633

	③	音德浑	634
	①	音打胡莫	634
	②	音塔非	634
	③	阴折七	634
	④	音折莫必	635
	①	音打胡腓	635
Y-ying	①	英赊	635
	②	英色	635
	③	押涉	635
	①	英兰	636
Y-yong	①	拥阿	636
	②	拥巴	636
	③	永阿	636
	①	永约腓	637
	②	拥鸡莫	637
	①	拥鸡非	637
	②	押乐莫	637
	③	牙答阿	637
Z-zai	①	载立	639
	②	栽林	639
	③	侧力	639
	④	札林	639
	⑤	扎哩	639
	⑥	侧立子	640
	⑦	栽立鸡	640
	⑧	侧立莫	640
	①	载力哈	640
	②	扎里哈	641
	③	栽立哈	641
	④	栽林哈	641
	①	载拉不	641

Z-zha	①	扎不占	642
	②	扎破占	642
	③	扎不站	642
	①	扎兰	642
	②	札兰	643
	③	扎兰扎兰	643
	①	扎林	643
	②	扎鸡非	644
	③	扎吉非	644
	④	扎巳非	644
	①	扎吉莫	644
	②	扎鸡莫	645
	③	扎吉莫笔	645
	①	扎录	645
	②	抬录	645
	③	扎路	646
	④	抬路	646
	⑤	扎禄	646
	⑥	札录非	646
	⑦	杜路非	647
	①	扎伐腓	647
	②	扎发啡	647
	③	扎法疋	647
	④	扎法笔	648
	⑤	扎伐拉	648
	⑥	扎发拉	648
	⑦	扎凡	648
	⑧	扎伐	649
	⑨	札伐不莫	649
	⑩	折腓	649
	①	扎卡	649

	②	铡卡	649
	③	扎日克	650
	①	札拉胡	650
	②	扎拉胡	650
	①	扎呼达	650
	②	札胡打	651
	③	扎户打	651
	④	扎呼他	651
	①	扎打	651
	②	扎吉干	652
	①	扎坤	652
	①	扎坤朱	652
	②	扎坤梭	652
	①	扎拉吉丹	653
	②	扎勒家其	653
	③	扎拉家其	653
	④	扎拉警扎莫	653
	①	扎不勒	654
	②	札不勒	654
	①	扎西笔	654
	①	扎伏纳哈	654
	①	扎眼	654
	①	扎克那	655
	①	扎拉干	655
Z-zhan	①	占出浑	655
	②	占处浑	655
	③	暂处浑	656
	①	占爷	656
	②	占音	656
	①	占巴立莫	656
Z-zhe	①	折	656

	②	者	657
	①	折库	657
	②	者库	657
	③	者哭	657
	①	折莫	658
	②	者莫	658
	③	者木	658
	④	折腓	658
	⑤	折末	659
	①	折必	659
	②	者针	659
	①	折拉鸡	659
	②	折力鸡	660
	③	退力鸡	660
	④	札拉鸡	660
	⑤	折勒吉	660
	⑥	哲拉儿	661
Z-zhu	①	朱录	661
	②	朱鲁	661
	③	猪炉香	661
	④	朱录莫	662
	①	朱赊	662
	②	朱舍	663
	③	朱色	663
	④	朱赊沙	663
	⑤	朱奢	663
	⑥	朱射	663
	①	朱勒西	664
	②	朱勒力	664
	③	朱勒立	664
	④	朱勒利	665

	⑤	朱罗立	665
	⑥	朱得旗	665
	⑦	朱朱勒	665
	⑧	朱车合	665
	①	朱车	666
	②	朱车拉库	666
	①	朱垒	666
	②	朱必	666
	①	朱勒鸡	667
	②	朱勒力鸡	667
	③	朱勒勒鸡	667
	④	朱勒勒己	667
	⑤	朱拉鸡	667
	①	朱滚	668
	②	朱棍	668
	①	朱勒干	668
	②	左勒棍	668
	①	朱克特合	669
	②	朱克特莫	669
	③	朱克特七	669
	④	猪他撇	669
	①	朱拉干	670
Z-zun	①	尊	670
Z-zuo	①	左	670
	②	左力	670
	③	左打	671
	①	左里莫	671
	②	左立莫	671
	③	昨里莫	671
	④	作立莫	671
	⑤	作里哈	672

	⑥	左立哈	672
	⑦	作立哈	672
	⑧	作力海	672
	⑨	作力哈	673
	①	左不勒	673
	②	昨不勒	673
	③	作论敦	673
	④	作不轮恶	674
	①	作立莫	674
	①	作托勒浑	674

<table>
<tr><td rowspan="2">音序</td><td colspan="3">A</td></tr>
<tr><td colspan="3">ɑ</td></tr>
<tr><td>词汇</td><td>①阿巴卡</td><td>词义</td><td>天；天上；空中</td></tr>
<tr><td>文献</td><td colspan="3">吉林省吉林市乌拉街韩屯关姓《敬义书》（手抄本）第 3 页。</td></tr>
<tr><td>例句</td><td colspan="3">阿巴卡，朱色；阿巴卡，其，瓦西非。
阿巴卡，译为“天”；朱色，译为“孩子”；阿巴卡，译为“天”；其，译为“从”；瓦西非，译为“降临”。
全句合译：天之子，从天而降。</td></tr>
<tr><td>文献</td><td colspan="3">吉林省长春市九台区胡家石姓《小韩本》（引宋和平译注本）第 210 页、第 224 页。</td></tr>
<tr><td rowspan="2">例句</td><td colspan="3">特木合，得；登，一，阿巴卡。
特木合，译为“居住”；得，译为“在”；登，译为“高”；一，译为“的”；阿巴卡，译为“天上”。
全句合译：在高高的天上居住。</td></tr>
<tr><td colspan="3">山眼，阿巴卡；阿巴卡，七，瓦西哈。
山眼，译为“白”；阿巴卡，译为“天”；阿巴卡，译为“空中”；七，译为“从”；瓦西哈，译为“降临”。
全句合译：从白色的天空中降临。</td></tr>
<tr><td>词汇</td><td>②阿巴</td><td>词义</td><td>天</td></tr>
<tr><td>文献</td><td colspan="3">吉林省吉林市土城子口钦佟赵姓《交罗本》第 31 页。</td></tr>
<tr><td>例句</td><td colspan="3">阿巴，马发，克西，德，卡拉马非。
阿巴，译为“天”；马发，译为“老翁”；克西，译为“造化”；德，译为“在”；卡拉马非，译为“报答”。
全句合译：在报答天的造化。</td></tr>
<tr><td>词汇</td><td>③啊巴卡</td><td>词义</td><td>天气</td></tr>
<tr><td>文献</td><td colspan="3">吉林省长春市九台区胡家石姓《小韩本》（引宋和平译注本）第 160 页。</td></tr>
<tr><td>例句</td><td colspan="3">啊巴卡，沙胡伦。
啊巴卡，译为“天气”；沙胡伦，译为“寒冷”。</td></tr>
</table>

<table>
<tr><td></td><td colspan="3">全句合译：天气寒冷。</td></tr>
<tr><td>词汇</td><td>①阿查莫</td><td>词义</td><td>适合</td></tr>
<tr><td>文献</td><td colspan="3">吉林省长春市九台区胡家石姓《小韩本》（引宋和平译注本）第 162 页。</td></tr>
<tr><td>例句</td><td colspan="3">多西哈，先，瓦秃，博；赊莫，阿参，阿查莫。
多西哈，译为“进”；先，译为“香”；瓦秃，译为“火”；博，译为“将”；赊莫，译为“师傅”；阿参，译为“行动”；阿查莫，译为“适合”。
全句合译：师傅进的香火，其举动很得体。</td></tr>
<tr><td>词汇</td><td>②阿查不</td><td>词义</td><td>合适</td></tr>
<tr><td>文献</td><td colspan="3">吉林省吉林市两家子耿屯钱姓《折子本・抬神》。</td></tr>
<tr><td>例句</td><td colspan="3">昂阿，吉孙，阿查不。
昂阿，译为“说”；吉孙，译为“话”；阿查不，译为“合适”。
全句合译：言语得体。</td></tr>
<tr><td>词汇</td><td>③阿查不没</td><td>词义</td><td>适宜</td></tr>
<tr><td>文献</td><td colspan="3">吉林省长春市九台区莽卡杨姓《杨宪本》（手抄本）第 52 页。</td></tr>
<tr><td>例句</td><td colspan="3">爱心，也，笔拉，得，阿查不没，特不何。
爱心，译为“金”；也，译为“的”；笔拉，译为“河”；得，译为“在”；阿查不没，译为“适宜”；特不何，译为“盛入”。
全句合译：将金河之水盛入最适合。</td></tr>
<tr><td>词汇</td><td>④阿查不疋</td><td>词义</td><td>合适</td></tr>
<tr><td>文献</td><td colspan="3">吉林省长春市九台区莽卡杨姓《祭祖神本》第 8 页。</td></tr>
<tr><td>例句</td><td colspan="3">西立，杀西干，得，阿查不疋。
西立，译为“白汤”；杀西干，译为“羹”；得，译为“在”；阿查不疋，译为“合适”。
全句合译：盛入白汤羹里最合适。</td></tr>
<tr><td>词汇</td><td>⑤阿查不莫</td><td>词义</td><td>适合</td></tr>
</table>

文献	吉林省长春市九台区莽卡杨姓《杨静棠本》第 2 页。		
例句	爱心，疋拉，得，阿查不莫，特不何。 爱心，译为“金”；疋拉，译为“河水”；得，译为“在”；阿查不莫，译为“适合”；特不何，译为“放入”。 全句合译：把金河之水放入盆中最适合。		
词汇	⑥阿七不笔	**词义**	合适
文献	吉林省长春市九台区莽卡杨姓《佛落密》（手抄本）第 29 页。		
例句	卧心，卧吞，得；阿七不笔，特不笔。 卧心，译为“金”；卧吞，译为“槽盆”；得，译为“在”；阿七不笔，译为“合适”；特不笔，译为“盛入”。 全句合译：盛入金槽盆里最适合。		
词汇	⑦阿乂不莫	**词义**	适宜
文献	吉林省长春市九台区莽卡杨姓《杨宪本》（手抄本）第 69 页。		
例句	矮心，卧屯，得；阿乂不莫，特不笔。 矮心，译为“金”；卧屯，译为“槽盆”；得，译为“在”；阿乂不莫，译为“适宜”；特不笔，译为“盛入”。 全句合译：盛入金槽盆里最适宜。		
词汇	⑧阿其不莫	**词义**	适合
文献	吉林省长春市九台区莽卡杨姓《杨宪本》（手抄本）第 23 页。		
例句	爱新，也，卧屯，得；阿其不莫，特不笔。 爱新，译为“金”；也，译为“的”；卧屯，译为“槽盆”；得，译为“在”；阿其不莫，译为“适合”；特不笔，译为“盛入”。 全句合译：盛入金槽盆中最适合。		
词汇	⑨阿七不莫	**词义**	合适
文献	吉林省长春市九台区莽卡杨姓《佛落密》（手抄本）第 56 页。		

例句	卧心，卧吞，得；阿七不莫，特不笔。 卧心，译为“金”；卧吞，译为“槽盆”；得，译为“在”；阿七不莫，译为“合适”；特不笔，译为“盛入”。 全句合译：盛入金槽盆里最合适。		
词汇	⑩阿叉不莫	词义	会合
文献	吉林省长春市九台区莽卡杨姓《祭祖神本》第 38 页。		
例句	恩都立好佉，说林，得；格不，泊，卧心木必，阿叉不莫。 恩都立好佉，译为“众祖先神”；说林，译为“宴请”；得，译为“在”；格不，译为“都”；泊，译为“把”；卧心木必，译为“降下”；阿叉不莫，译为“会合”。 全句合译：宴请的众祖先神，全都降下会合了。		
词汇	⑪姑也不笔	词义	适宜
文献	吉林省长春市九台区莽卡杨姓《杨宪本》（手抄本）第 97 页。		
例句	身拉，沙西干，泊；姑也不笔。 身拉，译为“泉水”；沙西干，译为“羹”；泊，译为“将”；姑也不笔，译为“适宜”。 全句合译：将井水盛入后，形成米羹状最适宜。		
词汇	①阿莫查莫	词义	追赶；经过
文献	吉林省长春市九台区胡家石姓《小韩本》（引宋和平译注本）第 56 页、第 168 页、第 205 页。		
例句	爱民郭洛，阿莫查莫，讷音郭洛，博。 爱民郭洛，译为“诺敏河道”；阿莫查莫，译为“追赶”；讷音郭洛，译为“讷音河道”；博，译为“将”。 全句合译：从（安图）诺敏河道追赶到（扶松）讷音河道。		
	朱勒勒鸡，阿林，七，不垫博；阿莫查莫，阿玛勒鸡，阿林。 朱勒勒鸡，译为“南”；阿林，译为“山”；七，译		

例句	为“从”；不垫博，译为“小房子”；阿莫查莫，译为“追赶”；阿玛勒鸡，译为“北”；阿林，译为“山”。 全句合译：从南山上的小房子赶到北山来。		
例句	爱民郭洛，博，阿莫查莫，讷音郭洛，博，叟伦莫。 爱民郭洛，译为“诺敏河道”；博，译为“将”；阿莫查莫，译为“经过”；讷音郭洛，译为“讷音河道”；博，译为“将”；叟伦莫，译为“畅快”。 全句合译：很畅快地从（安图）诺敏河道经过后，来到了（扶松）讷音河道。		
词汇	②阿木叉莫	词义	追赶
文献	吉林省长春市九台区胡家石姓《小韩本》（引宋和平译注本）第 120 页。		
例句	以兰，以能尼，阿木叉莫。 以兰，译为“三”；以能尼，译为“日”；阿木叉莫，译为“追赶”。 全句合译：追赶了三天三夜。		
词汇	③阿揸不非	词义	查看
文献	吉林省吉林市土城子口钦佟赵姓《交罗本》第 28 页。		
例句	阿珲，德，阿揸不非。 阿珲，译为“兄长”；德，译为“在”；阿揸不非，译为“查看”。 全句合译：兄长们在查看。		
词汇	④白叉哈	词义	查看
文献	吉林省长春市九台区胡家石姓《小韩本》（引宋和平译注本）第 123 页。		
例句	沙玛，白叉哈，不车合。 沙玛，译为“萨满”；白叉哈，译为“查看”；不车合，译为“死了”。 全句合译：查看后，发现萨满死了。		
词汇	①阿打利	词义	一样

<table>
<tr><td>文献</td><td colspan="3">吉林省长春市九台区莽卡杨姓《杨宪本》（手抄本）第 4 页。</td></tr>
<tr><td>例句</td><td colspan="3">哈尊，泊，嘎鸡，哈打，意；阿打利，也，疋打疋。
哈尊，译为“神器”；泊，译为“将”；嘎鸡，译为“取”；哈打，译为“山峰”；意，译为“的”；阿打利，译为“一样”；也，译为“的”；疋打疋，译为“摞起”。
全句合译：把神器摞起来，像山峰一样。</td></tr>
<tr><td>词汇</td><td>②阿打立</td><td>词义</td><td>相同</td></tr>
<tr><td>文献</td><td colspan="3">吉林省长春市九台区胡家石姓《小韩本》（引宋和平译注本）第 140 页。</td></tr>
<tr><td>例句</td><td colspan="3">必特合，年卖，伐他，阿打立；汤吴打，付他，得。
必特合，译为“腿”；年卖，译为“心”；伐他，译为“脚底”；阿打立，译为“相同”；汤吴打，译为“百条”；付他，译为“绳索”；得，译为“在”。
全句合译：腿和脚肥大相同，像百条绳索在捆绑着。</td></tr>
<tr><td>词汇</td><td>③阿打非</td><td>词义</td><td>陪伴</td></tr>
<tr><td>文献</td><td colspan="3">吉林省长春市九台区胡家石姓《小韩本》（引宋和平译注本）第 51 页。</td></tr>
<tr><td>例句</td><td colspan="3">木坤，各棱，阿打非。
木坤，译为“族人”；各棱，译为“都”；阿打非，译为“陪伴”。
全句合译：全族人在陪伴着。</td></tr>
<tr><td>词汇</td><td>④阿打莫</td><td>词义</td><td>喧闹</td></tr>
<tr><td>文献</td><td colspan="3">吉林省长春市九台区莽卡杨姓《杨宪本》（手抄本）第 48 页。</td></tr>
<tr><td>例句</td><td colspan="3">按，阿吉各，恶真，得；阿打莫，押不勒。
按，译为“大”；阿吉各，译为“小”；恶真，译为“萨满”；得，译为“在”；阿打莫，译为“喧闹”；押不勒，译为“行走”。
全句合译：大小萨满在喧闹中行走着。</td></tr>
</table>

词汇	①阿伐拉	词义	战斗
文献	吉林省长春市九台区胡家石姓《小韩本》（引宋和平译注本）第 49 页、第 266 页。		
例句	超海，哈哈；阿伐拉，得。 超海，译为“兵”；哈哈，译为“男人”；阿伐拉，译为“战斗”；得，译为“在”。 全句合译：武士在战斗之中。		
词汇	②阿法拉	词义	参战
文献	吉林省长春市九台区莽卡杨姓《杨宪本》（手抄本）第 17 页。		
例句	阿法拉，泊，阿里楼。 阿法拉，译为“参战”；泊，译为“把”；阿里楼，译为“承受”。 全句合译：将参军、参战重任承受。		
词汇	③阿法兰	词义	攻战
文献	吉林省长春市九台区莽卡杨姓《祭祖神本》第 15 页。		
例句	土克勒，泊，土桥楼；阿法兰，泊，阿里楼。 土克勒，译为“落下了”；泊，译为“将”；土桥楼，译为“出来了”；阿法兰，译为“攻战”；泊，译为“将”；阿里楼，译为“承担”。 全句合译：落入沟壑再爬出来，将继续承担着攻战任务。		
词汇	④阿法勒	词义	攻战
文献	吉林省长春市九台区莽卡杨姓《杨宪本》（手抄本）第 13 页。		
例句	图何勒，泊，图桥楼；阿法勒，泊，阿立楼。 图何勒，译为“跌”；泊，译为“将”；图桥楼，译为“出来了”；阿法勒，译为“攻战”；泊，译为“将”；阿立楼，译为“承担”。 全句合译：跌倒后跃起来，继续承担攻战任务。		

词汇	⑤阿法杜	词义	攻战
文献	吉林省长春市九台区莽卡杨姓《杨宪本》（手抄本）第 79 页。		
例句	阿法杜，泊，阿里楼。 阿法杜，译为“攻战”；泊，译为“将”；阿里楼，译为“承担”。 全句合译：将攻战任务来承担。		
词汇	⑥阿法独	词义	攻战
文献	吉林省长春市九台区莽卡杨姓《杨宪本》（手抄本）第 13 页。		
例句	阿法独，泊，阿里楼。 阿法独，译为“攻战”；泊，译为“将”；阿里楼，译为“承担”。 全句合译：将承担着攻战任务。		
词汇	⑦阿法独莫	词义	攻伐
文献	吉林省长春市九台区莽卡杨姓《杨宪本》（手抄本）第 84 页。		
例句	阿法独莫，泊，阿立楼。 阿法独莫，译为“攻伐”；泊，译为“将”；阿立楼，译为“承担”。 全句合译：将承担着攻伐任务。		
词汇	⑧阿法肚莫	词义	攻伐
文献	吉林省长春市九台区莽卡杨姓《杨宪本》（手抄本）第 54 页。		
例句	阿法肚莫，阿立楼。 阿法肚莫，译为“攻伐”；阿立楼，译为“承担”。 全句合译：将承担着攻伐任务。		
词汇	⑨阿伐不勒	词义	战斗中
文献	吉林省长春市九台区胡家石姓《小韩本》（引宋和平译注本）第 84 页。		

例句	博，赊勒，卖秃，扎伐腓；得西西莫，阿伐不勒。 博，译为“将”；赊勒，译为“铁”；卖秃，译为“榔头”；扎伐腓，译为“执着”；得西西莫，译为“抡打”；阿伐不勒，译为“战斗中”。 全句合译：在战斗中，手持着铁榔头抡打。		
词汇	⑩阿法哈	词义	遭遇
文献	吉林省长春市九台区莽卡杨姓《杨宪本》（手抄本）第 55 页。		
例句	阿法哈，必何；乌真，你妈库，德。 阿法哈，译为“遭遇”；必何，译为“曾经”；乌真，译为“得到了”；你妈库，译为“疾病”；德，译为“在”。 全句合译：曾经有过疾病缠身的遭遇。		
词汇	①阿古兰	词义	器
文献	吉林省长春市九台区胡家石姓《小韩本》（引宋和平译注本）第 266 页。		
例句	辍海，阿古兰，夸兰，得。 辍海，译为“兵”；阿古兰，译为“器”；夸兰，译为“营”；得，译为“在”。 全句合译：身在兵营中。		
词汇	②阿哭	词义	器皿
文献	吉林省长春市九台区莽卡杨姓《杨宪本》（手抄本）第 8 页。		
例句	阿哭，意，特屯，得；爱心，蒙文，特不必。 阿哭，译为“器皿”；意，译为“的”；特屯，译为“皿”；得，译为“在”；爱心，译为“金”；蒙文，译为“银”；特不必，译为“盛入”。 全句合译：盛入金银器皿里。		
词汇	③阿哭兰	词义	器具
文献	吉林省长春市九台区莽卡杨姓《杨宪本》（手抄本）第 32 页。		

<table>
<tr><td>例句</td><td colspan="3">妈法立，阿哭兰，泊，戕鸡笔；阿音，阿打立，杀哈笔。
妈法立，译为“众祖先”；阿哭兰，译为“器具”；泊，译为“将”；戕鸡笔，译为“取”；阿音，译为“大”；阿打立，译为“一样”；杀哈笔，译为“摆放”。
全句合译：将供奉众祖先的器具取下来摆上，像小山一样。</td></tr>
<tr><td>词汇</td><td>④阿哭拉</td><td>词义</td><td>器物</td></tr>
<tr><td>文献</td><td colspan="3">吉林省长春市九台区莽卡杨姓《杨宪本》（手抄本）第 4 页。</td></tr>
<tr><td>例句</td><td colspan="3">妈法利，阿哭拉，泊，戕鸡疋。
妈法利，译为“众祖先”；阿哭拉，译为“器物”；泊，译为“将”；戕鸡疋，译为“取”。
全句合译：将供奉众祖先的器物取下来。</td></tr>
<tr><td>词汇</td><td>①阿哈</td><td>词义</td><td>奴才（奴婢）；花色</td></tr>
<tr><td>文献</td><td colspan="3">吉林省长春市九台区胡家石姓《小韩本》（引宋和平译注本）第 184 页、第 288 页。</td></tr>
<tr><td rowspan="2">例句</td><td colspan="3">朱勒西，卧七，朱赊，卧不莫；阿玛西，卧七，阿哈。
朱勒西，译为“向前”；卧七，译为“是”；朱赊，译为“孩子们”；卧不莫，译为“可以”；阿玛西，译为“向后”；卧七，译为“是”；阿哈，译为“奴才（奴婢）”。
全句合译：向前的是有为的孩子们，向后的是家族的奴婢们。</td></tr>
<tr><td colspan="3">牙青，阿哈，博；付赊莫，英阿哈。
牙青，译为“皂青”；阿哈，译为“花色”；博，译为“将”；付赊莫，译为“生长”；英阿哈，译为“茸毛”。
全句合译：长着皂青色的花茸毛。</td></tr>
<tr><td>词汇</td><td>②阿哈西</td><td>词义</td><td>奴仆</td></tr>
<tr><td>文献</td><td colspan="3">吉林省吉林市乌拉街韩屯关姓《敬义神书》（手抄本）</td></tr>
</table>

	第 2 页。		
例句	阿哈西，萨克达多落，班及刻。 阿哈西，译为“奴仆”；萨克达多落，译为“老者们的礼仪”；班及刻，译为“生活”。 全句合译：祭祀是老奴仆们留下来的礼仪习惯。		
词汇	①阿吉格	**词义**	小
文献	吉林省长春市九台区莽卡杨姓《祭祖神本》第 33 页。		
例句	阿吉格，得不仍，萨吗，得。 阿吉格，译为“小”；得不仍，译为“幼小”；萨吗，译为“萨满”；得，译为“在”。 全句合译：年纪幼小的萨满在此。		
词汇	②阿吉戈	**词义**	小
文献	吉林省长春市九台区莽卡杨姓《杨宪本》（手抄本）第 97 页。		
例句	特勒，阿宁阿；阿吉戈，恶真。 特勒，译为“那个”；阿宁阿，译为“属相”；阿吉戈，译为“小”；恶真，译为“萨满”。 全句合译：小萨满是那个属相。		
词汇	③阿吉歌	**词义**	小
文献	吉林省长春市九台区莽卡杨姓《杨宪本》（手抄本）第 27 页。		
例句	阿吉歌，得不林，恶真。 阿吉歌，译为“小”；得不林，译为“幼小”；恶真，译为“萨满”。 全句合译：年幼的萨满。		
词汇	④阿吉根	**词义**	小
文献	吉林省长春市九台区莽卡杨姓《杨宪本》（手抄本）第 75 页。		
例句	阿吉根，得不嫩，阿林必。 阿吉根，译为“小”；得不嫩，译为“幼小”；阿林		

	必，译为“承受”。 全句合译：幼小的萨满在承受着……		
词汇	⑤阿吉阁	词义	小
文献	吉林省长春市九台区莽卡杨姓《杨宪本》（手抄本）第 48 页。		
例句	阿吉阁，恶真，得，阿打莫。 阿吉阁，译为“小”；恶真，译为“萨满”；得，译为“在”；阿打莫，译为“陪伴”。 全句合译：小萨满在陪伴着……		
词汇	⑥阿吉各	词义	小
文献	吉林省长春市九台区莽卡杨姓《杨宪本》（手抄本）第 69 页。		
例句	按，阿吉各，恶真，得。 按，译为“大”；阿吉各，译为“小”；恶真，译为“萨满”；得，译为“在”。 全句合译：大小萨满全在场。		
词汇	⑦阿吉哥	词义	小
文献	吉林省吉林市土城子口钦佟赵姓《交罗本》第 22 页。		
例句	阿吉哥，朱色，博；洒拉干，朱子。 阿吉哥，译为“小”；朱色，译为“孩子们”；博，译为“将”；洒拉干，译为“女”；朱子译为“孩子”。 全句合译：小男孩子和小女孩子们。		
词汇	⑧阿吉	词义	小
文献	吉林省长春市九台区莽卡杨姓《杨宪本》（手抄本）第 35 页。		
例句	特喏，阿宁阿；阿吉，得不嫩，恶真。 特喏，译为“那个”；阿宁阿，译为“属相”；阿吉，译为“小”；得不嫩，译为“幼小”；恶真，译为“萨满”。 全句合译：幼小的萨满是哪个属相。		
词汇	⑨阿几各	词义	小

文献	吉林省长春市九台区胡家石姓《小韩本》（引宋和平译注本）第 69 页。		
例句	阿那莫，阿几各，鸡干，扎不勒。 阿那莫，译为“逐句”；阿几各，译为“小”；鸡干，译为“声”；扎不勒，译为“回答”。 全句合译：小声的逐句在回答。		
词汇	⑩阿几格	词义	小
文献	吉林省吉林市乌拉街韩屯关姓《敬义神书》（手抄本）第 12 页。		
例句	阿几格，萨玛，他其刻。 阿几格，译为“小”；萨玛，译为“萨满”；他其刻，译为“请跟随”。 全句合译：请跟随着小萨满。		
词汇	⑪阿鸡哥	词义	小
文献	吉林省吉林市土城子口钦佟赵姓《交罗本》第 29 页。		
例句	安木八，其，批四珲；阿鸡哥，博，倭四珲。 安木八，译为“大”；其，译为“从”；批四珲，译为“小”；阿鸡哥，译为“小”；博，译为“将”；倭四珲，译为“下”。 全句合译：从大到小，由老到幼。		
词汇	⑫阿鸡歌	词义	小
文献	吉林省长春市九台区莽卡杨姓《杨宪本》（手抄本）第 25 页。		
例句	阿鸡歌，得不嫩，恶真。 阿鸡歌，译为“小”；得不嫩，译为“幼小”；恶真，译为“萨满”。 全句合译：幼小的萨满。		
词汇	⑬阿鸡葛	词义	小
文献	吉林省长春市九台区莽卡杨姓《杨宪本》（手抄本）第 21 页。		

例句	阿鸡葛，得不嫩，也，我真。 阿鸡葛，译为“小”；得不嫩，译为“幼小”；也，译为“的”；我真，译为“萨满”。 全句合译：幼小的萨满。		
词汇	①阿西憨	词义	年幼
文献	吉林省长春市九台区胡家石姓《小韩本》（引宋和平译注本）第105页。		
例句	沙克打，阿西憨，班几其尼，太翻，三得。 沙克打，译为“老”；阿西憨，译为“年幼”；班几其尼，译为“生活”；太翻，译为“太平”；三得，译为“吉祥”。 全句合译：老少吉祥，生活太平。		
词汇	②阿其根	词义	幼小
文献	吉林省长春市九台区莽卡杨姓《杨宪本》（手抄本）第13页。		
例句	按八，其，扶七浑；阿其根，七，卧西浑。 按八，译为“大”；其，译为“从”；扶七浑，译为“上边”；阿其根，译为“幼小”；七，译为“从”；卧西浑，译为“上边”。 全句合译：从上到下，由老到幼。		
词汇	③哈七根	词义	年幼
文献	吉林省长春市九台区莽卡杨姓《杨宪本》（手抄本）第40页。		
例句	按巴，其，卧西浑；哈七根，其，卧西浑。 按巴，译为“大”；其，译为“从”；卧西浑，译为“上边”；哈七根，译为“年幼”；其，译为“从”；卧西浑，译为“上边”。 全句合译：从上到下，由老到小。		
词汇	④阿西	词义	少者
文献	吉林省长春市九台区莽卡杨姓《杨宪本》（手抄本）		

	第 48 页。		
例句	沙克打，沙，阿西，哈宁，恶，泊。 沙克打，译为“老”；沙，译为“们”；阿西，译为“少者”；哈宁，译为“妈妈”；恶，译为“呀”；泊，译为“把”。 全句合译：把老者少者和妈妈们呀……		
词汇	⑤阿什韩	词义	少
文献	吉林省长春市九台区胡家石姓《小韩本》（引宋和平译注本）第 119 页。		
例句	沙克打，阿什韩，合博德木毕。 沙克打，译为“老”；阿什韩，译为“少”；合博德木毕，译为“商议”。 全句合译：老少共同商议。		
词汇	⑥阿什罕	词义	少
文献	吉林省长春市九台区其塔木石姓《东哈本》（第 1 册）第 4 页。		
例句	沙克打，阿什罕，合博德木必。 沙克打，译为“老”；阿什罕，译为“少”；合博德木必，译为“商议”。 全句合译：老少商议办事。		
词汇	⑦阿什干	词义	少者
文献	吉林省长春市九台区其塔木腰哈关姓《罗关本》第 26 页。		
例句	阿什干，德，阿打不末。 阿什干，译为“少者”；德，译为“在”；阿打不末，译为“陪伴”。 全句合译：少者仍在陪伴着。		
词汇	⑧阿西韩	词义	少者
文献	吉林省长春市九台区其塔木腰哈关姓《罗关本》第 28 页。		

例句	关家哈拉，沙克打，阿西韩，卧木落。 关家哈拉，译为“关姓”；沙克打，译为“老”；阿西韩，译为“少者”；卧木落，译为“可为”。 全句合译：关氏族人，老少可为。		
词汇	⑨阿什寒	词义	少者
文献	吉林省长春市九台区其塔木腰哈关姓《罗关本》第29页。		
例句	沙克打，阿什寒，乌克孙，木昆。 沙克打，译为“老”；阿什寒，译为“少者”；乌克孙，译为“宗”；木昆，译为“族”。 全句合译：宗族老少。		
词汇	①阿克打	词义	可靠
文献	吉林省长春市九台区莽卡杨姓《杨宪本》（手抄本）第15页。		
例句	阿哈，泊，他哭拉莫；阿克打，泊，押哈莫。 阿哈，译为“奴仆”；泊，译为“将”；他哭拉莫，译为“差遣”；阿克打，译为“可靠”；泊，译为“将”；押哈莫，译为“遵行”。 全句合译：派遣可靠的奴仆遵行照看。		
词汇	②阿克打啡	词义	依靠
文献	吉林省长春市九台区其塔木石姓《东哈本》（第1册）第35页。		
例句	朱克腾，三德，阿克打啡。 朱克腾，译为“祭坛”；三德，译为“吉祥”；阿克打啡，译为“依靠”。 全句合译：依靠祭祀，保佑吉祥。		
词汇	③阿克打腓	词义	保佑
文献	吉林省长春市九台区胡家石姓《小韩本》（引宋和平译注本）第274页。		
例句	各棱棱，吴西哈，阿克打腓。		

	各棱棱，译为“各位”；吴西哈，译为“星星”；阿克打腓，译为“保佑”。 全句合译：仰赖各位星君保佑。		
词汇	④阿克打哈	词义	靠
文献	吉林省长春市九台区胡家石姓《小韩本》（引宋和平译注本）第 58 页。		
例句	阿克打哈，卧车库，三得。 阿克打哈，译为“靠”；卧车库，译为“神主”；三得，译为“诸位”。 全句合译：靠诸位神主保佑。		
词汇	⑤阿克杜哈	词义	可靠
文献	吉林省长春市九台区胡家石姓《小韩本》（引宋和平译注本）第 331 页。		
例句	吴合立，木坤，阿克杜哈。 吴合立，译为“全”；木坤，译为“族”；阿克杜哈，译为“可靠”。 全句合译：全族人都很可靠。		
词汇	⑥阿克东阿	词义	保持
文献	吉林省长春市九台区胡家石姓《小韩本》（引宋和平译注本）第 331 页。		
例句	阿克东阿，几拉杭俄，三音。 阿克东阿，译为“保持”；几拉杭俄，译为“仁爱”；三音，译为“好”。 全句合译：保持仁爱友好。		
词汇	⑦阿克杜拉腓	词义	可靠
文献	吉林省长春市九台区其塔木石姓《东哈本》（第 2 册）。		
例句	吴克孙，卧莫洛，阿克杜拉腓。 吴克孙，译为“宗族”；卧莫洛，译为“子孙”；阿克杜拉腓，译为“可靠”。		

	全句合译：石姓宗族的子孙可靠。
词汇	⑧阿木达 | 词义 | 可靠
文献	黑龙江省宁安市兰岗关姓《阿拉街本》第 5 页。
例句	抓龙，阿木达，嘎珠刻。 抓龙，译为“价钱昂贵”；阿木达，译为“可靠”；嘎珠刻，译为“安全”。 全句合译：价钱昂贵，安全可靠。
词汇	①阿库 | 词义 | 无；没有
文献	吉林省长春市九台区其塔木石姓《东哈本》（第 1 册）第 88 页。
例句	阿库，奢未，阿纳哈，阿库。 阿库，译为“无”；奢未，译为“因为”；阿纳哈，译为“推诿”；阿库，译为“没有”。 全句合译：因为穷而推托说没有。
词汇	②阿故齐 | 词义 | 无
文献	黑龙江省宁安市兰岗关姓《特合本子》第 11 页。
例句	音空，养人，阿故齐。 音空，译为“六十”；养人，译为“年”；阿故齐，译为“无”。 全句合译：六十年无疾病。
词汇	③二括 | 词义 | 无
文献	黑龙江省宁安市兰岗关姓《特合本子》第 4 页。
例句	唐空，二娘，二括。 唐空，译为“百”；二娘，译为“年”；二括，译为“无”。 全句合译：百年无战事。
词汇	④库 | 词义 | 无
文献	吉林省长春市九台区莽卡杨姓《杨宪本》（手抄本）第 51 页。
例句	汤旺，阿牙你；他嘎，库；银中，阿牙你，尼玛库，

	阿库。 汤旺，译为“百”；阿牙你，译为“年”；他嘎，译为“戒令”；库，译为“无”；银中，译为“六十”；阿牙你，译为“年”；尼玛库，译为“疾病”；阿库，译为“无”。 全句合译：百年无戒，六十年无疾。		
词汇	⑤阿库以	词义	没有的
文献	吉林省长春市九台区胡家石姓《小韩本》（引宋和平译注本）第236页。		
例句	阿库以，赊莫。 阿库以，译为“没有的”；赊莫，译为“因为”。 全句合译：因为没有。		
词汇	⑥阿库街	词义	无有呀
文献	吉林省长春市九台区胡家石姓《小韩本》（引宋和平译注本）第331页。		
例句	汤吴，阿牙你，嘎思憨，阿库；汤吴，为勒，各木，阿库街。 汤吴，译为“百年”；阿牙你，译为“年”；嘎思憨，译为“灾”；阿库，译为“无”；汤吴，译为“百”；为勒，译为“罪”；各木，译为“全”；阿库街，译为“无有呀”。 全句合译：百年无灾，百罪无有呀。		
词汇	⑦阿那不拉库	词义	没有推托
文献	吉林省长春市九台区莽卡杨姓《杨宪本》（手抄本）第72页。		
例句	阿打力，萨木，得，阿那不拉库。 阿打力，译为“相同”；萨木，译为“萨满”；得，译为“在”；阿那不拉库，译为“没有推托”。 全句合译：萨满没有推托，同样办到了。		
词汇	①阿拉	词义	山岗；糠
文献	吉林省长春市九台区胡家石姓《小韩本》（引宋和平		

	译注本）第 79 页、第 176 页。		
例句	得，山眼，阿林；阿拉，特合。 得，译为“在”；山眼，译为“白”；阿林，译为“山”；阿拉，译为“山岗”；特合，译为“居住”。 全句合译：在长白山山岗上居住。		
	阿拉，博，阿那莫；按巴，阿莫孙，为勒腓。 阿拉，译为“糠”；博，译为“将”；阿那莫，译为“推出”；按巴，译为“大”；阿莫孙，译为“祭肉”；为勒腓，译为“制作了”。 全句合译：把谷糠碾掉，制作了大祭肉。		
词汇	②阿立	**词义**	山岗
文献	吉林省长春市九台区莽卡杨姓《祭祖神本》第 17 页。		
例句	阿立，七；阿拉，衣；独林，得。 阿立，译为“山岗”；七，译为“从”；阿拉，译为“山岗”；衣，译为“从”；独林，译为“中间”；得，译为“在”。 全句合译：在两个山岗的中间处。		
词汇	③阿拉哈	**词义**	令做
文献	吉林省长春市九台区莽卡杨姓《杨宪本》（手抄本）第 1 页。		
例句	阿拉哈，分，得；波娑库，土瓦莫。 阿拉哈，译为“令做”；分，译为“多”；得，译为“在”；波娑库，译为“明白”；土瓦莫，译为“冬天”。 全句合译：因为冬天操办祭祀，所以明白要多多去做事。		
词汇	④阿勒哈	**词义**	令写
文献	吉林省长春市九台区莽卡杨姓《杨宪本》（手抄本）第 1 页。		
例句	哈勒根，阿勒哈；娘们，杨宪。 哈勒根，译为“字”；阿勒哈，译为“令写”；娘们，		

	译为“人”；杨宪，译为“杨香”。 全句合译：写《神本》之人，为杨族烧香者。		
词汇	⑤阿勒赊	词义	诉说
文献	吉林省长春市九台区莽卡杨姓《杨宪本》（手抄本）第 25 页。		
例句	翁姑波，阿勒赊，鸡干，得。 翁姑波，译为“围”；阿勒赊，译为“诉说”；鸡干，译为“声音”；得，译为“在”。 全句合译：围在一起，嘴里在小声诉说着。		
词汇	①阿拉舒哈	词义	萌发
文献	吉林省长春市九台区胡家石姓《小韩本》（引宋和平译注本）第 112 页。		
例句	所尼伏拉呼，七，伏舍合；咪尼，阿不打哈，阿拉舒哈。 所尼伏拉呼，译为“皮口袋”；七，译为“从”；伏舍合，译为“孳生”；咪尼，译为“我的”；阿不打哈，译为“枝叶”；阿拉舒哈，译为“萌发”。 全句合译：依柳枝萌发繁衍，以子孙口袋孳生后代。		
词汇	②阿拉苏哈	词义	萌发
文献	吉林省吉林市土城子口钦佟赵姓《交罗本》第 7 页。		
例句	阿破打哈，七，阿拉苏哈。 阿破打哈，译为“枝叶”；七，译为“从”；阿拉苏哈，译为“萌发”。 全句合译：像枝叶一样，从中萌发繁衍子孙。		
词汇	③阿拉苏不哈	词义	发芽
文献	吉林省吉林市土城子口钦佟赵姓《交罗本》第 7 页。		
例句	阿拉苏不哈，倭木禄；阿莫不拉库。 阿拉苏不哈，译为“发芽”；倭木禄，译为“子孙”；阿莫不拉库，译为“容不下”。		

	全句合译：因子孙繁衍，所以子孙口袋容不下了。		
词汇	④阿苏哈	**词义**	发芽
文献	吉林省吉林市土城子口钦佟赵姓《交罗本》第5页。		
例句	阿波打哈，其，阿苏哈，倭莫西。 阿波打哈，译为“枝叶”；其，译为“从”；阿苏哈，译为“发芽”；倭莫西，译为“众子孙”。 全句合译：枝叶发芽，子孙繁衍。		
词汇	⑤阿勒不布哈	**词义**	发芽
文献	吉林省吉林市土城子口钦佟赵姓《交罗本》第12页。		
例句	阿勒不布哈，卧莫洛。 阿勒不布哈，译为“发芽”；卧莫洛，译为“子孙”。 全句合译：树叶发芽，子孙繁衍。		
词汇	⑥阿莫苏	**词义**	萌发
文献	吉林省吉林市土城子口钦佟赵姓《交罗本》第2页。		
例句	博耳滚，阿莫苏，畏勒非。 博耳滚，译为“家族”；阿莫苏，译为“萌发”；畏勒非，译为“做事”。 全句合译：家族人萌发出做事理念。		
词汇	⑦扎拉干	**词义**	芽
文献	吉林省吉林市土城子口钦佟赵姓《交罗本》第7页。		
例句	扎禄，班吉勒，扎拉干。 扎禄，译为“满”；班吉勒，译为“生长”；扎拉干，译为“芽”。 全句合译：长满芽了。		
词汇	①阿立	**词义**	处处；无所不到；神通
文献	吉林省长春市九台区胡家石姓《小韩本》（引宋和平译注本）第72页、第199页、第257页。		
例句	秃门一，阿立，那立。		

	秃门一，译为“万”；阿立，译为“处处”；那立，译为“修炼”。 全句合译：万年里处处修炼。		
	秃门，阿牙你；阿立，那立。 秃门，译为“万”；阿牙你，译为“年”；阿立，译为“无所不到”；那立，译为“修炼”。 全句合译：万年里无所不到的修炼。		
	秃门一，阿立；明安一，那立。 秃门一，译为“万”；阿立，译为“神通”；明安一，译为“千”；那立，译为“英明”。 全句合译：千万年，英明修行，神通广大。		
词汇	②阿立腓	**词义**	迎来；迎接；供献
文献	吉林省长春市九台区胡家石姓《小韩本》（引宋和平译注本）第237页、第280页、第281页。		
例句	佛一，叭，博，付杜腓；一车，叭，博，阿立腓。 佛一，译为“旧的”；叭，译为“月”；博，译为“把”；付杜腓，译为“送走”；一车，译为“迎”；叭，译为“月”；博，译为“把”；阿立腓，译为“迎来”。 全句合译：把旧的月份送走，把新的月份迎来。		
	牛勒立，博，杜棱不腓；巴眼，博洛立，博，阿立腓。 牛勒立，译为“春”；博，译为“将”；杜棱不腓，译为“度过了”；巴眼，译为“富”；博洛立，译为“秋”；博，译为“将”；阿立腓，译为“迎接”。 全句合译：把春天度过了，将富裕的秋天迎接。		
	我木，嘎拉，得，噶玛其；左，嘎拉，德，阿立腓。 我木，译为“一”；嘎拉，译为“手”；得，译为“在”；噶玛其，译为“拿”；左，译为“二”；嘎拉，译为“手”；德，译为“在”；阿立腓，译为“供献”。 全句合译：用一只手拿着，举双手供献。		

词汇	③阿立不哈	词义	承当
文献	吉林省长春市九台区胡家石姓《小韩本》（引宋和平译注本）第 310 页。		
例句	按巴沙玛，爱，阿雅；他七，先，博，阿立不哈。 按巴沙玛，译为“大萨满”；爱，译为“什么”；阿雅，译为“属相”；他七，译为“学习”；先，译为“香”；博，译为“把”；阿立不哈，译为“承当”。 全句合译：大萨满什么属相？把进香礼仪学习和承当。		
词汇	④阿立疋	词义	接受
文献	黑龙江省宁安市兰岗关姓《特合本子》第 14 页。		
例句	乌勒滚，德，阿立疋。 乌勒滚，译为“喜乐”；德，译为“在”；阿立疋，译为“接受”。 全句合译：在接受着喜和乐。		
词汇	⑤阿立楼	词义	纳享
文献	吉林省长春市九台区莽卡杨姓《杨宪本》（手抄本）第 4 页。		
例句	阿木孙，泊，阿立楼。 阿木孙，译为“祭祀肉”；泊，译为“把”；阿立楼，译为“纳享”。 全句合译：请将大祭肉纳享。		
词汇	⑥阿立不楼	词义	奉献
文献	吉林省长春市九台区胡家石姓《小韩本》（引宋和平译注本）第 282 页。		
例句	阿巴卡，憨，得，阿立不楼。 阿巴卡，译为“天”；憨，译为“近处”；得，译为“在”；阿立不楼，译为“奉献”。 全句合译：在天的近处予以奉献。		
词汇	⑦阿立不勒	词义	承担

文献	吉林省长春市九台区胡家石姓《小韩本》（引宋和平译注本）第279页。		
例句	占巴立莫，他七腓；阿立不勒，扎林得。 占巴立莫，译为“祝祷”；他七腓，译为“学习”；阿立不勒，译为“承担”；扎林得，译为“在做”。 全句合译：家萨满在为祝祷来承担学习任务。		
词汇	⑧阿立莫	词义	纳享
文献	吉林省长春市九台区莽卡杨姓《杨宪本》（手抄本）第78页。		
例句	我木，嘎拉；阿立莫，街疋。 我木，译为“一”；嘎拉，译为“手”；阿立莫，译为“纳享”；街疋，译为“取”。 全句合译：用一只手取来，用双手奉献纳享。		
词汇	⑨阿拉不恒危	词义	承担
文献	吉林省长春市九台区其塔木石姓《东哈本》（第1册）第57页。		
例句	舒崇阿玛发，阿拉不恒危。 舒崇阿玛发，译为“获得赞美的祖先”；阿拉不恒危，译为“承担”。 全句合译：由受夸奖的祖先来承担。		
词汇	⑩阿里非	词义	奉献
文献	吉林省吉林市乌拉街韩屯关姓《敬义神书》（手抄本）第8页。		
例句	按巴，阿书，阿里非。 按巴，译为“大”；阿书，译为“祭祀肉”；阿里非，译为“奉献”。 全句合译：奉献上大祭肉。		
词汇	⑪阿里莫	词义	呈现
文献	吉林省长春市九台区莽卡杨姓《杨宪本》（手抄本）		

	第 65 页。
例句	哈哈，依你，扎西干；阿里莫，街必。 哈哈，译为“男人”；依你，译为“他的”；扎西干，译为“书信”；阿里莫，译为“呈现”；街必，译为“取”。 全句合译：她的丈夫来书信了，取回呈现在眼前。

词汇	⑫阿里刻	词义	承当
文献	吉林省吉林市乌拉街韩屯关姓《敬义神书》（手抄本）第 11 页。		
例句	阿哈西恒刻，舍莫，阿里刻。 阿哈西恒刻，译为“幼小的”；舍莫，译为“师傅”；阿里刻，译为“承当”。 全句合译：由幼小的师傅来承当。		
词汇	⑬阿里楼	词义	承受
文献	吉林省长春市九台区莽卡杨姓《杨宪本》（手抄本）第 13 页。		
例句	阿法肚，泊，阿里楼。 阿法肚，译为“攻战”；泊，译为“将”；阿里楼，译为“承受”。 全句合译：把攻战任务来承担。		
词汇	⑭爱连	词义	接受
文献	黑龙江省宁安市兰岗关姓《特合本子》第 7 页。		
例句	苏力，德；爱连，珠。 苏力，译为“令请”；德，译为“在”；爱连，译为“接受”；珠，译为“二”。 全句合译：二太爷在接受宴请。		
词汇	⑮萨里楼	词义	承担
文献	吉林省长春市九台区莽卡杨姓《杨宪本》（手抄本）第 4 页。		
例句	书克敦，泊，萨里楼。 书克敦，译为“祭坛”；泊，译为“把”；萨里楼，		

	译为“承担”。 全句合译：把设祭坛的任务承担。		
词汇	⑯唉林	词义	接受
文献	黑龙江省宁安市兰岗关姓《特合本子》第 14 页。		
例句	索力，得；唉林，住。 索力，译为“请宴席”；得，译为“在”；唉林，译为“接受”；住，译为“二”。 全句合译：二太爷在接受宴请。		
词汇	⑰阿林必	词义	承担
文献	吉林省长春市九台区莽卡杨姓《杨宪本》（手抄本）第 47 页。		
例句	阿买，恶；阿库，阿林必。 阿买，译为“爸爸”；恶，译为“呀”；阿库，译为“没有”；阿林必，译为“承担”。 全句合译：因为爸爸穷呀，所以没有承担。		
词汇	①阿林	词义	山；山林
文献	吉林省长春市九台区其塔木石姓《东哈本》（第 1 册）第 2 页。		
例句	国哷，山音，阿林。 国哷，译为“长”；山音，译为“白”；阿林，译为“山”。 全句合译：长白山。		
文献	吉林省长春市九台区胡家石姓《小韩本》（引宋和平译注本）第 103 页。		
例句	博其勒其，各棱，阿林，各纳腓。 博其勒其，译为“回去”；各棱，译为“各位”；阿林，译为“山林”；各纳腓，译为“去到”。 全句合译：各位回到各自山林去吧。		
词汇	②爱林	词义	山
文献	黑龙江省宁安市兰岗关姓《特合本子》第 3 页。		

<table>
<tr><td>例句</td><td colspan="3">朱七何，代林，博；阿一何，爱林。
朱七何，译为“长出”；代林，译为“河岸”；博，译为“把”；阿一何，译为“大”；爱林，译为“山”。
全句合译：生长在大山脚下河岸上。</td></tr>
<tr><td>词汇</td><td>③恶林</td><td>词义</td><td>山</td></tr>
<tr><td>文献</td><td colspan="3">吉林省吉林市耿屯钱姓《折子本》（手抄本）第 6 页。</td></tr>
<tr><td>例句</td><td colspan="3">恶林，德。
恶林，译为“山”；德，译为“在”。
全句合译：大山在此。</td></tr>
<tr><td>词汇</td><td>④阿立拉莫</td><td>词义</td><td>沿山势行走</td></tr>
<tr><td>文献</td><td colspan="3">吉林省长春市九台区胡家石姓《小韩本》（引宋和平译注本）第 337 页。</td></tr>
<tr><td>例句</td><td colspan="3">阿立拉莫，舒打拉，博。
阿立拉莫，译为“沿山势行走”；舒打拉，译为“山脉”；博，译为“将”。
全句合译：将沿着山脉走势而行。</td></tr>
<tr><td>词汇</td><td>①阿玛</td><td>词义</td><td>爸爸</td></tr>
<tr><td>文献</td><td colspan="3">黑龙江省宁安市兰岗关姓《阿拉街本》第 3 页。</td></tr>
<tr><td>例句</td><td colspan="3">阿玛，额宁；鸽子莫，钩娄莫。
阿玛，译为“爸爸”；额宁，译为“妈妈”；鸽子莫，译为“造化”；钩娄莫，译为“谈论”。
全句合译：爸爸、妈妈一起谈论造化。</td></tr>
<tr><td>词汇</td><td>②阿麻</td><td>词义</td><td>爸爸</td></tr>
<tr><td>文献</td><td colspan="3">黑龙江省宁安市兰岗关姓《特合本子》第 4 页。</td></tr>
<tr><td>例句</td><td colspan="3">阿麻，哥子；阿麻，他哈。
阿麻，译为“爸爸”；哥子，译为“拿”；阿麻，译为“爸爸”；他哈，译为“种地”。
全句合译：爸爸拿种子在种地。</td></tr>
<tr><td>词汇</td><td>③阿目</td><td>词义</td><td>爸爸</td></tr>
<tr><td>文献</td><td colspan="3">黑龙江省宁安市兰岗关姓《特合本子》第 4 页。</td></tr>
</table>

例句	阿目，他哈；三人，德。 阿目，译为“爸爸”；他哈，译为“种地”；三人，译为“吉祥”；德，译为“在”。 全句合译：爸爸在吉祥地种田。		
词汇	④阿木	词义	爸爸
文献	吉林省长春市九台区莽卡杨姓《杨宪本》（手抄本）第 104 页。		
例句	阿木，鹅木，沙勒干，朱射，你妈库，巴哈笔。 阿木，译为“爸爸”；鹅木，译为“妈妈”；沙勒干，译为“妻子”；朱射，译为“儿子”；你妈库，译为“病”；巴哈笔，译为“得到”。 全句合译：爸爸、妈妈、儿子、儿媳都得病了。		
词汇	⑤阿买	词义	爸爸
文献	吉林省长春市九台区莽卡杨姓《杨宪本》（手抄本）第 75 页。		
例句	阿买，恶，阿库。 阿买，译为“爸爸”；恶，译为“呀”；阿库，译为“无”。 全句合译：爸爸穷呀。		
词汇	⑥阿莫	词义	爸爸
文献	吉林省吉林市土城子口钦佟赵姓《交罗本》第 7 页。		
例句	阿莫，不拉库。 阿莫，译为“爸爸”；不拉库，译为“温和”。 全句合译：爸爸性情温和。		
词汇	⑦阿年模	词义	爸爸
文献	吉林省吉林市土城子口钦佟赵姓《交罗本》第 29 页。		
例句	阿年模，标混，色莫。 阿年模，译为“爸爸”；标混，译为“东家”；色莫，译为“因为”。 全句合译：因为爸爸是东家。		

<table>
<tr><td>词汇</td><td>⑧噶玛</td><td>词义</td><td>爸爸</td></tr>
<tr><td>文献</td><td colspan="3">吉林省长春市九台区莽卡杨姓《杨宪本》（手抄本）第 88 页。</td></tr>
<tr><td>例句</td><td colspan="3">依泥，噶玛。
依泥，译为“他的”；噶玛，译为“爸爸”。
全句合译：他的爸爸。</td></tr>
<tr><td>词汇</td><td>⑨阿玛他</td><td>词义</td><td>父老们；父辈们</td></tr>
<tr><td>文献</td><td colspan="3">吉林省长春市九台区胡家石姓《小韩本》（引宋和平译注本）第 341 页。</td></tr>
<tr><td>例句</td><td colspan="3">阿玛他，俄莫，朱赊，得。
阿玛他，译为“父老们”；俄莫，译为“母亲”；朱赊，译为“孩子们”；得，译为“在”。
全句合译：全族的父老、母亲、孩子们。</td></tr>
<tr><td>文献</td><td colspan="3">吉林省吉林市耿屯钱姓《折子本》（手抄本）第 28 页。</td></tr>
<tr><td>例句</td><td colspan="3">昂阿，箔；阿玛他，拉奇。
昂阿，译为“话”；箔，译为“把”；阿玛他，译为“父辈们”；拉奇，译为“杂乱”。
全句合译：父辈们将话说得很杂乱。</td></tr>
<tr><td>词汇</td><td>⑩阿木吉</td><td>词义</td><td>大爷（伯父）</td></tr>
<tr><td>文献</td><td colspan="3">吉林省长春市九台区其塔木石姓《东哈本》（第 1 册）第 99 页。</td></tr>
<tr><td>例句</td><td colspan="3">我似根，吴呼末，阿木吉。
我似根，译为“叔叔（叔父）”；吴呼末，译为“婶娘”；阿木吉，译为“大爷（伯父）”。
全句合译：大爷、叔叔、婶娘。</td></tr>
<tr><td>词汇</td><td>①阿玛西</td><td>词义</td><td>向后；以后；往后</td></tr>
<tr><td>文献</td><td colspan="3">吉林省长春市九台区胡家石姓《小韩本》（引宋和平译注本）第 240 页、第 349 页。</td></tr>
<tr><td>例句</td><td colspan="3">卧七，朱勒西；我勒，卧七，阿玛西。</td></tr>
</table>

	卧七，译为“可以”；朱勒西，译为“向前”；我勒，译为“从此”；卧七，译为“可以”；阿玛西，译为“向后”。 全句合译：从此可以向前，也可以向后。		
	俄勒七，阿玛西，扎兰博，哈拉莫。 俄勒七，译为“从此”；阿玛西，译为“以后”；扎兰博，译为“把世代”；哈拉莫，译为“更替”。 全句合译：从此以后，把世代更替。		
	阿玛西，卧七，伕拉国所盆。 阿玛西，译为“往后”；卧七，译为“可以”；伕拉国所盆，译为“转换”。 全句合译：往后可以转换。		
词汇	②阿玛七	**词义**	向后
文献	吉林省长春市九台区莽卡杨姓《杨宪本》第104页。		
例句	错海，跨兰，七；阿玛七，郭西哈。 错海，译为“兵”；跨兰，译为“营”；七，译为“从”；阿玛七，译为“向后”；郭西哈，译为“撤回”。 全句合译：离开兵营，卸甲归田。		
词汇	③阿玛干	**词义**	将来
文献	吉林省长春市九台区胡家石姓《小韩本》（引宋和平译注本）第328页。		
例句	阿玛干，一能尼，博，古破七，得。 阿玛干，译为“将来”；一能尼，译为“日子”；博，译为“将”；古破七，译为“全”；得，译为“在”。 全句合译：在将来全家过日子一定太平。		
词汇	④搭玛疋	**词义**	以后
文献	吉林省长春市九台区莽卡杨姓《杨静棠本》第1页。		
例句	折库，泊，搭玛疋。 折库，译为“黏谷”；泊，译为“把”；搭玛疋，译为“以后”。		

<table>
<tr><td></td><td colspan="3">全句合译：把黏谷收到家以后。</td></tr>
<tr><td>**词汇**</td><td>①阿玛勒鸡</td><td>**词义**</td><td>北</td></tr>
<tr><td>**文献**</td><td colspan="3">吉林省长春市九台区胡家石姓《小韩本》（引宋和平译注本）第168页。</td></tr>
<tr><td>**例句**</td><td colspan="3">阿莫查莫，阿玛勒鸡，阿林。
阿莫查莫，译为“赶来”；阿玛勒鸡，译为“北”；阿林，译为“山”。
全句合译：赶到北山。</td></tr>
<tr><td>**词汇**</td><td>②阿玛力几</td><td>**词义**</td><td>北</td></tr>
<tr><td>**文献**</td><td colspan="3">吉林省珲春市尹锡庆编著《珲春满族》第89页。</td></tr>
<tr><td>**例句**</td><td colspan="3">德力几，瓦力几，朱力几，阿玛力几。
德力几，译为“东”；瓦力几，译为“西”；朱力几，译为“南”；阿玛力几，译为“北”。
全句合译：东、西、南、北。</td></tr>
<tr><td>**词汇**</td><td>③阿莫己</td><td>**词义**</td><td>北</td></tr>
<tr><td>**文献**</td><td colspan="3">吉林省长春市九台区莽卡杨姓《杨宪本》（手抄本）第86页。</td></tr>
<tr><td>**例句**</td><td colspan="3">得勒几，瓦勒几，朱勒几，阿莫己。
得勒几，译为“东”；瓦勒几，译为“西”；朱勒几，译为“南”；阿莫己，译为“北”。
全句合译：东、西、南、北。</td></tr>
<tr><td>**词汇**</td><td>④阿玛鸡</td><td>**词义**</td><td>北</td></tr>
<tr><td>**文献**</td><td colspan="3">吉林省长春市九台区胡家石姓《小韩本》（引宋和平译注本）第169页。</td></tr>
<tr><td>**例句**</td><td colspan="3">七，吴贞，阿玛鸡，得；玛克他，泊。
七，译为“从”；吴贞，译为“稳重”；阿玛鸡，译为“北”；得，译为“在”；玛克他，译为“抛”；泊，译为“吧”。
全句合译：从山上安稳地下来吧。</td></tr>
<tr><td>**词汇**</td><td>①阿木孙</td><td>**词义**</td><td>祭肉</td></tr>
</table>

文献	吉林省吉林市土城子口钦佟赵姓《交罗本》第13页。		
例句	阿木孙，德；阿力，其。 阿木孙，译为“祭肉”；德，译为“在”；阿力，其，译为“请纳享”。 全句合译：请纳享大祭肉。		
词汇	②啊木尊	词义	祭肉
文献	黑龙江省宁安市兰岗关姓《特合本子》第14页。		
例句	啊木尊，博，波尼合批。 啊木尊，译为“祭肉”；博，译为“把”；波尼合批，译为“洁净”。 全句合译：把洁净的祭肉供上。		
词汇	③阿莫孙	词义	祭肉
文献	吉林省吉林市土城子口钦佟赵姓《交罗本》第10页。		
例句	阿莫孙，德，阿力其。 阿莫孙，译为“祭肉”；德，译为“在”；阿力其，译为“请纳享”。 全句合译：祭肉在，请纳享。		
词汇	④阿书	词义	祭肉
文献	吉林省吉林市乌拉街韩屯关姓《敬义神书》（手抄本）第10页。		
例句	按巴，阿书，阿里非。 按巴，译为“大”；阿书，译为“祭肉”；阿里非，译为“纳享”。 全句合译：请将大祭肉纳享。		
词汇	⑤阿木书	词义	祭肉
文献	吉林省吉林市乌拉街韩屯关姓《敬义神书》（手抄本）第14页。		
例句	阿木书，箔，阿拉非。 阿木书，译为“祭肉”；箔，译为“把”；阿拉非，译为“纳享”。		

<table>
<tr><td></td><td colspan="3">全句合译：将祭肉纳享。</td></tr>
<tr><td>**词汇**</td><td>⑥阿木尊</td><td>**词义**</td><td>祭肉</td></tr>
<tr><td>**文献**</td><td colspan="3">黑龙江省宁安市兰岗关姓《特合本子》第 14 页。</td></tr>
<tr><td>**例句**</td><td colspan="3">阿木尊，博，波尼合批。
阿木尊，译为“祭肉”；博，译为“把”；波尼合批，译为“洁净”。
全句合译：把洁净的祭肉制作。</td></tr>
<tr><td>**词汇**</td><td>⑦阿木桌发</td><td>**词义**</td><td>祭肉</td></tr>
<tr><td>**文献**</td><td colspan="3">黑龙江省宁安市兰岗关姓《特合本子》第 6 页。</td></tr>
<tr><td>**例句**</td><td colspan="3">送，阿木桌发。
送，即汉语的“送”；阿木桌发，译为“祭肉”。
全句合译：送祭肉。</td></tr>
<tr><td>**词汇**</td><td>⑧阿木宗佛</td><td>**词义**</td><td>祭肉</td></tr>
<tr><td>**文献**</td><td colspan="3">黑龙江省宁安市兰岗关姓《特合本子》第 6 页。</td></tr>
<tr><td>**例句**</td><td colspan="3">百糖，阿木宗佛。
百糖，译为“有事情的”；阿木宗佛，译为“祭肉”。
全句合译：因事送祭肉。</td></tr>
<tr><td>**词汇**</td><td>⑨阿不孙</td><td>**词义**</td><td>祭肉</td></tr>
<tr><td>**文献**</td><td colspan="3">吉林省吉林市土城子口钦佟赵姓《交罗本》第 13 页。</td></tr>
<tr><td>**例句**</td><td colspan="3">阿不孙，德，阿力七。
阿不孙，译为“祭肉”；德，译为“在”；阿力七，译为“烧酒”。
全句合译：祭肉在，烧酒在。</td></tr>
<tr><td>**词汇**</td><td>⑩敖株</td><td>**词义**</td><td>祭肉</td></tr>
<tr><td>**文献**</td><td colspan="3">吉林省长春市九台区胡家石姓《小韩本》（引宋和平译注本）第 238 页。</td></tr>
<tr><td>**例句**</td><td colspan="3">按巴，敖株，未勒腓。
按巴，译为“大”；敖株，译为“祭肉”；未勒腓，译为“制作”。
全句合译：制作大祭肉。</td></tr>
</table>

词汇	⑪按木书	**词义**	祭肉
文献	吉林省吉林市乌拉街韩屯关姓《敬义神书》（手抄本）第 14 页。		
例句	按巴，按木书，箔，阿拉非。 按巴，译为“大”；按木书，译为“祭肉”；箔，译为“把”；阿拉非，译为“纳享”。 全句合译：把大祭肉纳享。		
词汇	⑫敖木孙	**词义**	祭肉
文献	吉林省吉林市土城子口钦佟赵姓《交罗本》第 16 页。		
例句	敖木孙，德，阿力其。 敖木孙，译为“祭肉”；德，译为“在”；阿力其，译为“请纳享”。 全句合译：请将祭祀肉纳享。		
词汇	⑬敖木朱	**词义**	祭肉
文献	吉林省长春市九台区其塔木腰哈关姓《罗关本》第 7 页。		
例句	按巴，敖木朱，为勒啡。 按巴，译为“大”；敖木朱，译为“祭肉”；为勒啡，译为“制作”。 全句合译：把大祭肉制作。		
词汇	⑭熬木朱	**词义**	祭肉
文献	吉林省长春市九台区其塔木石姓《东哈本》（第 1 册）第 36 页。		
例句	博浑，熬木朱，博合啡。 博浑，译为“洁净”；熬木朱，译为“祭肉”；博合啡，译为“准备了”。 全句合译：准备了洁净的祭肉。		
词汇	①阿不兰	**词义**	很多
文献	吉林省长春市九台区莽卡杨姓《杨宪本》（手抄本）第 66 页。		

<table>
<tr><td>例句</td><td colspan="3">泊泊，多勒吉，得；乌哈，胡拉哈拉莫，阿不兰。
泊泊，译为“家中”；多勒吉，译为“屋内”；得，译为“在”；乌哈，译为“统统”；胡拉哈拉莫，译为“被偷去”；阿不兰，译为“很多”。
全句合译：家中屋内被盗，东西被偷走很多。</td></tr>
<tr><td>词汇</td><td>②阿玛拉</td><td>词义</td><td>很多</td></tr>
<tr><td>文献</td><td colspan="3">吉林省长春市九台区莽卡杨姓《杨宪本》（手抄本）第 66 页。</td></tr>
<tr><td>例句</td><td colspan="3">阿玛拉，巴哈疋；土勒辊，得。
阿玛拉，译为“很多；巴哈疋，译为“得到”；土勒辊，译为“原因”；得，译为“在”。
全句合译：失而复得的东西很多，原因在于神佑。</td></tr>
<tr><td>词汇</td><td>①阿那莫</td><td>词义</td><td>逐一，逐句；推出，推掉</td></tr>
<tr><td>文献</td><td colspan="3">吉林省长春市九台区胡家石姓《小韩本》（引宋和平译注本）第 41 页、第 69 页、第 237 页。</td></tr>
<tr><td rowspan="3">例句</td><td colspan="3">阿眼先，博，阿那莫，牙录腓。
阿眼先，译为“阿眼香”；博，译为“把”；阿那莫，译为“逐一”；牙录腓，译为“引燃”。
全句合译：把阿眼香逐一点燃。</td></tr>
<tr><td colspan="3">按巴，鸡干，阿那莫；阿几各，鸡干，扎不勒。
按巴，译为“大”；鸡干，译为“声音”；阿那莫，译为“逐句”；阿几各，译为“小”；鸡干，译为“声音”；扎不勒，译为“回答”。
全句合译：大声在逐句诵唱，小声在逐句回答。</td></tr>
<tr><td colspan="3">阿拉，博，阿那莫。
阿拉，译为“糠”；博，译为“把”；阿那莫，译为“推掉”。
全句合译：把谷糠碾除。</td></tr>
<tr><td>词汇</td><td>②阿那非</td><td>词义</td><td>逐一</td></tr>
</table>

文献	吉林省长春市九台区胡家石姓《小韩本》（引宋和平译注本）第 52 页。		
例句	阿拉，博，阿那非。 阿拉，译为“糠”；博，译为“把”；阿那非，译为“逐一”。 全句合译：把糠谷逐一碾除。		
词汇	③阿那哈	词义	推说
文献	吉林省长春市九台区胡家石姓《小韩本》（引宋和平译注本）第 237 页。		
例句	阿库以，赊莫，得；阿那哈，阿库街。 阿库以，译为“无的”；赊莫，译为“因为”；得，译为“在”；阿那哈，译为“推说”；阿库街，译为“无呀”。 全句合译：因为穷而推说没有呀。		
词汇	④阿那末	词义	逐个
文献	吉林省长春市九台区其塔木腰哈关姓《罗关本》第 24 页。		
例句	阿拉干，书记，箔；阿那末，弄尼啡。 阿拉干，译为“少者”；书记，译为“添上”；箔，译为“把”；阿那末，译为“逐个”；弄尼啡，译为“请给”。 全句合译：请把少者的名字逐个给添上。		
词汇	⑤阿那疋	词义	推出
文献	吉林省长春市九台区莽卡杨姓《祭祖神本》第 33 页。		
例句	阿那疋，奴勒，泊。 阿那疋，译为“推出”；奴勒，译为“米酒”；泊，译为“把”。 全句合译：把米酒拿出来供上。		
词汇	⑥阿那笔	词义	推掉
文献	吉林省长春市九台区莽卡杨姓《杨宪本》（手抄本）		

	第 20 页。		
例句	阿拉，泊，阿那笔。 阿拉，译为“糠”；泊，译为“把”；阿那笔，译为“推掉”。 全句合译：把米糠碾掉。		
词汇	⑦阿纳哈	**词义**	推
文献	吉林省长春市九台区其塔木石姓《东哈本》（第 2 册）第 14 页。		
例句	阿库以，奢魔街；阿纳哈，阿库街。 阿库以，译为“没有的”；奢魔街，译为“因为呀”；阿纳哈，译为“推”；阿库街，译为“没有呀”。 全句合译：因为穷呀，所以今日推明日呀。		
词汇	⑧阿纳末	**词义**	逐句
文献	吉林省长春市九台区其塔木石姓《东哈本》（第 1 册）第 1 页。		
例句	按巴，吉干，阿纳末；阿吉戈，吉干，乌拉哈。 按巴，译为“大”；吉干，译为“声”；阿纳末，译为“逐句”；阿吉戈，译为“小”；吉干，译为“声”；乌拉哈，译为“击鼓”。 全句合译：大声逐句诵唱，小声打鼓。		
词汇	⑨阿拉疋	**词义**	推除
文献	吉林省长春市九台区莽卡杨姓《杨静棠本》第 2 页。		
例句	阿拉，泊，阿拉疋。 阿拉，译为“糠”；泊，译为“把”；阿拉疋，译为“推除”。 全句合译：把谷糠碾除。		
词汇	⑩阿他别	**词义**	推出
文献	黑龙江省宁安市兰岗关姓《特合本子》第 10 页。		
例句	阿叶香，阿他别；猪炉香，猪他撇。 阿叶香，译为“蜡烛、香”；阿他别，译为“推出”；		

	猪炉香，译为“对香”；猪他撇，译为“引燃”。 全句合译：把蜡烛、年息香、成对的汉香拿出来后点着。		
词汇	⑪阿尼波	词义	逐一
文献	黑龙江省宁安市兰岗关姓《阿拉街本》第 8 页。		
例句	阿宁阿，傲东波；阿尼波，乌米开。 阿宁阿，译为“属相”；傲东波，译为“东家”；阿尼波，译为“逐一”；乌米开，译为“供上”。 全句合译：东家属什么的，把供品逐一献出。		
词汇	⑫阿他撇	词义	推出
文献	黑龙江省宁安市兰岗关姓《特合本子》第 10 页。		
例句	哈叶香，阿他撇。 哈叶香，译为“蜡烛、香火”；阿他撇，译为“推出”。 全句合译：把蜡烛、香火拿出来后点燃。		
词汇	⑬阿木	词义	逐个
文献	吉林省长春市九台区莽卡杨姓《杨宪本》（手抄本）第 75 页。		
例句	乌车，阿木，勒己，得。 乌车，译为“房门”；阿木，译为“逐个”；勒己，译为“进入”；得，译为“在”。 全句合译：从房门处逐个入室。		
词汇	⑭阿德那	词义	逐一
文献	黑龙江省宁安市兰岗关姓《特合本子》第 2 页。		
例句	阿德那，得，白大抛。 阿德那，译为“逐一”；得，译为“在”；白大抛，译为“取”。 全句合译：再逐一地取来。		
词汇	⑮阿你亚塗	词义	逐一
文献	黑龙江省宁安市兰岗关姓《特合本子》第 4 页。		
例句	阿娘阿，敖东博；阿你亚塗，吾女刻。		

	阿娘阿，译为“属相”；敖东博，译为“东家”；阿你亚塗，译为“逐一”；吾女刻，译为“供献”。 全句合译：东家属什么的？把供品逐一献上。		
词汇	①阿宁阿	**词义**	年
文献	吉林省长春市九台区莽卡杨姓《杨宪本》（手抄本）第 13 页、第 14 页。		
例句	汤乌，阿宁阿，他拉戕，阿库；吟朱，阿你亚，你妈库，阿库。 汤乌，译为“百”；阿宁阿，译为“年”；他拉戕，译为“戒”；阿库，译为“无”；吟朱，译为“六十”；阿你亚，译为“年”；你妈库，译为“病”；阿库，译为“无”。 全句合译：百年无禁戒，六十年无病。		
词汇	②阿宁也	**词义**	年
文献	吉林省长春市九台区莽卡杨姓《杨宪本》（手抄本）第 5 页。		
例句	阿宁也，多克孙，泊；乒音，恶何，得。 阿宁也，译为“年”；多克孙，译为“村庄”；泊，译为“将”；乒音，译为“家中”；恶何，译为“凶”；得，译为“在”。 全句合译：多年来，村庄各家中，邪恶势力在作践。		
词汇	③阿你亚	**词义**	年
文献	吉林省长春市九台区莽卡杨姓《祭祖神本》第 5 页。		
例句	阿你亚，多克孙，泊；乒音，恶何，得。 阿你亚，译为“年”；多克孙，译为“村庄”；泊，译为“把”；乒音，译为“家中”；恶何，译为“凶”；得，译为“在”。 全句合译：多年来，村庄各家中，邪恶势力在作践。		
词汇	④阿你押	**词义**	年
文献	吉林省长春市九台区莽卡杨姓《杨宪本》（手抄本）第 5 页。		

例句	阿你押，哈兰必，其；而打阿，卧不莫。 阿你押，译为“年”；哈兰必，译为“弯曲”；其，译为“从”；而打阿，译为“光明”；卧不莫，译为“可为之”。 全句合译：多年以后，人们才见到了光明，生活变好了。		
词汇	⑤阿牙尼	词义	年
文献	吉林省长春市九台区其塔木石姓《东哈本》（第1册）第7页。		
例句	途门，阿牙尼，多洛，巴哈啡。 途门，译为“万”；阿牙尼，译为“年”；多洛，译为“道”；巴哈啡，译为“得”。 全句合译：万年道行。		
词汇	⑥二娘	词义	年
文献	黑龙江省宁安市兰岗关姓《特合本子》第4页。		
例句	唐五，二娘，唐二括；应空，二娘，英二括。 唐五，译为“百”；二娘，译为“年”；唐二括，译为“禁戒”；应空，译为“六十”；二娘，译为“年”；英二括，译为“无病”。 全句合译：百年无禁戒，六十年无病。		
词汇	⑦阿您阿	词义	年
文献	黑龙江省宁安市兰岗关姓《特合本子》第13页。		
例句	吾猪，得，哈大布，阿您阿。 吾猪，译为“头”；得，译为“在”；哈大布，译为“叩头”；阿您阿，译为“年”。 全句合译：过年时叩头。		
词汇	⑧阿摄	词义	年
文献	吉林省长春市九台区莽卡杨姓《杨宪本》（手抄本）第78页。		
例句	阿摄，多可孙，得；别，恶哈，得。		

	阿摄，译为“年”；多可孙，译为“屯落”；得，译为“在”；别，译为“家”；恶哈，译为“凶”；得，译为“在”。 全句合译：多年里，在屯落各家中，邪恶势力在作践。		
词汇	⑨阿牛	词义	年
文献	吉林省长春市九台区莽卡杨姓《杨宪本》（手抄本）第 82 页。		
例句	阿牛，乒；三音，一能你，孙坐疋。 阿牛，译为“年”；乒，译为“月”；三音，译为“吉”；一能你，译为“日”；孙坐疋，译为“选择”。 全句合译：选择吉年吉月吉日。		
词汇	⑩阿年	词义	年
文献	吉林省吉林市土城子口钦佟赵姓《交罗本》第 29 页。		
例句	唐五，阿年，戗四憨，阿库。 唐五，译为“百”；阿年，译为“年”；戗四憨，译为“灾”；阿库，译为“无”。 全句合译：百年无灾祸。		
词汇	⑪阿娘	词义	年
文献	吉林省吉林市乌拉街韩屯关姓《敬义神书》（手抄本）第 4 页。		
例句	汤务，阿娘，他拉嘎，阿库。 汤务，译为“百”；阿娘，译为“年”；他拉嘎，译为“戒”；阿库，译为“无”。 全句合译：百年无禁戒。		
词汇	⑫阿尼牙	词义	年
文献	吉林省长春市九台区其塔木腰哈关姓《罗关本》第 21 页。		
例句	爱，阿尼牙，阿尼牙街。 爱，译为“什么”；阿尼牙，译为“年”；阿尼牙街，		

	译为“属相啊”。 全句合译：什么年，什么属相啊。		
词汇	⑬阿必牙	**词义**	年
文献	吉林省吉林市耿屯钱姓《折子本》（手抄本）第 13 页。		
例句	汤务，阿必牙，他勒嘎，阿库。 汤务，译为“百”；阿必牙，译为“年”；他勒嘎，译为“戒”；阿库，译为“无”。 全句合译：百年无禁戒。		
词汇	⑭阿牙你	**词义**	年
文献	吉林省长春市九台区胡家石姓《小韩本》（引宋和平译注本）第 270 页。		
例句	我莫，七，阿牙你，堆七，佛拉滚，得。 我莫，译为“一”；七，译为“的”；阿牙你，译为“年”；堆七，译为“四”；佛拉滚，译为“季”；得，译为“在”。 全句合译：在一年四季之中。		
词汇	①阿牙你	**词义**	属相
文献	吉林省长春市九台区胡家石姓《小韩本》（引宋和平译注本）第 269 页。		
例句	爱，阿牙你，兵恳沙玛。 爱，译为“什么”；阿牙你，译为“属相”；兵恳沙玛，译为“家萨满”。 全句合译：家萨满什么属相。		
词汇	②阿雅	**词义**	属相
文献	吉林省长春市九台区胡家石姓《小韩本》（引宋和平译注本）第 57 页。		
例句	爱，阿雅，我贞沙玛，得。 爱，译为“什么”；阿雅，译为“属相”；我贞沙玛，译为“萨满”；得，译为“在”。		

	全句合译：在此的家萨满什么属相。		
词汇	③阿宁	**词义**	属相
文献	吉林省长春市九台区莽卡杨姓《杨宪本》第11页。		
例句	活宁，阿宁，翁古玛法，朱克盛。 活宁，译为“羊”；阿宁，译为“属相”；翁古玛法，译为“老祖宗”；朱克盛，译为“祭坛”。 全句合译：属羊的祖先在主持祭坛。		
词汇	④阿宁阿	**词义**	属相
文献	吉林省长春市九台区莽卡杨姓《杨宪本》第11页。		
例句	心恶立，阿宁阿，古押哈涉夫。 心恶立，译为“鼠”；阿宁阿，译为“属相”；古押哈涉夫，译为“吟唱师傅”。 全句合译：善于吟唱的师傅是属鼠的。		
词汇	⑤阿狔	**词义**	属相
文献	吉林省长春市九台区其塔木石姓《东哈本》(第1册)第61页。		
例句	哀以，阿狔，扎林德。 哀以，译为“什么的”；阿狔，译为“属相”；扎林德，译为“原因在哪儿”。 全句合译：什么属相的，什么原因？		
词汇	⑥阿娘阿	**词义**	属相
文献	黑龙江省宁安市兰岗关姓《特合本子》第4页。		
例句	阿娘阿，敖东，博；阿你亚塗，吾女刻。 阿娘阿，译为“属相”；敖东，译为“东家”；博，译为“把”；阿你亚塗，译为“逐一”；吾女刻，译为“供献”。 全句合译：不知属什么的东家把供品逐一摆上。		
词汇	⑦某阿年	**词义**	属相
文献	吉林省吉林市土城子口钦佟赵姓《交罗本》第3页。		
例句	某阿年，哈哈，宜，标棍，德。		

	某阿年，译为“属相”；哈哈，译为“男人”；宜，译为“的”；标棍，译为“东家”；德，译为“在”。 全句合译：在场的东家男人，是什么属相的？		
词汇	⑧阿郎阿	**词义**	属于
文献	吉林省长春市九台区胡家石姓《小韩本》（引宋和平译注本）第 284 页。		
例句	爱，阿郎阿，赊七；爱，恩得不合，赊七。 爱，译为“何”；阿郎阿，译为“属于”；赊七，译为“因为”；爱，译为“何”；恩得不合，译为“过错”；赊七，译为“因为”。 全句合译：因为什么事情，属于什么过错？		
词汇	①阿眼	**词义**	蜡；旺盛
文献	吉林省长春市九台区胡家石姓《小韩本》（引宋和平译注本）第 41 页、第 311 页。		
例句	阿眼，先，博；阿那莫，牙录腓。 阿眼，译为“蜡”；先，译为“香”；博，译为“把”；阿那莫，译为“逐一”；牙录腓，译为“引燃”。 全句合译：把蜡烛、香逐一点着。		
	按出，先，博；阿眼，杜莫。 按出，译为“金”；先，译为“香”；博，译为“把”；阿眼，译为“旺盛”；杜莫，译为“引燃了”。 全句合译：把金香点得旺盛些。		
词汇	②阿音	**词义**	蜡
文献	吉林省长春市九台区莽卡杨姓《杨宪本》（手抄本）第 32 页。		
例句	阿音，阿打立，杀哈笔；哈尊，泊，哎鸡笔。 阿音，译为“蜡”；阿打立，译为“一样”；杀哈笔，译为“展开”；哈尊，译为“神器”；泊，译为“把”；哎鸡笔，译为“拿来”。 全句合译：把蜡烛和神器拿来后，同样地摆放开来。		

词汇	③阿叶	**词义**	蜡
文献	黑龙江省宁安市兰岗关姓《特合本子》第 10 页。		
例句	粭哈，博，嘎住刻；阿叶，香，阿他撇。 粭哈，译为“诵唱”；博，译为“把”；嘎住刻，译为“明白”；阿叶，译为“蜡”；香，即汉语的“香”；阿他撇，译为“同”。 全句合译：把唱词唱清楚，把蜡烛和香火同时点燃。		
词汇	④哈叶	**词义**	蜡
文献	黑龙江省宁安市兰岗关姓《特合本子》第 10 页。		
例句	哈叶，香，阿他撇。 哈叶，译为“蜡”；香，即汉语的“香”；阿他撇，译为“一样”。 全句合译：把蜡和香同样点着。		
词汇	⑤阿颜	**词义**	蜡
文献	吉林省长春市九台区莽卡杨姓《杨宪本》（手抄本）第 59 页。		
例句	灯盏，阿颜，泊，打不笔。 灯盏，译为“灯”；阿颜，译为“蜡”；泊，译为“把”；打不笔，译为“引燃”。 全句合译：把灯、蜡一一点着。		
词汇	⑥阿因	**词义**	蜡
文献	吉林省长春市九台区莽卡杨姓《杨宪本》（手抄本）第 23 页。		
例句	波滚，敖木子，波阿笔；阿因，敖子，威勒笔。 波滚，译为“洁净”；敖木子，译为“祭肉”；波阿笔，译为“准备”；阿因，译为“蜡”；敖子，译为“祭肉”；威勒笔，译为“制作”。 全句合译：准备了蜡烛，制作了洁净的祭肉。		
词汇	⑦阿煙	**词义**	蜡
文献	吉林省吉林市土城子口钦佟赵姓《交罗本》第 28 页。		

例句	阿煙，徒瓦，博，阿查不非。 阿煙，译为“蜡”；徒瓦，译为“火”；博，译为“把”；阿查不非，译为“妥当”。 全句合译：把蜡火点得妥当些。		
词汇	⑧阿烟	**词义**	蜡
文献	吉林省长春市九台区其塔木石姓《东哈本》（第 2 册）第 11 页。		
例句	阿烟，仙，博，阿纳末。 阿烟，译为“蜡”；仙，译为“香”；博，译为“把”；阿纳末，译为“逐一”。 全句合译：将蜡烛、香逐一摆放。		
词汇	⑨阿爷为	**词义**	蜡
文献	黑龙江省宁安市兰岗关姓《特合本子》第 2 页。		
例句	阿爷为，香，案博。 阿爷为，译为“蜡”；香，即汉语的“香”；案博，译为“大（旺盛）”。 全句合译：蜡、香之火旺盛。		
词汇	⑩哈因	**词义**	大
文献	吉林省长春市九台区莽卡杨姓《杨宪本》第 57 页。		
例句	阿因，波阿笔；哈因，敖木孙，威勒笔。 阿因，译为“蜡”；波阿笔，译为“准备”；哈因，译为“大”；敖木孙，译为“祭肉”；威勒笔，译为“制作”。 全句合译：蜡烛已准备，大祭肉已制作。		
词汇	①阿拉其	**词义**	烧酒
文献	吉林省长春市九台区胡家石姓《小韩本》（引宋和平译注本）第 233 页。		
例句	哈坛以，阿拉其，博；憨七得，多不腓。 哈坛以，译为“烈性的”；阿拉其，译为“烧酒”；博，译为“把”；憨七得，译为“在近处”；多不腓，译		

	为“供献”。 　　全句合译：把烈性的烧酒供放在近处。		
词汇	②阿其	**词义**	烧酒
文献	吉林省长春市九台区莽卡杨姓《杨宪本》（手抄本）第49页。		
例句	哈谈，阿其，泊；寒，多不笔。 　　哈谈，译为“烈性”；阿其，译为“烧酒”；泊，译为“把”；寒，译为“近”；多不笔，译为“供献”。 　　全句合译：把烈性的烧酒摆在近处。		
词汇	③阿七	**词义**	烧酒
文献	吉林省长春市九台区莽卡杨姓《杨宪本》（手抄本）第23页。		
例句	哈谈，阿七，泊；寒七，多不笔。 　　哈谈，译为“烈性”；阿七，译为“烧酒”；泊，译为“把”；寒七，译为“近处”；多不笔，译为“供献”。 　　全句合译：把烈性的烧酒供放在近处。		
词汇	④阿拉气	**词义**	烧酒
文献	吉林省长春市九台区莽卡杨姓《杨宪本》（手抄本）第50页。		
例句	哈谈，阿拉气，泊；寒其，多不必。 　　哈谈，译为“烈性”；阿拉气，译为“烧酒”；泊，译为“把”；寒其，译为“近处”；多不必，译为“供献”。 　　全句合译：把烈性的烧酒供放在近处。		
词汇	⑤阿力其	**词义**	烧酒
文献	吉林省吉林市土城子口钦佟赵姓《交罗本》第16页。		
例句	敖木孙，德；阿力其，苏库孙，德，萨力其。 　　敖木孙，译为“祭肉”；德，译为“在”；阿力其，译为“烧酒”；苏库孙，译为“精气”；德，译为“在”；萨力其，译为“展开”。 　　全句合译：祭肉和烧酒的气味释放出来。		

词汇	⑥阿拉儿	词义	烧酒
文献	吉林省长春市九台区其塔木腰哈关姓《罗关本》第8页。		
例句	哈坛，以，阿拉儿，箔。 哈坛，译为“烈性”；以，译为“的”；阿拉儿，译为“烧酒”；箔，译为“把”。 全句合译：把烈性的烧酒……		
词汇	⑦汉气	词义	烧酒
文献	黑龙江省宁安市兰岗关姓《特合本子》第13页。		
例句	哈粭，糠哈，布东波；汉气，乌米，罗莫啰。 哈粭，译为“提”；糠哈，译为“打”；布东波，译为“乞求”；汉气，译为“烧酒”；乌米，译为“供献”；罗莫啰，译为“碗”。 全句合译：把烧酒打来，盛入碗内，乞求纳享。		
词汇	⑧哀力其	词义	酒
文献	吉林省长春市九台区胡家石姓《小韩本》（引宋和平译注本）第121页。		
例句	尼明，哀力其。 尼明，译为“油”；哀力其，译为“酒”。 全句合译：油、酒。		
词汇	⑨爱力其	词义	烧酒
文献	吉林省长春市九台区其塔木石姓《东哈本》（第2册）第21页。		
例句	哈谭，以，爱力其。 哈谭，译为“烈性”；以，译为“的”；爱力其，译为“烧酒”。 全句合译：烈性的烧酒。		
词汇	①阿思哈	词义	翅膀
文献	吉林省长春市九台区莽卡杨姓《祭祖神本》第4页。		
例句	阿思哈，泊，萨拉西；孙，乒，泊，达林必。		

	阿思哈，译为“翅膀”；泊，译为“把”；萨拉西，译为“伸展”；孙，译为“日”；乒，译为“月”；泊，译为“把”；达林必，译为“遮挡”。 全句合译：把翅膀展开后，遮挡了太阳和月亮。		
词汇	②阿似哈	词义	翅膀
文献	吉林省长春市九台区莽卡杨姓《杨宪本》（手抄本）第 25 页。		
例句	阿似哈，泊，涉拉笔；孙，亚笔。 阿似哈，译为“翅膀”；泊，译为“把”；涉拉笔，译为“张开”；孙，译为“日”；亚笔，译为“月”。 全句合译：张开翅膀，遮挡日月。		
词汇	③阿四哈	词义	翅膀
文献	吉林省吉林市土城子口钦佟赵姓《交罗本》第 15 页。		
例句	厄雷，阿四哈，德特合，八拉加哈。 厄雷，译为“此时”；阿四哈，译为“翅膀”；德特合，译为“脚”；八拉加哈，译为“收藏起来”。 全句合译：此时把脚藏在翅膀里了。		
词汇	④阿们哈	词义	翅膀
文献	吉林省长春市九台区莽卡杨姓《杨宪本》（手抄本）第 44 页。		
例句	阿们哈，泊；赊拉其，孙，必亚。 阿们哈，译为“翅膀”；泊，译为“把”；赊拉其，译为“展开”；孙，译为“日”；必亚，译为“月”。 全句合译：展开双翅遮住了太阳和月亮。		
词汇	①阿参	词义	行动
文献	吉林省长春市九台区胡家石姓《小韩本》（引宋和平译注本）第 73 页。		
例句	阿参，阿查莫；一沙拉腓，所立哈。 阿参，译为“行动”；阿查莫，译为“相和”；一沙拉腓，译为“相聚”；所立哈，译为“宴请”。		

<table>
<tr><td></td><td colspan="3">全句合译：相聚行动，相互宴请。</td></tr>
<tr><td>词汇</td><td>②阿掺</td><td>词义</td><td>行动</td></tr>
<tr><td>文献</td><td colspan="3">吉林省长春市九台区莽卡杨姓《祭祖神本》第 18 页。</td></tr>
<tr><td>例句</td><td colspan="3">乌哭，阿掺，泊；必拉，七。
乌哭，译为“相聚”；阿掺，译为“行动”；泊，译为“把”；必拉，译为“河”；七，译为“从”。
全句合译：从河边上集合行动而来。</td></tr>
<tr><td>词汇</td><td>③阿沙拉</td><td>词义</td><td>动</td></tr>
<tr><td>文献</td><td colspan="3">吉林省长春市九台区胡家石姓《小韩本》（引宋和平译注本）第 158 页。</td></tr>
<tr><td>例句</td><td colspan="3">吴朱，博，秃嵌其，阿沙拉。
吴朱，译为“头”；博，译为“把”；秃嵌其，译为“抬起”；阿沙拉，译为“动”。
全句合译：把头抬起来。</td></tr>
<tr><td>词汇</td><td>④阿沙沙腓</td><td>词义</td><td>扇动；翘</td></tr>
<tr><td>文献</td><td colspan="3">吉林省长春市九台区胡家石姓《小韩本》（引宋和平译注本）第 170 页、第 184 页。</td></tr>
<tr><td rowspan="2">例句</td><td colspan="3">阿思哈，博，阿沙沙腓。
阿思哈，译为“翅膀”；博，译为“将”；阿沙沙腓，译为“扇动”。
全句合译：翅膀扇动着。</td></tr>
<tr><td colspan="3">文车恨，博，阿沙沙腓。
文车恨，译为“尾巴”；博，译为“将”；阿沙沙腓，译为“翘”。
全句合译：尾巴翘着。</td></tr>
<tr><td>词汇</td><td>⑤阿沙阿</td><td>词义</td><td>集合</td></tr>
<tr><td>文献</td><td colspan="3">吉林省长春市九台区其塔木石姓《东哈本》（第 1 册）第 49 页。</td></tr>
<tr><td>例句</td><td colspan="3">吴嘿，阿沙阿。
吴嘿，译为“一起”；阿沙阿，译为“集合”。</td></tr>
</table>

	全句合译：集中在一起。		
词汇	①阿押莫	词义	（从）架子上起飞
文献	吉林省长春市九台区莽卡杨姓《杨宪本》（手抄本）第46页。		
例句	阿押莫，瓦西卡，安出勒交浑。 阿押莫，译为“（从）架子上起飞”；瓦西卡，译为“降临了”；安出勒交浑，译为“金鹰”。 全句合译：架子上的金鹰飞下来了。		
词汇	②阿亚莫	词义	（从）架子上起飞
文献	吉林省长春市九台区莽卡杨姓《杨宪本》（手抄本）第37页。		
例句	阿亚莫，多西疋，阿书兰，泊，木拉七。 阿亚莫，译为“（从）架子上起飞”；多西疋，译为“进入”；阿书兰，译为“最大的”；泊，译为“将”；木拉七，译为“回转，从”。 全句合译：最大的鹰从架子上飞下来后，入室转来转去。		
词汇	③阿押	词义	（从）架子上起飞
文献	吉林省长春市九台区莽卡杨姓《杨会清本》第15页。		
例句	阿押，七，七，泊，阿查莫。 阿押，译为“（从）架子上起飞”；七，译为“从”；七，译为“自”；泊，译为“将”；阿查莫，译为“合适”。 全句合译：从架子上飞下来的鹰最适合了。		
词汇	④阿亚	词义	（从）架子上起飞
文献	吉林省长春市九台区莽卡杨姓《杨宪本》（手抄本）第81页。		
例句	阿亚，七，其，泊。 阿亚，译为“（从）架子上起飞”；七，译为“自”；其，译为“从”；泊，译为“把”。 全句合译：从架子上飞下来了。		

词汇	①阿巴打哈	**词义**	攀折
文献	吉林省长春市九台区胡家石姓《小韩本》（引宋和平译注本）第159页。		
例句	各棱，嘎拉干，得，阿巴打哈。 各棱，译为“各个”；嘎拉干，译为“枝”；得，译为“在”；阿巴打哈，译为“攀折”。 全句合译：各个枝叶不能攀折。		
词汇	②阿不打哈	**词义**	叶子
文献	吉林省长春市九台区其塔木石姓《东哈本》（第1册）第22页。		
例句	米尼，阿不打哈，阿拉舒哈。 米尼，译为“我们的”；阿不打哈，译为“叶子”；阿拉舒哈，译为“萌发着”。 全句合译：我们的支脉在萌发着。		
词汇	③阿波打哈	**词义**	叶子
文献	吉林省吉林市土城子口钦佟赵姓《交罗本》第5页。		
例句	阿波打哈，其，阿苏哈，倭莫西。 阿波打哈，译为“叶子”；其，译为“从”；阿苏哈，译为“发芽”；倭莫西，译为“众孙子”。 全句合译：从枝叶上繁衍出众子孙。		
词汇	④阿破打哈	**词义**	叶子
文献	吉林省吉林市土城子口钦佟赵姓《交罗本》第7页。		
例句	阿破打哈，七，阿拉苏哈，那拉库。 阿破打哈，译为“叶子”；七，译为“从”；阿拉苏哈，译为“萌芽”；那拉库，译为“依恋”。 全句合译：支脉繁衍，互相依恋着。		
词汇	⑤阿不搭哈	**词义**	叶子
文献	吉林省吉林市土城子口钦佟赵姓《交罗本》第12页。		
例句	阿不搭哈，其，阿拉苏哈。 阿不搭哈，译为“叶子”；其，译为“从”；阿拉苏		

	哈，译为“萌芽”。 全句合译：从支脉上繁衍子孙后代。		
词汇	⑥阿博搭哈	**词义**	叶子
文献	吉林省吉林市土城子口钦佟赵姓《交罗本》第17页。		
例句	阿博搭哈，其，阿拉苏哈。 阿博搭哈，译为“叶子”；其，译为“从”；阿拉苏哈，译为“萌芽”。 全句合译：由支系上发展家族人口。		
词汇	⑦阿勒不布哈	**词义**	传承
文献	吉林省吉林市土城子口钦佟赵姓《交罗本》第12页。		
例句	阿勒不布哈，卧莫洛。 阿勒不布哈，译为“传承”；卧莫洛，译为“孙子”。 全句合译：传承子孙后代。		
词汇	①阿独不	**词义**	穿
文献	吉林省长春市九台区莽卡杨姓《杨宪本》（手抄本）第6页。		
例句	我图哭，阿独不，泊；胡克勒笔。 我图哭，译为“衣服”；阿独不，译为“穿”；泊，译为“将”；胡克勒笔，译为“铸成”。 全句合译：萨满将神服穿上。		
词汇	②阿独	**词义**	穿
文献	吉林省长春市九台区莽卡杨姓《杨宪本》（手抄本）第35页。		
例句	我图哭，阿独，泊，洪何勒笔。 我图哭，译为“衣服”；阿独，译为“穿”；泊，译为“把”；洪何勒笔，译为“铸成”。 全句合译：萨满把神衣穿上。		
词汇	③阿土	**词义**	穿
文献	吉林省长春市九台区莽卡杨姓《杨静棠本》第6页。		

例句	我土哭，阿土，泊，胡克勒疋。 我土哭，译为“神服”；阿土，译为“穿”；泊，译为“把”；胡克勒疋，译为“铸成”。 全句合译：萨满把神铸之服穿上。		
词汇	④阿都	词义	穿
文献	吉林省长春市九台区莽卡杨姓《杨宪本》（手抄本）第 10 页。		
例句	我图哭，阿都，泊，洪阔勒疋。 我图哭，译为“服饰”；阿都，译为“穿”；泊，译为“把”；洪阔勒疋，译为“铸成”。 全句合译：萨满穿上了神制的服饰。		
词汇	①阿莫汤阿	词义	有味的
文献	吉林省长春市九台区胡家石姓《小韩本》（引宋和平译注本）第 286 页。		
例句	昂阿，不打，阿莫汤阿，卧不。 昂阿，译为“口”；不打，译为“饭”；阿莫汤阿，译为“有味的”；卧不，译为“可知”。 全句合译：可知吃饭有味了。		
词汇	②阿莫阿汤阿	词义	香甜
文献	吉林省长春市九台区胡家石姓《小韩本》（引宋和平译注本）第 284 页。		
例句	一能尼，昂阿，不打，阿莫阿汤阿。 一能尼，译为“日”；昂阿，译为“口”；不打，译为“饭”；阿莫阿汤阿，译为“香甜”。 全句合译：每天吃饭（觉得）香甜可口。		
词汇	③阿木唐阿	词义	有味的
文献	吉林省长春市九台区其塔木石姓《东哈本》（第 1 册）第 5 页。		
例句	昂阿，不达，阿木唐阿，卧七。		

	昂阿，译为“口”；不达，译为“饭”；阿木唐阿，译为“有味的”；卧七，译为“若是”。 全句合译：吃饭嘴里有滋味。		
词汇	①阿舒其	**词义**	一点儿声音；轻飘
文献	吉林省长春市九台区胡家石姓《小韩本》（引宋和平译注本）第98页、第221页。		
例句	秃鸡，腓克赊莫，赊克特腓，杜勒莫，滚得，阿舒其，博。 秃鸡，译为“云”；腓克赊莫，译为“浓密”；赊克特腓，译为“铺”；杜勒莫，译为“通过”；滚得，译为“恭敬”；阿舒其，译为“一点儿声音”；博，译为“啊”。 全句合译：浓云密布，细雨沙沙啊。		
	秃鸡，腓克赊莫，瓦秃不腓，杜勒莫，滚得勒，阿舒其，博。 秃鸡，译为“云”；腓克赊莫，译为“稠密”；瓦秃不腓，译为“看见”；杜勒莫，译为“过去”；滚得勒，译为“恭敬”；阿舒其，译为“轻飘”；博，译为“啊”。 全句合译：看见密云轻飘地过去了啊。		
词汇	②阿书七	**词义**	一点儿声音
文献	吉林省长春市九台区莽卡杨姓《杨宪本》（手抄本）第74页。		
例句	阿书七，念其现，泊，娘牛，七。 阿书七，译为“一点儿声音”；念其现，译为“年祈香”；泊，译为“把”；娘牛，译为“引燃”；七，译为“从”。 全句合译：把年祈香轻轻地一点儿点儿地点燃。		
词汇	③何书七	**词义**	一点儿点儿地
文献	吉林省长春市九台区莽卡杨姓《杨宪本》（手抄本）第75页。		
例句	按出现，泊，何书七。 按出现，译为“金香”；泊，译为“把”；何书七，		

	译为“一点儿点儿地”。 全句合译：把金香一点儿点儿地点着。		
音序	ai		
词汇	①哀力其	词义	这里；酒
文献	吉林省长春市九台区胡家石姓《小韩本》（引宋和平译注本）第117页、第121页。		
例句	哀力其，奴乐，折库，得。 哀力其，译为“这里”；奴乐，译为“黄酒”；折库，译为“粮”；得，译为“在”。 全句合译：在这里有粮食制作的黄酒。		
	德泥不莫，尼明，哀力其。 德泥不莫，译为“使燃烧了”；尼明，译为“油”；哀力其，译为“酒”。 全句合译：油和酒燃烧了。		
词汇	②爱力鸡	词义	这里
文献	吉林省长春市九台区其塔木石姓《东哈本》（第1册）第3页。		
例句	爱力鸡，奴乐，折库，德。 爱力鸡，译为“这里”；奴乐，译为“黄酒”；折库，译为“粮”；德，译为“在”。 全句合译：这里有粮食制作的米尔酒。		
词汇	③哀里哈	词义	引领
文献	吉林省长春市九台区胡家石姓《小韩本》（引宋和平译注本）第115页。		
例句	舒崇阿，玛法，哀里哈。 舒崇阿，译为“元”；玛法，译为“太爷”；哀里哈，译为“引领”。 全句合译：由头辈太爷引领。		
词汇	④爱立哈	词义	带领
文献	吉林省长春市九台区胡家石姓《小韩本》（引宋和平		

	译注本）第62页。		
例句	乌朱，七，扎兰，玛法，爱立哈。 乌朱，译为“第一”；七，译为“从”；扎兰，译为“辈”；玛法，译为“太爷”；爱立哈，译为“带领”。 全句合译：由第一辈太爷带领。		
词汇	①爱	词义	什么；何
文献	吉林省长春市九台区胡家石姓《小韩本》（引宋和平译注本）第38页、第235页。		
例句	爱，阿牙你，沙玛我贞。 爱，译为“什么”；阿牙你，译为“属相”；沙玛我贞，译为“萨满”。 全句合译：萨满什么属相？		
例句	倭思浑，哈哈，爱，阿牙你。 倭思浑，译为“小”；哈哈，译为“男人”；爱，译为“何”；阿牙你，译为“属相”。 全句合译：小男主人何属相？		
词汇	②哀	词义	什么
文献	吉林省长春市九台区其塔木石姓《东哈本》（第1册）第28页。		
例句	哀，以，为林，扎已啡。 哀，译为“什么”；以，译为“的”；为林，译为“事情”；扎已啡，译为“诵唱”。 全句合译：为什么事情诵唱祝歌？		
词汇	③矮	词义	什么
文献	吉林省长春市九台区胡家石姓《小韩本》（引宋和平译注本）第111页。		
例句	矮，以，赊勒，扎林，德。 矮，译为“什么”；以，译为“的”；赊勒，译为“说”；扎林，译为“为了”；德，译为“在”。 全句合译：为什么事情在诉说着？		

<table>
<tr><td>词汇</td><td>④爱干</td><td>词义</td><td>何</td></tr>
<tr><td>文献</td><td colspan="3">吉林省长春市九台区胡家石姓《小韩本》（引宋和平译注本）第 328 页。</td></tr>
<tr><td>例句</td><td colspan="3">我林，得，爱干，巴，得。
我林，译为“此时”；得，译为“有”；爱干，译为“何”；巴，译为“处”；得，译为“在”。
全句合译：此时在何处？</td></tr>
<tr><td>词汇</td><td>①爱心</td><td>词义</td><td>金</td></tr>
<tr><td>文献</td><td colspan="3">吉林省长春市九台区胡家石姓《小韩本》（引宋和平译注本）第 48 页。</td></tr>
<tr><td>例句</td><td colspan="3">爱心，他克秃。
爱心，译为“金”；他克秃，译为“楼”。
全句合译：金楼子。</td></tr>
<tr><td>词汇</td><td>②哀心</td><td>词义</td><td>金</td></tr>
<tr><td>文献</td><td colspan="3">吉林省长春市九台区其塔木石姓《东哈本》（第 1 册）第 17 页。</td></tr>
<tr><td>例句</td><td colspan="3">哀心，他古秃，伏七西奢。
哀心，译为“金”；他古秃，译为“楼”；伏七西奢，译为“善佛们”。
全句合译：善佛们在金楼里修行。</td></tr>
<tr><td>词汇</td><td>③爱山</td><td>词义</td><td>金</td></tr>
<tr><td>文献</td><td colspan="3">黑龙江省宁安市兰岗关姓《特合本子》第 4 页。</td></tr>
<tr><td>例句</td><td colspan="3">爱山，积汗，多日莫。
爱山，译为“金”；积汗，译为“钱”；多日莫，译为“数”。
全句合译：金钱数不清地花。</td></tr>
<tr><td>词汇</td><td>④爱身</td><td>词义</td><td>金</td></tr>
<tr><td>文献</td><td colspan="3">黑龙江省宁安市兰岗关姓《阿拉街本》第 3 段。</td></tr>
<tr><td>例句</td><td colspan="3">爱身，集合，多日没。
爱身，译为“金”；集合，译为“钱”；多日没，译</td></tr>
</table>

	为“无数”。 全句合译：金钱花了无数。

词汇	⑤垓心	词义	金
文献	吉林省吉林市土城子口钦佟赵姓《交罗本》第 18 页。		
例句	垓心，托活，阿一阿哈。 垓心，译为“金”；托活，译为“火”；阿一阿哈，译为“变色”。 全句合译：金火花变色了。		
词汇	⑥挨心	词义	金
文献	吉林省吉林市土城子口钦佟赵姓《交罗本》第 19 页。		
例句	挨心，木臣，托珲多非。 挨心，译为“金”；木臣，译为“锅”；托珲多非，译为“出去”。 全句合译：往金锅内提水。		
词汇	⑦矮心	词义	金
文献	吉林省长春市九台区莽卡杨姓《杨宪本》（手抄本）第 10 页。		
例句	衣兰，按八，矮心，扶七西，恩独立，说立哈。 衣兰，译为“三”；按八，译为“大”；矮心，译为“金”；扶七西，译为“佛”；恩独立，译为“神”；说立哈，译为“宴请”。 全句合译：宴请三大金佛善神。		
词汇	⑧爱新	词义	金色
文献	吉林省长春市九台区莽卡杨姓《祭祖神本》第 16 页。		
例句	爱新，意，卧吞，得，阿七不莫，特不必。 爱新，译为“金色”；意，译为“的”；卧吞，译为“槽盆”；得，译为“在”；阿七不莫，译为“合适”；特不必，译为“盛入”。 全句合译：盛入金色槽盆中最合适。		
词汇	⑨嗳身	词义	金

文献	黑龙江省宁安市兰岗关姓《阿拉街本》第 8 页。		
例句	嗳身，乐河，煤落抛。 嗳身，译为“金”；乐河，译为“钱”；煤落抛，译为“肩上扛”。 全句合译：把金钱扛在肩上。		
词汇	⑩卧心	**词义**	金色
文献	吉林省长春市九台区莽卡杨姓《杨宪本》（手抄本）第 71 页。		
例句	卧心，卧吞，得。 卧心，译为“金色”；卧吞，译为“槽盆”；得，译为“在”。 全句合译：金色槽盆在。		
词汇	①爱根	**词义**	丈夫
文献	黑龙江省宁安市兰岗关姓《阿拉街本》第 9 页。		
例句	爱根，太平，班吉乐。 爱根，译为“丈夫”；太平，译为“平安”；班吉乐，译为“生活”。 全句合译：丈夫过着平安的生活。		
词汇	②二根	**词义**	丈夫
文献	黑龙江省宁安市兰岗关姓《特合本子》第 4 页。		
例句	二根，台，半吉乐。 二根，译为“丈夫”；台，译为“太平”；半吉乐，译为“生活”。 全句合译：丈夫生活得很太平。		
词汇	③而根	**词义**	丈夫
文献	黑龙江省宁安市兰岗关姓《特合本子》第 5 页。		
例句	而根，德，发牙刻。 而根，译为“丈夫”；德，译为“在”；发牙刻，译为“花费”。 全句合译：丈夫花费时间。		

词汇	①爱立牙哈	词义	领
文献	吉林省长春市九台区胡家石姓《小韩本》(引宋和平译注本)第 363 页。		
例句	牙，玛法，爱立牙哈。 牙，译为“哪位”；玛法，译为“太爷”；爱立牙哈，译为“领”。 全句合译：哪位太爷领（降）？		
词汇	②爱亚哥	词义	等着
文献	黑龙江省宁安市兰岗关姓《特合本子》第 1 页。		
例句	爱亚哥，爱亚和。 爱亚哥，译为“等着”；爱亚和，译为“侍候”。 全句合译：等着侍候。		
词汇	③爱亚和	词义	侍候
文献	黑龙江省宁安市兰岗关姓《特合本子》第 1 页。		
例句	爱亚哥，爱亚和。 爱亚哥，译为“等着”；爱亚和，译为“侍候”。 全句合译：等着侍候。		
词汇	④爱呀歌	词义	等着
文献	黑龙江省宁安市兰岗关姓《阿拉街本》第 1 页。		
例句	爱呀歌，爱呀箔。 爱呀歌，译为“等着”；爱呀箔，译为“侍候”。 全句合译：等着侍候。		
词汇	⑤爱呀箔	词义	侍候
文献	黑龙江省宁安市兰岗关姓《阿拉街本》第 1 页。		
例句	爱呀歌，爱呀箔。 爱呀歌，译为“等着”；爱呀箔，译为“侍候”。 全句合译：等着侍候。		
词汇	⑥爱也莫液和	词义	等着
文献	黑龙江省宁安市兰岗关姓《特合本子》第 11 页。		

例句	爱也莫液和，白大撇。 爱也莫液和，译为“等着”；白大撇，译为“供献”。 全句合译：等着上供。		
词汇	⑦阿力哈	**词义**	等待
文献	吉林省吉林市土城子口钦佟赵姓《交罗本》第 6 页。		
例句	阿力哈，那拉库。 阿力哈，译为“等待”；那拉库，译为“北斗星”。 全句合译：等待着七星北斗。		
词汇	⑧阿牙哈	**词义**	等着
文献	吉林省吉林市土城子口钦佟赵姓《交罗本》第 10 页。		
例句	阿牙哈，厄雷，阿四哈。 阿牙哈，译为“等着”；厄雷，译为“此时”；阿四哈，译为“翅膀”。 全句合译：翅膀在此时等着捆绑。		
词汇	①矮得干	**词义**	四年生公野猪
文献	吉林省长春市九台区莽卡杨姓《杨宪本》（手抄本）第 42 页。		
例句	矮得干，肥朱，泊，说立哈。 矮得干，译为“四年生公野猪”；肥朱，译为“羔”；泊，译为“把”；说立哈，译为“宴请”。 全句合译：把四年生公野猪羔宴请。		
音序	an		
词汇	①按巴	**词义**	大
文献	吉林省长春市九台区胡家石姓《小韩本》（引宋和平译注本）第 37 页。		
例句	按巴，瞒尼，付七西，赊。 按巴，译为“大”；瞒尼，译为“英雄”；付七西，译为“善佛”；赊，译为“等”。 全句合译：大英雄神等善佛。		
词汇	②阿巴	**词义**	大

文献	吉林省吉林市土城子口钦佟赵姓《交罗本》第31页。		
例句	阿巴，马发，克西，德。 阿巴，译为“大”；马发，译为“祖先”；克西，译为“造化”；德，译为“在”。 全句合译：老祖宗造福后人。		
词汇	③安班	词义	大
文献	黑龙江省宁安市兰岗关姓《阿拉街本》第1页。		
例句	安班，爷，喔昆，德。 安班，译为“大”；爷，译为“的”；喔昆，译为“小”；德，译为“在”。 全句合译：大小全在。		
词汇	④安板	词义	大
文献	黑龙江省宁安市兰岗关姓《特合本子》第6页。		
例句	安板，独根，出云拨。 安板，译为“大”；独根，译为“礼仪”；出云拨，译为“献出”。 全句合译：把大供品献出。		
词汇	⑤按八	词义	大
文献	吉林省长春市九台区莽卡杨姓《杨宪本》（手抄本）第13页。		
例句	按八，其，扶七浑。 按八，译为“大”；其，译为“从”；扶七浑，译为“下边”。 全句合译：从大到小。		
词汇	⑥按	词义	大
文献	吉林省长春市九台区莽卡杨姓《杨宪本》（手抄本）第31页。		
例句	按，阿吉各，恶真，得。 按，译为“大”；阿吉各，译为“小”；恶真，译为“萨满”；得，译为“在”。		

	全句合译：大小萨满全在。		
词汇	⑦安巴	**词义**	大
文献	吉林省吉林市土城子口钦佟赵姓《交罗本》第2页。		
例句	安巴，恩都力，必干，德，托莫洛。 安巴，译为“大”；恩都力，译为“神”；必干，译为“当下”；德，译为“在”；托莫洛，译为“证据”。 全句合译：安立大神，以此为记。		
词汇	⑧安木巴	**词义**	大
文献	吉林省吉林市土城子口钦佟赵姓《交罗本》第3页。		
例句	安木巴，其，卧西珲。 安木巴，译为“大”；其，译为“从”；卧西珲，译为“下边”。 全句合译：由大到小。		
词汇	⑨安木八	**词义**	大
文献	吉林省吉林市土城子口钦佟赵姓《交罗本》第8页。		
例句	安木八，其，倭西珲。 安木八，译为“大”；其，译为“从”；倭西珲，译为“小”。 全句合译：从大到小。		
词汇	⑩阿木	**词义**	大
文献	吉林省吉林市土城子口钦佟赵姓《交罗本》第6页。		
例句	阿木，其，倭西珲。 阿木，译为“大”；其，译为“从”；倭西珲，译为“小”。 全句合译：由大到小。		
词汇	⑪按巴沙	**词义**	大
文献	吉林省长春市九台区胡家石姓《小韩本》（引宋和平译注本）第309页。		
例句	按巴沙，朱克特合，阿立哈。 按巴沙，译为“大”；朱克特合，译为“祭坛”；阿		

<table>
<tr><td></td><td colspan="3">立哈，译为“主事”。
全句合译：大祭坛礼仪主事。</td></tr>
<tr><td>词汇</td><td>⑫按不拉</td><td>词义</td><td>大</td></tr>
<tr><td>文献</td><td colspan="3">吉林省长春市九台区胡家石姓《小韩本》（引宋和平译注本）第 102 页。</td></tr>
<tr><td>例句</td><td colspan="3">按不拉，博，怪打哈，我林，卧盆。
按不拉，译为“大”；博，译为“把”；怪打哈，译为“久”；我林，译为“时”；卧盆，译为“了”。
全句合译：感觉等了许久。</td></tr>
<tr><td>词汇</td><td>①按出兰</td><td>词义</td><td>金</td></tr>
<tr><td>文献</td><td colspan="3">吉林省九台市胡家石姓《小韩本》（引宋和平译注本）第 188 页。</td></tr>
<tr><td>例句</td><td colspan="3">按出兰，鸦浑，恩杜立街。
按出兰，译为“金”；鸦浑，译为“鹰”；恩杜立街，译为“神啊”。
全句合译：金鹰神啊。</td></tr>
<tr><td>词汇</td><td>②按春</td><td>词义</td><td>金</td></tr>
<tr><td>文献</td><td colspan="3">吉林省长春市九台区其塔木石姓《东哈本》（第 2 册）第 5 页。</td></tr>
<tr><td>例句</td><td colspan="3">按春，以，佳浑，舒克杜力。
按春，译为“金”；以，译为“的”；佳浑，译为“鹰”；舒克杜力，译为“灵气”。
全句合译：金鹰有灵气。</td></tr>
<tr><td>词汇</td><td>③按出勒</td><td>词义</td><td>金</td></tr>
<tr><td>文献</td><td colspan="3">吉林省长春市九台区莽卡杨姓《杨宪本》（手抄本）第 68 页。</td></tr>
<tr><td>例句</td><td colspan="3">阿押莫，瓦西卡，按出勒，交浑。
阿押莫，译为“（从）架子上起飞”；瓦西卡，译为“降临了”；按出勒，译为“金”；交浑，译为“鹰”。
全句合译：从架子上起飞的金鹰降临了。</td></tr>
</table>

词汇	④安出勒	**词义**	金
文献	吉林省长春市九台区莽卡杨姓《杨宪本》（手抄本）第 7 页。		
例句	瓦西哈，安出勒，交浑。 瓦西哈，译为“降临”；安出勒，译为“金”；交浑，译为“鹰”。 全句合译：金鹰降临了。		
词汇	⑤安出利	**词义**	金
文献	吉林省长春市九台区莽卡杨姓《杨宪本》（手抄本）第 7 页。		
例句	西嫩，兴恨，安出利。 西嫩，译为“精美”；兴恨，译为“树顶上”；安出利，译为“金”。 全句合译：雄壮的金鹰落在树顶上。		
词汇	⑥安春以	**词义**	金
文献	吉林省长春市九台区胡家石姓《小韩本》（引宋和平译注本）第 120 页。		
例句	安春以，佳浑。 安春以，译为“金”；佳浑，译为“鹰”。 全句合译：金鹰。		
词汇	①按出兰先	**词义**	金香
文献	吉林省长春市九台区胡家石姓《小韩本》（引宋和平译注本）第 218 页。		
例句	按出兰先，博，打不腓。 按出兰先，译为“金香”；博，译为“把”；打不腓，译为“点燃了”。 全句合译：把金香点燃了。		
词汇	②按出现	**词义**	金香
文献	吉林省长春市九台区莽卡杨姓《杨宪本》（手抄本）第 76 页。		

例句	按出现，泊，阿书，七。 按出现，译为“金香”；泊，译为“把”；阿书，译为“引燃”；七，译为“从”。 全句合译：先从金香处点燃。		
词汇	③安出先	词义	金香
文献	吉林省吉林市土城子口钦佟赵姓《交罗本》第6页。		
例句	安出先，博，阿那莫，牙禄非。 安出先，译为“金香”；博，译为“把”；阿那莫，译为“逐个”；牙禄非，译为“引燃”。 全句合译：把金香逐个引燃。		
词汇	①哈音	词义	大
文献	吉林省长春市九台区莽卡杨姓《杨宪本》（手抄本）第60页。		
例句	哈音，敖木孙，威勒笔。 哈音，译为“大”；敖木孙，译为“祭肉”；威勒笔，译为“制作”。 全句合译：制作大祭肉。		
词汇	②哈烟	词义	吉祥
文献	吉林省长春市九台区莽卡杨姓《杨宪本》（手抄本）第21页。		
例句	哈烟，恶林，得。 哈烟，译为“吉祥”；恶林，译为“此时”；得，译为“在”。 全句合译：此时吉祥。		
词汇	③阿音	词义	大
文献	吉林省长春市九台区莽卡杨姓《杨宪本》（手抄本）第40页。		
例句	阿音，敖木孙，威勒笔。 阿音，译为“大”；敖木孙，译为“祭肉”；威勒笔，译为“制作”。		

	全句合译：制作大祭肉。		
词汇	④阿因	**词义**	大
文献	吉林省长春市九台区莽卡杨姓《杨宪本》（手抄本）第 28 页。		
例句	阿因，敖木孙，威勒笔。 阿因，译为“大”；敖木孙，译为“祭肉”；威勒笔，译为“制作”。 全句合译：制作大祭肉。		
词汇	⑤阿银	**词义**	吉祥
文献	吉林省长春市九台区莽卡杨姓《杨宪本》（手抄本）第 3 页。		
例句	阿银，敖木子，为勒疋。 阿银，译为“吉祥”；敖木子，译为“祭肉”；为勒疋，译为“制作”。 全句合译：把吉祥的祭祀肉制作。		
词汇	⑥阿眼	**词义**	吉祥
文献	吉林省长春市九台区莽卡杨姓《杨宪本》（手抄本）第 31 页。		
例句	阿眼，敖木孙，泊，威勒笔。 阿眼，译为“吉祥”；敖木孙，译为“祭肉”；泊，译为“把”；威勒笔，译为“制作”。 全句合译：把吉祥的祭祀肉制作。		
词汇	⑦阿烟	**词义**	吉祥
文献	吉林省长春市九台区其塔木腰哈关姓《罗关本》第 3 页。		
例句	阿烟，敖木朱，阿拉啡。 阿烟，译为“吉祥”；敖木朱，译为“祭肉”；阿拉啡，译为“纳享”。 全句合译：纳享吉祥的祭祀肉。		

<table>
<tr><td>音序</td><td colspan="3">ang</td></tr>
<tr><td>词汇</td><td>①昂阿</td><td>词义</td><td>口</td></tr>
<tr><td>文献</td><td colspan="3">吉林省吉林市土城子口钦佟赵姓《交罗本》第 6 页。</td></tr>
<tr><td>例句</td><td colspan="3">昂阿，吉孙，尔扎林。
昂阿，译为“口”；吉孙，译为“话”；尔扎林，译为“许下”。
全句合译：把话许下。</td></tr>
<tr><td>词汇</td><td>②安阿</td><td>词义</td><td>说</td></tr>
<tr><td>文献</td><td colspan="3">黑龙江省宁安市兰岗关姓《特合本子》第 2 页。</td></tr>
<tr><td>例句</td><td colspan="3">安阿，吉顺，二扎，博。
安阿，译为“说”；吉顺，译为“话”；二扎，译为“许”；博，译为“把”。
全句合译：说话间把愿许下。</td></tr>
<tr><td>词汇</td><td>③哼阿</td><td>词义</td><td>说</td></tr>
<tr><td>文献</td><td colspan="3">黑龙江省宁安市兰岗关姓《阿拉街本》第 1 页。</td></tr>
<tr><td>例句</td><td colspan="3">哼阿，集身，而扎，箔。
哼阿，译为“说”；集身，译为“话”；而扎，译为“许”；箔，译为“把”。
全句合译：说话时把愿许下。</td></tr>
<tr><td>词汇</td><td>④昂阿</td><td>词义</td><td>吃</td></tr>
<tr><td>文献</td><td colspan="3">吉林省长春市九台区其塔木石姓《东哈本》(第 1 册)第 51 页。</td></tr>
<tr><td>例句</td><td colspan="3">昂阿，不达，阿木唐阿，卧七。
昂阿，译为“吃”；不达，译为“饭”；阿木唐阿，译为“有滋味”；卧七，译为“可以作为”。
全句合译：吃饭有滋味了。</td></tr>
<tr><td>词汇</td><td>①昂独</td><td>词义</td><td>山阳面</td></tr>
<tr><td>文献</td><td colspan="3">吉林省长春市九台区莽卡杨姓《杨宪本》(手抄本)第 42 页。</td></tr>
<tr><td>例句</td><td colspan="3">昂独，泊，打不莫。</td></tr>
</table>

	昂独，译为“山阳面”；泊，译为“把”；打不莫，译为“越过”。 全句合译：由山的阳坡越过。		
词汇	②安图	词义	山阳面
文献	吉林省长春市九台区莽卡杨姓《杨宪本》（手抄本）第 74 页。		
例句	安图，泊，打不莫。 安图，译为“山阳面”；泊，译为“把”；打不莫，译为“越过”。 全句合译：把山的阳坡越过。		
词汇	③安秃	词义	山阳坡
文献	吉林省长春市九台区胡家石姓《小韩本》（引宋和平译注本）第 86 页。		
例句	杜伦不合，安秃，一，爱心，箔克秃，得。 杜伦不合，译为“通过”；安秃，译为“山阳坡”；一，译为“的”；爱心，译为“金”；箔克秃，译为“楼”；得，译为“在”。 全句合译：通过在山阳坡上的金楼子。		
音序	ɑo		
词汇	①敖都妈妈	词义	女神名
文献	吉林省长春市九台区其塔木石姓《东哈本》（第 2 册）第 9 页。		
例句	敖都妈妈，佛洛国出课。 敖都妈妈，系女神名；佛洛国出课，译为“神奇”。 全句合译：神奇的女神敖都妈妈。		
词汇	②奥读妈妈	词义	女神名
文献	吉林省长春市九台区胡家石姓《小韩本》（引宋和平译注本）第 265 页。		
例句	奥读妈妈，得，伯棱俄。 奥读妈妈，系女神名（无从考证）；得，译为“在”；		

	伯棱俄，译为“乞求”。 全句合译：在乞求女神奥读妈妈。		
词汇	①敖东	**词义**	牧马
文献	黑龙江省宁安市兰岗关姓《特合本子》第 11 页。		
例句	敖东，芝麻。 敖东，译为“牧马”；芝麻，译为“吃草”。 全句合译：放马吃草。		

<table>
<tr><td rowspan="2">音序</td><td colspan="3">B</td></tr>
<tr><td colspan="3">ba</td></tr>
<tr><td>词汇</td><td>①八</td><td>词义</td><td>月</td></tr>
<tr><td>文献</td><td colspan="3">吉林省吉林市乌拉街韩屯关姓《敬义神书》（手抄本）第 14 页。</td></tr>
<tr><td>例句</td><td colspan="3">一车，八，箔，阿里非。
一车，译为“新”；八，译为“月”；箔，译为“把”；阿里非，译为“迎来”。
全句合译：把新月迎来。</td></tr>
<tr><td>词汇</td><td>②叭</td><td>词义</td><td>月亮</td></tr>
<tr><td>文献</td><td colspan="3">吉林省长春市九台区胡家石姓《小韩本》（引自宋和平译注本）第 206 页。</td></tr>
<tr><td>例句</td><td colspan="3">叭，博，打立哈。
叭，译为“月亮”；博，译为“把”；打立哈，译为“遮挡”。
全句合译：把月亮遮挡。</td></tr>
<tr><td>词汇</td><td>③边</td><td>词义</td><td>月</td></tr>
<tr><td>文献</td><td colspan="3">吉林省吉林市乌拉街韩屯关姓《敬义神书》（手抄本）第 7 页。</td></tr>
<tr><td>例句</td><td colspan="3">佛，边，箔，弗得非。
佛，译为“旧”；边，译为“月”；箔，译为“把”；弗得非，译为“送走”。
全句合译：把旧月送走。</td></tr>
<tr><td>词汇</td><td>④博</td><td>词义</td><td>月</td></tr>
<tr><td>文献</td><td colspan="3">吉林省长春市九台区胡家石姓《小韩本》（引自宋和平译注本）第 246 页。</td></tr>
<tr><td>例句</td><td colspan="3">博；孙，博，书勒得合。
博，译为“月”；孙，译为“日”；博，译为“将”；书勒得合，译为“盘旋”。
全句合译：将日月盘旋。</td></tr>
</table>

<table>
<tr><td>词汇</td><td>①巴</td><td>词义</td><td>处</td></tr>
<tr><td>文献</td><td colspan="3">吉林省长春市九台区胡家石姓《小韩本》（引自宋和平译注本）第 239 页。</td></tr>
<tr><td>例句</td><td colspan="3">而扎不棱俄，巴，必七。
而扎不棱俄，译为“使离开不合礼仪”；巴，译为“处”；必七，译为“若有”。
全句合译：若有偏离礼仪之处。</td></tr>
<tr><td>词汇</td><td>②巴得</td><td>词义</td><td>处；处在</td></tr>
<tr><td>文献</td><td colspan="3">吉林省长春市九台区胡家石姓《小韩本》（引自宋和平译注本）第 266 页、第 352 页。</td></tr>
<tr><td rowspan="2">例句</td><td colspan="3">牙禄哈，莫林，巴得，博，太，三，得。
牙禄哈，译为“骑”；莫林，译为“战马”；巴得，译为“处”；博，译为“将”；太，译为“太平”；三，译为“吉祥”；得，译为“在”。
全句合译：在骑战马之处，将会太平吉祥。</td></tr>
<tr><td colspan="3">民，巴得，各纳合。
民，译为“我们”；巴得，译为“处在”；各纳合，译为“去了”。
全句合译：我们去了各处。</td></tr>
<tr><td>词汇</td><td>③巴博</td><td>词义</td><td>处</td></tr>
<tr><td>文献</td><td colspan="3">吉林省长春市九台区胡家石姓《小韩本》（引自宋和平译注本）第 305 页。</td></tr>
<tr><td>例句</td><td colspan="3">牙不哈，巴博，得。
牙不哈，译为“行”；巴博，译为“处”；得，译为“在”。
全句合译：走到各地。</td></tr>
<tr><td>词汇</td><td>①巴七</td><td>词义</td><td>地</td></tr>
<tr><td>文献</td><td colspan="3">吉林省长春市九台区胡家石姓《小韩本》（引自宋和平译注本）第 244 页。</td></tr>
<tr><td>例句</td><td colspan="3">伯棱俄，尼伦，巴七，尼伦，巴七。
伯棱俄，译为“乞求”；尼伦，译为“牛录”；巴七，</td></tr>
</table>

	译为“之地”；尼伦，译为“牛录”；巴七，译为“地”。 全句合译：乞求所在地的本牛录……		
词汇	②伯	词义	地方
文献	吉林省长春市九台区胡家石姓《小韩本》（引自宋和平译注本）第 360 页。		
例句	几立，斑几勒，伯，库。 几立，译为“气”；斑几勒，译为“生”；伯，译为“地方”；库，译为“没有”。 全句合译：没有地方生气。		
词汇	①巴颜	词义	富
文献	吉林省长春市九台区莽卡杨姓《杨宪本》（手抄本）第 50 页。		
例句	巴颜，波罗力。 巴颜，译为“富”；波罗力，译为“秋”。 全句合译：富裕的秋季。		
词汇	②巴眼	词义	富
文献	吉林省长春市九台区胡家石姓《小韩本》（引自宋和平译注本）第 40 页。		
例句	巴眼，博洛立。 巴眼，译为“富”；博洛立，译为“秋”。 全句合译：富裕的秋季。		
词汇	③巴烟	词义	富
文献	吉林省长春市九台区其塔木石姓《东哈本》（第 2 册）第 12 页。		
例句	巴烟，波洛力。 巴烟，译为“富”；波洛力，译为“秋”。 全句合译：富裕的秋季。		
词汇	④巴因	词义	富裕
文献	吉林省长春市九台区莽卡杨姓《杨宪本》（手抄本）第 54 页。		

例句	巴他拉库，巴因，卧不莫。 巴他拉库，译为“不过分”；巴因，译为“富裕”；卧不莫，译为“可以作为”。 全句合译：富富有余而又不过分。		
词汇	⑤八人	词义	富裕
文献	黑龙江省宁安市兰岗关姓《特合本子》第 2 页。		
例句	八人，爷，波罗里。 八人，译为“富裕”；爷，译为“的”；波罗里，译为“秋天”。 全句合译：富裕的秋天。		
词汇	⑥八音	词义	富裕
文献	黑龙江省宁安市兰岗关姓《阿拉街本》（手抄本）第 2 页。		
例句	八音，爷，波罗呢。 八音，译为“富裕”；爷，译为“的”；波罗呢，译为“秋天”。 全句合译：富裕的秋季。		
词汇	⑦八因	词义	富裕
文献	吉林省长春市九台区莽卡杨姓《杨宪本》（手抄本）第 45 页。		
例句	八因，波罗立。 八因，译为“富裕”；波罗立，译为“秋”。 全句合译：富裕的秋天。		
词汇	⑧八烟	词义	富裕
文献	吉林省长春市九台区莽卡杨姓《杨宪本》（手抄本）第 41 页。		
例句	八烟，波罗立。 八烟，译为“富裕”；波罗立，译为“秋”。 全句合译：富裕的秋季。		
词汇	⑨半人	词义	富裕

文献	黑龙江省宁安市兰岗关姓《特合本子》第 2 页。		
例句	半人，台，半吉乐。 半人，译为“富裕”；台，译为“太平”；半吉乐，译为“生活”。 全句合译：生活过得太平、富裕。		
词汇	①巴图鲁	词义	勇士
文献	吉林省长春市九台区其塔木石姓《东哈本》（第 2 册）第 23 页。		
例句	巴图鲁，妈发，佛洛国出课。 巴图鲁，译为“勇士”；妈发，译为“祖先”；佛洛国出课，译为“神奇”。 全句合译：祖先是神奇的勇士。		
词汇	②巴秃鲁	词义	勇士
文献	吉林省长春市九台区其塔木石姓《东哈本》（第 1 册）第 4 页。		
例句	巴秃鲁，瞒泥，伏七西，奢。 巴秃鲁，译为“勇士”；瞒泥，译为“英雄”；伏七西，译为“善神”；奢，译为“等”。 全句合译：勇士、英雄、善佛神等。		
词汇	③扒土路	词义	勇士
文献	吉林省长春市九台区莽卡杨姓《杨静棠本》第 5 页。		
例句	心打必，扒土路，都卡，泊，押克西笔。 心打必，译为“放开”；扒土路，译为“勇士”；都卡，译为“大门”；泊，译为“把”；押克西笔，译为“关闭”。 全句合译：勇士们把关闭的大门打开了。		
词汇	④八图路	词义	勇士
文献	吉林省长春市九台区莽卡杨姓《杨宪本》（手抄本）第 5 页。		
例句	心打，八图路，都卡，泊，押克西笔。 心打，译为“放开”；八图路，译为“勇士”；都卡，		

	译为“大门”；泊，译为“把”；押克西笺，译为“关闭”。 全句合译：勇士们把关闭的大门打开了。		
词汇	①八克他拉库	词义	过分
文献	吉林省长春市九台区莽卡杨姓《杨宪本》（手抄本）第 15 页。		
例句	八克他拉库，八音，八，得，卧不莫。 八克他拉库，译为“过分”；八音，译为“富裕”；八，译为“地方”；得，译为“在”；卧不莫，译为“可为”。 全句合译：在当地过得很富裕。		
词汇	②巴克他拉库	词义	过分
文献	吉林省长春市九台区莽卡杨姓《杨宪本》（手抄本）第 48 页。		
例句	巴克他拉库，巴颜，卧不莫。 巴克他拉库，译为“过分”；巴颜，译为“富有”；卧不莫，译为“可以”。 全句合译：富有得过分。		
词汇	①巴他拉库	词义	不过分
文献	吉林省长春市九台区莽卡杨姓《杨宪本》（手抄本）第 54 页。		
例句	巴他拉库，巴因，卧不莫。 巴他拉库，译为“不过分”；巴因，译为“富有”；卧不莫，译为“可以”。 全句合译：富有得不过分是可以的。		
词汇	②八他拉库	词义	不过分
文献	吉林省长春市九台区莽卡杨姓《杨宪本》（手抄本）第 78 页。		
例句	八他拉库，八音，卧不莫。 八他拉库，译为“不过分”；八音，译为“富有”；卧不莫，译为“可为”。 全句合译：不过分的富有可以为之。		

词汇	③八他特拉库	词义	容纳不下
文献	吉林省长春市九台区莽卡杨姓《杨宪本》（手抄本）第 81 页。		
例句	八他特拉库，八音，卧不莫。 八他特拉库，译为“容纳不下”；八音，译为“富有”；卧不莫，译为“可为”。 全句合译：富裕得容纳不下，也是可以的。		
词汇	①巴哈	词义	得
文献	吉林省长春市九台区胡家石姓《小韩本》（引自宋和平译注本）第 283 页。		
例句	尼莫库，巴哈。 尼莫库，译为“病”；巴哈，译为“得”。 全句合译：得病。		
词汇	②巴哈非	词义	受
文献	吉林省长春市九台区胡家石姓《小韩本》（引自宋和平译注本）第 119 页。		
例句	嘎什汗，巴哈非。 嘎什汗，译为“灾”；巴哈非，译为“受”。 全句合译：受灾。		
词汇	③奔合非	词义	得到
文献	吉林省吉林市土城子口钦佟赵姓《交罗本》第 27 页。		
例句	阿年阿，博，奔合非。 阿年阿，译为“年”；博，译为“把”；奔合非，译为“得到”。 全句合译：什么样的年月将得到……		
词汇	④叭哈哭	词义	收获了
文献	黑龙江省宁安市兰岗关姓《阿拉街本•拉拉还愿祭》第 1 段。		
例句	读身那，法寅坤箔，叭哈哭。		

	读身那，译为“用锨打场”；法寅坤箔，译为“碾子，把”；叭哈哭，译为“收获了”。 全句合译：用木锨打场，用碾子压黏谷，收谷收粮了。		
词汇	⑤八哈博	词义	得到了
文献	黑龙江省宁安市兰岗关姓《特合本子》第 2 页。		
例句	奔合疋子，八哈博。 奔合疋子，译为“备办”；八哈博，译为“得到了”。 全句合译：秋季已来到，贡品备妥。		
词汇	⑥拔哈博	词义	得到了
文献	黑龙江省宁安市兰岗关姓《特合本子》第 3 页。		
例句	三人，特根，拔哈博。 三人，译为“吉祥”；特根，译为“居住”；拔哈博，译为“得到了”。 全句合译：居住在此地得到了吉祥如意。		
词汇	⑦博不刻	词义	得到了
文献	黑龙江省宁安市兰岗关姓《特合本子》第 3 页。		
例句	八人，那博，博不刻。 八人，译为“富有”；那博，译为“在当地”；博不刻，译为“得到了”。 全句合译：在当地获得了富有（的生活）。		
词汇	⑧博佈开	词义	得到了
文献	黑龙江省宁安市兰岗关姓《特合本子》第 3 页。		
例句	乌德，那博，博佈开。 乌德，译为“养育了”；那博，译为“在各地”；博佈开，译为“得到了”。 全句合译：在各地得到了养育和繁衍。		
词汇	⑨巴哈必	词义	失而复得
文献	吉林省长春市九台区莽卡杨姓《杨宪本》（手抄本）第 84 页。		

例句	乌哈，胡拉哈拉莫。阿不兰，巴哈必。 乌哈，译为“统统”；胡拉哈拉莫，译为“被偷走”；阿不兰，译为“很多”；巴哈必，译为“失而复得”。 全句合译：统统被他人偷走后，很多又失而复得了。		
词汇	⑩巴哈不哈	词义	得到
文献	吉林省长春市九台区莽卡杨姓《杨宪本》（手抄本）第 84 页。		
例句	图桥西，巴哈不哈。 图桥西，译为“举人”；巴哈不哈，译为“得到”。 全句合译：得到功名，中举了。		
词汇	⑪巴纳	词义	得到
文献	吉林省长春市九台区其塔木石姓《东哈本》（第 1 册）第 2 页。		
例句	巴纳，斑吉不莫，沃洛滚，德。 巴纳，译为“得到”；斑吉不莫，译为“生活”；沃洛滚，译为“天运”；德，译为“在”。 全句合译：生活顺遂有秩序。		
词汇	⑫巴哈赊非	词义	拿到了
文献	吉林省长春市九台区其塔木石姓《东哈本》（第 1 册）第 53 页。		
例句	按巴，戗拉，德，巴哈赊非。 按巴，译为“大”；戗拉，译为“手”；德，译为“在”；巴哈赊非，译为“拿到了”。 全句合译：大手拿到了很多很多。		
词汇	⑬白大撇	词义	得
文献	黑龙江省宁安市兰岗关姓《特哈本子》第 7 页。		
例句	发恩，德，百大撇。 发恩，译为“摆放”；德，译为“在”；白大撇，译为“得”。 全句合译：摆上后，神会得到。		

<table>
<tr><td>词汇</td><td>⑭白大抛</td><td>词义</td><td>取</td></tr>
<tr><td>文献</td><td colspan="3">黑龙江省宁安市兰岗关姓《特合本子》第 2 页。</td></tr>
<tr><td>例句</td><td colspan="3">阿德那，得，白大抛。
阿德那，译为“逐一”；得，译为“在”；白大抛，译为“取”。
全句合译：逐个取来。</td></tr>
<tr><td>词汇</td><td>⑮白平刻</td><td>词义</td><td>得到了</td></tr>
<tr><td>文献</td><td colspan="3">黑龙江省宁安市兰岗关姓《阿拉街本》第 2 段。</td></tr>
<tr><td>例句</td><td colspan="3">八人，那，德，白平刻。
八人，译为“富”；那，译为“处处”；德，译为“在”；白平刻，译为“得到了”。
全句合译：富裕的生活已处处得到了。</td></tr>
<tr><td>词汇</td><td>⑯巴哈不莫</td><td>词义</td><td>使得；敞开；得到</td></tr>
<tr><td>文献</td><td colspan="3">吉林省长春市九台区胡家石姓《小韩本》（引自宋和平译注本）第 289 页、第 330 页、第 356 页。</td></tr>
<tr><td rowspan="3">例句</td><td colspan="3">胡秃立，朱滚，博，巴哈不莫。
胡秃立，译为“福”；朱滚，译为“道”；博，译为“把”；巴哈不莫，译为“使得”。
全句合译：将得到了通往幸福之路。</td></tr>
<tr><td colspan="3">斑几勒，朱滚，博，巴哈不莫。
斑几勒，译为“生”；朱滚，译为“路”；博，译为“把”；巴哈不莫，译为“敞开”。
全句合译：把生路敞开。</td></tr>
<tr><td colspan="3">斑几勤，朱滚，博，巴哈不莫。
斑几勤，译为“生”；朱滚，译为“路”；博，译为“把”；巴哈不莫，译为“得到”。
全句合译：得到了生路。</td></tr>
<tr><td>词汇</td><td>⑰巴哈笔</td><td>词义</td><td>得</td></tr>
<tr><td>文献</td><td colspan="3">吉林省长春市九台区莽卡杨姓《杨宪本》（手抄本）</td></tr>
</table>

	第 84 页。		
例句	朱射，你妈库，巴哈笔。 朱射，译为“儿子”；你妈库，译为“病”；巴哈笔，译为“得”。 全句合译：儿子得病了。		
词汇	⑱八哈不楼	词义	得到了
文献	吉林省长春市九台区莽卡杨姓《杨宪本》（手抄本）第 5 页。		
例句	心打，斑吉不勤，朱滚，泊，八哈不楼。 心打，译为“放开”；斑吉不勤，译为“生活”；朱滚，译为“道”；泊，译为“把”；八哈不楼，译为“得到了”。 全句合译：把关闭之路打开，得到了生活出路。		
词汇	⑲八哈不楼笔	词义	得到了
文献	吉林省长春市九台区莽卡杨姓《杨宪本》（手抄本）第 5 页。		
例句	新打，斑吉不勤，朱滚，泊，八哈不楼笔。 新打，译为“放开”；斑吉不勤，译为“生活”；朱滚，译为“道”；泊，译为“把”；八哈不楼笔，译为“得到了”。 全句合译：把关闭之门打开，得到了生活之路。		
词汇	⑳八里家刻	词义	收下
文献	吉林省吉林市乌拉街韩屯关姓《敬义神书》（手抄本）第 13 页。		
例句	阿因先，箔，八里家刻。 阿因先，译为“大香”；箔，译为“将”；八里家刻，译为“收下”。 全句合译：请将大香火收下。		
词汇	①巴克山	词义	一伙伙；一群群；一队队；把子
文献	吉林省长春市九台区胡家石姓《小韩本》（引自宋和		

	平译注本）第 39 页、第 73 页、第 91 页。
例句	巴克山，巴克山，博得勤其。 巴克山，译为“一伙伙”；巴克山，译为“一群群”；博得勤其，译为“请回去吧”。 全句合译：一伙伙、一群群的人，请回去吧！
	巴克山，巴克山，博，博得勤其。 巴克山，译为“一伙伙”；巴克山，译为“一队队”；博，译为“把”；博得勤其，译为“回吧”。 全句合译：一伙伙、一队队的人，请回吧！
	巴克山，先，博，打不勤。 巴克山，译为“把子”；先，译为“香”；博，译为“把”；打不勤，译为“点燃”。 全句合译：把把子香点燃。

词汇	②巴克沙拉非	词义	分队
文献	吉林省长春市九台区胡家石姓《小韩本》（引自宋和平译注本）第 199 页。		
例句	阿巴卡，得拉鸡，巴克沙拉非，那一，朱拉干，七克坛，博。 阿巴卡，译为“天”；得拉鸡，译为“上”；巴克沙拉非，译为“分队”；那一，译为“地”；朱拉干，译为“行”；七克坛，译为“直”；博，译为“啊”。 全句合译：由天上分队地直行而来啊！		
词汇	①巴台	词义	仇敌
文献	吉林省长春市九台区胡家石姓《小韩本》（引自宋和平译注本）第 330 页。		
例句	巴台，杜卡，牙克心不腓，斑几勤，朱滚，博。 巴台，译为“仇敌”；杜卡，译为“门”；牙克心不腓，译为“使关闭”；斑几勤，译为“生”；朱滚，译为“路”；博，译为“将”。 全句合译：生路之门，已将被仇敌关闭。		

<table>
<tr><td>词汇</td><td>①巴音</td><td>词义</td><td>粗</td></tr>
<tr><td>文献</td><td colspan="3">吉林省长春市九台区胡家石姓《小韩本》（引自宋和平译注本）第 99 页。</td></tr>
<tr><td>例句</td><td colspan="3">秦博，一兰，鸡拉得，巴音，台宝，杜勒合。
秦博，译为“正把”；一兰，译为“三”；鸡拉得，译为“飘带”；巴音，译为“粗”；台宝，译为“大梁”；杜勒合，译为“过”。
全句合译：正在通过三条飘带粗的大梁柁。</td></tr>
<tr><td>词汇</td><td>②八音</td><td>词义</td><td>粗</td></tr>
<tr><td>文献</td><td colspan="3">吉林省长春市九台区胡家石姓《小韩本》（引自宋和平译注本）第 62 页。</td></tr>
<tr><td>例句</td><td colspan="3">八音，台宝，多西七。
八音，译为“粗”；台宝，译为“梁”；多西七，译为“进来”。
全句合译：从房门口的粗梁柁处进入。</td></tr>
<tr><td>词汇</td><td>①巴拉鸡拉</td><td>词义</td><td>收了；收起</td></tr>
<tr><td>文献</td><td colspan="3">吉林省长春市九台区胡家石姓《小韩本》（引自宋和平译注本）第 148 页、第 152 页。</td></tr>
<tr><td rowspan="2">例句</td><td colspan="3">先，瑃，博，巴拉鸡拉。
先，译为“番”；瑃，译为“火”；博，译为“把”；巴拉鸡拉，译为“收了”。
全句合译：把香火收了。</td></tr>
<tr><td colspan="3">先，瑃，博，巴拉鸡拉。
先，译为“番”；瑃，译为“火”；博，译为“把”；巴拉鸡拉，译为“收起”。
全句合译：把香火收起。</td></tr>
<tr><td>词汇</td><td>②巴拉鸡哈</td><td>词义</td><td>收获</td></tr>
<tr><td>文献</td><td colspan="3">吉林省长春市九台区其塔木石姓《东哈本》（第 2 册）第 12 页。</td></tr>
</table>

例句	巴烟，波洛力，巴拉鸡哈。 巴烟，译为“富”；波洛力，译为“秋”；巴拉鸡哈，译为“收获”。 全句合译：富裕的秋季已收获。		
词汇	③巴拉鸡莫	词义	收成
文献	吉林省长春市九台区胡家石姓《小韩本》（引自宋和平译注本）第252页。		
例句	博勤立，博，巴拉鸡莫。 博勤立，译为“秋天”；博，译为“把”；巴拉鸡莫，译为“收成”。 全句合译：秋天时节收获了。		
词汇	④八拉加哈	词义	收藏
文献	吉林省吉林市土城子口钦佟赵姓《交罗本》第7页		
例句	德，特合，八拉加哈，厄林。 德，译为“把”；特合，译为“脚”；八拉加哈，译为“收藏”；厄林，译为“此时”。 全句合译：此时，把脚收藏起来。		
词汇	①八克其拉莫	词义	对坐
文献	吉林省长春市九台区莽卡杨姓《杨宪本》（手抄本）第60页。		
例句	特哭，得，特笔，八克其拉莫。 特哭，译为“座位”；得，译为“在”：特笔，译为“坐下”；八克其拉莫，译为“对坐”。 全句合译：在座位上对坐着。		
词汇	②八喀七拉莫	词义	对坐
文献	吉林省长春市九台区莽卡杨姓《杨静棠本》第6页。		
例句	特库，得，特疋，八喀七拉莫。 特库，译为“座位”；得，译为“在”；特疋，译为“坐下”；八喀七拉莫，译为“对坐”。 全句合译：回到座位上对坐坐下。		

<table>
<tr><td>音序</td><td colspan="3">bai</td></tr>
<tr><td>词汇</td><td>①白非</td><td>词义</td><td>乞求</td></tr>
<tr><td>文献</td><td colspan="3">吉林省吉林市乌拉街韩屯关姓《敬义神书》（手抄本）第 14 页。</td></tr>
<tr><td>例句</td><td colspan="3">合饽饽，白非。
合饽饽，译为“互相商量”；白非，译为“乞求”。
全句合译：商量后一起乞求。</td></tr>
<tr><td>词汇</td><td>②白义非</td><td>词义</td><td>乞求</td></tr>
<tr><td>文献</td><td colspan="3">吉林省吉林市乌拉街韩屯关姓《敬义神书》（手抄本）第 8 页。</td></tr>
<tr><td>例句</td><td colspan="3">昂阿拉，托莫，白义非。
昂阿拉，译为“家中人”；托莫，译为“每个”；白义非，译为“乞求”。
全句合译：每位家中人都在乞求。</td></tr>
<tr><td>词汇</td><td>③白勒</td><td>词义</td><td>寻求</td></tr>
<tr><td>文献</td><td colspan="3">吉林省吉林市耿屯钱姓《折子本》第 6 段。</td></tr>
<tr><td>例句</td><td colspan="3">白勒，德，卧立，发兰，德。
白勒，译为“寻求”；德，译为“在”；卧立，译为“二十”；发兰，译为“屋内”；德，译为“在”。
全句合译：每次二十人，在屋内行叩首礼乞求。</td></tr>
<tr><td>词汇</td><td>④白米开</td><td>词义</td><td>乞求</td></tr>
<tr><td>文献</td><td colspan="3">黑龙江省宁安市兰岗关姓《特合本子》第 2 页。</td></tr>
<tr><td>例句</td><td colspan="3">素力，德，白米开。
素力，译为“宴请”；德，译为“在”；白米开，译为“乞求”。
全句合译：一边宴请一边乞求着。</td></tr>
<tr><td>词汇</td><td>⑤箔米刻</td><td>词义</td><td>乞求</td></tr>
<tr><td>文献</td><td colspan="3">黑龙江省宁安市兰岗关姓《阿拉街本》第 2 段。</td></tr>
<tr><td>例句</td><td colspan="3">户孙哩，德，箔米刻。
户孙哩,译为“繁衍”；德，译为“在”；箔米刻，译</td></tr>
</table>

	为“乞求”。 全句合译：在乞求子孙繁衍昌盛。		
词汇	⑥伯木	词义	乞求
文献	吉林省长春市九台区胡家石姓《小韩本》（引自宋和平译注本）第 94 页。		
例句	石克特立哈拉，伯木，几合。 石克特立哈拉，译为“石姓”；伯木，译为“乞求”；几合，译为“来”。 全句合译：石姓家族来乞求。		
词汇	⑦伯莫	词义	乞求
文献	吉林省长春市九台区胡家石姓《小韩本》（引自宋和平译注本）第 173 页。		
例句	石克特立哈拉，伯莫，几合。 石克特立哈拉，译为“石姓”；伯莫，译为“乞求”；几合，译为“来”。 全句合译：石姓家族来乞求。		
词汇	⑧伯七	词义	乞求
文献	吉林省吉林市土城子口钦佟赵姓《交罗本》第 12 页。		
例句	阿那莫，伯七。 阿那莫，译为“逐一”；伯七，译为“乞求”。 全句合译：逐一乞求。		
词汇	⑨泊嫩笔	词义	乞求
文献	吉林省长春市九台区莽卡杨姓《杨宪本》（手抄本）第 5 页。		
例句	新打，胡图立，昂阿，泊嫩笔。 新打，译为“放开”；胡图立，译为“福”；昂阿，译为“口”；泊嫩笔，译为“乞求”。 全句合译：开口把幸福乞求。		
词汇	⑩白仍恶	词义	乞求
文献	吉林省长春市九台区莽卡杨姓《杨静棠本》第 6 页。		

例句	白仍恶，木兰，得。 白仍恶，译为“乞求”；木兰，译为“圆的”；得，译为“在”。 全句合译：（人们）在地上坐成圆形一圈来乞求。		
词汇	⑪不仍恶	词义	乞求
文献	吉林省长春市九台区莽卡杨姓《杨宪本》（手抄本）第 76 页。		
例句	阿里，不仍恶。 阿里，译为“请纳享”；不仍恶，译为“乞求”。 全句合译：乞求纳享。		
词汇	⑫白楞危	词义	乞求
文献	吉林省长春市九台区其塔木石姓《东哈本》第 9 页。		
例句	胡孙，博，白楞危。 胡孙，译为“力”；博，译为“将”；白楞危，译为“乞求”。 全句合译：将尽力去乞求。		
词汇	⑬白哈	词义	乞求
文献	吉林省长春市九台区其塔木石姓《东哈本》（第 2 册）第 20 页。		
例句	白哈，博，打哈末。 白哈，译为“乞求”；博，译为“把”；打哈末，译为“跟随”。 全句合译：将跟随着一起乞求。		
词汇	⑭白行危	词义	乞求
文献	吉林省长春市九台区其塔木石姓《东哈本》（第 2 册）第 20 页。		
例句	我林，以，白行危。 我林，译为“此时”；以，译为“的”；白行危，译为“乞求”。 全句合译：乞求的时候。		

词汇	⑮白楞俄	词义	乞求
文献	吉林省长春市九台区其塔木石姓《东哈本》（第 2 册）第 14 页。		
例句	飞佛杜妈妈，白楞俄。 飞佛杜妈妈，译为“柳枝妈妈”；白楞俄，译为“乞求”。 全句合译：乞求柳枝妈妈。		
词汇	⑯白力宁危	词义	乞求
文献	吉林省长春市九台区其塔木石姓《东哈本》（第 1 册）第 16 页。		
例句	太平，三，德，白力宁危。 太平，译为“太平”；三，译为“吉祥”；德，译为“在”；白力宁危，译为“乞求”。 全句合译：在乞求太平吉祥。		
词汇	⑰白楞额	词义	乞求
文献	吉林省长春市九台区其塔木石姓《东哈本》（第 2 册）第 22 页。		
例句	胡孙，博，胡途力，博，白楞额。 胡孙，译为“力”；博，译为“把”；胡途力，译为“福”；博，译为“把”；白楞额，译为“乞求”。 全句合译：尽力把福运来乞求。		
词汇	⑱伯棱俄	词义	乞求
文献	吉林省长春市九台区胡家石姓《小韩本》（引自宋和平译注本）第 296 页。		
例句	尸你文七，赊夫，玛法，伯棱俄。 尸你文七，译为“第六位”；赊夫，译为“师傅”；玛法，译为“太爷”；伯棱俄，译为“乞求”。 全句合译：乞求第六位太爷师傅。		
词汇	⑲伯立俄	词义	乞求
文献	吉林省长春市九台区胡家石姓《小韩本》（引自宋和		

	平译注本）第 175 页。		
例句	三得，伯立俄。 三得，译为“吉祥”；伯立俄，译为“乞求”。 全句合译：乞求吉祥。		
词汇	⑳伯吉哈	**词义**	乞求
文献	吉林省长春市九台区胡家石姓《小韩本》（引自宋和平译注本）第 196 页。		
例句	石克特立哈拉，伯吉哈。 石克特立哈拉，译为“石姓”；伯吉哈，译为“乞求”。 全句合译：石姓来乞求。		
词汇	㉑伯杭俄	**词义**	所求的
文献	吉林省长春市九台区胡家石姓《小韩本》（引自宋和平译注本）第 233 页。		
例句	伯杭俄，伯汤阿，得，嘎莫勒。 伯杭俄，译为“所求的”；伯汤阿，译为“事情”；得，译为“在”；嘎莫勒，译为“依从”。 全句合译：在依从所求的事情。		
词汇	㉒伯俚	**词义**	祝福人
文献	吉林省吉林市土城子口钦佟赵姓《交罗本》第 2 页。		
例句	伯俚，卧不朱，呆迷，郭吉，七。 伯俚，译为“祝福人”；卧不朱，译为“迎接”；呆迷，译为“我们的”；郭吉，译为“心意”；七，译为“由”。 全句合译：我们的心意由祝福人来代替。		
词汇	㉓伯哈宁厄	**词义**	乞求者
文献	吉林省吉林市土城子口钦佟赵姓《交罗本》第 6 页。		
例句	伯哈宁厄，伯唐阿，德，卧七，京纳合。 伯哈宁厄，译为“乞求者”；伯唐阿，译为“事情”；德，译为“在”；卧七，译为“于是”；京纳合，译为“去取”。 全句合译：因事所求，于是去取。		

词汇	㉔波乐亲	词义	寻找
文献	吉林省长春市九台区莽卡杨姓《杨宪本》（手抄本）第5页。		
例句	波勒，各社，波乐亲，阿库。 波勒，译为“米”；各社，译为“相同”；波乐亲，译为“寻找”；阿库，译为“没有”。 全句合译：想吃饭没有米呀。		
词汇	㉕勒勒	词义	乞求
文献	吉林省长春市九台区莽卡杨姓《杨宪本》（手抄本）第85页。		
例句	勒勒，泊，那卡白。 勒勒，译为“乞求”；泊，译为“把”；那卡白，译为“收下”。 全句合译：乞求把他收下。		
音序	**ban**		
词汇	①班金不	词义	生长
文献	吉林省长春市九台区胡家石姓《小韩本》（引自宋和平译注本）第329页。		
例句	河克打不，而合，太翻，班金不。 河克打不，译为“老者”；而合，译为“平安”；太翻，译为“太平”；班金不，译为“生长”。 全句合译：太太平平，生长到老。		
词汇	②班吉勒	词义	生活
文献	黑龙江省宁安市兰岗关姓《阿拉街本》第2段。		
例句	白人，推哈，班吉勒。 白人，译为“富裕”；推哈，译为“佑护”；班吉勒，译为“生活”。 全句合译：生活在佑护下变得富裕。		
词汇	③班集勒	词义	生育
文献	黑龙江省宁安市兰岗关姓《阿拉街本》第2段。		

<table>
<tr><td>例句</td><td colspan="3">乌云，管迷，班集勒。
乌云，译为“九”；管迷，译为“长的”；班集勒，译为“生育”。
全句合译：生育了九代人。</td></tr>
<tr><td>词汇</td><td>④般吉勒</td><td>词义</td><td>生育</td></tr>
<tr><td>文献</td><td colspan="3">黑龙江省宁安市兰岗关姓《阿拉街本》第 2 段。</td></tr>
<tr><td>例句</td><td colspan="3">扎兰，管迷，般吉勒。
扎兰，译为“代”；管迷，译为“长的”；般吉勒，译为“生育”。
全句合译：生育了（九代）人。</td></tr>
<tr><td>词汇</td><td>⑤班吉刻</td><td>词义</td><td>生活</td></tr>
<tr><td>文献</td><td colspan="3">吉林省吉林市乌拉街韩屯关姓《敬义神书》（手抄本）第 8 页。</td></tr>
<tr><td>例句</td><td colspan="3">阿哈西，萨克达多落，班吉刻。
阿哈西，译为“奴仆们”；萨克达多落，译为“到老”；班吉刻，译为“生活”。
全句合译：奴仆们（在此）生活到老。</td></tr>
<tr><td>词汇</td><td>⑥班及勒</td><td>词义</td><td>制作了</td></tr>
<tr><td>文献</td><td colspan="3">黑龙江省宁安市兰岗关姓《阿拉街本 • 拉拉还愿祭》第 1 段。</td></tr>
<tr><td>例句</td><td colspan="3">不及勒，德，哥能莫；班及勒，得，不雅莫。
不及勒，译为“米”；德，译为“在”；哥能莫，译为“取”；班及勒，译为“制作了”；得，译为“在”；不雅莫，译为“情愿”。
全句合译：把小黄米取来，制作拉拉还愿饽饽。</td></tr>
<tr><td>词汇</td><td>⑦班吉不其</td><td>词义</td><td>制作了</td></tr>
<tr><td>文献</td><td colspan="3">吉林省吉林市耿屯钱姓《折子本》（请神篇）。</td></tr>
<tr><td>例句</td><td colspan="3">朱勒西，班吉不其。
朱勒西，译为“向前”；班吉不其，译为“制作了”。
全句合译：在前面制作了……</td></tr>
</table>

词汇	⑧班吉不勒	**词义**	生活
文献	吉林省长春市九台区莽卡杨姓《杨宪本》（手抄本）第 5 页。		
例句	新打，班吉不勒，朱滚，泊，八哈不楼笔。 新打，译为“开放”；班吉不勒，译为“生活”；朱滚，译为“道路”；泊，译为“把”；八哈不楼笔，译为“得到了”。 全句合译：开放道路后，生活才得到改变。		
词汇	⑨班吉不莫	**词义**	制作了
文献	吉林省吉林市乌拉街韩屯关姓《敬义神书》（手抄本）第 24 页。		
例句	乌云，不打，班吉不莫。 乌云，译为“九（天）”；不打，译为“饭”；班吉不莫，译为“制作了”。 全句合译：为九天制作了米饭。		
词汇	⑩班吉奇你	**词义**	制作了
文献	吉林省吉林市乌拉街韩屯关姓《敬义神书》（手抄本）第 24 页。		
例句	沃云，牙力，班吉奇你。 沃云，译为“九天”；牙力，译为“肉”；班吉奇你，译为“制作了”。 全句合译：为九天制作了祭肉。		
词汇	⑪八叉开	**词义**	生活
文献	黑龙江省宁安市兰岗关姓《特合本子》第 1 页。		
例句	温代，我木，八叉开。 温代，译为“很早”；我木，译为“一”；八叉开，译为“生活”。 全句合译：很早时生活在一起。		
词汇	⑫扒茶刻	**词义**	生活
文献	黑龙江省宁安市兰岗关姓《特合本子》第 1 页。		

例句	恩待，我们，扒茶刻。 恩待，译为“尚早”；我们，译为“一”；扒茶刻，译为“生活”。 全句合译：很早就生活在一块。		
词汇	⑬波德乐	词义	已经过去的日子
文献	黑龙江省宁安市兰岗关姓《特合本子》第 9 页。		
例句	宝屋新，吾大撤；波德乐，多日莫。 宝屋新，译为“房”；吾大撤，译为“买”；波德乐，译为“已经过去的日子”；多日莫，译为“数”。 全句合译：房子已买数日。		
词汇	⑭半其勒	词义	生长
文献	黑龙江省宁安市兰岗关姓《阿拉街本》第 1 段。		
例句	喔昆，舍不，德，半其勒。 喔昆，译为“小”；舍不，译为“快乐”；德，译为“在”；半其勒，译为“生长”。 全句合译：从小快乐生长。		
词汇	⑮半吉乐	词义	生活
文献	黑龙江省宁安市兰岗关姓《特合本子》第 2 页。		
例句	半人，台，半吉乐。 半人，译为“富裕”；台，译为“太平”；半吉乐，译为“生活”。 全句合译：生活得富裕太平。		
词汇	⑯办吉乐	词义	生长
文献	黑龙江省宁安市兰岗关姓《特合本子》第 2 页。		
例句	扎兰，果米，办吉乐。 扎兰，译为“辈”；果米，译为“长的”；办吉乐，译为“生长”。 全句合译：世代在生长着。		
词汇	⑰班吉布	词义	成长

<table>
<tr><td>文献</td><td colspan="3">吉林省吉林市土城子口钦佟赵姓《交罗本》第 27 页。</td></tr>
<tr><td>例句</td><td colspan="3">伯布，沓非，班吉布。
伯布，译为“年幼者”；沓非，译为“肥壮”；班吉布，译为“成长”。
全句合译：年幼者，茁壮成长。</td></tr>
<tr><td>词汇</td><td>⑱班吉不哈</td><td>词义</td><td>留下</td></tr>
<tr><td>文献</td><td colspan="3">吉林省长春市九台区其塔木石姓《东哈本》（第 1 册）第 2 页。</td></tr>
<tr><td>例句</td><td colspan="3">博俄勒，孙，班吉不哈。
博俄勒，译为“归”；孙，译为“太阳”；班吉不哈，译为“留下”。
全句合译：留下一个太阳。</td></tr>
<tr><td>词汇</td><td>⑲班鸡哈</td><td>词义</td><td>生长</td></tr>
<tr><td>文献</td><td colspan="3">吉林省长春市九台区莽卡杨姓《杨宪本》（手抄本）第 82 页。</td></tr>
<tr><td>例句</td><td colspan="3">班鸡哈，牙勒哈。
班鸡哈，译为“生长”；牙勒哈，译为“美丽”。
全句合译：长得美丽。</td></tr>
<tr><td>音序</td><td colspan="3">bei</td></tr>
<tr><td>词汇</td><td>①碑滚</td><td>词义</td><td>冷；很冷</td></tr>
<tr><td>文献</td><td colspan="3">吉林省长春市九台区胡家石姓《小韩本》（引自宋和平译注本）第 160 页、第 314 页。</td></tr>
<tr><td rowspan="2">例句</td><td colspan="3">碑滚，含吞。
碑滚，译为“冷”；含吞，译为“城”。
全句合译：冷城。</td></tr>
<tr><td colspan="3">杜瓦立，阿巴卡，碑滚，得，朱合。
杜瓦立，译为“冬”；阿巴卡，译为“天”；碑滚，译为“很冷”；得，译为“在”；朱合，译为“结冰”。
全句合译：冬天很冷在结冰。</td></tr>
<tr><td>词汇</td><td>②碑还</td><td>词义</td><td>土</td></tr>
</table>

文献	吉林省长春市九台区胡家石姓《小韩本》（引自宋和平译注本）第 205 页。		
例句	石嘎，那拉库，碑还。 石嘎，译为“叉”；那拉库，译为“铁耙”；碑还，译为“土”。 全句合译：用铁耙子叉土。		
词汇	①贝色	词义	贝子
文献	吉林省吉林市土城子口钦佟赵姓《交罗本》第 6 页。		
例句	安木八，贝色，七，卡徒那约。 安木八，译为“大”；贝色，译为“贝子”；七，译为“从”；卡徒那约，译为“报答”。 全句合译：报答大贝子。		
词汇	②碑赊	词义	贝子
文献	吉林省长春市九台区胡家石姓《小韩本》（引自宋和平译注本）第 233 页。		
例句	打哈莫，碑赊，得，我不勒。 打哈莫，译为“跟随”；碑赊，译为“贝子”；得，译为“在”；我不勒，译为“降下来”。 全句合译：跟随贝子降下来了。		
词汇	①笔杀	词义	聚集
文献	吉林省长春市九台区莽卡杨姓《杨宪本》（手抄本）第 39 页。		
例句	笔杀，得，乌奴莫。 笔杀，译为“聚集”；得，译为“在”；乌奴莫，译为“承担者”。 全句合译：聚集在一起，共同承担着。		
词汇	②疋顺	词义	聚集
文献	黑龙江省宁安市兰岗关姓《特合本子》第 11 页。		
例句	疋顺，嘎撒，疋顺，博。 疋顺，译为“聚集”；嘎撒，译为“乡村”；疋顺，译		

	为“聚集”；博，译为“在”。 全句合译：在一个乡村里聚集而居。		
词汇	③槐他秘	词义	聚集
文献	吉林省吉林市乌拉街韩屯关姓《敬义神书》（手抄本）第 112 页。		
例句	按巴，押哈，槐他秘。 按巴，译为“大”；押哈，译为“炭火”；槐他秘，译为“聚集”。 全句合译：大火聚集。		
词汇	①比不合	词义	留在
文献	吉林省长春市九台区胡家石姓《小韩本》（引自宋和平译注本）第 112 页。		
例句	大，舒子，色恳，比不合。 大，译为“老”；舒子，译为“原籍”；色恳，译为“源”；比不合，译为“留在”。 全句合译：留在原籍。		
词汇	①必	词义	有
文献	吉林省长春市九台区胡家石姓《小韩本》（引自宋和平译注本）第 362 页。		
例句	必，河必。 必，译为“有”；河必，译为“徒弟”。 全句合译：有徒弟。		
词汇	②必何	词义	有了
文献	吉林省长春市九台区莽卡杨姓《杨宪本》（手抄本）第 82 页。		
例句	阿那，哈库，必何，赊莫。 阿那，译为“逐一”；哈库，译为“器”；必何，译为“有了”；赊莫，译为“因为”。 全句合译：因为有了祭器，于是逐一摆上。		
词汇	③不何	词义	有了

<table>
<tr><td>文献</td><td colspan="3">吉林省长春市九台区莽卡杨姓《杨静棠本》第 1 页。</td></tr>
<tr><td>例句</td><td colspan="3">不何，赊莫，不差阿库。
不何，译为“有了”；赊莫，译为“因为”；不差阿库，译为“温和”。
全句合译：因为有了……所以温和。</td></tr>
<tr><td>词汇</td><td>④必其</td><td>词义</td><td>若有</td></tr>
<tr><td>文献</td><td colspan="3">吉林省长春市九台区胡家石姓《小韩本》（引自宋和平译注本第 239 页）。</td></tr>
<tr><td>例句</td><td colspan="3">而扎不棱俄，巴，必其。
而扎不棱俄，译为“使离开不合礼仪”；巴，译为“处”；必其，译为“若有”。
全句合译：若有偏离礼仪之处。</td></tr>
<tr><td>词汇</td><td>①必拉</td><td>词义</td><td>河；河流；江</td></tr>
<tr><td>文献</td><td colspan="3">吉林省长春市九台区胡家石姓《小韩本》（引自宋和平译注本）第 115 页、第 115 页、第 363 页。</td></tr>
<tr><td rowspan="3">例句</td><td colspan="3">牙牙，必拉，七，瓦西哈。
牙牙，译为“哪条”；必拉，译为“河”；七，译为“从”；瓦西哈，译为“降临”。
全句合译：从哪条河降临？</td></tr>
<tr><td colspan="3">牙牙，必拉，七，瓦西哈。
牙牙，译为“什么”；必拉，译为“河流”；七，译为“从”；瓦西哈，译为“降临”。
全句合译：从什么河流降临？</td></tr>
<tr><td colspan="3">松卧林，必拉。
松卧林，译为“松花”；必拉，译为“江”。
全句合译：松花江。</td></tr>
<tr><td>词汇</td><td>②笔拉</td><td>词义</td><td>河</td></tr>
<tr><td>文献</td><td colspan="3">吉林省长春市九台区莽卡杨姓《杨宪本》（手抄本）第 2 页。</td></tr>
</table>

<table>
<tr><td>例句</td><td colspan="3">爱心，笔拉，得。
爱心，译为“金”；笔拉，译为“河”；得，译为“在”。
全句合译：金河之水在此。</td></tr>
<tr><td>词汇</td><td>③疋拉</td><td>词义</td><td>河</td></tr>
<tr><td>文献</td><td colspan="3">吉林省长春市九台区莽卡杨姓《杨宪本》（手抄本）第 3 页。</td></tr>
<tr><td>例句</td><td colspan="3">蒙文，疋拉，得。
蒙文，译为“银”；疋拉，译为“河”；得，译为“在”。
全句合译：银河之水在此。</td></tr>
<tr><td>词汇</td><td>④逼拉</td><td>词义</td><td>河</td></tr>
<tr><td>文献</td><td colspan="3">吉林省吉林市土城子口钦佟赵姓《交罗本》第 27 页。</td></tr>
<tr><td>例句</td><td colspan="3">色嘎哥纳非，逼拉，莫科，戈吉非。
色嘎哥纳非，译为“取去”；逼拉，译为“河”；莫科，译为“水”；戈吉非，译为“好一会儿”。
全句合译：去取河水好一会儿。</td></tr>
<tr><td>词汇</td><td>①必尼</td><td>词义</td><td>我的</td></tr>
<tr><td>文献</td><td colspan="3">吉林省长春市九台区胡家石姓《小韩本》（引自宋和平译注本）第 258 页、第 300 页。</td></tr>
<tr><td rowspan="2">例句</td><td colspan="3">必尼，莫讷，俄棱，得。
必尼，译为“我的”；莫讷，译为“事情”；俄棱，译为“此时”；得，译为“在”。
全句合译：我的事情此时在……</td></tr>
<tr><td colspan="3">必尼，莫讷，俄林，得。
必尼，译为“我的”；莫讷，译为“事情”；俄林，译为“此时”；得，译为“在”。
全句合译：我的事情此时在……</td></tr>
<tr><td>词汇</td><td>②泌尼</td><td>词义</td><td>我的；我们</td></tr>
<tr><td>文献</td><td colspan="3">吉林省长春市九台区胡家石姓《小韩本》（引自宋和平译注本）第 58 页、第 328 页。</td></tr>
</table>

<table>
<tr><td rowspan="2">例句</td><td colspan="3">泌尼，莫讷。
泌尼，译为“我的”；莫讷，译为“事情”。
全句合译：我的事情。</td></tr>
<tr><td colspan="3">泌尼，吉你，得，秃士腓。
泌尼，译为“我们”；吉你，译为“诚心”；得，译为“在”；秃士腓，译为“献出”。
全句合译：我们在诚心地献出。</td></tr>
<tr><td>词汇</td><td>③米尼</td><td>词义</td><td>我；我的</td></tr>
<tr><td>文献</td><td colspan="3">吉林省长春市九台区胡家石姓《小韩本》（引自宋和平译注本）第 117 页、第 127 页。</td></tr>
<tr><td rowspan="2">例句</td><td colspan="3">米尼，托克说，阿打力。
米尼，译为“我”；托克说，译为“屯”；阿打力，译为“都一样”。
全句合译：我们屯也都一样。</td></tr>
<tr><td colspan="3">米尼，恩杜力，山音。
米尼，译为“我的”；恩杜力，译为“神灵”；山音，译为“好”。
全句合译：我的神灵好。</td></tr>
<tr><td>词汇</td><td>④墨尼</td><td>词义</td><td>我们</td></tr>
<tr><td>文献</td><td colspan="3">吉林省长春市九台区胡家石姓《小韩本》（引自宋和平译注本）第 236 页。</td></tr>
<tr><td>例句</td><td colspan="3">墨尼，莫讷，俄林，得。
墨尼，译为“我们”；莫讷，译为“事情”；俄林，译为“此时”；得，译为“在”。
全句合译：我们在此时做的事情。</td></tr>
<tr><td>词汇</td><td>⑤墨你</td><td>词义</td><td>我们</td></tr>
<tr><td>文献</td><td colspan="3">吉林省长春市九台区莽卡杨姓《杨宪本》（手抄本）第 10 页。</td></tr>
<tr><td>例句</td><td colspan="3">墨你，恶真，也，没夫没夫。
墨你，译为“我们”；恶真，译为“萨满”；也，译为</td></tr>
</table>

<table>
<tr><td></td><td colspan="3">“的”；没夫没夫，译为“师傅的师傅”。
全句合译：我们萨满师傅的师傅。</td></tr>
<tr><td>词汇</td><td>⑥咪尼</td><td>词义</td><td>我的</td></tr>
<tr><td>文献</td><td colspan="3">吉林省长春市九台区胡家石姓《小韩本》（引自宋和平译注本）第 111 页。</td></tr>
<tr><td>例句</td><td colspan="3">咪尼，阿不打哈，阿拉舒哈。
咪尼，译为“我的”；阿不打哈，译为“枝叶”；阿拉舒哈，译为“萌发”。
全句合译：我的家族，如同柳枝在萌芽。</td></tr>
<tr><td>词汇</td><td>⑦米你</td><td>词义</td><td>我们</td></tr>
<tr><td>文献</td><td colspan="3">吉林省长春市九台区莽卡杨姓《杨宪本》)（手抄本）第 10 页。</td></tr>
<tr><td>例句</td><td colspan="3">米你，恶真，也，没夫。
米你，译为“我们”；恶真，译为“萨满”；也，译为“的”；没夫，译为“师傅”。
全句合译：我们萨满的师傅。</td></tr>
<tr><td>词汇</td><td>⑧木宗佛</td><td>词义</td><td>我们的</td></tr>
<tr><td>文献</td><td colspan="3">黑龙江省宁安市兰岗关姓《特合本子》第 6 页</td></tr>
<tr><td>例句</td><td colspan="3">百糖阿，木宗佛。
百糖阿，译为“事情的”；木宗佛，译为“我们的”。
全句合译：我们的事情。</td></tr>
<tr><td>词汇</td><td>①必干</td><td>词义</td><td>野（原野）</td></tr>
<tr><td>文献</td><td colspan="3">吉林省长春市九台区其塔木石姓《东哈本》（第 2 册）第 120 页。</td></tr>
<tr><td>例句</td><td colspan="3">吴心，必干，戈纳楞危。
吴心，译为“田”；必干，译为“野（原野）”；戈纳楞危，译为“依从”。
全句合译：依靠田野。</td></tr>
<tr><td>词汇</td><td>②倍干</td><td>词义</td><td>野（原</td></tr>
</table>

			野）
文献	吉林省长春市九台区莽卡杨姓《杨宪本》（手抄本）第 73 页。		
例句	倍干，其，涉浑，衣。 倍干，译为“野（原野）”；其，译为“从”；涉浑，译为“直竖着”；衣，译为“的”。 全句合译：从原野处直竖着的……		
词汇	①必图莫	词义	沿着
文献	吉林省长春市九台区莽卡杨姓《杨宪本》（手抄本）第 42 页。		
例句	乌朱，泊，必图莫。 乌朱，译为“头”；泊，译为“把”；必图莫，译为“沿着”。 全句合译：把头沿着……		
词汇	②批图莫	词义	沿用
文献	黑龙江省宁安市兰岗关姓《特合本子》第 3 页。		
例句	根太博，批图莫。 根太博，译为“戴上（锁）”；批图莫，译为“沿用”。 全句合译：戴上锁后，一直沿用着。		
词汇	③匹如箈	词义	沿用
文献	黑龙江省宁安市兰岗关姓《阿拉街本》第 3 页。		
例句	根代箈，匹如箈。 根代箈，译为“戴上（锁）”；匹如箈，译为“沿用”。 全句合译：戴上锁后，一直沿用着。		
词汇	①米拉拉不楼	词义	弄远些
文献	吉林省长春市九台区莽卡杨姓《杨静棠本》第 4 页。		
例句	明安，得，米拉拉不楼。 明安，译为“千”；得，译为“在”；米拉拉不楼，译为“弄远些”。 全句合译：弄到千里之外。		

词汇	②明拉拉不搂	词义	弄远些
文献	吉林省长春市九台区莽卡杨姓《杨宪本》（手抄本）第 10 页。		
例句	明按，得，明拉拉不搂。 明按，译为“千”；得，译为“在”；明拉拉不搂，译为“弄远些”。 全句合译：弄到千里之外。		
音序	**biao**		
词汇	①标坤	词义	家族
文献	吉林省长春市九台区莽卡杨姓《杨宪本》（手抄本）第 26 页。		
例句	标坤，娘们，得。 标坤，译为“家族”；娘们，译为“人”；得，译为“在”。 全句合译：家族里的人全在场。		
词汇	②彪根	词义	家族
文献	吉林省长春市九台区莽卡杨姓《杨宪本》（手抄本）第 2 页。		
例句	何意，彪根，得。 何意，译为“什么”；彪根，译为“家族”；得，译为“在”。 全句合译：什么家族在祭祀？		
词汇	③彪滚	词义	家族
文献	吉林省长春市九台区莽卡杨姓《杨宪本》（手抄本）第 2 页。		
例句	彪滚，娘们，泊，安勒涉。 彪滚，译为“家族”；娘们，译为“人”；泊，译为“把”；安勒涉，译为“保佑”。 全句合译：把全家族人保佑。		
词汇	④彪浑	词义	家族
文献	吉林省长春市九台区莽卡杨姓《杨宪本》（手抄本）		

	第 54 页。		
例句	彪浑，泊，而射疋。 彪浑，译为“家族”；泊，译为“把”；而射疋，译为“许下”。 全句合译：家族把愿许下。		
词汇	⑤表根	词义	家族
文献	吉林省长春市九台区莽卡杨姓《杨宪本》（手抄本）第 13 页。		
例句	押打拉，表根，娘们，得，押路莫。 押打拉，译为“引导”；表根，译为“家族”；娘们，译为“人”；得，译为“在”；押路莫，译为“行入”。 全句合译：在引导家族里的人行入室内。		
词汇	⑥泊棍	词义	家族
文献	吉林省长春市九台区莽卡杨姓《杨宪本》（手抄本）第 87 页。		
例句	朱赊，泊，泊棍，敖木子，卧车何。 朱赊，译为“孩子们”；泊，译为“把”；泊棍，译为“家族”；敖木子，译为“祭肉”；卧车何，译为“祭上”。 全句合译：孩子们，把家族的大祭肉供献上。		
词汇	⑦贝棍	词义	家族
文献	吉林省长春市九台区莽卡杨姓《杨宪本》（手抄本）第 87 页。		
例句	格木，贝棍，一，古宁。 格木，译为“全”；贝棍，译为“家族”；一，译为“的”；古宁，译为“思念”。 全句合译：全家族的思念。		
词汇	⑧波浑	词义	家族
文献	吉林省长春市九台区莽卡杨姓《杨静棠本》第 1 页。		
例句	波浑，三音，卧不疋。 波浑，译为“家族”；三音，译为“吉祥”；卧不疋，		

<table>
<tr><td></td><td colspan="3">译为“可为”。
全句合译：家族吉祥如意。</td></tr>
<tr><td>词汇</td><td>①彪浑</td><td>词义</td><td>东家；家萨满；家事；户</td></tr>
<tr><td>文献</td><td colspan="3">吉林省长春市九台区胡家石姓《小韩本》（引自宋和平译注本）第 105 页、第 270 页、第 280 页、第 328 页。</td></tr>
<tr><td rowspan="4">例句</td><td colspan="3">爱，阿称，彪浑，卧七。
爱，译为“什么”；阿称，译为“属相”；彪浑，译为“东家”；卧七，译为“是”。
全句合译：东家是什么属相？</td></tr>
<tr><td colspan="3">爱，阿称，彪浑，卧七。
爱，译为“什么”；阿称，译为“属相”；彪浑，译为“家萨满”；卧七，译为“是”。
全句合译：家萨满是什么属相？</td></tr>
<tr><td colspan="3">爱，阿称，彪浑，倭七。
爱，译为“什么”；阿称，译为“属相”；彪浑，译为“家事”；倭七，译为“是”。
全句合译：是什么属相，是什么家事？</td></tr>
<tr><td colspan="3">卧思浑，哈哈，彪浑，卧七，木坤。
卧思浑，译为“小”；哈哈，译为“男人”；彪浑，译为“户”；卧七，译为“是”；木坤，译为“族长”。
全句合译：小男人是一户（族）的族长。</td></tr>
<tr><td>词汇</td><td>②贝棍</td><td>词义</td><td>东家</td></tr>
<tr><td>文献</td><td colspan="3">吉林省吉林市土城子口钦佟赵姓《交罗本》第 27 页。</td></tr>
<tr><td>例句</td><td colspan="3">某，阿年，哈哈，贝棍。
某，本义为“什么”；阿年，译为“属相”；哈哈，译为“男人”；贝棍，译为“东家”。
全句合译：东家男主人是什么属相？</td></tr>
<tr><td>词汇</td><td>③标棍</td><td>词义</td><td>东家</td></tr>
</table>

文献	吉林省吉林市土城子口钦佟赵姓《交罗本》第 27 页。		
例句	某，阿年，合合，标棍。 某，本义为“什么”；阿年，译为“属相”；哈哈，译为“女人”；标棍，译为“东家”。 全句合译：东家女主人是什么属相？		
词汇	④斐坤	词义	主人
文献	吉林省吉林市乌拉街韩屯关姓《敬义神书》（手抄本）第 10 页。		
例句	某，属，合莫，斐坤，得。 某，本义为“某个”；属，本义为“属相”；合莫，译为“叩头”；斐坤，译为“主人”；得，译为“在”。 全句合译：哪个属相的主人在叩头？		
词汇	⑤泊浑	词义	家人
文献	吉林省长春市九台区莽卡杨姓《杨宪本》（手抄本）第 81 页。		
例句	扒郎也，泊浑，得。 扒郎也，译为“保佑”；泊浑，译为“家人”；得，译为“在”。 全句合译：在保佑家人。		
词汇	⑥波虎索	词义	家口
文献	黑龙江省宁安市兰岗关姓《特合本子》第 9 页。		
例句	科曰，德，波虎索。 科曰，译为“再添”；德，译为“在”；波虎索，译为“家口”。 全句合译：添人进口。		
词汇	⑦表昏	词义	东家
文献	黑龙江省宁安市兰岗关姓《特合本子》第 2 页。		
例句	表昏，爷，卧春索。 表昏，译为“东家”；爷，译为“的”；卧春索，译为“祭祀”。		

	全句合译：东家的祭祀。		
词汇	⑧兵恳	**词义**	家
文献	吉林省长春市九台区胡家石姓《小韩本》（引自宋和平译注本）第 294 页。		
例句	兵恳，河玛。 兵恳，译为“家”；河玛，译为“萨满”。 全句合译：家萨满。		
词汇	①不打	**词义**	饭
文献	吉林省长春市九台区胡家石姓《小韩本》（引自宋和平译注本）第 286 页。		
例句	昂阿，不打，阿莫汤阿。 昂阿，译为“口”；不打，译为“饭”；阿莫汤阿，译为“有滋味”。 全句合译：吃饭知道有滋味了。		
词汇	②不大莫	**词义**	饭
文献	黑龙江省宁安市兰岗关姓《阿拉街本》第 7 页。		
例句	这科里，不大莫。 这科里，译为“闲暇时”；不大莫，译为“饭”。 全句合译：闲暇时吃饭。		
词汇	①把拉切	**词义**	尘（尘世）
文献	黑龙江省宁安市兰岗关姓《阿拉街本》第 1 页。		
例句	克几可，把拉切。 克几可，译为“良久”；把拉切，译为“尘（尘世）”。 全句合译：降临尘世许久了。		
词汇	①不库	**词义**	善于摔跤者
文献	吉林省长春市九台区胡家石姓《小韩本》（引自宋和平译注本）第 76 页。		
例句	瓦西勒，尼贞，不库。		

	瓦西勒，译为“降临了”；尼贞，此句无从查找；不库，译为“善于摔跤者”。 全句合译：降临了尼贞善于摔跤之人。		
词汇	②补魁	**词义**	善于摔跤者
文献	黑龙江省宁安市兰岗关姓《特合本子》第 1 页。		
例句	补魁，爷，索二付。 补魁，译为“善于摔跤者”；爷，译为“的”；索二付，译为“师傅”。 全句合译：善于摔跤者的师傅。		
词汇	③卜奎	**词义**	善于摔跤者
文献	黑龙江省宁安市兰岗关姓《阿拉街本》第 1 页。		
例句	卜奎，爷，色夫。 卜奎，译为“善于摔跤者”；爷，译为“的”；色夫，译为“师傅”。 全句合译：善于摔跤的师傅。		
词汇	①不叉库	**词义**	温和
文献	吉林省长春市九台区其塔木石姓《东哈本》（第 1 册）第 35 页。		
例句	卧以，莫讷，不叉库。 卧以，译为“吆喝”；莫讷，译为“事情”；不叉库，译为“温和”。 全句合译：在温和地吆喝着事情。		
词汇	①不勒合	**词义**	铸造
文献	吉林省长春市九台区胡家石姓《小韩本》（引自宋和平译注本）第 215 页。		
例句	爱心，赊勒，不勒合，得。 爱心，译为“金”；赊勒，译为“铁”；不勒合，译为“铸造”；得，译为“在”。		

	全句合译：在铸造金铁。		
词汇	②不珠刻	词义	铸造
文献	黑龙江省宁安市兰岗关姓《阿拉街本》第 6 页。		
例句	舍人，西河，不珠刻。 舍人，译为“好”；西河，译为“腰铃”；不珠刻，译为“铸造”。 全句合译：腰铃质地很好，是铸造的。		
词汇	③不住刻	词义	铸造
文献	黑龙江省宁安市兰岗关姓《特合本子》第 6 页。		
例句	射人，西撒，不住刻。 射人，译为“好”；西撒，译为“腰铃”；不住刻，译为“铸造”。 全句合译：好腰铃是铸造的。		
词汇	④布朱开	词义	铸造
文献	黑龙江省宁安市兰岗关姓《特合本子》第 2 页。		
例句	射人，西撒，布朱开。 射人，译为“好”；西撒，译为“腰铃”；布朱开，译为“铸造”。 全句合译：好腰铃是铸造的。		
词汇	①不特哈	词义	打牲（捕鱼）
文献	吉林省长春市九台区胡家石姓《小韩本》（引自宋和平译注本）第 116 页。		
例句	不特哈，乌拉，噹纳末。 不特哈，译为“打牲（捕鱼）”；乌拉，地名，指今吉林省吉林市龙潭区乌拉街满族镇所在地；噹纳末，译为“当差”。 全句合译：在打牲乌拉地方当差。		
词汇	①不克打立	词义	屈身
文献	吉林省长春市九台区胡家石姓《小韩本》（引自宋和		

	平译注本）第 279 页。		
例句	不克打立，恒亲。 不克打立，译为“屈身”；恒亲，译为“叩头”。 全句合译：屈身磕头。		
词汇	②不可打立	**词义**	屈身
文献	吉林省长春市九台区胡家石姓《小韩本》（引自宋和平译注本）第 356 页。		
例句	不可打立，恒牙克。 不可打立，译为“屈身”；恒牙克，译为“叩头”。 全句合译：屈身磕头。		
词汇	①不勒	**词义**	点燃
文献	吉林省长春市九台区胡家石姓《小韩本》（引自宋和平译注本）第 339 页。		
例句	不勒，朱录，先，博。 不勒，译为“点燃”；朱录，译为“双行”；先，译为“香”；博，译为“把”。 全句合译：把双行的香火点燃。		
词汇	②不打非	**词义**	点燃
文献	吉林省吉林市乌拉街韩屯关姓《敬义神书》（手抄本）第 7 页。		
例句	阿因，先，箔，不打非。 阿因，译为“吉祥”；先，译为“香”；箔，译为“把”；不打非，译为“点燃”。 全句合译：把吉祥的香火点燃。		
词汇	③打不笔	**词义**	点燃
文献	吉林省长春市九台区莽卡杨姓《杨宪本》（手抄本）第 3 页。		
例句	年其，现，泊，押罗莫，打不笔。 年其，译为“年息”；现，译为“香”；泊，译为“把”；押罗莫，译为“引燃”；打不笔，译为“点燃”。		

	全句合译：把满香（年息香）事先点燃。		
词汇	④打不疋	词义	点燃了
文献	吉林省长春市九台区莽卡杨姓《杨静棠本》第2页。		
例句	年其，现，洎，牙路莫，打不疋。 年其，现，合译“年息香”；洎，译为“把”；牙路莫，译为“引燃”；打不疋，译为“点燃了”。 全句合译：先把满香（年息香）引着点燃了。		
词汇	①不他拉	词义	顺着
文献	吉林省长春市九台区胡家石姓《小韩本》（引自宋和平译注本）第19页。		
例句	七，瓦西哈，他那，不他拉。 七，译为“从”；瓦西哈，译为“降临”；他那，译为“山间小路”；不他拉，译为“顺着”。 全句合译：顺着山间小路降临了。		
词汇	①不热	词义	小
文献	吉林省长春市九台区胡家石姓《小韩本》（引自宋和平译注本）第168页。		
例句	七，不热，博，阿莫查莫。 七，译为“从”；不热，译为“小”；博，译为“房子”；阿莫查莫，译为“赶来”。 全句合译：从小房子赶来。		
词汇	②不热莫	词义	爱惜
文献	吉林省长春市九台区胡家石姓《小韩本》（引自宋和平译注本）第285页。		
例句	斑几勒，博，不热莫。 斑几勒，译为“生命”；博，译为“把”；不热莫，译为“爱惜”。 全句合译：把生命爱惜。		
词汇	①不车何	词义	死了
文献	吉林省长春市九台区莽卡杨姓《杨宪本》（手抄本）		

	第 7 页。		
例句	不车何，古伦，得。 不车何，译为“死了”；古伦，译为“棺材”；得，译为“在”。 全句合译：死了装在棺材里。		
词汇	②不车勒	词义	死
文献	吉林省长春市九台区胡家石姓《小韩本》（引自宋和平译注本）第 285 页。		
例句	不车勒，得，各勒莫。 不车勒，译为“死”；得，译为“在”；各勒莫，译为“畏惧”。 全句合译：畏惧而死。		
词汇	③不车乐	词义	死了
文献	吉林省长春市九台区胡家石姓《小韩本》（引自宋和平译注本）第 123 页。		
例句	发洋阿，不车乐，得，戈纳合。 发洋阿，译为“灵魂”；不车乐，译为“死了”；得，译为“在”；戈纳合，译为“去了”。 全句合译：人死把灵魂带走了。		
词汇	④不车合	词义	死了
文献	吉林省长春市九台区胡家石姓《小韩本》（引自宋和平译注本）第 118 页。		
例句	嘎什汗，巴哈啡，不车合，得。 嘎什汗，译为“灾”；巴哈啡，译为“受”；不车合，译为“死了”；得，译为“在”。 全句合译：因灾而死。		
词汇	⑤不俄莫	词义	故去了
文献	吉林省长春市九台区胡家石姓《小韩本》（引自宋和平译注本）第 124 页。		
例句	白叉非，斑吉乐莫，不俄莫。		

	白叉非，译为“查看”；斑吉乐莫，译为“生活”；不俄莫，译为“故去了”。 全句合译：经查看发现已故去多年。		
音序	**bo**		
词汇	①波	**词义**	把
文献	吉林省长春市九台区莽卡杨姓《杨宪本》（手抄本）第 82 页。		
例句	书兰，波，逐他笔。 书兰，译为“泔水”；波，译为“把”；逐他笔，译为“泼倒”。 全句合译：把淘米泔水泼倒。		
词汇	②箔	**词义**	把；将
文献	吉林省吉林市乌拉街韩屯关姓《敬义神书》（手抄本）第 9 页、第 10 页。		
例句	恩杜立，箔，阿里刻。 恩杜立，译为“神”；箔，译为“将”；阿里刻，译为“迎来了”。 全句合译：将神迎来了。		
	一车，边，箔，阿里非。 一车，译为“新”；边，译为“月”；箔，译为“把”；阿里非，译为“迎来了”。 全句合译：把新月迎来了。		
词汇	③泊	**词义**	把
文献	吉林省长春市九台区莽卡杨姓《杨宪本》（手抄本）第 3 页。		
例句	阿拉，泊，阿纳笔。 阿拉，译为“糠”；泊，译为“把”；阿纳笔，译为“推除”。 全句合译：把糠碾除。		
词汇	④博	**词义**	啊

文献	吉林省长春市九台区胡家石姓《小韩本》（引自宋和平译注本）第 355 页。		
例句	多不哈，先，毦，博。 多不哈，译为“供献”；先，译为“香”；毦，译为“火”；博，译为“啊”。 全句合译：供献香火啊！		
词汇	①波罗立	**词义**	秋天
文献	吉林省长春市九台区莽卡杨姓《杨宪本》（手抄本）第 2 页。		
例句	巴烟，波罗立。 巴烟，译为“富”；波罗立，译为“秋天”。 全句合译：富饶的秋天。		
词汇	②波罗力	**词义**	秋天
文献	吉林省长春市九台区莽卡杨姓《杨宪本》（手抄本）第 50 页。		
例句	巴颜，波罗力。 巴颜，译为“富”；波罗力，译为“秋天”。 全句合译：富饶的秋天。		
词汇	③波罗利	**词义**	秋天
文献	吉林省长春市九台区莽卡杨姓《杨宪本》（手抄本）第 10 页。		
例句	八音，七，波罗利。 八音，译为“富”；七，译为“从”；波罗利，译为“秋天”。 全句合译：从富饶的秋天开始。		
词汇	④波罗呢	**词义**	秋天
文献	黑龙江省宁安市兰岗关姓《阿拉街本》第 2 页。		
例句	八音，爷，波罗呢。 八音，译为“富”；爷，译为“的”；波罗呢，译为“秋天”。		

	全句合译：富饶的秋天。		
词汇	⑤波罗里	**词义**	秋季
文献	黑龙江省宁安市兰岗关姓《特合本子》第2页。		
例句	八人，爷，波罗里。 八人，译为“富”；爷，译为“的”；波罗里，译为“秋季”。 全句合译：富饶的秋季。		
词汇	⑥波罗泥	**词义**	秋天
文献	黑龙江省宁安市兰岗关姓《阿拉街本》（手抄本）第2页。		
例句	八音，爷，波罗泥。 八音，译为“富”；爷，译为“的”；波罗泥，译为“秋天”。 全句合译：富饶的秋天。		
词汇	⑦不离	**词义**	秋天
文献	黑龙江省宁安市兰岗关姓《特合本子》第11页。		
例句	生人，不离。 生人，译为“吉祥”；不离，译为“秋天”。 全句合译：吉祥的秋天。		
词汇	⑧博洛立	**词义**	秋
文献	吉林省长春市九台区胡家石姓《小韩本》（引自宋和平译注本）第270页。		
例句	博洛立，博，卧克杜莫。 博洛立，译为“秋”；博，译为“把”；卧克杜莫，译为“迎来”。 全句合译：把秋天迎来了。		
词汇	⑨博勒立	**词义**	秋天
文献	吉林省长春市九台区胡家石姓《小韩本》（引自宋和平译注本）第252页。		
例句	博勒立，博，巴拉牙鸡莫。		

	博勒立，译为“秋天”；博，译为“把”；巴拉牙鸡莫，译为“收成”。 全句合译：富饶的秋天好收成。		
词汇	⑩波洛力	**词义**	秋
文献	吉林省长春市九台区其塔木石姓《东哈本》（第 2 册）第 17 页。		
例句	巴颜，波洛力，巴拉牙鸡哈。 巴颜，译为“富”；波洛力，译为“秋”；巴拉牙鸡哈，译为“收成”。 全句合译：富饶的秋季好收成。		
词汇	①波牛	**词义**	猴
文献	吉林省长春市九台区莽卡杨姓《杨宪本》（手抄本）第 11 页。		
例句	波牛，也，阿宁阿。 波牛，译为“猴”；也，译为“的”；阿宁阿，译为“属相”。 全句合译：属猴的。		
词汇	②波宁	**词义**	猴
文献	吉林省长春市九台区莽卡杨姓《杨宪本》（手抄本）第 11 页。		
例句	波宁，阿宁阿。 波宁，译为“猴”；阿宁阿，译为“属”。 全句合译：属猴。		
词汇	①波书	**词义**	山阴
文献	吉林省长春市九台区莽卡杨姓《杨宪本》（手抄本）第 74 页。		
例句	哈加莫，波书，泊，泊多莫。 哈加莫，译为“绕过”；波书，译为“山阴”；泊，译为“从”；泊多莫，译为“预计”。 全句合译：预计从山阴坡绕过。		

词汇	②博所一	**词义**	山阴
文献	吉林省长春市九台区胡家石姓《小韩本》(引自宋和平译注本)第 337 页。		
例句	博所一，爱心，他克秃，得。 博所一，译为“山阴”；爱心，译为“金”；他克秃，译为“楼”；得，译为“在”。 全句合译：在山阴面的金楼处。		
词汇	③而哈书	**词义**	山阴
文献	吉林省长春市九台区莽卡杨姓《杨宪本》(手抄本)第 73 页。		
例句	而哈书，卧吉，其。 而哈书，译为“山阴”；卧吉，译为“森林”；其，译为“从”。 全句合译：从山阴坡密林中……		
词汇	④背一索	**词义**	山阴
文献	黑龙江省宁安市兰岗关姓《特合本子》第 1 页。		
例句	牛五，爷，背一索。 牛五，译为“六”；爷，译为“的”；背一索，译为“山阴”。 全句合译：兄弟六人，一起生活在山阴面。		
词汇	⑤称色	**词义**	山阴
文献	黑龙江省宁安市兰岗关姓《阿拉街本》第 1 页。		
例句	牛无，爷，称色。 牛无，译为“六”；爷，译为“的”；称色，译为“山阴”。 全句合译：始祖兄弟六人，同住在山阴面。		
词汇	①波滚	**词义**	洁净
文献	吉林省长春市九台区莽卡杨姓《杨宪本》(手抄本)第 5 页。		
例句	波滚，敖木子，波河笔。		

	波滚，译为“洁净”；敖木子，译为“祭肉”；波河笔，译为“准备”。 全句合译：准备了洁净的祭肉。		
词汇	②波棵	词义	洁净
文献	黑龙江省宁安市兰岗关姓《特合本子》第 6 页。		
例句	波棵，三人，菊花奇。 波棵，译为“洁净”；三人，译为“吉祥”；菊花奇，译为“请举起双手供献”。 全句合译：请举起双手将洁净吉祥的祭肉供献上。		
词汇	③波俄	词义	洁净
文献	黑龙江省宁安市兰岗关姓《特合本子》第 6 页。		
例句	波俄，一，吾大撇。 波俄，译为“洁净”；一，译为“的”；吾大撇，译为“买”。 全句合译：买洁净的。		
词汇	④波尼合批	词义	清洁
文献	黑龙江省宁安市兰岗关姓《特合本子》第 14 页。		
例句	啊木尊，博，波尼合批。 啊木尊，译为“祭肉”；博，译为“把”；波尼合批，译为“清洁”。 全句合译：把祭肉清洁。		
词汇	⑤奔和	词义	洁净
文献	黑龙江省宁安市兰岗关姓《特合本子》第 2 页。		
例句	奔和，木和，嘎朱开。 奔和，译为“洁净”；木和，译为“水”；嘎朱开，译为“安全”。 全句合译：水洁净安全。		
词汇	⑥博浑	词义	干净
文献	吉林省长春市九台区胡家石姓《小韩本》（引自宋和平译注本）第 125 页。		

例句	其拉，夜里，博浑，赊莫。 其拉，译为“骨”；夜里，译为“肉”；博浑，译为“干净”；赊莫，译为“因为”。 全句合译：因为身子骨干净。		
词汇	⑦博拉浑	词义	清洁
文献	吉林省长春市九台区胡家石姓《小韩本》（引自宋和平译注本）第 342 页。		
例句	博拉浑，阿木孙。 博拉浑，译为“清洁”；阿木孙，译为“祭肉”。 全句合译：祭肉很干净。		
词汇	⑧博勒浑	词义	清洁
文献	吉林省长春市九台区其塔木石姓《东哈本》（第 2 册）第 19 页。		
例句	博勒浑，熬木朱，博合非。 博勒浑，译为“清洁”；熬木朱，译为“祭肉”；博合非，译为“准备了”。 全句合译：准备了干净的祭肉。		
词汇	⑨波娑库	词义	清楚（明白）
文献	吉林省长春市九台区莽卡杨姓《杨宪本》（手抄本）第 1 页。		
例句	波娑库，土瓦莫。 波娑库，译为“清楚（明白）”；土瓦莫，译为“冬天”。 全句合译：清楚（在）冬天（烧官香）。		
词汇	⑩波库	词义	清洁
文献	吉林省长春市九台区莽卡杨姓《杨宪本》（手抄本）第 85 页。		
例句	波库，阿库。 波库，译为“清洁”；阿库，译为“没有”。 全句合译：没有清洁干净。		

词汇	①波也	词义	身
文献	吉林省长春市九台区莽卡杨姓《杨宪本》（手抄本）第6页。		
例句	波也，得，胡西笔，西林，西散。 波也，译为“身”；得，译为“在”；胡西笔，译为“系”；西林，译为“精致”；西散，译为“腰铃”。 全句合译：身上系着精致的腰铃。		
词汇	②博俄	词义	身
文献	吉林省长春市九台区胡家石姓《小韩本》（引自宋和平译注本）第122页。		
例句	哀心，博俄，阿库，卧非。 哀心，译为“金”；博俄，译为“身”；阿库，译为“衣”；卧非，译为“可为”。 全句合译：金身金衣可装束之。		
词汇	③博热宁俄	词义	身体的
文献	吉林省长春市九台区胡家石姓《小韩本》（引自宋和平译注本）第152页。		
例句	博热宁俄，先，矺。 博热宁俄，译为“身体的”；先，译为“香”；矺，译为“火”。 全句合译：有香火在身。		
词汇	④博热	词义	自己
文献	吉林省长春市九台区胡家石姓《小韩本》（引自宋和平译注本）第300页。		
例句	以尼，博热，得。 以尼，译为“他”；博热，译为“自己”；得，译为“在”。 全句合译：他自己在场。		
词汇	①波合必	词义	准备
文献	吉林省长春市九台区莽卡杨姓《杨宪本》（手抄本）第50页。		

例句	波合，敖木，波合必。 波合，译为“墨色”；敖木，译为“祭肉”；波合必，译为“准备”。 全句合译：准备了墨色的祭肉。		
词汇	②波何疋	词义	准备
文献	吉林省长春市九台区莽卡杨姓《杨宪本》（手抄本）第 67 页。		
例句	波何，敖木，波何疋。 波何，译为“墨色”；敖木，译为“祭肉”；波何疋，译为“准备”。 全句合译：准备了墨色的祭肉。		
词汇	③泊浑	词义	预计
文献	吉林省长春市九台区莽卡杨姓《杨宪本》（手抄本）第 54 页。		
例句	泊浑，三音，卧不必。 泊浑，译为“预计”；三音，译为“吉”；卧不必，译为“降临”。 全句合译：预计在吉祥时刻降临。		
词汇	④博棱	词义	令准备
文献	吉林省长春市九台区胡家石姓《小韩本》（引自宋和平译注本）第 314 页。		
例句	特合宁俄，按巴，坛打，得，博棱。 特合宁俄，译为“居住”；按巴，译为“大”；坛打，译为“营”；得，译为“在”；博棱，译为“令准备”。 全句合译：令准备在大营里居住。		
词汇	⑤博勒合非	词义	准备
文献	吉林省长春市九台区胡家石姓《小韩本》（引自宋和平译注本）第 342 页。		
例句	博勒合非，阿拉其，博，多不腓。 博勒合非，译为“准备”；阿拉其，译为“烧酒”；博，		

	译为“把”；多不腓，译为“供献”。 全句合译：准备把烧酒供献上。		
词汇	⑥泊河笔	词义	准备
文献	吉林省长春市九台区莽卡杨姓《杨宪本》（手抄本）第 24 页。		
例句	波何，敖木孙，泊河笔。 波何，译为“墨色”；敖木孙，译为“祭肉”；泊河笔，译为“准备”。 全句合译：准备了墨色祭肉。		
词汇	①伯	词义	地方
文献	吉林省长春市九台区胡家石姓《小韩本》（引自宋和平译注本）第 360 页。		
例句	几立，斑几勒，伯，库。 几立，译为“气”；斑几勒，译为“生”；伯，译为“地方”；库，译为“没有”。 全句合译：没有生气的地方。		
词汇	②泊	词义	地
文献	吉林省长春市九台区莽卡杨姓《杨宪本》（手抄本）第 82 页。		
例句	他勒戈，衣仍，泊。 他勒戈，译为“野外”；衣仍，译为“他的”；泊，译为“地”。 全句合译：家住外地的他们。		
词汇	③乌把	词义	当地
文献	黑龙江省宁安市兰岗关姓《特合本子》第 6 页。		
例句	吾大撒，玛龙，乌把。 吾大撒，译为“买”；玛龙，译为“价钱昂贵”；乌把，译为“当地”。 全句合译：买当地价钱昂贵的。		
词汇	④乌巴	词义	地方

文献	黑龙江省宁安市兰岗关姓《特合本子》第2页。		
例句	刷荣，乌巴。 刷荣，译为“黄（米）”；乌巴，译为“地方”。 全句合译：这地方的黄米。		
词汇	①玻璃	**词义**	米
文献	黑龙江省宁安市兰岗关姓《特合本子》第6页。		
例句	刷荣，玻璃，威力奇。 刷荣，译为“黄”；玻璃，译为“米”；威力奇，译为“制作”。 全句合译：用黄米制作。		
词汇	②博勒	**词义**	米饭
文献	吉林省长春市九台区胡家石姓《小韩本》（引自宋和平译注本）第291页。		
例句	沙思呼，博勒。 沙思呼，译为“白”；博勒，译为“米饭”。 全句合译：白米饭。		
词汇	③波俄一	**词义**	米
文献	黑龙江省宁安市兰岗关姓《特合本子》第6页。		
例句	波俄一，吾大撇。 波俄一，译为“米”；吾大撇，译为“买”。 全句合译：买米。		
词汇	①伯布	**词义**	年幼者
文献	吉林省吉林市土城子口钦佟赵姓《交罗本》第27页。		
例句	伯布，沓非，斑吉布。 伯布，译为“年幼者”；沓非，译为“肥胖”；斑吉布，译为“生长”。 全句合译：年幼者长得很肥胖。		
词汇	②伯不	**词义**	吃奶孩子
文献	吉林省长春市九台区胡家石姓《小韩本》（引自宋和		

	平译注本）第 59 页。		
例句	伯不，特腓，斑金不。 伯不，译为“吃奶孩子”；特腓，译为“坐”；斑金不，译为“生长”。 全句合译：吃奶孩子在坐着生长。		
词汇	①伯他	**词义**	事情
文献	吉林省长春市九台区胡家石姓《小韩本》（引自宋和平译注本）第 361 页。		
例句	爱，伯他。 爱，译为“什么”；伯他，译为“事情”。 全句合译：什么事情？		
词汇	②伯汤阿	**词义**	事情
文献	吉林省长春市九台区胡家石姓《小韩本》（引自宋和平译注本）第 233 页。		
例句	伯杭俄，伯汤阿。 伯杭俄，译为“所求的”；伯汤阿，译为“事情”。 全句合译：所求的事情。		
词汇	③伯唐阿	**词义**	事情
文献	吉林省吉林市土城子口钦佟赵姓《交罗本》第 6 页。		
例句	伯哈宁厄，伯唐阿，德。 伯哈宁厄，译为“求者”；伯唐阿，译为“事情”；德，译为“在”。 全句合译：祈求者在祈求事情。		
词汇	④百糖阿	**词义**	事情
文献	黑龙江省宁安市兰岗关姓《特合本子》第 6 页。		
例句	百糖阿，木宗佛。 百糖阿，译为“事情”；木宗佛，译为“我们的”。 全句合译：我们的事情。		
词汇	⑤百唐昂	**词义**	事情
文献	黑龙江省宁安市兰岗关姓《特合本子》第 6 页。		

<table>
<tr><td>例句</td><td colspan="3">百唐昂，嘎玛奇。
百唐昂，译为“事情”；嘎玛奇，译为“拿去”。
全句合译：因事而送去。</td></tr>
<tr><td>词汇</td><td>⑥白唐阿</td><td>词义</td><td>事情</td></tr>
<tr><td>文献</td><td colspan="3">吉林省长春市九台区其塔木石姓《东哈本》（第 2 册）第 20 页。</td></tr>
<tr><td>例句</td><td colspan="3">白唐阿，德，哎木娄。
白唐阿，译为“事情”；德，译为“在”；哎木娄，译为“依从”。
全句合译：在依从（什么）事情。</td></tr>
<tr><td>词汇</td><td>⑦白他</td><td>词义</td><td>事情</td></tr>
<tr><td>文献</td><td colspan="3">吉林省长春市九台区其塔木石姓《东哈本》（第 1 册）第 7 页。</td></tr>
<tr><td>例句</td><td colspan="3">各淋，我木，白他。
各淋，译为“又”；我木，译为“一”；白他，译为“事情”。
全句合译：又一件事情。</td></tr>
<tr><td>词汇</td><td>⑧百里</td><td>词义</td><td>恩情</td></tr>
<tr><td>文献</td><td colspan="3">吉林省长春市九台区莽卡杨姓《杨宪本》（手抄本）第 74 页。</td></tr>
<tr><td>例句</td><td colspan="3">妈妈，义，百里，得。
妈妈，译为“神母”；义，译为“的”；百里，译为“恩情”；得，译为“在”。
全句合译：神母的恩情在。</td></tr>
<tr><td>词汇</td><td>⑨呆当阿</td><td>词义</td><td>执事人</td></tr>
<tr><td>文献</td><td colspan="3">吉林省长春市九台区莽卡杨姓《杨宪本》（手抄本）第 69 页。</td></tr>
<tr><td>例句</td><td colspan="3">呆当阿，寒其，得。
呆当阿，译为“执事人”；寒其，译为“近处”；得，译为“在”。</td></tr>
</table>

	全句合译：执事人在近处。		
词汇	①泊	词义	家；房
文献	吉林省长春市九台区莽卡杨姓《杨宪本》（手抄本）第 14 页。		
例句	我木，泊，也。 我木，译为“一”；泊，译为“家”；也，译为“的”。 全句合译：一家的。		
例句	打，泊，也，泊。 打，译为“原籍”；泊，译为“家”；也，译为“的”；泊，译为“房”。 全句合译：原籍的房子。		
词汇	②波	词义	自家
文献	黑龙江省宁安市兰岗关姓《特合本子》第 8 页。		
例句	波，一，吾积，嘎朱刻。 波，译为“自家”；一，译为“的”；吾积，译为“养”；嘎朱刻，译为“可靠”。 全句合译：自家养的可靠。		
词汇	③博	词义	家；房
文献	吉林省长春市九台区其塔木石姓《东哈本》（第 1 册）第 37 页。		
例句	博，以，标浑，多西哈。 博，译为“家”；以，译为“的”；标浑，译为“家口”；多西哈，译为“进入了”。 全句合译：本家人进入了自家。		
例句	博，为勒非。 博，译为“房”；为勒非，译为“制造”。 全句合译：造房。		
词汇	④布	词义	家
文献	黑龙江省宁安市兰岗关姓《特合本子》第 11 页。		
例句	布，德，嘎住刻。		

	布，译为“家”；德，译为“在”；嘎住刻，译为“安全可靠”。 全句合译：在家安全可靠。		
词汇	⑤备音	**词义**	家
文献	黑龙江省宁安市兰岗关姓《特合本子》第 11 页。		
例句	大，爷，备音。 大，译为“原籍”；爷，译为“的”；备音，译为“家”。 全句合译：原来的家。		
词汇	⑥备浑	**词义**	家族
文献	黑龙江省宁安市兰岗关姓《特合本子》第 14 页。		
例句	古尔浑，备浑，一。 古尔浑，译为“咏唱”；备浑，译为“家族”；一，译为“的”。 全句合译：咏唱家族的……		
词汇	⑦贝爷	**词义**	房子
文献	黑龙江省宁安市兰岗关姓《特合本子》第 9 页。		
例句	大，爷，贝爷，筋拉莫。 大，译为“原籍”；爷，译为“的”；贝爷，译为“房子”；筋拉莫，译为“间隔”。 全句合译：与原先房子的建造时间间隔很久。		
词汇	⑧宝屋新	**词义**	房子
文献	黑龙江省宁安市兰岗关姓《特合本子》第 9 页。		
例句	宝屋新，吾大撇。 宝屋新，译为“房子”；吾大撇，译为“买”。 全句合译：买房子。		
词汇	⑨泊泊	**词义**	自家住房
文献	吉林省长春市九台区莽卡杨姓《杨宪本》（手抄本）第 84 页。		
例句	泊泊，衣，法兰，得。		

	泊泊，译为“自家住房”；衣，译为“的”；法兰，译为“堂中”；得，译为“在”。 全句合译：在自家房子正堂中。		
词汇	①博	词义	把；家；房；啊
文献	吉林省长春市九台区胡家石姓《小韩本》（引自宋和平译注本）第218页、第321页、第341页、第342页。		
例句	斑几勒，朱滚，博，巴哈不莫。 斑几勒，译为“生”；朱滚，译为“路”；博，译为“把”；巴哈不莫，译为“敞开”。 全句合译：把生路敞开。		
	博，得，吴吉合。 博，译为“家”；得，译为“中”；吴吉合，译为“圈养”。 全句合译：家中圈养。		
	秦，博，杜卡。 秦，译为“正”；博，译为“房”；杜卡，译为“门前”。 全句合译：正房门前。		
	七杭短，博。 七杭短，译为“随意”；博，译为“啊”。 全句合译：随意啊！		
词汇	②博热	词义	身；身体
文献	吉林省长春市九台区胡家石姓《小韩本》（引自宋和平译注本）第353页、第364页。		
例句	我贞，博热，得，兴俄腓。 我贞，译为“萨满”；博热，译为“身”；得，译为“在”；兴俄腓，译为“附”。 全句合译：萨满附体。		
	一尼，博热，得，三音。 一尼，译为“他的”；博热，译为“身体”；得，译为		

	“在”；三音，译为“好”。 全句合译：他的身体很好。		
词汇	③博哦	词义	身
文献	吉林省长春市九台区其塔木石姓《东哈本》（第1册）第20页。		
例句	我贞，博哦，心危啡。 我贞，译为“萨满”；博哦，译为“身”；心危啡，译为“附”。 全句合译：请附于萨满之身。		
词汇	④波也	词义	身
文献	吉林省长春市九台区莽卡杨姓《杨宪本》（手抄本）第6页。		
例句	波也，得，胡西笔。 波也，译为“身”；得，译为“在”；胡西笔，译为“系在”。 全句合译：腰上系着（腰铃）。		
词汇	①博辍	词义	颜色
文献	吉林省长春市九台区胡家石姓《小韩本》（引自宋和平译注本）第211页。		
例句	博辍，博，爱心，睋。 博辍，译为“颜色”；博，译为“将”；爱心，译为“金”；睋，译为“火花”。 全句合译：金火花神五颜六色。		
词汇	②腓朱	词义	颜色
文献	吉林省长春市九台区胡家石姓《小韩本》（引自宋和平译注本）第157页。		
例句	阿思哈，腓朱，他思哈，街。 阿思哈，译为“翅膀”；腓朱，译为“颜色”；他思哈，译为“虎”；街，译为“啊”。 全句合译：翅膀颜色绚丽的虎神啊。		

词汇	①博得	**词义**	回
文献	吉林省长春市九台区胡家石姓《小韩本》（引自宋和平译注本）第 224 页。		
例句	博一，博得。 博一，译为“家”；博得，译为“回”。 全句合译：回家。		
词汇	②博得勒	**词义**	回去
文献	吉林省长春市九台区胡家石姓《小韩本》（引自宋和平译注本）第 162 页。		
例句	博得勒，伯。 博得勒，译为“回去”；伯，译为“吧”。 全句合译：回去吧。		
词汇	③博纳勒	**词义**	送去；送回到
文献	吉林省长春市九台区胡家石姓《小韩本》（引自宋和平译注本）第 178 页、第 352 页。		
例句	各棱，阿林，博纳勒。 各棱，译为“各”；阿林，译为“山林”；博纳勒，译为“送去”。 全句合译：送去到各自的山林。		
	各棱，阿林，博纳勒。 各棱，译为“众”；阿林，译为“山林”；博纳勒，译为“送回到”。 全句合译：送回到众山林。		
词汇	④博得勒其	**词义**	回到；回去吧
文献	吉林省长春市九台区胡家石姓《小韩本》（引自宋和平译注本）第 144 页、第 170 页。		
例句	莫尼莫尼，阿林，博得勒其。 莫尼莫尼，译为“各自各自”；阿林，译为“山峰”；		

	博得勒其，译为“回到”。 全句合译：回到各自山峰。		
	巴克山，博得勒其。 巴克山，译为“一伙伙”；博得勒其，译为“回去吧”。 全句合译：一伙伙回去吧。		
词汇	⑤各纳合	**词义**	回去
文献	吉林省长春市九台区胡家石姓《小韩本》（引自宋和平译注本）第 144 页。		
例句	各纳合，牙不勒。 各纳合，译为“回去”；牙不勒，译为“走吧”。 全句合译：走吧，回去吧！		
词汇	⑥格纳何	**词义**	去（回）
文献	吉林省长春市九台区莽卡杨姓《杨宪本》（手抄本）第 67 页。		
例句	格纳何，特疋。 格纳何，译为“去（回）”；特疋，译为“居住”。 全句合译：回去居住。		
词汇	⑦热纳莫	**词义**	去吧
文献	吉林省长春市九台区胡家石姓《小韩本》（引自宋和平译注本）第 153 页。		
例句	博得勒其，莫尼莫尼，阿林，热纳莫。 博得勒其，译为“回到”；莫尼莫尼，译为“各自各自”；阿林，译为“山林”；热纳莫，译为“去吧”。 全句合译：回到各自山林去吧。		
词汇	⑧各纳恒我	**词义**	去吧
文献	吉林省长春市九台区胡家石姓《小韩本》（引自宋和平译注本）第 149 页。		
例句	各纳恒我，各棱，哈打。 各纳恒我，译为“去吧”；各棱，译为“众”；哈打，译为“山峰”。		

	全句合译：回到众山峰去吧！		
词汇	①博查库	词义	查；不顺心
文献	吉林省长春市九台区胡家石姓《小韩本》（引自宋和平译注本）第 86 页、第 309 页。		
例句	卧一，为勒，博查库。 卧一，译为“谁家”；为勒，译为“事情”；博查库，译为“查”。 全句合译：查是谁家的事情。		
	为以，莫纳，博查库。 为以，译为“谁”；莫纳，译为“事情”；博查库，译为“不顺心”。 全句合译：谁家事情不顺心？		
词汇	②不叉库	词义	不顺心
文献	吉林省长春市九台区其塔木石姓《东哈本》（第 1 册）第 12 页。		
例句	卧以，为林，不叉库。 卧以，译为“谁家”；为林，译为“事情”；不叉库，译为“不顺心”。 全句合译：谁家事情不顺心？		
词汇	③不查库	词义	不顺心
文献	吉林省长春市九台区其塔木石姓《东哈本》（第 1 册）第 82 页。		
例句	卧以，为林，不查库。 卧以，译为“谁家”；为林，译为“事情”；不查库，译为“不顺心”。 全句合译：谁家有不顺心之事？		
词汇	①博虫阿	词义	彩色的
文献	吉林省吉林市土城子口钦佟赵姓《交罗本》第 1 页。		
例句	博虫阿，忸泥哈。		

	博虫阿，译为“彩色的”；忸泥哈，译为“鸭子”。 全句合译：羽毛艳丽的鸭子。		
词汇	①博特合	词义	脚
文献	吉林省长春市九台区胡家石姓《小韩本》（引自宋和平译注本）第 57 页。		
例句	我木，博特合，佛库莫。 我木，译为“一只”；博特合，译为“脚”；佛库莫，译为“蹦着走”。 全句合译：一只脚蹦着走。		
词汇	②遮特合	词义	脚
文献	吉林省吉林市土城子口钦佟赵姓《交罗本》第 1 页。		
例句	阿牙非，遮特合，博。 阿牙非，译为“绑”；遮特合，译为“脚”；博，译为“把”。 全句合译：把脚绑上。		
词汇	③博忒克	词义	脚
文献	吉林省长春市九台区其塔木石姓《东哈本》（第 1 册）第 14 页。		
例句	我木，博忒克，仸克车莫。 我木，译为“一只”；博忒克，译为“脚”；仸克车莫，译为“蹦着走”。 全句合译：一只脚蹦着走。		
词汇	①博得	词义	残疾
文献	吉林省长春市九台区胡家石姓《小韩本》（引自宋和平译注本）第 56 页。		
例句	博得，博棱，吉合。 博得，译为“残疾”；博棱，译为“身”；吉合，译为“来了”。 全句合译：身体残疾（的人）来了。		
词汇	②我很	词义	残疾

文献	吉林省长春市九台区胡家石姓《小韩本》（引自宋和平译注本）第 56 页。		
例句	登，我很。 登，译为“高”；我很，译为“残疾”。 全句合译：身体残疾。		
词汇	③我敦	**词义**	残缺
文献	吉林省长春市九台区其塔木石姓《东哈本》（第 1 册）第 14 页。		
例句	堆，我敦。 堆，译为“高”；我敦，译为“残缺”。 全句合译：身体残缺。		
词汇	④扎打	**词义**	残疾
文献	吉林省长春市九台区胡家石姓《小韩本》（引自宋和平译注本）第 57 页。		
例句	尼莫勒勒，扎打。 尼莫勒勒，译为“病痛”；扎打，译为“残疾”。 全句合译：身有残疾很痛苦。		

音序	C		
	cha		
词汇	①查拉不哈	词义	导致差错
文献	吉林省长春市九台区胡家石姓《小韩本》（引自宋和平译注本）第301页。		
例句	爱，德，恩得不库，查拉不哈。 爱，译为“什么”，德，译为“在”；恩得不库，译为“过错”；查拉不哈，译为“导致差错”。 全句合译：是什么在导致差错。		
词汇	②查哈不莫	词义	不出错
文献	吉林省长春市九台区胡家石姓《小韩本》（引自宋和平译注本）第288页。		
例句	尹你玛，查哈不莫，牛拉不莫。 尹你玛，译为“人”；查哈不莫，译为“不出错”；牛拉不莫，译为“顺利”。 全句合译：人不出错就顺利。		
词汇	③查兰不哈	词义	差错
文献	吉林省长春市九台区莽卡杨姓《杨宪本》（手抄本）第10页。		
例句	查兰不哈，八，查四浑，瓦里亚楼。 查兰不哈，译为“差错”；八，译为“处”；查四浑，译为“背之”；瓦里亚楼，译为“丢弃”。 全句合译：把背着的差错之处丢弃。		
词汇	①查憨布库	词义	使出差错
文献	吉林省长春市九台区胡家石姓《小韩本》（引自宋和平译注本）第83页。		
例句	赊勒必拉，七，瓦西哈，查憨布库，瞒尼。		

<table>
<tr><td></td><td colspan="3">赊勒必拉，译为“色勒河”；七，译为“从”；瓦西哈，译为“降临”；查憨布库，译为“使出差错”；瞒尼，译为“英雄”。
全句合译：从色勒河降临了出了差错的英雄。</td></tr>
<tr><td>词汇</td><td>②叉𩋶不库</td><td>词义</td><td>使出差错</td></tr>
<tr><td>文献</td><td colspan="3">吉林省长春市九台区其塔木石姓《东哈本》（第1册）第26页。</td></tr>
<tr><td>例句</td><td colspan="3">叉𩋶不库，瞒尼，伏七西，奢。
叉𩋶不库，译为“使出差错”；瞒尼，译为“英雄”；伏七西，译为“善佛”；奢，译为“等”。
全句合译：出了差错的英雄、善佛等。</td></tr>
<tr><td>音序</td><td colspan="3">chuai</td></tr>
<tr><td>词汇</td><td>①揣</td><td>词义</td><td>十</td></tr>
<tr><td>文献</td><td colspan="3">吉林省长春市九台区其塔木石姓《东哈本》（第1册）第95页。</td></tr>
<tr><td>例句</td><td colspan="3">扎坤，乌云，揣。
扎坤，译为“八”；乌云，译为“九”；揣，译为“十”。
全句合译：八、九、十。</td></tr>
<tr><td>词汇</td><td>②揣尔</td><td>词义</td><td>十</td></tr>
<tr><td>文献</td><td colspan="3">吉林省珲春市尹锡庆编著《珲春满族》第83页。</td></tr>
<tr><td>例句</td><td colspan="3">揣尔，卧林，姑心。
揣尔，译为“十”；卧林，译为“二十”；姑心，译为“三十”。
全句合译：十、二十、三十。</td></tr>
<tr><td>词汇</td><td>③专阿</td><td>词义</td><td>十</td></tr>
<tr><td>文献</td><td colspan="3">吉林省长春市九台区胡家石姓《小韩本》（引自宋和平译注本）第347页。</td></tr>
<tr><td>例句</td><td colspan="3">三音，一能尼，专阿。</td></tr>
</table>

	三音，译为“吉”；一能尼，译为“日”；专阿，译为“十”。 全句合译：十日为吉。		
音序	**chuo**		
词汇	①撮哈	**词义**	兵
文献	吉林省长春市九台区其塔木石姓《东哈本》（第1册）第2页。		
例句	撮哈，占爷，撮哈拉莫。 撮哈，译为“兵”；占爷，译为“老爷”；撮哈拉莫，译为“用兵”。 全句合译：兵老爷用兵。		
词汇	②撮活	**词义**	兵
文献	黑龙江省宁安市兰岗关姓《特合本子》第1页。		
例句	撮活，我佛，佔案爷。 撮活，译为“兵”；我佛，译为“逞强好胜”；佔案爷，译为“老爷”。 全句合译：兵老爷逞强好胜。		
词汇	③掇海	**词义**	兵
文献	吉林省长春市九台区莽卡杨姓《祭祖神本》第36页。		
例句	掇海，跨兰，得。 掇海，译为“兵”；跨兰，译为“营”；得，译为“在”。 全句合译：在兵营中。		
词汇	④辍哈	**词义**	兵
文献	吉林省长春市九台区胡家石姓《小韩本》（引自宋和平译注本）第245页。		
例句	辍哈，占爷。 辍哈，译为“兵”；占爷，译为“老爷”。 全句合译：兵老爷。		

<table>
<tr><td>词汇</td><td>⑤错海</td><td>词义</td><td>兵</td></tr>
<tr><td>文献</td><td colspan="3">吉林省长春市九台区莽卡杨姓《祭祖神本》第 37 页。</td></tr>
<tr><td>例句</td><td colspan="3">错海，跨兰，七。
错海，译为“兵”；跨兰，译为“营”；七，译为“从”。
全句合译：在兵营里。</td></tr>
<tr><td>词汇</td><td>⑥辍海</td><td>词义</td><td>兵</td></tr>
<tr><td>文献</td><td colspan="3">吉林省吉林市土城子口钦佟赵姓《交罗本》第 6 页。</td></tr>
<tr><td>例句</td><td colspan="3">辍海，占音。
辍海，译为“兵”；占音，译为“老爷”。
全句合译：兵老爷。</td></tr>
<tr><td>词汇</td><td>⑦出科</td><td>词义</td><td>兵</td></tr>
<tr><td>文献</td><td colspan="3">黑龙江省宁安市兰岗关姓《特合本子》第 13 页。</td></tr>
<tr><td>例句</td><td colspan="3">出科，德，掛连，德。
出科，译为“兵”；德，译为“把”；掛连，译为“瓜尔佳”；德，译为“在”。
全句合译：瓜尔佳氏（关姓）在出兵。</td></tr>
<tr><td>词汇</td><td>⑧所拉红</td><td>词义</td><td>兵</td></tr>
<tr><td>文献</td><td colspan="3">黑龙江省宁安市兰岗关姓《阿拉街本》第 1 页。</td></tr>
<tr><td>例句</td><td colspan="3">所拉红，箔，占爷。
所拉红，译为“兵”；箔，译为“把”；占爷，译为“老爷”。
全句合译：兵老爷出征。</td></tr>
<tr><td>词汇</td><td>⑨辍哈拉莫</td><td>词义</td><td>用兵</td></tr>
<tr><td>文献</td><td colspan="3">吉林省长春市九台区胡家石姓《小韩本》（引自宋和平译注本）第 313 页。</td></tr>
<tr><td>例句</td><td colspan="3">辍哈，占爷，辍哈拉莫。
辍哈，译为“兵”；占爷，译为“老爷”；辍哈拉</td></tr>
</table>

<table>
<tr><td></td><td colspan="3">莫，译为“用兵”。
全句合译：兵老爷用兵。</td></tr>
<tr><td>词汇</td><td>⑩辍哈拉哈</td><td>词义</td><td>出征</td></tr>
<tr><td>文献</td><td colspan="3">吉林省长春市九台区胡家石姓《小韩本》（引自宋和平译注本）第 244 页。</td></tr>
<tr><td>例句</td><td colspan="3">卡打拉莫，辍哈拉哈。
卡打拉莫，译为“管理”；辍哈拉哈，译为“出征”。
全句合译：掌管用兵事宜。</td></tr>
<tr><td>词汇</td><td>⑪超海</td><td>词义</td><td>武</td></tr>
<tr><td>文献</td><td colspan="3">吉林省长春市九台区胡家石姓《小韩本》（引自宋和平译注本）第 49 页。</td></tr>
<tr><td>例句</td><td colspan="3">超海，哈哈，阿伐拉，得。
超海，译为“武”；哈哈，译为“士”；阿伐拉，译为“战斗”；得，译为“在”。
全句合译：武士在战斗。</td></tr>
<tr><td>词汇</td><td>①辍还一</td><td>词义</td><td>峰尖；陡峭</td></tr>
<tr><td>文献</td><td colspan="3">吉林省长春市九台区胡家石姓《小韩本》（引自宋和平译注本）第 83 页。</td></tr>
<tr><td rowspan="2">例句</td><td colspan="3">吴云七，哈打，辍还一。
吴云七，译为“第九”；哈打，译为“山峰”；辍还一，译为“峰尖”。
全句合译：在第九座山峰的峰尖上。</td></tr>
<tr><td colspan="3">辍还一，色恳。
辍还一，译为“陡峭”；色恳，译为“石砬子”。
全句合译：石砬子陡峭。</td></tr>
<tr><td>词汇</td><td>②辍克七先</td><td>词义</td><td>峰尖上</td></tr>
<tr><td>文献</td><td colspan="3">吉林省长春市九台区胡家石姓《小韩本》（引自</td></tr>
</table>

	宋和平译注本）第 83 页。		
例句	依兰，哈打，辍克七先。 依兰，译为“第三层”；哈打，译为“山峰”；辍克七先，译为“峰尖上”。 全句合译：在第三层山峰的峰尖上。		
词汇	③辍还	词义	山尖上
文献	吉林省长春市九台区胡家石姓《小韩本》（引自宋和平译注本）第 210 页。		
例句	辍还，以，赊合立。 辍还，译为“山尖上”；以，译为“的”；赊合立，译为“峭立”。 全句合译：在陡峭的山尖上。		
词汇	①辍洛	词义	帐篷
文献	吉林省长春市九台区胡家石姓《小韩本》（引自宋和平译注本）第 313 页。		
例句	那丹，辍洛。 那丹，译为“七座”；辍洛，译为“帐篷”。 全句合译：七座帐篷。		
词汇	②撮落	词义	帐篷
文献	吉林省长春市九台区其塔木石姓《东哈本》（第 1 册）第 2 页。		
例句	那丹，撮落。 那丹，译为“七座”；撮落，译为“帐篷”。 全句合译：七座帐篷。		
词汇	①掇库	词义	鸡
文献	吉林省长春市九台区莽卡杨姓《杨宪本》（手抄本）第 59 页。		
例句	爱新，掇库。 爱新，译为“金”；掇库，译为“鸡”。		

	全句合译：金鸡。		
词汇	②撮库	词义	鸡
文献	吉林省长春市九台区其塔木石姓《东哈本》（第1册）第94页。		
例句	撮库，阿牙尼。 撮库，译为“鸡”；阿牙尼，译为“年”。 全句合译：鸡年。		
词汇	③索阔	词义	家鸡
文献	吉林省珲春市尹锡庆编著《珲春满族》第97页。		
例句	乌勒胡妈，索阔。 乌勒胡妈，译为“野鸡”；索阔，译为“家鸡”。 全句合译：野鸡、家鸡。		
词汇	④辍库	词义	酉
文献	吉林省长春市九台区胡家石姓《小韩本》（引自宋和平译注本）第103页。		
例句	我林，辍库。 我林，译为“时”；辍库，译为“酉”。 全句合译：酉时。		
词汇	⑤掇勿	词义	专门
文献	吉林省长春市九台区莽卡杨姓《杨宪本》（手抄本）第48页。		
例句	掇勿，莫林，泊。 掇勿，译为“专门”；莫林，译为“马”；泊，译为“将”。 全句合译：专门使用的马。		

音序	D		
	dɑ		
词汇	①达	词义	本；原
文献	吉林省吉林市土城子口钦佟赵姓《交罗本》第 6 页。		
例句	达，孙。 达，译为“本”；孙，译为“日”。 全句合译：本日。		
文献	吉林省长春市九台区胡家石姓《小韩本》（引自宋和平译注本）第 49 页。		
例句	达，太爷玛法，巴牙拉。 达，译为“原”；太爷玛法，译为“老祖宗”；巴牙拉，译为“护军”。 全句合译：老祖宗原是护军。		
词汇	②打	词义	原始（先前）
文献	吉林省长春市九台区莽卡杨姓《杨宪本》（手抄本）第 10 页。		
例句	亥兰木，打，特何。 亥兰木，译为“跨越”；打，译为“原始（先前）”；特何，译为“居住”。 全句合译：居住时间跨越了先前。		
词汇	③大	词义	原始
文献	黑龙江省宁安市兰岗关姓《特合本子》第 11 页。		
例句	大，爷，备音。 大，译为“原始”；爷，译为“的”；备音，译为“家”。 全句合译：原始的家。		
词汇	④打七	词义	原
文献	吉林省长春市九台区胡家石姓《小韩本》（引自宋和平译注本）第 125 页。		
例句	打七，博杜，得。		

	打七，译为“原”；博杜，译为“终”；得，译为“在”。 全句合译：由始至终都在。		
词汇	⑤打七杜博	**词义**	从头到尾
文献	吉林省长春市九台区其塔木石姓《东哈本》（第1册）第66页。		
例句	打七杜博，德，爱呼吟达俄。 打七杜博，译为“从头到尾”；德，译为“在”；爱呼吟达俄，译为“早点儿备办”。 全句合译：早点儿从头到尾备办。		
词汇	①达舒	**词义**	原籍
文献	吉林省长春市九台区莽卡杨姓《祭祖神本》第1页。		
例句	达舒，哈拉，你妈查，哈拉。 达舒，译为“原籍”；哈拉，译为“姓氏”；你妈查，译为“杨”；哈拉，译为“姓”。 全句合译：原籍姓杨。		
词汇	②达书	**词义**	原籍
文献	吉林省长春市九台区莽卡杨姓《杨宪本》（手抄本）第70页。		
例句	达书，哈拉，你妈查，哈拉，得。 达书，译为“原籍”；哈拉，译为“姓”；你妈查，译为“杨”；哈拉，译为“姓”；得，译为“在”。 全句合译：原籍姓杨的在此。		
词汇	③打书里	**词义**	原籍
文献	吉林省长春市九台区莽卡杨姓《杨宪本》（手抄本）第70页。		
例句	打书里，哈拉，你妈查哈拉。 打书里，译为“原籍”；哈拉，译为“姓氏”；你妈查哈拉，译为“杨姓”。 全句合译：原籍姓氏中的杨姓。		
词汇	④打舒	**词义**	原籍

文献	吉林省长春市九台区莽卡杨姓《杨宪本》（手抄本）第 33 页。		
例句	打舒，哈拉，你妈查哈拉。 打舒，译为“原籍”；哈拉，译为“姓氏”；你妈查哈拉，译为“杨姓”。 全句合译：原籍姓氏中的杨姓。		
词汇	⑤打书来	词义	原籍
文献	吉林省长春市九台区莽卡杨姓《祭祖神本》第 12 页。		
例句	打书来，哈拉，你妈查哈拉，得。 打书来，译为“原籍”；哈拉，译为“姓氏”；你妈查哈拉，译为“杨姓”；得，译为“在”。 全句合译：在原籍姓氏中的杨姓。		
词汇	⑥打	词义	原籍
文献	吉林省长春市九台区莽卡杨姓《杨宪本》（手抄本）第 14 页。		
例句	打，泊，也，泊，打里搂。 打，译为“原籍”；泊，译为“家”；也，译为“的”；泊，译为“房子”；打里搂，译为“经过”。 全句合译：经过原籍地的房子。		
词汇	⑦代顺	词义	原籍
文献	黑龙江省宁安市兰岗关姓《特合本子》第 11 页。		
例句	代顺，嘎撒。 代顺，译为“原籍”；嘎撒，译为“各自”。 全句合译：各自的原籍。		
词汇	①达拉哈	词义	为首者
文献	吉林省长春市九台区莽卡杨姓《祭祖神本》第 29 页。		
例句	达拉哈，呆泥。 达拉哈，译为“为首者”；呆泥，译为“雕”。		

	全句合译：首雕（神）。

词汇	②打拉哈	词义	为首者
文献	吉林省长春市九台区莽卡杨姓《祭祖神本》第24页。		
例句	打拉哈，呆泯。 打拉哈，译为“为首者”；呆泯，译为“雕”。 全句合译：首雕（神）。		
词汇	③打哈	词义	为首者
文献	吉林省长春市九台区莽卡杨姓《祭祖神本》第15页。		
例句	打哈，拉拉，栽林得。 打哈，译为“为首者”；拉拉，译为“大母熊”；栽林得，译为“栽力在”。 全句合译：栽力在此，为首的大母熊神降临了。		
词汇	①打	词义	原；源；在；条；根；头上；高
文献	吉林省长春市九台区胡家石姓《小韩本》（引自宋和平译注本）第112页、第127页。		
例句	打，七，杜博得，特不合。 打，译为“原”；七，译为“从”；杜博得，译为“终”；特不合，译为“居住”。 全句合译：从原先到最终居住。		
	石克特立，哈拉，打，色恳。 石克特立，译为“石”；哈拉，译为“姓”；打，译为“源”；色恳，译为“渊”。 全句合译：石姓渊源。		
文献	吉林省长春市九台区胡家石姓《小韩本》（引自宋和平译注本）第120页、第325页。		
例句	拥阿滩，打，德尼不莫。		

	拥阿滩，译为“沙滩”；打，译为“在”；德尼不莫，译为“使燃烧了”。 全句合译：沙滩在燃烧了。		
	扎坤，打，扎破占。 扎坤，译为“八”；打，译为“条”；扎破占，译为“蟒”。 全句合译：八条蟒。		
文献	吉林省吉林市土城子口钦佟赵姓《交罗本》第 21 页。		
例句	打，玛发，德。 打，译为“根”；玛发，译为“祖”；德，译为“在”。 全句合译：祖根在。		
文献	吉林省长春市九台区其塔木石姓《东哈本》（第 1 册）第 41 页。		
例句	打，英什。 打，译为“头上”；英什，译为“神帽”。 全句合译：头上的神帽。		
文献	吉林省长春市九台区胡家石姓《小韩本》（引自宋和平译注本）第 112 页。		
例句	打，玛法，押不勒。 打，译为“高”；玛法，译为“祖”；押不勒，译为“行走”。 全句合译：高祖在行走。		
词汇	②大	词义	头（首）
文献	黑龙江省宁安市兰岗关姓《特合本子》第 1 页。		
例句	牛五，爷，大，爷，坐。 牛五，译为“六”；爷，译为“的”；大，译为“头（首）”；爷，译为“的”；坐，译为“二”。 全句合译：六位始祖中的两位。		
词汇	①打巴	词义	原处

<table>
<tr><td>文献</td><td colspan="3">吉林省长春市九台区胡家石姓《小韩本》（引自宋和平译注本）第147页。</td></tr>
<tr><td>例句</td><td colspan="3">打巴，七，打巴莫。
打巴，译为“原处”；七，译为“从”；打巴莫，译为“越过”。
全句合译：从原处越过。</td></tr>
<tr><td>词汇</td><td>②丹德</td><td>词义</td><td>从前</td></tr>
<tr><td>文献</td><td colspan="3">黑龙江省宁安市兰岗关姓《特合本子》第5页。</td></tr>
<tr><td>例句</td><td colspan="3">丹德，乌米。
丹德，译为“从前”；乌米，译为“真诚”。
全句合译：从前的真诚。</td></tr>
<tr><td>词汇</td><td>①打巴莫</td><td>词义</td><td>越过</td></tr>
<tr><td>文献</td><td colspan="3">吉林省长春市九台区胡家石姓《小韩本》（引自宋和平译注本）第147页。</td></tr>
<tr><td>例句</td><td colspan="3">打巴，七，打巴莫。
打巴，译为“原处”；七，译为“从”；打巴莫，译为“越过”。
全句合译：从原处越过。</td></tr>
<tr><td>词汇</td><td>②汉布落</td><td>词义</td><td>超越</td></tr>
<tr><td>文献</td><td colspan="3">黑龙江省宁安市兰岗关姓《特合本子》第4页。</td></tr>
<tr><td>例句</td><td colspan="3">吾米，汉布落。
吾米，译为“真诚”；汉布落，译为“超越”。
全句合译：真诚超越时空。</td></tr>
<tr><td>词汇</td><td>③丹布罗</td><td>词义</td><td>超越</td></tr>
<tr><td>文献</td><td colspan="3">黑龙江省宁安市兰岗关姓《特合本子》第5页。</td></tr>
<tr><td>例句</td><td colspan="3">丹德，乌米，丹布罗。
丹德，译为“从前”；乌米，译为“真诚”；丹布罗，译为“超越”。
全句合译：从前的真诚超越了时间。</td></tr>
<tr><td>词汇</td><td>④打不莫</td><td>词义</td><td>越过</td></tr>
</table>

文献	吉林省长春市九台区莽卡杨姓《祭祖神本》第 15 页。		
例句	安图，泊，打不莫。 安图，译为“山阳面”；泊，译为“把”；打不莫，译为“越过”。 全句合译：把山的阳坡越过。		
词汇	①打哈莫	**词义**	跟随；随
文献	吉林省长春市九台区胡家石姓《小韩本》（引自宋和平译注本）第 39 页、第 73 页、第 247 页。		
例句	所立莫，打哈莫。 所立莫，译为“宴请”；打哈莫，译为“跟随”。 全句合译：宴请后跟随降临。		
	打哈莫，莫尼莫尼，哈打，各纳合。 打哈莫，译为“随”；莫尼莫尼，译为“各自各自”；哈打，译为“山峰”；各纳合，译为“去了”。 全句合译：各自回到山峰去了。		
	打哈莫，碑赊，得，俄不勒。 打哈莫，译为“跟随”；碑赊，译为“贝子”；得，译为“在”；俄不勒，译为“降下来”。 全句合译：跟随贝子降下来了。		
词汇	②打里莫	**词义**	跟随
文献	吉林省长春市九台区莽卡杨姓《杨宪本》（手抄本）第 78 页。		
例句	押勒尖，打里莫。 押勒尖，译为“踏实”；打里莫，译为“跟随”。 全句合译：踏实地跟随着。		
词汇	③打不莫	**词义**	跟随降临
文献	吉林省长春市九台区其塔木石姓《东哈本》（第 2 册）第 21 页。		
例句	吾合力，咔打拉拉，打不莫。		

	吾合力，译为“共同”；咔打拉拉，译为“管理”；打不莫，译为“跟随降临”。 全句合译：共同跟随降临，统一管理。		
词汇	①打不笔	词义	点燃
文献	吉林省长春市九台区莽卡杨姓《杨宪本》（手抄本）第 3 页。		
例句	年其现，泊，押罗莫，打不笔。 年其现，译为“年祈香”；泊，译为“把”；押罗莫，译为“引着”；打不笔，译为“点燃”。 全句合译：把满族的年祈香引着点燃。		
词汇	②打不莫	词义	点燃
文献	吉林省长春市九台区莽卡杨姓《杨宪本》（手抄本）第 10 页。		
例句	登，泊，打不莫。 登，译为“灯”；泊，译为“把”；打不莫，译为“点燃”。 全句合译：把灯点燃。		
词汇	③打不腓	词义	点燃
文献	吉林省长春市九台区胡家石姓《小韩本》（引自宋和平译注本）第 41 页。		
例句	年秦先，博，阿眼，杜莫，打不腓。 年秦先，译为“年祈香”；博，译为“把”；阿眼，译为“旺盛”；杜莫，译为“燃烧”；打不腓，译为“点燃”。 全句合译：把年祈香点燃，让它旺盛地燃烧起来。		
词汇	④打不勒	词义	点燃
文献	吉林省长春市九台区胡家石姓《小韩本》（引自宋和平译注本）第 40 页。		
例句	巴克山先，博，打不勒。 巴克山先，译为“把子香”；博，译为“把”；打不		

	勒，译为“点燃”。 全句合译：把把子香点燃。		
词汇	⑤打不秘	**词义**	燃烧
文献	吉林省长春市九台区其塔木石姓《东哈本》（第 2 册）第 16 页。		
例句	阿烟，𤆬，德，打不秘。 阿烟，译为“旺盛”；𤆬，译为“火”；德，译为“在”；打不秘，译为“燃烧”。 全句合译：旺盛的大火在燃烧。		
词汇	⑥打不楞俄	**词义**	点燃了
文献	吉林省长春市九台区胡家石姓《小韩本》（引自宋和平译注本）第 50 页。		
例句	尼侃先，博，打不楞俄。 尼侃先，译为“汉香”；博，译为“把”；打不楞俄，译为“点燃了”。 全句合译：把汉香点燃了。		
词汇	⑦打不棱我	**词义**	点燃了
文献	吉林省长春市九台区胡家石姓《小韩本》（引自宋和平译注本）第 91 页。		
例句	巴克山先，博，打不棱我。 巴克山先，译为“一把把香”；博，译为“把”；打不棱我，译为“点燃了”。 全句合译：把一把把的汉香点燃了。		
词汇	⑧打不楞危	**词义**	点燃了
文献	吉林省长春市九台区其塔木石姓《东哈本》（第 2 册）第 9 页。		
例句	年旗仙，博，打不楞危。 年旗仙，译为“年祈香”；博，译为“把”；打不楞危，译为“点燃了”。 全句合译：把年祈香点燃了。		

<table>
<tr><td>词汇</td><td>⑨打不愣恶</td><td>词义</td><td>点燃了</td></tr>
<tr><td>文献</td><td colspan="3">吉林省长春市九台区其塔木石姓《东哈本》（第1册）第62页。</td></tr>
<tr><td>例句</td><td colspan="3">尼唧仙，博，打不愣恶。
尼唧仙，译为“汉香”；博，译为“把”；打不愣恶，译为“点燃了”。
全句合译：把汉香点燃了。</td></tr>
<tr><td>词汇</td><td>⑩打不疋</td><td>词义</td><td>点燃了</td></tr>
<tr><td>文献</td><td colspan="3">吉林省长春市九台区莽卡杨姓《杨静棠本》第3页。</td></tr>
<tr><td>例句</td><td colspan="3">年其现，泊，牙路莫，打不疋。
年其现，译为“年祈香”；泊，译为“把”；牙路莫，译为“引燃”；打不疋，译为“点燃了”。
全句合译：把年祈香点燃了。</td></tr>
<tr><td>词汇</td><td>⑪德尼不莫</td><td>词义</td><td>使燃烧</td></tr>
<tr><td>文献</td><td colspan="3">吉林省长春市九台区其塔木石姓《东哈本》（第1册）第1页。</td></tr>
<tr><td>例句</td><td colspan="3">打，德尼不莫。
打，译为“在”；德尼不莫，译为“使燃烧”。
全句合译：在使其燃烧。</td></tr>
<tr><td>词汇</td><td>①打立哈</td><td>词义</td><td>遮挡；接触</td></tr>
<tr><td>文献</td><td colspan="3">吉林省长春市九台区胡家石姓《小韩本》（引自宋和平译注本）第184页。</td></tr>
<tr><td rowspan="2">例句</td><td colspan="3">阿巴卡那，博，打立哈。
阿巴卡那，译为“天地”；博，译为“把”；打立哈，译为“遮挡”。
全句合译：把天地遮挡。</td></tr>
<tr><td colspan="3">吴西哈，叭，博，打立哈。
吴西哈，译为“星星”；叭，译为“月亮”；博，译为“将”；打立哈，译为“接触”。
全句合译：将星星、月亮接触。</td></tr>
</table>

词汇	②那力哈	**词义**	遮挡
文献	吉林省吉林市土城子口钦佟赵姓《交罗本》第 12 页。		
例句	那丹，乌西哈，那力哈。 那丹，译为“七”；乌西哈，译为“星”；那力哈，译为“遮挡”。 全句合译：把七星遮挡。		
词汇	③打林必	**词义**	遮挡
文献	吉林省长春市九台区莽卡杨姓《杨宪本》（手抄本）第 24 页。		
例句	阿布卡，乒，泊，打林必。 阿布卡，译为“天”；乒，译为“月”；泊，译为“把”；打林必，译为“遮挡”。 全句合译：把天上月亮遮挡。		
词汇	④达林必	**词义**	遮挡
文献	吉林省长春市九台区莽卡杨姓《祭祖神本》第 30 页。		
例句	孙，乒，泊，达林必。 孙，译为“太阳”；乒，译为“月亮”；泊，译为“把”；达林必，译为“遮挡”。 全句合译：把太阳和月亮遮挡。		
词汇	⑤大撒博	**词义**	保护
文献	黑龙江省宁安市兰岗关姓《特合本子》第 11 页。		
例句	大，爷，备音，大撒博。 大，译为“从前”；爷，译为“的”；备音，译为“家”；大撒博，译为“保护”。 全句合译：保护从前的家。		
词汇	①打里楼	**词义**	经过
文献	吉林省长春市九台区莽卡杨姓《杨宪本》（手抄本）第 14 页。		

例句	打，泊，也，泊，打里楼。 打，译为“原籍”；泊，译为“家”；也，译为“的”；泊，译为“房子”；打里楼，译为“经过”。 全句合译：从原先老家的房子经过。		
词汇	②打立	词义	令经过
文献	吉林省长春市九台区莽卡杨姓《杨宪本》（手抄本）第 70 页。		
例句	押勒尖，打立，得。 押勒尖，译为“平安”；打立，译为“令经过”；得，译为“在”。 全句合译：平安地经过。		
词汇	③打音	词义	经过
文献	吉林省长春市九台区胡家石姓《小韩本》（引自宋和平译注本）第 147 页。		
例句	依哈连，得，打音。 依哈连，译为“低洼处”；得，译为“在”；打音，译为“经过”。 全句合译：在低洼处经过。		
词汇	④打拉浑	词义	外出（经过）
文献	吉林省长春市九台区莽卡杨姓《杨宪本》（手抄本）第 76 页。		
例句	打拉浑，寒，其，德。 打拉浑，译为“外出（经过）”；寒，译为“近”；其，译为“从”；德，译为“在”。 全句合译：在近处经过。		
词汇	①打俄力	词义	众长辈
文献	吉林省长春市九台区胡家石姓《小韩本》（引自宋和平译注本）第 126 页。		
例句	乌尔库，满洲鸡孙，打俄力。		

	乌尔库，译为“不懂”；满洲鸡孙，译为“满语”；打俄力，译为“众长辈”。 全句合译：众长辈不懂满语。		
词汇	②打木必	**词义**	众长辈
文献	吉林省长春市九台区其塔木石姓《东哈本》（第 2 册）第 21 页。		
例句	打木必，德勒卧不，涂门，奢博。 打木必，译为“众长辈”；德勒卧不，译为“此是”；涂门，译为“万”；奢博，译为“喜”。 全句合译：此是让众长辈万分喜悦之事。		
词汇	①打沙莫	**词义**	治疗
文献	吉林省长春市九台区莽卡杨姓《祭祖神本》第 35 页。		
例句	打沙莫，三音，乌哈库。 打沙莫，译为“治疗”；三音，译为“好了”；乌哈库，译为“病没有了”。 全句合译：治好病了。		
词汇	②打萨玛	**词义**	治疗
文献	吉林省长春市九台区莽卡杨姓《祭祖神本》第 35 页。		
例句	打萨玛，三音，乌哈库。 打萨玛，译为“治疗”；三音，译为“好了”；乌哈库，译为“没病”。 全句合译：治好了，没病了。		
词汇	①打西瞎莫	**词义**	掸净
文献	吉林省长春市九台区其塔木石姓《东哈本》（第 1 册）第 16 页。		
例句	打拉呼，打西瞎莫。 打拉呼，译为“头目”；打西瞎莫，译为“掸净”。 全句合译：掸干净头发，擦亮眼睛。		

词汇	②他其瞎莫	**词义**	掸净
文献	吉林省长春市九台区莽卡杨姓《祭祖神本》第 29 页。		
例句	敦香，活说，泊，他其瞎莫。 敦香，译为“四（角）”；活说，译为“角落”；泊，译为“把”；他其瞎莫，译为“掸净”。 全句合译：把四角打扫干净。		
词汇	③达其瞎莫	**词义**	翅膀扇动
文献	吉林省长春市九台区莽卡杨姓《祭祖神本》第 29 页。		
例句	达其瞎莫，多西哈。 达其瞎莫，译为“翅膀扇动”；多西哈，译为“进入了”。 全句合译：扇动着翅膀进入了……		
词汇	①打音	**词义**	岸
文献	吉林省长春市九台区胡家石姓《小韩本》（引自宋和平译注本）第 172 页。		
例句	打音，打巴干，七，瓦西哈。 打音，译为“岸”；打巴干，译为“山岭”；七，译为“从”；瓦西哈，译为“降临”。 全句合译：从山岭下河岸边处降临。		
词汇	②代林	**词义**	岸
文献	吉林省长春市九台区胡家石姓《小韩本》（引自宋和平译注本）第 172 页。		
例句	尼西海必拉，七，代林。 尼西海必拉，译为“尼什哈河”；七，译为“从”；代林，译为“岸”。 全句合译：从尼什哈河岸边处降临。		
词汇	③胎林	**词义**	河岸上
文献	吉林省吉林市土城子口钦佟赵姓《交罗本》第 6 页。		

<table>
<tr><td>例句</td><td colspan="3">胎林，得。
胎林，译为“河岸上”；得，译为“在”。
全句合译：在河岸上。</td></tr>
<tr><td>词汇</td><td>①打拉</td><td>词义</td><td>腰</td></tr>
<tr><td>文献</td><td colspan="3">吉林省长春市九台区莽卡杨姓《杨宪本》（手抄本）第 70 页。</td></tr>
<tr><td>例句</td><td colspan="3">打拉，得，扎吉莫。
打拉，译为“腰”；得，译为“在”；扎吉莫，译为“背”。
全句合译：在腰背处。</td></tr>
<tr><td>词汇</td><td>②打勒</td><td>词义</td><td>上边</td></tr>
<tr><td>文献</td><td colspan="3">吉林省长春市九台区莽卡杨姓《祭祖神本》第 15 页。</td></tr>
<tr><td>例句</td><td colspan="3">栽林，得，打勒，朱勒干。
栽林，译为“祝祷人”；得，译为“在”；打勒，译为“上边”；朱勒干，译为“仁义”。
全句合译：仁义的祝祷人在上边。</td></tr>
<tr><td>词汇</td><td>①达浑达浑</td><td>词义</td><td>再三再四</td></tr>
<tr><td>文献</td><td colspan="3">吉林省长春市九台区其塔木石姓《东哈本》（第 2 册）第 21 页。</td></tr>
<tr><td>例句</td><td colspan="3">达浑达浑，戈纳合。
达浑达浑，译为“再三再四”；戈纳合，译为“采纳”。
全句合译：再三再四地采纳。</td></tr>
<tr><td>词汇</td><td>②打浑打浑</td><td>词义</td><td>再三再四</td></tr>
<tr><td>文献</td><td colspan="3">吉林省长春市九台区胡家石姓《小韩本》（引自宋和平译注本）第 236 页。</td></tr>
<tr><td>例句</td><td colspan="3">打浑打浑，合讷腓。
打浑打浑，译为“再三再四”；合讷腓，译为“采纳”。</td></tr>
</table>

	全句合译：再三再四地采纳。
音序	**dai**
词汇	①呆泥　　**词义**　　雕
文献	吉林省长春市九台区莽卡杨姓《杨宪本》（手抄本）第24页。
例句	打拉哈，呆泥。 打拉哈，译为“为首者”；呆泥，译为“雕”。 全句合译：为首的雕神。
词汇	②代明　　**词义**　　雕
文献	吉林省长春市九台区胡家石姓《小韩本》（引自宋和平译注本）第189页。
例句	代明，古伦，得，各崩我。 代明，译为“雕”；古伦，译为“国”；得，译为“在”；各崩我，译为“有名”。 全句合译：在雕神国里有名望。
词汇	③代清　　**词义**　　雕
文献	吉林省长春市九台区其塔木石姓《东哈本》（第2册）第20页。
例句	代清，古伦。 代清，译为“雕”；古伦，译为“国”。 全句合译：雕神之国。
词汇	④代朋　　**词义**　　雕
文献	吉林省长春市九台区胡家石姓《小韩本》（引自宋和平译注本）第120页。
例句	代朋，嘎什哈，恩杜力。 代朋，译为“雕”；嘎什哈，译为“鸟”；恩杜力，译为“神”。 全句合译：雕鸟神。
音序	**dan**
词汇	①胆巴七　　**词义**　　超过

<table>
<tr><td>文献</td><td colspan="3">吉林省长春市九台区胡家石姓《小韩本》（引自宋和平译注本）第 188 页。</td></tr>
<tr><td>例句</td><td colspan="3">左，打，札胡打，胆巴七，吴林莫，得。
左，译为“两”；打，译为“条”；札胡打，译为“船”；胆巴七，译为“超过”；吴林莫，译为“山谷回声”；得，译为“在”。
全句合译：超过两条船，山谷（响起）回音。</td></tr>
<tr><td>词汇</td><td>②台巴七</td><td>词义</td><td>超过</td></tr>
<tr><td>文献</td><td colspan="3">吉林省长春市九台区其塔木石姓《东哈本》（第 1 册）第 75 页。</td></tr>
<tr><td>例句</td><td colspan="3">左，打，扎户打，台巴七。
左，译为“两”；打，译为“根”；扎户打，译为“跟前”；台巴七，译为“超过”。
全句合译：从两棵树前超过。</td></tr>
<tr><td>词汇</td><td>①坛打</td><td>词义</td><td>打；打下</td></tr>
<tr><td>文献</td><td colspan="3">吉林省长春市九台区胡家石姓《小韩本》（引自宋和平译注本）第 204 页、第 223 页。</td></tr>
<tr><td rowspan="2">例句</td><td colspan="3">登一，坛打，得。
登一，译为“高处”；坛打，译为“打”；得，译为“在”。
全句合译：在高处往下打。</td></tr>
<tr><td colspan="3">坛打，永阿，卧合。
坛打，译为“打下”；永阿，译为“沙子”；卧合，译为“石头”。
全句合译：沙子、石头打下来。</td></tr>
<tr><td>词汇</td><td>②他打哈</td><td>词义</td><td>打下</td></tr>
<tr><td>文献</td><td colspan="3">吉林省长春市九台区其塔木石姓《东哈本》（第 2 册）第 19 页。</td></tr>
<tr><td>例句</td><td colspan="3">他打哈，折库，博。
他打哈，译为“打下”；折库，译为“黏谷”；博，</td></tr>
</table>

	译为“把”。 全句合译：把黏谷打下来。		
词汇	③坛打莫	**词义**	打
文献	吉林省长春市九台区胡家石姓《小韩本》（引自宋和平译注本）第 253 页。		
例句	坛打莫，折库。 坛打莫，译为“打”；折库，译为“黏谷”。 全句合译：打黏谷。		
词汇	④坛打一	**词义**	拔
文献	吉林省长春市九台区胡家石姓《小韩本》（引自宋和平译注本）第 253 页。		
例句	坛打一，嘎几哈。 坛打一，译为“拔”；嘎几哈，译为“取来”。 全句合译：拔出来。		
词汇	①丹沉	**词义**	娘家（内亲）
文献	吉林省长春市九台区胡家石姓《小韩本》（引自宋和平译注本）第 119 页。		
例句	丹沉，呆力不危，不非，而当阿。 丹沉，译为“娘家（内亲）”；呆力不危，译为“回娘家”；不非，译为“给”；而当阿，译为“应许”。 全句合译：应许娘家人回娘家。		
词汇	②呆力不危	**词义**	回娘家
文献	吉林省长春市九台区胡家石姓《小韩本》（引自宋和平译注本）第 119 页。		
例句	呆力不危，不非，而当阿。 呆力不危，译为“回娘家”；不非，译为“给”；而当阿，译为“应许”。 全句合译：允许回娘家。		

音序	**dang**		
词汇	①噹纳末	词义	当差
文献	吉林省长春市九台区其塔木石姓《东哈本》（第 2 册）第 1 页。		
例句	不特哈，乌拉，噹纳末。 不特哈，译为“渔猎（扑）”；乌拉，即指乌拉街地方；噹纳末，译为“当差”。 全句合译：在打牲乌拉城当差。		
词汇	②而当	词义	差役
文献	吉林省长春市九台区莽卡杨姓《杨宪本》（手抄本）第 99 页。		
例句	莫你，衙门，得，而当，那拉押。 莫你，译为“我们”；衙门，仅指清朝打牲乌拉总管衙门；得，译为“在”；而当，译为“差役”；那拉押，译为“执着”。 全句合译：我们执着地在打牲乌拉总管衙门里当差役。		
词汇	①汤务	词义	百
文献	吉林省长春市九台区莽卡杨姓《杨宪本》（手抄本）第 82 页。		
例句	汤务，阿牙你。 汤务，译为“百”；阿牙你，译为“年”。 全句合译：百年。		
词汇	②汤旺	词义	百
文献	吉林省长春市九台区莽卡杨姓《杨宪本》（手抄本）第 54 页。		
例句	汤旺，阿牙你。 汤旺，译为“百”；阿牙你，译为“年”。 全句合译：百年。		
词汇	③汤乌	词义	百

文献	吉林省长春市九台区莽卡杨姓《杨宪本》（手抄本）第12页。		
例句	汤乌，阿宁阿。 汤乌，译为“百”；阿宁阿，译为“年”。 全句合译：百年。		
词汇	④汤五	词义	百
文献	吉林省吉林市土城子口钦佟赵姓《交罗本》第6页。		
例句	汤五，阿年。 汤五，译为“百”；阿年，译为“年”。 全句合译：百年。		
词汇	⑤汤吴	词义	百
文献	吉林省长春市九台区胡家石姓《小韩本》（引自宋和平译注本）第72页。		
例句	明安一，汤吴，尖。 明安一，译为“千”；汤吴，译为“百”；尖，译为“道”。 全句合译：千百年得道。		
词汇	⑥唐吾	词义	百
文献	吉林省长春市九台区其塔木石姓《东哈本》（第2册）第21页。		
例句	阿巴卡，我贞，唐吾，为勒。 阿巴卡，译为“天”；我贞，译为“主人”；唐吾，译为“百”；为勒，译为“制作”。 全句合译：主人经过百天制作。		
词汇	⑦唐五阿	词义	百
文献	吉林省长春市九台区胡家石姓《小韩本》（引自宋和平译注本）第124页。		
例句	唐五阿，阿尼。 唐五阿，译为“百”；阿尼，译为“年”。 全句合译：百年。		

<table>
<tr><td>音序</td><td colspan="3">de</td></tr>
<tr><td>词汇</td><td>①德西</td><td>词义</td><td>四十</td></tr>
<tr><td>文献</td><td colspan="3">吉林省长春市九台区胡家石姓《小韩本》（引自宋和平译注本）第 119 页。</td></tr>
<tr><td>例句</td><td colspan="3">德西，乌云，以能尼。
德西，译为“四十”；乌云，译为“九”；以能尼，译为“日”。
全句合译：四十九天。</td></tr>
<tr><td>词汇</td><td>②得西</td><td>词义</td><td>四十</td></tr>
<tr><td>文献</td><td colspan="3">吉林省长春市九台区莽卡杨姓《杨宪本》（手抄本）第 78 页。</td></tr>
<tr><td>例句</td><td colspan="3">得西，哈哈。
得西，译为“四十”；哈哈，译为“男人”。
全句合译：四十个男人。</td></tr>
<tr><td>词汇</td><td>①德棱</td><td>词义</td><td>桌子</td></tr>
<tr><td>文献</td><td colspan="3">吉林省长春市九台区胡家石姓《小韩本》（引自宋和平译注本）第 272 页。</td></tr>
<tr><td>例句</td><td colspan="3">得，登，德棱，多不哈。
得，译为“在”；登，译为“高”；德棱，译为“桌子”；多不哈，译为“供献”。
全句合译：在高桌上供献。</td></tr>
<tr><td>词汇</td><td>②德林</td><td>词义</td><td>桌子</td></tr>
<tr><td>文献</td><td colspan="3">吉林省长春市九台区其塔木石姓《东哈本》（第 1 册）第 9 页。</td></tr>
<tr><td>例句</td><td colspan="3">敦，德林，多不非。
敦，译为“高”；德林，译为“桌子”；多不非，译为“供献”。
全句合译：在高桌上供献。</td></tr>
<tr><td>词汇</td><td>③德淋</td><td>词义</td><td>桌子</td></tr>
<tr><td>文献</td><td colspan="3">吉林省长春市九台区其塔木石姓《东哈本》（第 1</td></tr>
</table>

	册）第 84 页。		
例句	敦，德淋，多不哈。 敦，译为“高”；德淋，译为“桌子”；多不哈，译为“供献”。 全句合译：在高桌上供献。		
词汇	④得棱	**词义**	桌子
文献	吉林省长春市九台区胡家石姓《小韩本》（引自宋和平译注本）第 39 页。		
例句	登，得棱，多不哈。 登，译为“高”；得棱，译为“桌子”；多不哈，译为“供献”。 全句合译：在高桌上供献。		
词汇	⑤得勒	**词义**	桌上
文献	吉林省长春市九台区胡家石姓《小韩本》（引自宋和平译注本）第 175 页。		
例句	登，得勒。 登，译为“高”；得勒，译为“桌上”。 全句合译：在高桌上。		
词汇	⑥得林	**词义**	桌子
文献	吉林省长春市九台区莽卡杨姓《杨宪本》（手抄本）第 58 页。		
例句	方卡兰，得林，得，非他必。 方卡兰，译为“低矮的”；得林，译为“桌子”；得，译为“在”；非他必，译为“摆上”。 全句合译：在低矮的桌子上摆上。		
词汇	①德拉鸡	**词义**	上面；上
文献	吉林省长春市九台区胡家石姓《小韩本》（引自宋和平译注本）第 100 页、第 133 页。		
例句	德拉鸡，七，登。 德拉鸡，译为“上面”；七，译为“从”；登，译为		

	“高”。 全句合译：从上面高处……		
	登一，阿巴卡，德拉鸡，瓦西哈。 登一，译为“高高的”；阿巴卡，译为“天”；德拉鸡，译为“上”；瓦西哈，译为“降临”。 全句合译：从高高的天上降临。		
词汇	②得拉鸡	**词义**	上
文献	吉林省长春市九台区胡家石姓《小韩本》（引自宋和平译注本）第 79 页。		
例句	阿巴卡，得拉鸡。 阿巴卡，译为“天”；得拉鸡，译为“上”。 全句合译：天上。		
词汇	③德乐	**词义**	上边
文献	吉林省长春市九台区其塔木石姓《东哈本》（第 1 册）第 9 页。		
例句	德乐，我贞，二斑，德。 德乐，译为“上边”；我贞，译为“君主”；二斑，译为“官差”；德，译为“在”。 全句合译：在上边君主那里当官差。		
词汇	④折拉鸡	**词义**	上
文献	吉林省长春市九台区胡家石姓《小韩本》（引自宋和平译注本）第 203 页。		
例句	阿巴卡，折拉鸡。 阿巴卡，译为“天”；折拉鸡，译为“上”。 全句合译：天上。		
词汇	⑤折力鸡	**词义**	上
文献	吉林省长春市九台区其塔木石姓《东哈本》（第 1 册）第 9 页。		
例句	阿巴卡，折力鸡。 阿巴卡，译为“天”；折力鸡，译为“上”。		

	全句合译：天上。		
词汇	⑥得勒己	词义	上
文献	吉林省长春市九台区莽卡杨姓《杨宪本》（手抄本）第 14 页。		
例句	得勒己，恩都利，赊，泊，赊林必。 得勒己，译为“上”；恩都利，译为“神”；赊，译为“们”；泊，译为“把”；赊林必，译为“宴请”。 全句合译：把高高在上的神们宴请。		
词汇	⑦打勒	词义	上边
文献	吉林省长春市九台区莽卡杨姓《祭祖神本》第 15 页。		
例句	打勒，朱勒干，泊。 打勒，译为“上边”；朱勒干，译为“仁义”；泊，译为“把”。 全句合译：仁义为上。		
词汇	⑧突拉鸡	词义	上边
文献	吉林省长春市九台区胡家石姓《小韩本》（引自宋和平译注本）第 172 页。		
例句	突拉鸡，色恳。 突拉鸡，译为“上边”；色恳，译为“石砬子”。 全句合译：石砬子上边。		
词汇	①得热莫	词义	飞了
文献	吉林省长春市九台区胡家石姓《小韩本》（引自宋和平译注本）第 104 页。		
例句	得热莫，特书。 得热莫，译为“飞了”；特书，译为“各自”。 全句合译：各自飞了。		
词汇	②德鸡	词义	飞翔着
文献	吉林省长春市九台区其塔木石姓《东哈本》（第 1 册）第 17 页。		

例句	德鸡，舒乐合。 德鸡，译为“飞翔着”；舒乐合，译为“盘旋”。 全句合译：盘旋着飞翔。		
词汇	①德不申	**词义**	居住
文献	吉林省长春市九台区胡家石姓《小韩本》（引自宋和平译注本）第 116 页。		
例句	德不申，己合。 德不申，译为“居住”；己合，译为“来”。 全句合译：来居住。		
词汇	②得不申	**词义**	居住
文献	吉林省长春市九台区其塔木石姓《东哈本》（第 1 册）第 1 页。		
例句	得不申，己合。 得不申，译为“居住”；己合，译为“来”。 全句合译：迁居而来。		
词汇	③特笔	**词义**	居住
文献	吉林省长春市九台区莽卡杨姓《杨宪本》（手抄本）第 2 页。		
例句	木兰，德，特笔。 木兰，译为“圆的”；德，译为“在”；特笔，译为“居住”。 全句合译：在呈圆形的地方居住。		
词汇	①德勒力	**词义**	骑士
文献	吉林省吉林市土城子口钦佟赵姓《交罗本》第 6 页。		
例句	德西，哈哈，德勒力。 德西，译为“四十”；哈哈，译为“男人”；德勒力，译为“骑士”。 全句合译：四十名男骑士。		
词汇	②得勒力	**词义**	骑士
文献	吉林省长春市九台区莽卡杨姓《杨宪本》（手抄本）		

<table>
<tr><td></td><td colspan="3">第 50 页。</td></tr>
<tr><td>例句</td><td colspan="3">得勒力，卧不莫。
得勒力，译为“骑士”；卧不莫，译为“可为之”。
全句合译：骑士们大有作为。</td></tr>
<tr><td>词汇</td><td>③德立勒</td><td>词义</td><td>骑士</td></tr>
<tr><td>文献</td><td colspan="3">吉林省长春市九台区胡家石姓《小韩本》（引自宋和平译注本）第 305 页。</td></tr>
<tr><td>例句</td><td colspan="3">德西，哈哈，德立勒。
德西，译为“四十”；哈哈，译为“男人”；德立勒，译为“骑士”。
全句合译：四十名男骑士。</td></tr>
<tr><td>词汇</td><td>④得勒立</td><td>词义</td><td>骑马上</td></tr>
<tr><td>文献</td><td colspan="3">吉林省长春市九台区胡家石姓《小韩本》（引自宋和平译注本）第 245 页。</td></tr>
<tr><td>例句</td><td colspan="3">德西，哈哈，得勒立。
德西，译为“四十”；哈哈，译为“男人”；得勒立，译为“骑马上”。
全句合译：四十名骑马的武士。</td></tr>
<tr><td>词汇</td><td>①得</td><td>词义</td><td>在；对于</td></tr>
<tr><td>文献</td><td colspan="3">吉林省长春市九台区胡家石姓《小韩本》（引自宋和平译注本）第 37 页、第 276 页。</td></tr>
<tr><td rowspan="2">例句</td><td colspan="3">扎伐腓，左，嘎拉，得。
扎伐腓，译为“手执”；左，译为“两”；嘎拉，译为“手”；得，译为“在”。
全句合译：两只手拿着。</td></tr>
<tr><td colspan="3">得，卧西浑。
得，译为“对于”；卧西浑，译为“高处”。
全句合译：对于高的地方……</td></tr>
<tr><td>词汇</td><td>②德</td><td>词义</td><td>在</td></tr>
<tr><td>文献</td><td colspan="3">黑龙江省宁安市兰岗关姓《特合本子》第 11 页。</td></tr>
</table>

<table>
<tr><td>例句</td><td colspan="3">火垫，德，推积和。
火垫，译为“沟谷”；德，译为“在”；推积和，译为“听见”。
全句合译：沟谷在倾听。</td></tr>
<tr><td>词汇</td><td>①得不嫩</td><td>词义</td><td>年幼</td></tr>
<tr><td>文献</td><td colspan="3">吉林省长春市九台区莽卡杨姓《杨宪本》（手抄本）第 14 页。</td></tr>
<tr><td>例句</td><td colspan="3">得不嫩，恶真。
得不嫩，译为“年幼”；恶真，译为“萨满”。
全句合译：年幼的萨满。</td></tr>
<tr><td>词汇</td><td>②得泊嫩</td><td>词义</td><td>幼小</td></tr>
<tr><td>文献</td><td colspan="3">吉林省长春市九台区莽卡杨姓《杨宪本》（手抄本）第 14 页。</td></tr>
<tr><td>例句</td><td colspan="3">得泊嫩，恶真。
得泊嫩，译为“幼小”；恶真，译为“萨满”。
全句合译：幼小的萨满。</td></tr>
<tr><td>词汇</td><td>③得不林</td><td>词义</td><td>年幼</td></tr>
<tr><td>文献</td><td colspan="3">吉林省长春市九台区莽卡杨姓《杨宪本》（手抄本）第 59 页。</td></tr>
<tr><td>例句</td><td colspan="3">阿几各，得不林，额真。
阿几各，译为“小”；得不林，译为“年幼”；额真，译为“萨满”。
全句合译：年幼的萨满。</td></tr>
<tr><td>音序</td><td colspan="3">deng</td></tr>
<tr><td>词汇</td><td>①登</td><td>词义</td><td>高</td></tr>
<tr><td>文献</td><td colspan="3">吉林省长春市九台区胡家石姓《小韩本》（引自宋和平译注本）第 39 页。</td></tr>
<tr><td>例句</td><td colspan="3">登，得棱。
登，译为“高”；得棱，译为“桌”。
全句合译：高桌。</td></tr>
</table>

词汇	②墩	**词义**	高
文献	吉林省吉林市土城子口钦佟赵姓《交罗本》第28页。		
例句	墩，衣，阿不卡，墩吉莫。 墩，译为“高”；衣，译为“的”；阿不卡，译为“天”；墩吉莫，译为“听”。 全句合译：高天在听着。		
词汇	③登墩	**词义**	高
文献	吉林省吉林市土城子口钦佟赵姓《交罗本》第21页。		
例句	登墩，宜，倭心逼。 登墩，译为“高”；宜，译为“的”；倭心逼，译为“降临”。 全句合译：从高处降临。		
词汇	④登一	**词义**	高；高高的；高处
文献	吉林省长春市九台区胡家石姓《小韩本》（引自宋和平译注本）第98页、第174页、第223页。		
例句	登一，鸡干，札不勒。 登一，译为“高”；鸡干，译为“声”；札不勒，译为“回答”。 全句合译：高声回答。		
	登一，哈打。 登一，译为“高高的”；哈打，译为“山峰”。 全句合译：高高的山峰。		
	登一，坛打，得。 登一，译为“高处”；坛打，译为“打”；得，译为“在”。 全句合译：在高处打下来。		
词汇	⑤嗷	**词义**	高

文献	吉林省长春市九台区其塔木石姓《东哈本》（第 1 册）第 48 页。		
例句	嗷，以，阿巴卡。 嗷，译为“高”；以，译为“的”；阿巴卡，译为“天”。 全句合译：高高在上的天。		
词汇	⑥敦	词义	高
文献	吉林省长春市九台区其塔木石姓《东哈本》（第 2 册）第 9 页。		
例句	敦，以，吉干。 敦，译为“高”；以，译为“的”；吉干，译为“声音”。 全句合译：高声的。		
词汇	①登占	词义	灯
文献	吉林省长春市九台区胡家石姓《小韩本》（引自宋和平译注本）第 103 页。		
例句	登占，打不勒。 登占，译为“灯”；打不勒，译为“点燃”。 全句合译：灯点着。		
词汇	②灯占	词义	灯
文献	吉林省长春市九台区胡家石姓《小韩本》（引自宋和平译注本）第 95 页。		
例句	灯占，推不莫。 灯占，译为“灯”；推不莫，译为“关闭”。 全句合译：关灯了。		
词汇	③灯	词义	灯
文献	吉林省吉林市乌拉街韩屯关姓《敬义神书》（手抄本）第 9 页。		
例句	灯，箔，打不莫。 灯，译为“灯”；箔，译为“把”；打不莫，译为“点燃”。		

	全句合译：把灯点着。		
词汇	④登	**词义**	灯
文献	吉林省长春市九台区莽卡杨姓《杨宪本》（手抄本）第 10 页。		
例句	登，泊，打不莫。 登，译为“灯”；泊，译为“把”；打不莫，译为“点燃了”。 全句合译：把灯点燃了。		
词汇	⑤登占一	**词义**	用灯
文献	吉林省长春市九台区胡家石姓《小韩本》（引自宋和平译注本）第 101 页。		
例句	登占一，推不莫。 登占一，译为“用灯”；推不莫，译为“闭”。 全句合译：把灯闭了。		
词汇	⑥登占以	**词义**	用灯
文献	吉林省长春市九台区胡家石姓《小韩本》（引自宋和平译注本）第 101 页。		
例句	登占以，打不棱俄。 登占以，译为“用灯”；打不棱俄，译为“点燃”。 全句合译：把灯点燃。		
音序	**di**		
词汇	①弟拉库	**词义**	刀箭不入
文献	吉林省长春市九台区胡家石姓《小韩本》（引自宋和平译注本）第 79 页。		
例句	弟拉库，必拉。 弟拉库，译为“刀箭不入”；必拉，译为“河”。 全句合译：箭射不进、刀砍不入的河。		
词汇	②代拉拉	**词义**	征讨
文献	吉林省长春市九台区胡家石姓《小韩本》（引自宋和平译注本）第 49 页。		

例句	超海，哈哈，阿伐拉，得，代拉拉。 超海，译为“武”；哈哈，译为“士”；阿伐拉，译为“战斗”；得，译为“在”；代拉拉，译为“征讨”。 全句合译：武士在战斗、在征讨。		
音序	**dou**		
词汇	①斗特	**词义**	弟弟们
文献	吉林省长春市九台区胡家石姓《小韩本》（引自宋和平译注本）第 250 页。		
例句	阿浑，以，斗特。 阿浑，译为“兄”；以，译为“的”；斗特，译为“弟弟们”。 全句合译：兄弟们。		
词汇	②兜特	**词义**	弟弟们
文献	吉林省长春市九台区胡家石姓《小韩本》（引自宋和平译注本）第 341 页。		
例句	阿浑，兜特。 阿浑，译为“兄”；兜特，译为“弟弟们”。 全句合译：兄弟们。		
音序	**du**		
词汇	①都鲁干	**词义**	燃烧
文献	吉林省吉林市土城子口钦佟赵姓《交罗本》第 6 页。		
例句	先出，都鲁干。 先出，译为“香火”；都鲁干，译为“燃烧”。 全句合译：香火在燃烧。		
词汇	②独鲁干	**词义**	烧香
文献	吉林省吉林市土城子口钦佟赵姓《交罗本》第 21 页。		
例句	独鲁干，畏勒非。 独鲁干，译为“烧香”；畏勒非，译为“做事”。 全句合译：烧香做事。		

词汇	①都不秘	词义	饶恕
文献	吉林省长春市九台区莽卡杨姓《杨宪本》（手抄本）第74页。		
例句	恩得不库，都不秘。 恩得不库，译为“过失”；都不秘，译为“饶恕”。 全句合译：将过失饶恕。		
词汇	②敦勒不笔	词义	饶恕
文献	吉林省长春市九台区莽卡杨姓《杨宪本》（手抄本）第69页。		
例句	你妈库，泊，敦勒不笔。 你妈库，译为“病”；泊，译为“把”；敦勒不笔，译为“饶恕”。 全句合译：把得病的人饶恕。		
词汇	③敦嗽不必	词义	退出
文献	吉林省长春市九台区莽卡杨姓《杨宪本》（手抄本）第27页。		
例句	你妈查，也，敦嗽不必。 你妈查，译为“姓杨”；也，译为“的”；敦嗽不必，译为“退出”。 全句合译：姓杨的退出。		
词汇	①杜卡	词义	门
文献	吉林省长春市九台区胡家石姓《小韩本》（引自宋和平译注本）第99页。		
例句	各棱，杜卡，多西腓。 各棱，译为“各个”；杜卡，译为“门”；多西腓，译为“进入”。 全句合译：各自从门口进入。		
词汇	②都卡	词义	门
文献	吉林省长春市九台区莽卡杨姓《杨宪本》（手抄本）第6页。		

<table>
<tr><td>例句</td><td colspan="3">都卡，泊，押克西笔。
都卡，译为“门”；泊，译为“把”；押克西笔，译为“关闭”。
全句合译：把门关闭。</td></tr>
<tr><td>词汇</td><td>①杜林</td><td>词义</td><td>中</td></tr>
<tr><td>文献</td><td colspan="3">吉林省长春市九台区胡家石姓《小韩本》（引自宋和平译注本）第 259 页。</td></tr>
<tr><td>例句</td><td colspan="3">花一，杜林。
花一，译为“院”；杜林，译为“中”。
全句合译：院中。</td></tr>
<tr><td>词汇</td><td>②都林</td><td>词义</td><td>中</td></tr>
<tr><td>文献</td><td colspan="3">吉林省长春市九台区莽卡杨姓《杨宪本》（手抄本）第 42 页。</td></tr>
<tr><td>例句</td><td colspan="3">忙卡，衣，都林，得。
忙卡，译为“河岗”；衣，译为“的”；都林，译为“中”；得，译为“在”。
全句合译：在河岗中。</td></tr>
<tr><td>词汇</td><td>③独林</td><td>词义</td><td>中</td></tr>
<tr><td>文献</td><td colspan="3">吉林省长春市九台区莽卡杨姓《杨宪本》（手抄本）第 42 页。</td></tr>
<tr><td>例句</td><td colspan="3">阿拉，意，独林，得。
阿拉，译为“山岗”；意，译为“的”；独林，译为“中”；得，译为“在”。
全句合译：在山岗中。</td></tr>
<tr><td>词汇</td><td>④嗷德林</td><td>词义</td><td>中</td></tr>
<tr><td>文献</td><td colspan="3">吉林省长春市九台区其塔木石姓《东哈本》第 9 页。</td></tr>
<tr><td>例句</td><td colspan="3">嗷德林，多不非。
嗷德林，译为“中”；多不非，译为“供献”。
全句合译：在（院子）中供献。</td></tr>
<tr><td>词汇</td><td>⑤杜林巴</td><td>词义</td><td>中间</td></tr>
</table>

文献	吉林省长春市九台区胡家石姓《小韩本》（引自宋和平译注本）第 102 页。		
例句	杜林巴，朱拉干。 杜林巴，译为“中间”；朱拉干，译为“一行”。 全句合译：一行中间。		
词汇	⑥杜林得	词义	半
文献	吉林省长春市九台区胡家石姓《小韩本》（引自宋和平译注本）第 102 页。		
例句	杜林得，我林。 杜林得，译为“半”；我林，译为“时”。 全句合译：半个时辰。		
词汇	①杜莫	词义	每；燃；点燃；过去
文献	吉林省长春市九台区胡家石姓《小韩本》（引自宋和平译注本）第 96 页、第 211 页、第 218 页、第 327 页。		
例句	得棱，翻丹，杜莫。 得棱，译为“桌”；翻丹，译为“排列”；杜莫，译为“每”。 全句合译：把每个桌子排列开来。		
	杜莫，打不腓。 杜莫，译为“燃”；打不腓，译为“点”。 全句合译：点燃。		
	杜莫，按巴。 杜莫，译为“点燃”；按巴，译为“大”。 全句合译：大点儿燃烧。		
	爱翻，杜莫，而扎哈。 爱翻，译为“早已”；杜莫，译为“过去”；而扎哈，译为“许”。 全句合译：过去早已许下。		

<table>
<tr><td>词汇</td><td>①杜博</td><td>词义</td><td>尖；尾</td></tr>
<tr><td>文献</td><td colspan="3">吉林省长春市九台区胡家石姓《小韩本》（引自宋和平译注本）第 72 页、第 121 页。</td></tr>
<tr><td rowspan="2">例句</td><td colspan="3">阿林，杜博。
阿林，译为“山”；杜博，译为“尖”。
全句合译：山尖。</td></tr>
<tr><td colspan="3">阿什韩，杜博。
阿什韩，译为“翅”；杜博，译为“尾”。
全句合译：翅尾。</td></tr>
<tr><td>词汇</td><td>②都泊</td><td>词义</td><td>尖</td></tr>
<tr><td>文献</td><td colspan="3">吉林省长春市九台区莽卡杨姓《杨宪本》（手抄本）第 92 页。</td></tr>
<tr><td>例句</td><td colspan="3">温测肯，都泊，得，烟非他笔。
温测肯，译为“尾巴”；都泊，译为“尖”；得，译为“在”；烟非他笔，译为“切割”。
全句合译：在尾巴尖处切断。</td></tr>
<tr><td>词汇</td><td>①杜伦不合</td><td>词义</td><td>过；通过；经过</td></tr>
<tr><td>文献</td><td colspan="3">吉林省长春市九台区胡家石姓《小韩本》（引自宋和平译注本）第 68 页、第 86 页、第 98 页。</td></tr>
<tr><td rowspan="3">例句</td><td colspan="3">杜伦不合，付拉尖必拉。
杜伦不合，译为“过”；付拉尖必拉，译为“富勒尖河”。
全句合译：过富勒尖河。</td></tr>
<tr><td colspan="3">哈打，杜伦不合。
哈打，译为“山峰”；杜伦不合，译为“通过”。
全句合译：通过这座山峰。</td></tr>
<tr><td colspan="3">杜伦不合，吴云七，哈打。
杜伦不合，译为“经过”；吴云七，译为“第九”；哈打，译为“山峰”。</td></tr>
</table>

	全句合译：经过第九座山峰。		
词汇	②杜林不合	词义	过
文献	吉林省长春市九台区其塔木石姓《东哈本》（第 2 册）第 1 页。		
例句	吟妈亲，特非，杜林不合。 吟妈亲，译为“鼓”；特非，译为“坐”；杜林不合，译为“过”。 全句合译：坐一面鼓过河。		
词汇	①杜非	词义	经过；打场
文献	吉林省长春市九台区胡家石姓《小韩本》（引自宋和平译注本）第 214 页、第 252 页。		
例句	阿巴卡，杜非。 阿巴卡，译为“天”；杜非，译为“经过”。 全句合译：从天上经过。		
	巴拉牙鸡哈，杜非，得。 巴拉牙鸡哈，译为“收获”；杜非，译为“打场”；得，译为“在”。 全句合译：在打场收获（谷物）。		
词汇	②杜棱不非	词义	冲入；度过了
文献	吉林省长春市九台区胡家石姓《小韩本》（引自宋和平译注本）第 51 页、第 56 页。		
例句	哈达，杜棱不非。 哈达，译为“山峰”；杜棱不非，译为“冲入”。 全句合译：冲上山峰。		
	牛勒立，博，杜棱不非。 牛勒立，译为“春天”；博，译为“把”；杜棱不非，译为“度过了”。 全句合译：把春天度过了。		
词汇	③杜林不非	词义	经过

<table>
<tr><td>文献</td><td colspan="3">吉林省长春市九台区其塔木石姓《东哈本》（第 1 册）第 1 页。</td></tr>
<tr><td>例句</td><td colspan="3">乌拉呼，发兰，杜林不非。
乌拉呼，译为“芦苇”；发兰，译为“平川野地”；杜林不非，译为“经过”。
全句合译：经过芦苇平川野地。</td></tr>
<tr><td>词汇</td><td>①杜勒莫</td><td>词义</td><td>通过；过了；过去</td></tr>
<tr><td>文献</td><td colspan="3">吉林省长春市九台区胡家石姓《小韩本》（引自宋和平译注本）第 98 页、第 143 页、第 221 页。</td></tr>
<tr><td rowspan="3">例句</td><td colspan="3">杜勒莫，滚得。
杜勒莫，译为“通过”；滚得，译为“恭敬”。
全句合译：恭敬地通过。</td></tr>
<tr><td colspan="3">杜勒莫，蒙文一，佛垫。
杜勒莫，译为“过了”；蒙文一，译为“银的”；佛垫，译为“窝”。
全句合译：过了银窝。</td></tr>
<tr><td colspan="3">矺不非，杜勒莫。
矺不非，译为“看见”；杜勒莫，译为“过去”。
全句合译：看见（有人）过去。</td></tr>
<tr><td>词汇</td><td>②杜勒合</td><td>词义</td><td>过；通过</td></tr>
<tr><td>文献</td><td colspan="3">吉林省长春市九台区胡家石姓《小韩本》（引自宋和平译注本）第 99 页、第 349 页。</td></tr>
<tr><td rowspan="2">例句</td><td colspan="3">台宝，杜勒合。
台宝，译为“大梁”；杜勒合，译为“过”。
全句合译：过大梁。</td></tr>
<tr><td colspan="3">台宝，杜勒合。
台宝，译为“大梁”；杜勒合，译为“通过”。
全句合译：通过大梁。</td></tr>
<tr><td>词汇</td><td>③杜勒非</td><td>词义</td><td>俯冲而来</td></tr>
</table>

文献	吉林省长春市九台区其塔木石姓《东哈本》（第 1 册）第 62 页。		
例句	刷烟必拉，杜勒非。 刷烟必拉，译为“黄河”；杜勒非，译为“俯冲而来”。 全句合译：从黄河那里俯冲而来。		
词汇	④杜勒不非	词义	度过了
文献	吉林省长春市九台区胡家石姓《小韩本》（引自宋和平译注本）第 176 页。		
例句	佴尖，牛勒立，博，杜勒不非。 佴尖，译为“绿”；牛勒立，译为“春”；博，译为“将”；杜勒不非，译为“度过了”。 全句合译：度过了绿色的春天。		
词汇	⑤都勒不	词义	过了
文献	吉林省吉林市土城子口钦佟赵姓《交罗本》第 27 页。		
例句	戉四憨，都勒不。 戉四憨，译为“灾祸”；都勒不，译为“过了”。 全句合译：灾祸已经过了。		
词汇	⑥土勒合	词义	过
文献	吉林省长春市九台区胡家石姓《小韩本》（引自宋和平译注本）第 139 页。		
例句	土勒合，拉林，必拉。 土勒合，译为“过”；拉林，译为“拉林”；必拉，译为“河”。 全句合译：过拉林河。		
词汇	①杜瓦立	词义	冬；类
文献	吉林省长春市九台区胡家石姓《小韩本》（引自宋和平译注本）第 160 页、第 183 页。		
例句	杜瓦立，阿巴卡。		

	杜瓦立，译为“冬”；阿巴卡，译为“天”。 全句合译：冬天。		
	嘎禄代，杜瓦立，博垫。 嘎禄代，译为“凤凰”；杜瓦立，译为“类”；博垫，译为“身体”。 全句合译：像凤凰一样的身子。		
词汇	②杜瓦不非	**词义**	变为
文献	吉林省长春市九台区胡家石姓《小韩本》（引自宋和平译注本）第 118 页。		
例句	泥妈哈，杜瓦不非。 泥妈哈，译为“鱼”；杜瓦不非，译为“变为”。 全句合译：变成鱼。		
词汇	③土瓦	**词义**	冬天
文献	吉林省长春市九台区莽卡杨姓《杨宪本》（手抄本）第 1 页。		
例句	土瓦，其瞎莫。 土瓦，译为“冬天”；其瞎莫，译为“办理”。 全句合译：在冬天办理。		
音序	**dui**		
词汇	①堆	**词义**	四；快
文献	吉林省长春市九台区胡家石姓《小韩本》（引自宋和平译注本）第 115 页、第 145 页。		
例句	堆，七，旮子，阿莫查莫。 堆，译为“四”；七，译为“从”；旮子，译为“角”；阿莫查莫，译为“查看”。 全句合译：四角查看。		
	堆，我敦，博，德不申，已合。 堆，译为“快”；我敦，译为“风”；博，译为“把”；德不申，译为“居住”；已合，译为“来”。 全句合译：快速地把家迁来。		

词汇	②堆音	词义	四
文献	吉林省长春市九台区其塔木石姓《东哈本》（第 1 册）第 14 页。		
例句	堆音，岔子，德克奢莫。 堆音，译为“四”；岔子，译为“角”；德克奢莫，译为“搜查”。 全句合译：四角搜查。		
词汇	③堆七	词义	四；第四
文献	吉林省长春市九台区胡家石姓《小韩本》（引自宋和平译注本）第 42 页、第 59 页。		
例句	堆七，岔子，阿莫查莫。 堆七，译为“四”；岔子，译为“角落”；阿莫查莫，译为“查看”。 全句合译：四角查看。		
	堆七，岔子，阿莫查莫。 堆七，译为“第四”；岔子，译为“角落”；阿莫查莫，译为“查看”。 全句合译：四角查看。		
词汇	④敦音	词义	四
文献	吉林省长春市九台区莽卡杨姓《杨宪本》（手抄本）第 78 页。		
例句	敦音，活说，泊，达其瞎莫。 敦音，译为“四”；活说，译为“角”；泊，译为“把”；达其瞎莫，译为“掸净”。 全句合译：把四角打扫干净。		
词汇	⑤敦因其	词义	第四
文献	吉林省珲春市尹锡庆编著《珲春满族》第 83 页。		
例句	依兰其，敦因其。 依兰其，译为“第三”；敦因其，译为“第四”。 全句合译：第三、第四。		

<table>
<tr><td>音序</td><td colspan="3">dun</td></tr>
<tr><td>词汇</td><td>①墩吉起</td><td>词义</td><td>听见</td></tr>
<tr><td>文献</td><td colspan="3">吉林省长春市九台区胡家石姓《小韩本》（引自宋和平译注本）第 50 页。</td></tr>
<tr><td>例句</td><td colspan="3">一莫亲，鸡干，墩吉起。
一莫亲，译为“手鼓”；鸡干，译为“声”；墩吉起，译为“听见”。
全句合译：听见了手鼓声。</td></tr>
<tr><td>词汇</td><td>②敦吉七</td><td>词义</td><td>听见</td></tr>
<tr><td>文献</td><td colspan="3">吉林省长春市九台区其塔木石姓《东哈本》（第 1 册）第 17 页。</td></tr>
<tr><td>例句</td><td colspan="3">喑妈亲，吉干，敦吉七。
喑妈亲，译为“手鼓”；吉干，译为“声”；敦吉七，译为“听见”。
全句合译：听见了手鼓声。</td></tr>
<tr><td>词汇</td><td>③敦己七</td><td>词义</td><td>听见</td></tr>
<tr><td>文献</td><td colspan="3">吉林省长春市九台区其塔木石姓《东哈本》（第 1 册）第 21 页。</td></tr>
<tr><td>例句</td><td colspan="3">戈木，以，敦己七。
戈木，译为“统统”；以，译为“的”；敦己七，译为“听见”。
全句合译：统统听见。</td></tr>
<tr><td>词汇</td><td>④墩吉莫</td><td>词义</td><td>听</td></tr>
<tr><td>文献</td><td colspan="3">吉林省吉林市土城子口钦佟赵姓《交罗本》第 27 页。</td></tr>
<tr><td>例句</td><td colspan="3">墩，衣，阿不卡，墩吉莫。
墩，译为“高”；衣，译为“的”；阿不卡，译为“天”；墩吉莫，译为“听”。
全句合译：高高在上的天在倾听。</td></tr>
<tr><td>词汇</td><td>⑤嗷吉莫</td><td>词义</td><td>听见</td></tr>
</table>

文献	吉林省长春市九台区其塔木石姓《东哈本》（第 1 册）第 48 页。		
例句	嗷，以，阿巴卡，嗷吉莫。 嗷，译为“高”；以，译为“的”；阿巴卡，译为“天”；嗷吉莫，译为“听见”。 全句合译：高高在上的天（能够）听见。		
词汇	⑥墩几	**词义**	听着
文献	吉林省长春市九台区胡家石姓《小韩本》（引自宋和平译注本）第 295 页。		
例句	各木，墩几。 各木，译为“都”；墩几，译为“听着”。 全句合译：都听着。		
词汇	⑦登吉	**词义**	听到
文献	吉林省长春市九台区莽卡杨姓《杨宪本》（手抄本）第 76 页。		
例句	登，阿不卡，登吉，不仍恶。 登，译为“高”；阿不卡，译为“天”；登吉，译为“听到”；不仍恶，译为“乞求”。 全句合译：高高在上的天听到乞求了。		
音序	**duo**		
词汇	①多伦	**词义**	礼仪；传统；行走；样子
文献	吉林省长春市九台区胡家石姓《小韩本》（引自宋和平译注本）第 42 页、第 158 页、第 166 页、第 218 页。		
例句	多伦，三得，多不腓。 多伦，译为“礼仪”；三得，译为“诸位”；多不腓，译为“供献”。 全句合译：诸位供献时（遵照）的传统礼仪。		
	多伦，三得。		

<table>
<tr><td rowspan="3"></td><td colspan="3">多伦，译为“传统”；三得，译为“礼仪”。
全句合译：传统礼仪。</td></tr>
<tr><td colspan="3">必伦莫，多伦，几合。
必伦莫，译为“慈祥”；多伦，译为“行走”；几合，译为“来”。
全句合译：慈祥地走来了。</td></tr>
<tr><td colspan="3">必伦莫，多伦，几合。
必伦莫，译为“慈善”；多伦，译为“样子”；几合，译为“来”。
全句合译：样貌慈善地来了。</td></tr>
<tr><td>词汇</td><td>②多勒</td><td>词义</td><td>传统</td></tr>
<tr><td>文献</td><td colspan="3">吉林省长春市九台区莽卡杨姓《杨宪本》（手抄本）第 74 页。</td></tr>
<tr><td>例句</td><td colspan="3">莫你，穆昆，一，多勒，得。
莫你，译为“我们的”；穆昆，译为“宗族”；一，译为“的”；多勒，译为“传统”；得，译为“在”。
全句合译：我们宗族的传统在。</td></tr>
<tr><td>词汇</td><td>①多洛莫</td><td>词义</td><td>流传；行礼；过</td></tr>
<tr><td>文献</td><td colspan="3">吉林省长春市九台区胡家石姓《小韩本》（引自宋和平译注本）第 115 页、第 155 页、第 332 页。</td></tr>
<tr><td rowspan="3">例句</td><td colspan="3">万，博，多洛莫。
万，译为“传扬”；博，译为“把”；多洛莫，译为“流传”。
全句合译：把传统传扬和流传下来。</td></tr>
<tr><td colspan="3">多洛莫，哈拉莫。
多洛莫，译为“行礼”；哈拉莫，译为“更换”。
全句合译：更换礼仪。</td></tr>
<tr><td colspan="3">多洛莫，松卧林，必拉。
多洛莫，译为“过”；松卧林，译为“松花”；必拉，</td></tr>
</table>

	译为“江”。 全句合译：过松花江。
词汇	②多洛魔　词义　礼仪
文献	吉林省长春市九台区其塔木石姓《东哈本》（第2册）第16页。
例句	万博，以，多洛魔。 万博，译为“流传”；以，译为“的”；多洛魔，译为“礼仪”。 全句合译：流传下来的礼仪。
词汇	③多洛末　词义　传统
文献	吉林省长春市九台区其塔木石姓《东哈本》（第2册）第9页。
例句	湾博湾博，多洛末。 湾博湾博，译为“传流传扬”；多洛末，译为“传统”。 全句合译：将流传的传统传扬下去。
词汇	④多洛　词义　传扬
文献	吉林省长春市九台区其塔木石姓《东哈本》（第1册）第41页。
例句	多洛，巴哈非。 多洛，译为“传扬”；巴哈非，译为“得到”。 全句合译：得到传扬。
词汇	①多不腓　词义　供献
文献	吉林省长春市九台区胡家石姓《小韩本》（引自宋和平译注本）第42页。
例句	三得，多不腓。 三得，译为“诸位”；多不腓，译为“供献”。 全句合译：供献诸位。
词汇	②多不哈　词义　供献
文献	吉林省长春市九台区胡家石姓《小韩本》（引自宋

	和平译注本）第 50 页。		
例句	登，得棱，多不哈。 登，译为“高”；得棱，译为“桌上”；多不哈，译为“供献”。 全句合译：在高桌上供献。		
词汇	③多博非	词义	供献
文献	吉林省吉林市土城子口钦佟赵姓《交罗本》第 1 页。		
例句	贝色，三音，德，多博非。 贝色，译为“贝子”；三音，译为“好”；德，译为“在”；多博非，译为“供献”。 全句合译：在为好贝子供献。		
词汇	④多佈非	词义	供献
文献	吉林省吉林市土城子口钦佟赵姓《交罗本》第 6 页。		
例句	扎禄扎禄，多佈非。 扎禄扎禄，译为“满”；多佈非，译为“供献”。 全句合译：（摆得）满满的，供献上。		
词汇	⑤博佈非	词义	供献上
文献	吉林省吉林市土城子口钦佟赵姓《交罗本》第 28 页。		
例句	吉哈，博佈非。 吉哈，译为“养活”；博佈非，译为“供献上”。 全句合译：养活后，供献上。		
词汇	⑥多布抛	词义	供献
文献	黑龙江省宁安市兰岗关姓《特合本子》第 2 页。		
例句	多龙，德，多布抛。 多龙，译为“礼仪”；德，译为“在”；多布抛，译为“供献”。 全句合译：供献的礼仪。		
词汇	⑦桃不撤	词义	供献
文献	黑龙江省宁安市兰岗关姓《特合本子》第 2 页		

例句	三人，朱恒，桃不撒。 三人，译为“吉祥”；朱恒，译为“祭坛”；桃不撒，译为“供献”。 全句合译：供献于吉祥的祭坛上。		
词汇	⑧特不撒	词义	供献
文献	黑龙江省宁安市兰岗关姓《特合本子》第 11 页。		
例句	多龙，德，特不撒。 多龙，译为“传扬”；德，译为“在”；特不撒，译为“供献”。 全句合译：在传扬、供献。		
词汇	⑨多贲	词义	供献；端正
文献	吉林省长春市九台区胡家石姓《小韩本》（引自宋和平译注本）第 225 页、第 348 页。		
例句	登，得勒，多贲。 登，译为“高”；得勒，译为“桌”；多贲，译为“供献”。 全句合译：在高桌上供献（祭品）。		
例句	多贲，杜腓。 多贲，译为“端正”；杜腓，译为“供”。 全句合译：端正地供上。		
词汇	⑩多贲杜腓	词义	端正地供献
文献	吉林省长春市九台区胡家石姓《小韩本》（引自宋和平译注本）第 211 页。		
例句	登，得棱，得，多贲杜腓。 登，译为“高”；得棱，译为“桌”；得，译为“在”；多贲杜腓，译为“端正地供献”。 全句合译：在高桌上端正地供献（祭品）。		
词汇	⑪多不笔	词义	供上
文献	吉林省长春市九台区莽卡杨姓《杨宪本》（手抄本）		

	第 3 页。		
例句	铡卡，得，多不笔。 铡卡，译为“跟前”；得，译为“在”；多不笔，译为“供上”。 全句合译：在跟前供上（祭品）。		
词汇	⑫多不疋	词义	供上
文献	吉林省长春市九台区莽卡杨姓《杨宪本》（手抄本）第 4 页。		
例句	寒其，多不疋。 寒其，译为“近些”；多不疋，译为“供上”。 全句合译：在近处供上（祭品）。		
词汇	⑬多波笔	词义	供上
文献	吉林省长春市九台区莽卡杨姓《杨宪本》（手抄本）第 3 页。		
例句	寒其，多波笔。 寒其，译为“近些”；多波笔，译为“供上”。 全句合译：在近些（的地方）供上（祭品）。		
词汇	⑭多不必	词义	供献
文献	吉林省长春市九台区莽卡杨姓《杨宪本》（手抄本）第 50 页。		
例句	扎卡得，多不必。 扎卡得，译为“跟前”；多不必，译为“供献”。 全句合译：在跟前供上（祭品）。		
词汇	①多莫洛	词义	大的；略大的
文献	吉林省长春市九台区胡家石姓《小韩本》（引自宋和平译注本）第 231 页、第 269 页。		
例句	卧木洛，多莫洛。 卧木洛，译为“子孙”；多莫洛，译为“大的”。 全句合译：大的子孙。		

	卧木洛，多莫洛。 卧木洛，译为“子孙”；多莫洛，译为“略大的”。 全句合译：略大的子孙。		
词汇	②多木洛	**词义**	大的
文献	吉林省长春市九台区其塔木石姓《东哈本》（第 2 册）第 16 页。		
例句	卧木洛，多木洛。 卧木洛，译为“子孙”；多木洛，译为“大的”。 全句合译：大的子孙们。		
词汇	③多不洛	**词义**	子孙们
文献	吉林省长春市九台区其塔木石姓《东哈本》（第 1 册）第 21 页。		
例句	多不洛，鸡文勒勒。 多不洛，译为“子孙”；鸡文勒勒，译为“恭敬”。 全句合译：子孙们恭恭敬敬。		
词汇	④倭木禄	**词义**	子孙们
文献	吉林省吉林市土城子口钦佟赵姓《交罗本》第 6 页。		
例句	阿拉苏不哈，倭木禄。 阿拉苏不哈，译为“发芽的”；倭木禄，译为“子孙们”。 全句合译：子孙们发展繁衍。		
词汇	⑤多莫罗	**词义**	孙子
文献	黑龙江省宁安市兰岗关姓《特合本子》第 10 页。		
例句	多莫罗，我振，博。 多莫罗，译为“孙子”；我振，译为“萨满”；博，译为“把”。 全句合译：萨满的孙子。		
词汇	⑥卧木洛	**词义**	子孙
文献	吉林省长春市九台区胡家石姓《小韩本》（引自宋和平译注本）第 104 页。		

<table>
<tr><td>例句</td><td colspan="3">石克特立哈拉，卧木洛，赊。
石克特立哈拉，译为“石姓”；卧木洛，译为“子孙”；赊，译为“们”。
全句合译：石姓子孙们。</td></tr>
<tr><td>词汇</td><td>⑦欧莫罗</td><td>词义</td><td>子孙</td></tr>
<tr><td>文献</td><td colspan="3">黑龙江省宁安市兰岗关姓《特合本子》第 2 页。</td></tr>
<tr><td>例句</td><td colspan="3">欧莫罗，根那克。
欧莫罗，译为“子孙”；根那克，译为“去了”。
全句合译：子孙们去了。</td></tr>
<tr><td>词汇</td><td>①多洛</td><td>词义</td><td>内；在里面；脚印；道</td></tr>
<tr><td>文献</td><td colspan="3">吉林省长春市九台区胡家石姓《小韩本》（引自宋和平译注本）第 238 页、第 287 页、第 330 页。</td></tr>
<tr><td rowspan="3">例句</td><td colspan="3">花，得，多洛。
花，译为“庭院”；得，译为“在”；多洛，译为“内”。
全句合译：在庭院内。</td></tr>
<tr><td colspan="3">闷秃浑，多洛，分车合。
闷秃浑，译为“愚者”；多洛，译为“在里面”；分车合，译为“剩下了”。
全句合译：愚者在里面剩下了。</td></tr>
<tr><td colspan="3">多洛，卧七，莫棱阿。
多洛，译为“脚印”；卧七，译为“是”；莫棱阿，译为“马的”。
全句合译：是马的脚印。</td></tr>
<tr><td>文献</td><td colspan="3">吉林省长春市九台区胡家石姓《小韩本》（引自宋和平译注本）第 139 页。</td></tr>
<tr><td>例句</td><td colspan="3">秃门，阿称，多洛，巴哈腓。
秃门，译为“万”；阿称，译为“年”；多洛，译为“道”；巴哈腓，译为“得”。
全句合译：万年得道。</td></tr>
</table>

词汇	②多咯	词义	道
文献	吉林省长春市九台区胡家石姓《小韩本》（引自宋和平译注本）第 190 页。		
例句	秃门，阿称，多咯，巴哈腓。 秃门，译为“万”；阿称，译为“年”；多咯，译为“道”；巴哈腓，译为“得”。 全句合译：万年道行。		
词汇	③多落	词义	内
文献	吉林省吉林市乌拉街韩屯关姓《敬义神书》（手抄本）第 8 页。		
例句	阿哈西，萨克达，多落，斑吉刻。 阿哈西，译为“奴仆们”；萨克达，译为“老”；多落，译为“内”；斑吉刻，译为“生活”。 全句合译：老仆人在内院生活。		
词汇	④多罗	词义	在里面
文献	吉林省吉林市乌拉街韩屯关姓《敬义神书》（手抄本）第 12 页。		
例句	多罗，阿哈西。 多罗，译为“在里面”；阿哈西，译为“奴仆们”。 全句合译：奴仆们在里面。		
词汇	⑤多落刻	词义	道
文献	吉林省吉林市乌拉街韩屯关姓《敬义神书》（手抄本）第 9 页。		
例句	箔，一，多落刻。 箔，译为“家”；一，译为“的”；多落刻，译为“道”。 全句合译：家道。		
词汇	⑥多勒吉	词义	内
文献	吉林省长春市九台区莽卡杨姓《杨宪本》（手抄本）第 84 页。		
例句	泊，泊，多勒吉，得。		

<table>
<tr><td></td><td colspan="3">泊，译为“家”；泊，译为“平白无故”；多勒吉，译为“内”；得，译为“在”。
全句合译：在家里不会平白无故地做事。</td></tr>
<tr><td>**词汇**</td><td>⑦肚勒己喏</td><td>**词义**</td><td>内</td></tr>
<tr><td>**文献**</td><td colspan="3">吉林省长春市九台区莽卡杨姓《祭祖神本》第 3 页。</td></tr>
<tr><td>**例句**</td><td colspan="3">那，泊，肚勒己喏，那丹朱瞒尼。
那，译为“地”；泊，译为“家”；肚勒己喏，译为“内”；那丹朱瞒尼，译为“七十岁的英雄神”。
全句合译：主管家族土地的七十岁英雄。</td></tr>
<tr><td>**词汇**</td><td>⑧多录</td><td>**词义**</td><td>内（内墙）</td></tr>
<tr><td>**文献**</td><td colspan="3">吉林省长春市九台区莽卡杨姓《杨宪本》（手抄本）第 82 页。</td></tr>
<tr><td>**例句**</td><td colspan="3">洼金，多录，登。
洼金，译为“西边（墙）”；多录，译为“内（内墙）”；登，译为“高（处）”。
全句合译：西墙内的高处。</td></tr>
<tr><td>**词汇**</td><td>⑨多洛巴啡</td><td>**词义**</td><td>道行</td></tr>
<tr><td>**文献**</td><td colspan="3">吉林省长春市九台区其塔木石姓《东哈本》（第 1 册）第 79 页。</td></tr>
<tr><td>**例句**</td><td colspan="3">土们，阿牙尼，多洛巴啡。
土们，译为“万”；阿牙尼，译为“年”；多洛巴啡，译为“道行”。
全句合译：万年道行。</td></tr>
<tr><td>**词汇**</td><td>①多博立</td><td>**词义**</td><td>夜；夜里</td></tr>
<tr><td>**文献**</td><td colspan="3">吉林省长春市九台区胡家石姓《小韩本》（引自宋和平译注本）第 101 页、第 160 页。</td></tr>
<tr><td>**例句**</td><td colspan="3">多博立，阎机，得。
多博立，译为“夜”；阎机，译为“晚”；得，译为“在”。
全句合译：在夜晚。</td></tr>
</table>

	多博立，阎机，得，杜林。 多博立，译为“夜里”；阎机，译为“晚”；得，译为“在”；杜林，译为“半”。 全句合译：在半夜里。		
词汇	②多不力	**词义**	夜
文献	吉林省长春市九台区胡家石姓《小韩本》（引自宋和平译注本）第 119 页。		
例句	多不力，哈亲。 多不力，译为“夜”；哈亲，译为“近”。 全句合译：接近夜里时。		
词汇	③多木力	**词义**	夜
文献	吉林省长春市九台区其塔木石姓《东哈本》（第 1 册）第 53 页。		
例句	多木力，杜林，博。 多木力，译为“夜”；杜林，译为“半”；博，译为“在”。 全句合译：在半夜。		
词汇	①德不开	**词义**	数不尽
文献	黑龙江省宁安市兰岗关姓《特合本子》第 2 页。		
例句	富朱里，德不开。 富朱里，译为“福运”；德不开，译为“数不尽”。 全句合译：数不尽的福气。		
词汇	①多西	**词义**	进
文献	吉林省长春市九台区胡家石姓《小韩本》（引自宋和平译注本）第 65 页。		
例句	多西，吉哈。 多西，译为“进”；吉哈，译为“来”。 全句合译：进来。		
词汇	②多心	**词义**	进入
文献	吉林省长春市九台区胡家石姓《小韩本》（引自宋		

	和平译注本）第 168 页。		
例句	多心，所拉库。 多心，译为“进入”；所拉库，译为“草棚”。 全句合译：进入草棚。		
词汇	③多西七	词义	进来
文献	吉林省长春市九台区胡家石姓《小韩本》（引自宋和平译注本）第 62 页。		
例句	八音，台宝，多西七。 八音，译为“粗”；台宝，译为“梁”；多西七，译为“进来”。 全句合译：由粗梁上进来。		
词汇	④多西哈	词义	请进；进入
文献	吉林省长春市九台区胡家石姓《小韩本》（引自宋和平译注本）第 70 页、第 144 页。		
例句	多西哈，先，瓦秃。 多西哈，译为“请进”；先，译为“香”；瓦秃，译为“火”。 全句合译：请进上香火。		
	多西哈，先，瓦秃，博。 多西哈，译为“进入”；先，译为“香”；瓦秃，译为“火”；博，译为“把”。 全句合译：把香火进上。		
词汇	⑤多西腓	词义	进入
文献	吉林省长春市九台区胡家石姓《小韩本》（引自宋和平译注本）第 58 页。		
例句	博，得，多西腓。 博，译为“房子”；得，译为“在”；多西腓，译为“进入”。 全句合译：进入房子里。		
词汇	⑥多心哈	词义	进入

文献	吉林省长春市九台区其塔木石姓《东哈本》（第 1 册）第 9 页。		
例句	博，以，彪浑，多心哈。 博，译为“家”；以，译为“的”；彪浑，译为“主人”；多心哈，译为“进入”。 全句合译：主人进入家门。		
词汇	⑦多西疋	词义	进入
文献	吉林省长春市九台区莽卡杨姓《祭祖神本》第 2 页。		
例句	说林，得，泊，得，多西疋。 说林，译为“令、请”；得，译为“在”；泊，译为“屋”；得，译为“在”；多西疋，译为“进入”。 全句合译：请进入屋内。		
词汇	⑧多西笔	词义	入室
文献	吉林省长春市九台区莽卡杨姓《杨宪本》（手抄本）第 14 页。		
例句	作立笔，多西笔。 作立笔，译为“起行”；多西笔，译为“入室”。 全句合译：起行入室。		
词汇	⑨多西必	词义	进入
文献	吉林省长春市九台区莽卡杨姓《杨宪本》（手抄本）第 59 页。		
例句	米他都莫，多西必。 米他都莫，译为“翻转着”；多西必，译为“进入”。 全句合译：翻转着进入屋内。		
词汇	⑩多嗽勒	词义	进入
文献	吉林省长春市九台区莽卡杨姓《杨宪本》（手抄本）第 10 页。		
例句	多嗽勒，多西哈。 多嗽勒，译为“进入”；多西哈，译为“请进”。 全句合译：请入室。		

词汇	⑪多心吉勒	词义	进来
文献	吉林省长春市九台区胡家石姓《小韩本》（引自宋和平译注本）第 49 页。		
例句	朱莫，多心吉勒。 朱莫，译为“呐喊”；多心吉勒，译为“进来”。 全句合译：呐喊着进来。		
词汇	⑫多心吉哈	词义	走来了
文献	吉林省长春市九台区其塔木石姓《东哈本》（第 2 册）第 1 页。		
例句	必伦莫，多心吉哈。 必伦莫，译为“慈祥”；多心吉哈，译为“走来了”。 全句合译：慈祥地走来了。		
词汇	⑬多心己哈	词义	行走来了
文献	吉林省长春市九台区其塔木石姓《东哈本》（第 1 册）第 41 页。		
例句	朱车，奴门，多心己哈。 朱车，译为“耍戏”；奴门，译为“诵唱”；多心己哈，译为“行走来了”。 全句合译：边诵唱边耍戏地走来了。		
词汇	⑭多西心吉哈	词义	进来
文献	吉林省长春市九台区其塔木石姓《东哈本》（第 1 册）第 12 页。		
例句	呼桑，博，多西心吉哈。 呼桑，译为“抖动”；博，译为“把”；多西心吉哈，译为“进来”。 全句合译：抖动着进来。		
词汇	⑮多西不哈	词义	进献
文献	吉林省长春市九台区其塔木石姓《东哈本》（第 1 册）第 31 页。		
例句	莫尼，哈拉，多西不哈。		

	莫尼，译为“各自”；哈拉，译为“石姓”；多西不哈，译为“进入供献”。 全句合译：石姓人各自入室进献。

词汇	①多霍洛莫	词义	瘸着腿
文献	吉林省长春市九台区其塔木石姓《东哈本》（第1册）第14页。		
例句	多霍洛莫，瓦西哈。 多霍洛莫，译为“瘸着腿”；瓦西哈，译为“降临”。 全句合译：瘸着腿降临了。		

<table>
<tr><td rowspan="2">音序</td><td colspan="3">E</td></tr>
<tr><td colspan="3">e</td></tr>
<tr><td>词汇</td><td>①饿宁</td><td>词义</td><td>母亲</td></tr>
<tr><td>文献</td><td colspan="3">黑龙江省宁安市兰岗关姓《特合本子》第 2 页。</td></tr>
<tr><td>例句</td><td colspan="3">饿宁，哥子。
饿宁，译为："母亲"；哥子，译为"拿来"。
全句合译：母亲拿来。</td></tr>
<tr><td>词汇</td><td>②俄莫</td><td>词义</td><td>母亲</td></tr>
<tr><td>文献</td><td colspan="3">吉林省长春市九台区胡家石姓《小韩本》（引自宋和平译注本）第 341 页。</td></tr>
<tr><td>例句</td><td colspan="3">俄莫，朱赊。
俄莫，译为"母亲"；朱赊，译为"孩子们"。
全句合译：母亲和孩子们。</td></tr>
<tr><td>词汇</td><td>③我木</td><td>词义</td><td>母</td></tr>
<tr><td>文献</td><td colspan="3">吉林省长春市九台区其塔木石姓《东哈本》（第 1 册）第 98 页。</td></tr>
<tr><td>例句</td><td colspan="3">阿木，我木。
阿木，译为"父"；我木，译为"母"。
全句合译：父母。</td></tr>
<tr><td>词汇</td><td>④鹅木</td><td>词义</td><td>母亲</td></tr>
<tr><td>文献</td><td colspan="3">吉林省长春市九台区莽卡杨姓《杨宪本》（手抄本）第 84 页。</td></tr>
<tr><td>例句</td><td colspan="3">阿木，鹅木，沙勒干，朱射。
阿木，译为"父亲"；鹅木，译为"母亲"；沙勒干，译为"妻子（儿媳）"；朱射，译为"孩子"。
全句合译：父亲、母亲、儿媳、孩子。</td></tr>
<tr><td>词汇</td><td>⑤哈宁</td><td>词义</td><td>母亲</td></tr>
<tr><td>文献</td><td colspan="3">吉林省长春市九台区莽卡杨姓《杨宪本》（手抄本）第 74 页。</td></tr>
<tr><td>例句</td><td colspan="3">哈宁，恶；阿买，恶。</td></tr>
</table>

	哈宁，译为“母亲”；恶，译为“呀”；阿买，译为“父亲”；恶，译为“呀”。 全句合译：母亲呀，父亲呀！		
词汇	⑥乌宁	**词义**	妈妈
文献	吉林省吉林市土城子口钦佟赵姓《交罗本》第 27 页。		
例句	乌宁，德，徒弟七非。 乌宁，译为“妈妈”；德，译为“在”；徒弟七非，译为“献出”。 全句合译：妈妈献出。		
词汇	⑦额娘	**词义**	母亲
文献	吉林省珲春市尹锡庆编著《珲春满族》第 87 页。		
例句	阿玛，额娘。 阿玛，译为“父亲”；额娘，译为“母亲”。 全句合译：父亲、母亲。		
词汇	①俄夫	**词义**	饽饽
文献	黑龙江省宁安市兰岗关姓《特合本子》第 6 页。		
例句	夫坤，俄夫，威力奇。 夫坤，译为“跳神”；俄夫，译为“饽饽”；威力奇，译为“制作”。 全句合译：制作跳神饽饽。		
词汇	②我夫	**词义**	饽饽
文献	黑龙江省宁安市兰岗关姓《特今本子》第 2 页。		
例句	夫昆，我夫，威力开。 夫昆，译为“跳神”；我夫，译为“饽饽”；威力开，译为“制作”。 全句合译：制作跳神饽饽。		
词汇	③哈夫	**词义**	饽饽
文献	吉林省长春市九台区莽卡杨姓《杨宪本》（手抄本）第 82 页。		

例句	哈夫，怒，宁七力。 哈夫，译为“饽饽”；怒，译为“米酒”；宁七力，译为“年祈香”。 全句合译：饽饽、米酒、年祈香。		
词汇	①额勒	**词义**	此
文献	吉林省长春市九台区胡家石姓《小韩本》（引自宋和平译注本）第 276 页。		
例句	额勒，卧七，阿巴卡，憨。 额勒，译为“此”； 卧七，译为“是”；阿巴卡，译为“天”；憨，译为“君”。 全句合译：此是天君。		
词汇	②俄勒	**词义**	此
文献	吉林省长春市九台区胡家石姓《小韩本》（引自宋和平译注本）第 233 页。		
例句	俄勒，以，伯杭俄。 俄勒，译为“此”；以，译为“以”；伯杭俄，译为“所求的”。 全句合译：以此所求的。		
词汇	③俄林	**词义**	此时
文献	吉林省长春市九台区胡家石姓《小韩本》（引自宋和平译注本）第 248 页。		
例句	石克特立哈拉，俄林，德。 石克特立哈拉，译为“石姓”；俄林，译为“此时”；德，译为 “在”。 全句合译：石姓的人在此。		
词汇	④恶林	**词义**	此时
文献	吉林省长春市九台区莽卡杨姓《杨宪本》（手抄本）第 6 页。		
例句	说里勒，恶林。 说里勒，译为“宴请了”；恶林，译为“此时”。		

	全句合译：此时开始宴请。		
词汇	⑤我林	**词义**	此时
文献	吉林省长春市九台区莽卡杨姓《杨宪本》（手抄本）第 48 页。		
例句	我林，娘们，得，多西笔。 我林，译为“此时”；娘们，译为“人”；得，译为“在”，多西笔，译为“进入”。 全句合译：此时人们陆续进入。		
词汇	⑥我立	**词义**	此时
文献	吉林省长春市九台区莽卡杨姓《杨宪本》（手抄本）第 54 页。		
例句	我立，娘们，得，扎西笔。 我立，译为“此时”；娘们，译为“人们”；得，译为“在”；扎西笔，译为“进入”。 全句合译：此时人们进入室内。		
词汇	⑦厄林	**词义**	此
文献	吉林省吉林市土城子口钦佟赵姓《交罗本》第 6 页。		
例句	合合，厄林，德。 合合，译为“女主人”；厄林，译为“此”；德，译为“在”。 全句合译：女主人在此。		
词汇	⑧厄雷	**词义**	此时
文献	吉林省吉林市土城子口钦佟赵姓《交罗本》第 28 页。		
例句	牙答阿，厄雷。 牙答阿，译为“齐全”；厄雷，译为“此时”。 全句合译：此时齐全。		
词汇	⑨而淋	**词义**	此时
文献	吉林省长春市九台区其塔木石姓《东哈本》（第 1		

<table>
<tr><td></td><td colspan="3">册）第 12 页。</td></tr>
<tr><td>例句</td><td colspan="3">而淋，标浑，多西哈。
而淋，译为“此时”；标浑，译为“东家”；多西哈，译为“进献”。
全句合译：此时东家正在进献。</td></tr>
<tr><td>词汇</td><td>⑩俄勒</td><td>词义</td><td>此处</td></tr>
<tr><td>文献</td><td colspan="3">吉林省长春市九台区胡家石姓《小韩本》（引自宋和平译注本）第 233 页。</td></tr>
<tr><td>例句</td><td colspan="3">俄勒，以，书恒俄。
俄勒，译为“此处”；以，译为“的”；书恒俄，译为“供品”。
全句合译：供品放在此处。</td></tr>
<tr><td>词汇</td><td>①俄贞</td><td>词义</td><td>主人</td></tr>
<tr><td>文献</td><td colspan="3">吉林省长春市九台区胡家石姓《小韩本》（引自宋和平译注本）第 246 页。</td></tr>
<tr><td>例句</td><td colspan="3">巴，那，俄贞。
巴，译为“地方”；那，译为“土地”；俄贞，译为“主人”。
全句合译：掌管家族公用土地之神。</td></tr>
<tr><td>词汇</td><td>②恶真</td><td>词义</td><td>萨满；主人</td></tr>
<tr><td>文献</td><td colspan="3">吉林省长春市九台区莽卡杨姓《杨静棠本》第 13 页。</td></tr>
<tr><td>例句</td><td colspan="3">得不仍，恶真，得。
得不仍，译为“年幼”；恶真，译为“萨满”；得，译为“在”。
全句合译：年幼的萨满在此。</td></tr>
<tr><td>文献</td><td colspan="3">吉林省长春市九台区莽卡杨姓《祭祖神本》第 2 页。</td></tr>
<tr><td>例句</td><td colspan="3">西尼，恶真。
西尼，译为“你的”；恶真，译为“主人”。</td></tr>
</table>

	全句合译：你的主人。		
词汇	③我贞	**词义**	萨满
文献	吉林省长春市九台区莽卡杨姓《杨宪本》（手抄本）第 54 页。		
例句	阿几各，我贞。 阿几各，译为“小”；我贞，译为“萨满”。 全句合译：小萨满。		
词汇	④厄贞	**词义**	主人
文献	吉林省吉林市土城子口钦佟赵姓《交罗本》第 6 页。		
例句	朱录，厄贞。 朱录，译为“一对”；厄贞，译为“主人”。 全句合译：两位主人。		
词汇	⑤厄伦	**词义**	主人
文献	吉林省吉林市土城子口钦佟赵姓《交罗本》第 6 页。		
例句	妈妈，宜，厄伦。 妈妈，译为“祖母”；宜，译为“的”；厄伦，译为“主人”。 全句合译：奶奶的主人。		
词汇	⑥恶贞	**词义**	主人
文献	吉林省长春市九台区莽卡杨姓《苏裕堂记》第 32 页。		
例句	西你，恶贞。 西你，译为“你的”；恶贞，译为“主人”。 全句合译：你的主人。		
词汇	①俄拉根	**词义**	命
文献	吉林省长春市九台区胡家石姓《小韩本》（引自宋和平译注本）第 235 页。		
例句	俄拉根，博，发牙腓。		

	俄拉根，译为“命”；博，译为“把”；发牙腓，译为“丧”。 全句合译：把命丧。		
词汇	②厄勒根	**词义**	命
文献	吉林省吉林市土城子口钦佟赵姓《交罗本》第 6 页。		
例句	厄勒根，那拉库。 厄勒根，译为“命”；那拉库，译为“北斗”。 全句合译：命呀，北斗星！		
词汇	③阿勒根	**词义**	命
文献	吉林省吉林市土城子口钦佟赵姓《交罗本》第 2 页。		
例句	阿勒根，博，发牙非。 阿勒根，译为“命”；博，译为“把”；发牙非，译为“丧”。 全句合译：把命丧。		
词汇	④我勒根	**词义**	命
文献	吉林省长春市九台区其塔木石姓《东哈本》（第 2 册）第 2 页。		
例句	我勒根，博，发押非。 我勒根，译为“命”；博，译为“把”；发押非，译为“丧”。 全句合译：把命丧。		
词汇	①恶图笔	**词义**	戴着
文献	吉林省长春市九台区莽卡杨姓《杨宪本》（手抄本）第 24 页。		
例句	活托，得，恶图笔。 活托，译为“头骨”；得，译为“在”；恶图笔，译为“戴着”。 全句合译：头上戴着。		

词汇	①恶河	词义	凶
文献	吉林省长春市九台区其塔木石姓《东哈本》（第1册）第1页。		
例句	恶河，必拉。 恶河，译为“凶”；必拉，译为“河”。 全句合译：凶河。		
词汇	②危河	词义	坏
文献	吉林省长春市九台区其塔木石姓《东哈本》（第1册）第41页。		
例句	危河，必拉。 危河，译为“坏”；必拉，译为“河”。 全句合译：坏河。		
词汇	③恶何	词义	凶
文献	吉林省长春市九台区莽卡杨姓《杨宪本》（手抄本）第5页。		
例句	乒音，恶河，得。 乒音，译为“家中”；恶河，译为“凶”；得，译为“在”。 全句合译：家中有不好的事。		
词汇	④恶哈	词义	凶
文献	吉林省长春市九台区莽卡杨姓《杨宪本》（手抄本）第10页。		
例句	恶哈，难土浑。 恶哈，译为“凶”；难土浑，译为“污秽”。 全句合译：水污秽坏了。		
词汇	①恶夫勒楼	词义	破坏
文献	吉林省长春市九台区莽卡杨姓《杨宪本》第7页。		
例句	咳夫，泊，恶夫勒楼。 咳夫，译为“肚腹”；泊，译为“把”；恶夫勒楼，译为“破坏”。		

	全句合译：坏肚子。		
词汇	②恶不特勒楼	**词义**	破坏
文献	吉林省长春市九台区莽卡杨姓《杨宪本》（手抄本）第 46 页。		
例句	咳附，泊，恶不特勒楼。 咳附，译为“肚腹”；泊，译为“把”；恶不特勒楼，译为“破坏”。 全句合译：坏（拉）肚子。		
词汇	①恶哈凌乌	**词义**	庸人
文献	吉林省长春市九台区莽卡杨姓《杨宪本》（手抄本）第 50 页。		
例句	恶哈凌乌，尼玛库，泊。 恶哈凌乌，译为“庸人”；尼玛库，译为“病”；泊，译为“把”。 全句合译：庸人得病。		
词汇	②恶哈何乌	**词义**	庸人
文献	吉林省长春市九台区莽卡杨姓《杨静棠本》第 5 页。		
例句	恶哈何乌，你莫库，泊。 恶哈何乌，译为“庸人”，你莫库，译为“病”；泊，译为“把”。 全句合译：庸人把病得。		
词汇	①俄勒射笔	**词义**	保护
文献	吉林省长春市九台区莽卡杨姓《杨宪本》（手抄本）第 69 页。		
例句	阿不卡，韩，得，俄勒射笔。 阿不卡，译为“天”；韩，译为“君”；得，译为“在”；俄勒射笔，译为“保护”。 全句合译：天君在保护。		
词汇	②恶勒已笔	**词义**	保佑

文献	吉林省长春市九台区莽卡杨姓《杨宪本》（手抄本）第92页。		
例句	得勒已，得，恶勒已笔。 得勒已，译为“高高”；得，译为“在”；恶勒已笔，译为“保佑”。 全句合译：高高在上保佑。		
词汇	③恶勒赊必	词义	保佑
文献	吉林省长春市九台区莽卡杨姓《杨宪本》（手抄本）第50页。		
例句	太平，珊延，恶勒赊必。 太平，译为“平安”；珊延，译为“吉祥”；恶勒赊必，译为“保佑”。 全句合译：保佑平安吉祥。		
词汇	④额勒射济	词义	保护
文献	黑龙江省宁安市兰岗关姓《特合本子》第14页。		
例句	尔合，太平，额勒射济。 尔合，译为“太”；太平，译为“平”；额勒射济，译为“保护”。 全句合译：保护太平。		
词汇	⑤而射笔	词义	保护
文献	吉林省长春市九台区莽卡杨姓《杨宪本》（手抄本）第58页。		
例句	倍根，娘们，得，而射笔。 倍根，译为“家族”；娘们，译为“人”；得，译为“在”；而射笔，译为“保护”。 全句合译：在保护家族人口。		
词汇	①我阵开	词义	向往
文献	黑龙江省宁安市兰岗关姓《特合本子》第2页。		
例句	依兰，扎兰，我阵开。 依兰，译为“三”；扎兰，译为“代”；我阵开，		

	译为“向往”。 全句合译：三代人都很向往。		
词汇	②我何	**词义**	向往
文献	黑龙江省宁安市兰岗关姓《特合本子》第 3 页。		
例句	我何，朱恒，妈大撖。 我何，译为“向往”；朱恒，译为“祭坛”；妈大撖，译为“能够”。 全句合译：向往能够进行祭祀。		
词汇	③我和	**词义**	向往
文献	黑龙江省宁安市兰岗关姓《特合本子》第 2 页。		
例句	我和，一娘，几大撖。 我和，译为“向往”；一娘，译为“他的”；几大撖，译为“保佑”。 全句合译：向往他的保佑。		
词汇	④爱北	**词义**	向往
文献	黑龙江省宁安市兰岗关姓《特合本子》第 11 页。		
例句	傲东，艺麻，爱北，箔。 傲东，译为“马群”；艺麻，译为“吃荤”；爱北，译为“向往”；箔，译为“把”。 全句合译：马群向往把荤吃。		
音序	**en**		
词汇	①恩德不恒危	**词义**	有过失之处
文献	吉林省长春市九台区其塔木石姓《东哈本》（第 1 册）第 48 页。		
例句	恩德不恒危，福禄，卧七。 恩德不恒危，译为“有过失之处”；福禄，译为“很多”；卧七，译为“若是”。 全句合译：若是有很多过失之处。		
词汇	②恩得不恒俄	**词义**	有过失之处
文献	吉林省长春市九台区胡家石姓《小韩本》（引自		

<table>
<tr><td></td><td colspan="3">宋和平译注本）第 239 页。</td></tr>
<tr><td>例句</td><td colspan="3">恩得不恒俄，付录。
恩得不恒俄，译为“有过失之处”；付录，译为“很多”。
全句合译：有很多过失之处。</td></tr>
<tr><td>词汇</td><td>③恩得不合</td><td>词义</td><td>过错</td></tr>
<tr><td>文献</td><td colspan="3">吉林省长春市九台区胡家石姓《小韩本》（引自宋和平译注本）第 284 页。</td></tr>
<tr><td>例句</td><td colspan="3">恩得不合，赊七。
恩得不合，译为“过错”；赊七，译为“因为”。
全句合译：因为有过错。</td></tr>
<tr><td>音序</td><td colspan="3">er</td></tr>
<tr><td>词汇</td><td>①而尖</td><td>词义</td><td>名望</td></tr>
<tr><td>文献</td><td colspan="3">吉林省长春市九台区莽卡杨姓《杨宪本》（手抄本）第 48 页。</td></tr>
<tr><td>例句</td><td colspan="3">我特拉库，而尖，卧不莫。
我特拉库，译为“当不得”；而尖，译为“名望”；卧不莫，译为“可为”。
全句合译：很有名望，但当不得（这个重任）。</td></tr>
<tr><td>词汇</td><td>②而间</td><td>词义</td><td>名望</td></tr>
<tr><td>文献</td><td colspan="3">吉林省长春市九台区莽卡杨姓《杨宪本》（手抄本）第 22 页。</td></tr>
<tr><td>例句</td><td colspan="3">我特拉库，而间，卧不莫。
我特拉库，译为“当不得”；而间，译为“名望”；卧不莫，译为“可为”。
全句合译：名望不错，但当不得（这个重任）。</td></tr>
<tr><td>词汇</td><td>③而金</td><td>词义</td><td>名望</td></tr>
<tr><td>文献</td><td colspan="3">吉林省长春市九台区莽卡杨姓《杨宪本》（手抄本）第 81 页。</td></tr>
<tr><td>例句</td><td colspan="3">我特拉库，而金，卧不莫。</td></tr>
</table>

	我特拉库，译为“当不得”；而金，译为“名望”；卧不莫，译为“可为”。 全句合译：名望不错，但当不得（这个重任）。		
词汇	④阿尖	**词义**	名望
文献	吉林省长春市九台区莽卡杨姓《杨宪本》（手抄本）第 50 页。		
例句	我怕拉库，阿尖，卧不莫。 我怕拉库，译为“当不得”；阿尖，译为“名望”；卧不莫，译为“可为”。 全句合译：名望不错，但当不得（这个重任）。		
词汇	⑤阿间	**词义**	名望
文献	吉林省长春市九台区莽卡杨姓《杨宪本》（手抄本）第 58 页。		
例句	我特拉库，阿间，卧不莫。 我特拉库，译为“当不得”；阿间，译为“名望”；卧不莫，译为“可为”。 全句合译：名望很好，但当不得（这个重任）。		
词汇	⑥阿金	**词义**	名望
文献	吉林省长春市九台区莽卡杨姓《杨静棠本》第 14 页。		
例句	我他拉库，阿金，卧不莫。 我他拉库，译为“当不得”；阿金，译为“名望”；卧不莫，译为“可为”。 全句合译：名望很好，但当不得（这个重任）。		
词汇	①而合	**词义**	平（平安）；太
文献	吉林省长春市九台区胡家石姓《小韩本》（引自宋和平译注本）第 42 页、第 177 页。		
例句	而合，太翻。 而合，译为“平（平安）”；太翻，译为“太平”。		

	全句合译：安好、太平。		
	沙克打不，而合，太翻。 沙克打不，译为“到老”；而合，译为“太”；太翻，译为“平”。 全句合译：太平到老。		
词汇	②二合	**词义**	平安
文献	吉林省长春市九台区其塔木石姓《东哈本》（第1册）第17页。		
例句	二合，太呼。 二合，译为“平安”，太呼，译为“太平”。 全句合译：平安、太平。		
词汇	③尔合	**词义**	平安
文献	黑龙江省宁安市兰岗关姓《特合本子》第14页。		
例句	尔合，太平。 尔合，译为“平安”；太平，译为“太平”。 全句合译：平安、太平。		
词汇	④而何	**词义**	安好
文献	吉林省长春市九台区莽卡杨姓《杨宪本》（手抄本）第2页。		
例句	而何，太平。 而何，译为“安好”；太平，译为“太平”。 全句合译：安好、太平。		
词汇	⑤二何	**词义**	平安
文献	吉林省长春市九台区莽卡杨姓《杨静棠本》第2页。		
例句	二何，太平。 二何，译为“平安”；太平，译为“太平”。 全句合译：平安、太平。		
词汇	⑥二各	**词义**	太
文献	吉林省长春市九台区莽卡杨姓《杨宪本》（手抄		

<table>
<tr><td></td><td colspan="3">本）第 84 页。</td></tr>
<tr><td>例句</td><td colspan="3">二各，太平，卧不疋。
二各，译为“太”；太平，译为“平”；卧不疋，译为“有为”。
全句合译：太平有为。</td></tr>
<tr><td>词汇</td><td>①而班</td><td>词义</td><td>医家；差；当差；官差；公务</td></tr>
<tr><td>文献</td><td colspan="3">吉林省长春市九台区胡家石姓《小韩本》（引自宋和平译注本）第 283 页、第 288 页、第 304 页、第 324 页。</td></tr>
<tr><td rowspan="5">例句</td><td colspan="3">而班，博，佰腓。
而班，译为“医家”；博，译为“把”；佰腓，译为“寻求”。
全句合译：把医家寻求。</td></tr>
<tr><td colspan="3">我贞，博，而班，得。
我贞，译为“东家”；博，译为“把”；而班，译为“差”；得，译为“在”。
全句合译：东家当差。</td></tr>
<tr><td colspan="3">而班，折莫，而必不莫。
而班，译为“当差”；折莫，译为“吃”；而必不莫，译为“饱”。
全句合译：当差吃饱饭。</td></tr>
<tr><td colspan="3">哈哈，博，而班，得。
哈哈，译为“男子”；博，译为“把”；而班，译为“官差”；得，译为“在”。
全句合译：男人在当官差。</td></tr>
<tr><td colspan="3">哈哈，博，而班，得。
哈哈，译为“男人”；博，译为“把”；而班，译为“公务”；得，译为“在”。
全句合译：男人在从事公务。</td></tr>
</table>

<table>
<tr><td>词汇</td><td>②二班</td><td>词义</td><td>官差</td></tr>
<tr><td>文献</td><td colspan="3">吉林省长春市九台区其塔木石姓《东哈本》（第 2 册）第 9 页。</td></tr>
<tr><td>例句</td><td colspan="3">二班，德。
二班，译为“官差”；德，译为“在”。
全句合译：官差在身。</td></tr>
<tr><td>词汇</td><td>③二本</td><td>词义</td><td>当差</td></tr>
<tr><td>文献</td><td colspan="3">吉林省长春市九台区其塔木石姓《东哈本》（第 1 册）第 48 页。</td></tr>
<tr><td>例句</td><td colspan="3">二本，折莫。
二本，译为“当差”；折莫，译为“吃”。
全句合译：因当差而能吃饱饭。</td></tr>
<tr><td>词汇</td><td>④而当</td><td>词义</td><td>差役</td></tr>
<tr><td>文献</td><td colspan="3">吉林省长春市九台区莽卡杨姓《杨宪本》（手抄本）第 86 页。</td></tr>
<tr><td>例句</td><td colspan="3">而当，那拉押。
而当，译为“差役”；那拉押，译为“执着”。
全句合译：当差（很）执着。</td></tr>
<tr><td>词汇</td><td>①而必不莫</td><td>词义</td><td>饱</td></tr>
<tr><td>文献</td><td colspan="3">吉林省长春市九台区胡家石姓《小韩本》（引自宋和平译注本）第 288 页。</td></tr>
<tr><td>例句</td><td colspan="3">折莫，而必不莫。
折莫，译为“吃”；而必不莫，译为“饱”。
全句合译：吃饱。</td></tr>
<tr><td>词汇</td><td>②二必不莫</td><td>词义</td><td>饱</td></tr>
<tr><td>文献</td><td colspan="3">吉林省长春市九台区其塔木石姓《东哈本》（第 1 册）第 48 页。</td></tr>
<tr><td>例句</td><td colspan="3">折莫，二必不莫。
折莫，译为“吃”；二必不莫，译为“饱”。
全句合译：吃饱。</td></tr>
</table>

词汇	①而得客	**词义**	明亮
文献	吉林省长春市九台区莽卡杨姓《杨宪本》（手抄本）第 54 页。		
例句	而得客，乌西哈，得。 而得客，译为“明亮”；乌西哈，译为“星星”；得，译为“在”。 全句合译：明亮的星星在闪烁。		
词汇	②恩得克	**词义**	光明磊落
文献	吉林省长春市九台区莽卡杨姓《杨宪本》（手抄本）第 76 页。		
例句	恩得克，玛法，故押哈，赊夫。 恩得克，译为“光明磊落”；玛法，译为“祖宗”；故押哈，译为“吟唱”；赊夫，译为“师傅”。 全句合译：光明磊落的善于吟唱的祖先师傅。		
词汇	③而得克	**词义**	明亮
文献	吉林省长春市九台区莽卡杨姓《杨宪本》（手抄本）第 6 页。		
例句	而得克，孙，恶米勒可，恶林。 而得克，译为“明亮”；孙，译为“太阳”；恶米勒可，译为“遮挡”；恶林，译为“时候”。 全句合译：日落之时。		
词汇	①而扎哈	**词义**	许；许下；许下的
文献	吉林省长春市九台区胡家石姓《小韩本》（引自宋和平译注本）第 51 页、第 219 页、第 302 页。		
例句	昂阿，鸡孙，而扎哈。 昂阿，译为“亲口”；鸡孙，译为“言”；而扎哈，译为“许”。 全句合译：亲口相许。		
	昂阿，鸡孙，而扎哈。		

	昂阿，译为“口中”；鸡孙，译为“话”；而扎哈，译为“许下”。 全句合译：口中许下话。		
	而扎哈，鸡孙。 而扎哈，译为“许下的”；鸡孙，译为“话”。 全句合译：许下的话。		
词汇	②而扎疋	**词义**	许愿
文献	吉林省长春市九台区莽卡杨姓《杨宪本》（手抄本）第 54 页。		
例句	昂阿，吉孙，而扎疋。 昂阿，译为“说”；吉孙，译为“话”；而扎疋，译为“许愿”。 全句合译：说话许愿。		
词汇	③而扎必	**词义**	许下了
文献	吉林省长春市九台区莽卡杨姓《杨宪本》（手抄本）第 54 页。		
例句	泊，而扎必。 泊，译为“把”；而扎必，译为“许下了”。 全句合译：把事许下了。		
词汇	④尔扎非	**词义**	许愿
文献	吉林省吉林市土城子口钦佟赵姓《交罗本》第 6 页。		
例句	昂阿，吉孙，尔扎非。 昂阿，译为“说”；吉孙，译为“话”；尔扎非，译为“许愿”。 全句合译：说话许愿。		
词汇	⑤而当阿	**词义**	应许
文献	吉林省长春市九台区胡家石姓《小韩本》（引自宋和平译注本）第 119 页。		
例句	呆力不危，不非，而当阿。		

	呆力不危，译为“回娘家”；不非，译为“给”；而当阿，译为“应许”。 全句合译：应许同意回娘家。		
词汇	⑥二扎博	**词义**	许愿
文献	黑龙江省安宁市兰岗关姓《特合本子》第2页。		
例句	安阿，吉顺，二扎博。 安阿，译为“口”；吉顺，译为“话”；二扎博，译为“许愿”。 全句合译：说话许愿。		
词汇	⑦二扎必合	**词义**	许诺
文献	吉林省吉林市土城子口钦佟赵姓《交罗本》第28页。		
例句	昂阿，吉孙，二扎必合。 昂阿，译为“口”；吉孙，译为“话”；二扎必合，译为“许诺”。 全句合译：说话许诺。		
词汇	⑧而扎杭俄	**词义**	许下
文献	吉林省长春市九台区胡家石姓《小韩本》（引自宋和平译注本）第340页。		
例句	昂阿，鸡孙，而扎杭俄。 昂阿，译为“口”；鸡孙，译为“话”；而扎杭俄，译为“许下”。 全句合译：许下愿。		
词汇	⑨尔扎林	**词义**	许愿
文献	吉林省吉林市土城子口钦佟赵姓《交罗本》第9页。		
例句	尔扎林，卡徒那约。 尔扎林，译为“许愿”；卡徒那约，译为“报答”。 全句合译：许愿报答。		
词汇	①而折莫	**词义**	争强；相争

<table>
<tr><td>文献</td><td colspan="3">吉林省长春市九台区胡家石姓《小韩本》（引自宋和平译注本）第 69 页、第 217 页。</td></tr>
<tr><td rowspan="2">例句</td><td colspan="3">我腾你勒勒，而折莫。
我腾你勒勒，译为“胜”；而折莫，译为“争强”。
全句合译：争强好胜。</td></tr>
<tr><td colspan="3">我腾尼勒勒，而折莫。
我腾尼勒勒，译为“强”；而折莫，译为“相争”。
全句合译：争强好胜。</td></tr>
<tr><td>词汇</td><td>②而者疋</td><td>词义</td><td>记住了</td></tr>
<tr><td>文献</td><td colspan="3">吉林省长春市九台区莽卡杨姓《杨宪本》（手抄本）第 1 页。</td></tr>
<tr><td>例句</td><td colspan="3">而者疋，阁啫何。
而者疋，译为“记住了”；阁啫何，译为“说出了”。
全句合译：说出的话记住了。</td></tr>
<tr><td>词汇</td><td>①而扎不楞危</td><td>词义</td><td>不遵守承诺</td></tr>
<tr><td>文献</td><td colspan="3">吉林省长春市九台区其塔木石姓《东哈本》（第 1 册）第 34 页。</td></tr>
<tr><td>例句</td><td colspan="3">而扎不楞危，巴，必七。
而扎不楞危，译为“不遵守承诺”；巴，译为“处”；必七，译为“若有”。
全句合译：若有不遵守承诺之处。</td></tr>
<tr><td>词汇</td><td>②而扎不棱俄</td><td>词义</td><td>不合礼仪</td></tr>
<tr><td>文献</td><td colspan="3">吉林省长春市九台区胡家石姓《小韩本》（引自宋和平译注本）第 239 页。</td></tr>
<tr><td>例句</td><td colspan="3">而扎不棱俄，巴，必七。
而扎不棱俄，译为“不合礼仪”；巴，译为“处”；必七，译为“若有”。
全句合译：若有不合礼仪之处。</td></tr>
<tr><td>词汇</td><td>①而射楼</td><td>词义</td><td>保佑</td></tr>
</table>

<table>
<tr><td>文献</td><td colspan="3">吉林省长春市九台区莽卡杨姓《杨宪本》（手抄本）第 11 页。</td></tr>
<tr><td>例句</td><td colspan="3">我林，娘莫，而射楼。
我林，译为“此时”；娘莫，译为“人”；而射楼，译为“保佑”。
全句合译：此时在保佑人们。</td></tr>
<tr><td>词汇</td><td>②坎马楼</td><td>词义</td><td>保佑</td></tr>
<tr><td>文献</td><td colspan="3">吉林省长春市九台区莽卡杨姓《杨宪本》（手抄本）第 10 页。</td></tr>
<tr><td>例句</td><td colspan="3">彪根，娘莫，坎马楼。
彪根，译为“家族”；娘莫，译为“人”；坎马楼，译为“保佑”。
全句合译：保佑家族的人。</td></tr>
<tr><td>词汇</td><td>③卡落马楼</td><td>词义</td><td>保佑</td></tr>
<tr><td>文献</td><td colspan="3">吉林省长春市九台区莽卡杨姓《杨静棠本》第 10 页。</td></tr>
<tr><td>例句</td><td colspan="3">彪根，娘们，卡落马楼。
彪根，译为“家族”；娘们，译为“人”；卡落马楼，译为“保佑”。
全句合译：保佑家族的人。</td></tr>
</table>

音序	F		
	fa		
词汇	①发	词义	窗户
文献	吉林省吉林市土城子口钦佟赵姓《交罗本》第 14 页。		
例句	乌车，发，博。 乌车，译为“房门”；发，译为“窗户”；博，译为“把”。 全句合译：把房门、窗户（打开）。		
词汇	②法儿	词义	窗户
文献	吉林省珲春市尹锡庆编著《珲春满族》第 112 页。		
例句	法儿，牙子哈。 法儿，译为“窗户”；牙子哈，译为“小窗户”。 全句合译：窗户，小窗户。		
词汇	①发兰	词义	屋内；堂中
文献	吉林省长春市九台区其塔木石姓《东哈本》（第 1 册）第 48 页。		
例句	发兰，德，我七匣非。 发兰，译为“屋内”；德，译为“在”；我七匣非，译为“降下”。 全句合译：在屋内降下。		
文献	吉林省吉林市土城子口钦佟赵姓《交罗本》第 6 页。		
例句	心耳心，发兰，德。 心耳心，译为“附”；发兰，译为“堂中”；德，译为“在”。 全句合译：附体在堂中（人或物上）。		
词汇	②伐兰	词义	地；场院；旷野；里
文献	吉林省长春市九台区胡家石姓《小韩本》（引自		

<table>
<tr><td></td><td colspan="3">宋和平译注本）第 166 页、第 252 页、第 322 页、第 330 页。</td></tr>
<tr><td rowspan="4">例句</td><td colspan="3">吴拉胡，伐兰，得。
吴拉胡，译为“芦苇”；伐兰，译为“地”；得，译为“在”。
全句合译：在芦苇地里。</td></tr>
<tr><td colspan="3">伐兰，以，折库，博。
伐兰，译为“场院”；以，译为“的”；折库，译为“黏谷”；博，译为“把”。
全句合译：把场院的黏谷……</td></tr>
<tr><td colspan="3">伐兰，嘎思哈。
伐兰，译为“旷野”；嘎思哈，译为“鸟”。
全句合译：旷野里的鸟。</td></tr>
<tr><td colspan="3">花一，伐兰，扎录。
花一，译为“院”；伐兰，译为“里”；扎录，译为“满”。
全句合译：满院子里。</td></tr>
<tr><td>词汇</td><td>③伐拉</td><td>词义</td><td>院内</td></tr>
<tr><td>文献</td><td colspan="3">吉林省长春市九台区胡家石姓《小韩本》（引自宋和平译注本）第 162 页。</td></tr>
<tr><td>例句</td><td colspan="3">一兰，召所，伐拉。
一兰，译为“三”； 召所，译为“角落”；伐拉，译为“院内”。
全句合译：院内三个角落。</td></tr>
<tr><td>词汇</td><td>④法兰</td><td>词义</td><td>院内</td></tr>
<tr><td>文献</td><td colspan="3">吉林省长春市九台区莽卡杨姓《杨静棠本》第 13 页。</td></tr>
<tr><td>例句</td><td colspan="3">一兰，召所，法兰。
一兰，译为“三”；召所，译为“角落”；法兰，译为“院内”。</td></tr>
</table>

<table>
<tr><td></td><td colspan="3">全句合译：院内三个角落。</td></tr>
<tr><td>词汇</td><td>①发里非</td><td>词义</td><td>连接</td></tr>
<tr><td>文献</td><td colspan="3">吉林省吉林市乌拉街韩屯关姓《敬义神书》（手抄本）第 18 页。</td></tr>
<tr><td>例句</td><td colspan="3">发合，得，发里非。
发合，译为“肝胆”；得，译为“在”；发里非，译为“连接”。
全句合译：肝和胆相连接。</td></tr>
<tr><td>词汇</td><td>②飞里开</td><td>词义</td><td>连接</td></tr>
<tr><td>文献</td><td colspan="3">黑龙江省宁安市兰岗关姓《特合本子》第 2 页。</td></tr>
<tr><td>例句</td><td colspan="3">发昆，德，飞里开。
发昆，译为“肝胆”；德，译为“在”；飞里开，译为“连接”。
全句合译：肝胆相连。</td></tr>
<tr><td>词汇</td><td>③伐立腓</td><td>词义</td><td>结</td></tr>
<tr><td>文献</td><td colspan="3">吉林省长春市九台区胡家石姓《小韩本》（引自宋和平译注本）第 58 页。</td></tr>
<tr><td>例句</td><td colspan="3">伐浑，得，伐立腓。
伐浑，译为“肝胆”；得，译为“在”；伐立腓，译为“结”。
全句合译：肝胆相照。</td></tr>
<tr><td>词汇</td><td>④法立笔</td><td>词义</td><td>连接</td></tr>
<tr><td>文献</td><td colspan="3">吉林省长春市九台区莽卡杨姓《杨宪本》（手抄本）第 2 页。</td></tr>
<tr><td>例句</td><td colspan="3">法浑，得，法立笔。
法浑，译为“肝胆”；得，译为“在”；法立笔，译为“连接”。
全句合译：肝胆相连。</td></tr>
<tr><td>词汇</td><td>⑤法里笔</td><td>词义</td><td>连接</td></tr>
<tr><td>文献</td><td colspan="3">吉林省长春市九台区莽卡杨姓《杨宪本》（手抄</td></tr>
</table>

	本）第 82 页。		
例句	发浑，得，法里笔。 发浑，译为“肝胆”；得，译为“在”；法里笔，译为“连接”。 全句合译：肝胆相照。		
词汇	⑥非力疋	**词义**	连接
文献	吉林省长春市九台区莽卡杨姓《杨静棠本》第 2 页。		
例句	发浑，得，非力疋。 发浑，译为“碾子”；得，译为“在”；非力疋，译为“连接”。 全句合译：安上碾子碾制。		
词汇	⑦法里疋	**词义**	接连
文献	吉林省长春市九台区莽卡杨姓《杨宪本》（手抄本）第 76 页。		
例句	法浑，得，法里疋。 法浑，译为“肝胆”；得，译为“在”；法里疋，译为“接连”。 全句合译：肝胆相连。		
词汇	①发分	**词义**	肝胆
文献	吉林省吉林市乌拉街韩屯关姓《敬义神书》（手抄本）第 18 页。		
例句	发分，得，发里非。 发分，译为“肝胆”；得，译为“在”；发里非，译为“连接”。 全句合译：肝胆相连。		
词汇	②发昆	**词义**	肝胆
文献	黑龙江省宁安市兰岗关姓《特合本子》第 2 页。		
例句	发昆，德，飞里开。 发昆，译为“肝胆”；德，译为“在”；飞里开，		

	译为“连接”。 全句合译：肝胆相连。		
词汇	③伐浑	词义	肝胆
文献	吉林省长春市九台区胡家石姓《小韩本》（引自宋和平译注本）第 58 页。		
例句	伐浑，得，伐立腓。 伐浑，译为“肝胆”；得，译为“在”；伐立腓，译为“结”。 全句合译：肝胆相连。		
词汇	④发珲	词义	肝胆
文献	吉林省吉林市土城子口钦佟赵姓《交罗本》第 27 页。		
例句	发珲，德，发拉非。 发珲，译为“肝胆”；德，译为“在”；发拉非，译为“连接”。 全句合译：肝胆相连。		
词汇	⑤法浑	词义	碾子
文献	吉林省长春市九台区莽卡杨姓《杨宪本》（手抄本）第 2 页。		
例句	法浑，得，法立笔。 法浑，译为“碾子”；得，译为“在”；法立笔，译为“接连”。 全句合译：安上碾子碾制。		
词汇	⑥发浑	词义	碾子
文献	吉林省长春市九台区莽卡杨姓《杨静棠本》第 1 页。		
例句	发浑，得，非力疋。 发浑，译为“碾子”；得，译为“在”；非力疋，译为“接连”。 全句合译：安上碾子碾制。		

词汇	①发牙腓	词义	丧；费尽
文献	吉林省长春市九台区胡家石姓《小韩本》（引自宋和平译注本）第235页、第342页。		
例句	俄拉根，博，发牙腓。 俄拉根，译为“命”；博，译为“把”；发牙腓，译为“丧”。 全句合译：把命丧。		
	我拉根，博，发牙腓。 我拉根，译为“命”；博，译为“把”；发牙腓，译为“费尽”。 全句合译：把命丧。		
词汇	②发押非	词义	丧
文献	吉林省长春市九台区其塔木石姓《东哈本》（第2册）第21页。		
例句	我勒根，博，发押非。 我勒根，译为“命”；博，译为“把”；发押非，译为“丧”。 全句合译：把命丧。		
词汇	③伐牙腓	词义	废
文献	吉林省长春市九台区胡家石姓《小韩本》（引自宋和平译注本）第42页。		
例句	我拉根，博，伐牙腓。 我拉根，译为“命”；博，译为“把”；伐牙腓，译为“废”。 全句合译：把命废。		
词汇	①伐哈拉	词义	绊倒
文献	吉林省长春市九台区胡家石姓《小韩本》（引自宋和平译注本）第350页。		
例句	五巴拉莫，伐哈拉，得。 五巴拉莫，译为“转换”；伐哈拉，译为“绊倒”；		

	得，译为“在”。 全句合译：在转换（位置）时绊倒。		
词汇	②方卡拉	**词义**	摔
文献	吉林省长春市九台区胡家石姓《小韩本》（引自宋和平译注本）第350页。		
例句	得西西莫，方卡拉，得。 得西西莫，译为“抡”；方卡拉，译为“摔”；得，译为“在”。 全句合译：在抡摔。		
词汇	①伐克沙	**词义**	许多；怒气冲冲
文献	吉林省长春市九台区胡家石姓《小韩本》（引自宋和平译注本）第158页、第169页。		
例句	伐克沙，伐克沙。 伐克沙，译为“许多”；伐克沙，译为“许多”。 全句合译：许多许多。		
	伐克沙，他太。 伐克沙，译为“怒气冲冲”；他太，译为“下来”。 全句合译：怒气冲冲地下来。		
词汇	②伐克西	**词义**	巧
文献	吉林省长春市九台区胡家石姓《小韩本》（引自宋和平译注本）第260页。		
例句	伐克西，嘎拉。 伐克西，译为“巧”；嘎拉，译为“手”。 全句合译：巧手。		
词汇	①法他哈	**词义**	蹄
文献	吉林省长春市九台区莽卡杨姓《杨宪本》（手抄本）第54页。		
例句	法他哈，泊，发押必。 法他哈，译为“蹄”；泊，译为“把”；发押必，		

	译为“截断”。 全句合译：把猪蹄砍断。		
词汇	②伐他	词义	脚底
文献	吉林省长春市九台区胡家石姓《小韩本》（引自宋和平译注本）第 140 页。		
例句	必特合，年卖，伐他。 必特合，译为“腿”；年卖，译为“心”；伐他，译为“脚底”。 全句合译：大腿与脚心。		
词汇	①弗拉	词义	拴结
文献	吉林省长春市九台区莽卡杨姓《杨宪本》（手抄本）第 46 页。		
例句	弗拉，阁说莫。 弗拉，译为“拴结”；阁说莫，译为“肉片”。 全句合译：拴上肉片。		
词汇	①法亚笔	词义	截断
文献	吉林省长春市九台区莽卡杨姓《杨宪本》（手抄本）第 51 页。		
例句	法他哈，泊，法亚笔。 法他哈，译为“蹄”；泊，译为“把”；法亚笔，译为“截断”。 全句合译：把蹄子截断。		
词汇	②法押必	词义	截断
文献	吉林省长春市九台区莽卡杨姓《杨宪本》（手抄本）第 54 页。		
例句	发他哈，泊，法押必。 发他哈，译为“蹄”；泊，译为“把”；法押必，译为“截断”。 全句合译：把蹄子截断。		
词汇	③法押泊	词义	截断

文献	吉林省长春市九台区莽卡杨姓《杨宪本》（手抄本）第 48 页。		
例句	法他哈，泊，法押泊。 法他哈，译为“蹄”；泊，译为“把”；法押泊，译为“截断”。 全句合译：把蹄子截断。		
词汇	④法押笔	**词义**	截断
文献	吉林省长春市九台区莽卡杨姓《杨宪本》（手抄本）第 92 页。		
例句	法他哈，泊，法押笔。 法他哈，译为“蹄”；泊，译为“将”；法押笔，译为“截断”。 全句合译：将蹄子截断。		
词汇	⑤法西疋	**词义**	截断
文献	吉林省长春市九台区莽卡杨姓《杨宪本》（手抄本）第 76 页。		
例句	法他哈，泊，法西疋。 法他哈，译为“蹄”；泊，译为“将”；法西疋，译为“截断”。 全句合译：将蹄子截断。		
音序	**fan**		
词汇	①翻	**词义**	木盘
文献	吉林省长春市九台区胡家石姓《小韩本》（引自宋和平译注本）第 50 页。		
例句	翻，得棱，翻他哈。 翻，译为“木盘”；得棱，译为“桌”；翻他哈，译为“排列”。 全句合译：木盘在桌子上排列。		
词汇	②番	**词义**	木盘
文献	吉林省长春市九台区其塔木石姓《东哈本》（第 1		

	册）第 53 页。		
例句	番，以，德林，帆打哈。 番，译为“木盘”；以，译为“的”；德林，译为“桌子”；帆打哈，译为“排列”。 全句合译：桌子上排列的木盘。		
词汇	①翻丹	词义	队；排列
文献	吉林省长春市九台区胡家石姓《小韩本》（引自宋和平译注本）第 49 页、第 211 页。		
例句	扎坤，翻丹，其录。 扎坤，译为“八”；翻丹，译为“队”；其录，译为“小旗”。 全句合译：八队小旗。		
	得棱，翻丹，杜莫。 得棱，译为“桌”；翻丹，译为“排列”；杜莫，译为“每”。 全句合译：在每个桌上排列。		
词汇	②翻丹杜莫	词义	排列
文献	吉林省长春市九台区胡家石姓《小韩本》（引自宋和平译注本）第 90 页。		
例句	得，翻丹杜莫。 得，译为“在”；翻丹杜莫，译为“排列”。 全句合译：在排列。		
词汇	①翻他哈	词义	摆上；排列；剪
文献	吉林省长春市九台区胡家石姓《小韩本》（引自宋和平译注本）第 50 页、第 62 页、第 260 页。		
例句	博立，嘎破他拉，翻他哈。 博立，译为“弓”；嘎破他拉，译为“射”；翻他哈，译为“摆上”。 全句合译：把射弓摆上。		

	得楼，翻他哈。 得楼，译为“桌”；翻他哈，译为“排列”。 全句合译：把桌子排列。		
	伐克西，嘎拉，得，翻他哈。 伐克西，译为“巧”；嘎拉，译为“手”；得，译为“在”；翻他哈，译为“剪”。 全句合译：巧手在剪裁。		
词汇	②翻他腓	**词义**	剪
文献	吉林省长春市九台区胡家石姓《小韩本》（引自宋和平译注本）第260页。		
例句	伐克西，嘎拉，得，翻他腓。 伐克西，译为“巧”；嘎拉，译为“手”；得，译为“在”；翻他腓，译为“剪”。 全句合译：巧手在修剪。		
音序	**fang**		
词汇	①方卡兰	**词义**	低矮的
文献	吉林省长春市九台区莽卡杨姓《杨宪本》（手抄本）第58页。		
例句	方卡兰，得林，得，非他必。 方卡兰，译为“低矮的”；得林，译为“桌上”；得，译为“在”；非他必，译为“摆上”。 全句合译：在低矮的桌子上摆放。		
音序	**fei**		
词汇	①飞	**词义**	多
文献	吉林省长春市九台区其塔木石姓《东哈本》（第2册）第13页。		
例句	飞，佛杜妈妈，白楞俄。 飞，译为“多”；佛杜妈妈，译为“柳枝”；白楞俄，译为“乞求”。 全句合译：乞求多柳枝妈妈。		

词汇	②分	**词义**	多
文献	吉林省长春市九台区莽卡杨姓《杨宪本》（手抄本）第 1 页。		
例句	阿拉哈，分，得。 阿拉哈，译为“承受”；分，译为“多”；得，译为“在”。 全句合译：在更多地承受。		
词汇	①非眼	**词义**	拍手；多彩；色泽
文献	吉林省长春市九台区胡家石姓《小韩本》（引自宋和平译注本）第 66 页、第 190 页、第 349 页。		
例句	非眼，硃不勒。 非眼，译为“拍手”；硃不勒，译为“观看者”。 全句合译：观看者拍手。		
	英赊，非眼。 英赊，译为“神帽”；非眼，译为“多彩”。 全句合译：神帽多彩。		
	非眼，硃不勒。 非眼，译为“色泽”；硃不勒，译为“观看”。 全句合译：观看色泽。		
词汇	②法音	**词义**	色泽
文献	吉林省长春市九台区莽卡杨姓《杨宪本》（手抄本）第 7 页。		
例句	法音，敖木，泊。 法音，译为“色泽”；敖木，译为“祭肉”；泊，译为“把”。 全句合译：把色泽好的祭肉……		
词汇	①非打笔	**词义**	摆放
文献	吉林省长春市九台区胡家石姓《小韩本》（引自宋和平译注本）第 66 页、第 190 页、第 349 页。		

例句	敖木子，非打笔。 敖木子，译为“祭肉”；非打笔，译为“摆放”。 全句合译：摆上祭肉。		
词汇	②非他疋	词义	摆放
文献	吉林省长春市九台区莽卡杨姓《杨静棠本》第 3 页。		
例句	敖木子，非他疋。 敖木子，译为“祭肉”；非他疋，译为“摆放”。 全句合译：摆上祭肉。		
词汇	③非打疋	词义	摆放
文献	吉林省长春市九台区莽卡杨姓《杨宪本》（手抄本）第 54 页。		
例句	阿打力，非打疋。 阿打力，译为“同样”；非打疋，译为“摆放”。 全句合译：同样摆放。		
词汇	④非他必	词义	摆上
文献	吉林省长春市九台区莽卡杨姓《杨宪本》（手抄本）第 51 页。		
例句	土桥必，非他必。 土桥必，译为“抬起来”；非他必，译为“摆上”。 全句合译：抬起来摆上。		
词汇	⑤腓打笔	词义	摆上
文献	吉林省长春市九台区莽卡杨姓《杨宪本》（手抄本）第 51 页。		
例句	敖木孙，腓打笔。 敖木孙，译为“祭肉”；腓打笔，译为“摆上”。 全句合译：摆上祭肉。		
词汇	⑥腓笔	词义	摆上
文献	吉林省长春市九台区莽卡杨姓《杨宪本》（手抄本）第 39 页。		

例句	梅特杜莫，腓笔。 梅特杜莫，译为“担起”；腓笔，译为“摆上”。 全句合译：担起来摆上。		
词汇	⑦疋打疋	**词义**	摞起
文献	吉林省长春市九台区莽卡杨姓《杨宪本》（手抄本）第 4 页。		
例句	阿打到，也，疋打疋。 阿打到，译为“同样”；也，译为“的”；疋打疋，译为“摞起”。 全句合译：同样地摞起来。		
词汇	①非他莫	**词义**	挡住
文献	吉林省长春市九台区莽卡杨姓《杨静棠本》第 5 页。		
例句	朱滚，泊，非他莫。 朱滚，译为“道路”；泊，译为“把”；非他莫，译为“挡住”。 全句合译：挡住了道路。		
词汇	②疋他摸	**词义**	堵住
文献	吉林省长春市九台区莽卡杨姓《杨宪本》（手抄本）第 5 页。		
例句	朱棍，泊，也，疋他摸。 朱棍，译为“道”；泊，译为“把”；也，译为“的”；疋他摸，译为“堵住”。 全句合译：把幸福之路堵住了。		
词汇	①非烟他笔	**词义**	切割
文献	吉林省长春市九台区莽卡杨姓《杨宪本》（手抄本）第 60 页。		
例句	书克得立，敖，非烟他笔。 书克得立，译为“上汽”；敖，译为“祭肉”；非烟他笔，译为“切割”。		

<table>
<tr><td></td><td colspan="3">全句合译：切割上汽的祭肉。</td></tr>
<tr><td>词汇</td><td>②法音</td><td>词义</td><td>解割</td></tr>
<tr><td>文献</td><td colspan="3">吉林省长春市九台区莽卡杨姓《杨宪本》（手抄本）第 7 页。</td></tr>
<tr><td>例句</td><td colspan="3">法音，敖木，泊。
法音，译为“解割”；敖木，译为“祭肉”；泊，译为“把”。
全句合译：把祭肉解割。</td></tr>
<tr><td>词汇</td><td>①腓朱</td><td>词义</td><td>颜色</td></tr>
<tr><td>文献</td><td colspan="3">吉林省长春市九台区胡家石姓《小韩本》（引自宋和平译注本）第 160 页。</td></tr>
<tr><td>例句</td><td colspan="3">腓朱，他思哈。
腓朱，译为“颜色”；他思哈，译为“虎”。
全句合译：虎的颜色。</td></tr>
<tr><td>词汇</td><td>②肥朱</td><td>词义</td><td>羔</td></tr>
<tr><td>文献</td><td colspan="3">吉林省长春市九台区莽卡杨姓《杨宪本》（手抄本）第 42 页。</td></tr>
<tr><td>例句</td><td colspan="3">爱得干，肥朱，泊，说林必。
爱得干，译为“四年生公野猪”；肥朱，译为“羔”；泊，译为“把”；说林必，译为“宴请”。
全句合译：把四年生公野猪羔宴请。</td></tr>
<tr><td>音序</td><td colspan="3">fo</td></tr>
<tr><td>词汇</td><td>①佛</td><td>词义</td><td>原；旧；柳枝</td></tr>
<tr><td>文献</td><td colspan="3">吉林省长春市九台区胡家石姓《小韩本》（引自宋和平译注本）第 40 页、第 257 页、第 312 页。</td></tr>
<tr><td>例句</td><td colspan="3">郭敏，山眼，阿林，佛，阿拉，特合。
郭敏，译为“长”；山眼，译为“白”；阿林，译为“山”；佛，译为“原”；阿拉，译为“山岗”；特合，译为“居住”。
全句合译：居住在原长白山山岗上。</td></tr>
</table>

	佛，一，叭，博，付杜腓。 佛，译为“旧”；一，译为“的”；叭，译为“月”；博，译为“把”；付杜腓，译为“送走”。 全句合译：把旧的月份送走。		
	佛，一，佛。 佛，译为“旧”；一，译为“的”；佛，译为“柳枝”。 全句合译：旧的柳枝。		
词汇	②伏他	**词义**	老了
文献	吉林省长春市九台区其塔木石姓《东哈本》（第 1 册）第 71 页。		
例句	伏他，扎呼他，佛杜浑。 伏他，译为“老了”；扎呼他，译为“跟前”；佛杜浑，译为“柳枝”。 全句合译：来到老柳树跟前。		
词汇	①佛杜	**词义**	柳树
文献	吉林省长春市九台区胡家石姓《小韩本》（引自宋和平译注本）第 257 页。		
例句	佛杜，妈妈。 佛杜，译为“柳树”；妈妈，译为“妈妈”。 全句合译：柳树妈妈。		
词汇	②佛多	**词义**	柳枝
文献	吉林省长春市九台区胡家石姓《小韩本》（引自宋和平译注本）第 258 页。		
例句	佛多，付杜浑。 佛多，译为“柳枝”；付杜浑，译为“送去”。 全句合译：把柳枝送去。		
词汇	③佛杜浑	**词义**	柳树
文献	吉林省长春市九台区其塔木石姓《东哈本》（第 1 册）第 71 页。		

例句	扎呼他，佛杜浑。 扎呼他，译为“跟前”；佛杜浑，译为“柳树”。 全句合译：柳树跟前。		
词汇	④伕杜浑	词义	柳树
文献	吉林省长春市九台区其塔木石姹《东哈本》（第1册）第74页。		
例句	衣兰达，扎呼达，伕杜浑。 衣兰达，译为“三棵”；扎呼达，译为“跟前”；伕杜浑，译为“柳树”。 全句合译：跟前有三棵柳树。		
词汇	⑤杜浑	词义	柳树
文献	吉林省长春市九台区其塔木石姓《东哈本》（第2册）第1页。		
例句	杜浑，嘎拉干。 杜浑，译为“柳树”；嘎拉干，译为“枝”。 全句合译：柳树枝。		
词汇	⑥佛多牙范	词义	柳树
文献	吉林省长春市九台区莽卡杨姓《杨宪本》（手抄本）第82页。		
例句	不鲁哈，佛多牙范，得。 不鲁哈，译为“山梁上”；佛多牙范，译为“柳树”；得，译为“在”。 全句合译：柳树在山梁上。		
词汇	⑦佛得浑	词义	柳树
文献	吉林省长春市九台区胡家石姓《小韩本》（引自宋和平译注本）第159页。		
例句	佛得浑，嘎拉干。 佛得浑，译为“柳树”；嘎拉干，译为“枝”。 全句合译：柳树枝。		
词汇	①佛吉勒	词义	祈祷

文献	吉林省长春市九台区胡家石姓《小韩本》（引自宋和平译注本）第38页。		
例句	佛吉勒，得。 佛吉勒，译为“祈祷”；得，译为“在”。 全句合译：在祈祷。		
词汇	②佛几勒	**词义**	祈祷
文献	吉林省长春市九台区胡家石姓《小韩本》（引自宋和平译注本）第69页。		
例句	佛几勒，得。 佛几勒，译为“祈祷”；得，译为“在”。 全句合译：在祈祷。		
词汇	③伕乐	**词义**	祈祷
文献	吉林省长春市九台区其塔木石姓《东哈本》（第1册）第78页。		
例句	那乃丹非，伕乐，德。 那乃丹非，译为“七星斗”；伕乐，译为“祈祷”；德，译为“在”。 全句合译：在七星斗前祈祷。		
词汇	④伕德勒莫	**词义**	祈祷
文献	吉林省长春市九台区其塔木石姓《东哈本》（第1册）第90页。		
例句	猛文，昂阿，伕德勒莫。 猛文，译为“银”；昂阿，译为“嘴”；伕德勒莫，译为“祈祷”。 全句合译：银嘴在祈祷。		
词汇	⑤付鸡博	**词义**	祈祷
文献	吉林省长春市九台区其塔木石姓《东哈本》（第1册）第48页。		
例句	付鸡博，付赊非。 付鸡博，译为“祈祷”；付赊非，译为“繁衍”。		

	全句合译：祈祷繁衍。		
词汇	⑥飞鲁勒	**词义**	祝祷
文献	吉林省长春市九台区莽卡杨姓《杨宪本》（手抄本）第 70 页。		
例句	飞鲁勒，吉孙。 飞鲁勒，译为“祝祷”；吉孙，译为“说”。 全句合译：祝祷着说。		
词汇	⑦佛鸡勒	**词义**	祈祷
文献	吉林省长春市九台区莽卡杨姓《杨宪本》（手抄本）第 14 页。		
例句	佛鸡勒，阁若笔。 佛鸡勒，译为“祈祷”；阁若笔，译为“去”。 全句合译：去祈祷。		
词汇	①佛拉国出克	**词义**	神奇的
文献	吉林省长春市九台区胡家石姓《小韩本》（引自宋和平译注本）第 184 页。		
例句	嘎思哈，佛拉国出克。 嘎思哈，译为“鸟”；佛拉国出克，译为“神奇的”。 全句合译：神奇的鸟。		
词汇	②伕拉国出克	**词义**	神奇
文献	吉林省长春市九台区胡家石姓《小韩本》（引自宋和平译注本）第 318 页。		
例句	太爷赊夫，伕拉国出克。 太爷赊夫，译为“太爷师傅”；伕拉国出克，译为“神奇”。 全句合译：太爷师傅神奇。		
词汇	③伕洛国出课	**词义**	神奇
文献	吉林省长春市九台区胡家石姓《小韩本》（引自宋和平译注本）第 117 页。		

<table>
<tr><td>例句</td><td colspan="3">太爷涉夫，伕洛国出课。
太爷涉夫，译为“太爷师傅”；伕洛国出课，译为“神奇”。
全句合译：神奇的太爷师傅。</td></tr>
<tr><td>词汇</td><td>④佛勒国出客</td><td>词义</td><td>神奇</td></tr>
<tr><td>文献</td><td colspan="3">吉林省长春市九台区莽卡杨姓《杨宪本》（手抄本）第 74 页。</td></tr>
<tr><td>例句</td><td colspan="3">妈妈，义，佛勒国出客。
妈妈，译为“神女”；义，译为“的”；佛勒国出客，译为“神奇”。
全句合译：神奇的神女。</td></tr>
<tr><td>词汇</td><td>⑤佛洛国出课</td><td>词义</td><td>神奇</td></tr>
<tr><td>文献</td><td colspan="3">吉林省长春市九台区其塔木石姓《东哈本》（第 2 册）第 23 页。</td></tr>
<tr><td>例句</td><td colspan="3">巴图鲁玛法，佛洛国出课。
巴图鲁玛法，译为“太爷英勇”；佛洛国出课，译为“神奇”。
全句合译：太爷英勇而神奇。</td></tr>
<tr><td>词汇</td><td>⑥夫耳沽</td><td>词义</td><td>神奇</td></tr>
<tr><td>文献</td><td colspan="3">吉林省吉林市土城子口钦佟赵姓《交罗本》第 12 页。</td></tr>
<tr><td>例句</td><td colspan="3">夫耳沽，伐兰，德。
夫耳沽，译为“神奇”；伐兰，译为“野地”；德，译为“在”。
全句合译：在野地神奇的……</td></tr>
<tr><td>词汇</td><td>⑦佛勒国嗽莫</td><td>词义</td><td>神奇</td></tr>
<tr><td>文献</td><td colspan="3">吉林省长春市九台区莽卡杨姓《杨静棠本》第 6 页。</td></tr>
<tr><td>例句</td><td colspan="3">佛勒国嗽莫，嘎吉勒。
佛勒国嗽莫，译为“神奇”；嘎吉勒，译为“取”。</td></tr>
</table>

	全句合译：神奇地（将其）取出。		
词汇	①佛热	**词义**	窝
文献	吉林省长春市九台区胡家石姓《小韩本》（引自宋和平译注本）第143页。		
例句	蒙文，一，佛热，得。 蒙文，译为“银”；一，译为“的”；佛热，译为“窝”；得，译为“在”。 全句合译：银的窝在。		
词汇	②佛也	**词义**	窝
文献	吉林省长春市九台区莽卡杨姓《杨宪本》（手抄本）第10页。		
例句	嘎路，佛也。 嘎路，译为“去了”；佛也，译为“窝”。 全句合译：去了住地。		
词汇	③佛肯泊	**词义**	窝
文献	吉林省长春市九台区莽卡杨姓《杨宪本》（手抄本）第7页。		
例句	佛西勒，佛肯泊，瓦佛兰笔。 佛西勒，译为“跑着”；佛肯泊，译为“窝”；瓦佛兰笔，译为“回”。 全句合译：跑回住处。		
词汇	④佛根泊	**词义**	窝
文献	吉林省长春市九台区莽卡杨姓《杨静棠本》第6页。		
例句	佛根泊，洼两疋。 佛根泊，译为“窝”；洼两疋译为“回”。 全句合译：回窝。		
词汇	①佛库莫	**词义**	蹦着走
文献	吉林省长春市九台区胡家石姓《小韩本》（引自宋和平译注本）第57页。		

<table>
<tr><td rowspan="1">例句</td><td colspan="3">我木，博特合，佛库莫。
我木，译为“一只”；博特合，译为“脚”；佛库莫，译为“蹦着走”。
全句合译：一只脚蹦着走。</td></tr>
<tr><td>词汇</td><td>②佛库车</td><td>词义</td><td>蹦跳</td></tr>
<tr><td>文献</td><td colspan="3">吉林省长春市九台区胡家石姓《小韩本》（引自宋和平译注本）第 319 页。</td></tr>
<tr><td>例句</td><td colspan="3">太爷赊夫，佛库车。
太爷赊夫，译为“太爷师傅”；佛库车，译为“蹦跳”。
全句合译：太爷师傅蹦跳着。</td></tr>
<tr><td>词汇</td><td>③佛库车莫</td><td>词义</td><td>蹦跳；一齐跳动</td></tr>
<tr><td>文献</td><td colspan="3">吉林省长春市九台区胡家石姓《小韩本》（引自宋和平译注本）第 91 页、第 349 页。</td></tr>
<tr><td rowspan="2">例句</td><td colspan="3">佛库车莫，开叉行饿。
佛库车莫，译为“蹦跳”；开叉行饿，译为“呐喊”。
全句合译：蹦跳着，呐喊着。</td></tr>
<tr><td colspan="3">佛库车莫，开叉杭俄。
佛库车莫，译为“一齐跳动”；开叉杭俄，译为“呐喊”。
全句合译：一齐跳动着，呐喊着。</td></tr>
<tr><td>词汇</td><td>④佛洪莫</td><td>词义</td><td>跳过</td></tr>
<tr><td>文献</td><td colspan="3">吉林省长春市九台区莽卡杨姓《杨宪本》（手抄本）第 42 页。</td></tr>
<tr><td>例句</td><td colspan="3">通洪，泊，佛洪莫。
通洪，译为“深渊”；泊，译为“把”；佛洪莫，译为“跳过”。
全句合译：跳过万丈深渊。</td></tr>
</table>

词汇	⑤佛西勒	**词义**	跑着
文献	吉林省长春市九台区莽卡杨姓《杨宪本》（手抄本）第 6 页。		
例句	佛西勒，肯泊，瓦佛兰笔。 佛西勒，译为“跑着”；肯泊，译为“窝”；瓦佛兰笔，译为“回”。 全句合译：跑回窝里。		
词汇	①佛鸡乐	**词义**	下边
文献	吉林省长春市九台区莽卡杨姓《祭祖神本》第 15 页。		
例句	杀克山，衣，佛鸡乐。 杀克山，译为“防备”；衣，译为“的”；佛鸡乐，译为“下边”。 全句合译：防备下边。		
词汇	②伕吉勒	**词义**	下边
文献	吉林省长春市九台区胡家石姓《小韩本》（引自宋和平译注本）第 348 页。		
例句	那丹乃腓，伕吉勒，得。 那丹乃腓，译为“七星斗”；伕吉勒，译为“下边”；得，译为“在”。 全句合译：在七星斗下边。		
词汇	③佛拉鸡	**词义**	下边
文献	吉林省珲春市尹锡庆编著《珲春满族》第 89 页。		
例句	得拉鸡，佛拉鸡。 得拉鸡，译为“上边”；佛拉鸡，译为“下边”。 全句合译：上边、下边。		
词汇	④佛几勒	**词义**	下面
文献	吉林省长春市九台区胡家石姓《小韩本》（引自宋和平译注本）第 254 页。		
例句	佛几勒，得。		

	佛几勒，译为“下面”；得，译为“在”。 全句合译：在下边。		
词汇	⑤伏几勒	**词义**	下面
文献	吉林省长春市九台区胡家石姓《小韩本》（引自宋和平译注本）第 207 页。		
例句	伏几勒，得。 伏几勒，译为“下面”；得，译为“在”。 全句合译：在下面。		
音序	**fu**		
词汇	①伏舍合	**词义**	孳生
文献	吉林省长春市九台区胡家石姓《小韩本》（引自宋和平译注本）第 111 页。		
例句	所尼，伏拉呼，七，伏舍合。 所尼，译为“皮”；伏拉呼，译为“口袋”；七，译为“从”；伏舍合，译为“孳生”。 全句合译：从皮口袋里孳生。		
词汇	②伏奢合	**词义**	繁衍
文献	吉林省长春市九台区其塔木石姓《东哈本》（第 1 册）第 33 页。		
例句	所泥，伏拉呼，七，伏奢合。 所泥，译为“皮”；伏拉呼，译为“口袋”；七，译为“从”；伏奢合，译为“繁衍”。 全句合译：从皮口袋里繁衍。		
词汇	③付赊克	**词义**	所生
文献	吉林省长春市九台区胡家石姓《小韩本》（引自宋和平译注本）第 261 页。		
例句	阿拉苏哈宁俄，付赊克。 阿拉苏哈宁俄，译为“萌发者”；付赊克，译为“所生”。 全句合译：由萌芽者所生。		

<table>
<tr><td>词汇</td><td>④付摄舍</td><td>词义</td><td>生长</td></tr>
<tr><td>文献</td><td colspan="3">吉林省吉林市乌拉街韩屯关姓《敬义神书》（手抄本）第 9 页。</td></tr>
<tr><td>例句</td><td colspan="3">付摄舍，杂拉他落。
付摄舍，译为“生长”；杂拉他落，译为“至于老”。
全句合译：生长到老。</td></tr>
<tr><td>词汇</td><td>⑤伏聂合</td><td>词义</td><td>繁衍</td></tr>
<tr><td>文献</td><td colspan="3">吉林省吉林市乌拉街韩屯关姓《敬义神书》（手抄本）第 12 页。</td></tr>
<tr><td>例句</td><td colspan="3">乌朱，伏聂合。
乌朱，译为“头”；伏聂合，译为“繁衍”。
全句合译：开始繁衍。</td></tr>
<tr><td>词汇</td><td>⑥夫色科</td><td>词义</td><td>孳生</td></tr>
<tr><td>文献</td><td colspan="3">吉林省吉林市土城子口钦佟赵姓《交罗本》第 1 页。</td></tr>
<tr><td>例句</td><td colspan="3">夫耳乎，七，夫色科。
夫耳乎，译为“口袋”；七，译为“从”；夫色科，译为“孳生”。
全句合译：从口袋里孳生。</td></tr>
<tr><td>词汇</td><td>⑦风西莫</td><td>词义</td><td>生长</td></tr>
<tr><td>文献</td><td colspan="3">吉林省吉林市土城子口钦佟赵姓《交罗本》第 12 页。</td></tr>
<tr><td>例句</td><td colspan="3">风西莫，孤勒孤。
风西莫，译为“生长”；孤勒孤，译为“兽”。
全句合译：禽兽在生长。</td></tr>
<tr><td>词汇</td><td>⑧夫色木不合</td><td>词义</td><td>繁衍</td></tr>
<tr><td>文献</td><td colspan="3">吉林省吉林市土城子口钦佟赵姓《交罗本》第 6 页。</td></tr>
<tr><td>例句</td><td colspan="3">夫色木不合，倭木禄。</td></tr>
</table>

	夫色木不合，译为“繁衍”；倭木禄，译为“孙子”。 全句合译：繁衍子孙。		
词汇	⑨付赊克宁俄	词义	所生者
文献	吉林省长春市九台区胡家石姓《小韩本》（引自宋和平译注本）第 261 页。		
例句	伏拉胡，沙七，付赊克宁俄。 伏拉胡，译为“口袋”；沙七，译为“是”；付赊克宁俄，译为“所生者”。 全句合译：口袋是所生者。		
词汇	⑩付恩恒我	词义	生育的
文献	吉林省长春市九台区胡家石姓《小韩本》（引自宋和平译注本）第 258 页。		
例句	付恩恒我，付录，付录。 付恩恒我，译为“生育的”；付录，译为“多”；付录，译为“多”。 全句合译：多多地生育。		
词汇	⑪扶孙不莫	词义	繁衍
文献	吉林省长春市九台区莽卡杨姓《杨宪本》（手抄本）第 76 页。		
例句	扎录，扶孙不莫。 扎录，译为“多多”；扶孙不莫，译为“繁衍”。 全句合译：繁衍多多。		
词汇	⑫福赊不莫	词义	繁殖
文献	吉林省长春市九台区莽卡杨姓《杨宪本》（手抄本）第 15 页。		
例句	温意，招路，福赊不莫。 温意，译为“猪圈”；招路，译为“满满”；福赊不莫，译为“繁殖”。 全句合译：猪圈里小猪繁殖得很多。		

词汇	⑬佛勒木必	词义	孳生
文献	吉林省长春市九台区莽卡杨姓《杨宪本》（手抄本）第92页。		
例句	佛勒木必，孙扎窝。 佛勒木必，译为“孳生”；孙扎窝，译为“选择”。 全句合译：孳生选择。		
词汇	①伏拉呼	词义	口袋
文献	吉林省长春市九台区胡家石姓《小韩本》（引自宋和平译注本）第111页。		
例句	所尼，伏拉呼，七，付舍合。 所尼，译为“皮”；伏拉呼，译为“口袋”；七，译为“从”；付舍合，译为“孳生”。 全句合译：从皮口袋里孳生。		
词汇	②夫耳乎	词义	口袋
文献	吉林省吉林市土城子口钦佟赵姓《交罗本》第6页。		
例句	夫耳乎，七，夫色科。 夫耳乎，译为“口袋”；七，译为“从”；夫色科，译为“孳生”。 全句合译：从皮口袋里孳生。		
词汇	①伏七西	词义	善佛
文献	吉林省长春市九台区其塔木石姓《东哈本》（第1册）第41页。		
例句	戈淋瞒尼，伏七西，奢。 戈淋瞒尼，译为“诸位”；伏七西，译为“善佛”；奢，译为“等”。 全句合译：诸位善佛等。		
词汇	②扶其新	词义	善佛
文献	吉林省长春市九台区莽卡杨姓《杨静棠本》第7页。		

<table>
<tr><td>例句</td><td colspan="3">扶其新，恩杜力。
扶其新，译为“善佛”；恩杜力，译为“神”。
全句合译：善佛神。</td></tr>
<tr><td>词汇</td><td>③扶七西</td><td>词义</td><td>善佛</td></tr>
<tr><td>文献</td><td colspan="3">吉林省长春市九台区莽卡杨姓《杨宪本》（手抄本）第 10 页。</td></tr>
<tr><td>例句</td><td colspan="3">扶七西，恩独立，说立哈。
扶七西，译为“善佛”；恩独立，译为“神”；说立哈，译为“宴请”。
全句合译：宴请善佛神。</td></tr>
<tr><td>词汇</td><td>①伏拉尖</td><td>词义</td><td>红</td></tr>
<tr><td>文献</td><td colspan="3">吉林省长春市九台区其塔木石姓《东哈本》（第 2 册）第 1 页。</td></tr>
<tr><td>例句</td><td colspan="3">伏拉尖，秃。
伏拉尖，译为“红”；秃，译为“火”。
全句合译：红火。</td></tr>
<tr><td>词汇</td><td>②扶勒吉</td><td>词义</td><td>红色</td></tr>
<tr><td>文献</td><td colspan="3">吉林省长春市九台区莽卡杨姓《杨宪本》（手抄本）第 69 页。</td></tr>
<tr><td>例句</td><td colspan="3">扶勒吉，得，怀他笔。
扶勒吉，译为“红色”；得，译为“在”；怀他笔，译为“涂上”。
全句合译：涂上红色。</td></tr>
<tr><td>词汇</td><td>③佛勒何</td><td>词义</td><td>红色</td></tr>
<tr><td>文献</td><td colspan="3">吉林省长春市九台区莽卡杨姓《杨宪本》（手抄本）第 74 页。</td></tr>
<tr><td>例句</td><td colspan="3">墨你，佛勒何，西木浑，泊。
墨你，译为“我们的”；佛勒何，译为“红色”；西木浑，译为“手指头”；泊，译为“把”。
全句合译：把我们的手指头染红了。</td></tr>
</table>

词汇	④付拉尖	**词义**	红
文献	吉林省长春市九台区胡家石姓《小韩本》（引自宋和平译注本）第 68 页。		
例句	付拉尖，必接。 付拉尖，译为“红”；必接，译为“河”。 全句合译：红河。		
词汇	⑤付尖	**词义**	红色
文献	吉林省长春市九台区胡家石姓《小韩本》（引自宋和平译注本）第 68 页。		
例句	付尖，瓦秃。 付尖，译为“红色”；瓦秃，译为“火”。 全句合译：红色的火。		
词汇	⑥伏拉颠	**词义**	红
文献	吉林省长春市九台区胡家石姓《小韩本》（引自宋和平译注本）第 121 页。		
例句	伏拉颠，秃。 伏拉颠，译为“红”；秃，译为“火”。 全句合译：红火。		
词汇	⑦付还	**词义**	淡红色
文献	吉林省长春市九台区胡家石姓《小韩本》（引自宋和平译注本）第 223 页。		
例句	付还，各布。 付还，译为“淡红色”；各布，译为“都有”。 全句合译：淡红色（的）都有。		
词汇	⑧付浑	**词义**	淡红色
文献	吉林省珲春市尹锡庆编著《珲春满族》第 119 页。		
例句	付尖，付浑。 付尖，译为“红色”；付浑，译为“淡红色”。 全句合译：红色、淡红色。		
词汇	⑨伏拉亲	**词义**	红色

<table>
<tr><td>文献</td><td colspan="3">吉林省长春市九台区其塔木石姓《东哈本》（第1册）第37页。</td></tr>
<tr><td>例句</td><td colspan="3">伏拉亲，付浑。
伏拉亲，译为“红色”；付浑，译为“淡红色”。
全句合译：红色、淡红色。</td></tr>
<tr><td>词汇</td><td>①扶你何</td><td>词义</td><td>毛</td></tr>
<tr><td>文献</td><td colspan="3">吉林省长春市九台区莽卡杨姓《杨宪本》（手抄本）第92页。</td></tr>
<tr><td>例句</td><td colspan="3">扶你何，泊，推勒笔。
扶你何，译为“毛”；泊，译为“把”；推勒笔，译为“煺”。
全句合译：把毛煺掉。</td></tr>
<tr><td>词汇</td><td>②扶摄何</td><td>词义</td><td>毛</td></tr>
<tr><td>文献</td><td colspan="3">吉林省长春市九台区莽卡杨姓《杨宪本》（手抄本）第42页。</td></tr>
<tr><td>例句</td><td colspan="3">扶摄何，泊，推勒。
扶摄何，译为“毛”；泊，译为“把”；推勒，译为“煺”。
全句合译：把毛煺掉。</td></tr>
<tr><td>词汇</td><td>③付尹尔阿</td><td>词义</td><td>毛</td></tr>
<tr><td>文献</td><td colspan="3">吉林省长春市九台区胡家石姓《小韩本》（引自宋和平译注本）第144页。</td></tr>
<tr><td>例句</td><td colspan="3">沙哈连，得，付尹尔阿，街。
沙哈连，译为“黑色”；得，译为“有”；付尹尔阿，译为“毛”；街，译为“啊”。
全句合译：有黑色毛啊！</td></tr>
<tr><td>词汇</td><td>④付尹尔合</td><td>词义</td><td>毛</td></tr>
<tr><td>文献</td><td colspan="3">吉林省长春市九台区胡家石姓《小韩本》（引自宋和平译注本）第148页。</td></tr>
<tr><td>例句</td><td colspan="3">郭敏，付尹尔合。</td></tr>
</table>

<table>
<tr><td></td><td colspan="3">郭敏，译为“长”；付尹尔合，译为“毛”。
全句合译：毛长。</td></tr>
<tr><td>**词汇**</td><td>⑤付呢合</td><td>**词义**</td><td>发</td></tr>
<tr><td>**文献**</td><td colspan="3">吉林省长春市九台区胡家石姓《小韩本》（引自宋和平译注本）第 314 页。</td></tr>
<tr><td>**例句**</td><td colspan="3">沙禄托落，吴朱，付尼合。
沙禄托落，译为“白”；吴朱，译为“头”；付尼合，译为“发”。
全句合译：白头发。</td></tr>
<tr><td>**词汇**</td><td>⑥付尹尔恒我</td><td>**词义**</td><td>有毛的</td></tr>
<tr><td>**文献**</td><td colspan="3">吉林省长春市九台区胡家石姓《小韩本》（引自宋和平译注本）第 140 页。</td></tr>
<tr><td>**例句**</td><td colspan="3">吴合立，各布，博，付尹尔恒我。
吴合立，译为“全”；各布，译为“俱”；博，译为“将”；付尹尔恒我，译为“有毛的”。
全句合译：全身毛绒绒的。</td></tr>
<tr><td>**词汇**</td><td>⑦夫宁合</td><td>**词义**</td><td>发</td></tr>
<tr><td>**文献**</td><td colspan="3">吉林省吉林市土城子口钦佟赵姓《交罗本》第 13 页。</td></tr>
<tr><td>**例句**</td><td colspan="3">乌朱，夫宁合。
乌朱，译为“头”；夫宁合，译为“发”。
全句合译：头发。</td></tr>
<tr><td>**词汇**</td><td>⑧风阿哈</td><td>**词义**</td><td>毛发</td></tr>
<tr><td>**文献**</td><td colspan="3">吉林省吉林市土城子口钦佟赵姓《交罗本》第 13 页。</td></tr>
<tr><td>**例句**</td><td colspan="3">风阿哈，夫色非。
风阿哈，译为“毛发”；夫色非，译为“生”。
全句合译：生毛发。</td></tr>
<tr><td>**词汇**</td><td>⑨伏摄合</td><td>**词义**</td><td>发</td></tr>
<tr><td>**文献**</td><td colspan="3">吉林省长春市九台区其塔木石姓《东哈本》（第 1</td></tr>
</table>

	册）第 41 页。		
例句	吴朱，伏摄合。 吴朱，译为“头”；伏摄合，译为“发”。 全句合译：头发。		
词汇	⑩伏牙也合	**词义**	发
文献	吉林省长春市九台区其塔木石姓《东哈本》（第 1 册）第 48 页。		
例句	吴朱，伏牙也合。 吴朱，译为“头”；伏牙也合，译为“发”。 全句合译：头发。		
词汇	①付杜腓	**词义**	送走
文献	吉林省长春市九台区胡家石姓《小韩本》（引自宋和平译注本）第 41 页。		
例句	佛一，叭，博，付杜腓。 佛一，译为“旧的”；叭，译为“月”；博，译为“把”；付杜腓，译为“送走”。 全句合译：把旧的月份送走。		
词汇	②伏都非	**词义**	送走
文献	吉林省长春市九台区其塔木石姓《东哈本》（第 2 册）第 21 页。		
例句	佛以，秘，博，伏都非。 佛以，译为“旧的”；秘，译为“月”；博，译为“把”；伏都非，译为“送走”。 全句合译：把旧的月份送走。		
词汇	③伏杜非	**词义**	送走
文献	吉林省长春市九台区其塔木石姓《东哈本》（第 2 册）第 16 页。		
例句	佛以，秘，博，伏杜非。 佛以，译为“旧的”；秘，译为“月”；博，译为“把”；伏杜非，译为“送走”。		

<table>
<tr><td></td><td colspan="3">全句合译：把旧的月份送走。</td></tr>
<tr><td>词汇</td><td>④伏非</td><td>词义</td><td>送走</td></tr>
<tr><td>文献</td><td colspan="3">吉林省长春市九台区其塔木石姓《东哈本》（第 1 册）第 12 页。</td></tr>
<tr><td>例句</td><td colspan="3">伕以，秘，博，伏非。
伕以，译为“旧的”；秘，译为“月”；博，译为“把”；伏非，译为“送走”。
全句合译：把旧的月份送走。</td></tr>
<tr><td>词汇</td><td>⑤佛杜啡</td><td>词义</td><td>送走</td></tr>
<tr><td>文献</td><td colspan="3">吉林省长春市九台区其塔木石姓《东哈本》（第 1 册）第 71 页。</td></tr>
<tr><td>例句</td><td colspan="3">伕以，秘，博，佛杜啡。
伕以，译为“旧的”；秘，译为“月”；博，译为“把”；佛杜啡，译为“送走”。
全句合译：把旧的月份送走。</td></tr>
<tr><td>词汇</td><td>⑥夫德非</td><td>词义</td><td>送走了</td></tr>
<tr><td>文献</td><td colspan="3">吉林省吉林市土城子口钦佟赵姓《交罗本》第 6 页。</td></tr>
<tr><td>例句</td><td colspan="3">佛，乒，博，夫德非。
佛，译为“旧”；乒，译为“月”；博，译为“把”；夫德非，译为“送走了”。
全句合译：把旧月送走了。</td></tr>
<tr><td>词汇</td><td>⑦何若笔</td><td>词义</td><td>送回去</td></tr>
<tr><td>文献</td><td colspan="3">吉林省长春市九台区莽卡杨姓《祭祖神本》第 3 页。</td></tr>
<tr><td>例句</td><td colspan="3">何若笔，恩特，何莫。
何若笔，译为“送回去”；恩特，译为“于是”；何莫，译为“磕头”。
全句合译：把它们送回去了，于是跪下磕头。</td></tr>
<tr><td>词汇</td><td>⑧弗得非</td><td>词义</td><td>送走</td></tr>
</table>

文献	吉林省吉林市乌拉街韩屯关姓《敬义神书》（手抄本）第7页。		
例句	佛，边，箔，弗得非。 佛，译为“旧”；边，译为“月”；箔，译为“把”；弗得非，译为“送走”。 全句合译：把旧月送走了。		
词汇	⑨付特非	词义	送走
文献	吉林省吉林市乌拉街韩屯关姓《敬义神书》（手抄本）第14页。		
例句	佛，波，箔，付特非。 佛，译为“旧”；波，译为“月”；箔，译为“把”；付特非，译为“送走”。 全句合译：把旧月送走了。		
词汇	①付录	词义	很多
文献	吉林省长春市九台区胡家石姓《小韩本》（引自宋和平译注本）第205页。		
例句	卧合一，付录，分车恒我。 卧合一，译为“石头的”；付录，译为“很多”；分车恒我，译为“剩下”。 全句合译：剩下很多的石头。		
词汇	②福禄	词义	很多
文献	吉林省长春市九台区其塔木石姓《东哈本》（第1册）第48页。		
例句	恩德不恒危，福禄。 恩德不恒危，译为“有过失之处”；福禄，译为“很多”。 全句合译：很多有过失之处。		
词汇	③伏录	词义	很多。
文献	吉林省长春市九台区其塔木石姓《东哈本》（第1册）第21页。		

例句	莫纳根莫纳，伏录。 莫纳根莫纳，译为“智勇者”；伏录，译为“很多”。 全句合译：很多智勇者。		
词汇	④苏鲁莫	词义	很多
文献	黑龙江省宁安市兰岗关姓《特合本子》第 2 页。		
例句	恩阿，为我，苏鲁莫。 恩阿，译为“人口”；为我，译为“养”；苏鲁莫，译为“很多”。 全句合译：养活很多人口。		
词汇	①付他	词义	绳子
文献	吉林省长春市九台区胡家石姓《小韩本》（引自宋和平译注本）第 69 页。		
例句	郭敏，付他。 郭敏，译为“长”；付他，译为“绳子”。 全句合译：长绳子。		
词汇	②付卡	词义	绳子
文献	吉林省长春市九台区莽卡杨姓《杨宪本》（手抄本）第 76 页。		
例句	付卡，书书。 付卡，译为“绳子”；书书，译为“祭肉”。 全句合译：绳拴着祭肉。		
词汇	③附他	词义	绳子
文献	吉林省长春市九台区莽卡杨姓《杨宪本》（手抄本）第 74 页。		
例句	附他，怀他笔。 附他，译为“绳子”；怀他笔，译为“拴”。 全句合译：拴上绳子。		
词汇	①扶也勒	词义	水开了
文献	吉林省长春市九台区莽卡杨姓《杨宪本》（手抄		

	本）第 92 页。
例句	扶也勒，得，推吉笔。 扶也勒，译为“水开了”；得，译为“在”；推吉笔，译为“煺毛”。 全句合译：用开水煺毛。
词汇	②附立 | **词义** | 水开了
文献	吉林省长春市九台区莽卡杨姓《杨宪本》（手抄本）第 54 页。
例句	附立，木可，得，戈吉必。 附立，译为“水开了”；木可，译为“水”；得，译为“把”；戈吉必，译为“拿出来”。 全句合译：水开后，再把开水倒出来。

音序	G		
	ga		
词汇	①嘎拉	词义	手
文献	吉林省长春市九台区胡家石姓《小韩本》(引自宋和平译注本)第37页。		
例句	札伐腓,左,嘎拉,得。 札伐腓,译为“手执”;左,译为“两”;嘎拉,译为“手”;得,译为“在”。 全句合译:两只手拿着。		
词汇	②嘎纳	词义	手
文献	吉林省吉林市土城子口钦佟赵姓《交罗本》第6页。		
例句	朱勒西,嘎纳。 朱勒西,译为“往前”;嘎纳,译为“手”。 全句合译:手往前伸。		
词汇	①嘎思哈	词义	鸟
文献	吉林省长春市九台区胡家石姓《小韩本》(引自宋和平译注本)第38页。		
例句	嘎思哈,又乌录。 嘎思哈,译为“鸟”;又乌录,译为“模样”。 全句合译:鸟的模样。		
词汇	②戈四憨	词义	鸟
文献	吉林省吉林市土城子口钦佟赵姓《交罗本》第12页。		
例句	德热勒,戈四憨。 德热勒,译为“飞翔的”;戈四憨,译为“鸟”。 全句合译:飞翔的鸟。		
词汇	③嘎四哈	词义	鸟
文献	吉林省长春市九台区莽卡杨姓《杨宪本》(手抄本)第5页。		

<table>
<tr><td>例句</td><td colspan="3">噶鸡，涉勒，嘎四哈，阿库。
噶鸡，译为“拿”；涉勒，译为“铁”；嘎四哈，译为“鸟”；阿库，译为“没有”。
全句合译：没有拿铁鸟的力气。</td></tr>
<tr><td>词汇</td><td>④嘎什哈</td><td>词义</td><td>鸟</td></tr>
<tr><td>文献</td><td colspan="3">吉林省长春市九台区其塔木石姓《东哈本》（第 1 册）第 1 页。</td></tr>
<tr><td>例句</td><td colspan="3">代明，嘎什哈。
代明，译为“雕”；嘎什哈，译为“鸟”。
全句合译：雕鸟（神）。</td></tr>
<tr><td>词汇</td><td>①嘎禄代</td><td>词义</td><td>凤凰</td></tr>
<tr><td>文献</td><td colspan="3">吉林省长春市九台区胡家石姓《小韩本》（引自宋和平译注本）第 38 页。</td></tr>
<tr><td>例句</td><td colspan="3">鸡录，得一，嘎禄代。
鸡录，译为“模样”；得一，译为“在的”；嘎禄代，译为“凤凰”。
全句合译：像凤凰的模样。</td></tr>
<tr><td>词汇</td><td>②嘎录歹</td><td>词义</td><td>凤凰</td></tr>
<tr><td>文献</td><td colspan="3">吉林省长春市九台区其塔木石姓《东哈本》（第 1 册）第 41 页。</td></tr>
<tr><td>例句</td><td colspan="3">嘎录歹，鸡禄。
嘎录歹，译为“凤凰”；鸡禄，译为“模样”。
全句合译：凤凰的模样。</td></tr>
<tr><td>词汇</td><td>①嘎拉干</td><td>词义</td><td>支；枝；股</td></tr>
<tr><td>文献</td><td colspan="3">吉林省长春市九台区胡家石姓《小韩本》（引自宋和平译注本）第 72 页、第 114 页、第 316 页。</td></tr>
<tr><td rowspan="2">例句</td><td colspan="3">依兰，嘎拉干。
依兰，译为“三”；嘎拉干，译为“支”。
全句合译：三支（系）。</td></tr>
<tr><td colspan="3">伕杜浑，嘎拉干。</td></tr>
</table>

	伕杜浑，译为“柳树”；嘎拉干，译为“枝”。 全句合译：柳树枝。		
	依兰，嘎拉干，沙卡。 依兰，译为“三”；嘎拉干，译为“股”；沙卡，译为“马叉”。 全句合译：三股马叉。		
词汇	②戈拉干	**词义**	支
文献	吉林省长春市九台区胡家石姓《小韩本》（引自宋和平译注本）第127页。		
例句	依兰，戈拉干，合不赊莫。 依兰，译为“三”；戈拉干，译为“支”；合不赊莫，译为“商议”。 全句合译：三支（系）一起商议。		
词汇	③嘎勒干	**词义**	支
文献	吉林省长春市九台区莽卡杨姓《杨宪本》（手抄本）第9页。		
例句	嘎勒干，托你。 嘎勒干，译为“支”；托你，译为“每个”。 全句合译：每个支（系）。		
词汇	④戛纳非	**词义**	汊
文献	吉林省长春市九台区其塔木石姓《东哈本》（第1册）第1页。		
例句	岔洛，戛纳非。 岔洛，译为“沟谷”；戛纳非，译为“汊”。 全句合译：沟汊子。		
词汇	①嘎思憨	**词义**	灾祸
文献	吉林省长春市九台区胡家石姓《小韩本》（引自宋和平译注本）第282页。		
例句	嘎思憨，巴哈。 嘎思憨，译为“灾祸”；巴哈，译为“得”。		

	全句合译：招来灾祸。		
词汇	②嘎什汗	词义	灾
文献	吉林省长春市九台区胡家石姓《小韩本》（引自宋和平译注本）第 118 页。		
例句	嘎什汗，巴哈啡。 嘎什汗，译为“灾”；巴哈啡，译为“受”。 全句合译：受灾。		
词汇	③嘎什韩	词义	灾
文献	吉林省长春市九台区胡家石姓《小韩本》（引自宋和平译注本）第 125 页。		
例句	吴贞，嘎什韩，吴奴合。 吴贞，译为“重”；嘎什韩，译为“灾”；吴奴合，译为“背着”。 全句合译：遭受重灾。		
词汇	④嘎什憨	词义	灾祸
文献	吉林省长春市九台区其塔木石姓《东哈本》（第 2 册）第 1 页。		
例句	依尼，嘎什憨，巴哈非。 依尼，译为“他的”；嘎什憨，译为“灾祸”；巴哈非，译为“受”。 全句合译：他遭受了灾祸。		
词汇	⑤嘎四哈	词义	灾难
文献	吉林省长春市九台区莽卡杨姓《杨宪本》（手抄本）第 96 页。		
例句	按巴，嘎四哈，泊，阿法哈。 按巴，译为“大”；嘎四哈，译为“灾难”；泊，译为“把”；阿法哈，译为“遭遇了”。 全句合译：遭遇了大灾难。		
词汇	⑥嘎思哈	词义	祸殃
文献	吉林省长春市九台区莽卡杨姓《杨宪本》（手抄		

	本）第96页。		
例句	嘎思哈，泊，都内不疋。 嘎思哈，译为“祸殃”；泊，译为“把”；都内不疋，译为“饶恕”。 全句合译：把祸殃消除。		
词汇	⑦各四肯	**词义**	灾祸
文献	吉林省长春市九台区莽卡杨姓《杨宪本》（手抄本）第78页。		
例句	各四肯，阁不莫。 各四肯，译为“灾祸”；阁不莫，译为“畏惧”。 全句合译：畏惧灾祸。		
词汇	⑧阁四肯	**词义**	灾难
文献	吉林省长春市九台区莽卡杨姓《杨宪本》（手抄本）第82页。		
例句	阁四肯，卧不莫。 阁四肯，译为“灾难”；卧不莫，译为“畏惧”。 全句合译：畏惧灾祸。		
词汇	⑨嘎似哈	**词义**	灾祸
文献	吉林省长春市九台区莽卡杨姓《杨宪本》（手抄本）第69页。		
例句	按巴，嘎似哈，得，阿法哈，必何。 按巴，译为“大”；嘎似哈，译为“灾祸”；得，译为“在”；阿法哈，译为“遭遇”；必何，译为“曾经”。 全句合译：曾经遭遇大的灾难。		
词汇	⑩嘎土肯	**词义**	灾难
文献	吉林省长春市九台区莽卡杨姓《杨宪本》（手抄本）第96页。		
例句	嘎土肯，卧不莫。 嘎土肯，译为“灾难”；卧不莫，译为“畏惧”。		

<table>
<tr><td></td><td colspan="3">全句合译：畏惧灾祸。</td></tr>
<tr><td>词汇</td><td>⑪戈四憨</td><td>词义</td><td>灾祸</td></tr>
<tr><td>文献</td><td colspan="3">吉林省吉林市土城子口钦佟赵姓《交罗本》第 6 页。</td></tr>
<tr><td>例句</td><td colspan="3">戈四憨，阿库。
戈四憨，译为“灾祸”；阿库，译为“无”。
全句合译：无灾祸。</td></tr>
<tr><td>词汇</td><td>①嘎玛拉</td><td>词义</td><td>拿去</td></tr>
<tr><td>文献</td><td colspan="3">吉林省长春市九台区胡家石姓《小韩本》（引自宋和平译注本）第 290 页。</td></tr>
<tr><td>例句</td><td colspan="3">噶思憨，博，各木，嘎玛拉。
噶思憨，译为“灾”；博，译为“把”；各木，译为“都”；嘎玛拉，译为“拿去”。
全句合译：把灾祸全都弄走。</td></tr>
<tr><td>词汇</td><td>②嘎马楼</td><td>词义</td><td>拿出</td></tr>
<tr><td>文献</td><td colspan="3">吉林省长春市九台区莽卡杨姓《杨宪本》（手抄本）第 10 页。</td></tr>
<tr><td>例句</td><td colspan="3">恩得不库，八，恩出，嘎马楼。
恩得不库，译为“过失”；八，译为“处”；恩出，译为“各种”；嘎马楼，译为“拿出”。
全句合译：找出各种过失之处。</td></tr>
<tr><td>词汇</td><td>③嘎玛其</td><td>词义</td><td>拿去</td></tr>
<tr><td>文献</td><td colspan="3">吉林省长春市九台区胡家石姓《小韩本》（引自宋和平译注本）第 239 页。</td></tr>
<tr><td>例句</td><td colspan="3">文超，巴得，嘎玛其。
文超，译为“别”；巴得，译为“处”；嘎玛其，译为“拿去”。
全句合译：拿到别处去。</td></tr>
<tr><td>词汇</td><td>④嘎玛腓</td><td>词义</td><td>拿</td></tr>
<tr><td>文献</td><td colspan="3">吉林省长春市九台区胡家石姓《小韩本》（引自</td></tr>
</table>

<table>
<tr><td></td><td colspan="3">宋和平译注本）第 290 页。</td></tr>
<tr><td>例句</td><td colspan="3">秃也欠其，秃西，得，嘎玛腓。
秃也欠其，译为“举起”；秃西，译为“云”；得，译为“在”；嘎玛腓，译为“拿”。
全句合译：拿着举起走过来。</td></tr>
<tr><td>词汇</td><td>⑤嘎妈了</td><td>词义</td><td>拿去</td></tr>
<tr><td>文献</td><td colspan="3">吉林省长春市九台区其塔木石姓《东哈本》（第 2 册）第 21 页。</td></tr>
<tr><td>例句</td><td colspan="3">文出，巴德，嘎妈了。
文出，译为“别”；巴德，译为“处”；嘎妈了，译为“拿去”。
全句合译：拿到别处去。</td></tr>
<tr><td>词汇</td><td>⑥嘎莫禄</td><td>词义</td><td>拿去</td></tr>
<tr><td>文献</td><td colspan="3">吉林省吉林市土城子口钦佟赵姓《交罗本》第 12 页。</td></tr>
<tr><td>例句</td><td colspan="3">倭四珲，嘎莫禄。
倭四珲，译为“向下”；嘎莫禄，译为“拿去”。
全句合译：拿到下边去。</td></tr>
<tr><td>词汇</td><td>⑦嘎玛奇</td><td>词义</td><td>拿去</td></tr>
<tr><td>文献</td><td colspan="3">黑龙江省宁安市兰岗关姓《特合本子》第 6 页。</td></tr>
<tr><td>例句</td><td colspan="3">百唐昂，嘎玛奇。
百唐昂，译为“事情的”；嘎玛奇，译为“拿去”。
全句合译：因有事（将其）拿去。</td></tr>
<tr><td>词汇</td><td>⑧嘎妈其</td><td>词义</td><td>拿去</td></tr>
<tr><td>文献</td><td colspan="3">吉林省长春市九台区其塔木石姓《东哈本》（第 1 册）第 66 页。</td></tr>
<tr><td>例句</td><td colspan="3">花山，吉哈，嘎妈其。
花山，译为“院子”；吉哈，译为“来了”；嘎妈其，译为“拿去”。
全句合译：拿到院子里来。</td></tr>
</table>

<table>
<tr><td>词汇</td><td>⑨嘎莫</td><td>词义</td><td>拿出</td></tr>
<tr><td>文献</td><td colspan="3">吉林省长春市九台区胡家石姓《小韩本》（引自宋和平译注本）第 162 页。</td></tr>
<tr><td>例句</td><td colspan="3">伐拉，嘎莫。
伐拉，译为“院内”；嘎莫，译为“拿出”。
全句合译：拿出院外。</td></tr>
<tr><td>词汇</td><td>⑩嘎莫勒</td><td>词义</td><td>纳享；依从</td></tr>
<tr><td>文献</td><td colspan="3">吉林省长春市九台区胡家石姓《小韩本》（引自宋和平译注本）第 233 页。</td></tr>
<tr><td rowspan="2">例句</td><td colspan="3">书恒俄，三得，以，嘎莫勒。
书恒俄，译为“供品”；三得，译为“等”；以，译为“的”；嘎莫勒，译为“纳享”。
全句合译：纳享供品等。</td></tr>
<tr><td colspan="3">伯汤阿，得，嘎莫勒。
伯汤阿，译为“事情”；得，译为“在”；嘎莫勒，译为“依从”。
全句合译：依从着做事情。</td></tr>
<tr><td>词汇</td><td>⑪嘎木娄</td><td>词义</td><td>依从</td></tr>
<tr><td>文献</td><td colspan="3">吉林省长春市九台区其塔木石姓《东哈本》（第 2 册）第 21 页。</td></tr>
<tr><td>例句</td><td colspan="3">白唐阿，德，嘎木娄。
白唐阿，译为“事情”；德，译为“在”；嘎木娄，译为“依从”。
全句合译：依从着做事情。</td></tr>
<tr><td>词汇</td><td>⑫嘎木博</td><td>词义</td><td>依从</td></tr>
<tr><td>文献</td><td colspan="3">吉林省长春市九台区其塔木石姓《东哈本》（第 1 册）第 66 页。</td></tr>
<tr><td>例句</td><td colspan="3">阿坤不莫，嘎木博，得。
阿坤不莫，译为“尽心尽力”；嘎木博，译为“依从”；得，译为“在”。</td></tr>
</table>

	全句合译：在尽心尽力地依从。		
词汇	⑬戈纳楞危	词义	依从
文献	吉林省长春市九台区其塔木石姓《东哈本》（第2册）第21页。		
例句	吴心，必干，戈纳楞危。 吴心，译为“田”；必干，译为“野”；戈纳楞危，译为“依从”。 全句合译：依靠田野。		
词汇	⑭嘎南杜非	词义	提来
文献	吉林省长春市九台区其塔木石姓《东哈本》（第1册）第66页。		
例句	赊勒，木克，嘎南杜非。 赊勒，译为“泉”；木克，译为“水”；嘎南杜非，译为“提来”。 全句合译：提来泉水。		
词汇	⑮嘎妈鸡	词义	纳享
文献	吉林省长春市九台区其塔木石姓《东哈本》（第1册）第66页。		
例句	卧西浑，三德，嘎妈鸡。 卧西浑，译为“神坛”；三德，译为“等”；嘎妈鸡，译为“纳享”。 全句合译：供神坛等纳享。		
词汇	⑯嘎木鸡	词义	纳享
文献	吉林省长春市九台区其塔木石姓《东哈本》（第1册）第66页。		
例句	卧西浑，三德，嘎木鸡，泥。 卧西浑，译为“神坛”；三德，译为“等”；嘎木鸡，译为“纳享”；泥，译为“的”。 全句合译：供神坛等纳享。		
词汇	⑰戈纳勒	词义	提

文献	吉林省长春市九台区其塔木石姓《东哈本》（第 1 册）第 1 页。		
例句	舒音，朱合，戈纳勒，德。 舒音，译为“眼”；朱合，译为“冰”；戈纳勒，译为“提”；德，译为“在”。 全句合译：在冰眼处提（水）。		
词汇	①嘎吉	**词义**	拿
文献	吉林省长春市九台区莽卡杨姓《杨宪本》（手抄本）第 96 页。		
例句	嘎吉，涉勒，嘎四哈，阿库。 嘎吉，译为“拿”；涉勒，译为“井水”；嘎四哈，译为“鸟”；阿库，译为“无”。 全句合译：没有取井水、抓鸟的气力。		
词汇	②嘎鸡	**词义**	拿来
文献	吉林省长春市九台区莽卡杨姓《杨宪本》（手抄本）第 3 页。		
例句	哈尊，泊，嘎鸡。 哈尊，译为“神器”；泊，译为“把”；嘎鸡，译为“拿来”。 全句合译：把神器拿来。		
词汇	③嘎吉必	**词义**	取
文献	吉林省长春市九台区莽卡杨姓《杨宪本》（手抄本）第 54 页。		
例句	木克，泊，衣，沙卡，嘎吉必。 木克，译为“水”；泊，译为“把”；衣，译为“的”；沙卡，译为“拔”；嘎吉必，译为“取”。 全句合译：把井里拔凉的水取来。		
词汇	④嘎吉勒	**词义**	取
文献	吉林省长春市九台区莽卡杨姓《杨静棠本》第 6 页。		

例句	佛勒国嗽莫，嘎吉勒。 佛勒国嗽莫，译为“神奇”；嘎吉勒，译为“取”。 全句合译：神奇地（将其）取出。		
词汇	⑤戈鸡笔	词义	取
文献	吉林省长春市九台区莽卡杨姓《杨宪本》（手抄本）第 92 页。		
例句	木克，泊，衣，沙卡，戈鸡笔。 木克，译为“水”；泊，译为“把”；衣，译为“的”；沙卡，译为“拔”；戈鸡笔，译为“取”。 全句合译：把井里拔凉的水取来。		
词汇	⑥戈吉笔	词义	拿去
文献	吉林省长春市九台区莽卡杨姓《杨宪本》（手抄本）第 43 页。		
例句	恶林，得，戈吉笔。 恶林，译为“此时”；得，译为“在”；戈吉笔，译为“拿去”。 全句合译：此时去拿（它）。		
词汇	⑦嘎鸡笔	词义	取
文献	吉林省长春市九台区莽卡杨姓《杨宪本》（手抄本）第 39 页。		
例句	恶林，得，嘎鸡笔。 恶林，译为“时候”；得，译为“在”；嘎鸡笔，译为“取”。 全句合译：在去取的时候。		
词汇	⑧戈吉必	词义	取
文献	吉林省长春市九台区莽卡杨姓《杨宪本》（手抄本）第 54 页。		
例句	附立，木可，得，戈吉必。 附立，译为“滚开了”；木可，译为“水”；得，译为“再”；戈吉必，译为“取”。		

	全句合译：水开了再取出。
词汇	⑨嘎几非	词义	取
文献	吉林省长春市九台区胡家石姓《小韩本》（引自宋和平译注本）第254页。
例句	赊勒，木克，嘎几非。 赊勒，译为“泉”；木克，译为“水”；嘎几非，译为“取”。 全句合译：取泉（井）水。
词汇	⑩嘎吉非	词义	取
文献	吉林省吉林市土城子口钦佟赵姓《交罗本》第12页。
例句	木科，嘎吉非。 木科，译为“水”；嘎吉非，译为“取”。 全句合译：取水。
词汇	①嘎山	词义	乡村
文献	吉林省长春市九台区莽卡杨姓《祭祖神本》第17页。
例句	我垒，嘎山，法西疋。 我垒，译为“这里”；嘎山，译为“乡村”；法西疋，译为“连结”。 全句合译：这里的乡村相连接。
词汇	②阿摄	词义	乡村
文献	吉林省长春市九台区莽卡杨姓《祭祖神本》第12页。
例句	阿摄，多可补，得。 阿摄，译为“乡村”；多可补，译为“屯落”；得，译为“在”。 全句合译：乡村屯落在此。
音序	gai
词汇	①该刻	词义	取

<table>
<tr><td>文献</td><td colspan="3">吉林省吉林市土城子口钦佟赵姓《交罗本》第 6 页。</td></tr>
<tr><td>例句</td><td colspan="3">阿林莫，该刻。
阿林莫，译为“此时”；该刻，译为“取”。
全句合译：此时去取。</td></tr>
<tr><td>词汇</td><td>②嘎泊</td><td>词义</td><td>取</td></tr>
<tr><td>文献</td><td colspan="3">吉林省长春市九台区莽卡杨姓《杨宪本》（手抄本）第 58 页。</td></tr>
<tr><td>例句</td><td colspan="3">恶林，得，嘎泊。
恶林，译为“此时”；得，译为“在”；嘎泊，译为“取”。
全句合译：此时来取。</td></tr>
<tr><td>音序</td><td colspan="3">ge</td></tr>
<tr><td>词汇</td><td>①戈纳腓</td><td>词义</td><td>带上；去了；去</td></tr>
<tr><td>文献</td><td colspan="3">吉林省长春市九台区胡家石姓《小韩本》（引自宋和平译注本）第 113 页、第 115 页、第 121 页。</td></tr>
<tr><td rowspan="3">例句</td><td colspan="3">博，得，戈纳腓。
博，译为“家人”；得，译为“在”；戈纳腓，译为“带上”。
全句合译：带上家人。</td></tr>
<tr><td colspan="3">吉林，乌拉，戈纳腓。
吉林，译为“去了”；乌拉，地名（今吉林市龙潭区乌拉街）；戈纳腓，译为“去了”。
全句合译：去了乌拉街。</td></tr>
<tr><td colspan="3">戈林，恩杜立，阿林，戈纳腓。
戈林，译为“众”；恩杜立，译为“神”；阿林，译为“山”；戈纳腓，译为“去”。
全句合译：众神去山上了。</td></tr>
<tr><td>词汇</td><td>②各讷合</td><td>词义</td><td>去了</td></tr>
</table>

文献	吉林省长春市九台区胡家石姓《小韩本》（引自宋和平译注本）第 267 页。		
例句	各讷合，我克赊莫。 各讷合，译为“去了”；我克赊莫，译为“匆忙”。 全句合译：去得匆忙。		
词汇	③各讷腓	**词义**	去吧；回到
文献	吉林省长春市九台区胡家石姓《小韩本》（引自宋和平译注本）第 149 页、第 178 页。		
例句	各棱，阿林，得，各讷腓。 各棱，译为“众”；阿林，译为“山”；得，译为“在”；各讷腓，译为“去吧”。 全句合译：回到众山林中去吧！		
	莫尼，他克秃，各讷腓。 莫尼，译为“各自”；他克秃，译为“阁楼”；各讷腓，译为“回到”。 全句合译：各自回到阁楼里。		
词汇	④各纳勒	**词义**	去
文献	吉林省长春市九台区胡家石姓《小韩本》（引自宋和平译注本）第 304 页。		
例句	各纳勒，博。 各纳勒，译为“去”；博，译为“吧”。 全句合译：去吧！		
词汇	⑤各讷恒我	**词义**	去吧
文献	吉林省长春市九台区胡家石姓《小韩本》（引自宋和平译注本）第 149 页。		
例句	各讷恒我，各棱，哈打，博得勒其。 各讷恒我，译为“去吧”；各棱，译为“众”；哈打，译为“山峰”；博得勒其，译为“回去吧”。 全句合译：回到众山峰去吧！		
词汇	⑥嘎纳非	**词义**	去

文献	吉林省长春市九台区其塔木石姓《东哈本》（第2册）第1页。		
例句	吉林乌拉，嘎纳非。 吉林乌拉，译为“沿江”，即现在的乌拉街；嘎纳非，译为“去”。 全句合译：去了乌拉街。		
词汇	⑦嘎纳楞危	**词义**	去了
文献	吉林省长春市九台区其塔木石姓《东哈本》（第2册）第1页。		
例句	翁姑玛法，嘎纳楞危。 翁姑玛法，译为“高祖”；嘎纳楞危，译为“去了”。 全句合译：老祖宗去了（迁居了）。		
词汇	⑧嘎纳楞俄	**词义**	去了
文献	吉林省长春市九台区其塔木石姓《东哈本》（第1册）第53页。		
例句	嘎拉干，阿不打哈，嘎纳楞俄。 嘎拉干，译为“枝”；阿不打哈，译为“折断”；嘎纳楞俄，译为“去了”。 全句合译：树枝折断鸟飞走了。		
词汇	⑨格纳何	**词义**	去了
文献	吉林省长春市九台区莽卡杨姓《祭祖神本》第3页。		
例句	格纳何，特疋。 格纳何，译为“去了”；特疋，译为“居住”。 全句合译：回到住处去了。		
词汇	⑩嘎路	**词义**	去了
文献	吉林省长春市九台区莽卡杨姓《杨宪本》（手抄本）第9页。		
例句	嘎路，佛也。		

	嘎路，译为“去了”；佛也，译为“窝”。 全句合译：回窝去了。		
词汇	⑪嘎勒	**词义**	去了
文献	吉林省长春市九台区莽卡杨姓《杨静棠本》第 10 页。		
例句	嘎勒，佛也。 嘎勒，译为“去了”；佛也，译为“窝”。 全句合译：回住处去了。		
词汇	⑫阁喏何	**词义**	去了
文献	吉林省长春市九台区莽卡杨姓《杨宪本》（手抄本）第 41 页。		
例句	佛鸡勒，得，阁喏何。 佛鸡勒，译为“下边”；得，译为“在”；阁喏何，译为“去了”。 全句合译：去了星斗下边。		
词汇	⑬阁勒笔	**词义**	去了
文献	吉林省长春市九台区莽卡杨姓《杨宪本》（手抄本）第 60 页。		
例句	佛鸡勒，得，阁勒笔。 佛鸡勒，译为“下边”；得，译为“到”；阁勒笔，译为“去了”。 全句合译：到星斗下边去了。		
词汇	⑭阁若笔	**词义**	去了
文献	吉林省长春市九台区莽卡杨姓《杨宪本》（手抄本）第 43 页。		
例句	佛吉勒，得，阁若笔。 佛吉勒，译为“下边”，得，译为“在”；阁若笔，译为“去了”。 全句合译：去了星斗下边。		
词汇	①阁喏何	**词义**	外出

<table>
<tr><td>文献</td><td colspan="3">吉林省长春市九台区莽卡杨姓《杨宪本》（手抄本）第12页。</td></tr>
<tr><td>例句</td><td colspan="3">阁喏何，八，得，各图肯，卧不莫。
阁喏何，译为“外出”；八，译为“地”；得，译为“在”；各图肯，译为“安全”；卧不莫，译为“可为”。
全句合译：外出各地，安全有保障。</td></tr>
<tr><td>词汇</td><td>②阁那何</td><td>词义</td><td>外出</td></tr>
<tr><td>文献</td><td colspan="3">吉林省长春市九台区莽卡杨姓《杨宪本》（手抄本）第96页。</td></tr>
<tr><td>例句</td><td colspan="3">阁那何，八，得，嘎土肯，卧不莫。
阁那何，译为“外出”；八，译为“处”；得，译为“在”；嘎土肯，译为“安全”；卧不莫，译为“可为”。
全句合译：外出各地，安全有保障。</td></tr>
<tr><td>词汇</td><td>③阁若何</td><td>词义</td><td>外出</td></tr>
<tr><td>文献</td><td colspan="3">吉林省长春市九台区莽卡杨姓《杨宪本》（手抄本）第51页。</td></tr>
<tr><td>例句</td><td colspan="3">阁若何，巴得，嘎得亨莫，卧不莫。
阁若何，译为“外出”；巴得，译为“处”；嘎得亨莫，译为“可靠”；卧不莫，译为“可为”。
全句合译：外出各地，安全有保障。</td></tr>
<tr><td>词汇</td><td>①各勒莫</td><td>词义</td><td>畏惧；怕</td></tr>
<tr><td>文献</td><td colspan="3">吉林省长春市九台区胡家石姓《小韩本》（引自宋和平译注本）第160页、第285页。</td></tr>
<tr><td rowspan="2">例句</td><td colspan="3">不车勒，得，各勒莫。
不车勒，译为“死”；得，译为“在”；各勒莫，译为“畏惧”。
全句合译：畏惧死人。</td></tr>
<tr><td colspan="3">沙胡伦，各勒莫。</td></tr>
</table>

	沙胡伦，译为“寒冷”；各勒莫，译为“怕”。 全句合译：怕寒冷。		
词汇	②阁不莫	词义	畏惧
文献	吉林省长春市九台区莽卡杨姓《杨宪本》（手抄本）第 78 页。		
例句	各四肯，阁不莫。 各四肯，译为“灾祸”；阁不莫，译为“畏惧”。 全句合译：畏惧灾祸。		
词汇	①戈夜笔	词义	敲
文献	吉林省长春市九台区莽卡杨姓《杨宪本》（手抄本）第 16 页。		
例句	登，鸡干，意，戈夜笔。 登，译为“高”；鸡干，译为“声”；意，译为“的”；戈夜笔，译为“敲”。 全句合译：大声地敲（鼓）。		
词汇	②戈夜疋	词义	敲
文献	吉林省长春市九台区莽卡杨姓《杨静棠本》第 17 页。		
例句	登，鸡干，意，戈夜疋。 登，译为“高”；鸡干，译为“声”；意，译为“的”；戈夜疋，译为“敲”。 全句合译：大声地敲（鼓）。		
词汇	①戈纳合	词义	采纳
文献	吉林省长春市九台区其塔木石姓《东哈本》（第 2 册）第 21 页。		
例句	代明，古伦，戈纳合。 代明，译为“雕”；古伦，译为“国”；戈纳合，译为“采纳”。 全句合译：雕之国采纳……		
词汇	②合纳合	词义	采纳

文献	吉林省长春市九台区其塔木石姓《东哈本》（第 1 册）第 26 页。		
例句	合合，鸡孙，合纳合。 合合，译为“女人”；鸡孙，译为“话”；合纳合，译为“采纳”。 全句合译：女主人的意见被采纳了。		
词汇	③戈纳德	词义	采纳
文献	吉林省长春市九台区其塔木石姓《东哈本》（第 1 册）第 53 页。		
例句	唐五，阿雅，戈纳德。 唐五，译为“百”；阿雅，译为“年”；戈纳德，译为“采纳”。 全句合译：百年来都采纳（这种方法）。		
词汇	④戈纳楞恶	词义	采纳
文献	吉林省长春市九台区其塔木石姓《东哈本》（第 1 册）第 71 页。		
例句	唐五，达，伏他，戈纳楞恶。 唐五，译为“百”；达，译为“根”；伏他，译为“绳子”；戈纳楞恶，译为“采纳”。 全句合译：用了上百根绳子。		
词汇	①各棱	词义	各；各个；大家
文献	吉林省长春市九台区胡家石姓《小韩本》（引自宋和平译注本）第 159 页、第 168 页、第 273 页。		
例句	多西腓，各棱，杜卡。 多西腓，译为“进入”；各棱，译为“各”；杜卡，译为“门”。 全句合译：进入各个门里。		

	各棱，嘎拉干。 各棱，译为“各个”；嘎拉干，译为“枝”。 全句合译：每个树枝。		
	恒其勒莫，各棱，各木。 恒其勒莫，译为“叩头”；各棱，译为“大家”；各木，译为“统统”。 全句合译：大家统统叩头。		
词汇	②戈淋	**词义**	各位
文献	吉林省长春市九台区其塔木石姓《东哈本》（第 1 册）第 74 页。		
例句	戈淋，戈木。 戈淋，译为“各位”；戈木，译为“统统”。 全句合译：各位统统……		
词汇	③而淋	**词义**	各个
文献	吉林省长春市九台区其塔木石姓《东哈本》（第 1 册）第 74 页。		
例句	而淋，标浑，多西哈。 而淋，译为“各个”；标浑，译为“家人”；多西哈，译为“进来”。 全句合译：各个家人进来。		
词汇	④嘎棱	**词义**	众
文献	吉林省长春市九台区其塔木石姓《东哈本》（第 1 册）第 66 页。		
例句	嘎棱，娘们，噶木。 嘎棱，译为“众”；娘们，译为“人”；噶木，译为“同”。 全句合译：众人共同。		
词汇	⑤个连	**词义**	各位
文献	吉林省长春市九台区其塔木石姓《东哈本》（第 2 册）第 21 页。		

例句	个连，夜力，博浑。 个连，译为“各位”；夜力，译为“肉”；博浑，译为“清洁”。 全句合译：各位骨肉洁净。		
词汇	①戈思克	**词义**	光亮
文献	吉林省长春市九台区其塔木石姓《东哈本》（第 1 册）第 21 页、第 26 页。		
例句	戈思克，沙拉哈。 戈思克，译为“光亮”；沙拉哈，译为“散开”。 全句合译：光亮散开。		
词汇	②各思克	**词义**	明亮
文献	吉林省长春市九台区其塔木石姓《东哈本》（第 1 册）第 82 页。		
例句	鸡打，沙卡，各思克，沙拉哈。 鸡打，译为“激达枪”；沙卡，译为“马叉”；各思克，译为“明亮”；沙拉哈，译为“散开”。 全句合译：激达枪马叉使开来。		
词汇	③各似克	**词义**	明亮
文献	吉林省长春市九台区其塔木石姓《东哈本》（第 1 册）第 82 页。		
例句	鸡打，沙卡，各似克。 鸡打，译为“矛（枪）”；沙卡，译为“马叉”；各似克，译为“明亮”。 全句合译：枪叉明亮。		
词汇	④戈似克	**词义**	光亮
文献	吉林省长春市九台区其塔木石姓《东哈本》（第 1 册）第 86 页。		
例句	打拉妈吉，戈似克，沙拉哈。 打拉妈吉，译为“越过”；戈似克，译为“光亮”；沙拉哈，译为“展开”。		

	全句合译：越过光亮展示开来。		
词汇	⑤戈哦	**词义**	天亮了
文献	吉林省长春市九台区胡家石姓《小韩本》（引自宋和平译注本）第 119 页。		
例句	戈哦，瓦秃不木毕。 戈哦，译为“天亮了”；瓦秃不木毕，译为“看见”。 全句合译：天亮了，才看见。		
词汇	⑥戈似浑	**词义**	火光
文献	吉林省长春市九台区胡家石姓《小韩本》（引自宋和平译注本）第 119 页。		
例句	戈似浑，戈哦，瓦秃不木毕。 戈似浑，译为“火光”；戈哦，译为“天亮了”；瓦秃不木毕，译为“看见”。 全句合译：天亮了，看见火光。		
词汇	⑦洒四哈	**词义**	明亮
文献	吉林省吉林市土城子口钦佟赵姓《交罗本》第 12 页。		
例句	色勒，洒四哈，阿查不非。 色勒，译为“美丽”；洒四哈，译为“明亮”；阿查不非，译为“查看”。 全句合译：查看是否明亮美丽。		
词汇	⑧各秃恳	**词义**	光明；精明
文献	吉林省长春市九台区胡家石姓《小韩本》（引自宋和平译注本）第 305 页、第 329 页。		
例句	各秃恳，三，得。 各秃恳，译为“光明”；三，译为“好”；得，译为“在”。 全句合译：好在光明。		
	各秃恳，三，得。		

	各秃恳，译为“精明”；三，译为“和顺”；得，译为“在”。 全句合译：精明和顺。		
词汇	①格木	**词义**	全都
文献	吉林省长春市九台区莽卡杨姓《杨宪本》（手抄本）第 87 页。		
例句	格木，泊，所林得。 格木，译为“全都”；泊，译为“把”；所林得，译为“在宴请”。 全句合译：全都在宴请。		
词汇	②格布	**词义**	全
文献	吉林省长春市九台区莽卡杨姓《杨宪本》（手抄本）第 87 页。		
例句	格布，卧心木必。 格布，译为“全”；卧心木必，译为“降下”。 全句合译：全降下来了。		
词汇	③格不	**词义**	都
文献	吉林省长春市九台区莽卡杨姓《杨宪本》（手抄本）第 87 页。		
例句	格不，卧心木必。 格不，译为“都”；卧心木必，译为“降下”。 全句合译：都降下来了。		
词汇	④格木	**词义**	都
文献	吉林省长春市九台区胡家石姓《小韩本》（引自宋和平译注本）第 232 页。		
例句	格木，以，卯立莫。 格木，译为“都”；以，译为“的”；卯立莫，译为“宴请”。 全句合译：都宴请。		
词汇	⑤各布	**词义**	都有

文献	吉林省长春市九台区胡家石姓《小韩本》（引自宋和平译注本第232页）。		
例句	各布，博。 各布，译为“都有”；博，译为“啊”。 全句合译：都有啊！		
词汇	⑥各木	词义	统统
文献	吉林省长春市九台区胡家石姓《小韩本》（引自宋和平译注本）第273页。		
例句	恒其勒莫，各棱，各木。 恒其勒莫，译为“叩头”；各棱，译为“大家”；各木，译为“统统”。 全句合译：大家统统地叩头。		
词汇	⑦戈瓦	词义	都
文献	吉林省长春市九台区胡家石姓《小韩本》（引自宋和平译注本）第126页。		
例句	目昆，戈瓦，乌尔库，满洲鸡孙。 目昆，译为“族人”；戈瓦，译为“都”；乌尔库，译为“不懂”；满洲鸡孙，译为“满语”。 全句合译：族人都不懂满语。		
词汇	⑧戈木	词义	共同；统统地
文献	吉林省长春市九台区其塔木石姓《东哈本》（第1册）第20页、第74页。		
例句	戈淋，戈木，翁阿。 戈淋，译为“各位”；戈木，译为“共同”；翁阿，译为“先祖”。 全句合译：各位共同的先祖。		
	戈淋，戈木。 戈淋，译为“各位”；戈木，译为“统统地”。 全句合译：各位统统地。		

词汇	⑨嘎木	词义	全
文献	吉林省长春市九台区其塔木石姓《东哈本》（第1册）第53页。		
例句	嘎木，纳，德，牙你库拉非。 嘎木，译为“全”；纳，译为“地”；德，译为“在”；牙你库拉非，译为“跪下”。 全句合译：全在地上跪下。		
词汇	⑩戈杜力	词义	统统地
文献	吉林省长春市九台区其塔木石姓《东哈本》（第2册）第21页。		
例句	戈甄，戈杜力，所立楞危。 戈甄，译为“各位”；戈杜力，译为“统统地”；所立楞危，译为“宴请”。 全句合译：各位统统地都宴请。		
词汇	①各射	词义	一样；同样
文献	吉林省长春市九台区莽卡杨姓《杨宪本》（手抄本）第51页、第69页。		
例句	木拉，各射，沙哈笔。 木拉，译为“圆的”；各射，译为“一样”；沙哈笔，译为“摆放”。 全句合译：一样呈圆形摆放。		
	衣拉，各射。 衣拉，译为“站立”；各射，译为“同样”。 全句合译：同样站立（在那里）。		
词汇	②阁射	词义	同样
文献	吉林省长春市九台区莽卡杨姓《杨宪本》（手抄本）第69页。		
例句	阁射，说七，泊，勒洛说洛。 阁射，译为“同样”；说七，译为“皮”；泊，译为“把”；勒洛说洛，译为“变黄了”。		

	全句合译：同样把皮肤变黄了。		
词汇	③阁涉	**词义**	相同
文献	吉林省长春市九台区莽卡杨姓《杨宪本》（手抄本）第 81 页。		
例句	卧不哈，阁涉。 卧不哈，译为“可以”；阁涉，译为“相同”。 全句合译：可以相同。		
词汇	④嘎涉	**词义**	相同
文献	吉林省长春市九台区莽卡杨姓《杨宪本》（手抄本）第 81 页。		
例句	心哈，嘎涉。 心哈，译为“盛入”；嘎涉，译为“相同”。 全句合译：盛入相同的……		
词汇	⑤各赊	**词义**	如同
文献	吉林省长春市九台区胡家石姓《小韩本》（引自宋和平译注本）第 152 页。		
例句	瓦秃，得，各赊，木合淋。 瓦秃，译为“火炭”；得，译为“在”；各赊，译为“如同”；木合淋，译为“圆球”。 全句合译：红火炭形状如同圆球。		
词汇	⑥嘎撒	**词义**	共同
文献	黑龙江省宁安市兰岗关姓《特合本子》第 12 页。		
例句	代顺，嘎撒，代顺，博。 代顺，译为“原籍”；嘎撒，译为“共同”； 代顺，译为“买来”；博，译为“在”。 全句合译：共同在原籍地买来。		
词汇	①各拉	**词义**	又
文献	吉林省长春市九台区胡家石姓《小韩本》（引自宋和平译注本）第 212 页。		
例句	我贞，各拉，所立哈。		

	我贞，译为“东家”；各拉，译为“又”；所立哈，译为“宴请”。 全句合译：东家又在宴请。		
词汇	②各立	**词义**	又
文献	吉林省长春市九台区胡家石姓《小韩本》（引自宋和平译注本）第 348 页。		
例句	我贞，各立，丽立哈。 我贞，译为“东家”；各立，译为“又”；丽立哈，译为“宴请”。 全句合译：东家又在宴请。		
词汇	①阁啫笔	**词义**	去
文献	吉林省长春市九台区莽卡杨姓《杨宪本》（手抄本）第 92 页。		
例句	佛吉勒，得，阁啫笔。 佛吉勒，译为“下边”；得，译为“在”；阁啫笔，译为“去”。 全句合译：去七星斗下边。		
词汇	②阁莫笔	**词义**	去
文献	吉林省长春市九台区莽卡杨姓《杨宪本》（手抄本）第 46 页。		
例句	不车何，吉伦得，阁莫笔。 不车何，译为“死了”；吉伦得，译为“下来了”；阁莫笔，译为“去”。 全句合译：死后去下边了。		
词汇	③阁若必	**词义**	去
文献	吉林省长春市九台区莽卡杨姓《杨宪本》（手抄本）第 54 页。		
例句	阁若必，洪其勒莫，白仍恶。 阁若必，译为“去”；洪其勒莫，译为“叩头”；白仍恶，译为“乞求”。		

	全句合译：去(七星斗下边)叩头乞求。		
词汇	④嘎涉莫	**词义**	去
文献	吉林省长春市九台区莽卡杨姓《祭祖神本》第 15 页。		
例句	杀勒，嘎涉莫，我斌必。 杀勒，译为“散开”；嘎涉莫，译为“去”；我斌必，译为“玩耍”。 全句合译：散开去玩耍。		
词汇	①格土肯	**词义**	顺利
文献	吉林省长春市九台区莽卡杨姓《杨宪本》（手抄本）第 87 页。		
例句	格土肯，一，沙不木必。 格土肯，译为“顺利”；一，译为“的”；沙不木必，译为“离开我们”。 全句合译：（众神）顺利地离开了我们。		
词汇	②阁都	**词义**	顺利
文献	吉林省长春市九台区莽卡杨姓《杨宪本》（手抄本）第 92 页。		
例句	洛何，阁都，乌西哈。 洛何，译为“出来”；阁都，译为“顺利”；乌西哈，译为“星星”。 全句合译：星君顺利地出来了。		
词汇	③嘎秃	**词义**	吉祥
文献	吉林省长春市九台区其塔木石姓《东哈本》(第 2 册）第 66 页。		
例句	嘎秃，吴西哈。 嘎秃，译为“吉祥”；吴西哈，译为“星星”。 全句合译：吉祥的星星。		
音序	**gu**		
词汇	①郭吉	**词义**	心情

<table>
<tr><td>文献</td><td colspan="3">吉林省吉林市土城子口钦佟赵姓《交罗本》第 12 页。</td></tr>
<tr><td>例句</td><td colspan="3">阿那莫，伯刻，呆迷，郭吉，七。
阿那莫，译为“逐个”；伯刻，译为“乞求”；呆迷，译为“我们的”；郭吉，译为“心情”；七，译为“从”。
全句合译：我们的想法是逐个乞求。</td></tr>
<tr><td>词汇</td><td>②姑尹尼</td><td>词义</td><td>情意</td></tr>
<tr><td>文献</td><td colspan="3">吉林省吉林市土城子口钦佟赵姓《交罗本》第 21 页。</td></tr>
<tr><td>例句</td><td colspan="3">姑尹尼，德，尼者非。
姑尹尼，译为“情意”；德，译为“在”；尼者非，译为“着落”。
全句合译：情意有了着落。</td></tr>
<tr><td>词汇</td><td>③古吟</td><td>词义</td><td>心思</td></tr>
<tr><td>文献</td><td colspan="3">吉林省长春市九台区其塔木石姓《东哈本》（第 1 册）第 74 页。</td></tr>
<tr><td>例句</td><td colspan="3">我木，古吟，已淋德。
我木，译为“一”；古吟，译为“心思”；已淋德，译为“心在”。
全句合译：一门心思在……</td></tr>
<tr><td>词汇</td><td>④古你</td><td>词义</td><td>诚心</td></tr>
<tr><td>文献</td><td colspan="3">吉林省长春市九台区胡家石姓《小韩本》（引自宋和平译注本）第 58 页。</td></tr>
<tr><td>例句</td><td colspan="3">泌尼，古你，得，秃七腓。
泌尼，译为“我们”；古你，译为“诚心”；得，译为“在”；秃七腓，译为“献出”。
全句合译：我们在诚心地献出。</td></tr>
<tr><td>词汇</td><td>⑤古尹你</td><td>词义</td><td>心意</td></tr>
<tr><td>文献</td><td colspan="3">吉林省长春市九台区胡家石姓《小韩本》（引自</td></tr>
</table>

	宋和平译注本）第 355 页。		
例句	卧思浑，哈哈，古尹你，秃七腓。 卧思浑，译为“小”；哈哈，译为“男人”；古尹你，译为“心意”；秃七腓，译为“出”。 全句合译：小男人很有心意地献出。		
词汇	①孤心	词义	三十
文献	吉林省长春市九台区胡家石姓《小韩本》（引自宋和平译注本）第 124 页。		
例句	孤心，德西，阿尼，分车合。 孤心，译为“三十”；德西，译为“四十”；阿尼，译为“年”；分车合，译为“余”。 全句合译：三四十年有余。		
词汇	②孤心七	词义	三十
文献	吉林省长春市九台区胡家石姓《小韩本》（引自宋和平译注本）第 124 页。		
例句	孤心七，阿尼，白叉非。 孤心七，译为“三十”；阿尼，译为“年”；白叉非，译为“查看”。 全句合译：查看三十年。		
词汇	①故亚哈	词义	诵唱
文献	吉林省长春市九台区莽卡杨姓《杨静棠本》第 10 页。		
例句	恩德克玛法，漱立哈，故亚哈，涉夫。 恩德克玛法，译为“祖宗祭板”；漱立哈，译为“宴请”；故亚哈，译为“诵唱”；涉夫，译为“师傅”。 全句合译：善于呵护神龛、诵唱祭歌的师傅。		
词汇	②姑鸭阿	词义	诵唱
文献	吉林省长春市九台区莽卡杨姓《杨宪本》（手抄本）第 39 页。		
例句	姑鸭阿，赊夫。		

<table>
<tr><td></td><td colspan="3">姑鸭阿，译为“诵唱”；赊夫，译为“师傅”。
全句合译：善于诵唱的师傅。</td></tr>
<tr><td>词汇</td><td>③古亚哈</td><td>词义</td><td>吟唱</td></tr>
<tr><td>文献</td><td colspan="3">吉林省长春市九台区莽卡杨姓《杨宪本》（手抄本）第 10 页。</td></tr>
<tr><td>例句</td><td colspan="3">古亚哈，涉夫。
古亚哈，译为“吟唱”；涉夫，译为“师傅”。
全句合译：善于诵唱的师傅。</td></tr>
<tr><td>词汇</td><td>④古押哈</td><td>词义</td><td>龙吟</td></tr>
<tr><td>文献</td><td colspan="3">吉林省长春市九台区莽卡杨姓《杨宪本》（手抄本）第 11 页。</td></tr>
<tr><td>例句</td><td colspan="3">古押哈，涉夫。
古押哈，译为“龙吟”；涉夫，译为“师傅”。
全句合译：善于吟诵的师傅。</td></tr>
<tr><td>词汇</td><td>①古立腓</td><td>词义</td><td>相合；移动</td></tr>
<tr><td>文献</td><td colspan="3">吉林省长春市九台区胡家石姓《小韩本》（引自宋和平译注本）第 62 页、第 218 页。</td></tr>
<tr><td rowspan="2">例句</td><td colspan="3">秦，博，杜卡，古立腓。
秦，译为“正”；博，译为“房”；杜卡，译为“门”；古立腓，译为“相合”。
全句合译：正房门的相合处。</td></tr>
<tr><td colspan="3">杜卡，古立腓。
杜卡，译为“门前”；古立腓，译为“移动”。
全句合译：往门前处移动。</td></tr>
<tr><td>词汇</td><td>②古力不勒</td><td>词义</td><td>相合</td></tr>
<tr><td>文献</td><td colspan="3">吉林省长春市九台区其塔木石姓《东哈本》（第 1 册）第 21 页。</td></tr>
<tr><td>例句</td><td colspan="3">山音，鸡孙，以，古力不勒。
山音，译为“吉”；鸡孙，译为“言”；以，译为“的”；古力不勒，译为“相合”。</td></tr>
</table>

<table>
<tr><td></td><td colspan="3">全句合译：与吉言相合。</td></tr>
<tr><td>词汇</td><td>①古伦</td><td>词义</td><td>国；国家</td></tr>
<tr><td>文献</td><td colspan="3">吉林省长春市九台区胡家石姓《小韩本》（引自宋和平译注本）第 189 页、第 190 页。</td></tr>
<tr><td rowspan="2">例句</td><td colspan="3">按巴，古伦。
按巴，译为“大”；古伦，译为“国”。
全句合译：大国。</td></tr>
<tr><td colspan="3">代明，古伦，得。
代明，译为“雕（神）”；古伦，译为“国家”；得，译为“在”。
全句合译：在雕神国里。</td></tr>
<tr><td>词汇</td><td>②哭论</td><td>词义</td><td>棺椁</td></tr>
<tr><td>文献</td><td colspan="3">吉林省长春市九台区莽卡杨姓《杨宪本》（手抄本）第 7 页。</td></tr>
<tr><td>例句</td><td colspan="3">朱垒涉夫，押亲，哭论。
朱垒涉夫，译为“古代师傅”；押亲，译为“黑暗”；哭论，译为“棺椁”。
全句合译：古代师傅安葬于黑暗棺椁之中。</td></tr>
<tr><td>词汇</td><td>③国洛</td><td>词义</td><td>国</td></tr>
<tr><td>文献</td><td colspan="3">吉林省长春市九台区其塔木石姓《东哈本》（第 1 册）第 1 页。</td></tr>
<tr><td>例句</td><td colspan="3">乌云，国洛，发克沙拉哈。
乌云，译为“九”；国洛，译为“国”；发克沙拉哈，译为“展开”。
全句合译：九部联系，合打建州部。</td></tr>
<tr><td>词汇</td><td>①古玛浑</td><td>词义</td><td>兔</td></tr>
<tr><td>文献</td><td colspan="3">吉林省长春市九台区胡家石姓《小韩本》（引自宋和平译注本）第 231 页。</td></tr>
<tr><td>例句</td><td colspan="3">古玛浑，阿牙你。
古玛浑，译为“兔”；阿牙你，译为“属相”。</td></tr>
</table>

	全句合译：属兔。		
词汇	②古鲁玛浑	**词义**	兔
文献	吉林省长春市九台区莽卡杨姓《杨静棠本》第 11 页。		
例句	古鲁玛浑，阿宁阿。 古鲁玛浑，译为“兔”；阿宁阿，译为“属相”。 全句合译：属兔。		
词汇	③古鲁妈珲	**词义**	兔
文献	吉林省长春市九台区莽卡杨姓《杨宪本》（手抄本）第 11 页。		
例句	古鲁妈珲，阿宁阿。 古鲁妈珲，译为“兔”；阿宁阿，译为“年”。 全句合译：兔年。		
词汇	①古破七	**词义**	全
文献	吉林省长春市九台区胡家石姓《小韩本》（引自宋和平译注本）第 328 页。		
例句	博，古破七，得。 博，译为“家”；古破七，译为“全”；得，译为“在”。 全句合译：全家在。		
词汇	②各木	**词义**	全
文献	吉林省长春市九台区胡家石姓《小韩本》（引自宋和平译注本）第 331 页。		
例句	汤吴，为勒，各木，阿库。 汤吴，译为“百”；为勒，译为“罪”；各木，译为“全”；阿库，译为“无”。 全句合译：百罪全无。		
词汇	①古拉古	**词义**	兽
文献	吉林省长春市九台区胡家石姓《小韩本》（引自宋和平译注本）第 170 页。		

例句	吴黑，古拉古，阿沙拉腓。 吴黑，译为“一起”；古拉古，译为“兽”；阿沙拉腓，译为“集合”。 全句合译：兽集合在一起。		
词汇	②古伦古伦	词义	赶牲口声
文献	吉林省长春市九台区莽卡杨姓《杨静棠本》第 6 页。		
例句	乌拉授，古伦古伦。 乌拉授，译为“人们”；古伦古伦，译为“赶牲口声”。 全句合译：人们赶牲口声。		
词汇	③古鲁古鲁	词义	赶牲口声
文献	吉林省长春市九台区莽卡杨姓《杨静棠本》第 6 页。		
例句	佛吉勒，古鲁古鲁。 佛吉勒，译为“下边”；古鲁古鲁，译为“赶牲口声”。 全句合译：人们赶牲口声。		
词汇	④古论古论	词义	赶牲口声
文献	吉林省长春市九台区莽卡杨姓《杨静棠本》第 6 页。		
例句	乌拉授，古论古论。 乌拉授，译为“人们”；古论古论，译为“赶牲口声”。 全句合译：人们赶牲口声。		
词汇	⑤古里古	词义	兽
文献	吉林省吉林市乌拉街韩屯关姓《敬义神书》（手抄本）第 16 页。		
例句	佛克西莫，古里古，得。 佛克西莫，译为“跑着”；古里古，译为“兽”；		

	得，译为“在”。 全句合译：野兽在跑。		
词汇	⑥孤哭非	**词义**	兽
文献	吉林省吉林市土城子口钦佟赵姓《交罗本》第 12 页。		
例句	山音，孤哭非。 山音，译为“吉祥”；孤哭非，译为“兽”。 全句合译：野兽吉祥。		
音序	**gua**		
词汇	①瓜拉	**词义**	围院
文献	吉林省长春市九台区胡家石姓《小韩本》（引自宋和平译注本）第 224 页。		
例句	按巴，瓜拉，得。 按巴，译为“大”；瓜拉，译为“围院”；得，译为“在”。 全句合译：在大围院中。		
词汇	②瓜立	**词义**	庭院
文献	吉林省长春市九台区胡家石姓《小韩本》（引自宋和平译注本）第 204 页。		
例句	瓜立，卧合一，坛打，按巴。 瓜立，译为“庭院”；卧合一，译为“石头”；坛打，译为“打”；按巴，译为“大”。 全句合译：大石头打在庭院里。		
音序	**guai**		
词汇	①拐灯阿	**词义**	久
文献	吉林省长春市九台区莽卡杨姓《杨宪本》（手抄本）第 39 页。		
例句	拐灯阿，玛法，和非阿，赊夫。 拐灯阿，译为“久”；玛法，译为“祖先”；和非阿，译为“玩耍”；赊夫，译为“师傅”。		

	全句合译：祖先师傅玩耍时间久了。		
词汇	②乖登阿妈法	词义	祖先
文献	吉林省长春市九台区莽卡杨姓《杨宪本》（手抄本）第 9 页。		
例句	乖登阿妈法，我非何涉夫。 乖登阿妈法，译为“祖先”；我非何涉夫，译为“玩耍师傅”。 全句合译：祖先师傅玩耍时间久了。		
音序	**guo**		
词汇	①郭敏	词义	长
文献	吉林省长春市九台区胡家石姓《小韩本》（引自宋和平译注本）第 69 页、第 76 页。		
例句	郭敏，付他。 郭敏，译为“长”；付他，译为“绳”。 全句合译：长绳子。		
	郭敏，山眼，阿林。 郭敏，译为“长”；山眼，译为“白”；阿林，译为“山”。 全句合译：长白山。		
词汇	②郭民	词义	长
文献	吉林省长春市九台区莽卡杨姓《杨静棠本》第 13 页。		
例句	郭民，法立，得。 郭民，译为“长”；法立，译为“屋内”；得，译为“在”。 全句合译：在长方形屋内。		
词汇	③国民	词义	长
文献	吉林省长春市九台区其塔木石姓《东哈本》（第 2 册）第 1 页。		
例句	国民，山音，阿林，得。		

	国民，译为“长”；山音，译为“白”；阿林，译为“山”；得，译为“在”。 全句合译：在长白山。		
词汇	④国呡	**词义**	长
文献	吉林省长春市九台区其塔木石姓《东哈本》（第 1 册）第 1 页。		
例句	国呡，山音，阿林，七。 国呡，译为“长”；山音，译为“白”；阿林，译为“山”；七，译为“从”。 全句合译：从长白山。		
词汇	⑤国眠	**词义**	长
文献	吉林省长春市九台区其塔木石姓《东哈本》（第 2 册）第 21 页。		
例句	国眠，三音，阿林，德。 国眠，译为“长”；三音，译为“白”；阿林，译为“山”；德，译为“在”。 全句合译：在长白山。		
词汇	⑥果米	**词义**	长
文献	黑龙江省宁安市兰岗关姓《特合本子》第 2 页。		
例句	扎兰，果米。 扎兰，译为“辈”；果米，译为“长”。 全句合译：长辈。		
词汇	①郭洛	**词义**	部落；江河；河道
文献	吉林省长春市九台区胡家石姓《小韩本》（引自宋和平译注本）第 56 页、第 200 页、第 206 页。		
例句	爱戈，郭洛。 爱戈，译为“爱戈”；郭洛，译为“部落”。 全句合译：爱戈部落。		
	秃门，郭洛，木克，几腓。		

<table>
<tr><td></td><td colspan="3">秃门，译为“万”；郭洛，译为“江河”；木克，译为“水”；几腓，译为“来了”。
全句合译：万条江河之水涌来了。</td></tr>
<tr><td></td><td colspan="3">秃门，郭洛，木克，几腓。
秃门，译为“万”；郭洛，译为“河道”；木克，译为“水”；几腓，译为“来了”。
全句合译：万条水流从河道流来了。</td></tr>
<tr><td>词汇</td><td>②国洛</td><td>词义</td><td>道</td></tr>
<tr><td>文献</td><td colspan="3">吉林省长春市九台区胡家石姓《小韩本》（引自宋和平译注本）第 115 页。</td></tr>
<tr><td>例句</td><td colspan="3">讷音，国洛，多洛莫。
讷音，译为“纳音”；国洛，译为“道”；多洛莫，译为“过”。
全句合译：过纳音道。</td></tr>
<tr><td>词汇</td><td>③多洛</td><td>词义</td><td>道</td></tr>
<tr><td>文献</td><td colspan="3">吉林省长春市九台区胡家石姓《小韩本》（引自宋和平译注本）第 215 页。</td></tr>
<tr><td>例句</td><td colspan="3">秃门，阿牙尔，多洛，巴哈腓。
秃门，译为“万”；阿牙尔，译为“年”；多洛，译为“道”；巴哈腓，译为“得到”。
全句合译：万年得道。</td></tr>
<tr><td>词汇</td><td>①郭洛莫</td><td>词义</td><td>遥远；远远的</td></tr>
<tr><td>文献</td><td colspan="3">吉林省长春市九台区胡家石姓《小韩本》（引自宋和平译注本）第 103 页、第 178 页。</td></tr>
<tr><td rowspan="2">例句</td><td colspan="3">郭洛莫，我林，卧岔。
郭洛莫，译为“遥远”；我林，译为“时”；卧岔，译为“了”。
全句合译：时间遥远了。</td></tr>
<tr><td colspan="3">哈打，郭洛莫。</td></tr>
</table>

	哈打，译为“山峰”；郭洛莫，译为“远远的”。 全句合译：（回到）远远的山峰。		
词汇	①郭心义	**词义**	仁爱
文献	吉林省长春市九台区莽卡杨姓《杨宪本》（手抄本）第 11 页。		
例句	郭心义，米你，恶真也，涉夫。 郭心义，译为“仁爱”；米你，译为“我们”；恶真也，译为“萨满的”；涉夫，译为“师傅”。 全句合译：我们萨满的仁爱师傅。		
词汇	②郭心一	**词义**	仁爱
文献	吉林省长春市九台区莽卡杨姓《杨静棠本》第 12 页。		
例句	郭心一，米尔恶真，也，涉夫。 郭心一，译为“仁爱”；米尔恶真，译为“我们萨满”；也，译为“的”；涉夫，译为“师傅”。 全句合译：我们萨满的仁爱之师。		